经义韵编

李明　高巧玲　撰

社会科学文献出版社
SOCIAL SCIENCES ACADEMIC PRESS (CHINA)

目　录

题　解

　　中国人文学科的创新发展应该是内在的，是以对传统文化整体性内在继承为根基的，只有这样的创新才会因血脉贯通而深厚持久。"古为今用"这个提法是有前提的，这个前提就是承认古源今流内在一体。否弃这个前提而企图另立门户，岂惟徒劳无功，往往自他两害。传统儒道释三教文化以儒教文化为基础与主干，而儒教文化又以"五经四书"为义理本原，其中"十三经注疏"为历史公认的儒教经典义理正统。《经义韵编》作为儒教经典义理的基础性研究，以类似八字韵诗的表述形式，对以"十三经注疏"为代表的儒教经典义理进行内在整合，实即"十三经注疏"义理整合读书笔记。本书所用语言多以约定俗成的经典表述为主，旨在尽量展现原汁原味的传统文化价值思维，并初步引起当代国人的兴趣共鸣。因此，本书系半通俗的学术读物，亦可称之为"经学入门初阶"。当代学术分科治学、学教分离者多，整体把握、知行合一者少。有感于此，本书亦有愿焉。实望国人一编在手，儒经大义朗然于胸，而后自可深入经藏并优柔涵养、身体力行之。当前，愿意研读儒教经典的人多了起来，但往往因漫无统绪而泛滥无归。因此，本书对内在培育国人文化自信，并初步具备必要的国学学养而言，似还具有一些过渡性时代价值。只是限于笔者学养学力之浅薄，本书表述虽不至贻误初学，实亦尚为粗糙木讷。至于造化精微，当祈俟厚德君子。

　　儒教义理具有一体融通、内在互成的基本框架，以"民本君主，并列对举"为本位立场，以"人性本善，觉有先后"为信念前提，以"天君民合，三位一体"为基本架构，以"礼法习俗，纲常本位"为核心内容，以"明德亲民，止于至善"为价值取向，以"天人合一，中道共生"为思维模式，以"圣贤师长，人文君子"为担当主体，以"教化下移，夏以化夷"

为历史脉动，以"反本开新，内化外学"为时中创新。儒教义理框架要素的提出具有宽广厚实、至善至美的经典文本支撑，亦即以"五经四书"及其时中阐发为经典依据。"经"乃彝伦常道，本指《诗》《书》《礼》《易》《春秋》之道。"书"乃通经之门户，实指《论》《孟》《学》《庸》之方。"时中阐发"是指，贤达儒者随时变易以从道，时中发明儒教经书义理内涵。

儒教"五经四书"经典具有"述而不作"时中阐发传统，大致经历了先秦奠定期、汉唐成型期、宋明内化期、明清转型期、近代以来融会期这五大时期的历史衍化进程。自汉武以来，正统儒者自觉顺应儒教内在发展脉动，先是将《诗》《书》《礼》《易》《春秋》确立为"五经"，进而将注解阐释"五经"的其他记、传体儒典时中升格为"经"，最后合称"儒教十三经"，亦即《诗经》《尚书》《周礼》《仪礼》《礼记》《周易》《春秋左传》《春秋公羊传》《春秋穀梁传》《孝经》《尔雅》《论语》《孟子》，再加上从《礼记》中独立出来并成为"四书"内容的《大学》《中庸》，此即广义的"五经四书"。儒教"五经四书"经典学理体系的内在确立有一个漫长历程，最初由汉代"五经"奠基而次第延展，最终确立于南宋而巩固普及于明清。

具体言之，春秋时期即以《诗》《书》《礼》《乐》《春秋》教学，战国时期则有《诗》《书》《礼》《乐》《易》《春秋》六经之说。周衰而《乐》亡，汉武时期"罢黜百家，独尊儒术"，《诗》《书》《礼》《易》《春秋》五经立于学官，东汉又增入《论语》《孝经》而为七经。汉代《孟子》虽为子学而实具解经功用，赵岐著《孟子章句》即为明证。唐代设三礼（《周礼》《仪礼》《礼记》）、三传（《左传》《公羊传》《穀梁传》），连同《诗》《书》《易》，遂有"九传"之称，亦立于学官并用以取士。唐文宗"开成石经"又补加汉代已列为经的《论语》《孝经》，并增加《尔雅》，遂成十二经。五代十国时期后蜀国主孟昶还以此为基础而刻十一经，移出《孝经》《尔雅》而增收《孟子》。唐宋以来，为对治佛道二教心性义理并内在确立儒教道统，儒教正统不断褒扬并提升《大学》《中庸》《孟子》地位，韩愈、李翱等发其端绪，至南宋朱子确立"四书"并为官方认可，《大学》《中庸》《孟子》始正式升格为经（元明清时期其地位更加稳固）。至此，"儒教十三经"亦即广义上的"五经四书"正式确立。至清代乾隆时期石刻十三经之后，阮元又合刻《十三经注疏》，"儒教十三经"之称正式形成，其尊崇地位亦已深入人心。

可见，广义上的"五经四书"亦即"儒教十三经"的地位确立与独立升格是历史形成的，是中华民族自我反省、不断前行的郑重抉择，也是中华儒教发展史内在脉动的必然结果。"五经四书"对传统中国社会的主导作用可谓无处不在而无时不有，实际构成了塑造中华民族基本性格的最高精神宪法。

在广义"五经四书"中，儒教义理基本内涵有着互为涵摄而又各有侧重的诠释体现，因而分类梳理各经是必要的。就义理层面而言，本书将以大致押韵形式依次整合《诗经》《尚书》《周礼》《仪礼》《礼记》《周易》《春秋左氏传》《春秋公羊传》《春秋穀梁传》《孝经》《大学》《中庸》《论语》《孟子》中的微言大义，以期整体把握儒教经义基本精神。顺应各经个性而随圆就方，各经韵编体例大致遵循先列经后韵解的内在整合理路。《诗经》本身即多为四字韵诗，故而这里把经文部分整合为八字韵诗，补用字词用〔〕标明，多为点明该诗义理，而删去的个别字词则不再标识，个别词句偶有合并调序。《尚书》文长故不录经文，只在每篇韵解前，先用几句韵文把该篇内容概括出来，其中词句多出该篇原文。《周礼》《仪礼》多涉礼仪制度，因而只对经文主体内容依次进行简要概述，《礼记》部分则分类概述经文主体内容。《周易》《春秋左氏传》经文简短且不适合韵诗表述，故而经文全录并置于韵解前，《春秋公羊传》《春秋穀梁传》则不再重复录用经文，其韵解部分与《春秋左氏传》类同的内容亦从略处理。《孝经》《大学》《中庸》文短，故简要理顺之。《论语》《孟子》文长，因而只是纲举目张地揭示各自内在理路，并用一条主线串述其核心内容而已。各经韵解大致遵循"述而不作"这一古训，旨在内在整合经、注、疏内容，有歧义处或择采或兼采，有时旁通他经加以补充印证，个别之处也偶有笔者个人的顺理发挥。本书撰写文本主要采用《十三经注疏》，《周易》部分兼取《周易程氏传》与《周易正义》优长，《四书》部分兼取《礼记正义》《论语注疏》《孟子注疏》与《四书章句集注》优长，旨在更大限度地揭示《周易》与《四书》义理。具体参考版本为《十三经注疏》（李学勤主编，北京大学出版社1999年版），《周易程氏传》（程颐撰，王鹤鸣、殷子和整理，九州出版社2010年版），以及《四书章句集注》（朱熹撰，中华书局1983年版）。

《诗经》韵义

　　《诗经》是由孔子删定的西周初期至春秋中期四百年间诗歌总集，基本内容由《风》《雅》《颂》三部分构成，即十五《国风》、《小雅》《大雅》与《周颂》《鲁颂》《商颂》。《诗经》六义者，风雅颂与赋比兴。风者风教，乃圣贤治道之遗化，上以风化下，下以风刺上，主文而谲谏，言者无罪闻者足戒，各国之事风俗各异，以一国之事系一人之本，随风设教名之为风，以《周南》为王者正风之始，以《召南》为诸侯正风之始，风化自近及远至获嘉瑞；王道衰礼义废政教失，则国异政家殊俗而变风变雅作，变风发乎情止乎礼义，发乎情者民之性也，止乎礼义先王之泽，明得失之迹，伤人伦之废，哀刑政之苛，吟咏情性以讽其上，达于事变而怀其旧俗。雅者正教，乃周之正教可为后法，言天下之事形四方之风，陈王政之所由废兴，天下之事齐正万方，政教施同名之为雅，政有小大雅分大小，大雅据盛隆推原天命以述祖美，小雅先其文所以治内，后其武所以治外，二雅逆顺之次，极圣贤之情著天道之助，风雅之诗缘政而作，政既不同诗亦异体。颂者成教，乃诵周政教盛德广以美之，以其成功告于神明。风雅颂三，同为政名而积渐有序，教化之道先讽动之，物情既悟化之齐正，风动之初名之曰风，齐正之后名之曰雅，风俗既齐德能容物，教化功成名之曰颂。赋者铺陈今之政教善恶，比者不斥今失比类婉讽，兴者见今之美取善喻劝。赋比兴是诗之所用，风雅颂是诗之成形，用彼三事成此三事。关于《诗经》主旨体例，孔子指出："《诗》三百，一言以蔽之，曰：'思无邪。'"孔颖达《毛诗正义》序指出："夫《诗》者，论功颂德之歌，止僻防邪之训，虽无为而自发，乃有益于生灵。六情静于中，百物荡于外，情缘物动，物感情迁。若政遇醇和，则欢娱被于朝野，时当惨黩，亦怨刺形于咏歌。作之者所以畅怀舒愤，闻之者足以塞违从正。发诸情性，谐于律吕，故曰'感天地，动鬼神，莫近于《诗》'。此乃《诗》之为用，其利大矣。"郑玄《诗谱》序云："《虞书》曰：'诗言志，歌永言，声依永，律和声。'然则《诗》之道仿于此乎！有夏承之，篇章泯弃，靡有孑遗。迄及商王，不风不雅。何者？论功颂德所以将顺其美，刺过讥失所以匡救其恶，各于其党，则为法者彰显，为戒者著明。周自后稷播种百谷，黎民阻饥，兹时乃粒，自传于此名也。陶唐之末，中叶公刘亦世修其业，以明民共财。至于太王、王季，克堪顾天。文、武之德，光熙前绪，以集大命于厥身，遂为天下父母，使民有政有居。其时《诗》，风有《周南》《召南》，雅有《鹿鸣》《文王》之属。及成王，周公致太平，制礼作乐，而有颂声兴焉，盛之至也。本之由此风、雅而来，故皆录之，谓之《诗》之正经。后王稍更陵迟，懿王始受谮烹齐哀公，夷身失礼之后，邶不尊贤。自是而下，厉也幽也，政教尤衰，周室大坏，《十月之交》《民劳》《板》《荡》勃尔俱作，众国纷然，刺怨相寻。五霸之末，上无天子，下无方伯，善者谁赏？恶者谁罚？纪纲绝矣。故孔子录懿王、夷王时诗，讫于陈灵公淫乱之事，谓之变风变雅。以为勤民恤功，昭事上帝，则受颂声，弘福如彼。若违而弗用，则被劫杀，大祸如此。吉凶之所由，忧娱之萌渐，昭昭在斯，足作后王之鉴，于是止矣……欲知源流清浊之所处，则循其上下而省之。欲知风化芳臭气泽之所及，则傍行而观之，此《诗》之大纲也。"再就《诗经》源流沿革而言，大致为孔子删定以传子夏，子夏作序以授曾申，曾申再传李克、荀子，至鲁国毛亨训诂作传以授赵国毛苌，两晋南北朝刘焯、刘炫等义疏之，唐孔颖达等正义之。作为经学重镇，历代《诗经》学时中发明《诗经》大义，因历代因缘际遇而应时兴起，清版唐代《毛诗正义》即汉毛亨传、郑玄笺、唐孔颖达疏的内在整合。就儒教义理而言，《诗经》侧重表述了贤明通达君子主体、礼教纲常价值关怀、天人物象类比思维、上下互动民本观念等内容的内在统一。

一　《国风》韵义

周南

《关雎》：关关雎鸠在河之洲，窈窕淑女君子好逑。参差荇菜左右流之，窈窕淑女寤寐求之。求之不得寤寐思服，悠哉悠哉辗转反侧。参差荇菜左右采之，窈窕淑女琴瑟友之。参差荇菜左右芼之，窈窕淑女钟鼓乐之。

《关雎》以歌后妃贤德。后妃悦乐君子之德，如琴瑟音宫商相应，性行和谐贞专化下，寤寐求贤供奉职事，忧在进贤不淫其色，乐得淑女以配君子，求之友之乐之安之，慎固幽深风化天下。庸人好贤志有懈倦，中道而废善心则伤，后妃确能寤寐思贤，反侧忧贤不得不已，得贤友乐安和亲睦，未尝懈倦善道必全。夫妇之性人伦之重，夫妇有正父子有亲，父子有亲君臣有敬，君臣有敬朝廷有正，朝廷有正王化有成。风教之始以正夫妇，用之乡人用之邦国，正始之道王化之基，文王行化始于其妻，后妃有德兴助君子，可以成功至获嘉瑞，《关雎》王风系之周公。

《葛覃》：葛之覃兮施于中谷，维叶萋萋〔容色盛美〕。黄鸟于飞集于灌木，其鸣喈喈〔和声远闻〕。葛之覃兮施于中谷，维叶莫莫〔葛成可采〕。是刈是濩为缔为绤，〔性情贞专〕服之无斁。言告师氏言告言归，薄污我私薄浣我衣，害浣害否归宁父母。

《葛覃》以歌后妃之本。在父母家志在女功，躬俭节用尊重师教，妇德妇言妇容妇工，妇道适人自幼学习，祖庙未毁教成公宫，祖庙既毁教成宗室。后妃在家涵养淑性，出嫁无怠修而不改，女道外成以配君子，嫁不忘孝归安父母。后妃有本习与性成，安乐妇道化成天下。

《卷耳》：采采卷耳不盈顷筐，嗟我怀人寘彼周行。陟彼崔嵬我马虺隤，姑酌金罍以不永怀。陟彼高冈我马玄黄，姑酌兕觥以不永伤。陟彼砠矣我马瘏矣，我仆痡矣云何吁矣。

《卷耳》以歌后妃之志，躬率妇道辅佐君子，求贤德者审置官位，知臣勤劳深悯劝赏，唯恐君子不知其劳，内有进贤恤下之志，而无险诐私谒之心，朝夕思念至于忧勤。

《樛木》：南有樛木葛藟累之，乐只君子福禄绥之。南有樛木葛藟荒之，乐只君子福禄将之。南有樛木葛藟萦之，乐只君子福禄成之。

《樛木》以歌后妃逮下，和谐众妾无嫉妒心，恒以善言逮下安之，恩意下逮使得次序。众妾附事礼义俱盛，妃妾相与礼义和合，内和家治天下感化，乐其君子福禄所安。

《螽斯》：螽斯〔之〕羽诜诜〔众多〕，宜尔子孙振振〔仁厚〕。螽斯〔之〕羽薨薨〔齐飞〕，宜尔子孙绳绳〔戒慎〕。螽斯〔之〕羽揖揖〔会聚〕，宜尔子孙蛰蛰〔和集〕。

《螽斯》以歌后妃感报。凡物有欲无不妒忌，螽斯不然无所妒忌，受气生子诜诜众多，后妃宽容而不嫉妒，宜其子孙众多仁厚。

《桃夭》：桃之夭夭灼灼其华，之子于归宜其室家。桃之夭夭有蕡其实，之子于归宜其家室。桃之夭夭其叶蓁蓁，之子于归宜其家人。

《桃夭》以歌后妃感致，不妒忌故男女以正，婚姻以时国无鳏民，年时俱当有色有德。

《兔罝》：肃肃兔罝椓之丁丁，赳赳武夫公侯干城。肃肃兔罝施于中逵，赳赳武夫公侯好仇。肃肃兔罝施于中林，赳赳武夫公侯腹心。

《兔罝》以歌后妃感化，《关雎》化行莫不好德，鄙贱之人犹能恭敬，威德折冲守国扞民，良谋制断匹耦君志，举微见著喻贤众多。

《芣苢》：采采芣苢薄言采之，采采芣苢薄言有之。采采芣苢薄言掇之，采采芣苢薄言捋之。采采芣苢薄言袺之，采采芣苢薄言襭之。

《芣苢》以歌后妃之美，政教和平妇乐有子，车前之子食之宜子，反复歌咏见美和平。

《汉广》：南有乔木不可休息，汉有游女不可求思。汉之广矣不可泳思，江之永矣不可方思。翘翘错薪言刈其楚，之子于归言秣其马。汉之广矣不可泳思，江之永矣不可方思。翘翘错薪言刈其蒌，之子于归言秣其驹。汉之广矣不可泳思，江之永矣不可方思。

《汉广》以歌德广所及。纣时淫风遍于天下，文王之道被于南国，美化行乎江汉之域，贤女贞洁无可犯礼。翘楚高洁何敢刈取，贤女贞洁深愿敬之，乔木难休汉广难泳，犯礼而往求不可得，奸淫之事男唱女和，女不可求男息邪意。

《汝坟》：遵彼汝坟伐其条枚，未见君子惄如调饥。遵彼汝坟伐其条肄，既见君子不我遐弃。鲂鱼赪尾王室如毁，虽则如毁父母孔迩。

《汝坟》以歌道化流行。文王之化行乎汝滨，妇被王化厚事君子，能悯其夫勉之以正，君子贤者处勤劳职。仕纣乱世颜容憔悴，勉力从役无得逃避，父母甚近当自思念，免于得罪忧及父母。

《麟之趾》：麟之趾〔兮〕振振公子，于嗟麟兮〔君子信厚〕。麟之定〔兮〕振振公姓，于嗟麟兮〔君子亲睦〕。麟之角〔兮〕振振公族，于嗟麟兮〔君子至仁〕。

《麟之趾》者关雎之应，麟者瑞兽身牛尾马，足黄圆蹄角端有肉，麟角表德有武不用，音中钟吕行中规矩，王者至仁则时出之。《关雎》化行无犯非礼，后世虽衰犹存其化，君之宗族犹尚振振，衰世公子亦皆信厚，与礼相应有似于麟，反复嗟叹以深美之。

召南

《鹊巢》：维鹊有巢维鸠居之，之子于归百两御之。维鹊有巢维鸠方之，之子于归百两将之。维鹊有巢维鸠盈之，之子于归百两成之。

《鹊巢》以歌夫人之德。积行累功君致爵位，夫人起家居有成之，鳲鸠之德均一有仪，德如鸤鸠方可配君。

《采蘩》：于以采蘩于沼于沚，于以用之公侯之事。于以采蘩于涧之中，于以用之公侯之宫。被之僮僮夙夜在公，被之祁祁薄言还归。

《采蘩》以歌夫人称职，神飨德信水草可荐，公侯夫人执蘩助祭，能奉祭祀不失本职，夙夜竦敬视祭祀事，祭毕释服威仪安舒。

《草虫》：喓喓草虫趯趯阜螽，未见君子忧心忡忡，亦既见止亦既觏之，〔可宁父母〕我心则降。陟彼南山言采其蕨，未见君子忧心惙惙，亦既见止亦既觏止，〔君子礼我〕我心则说。陟彼南山言采其薇，未见君子我心伤悲，亦既见止亦既觏之，〔终身有托〕我心则夷。

《草虫》以歌大夫之妻，以礼自防随从君子，妇虽适人有归宗义，唯恐见弃贻父母忧，嫁前担忧不当君子，无宁父母其心忐忑，婚后欣慰君子礼己，可宁父母其心平定。

《采蘋》：于以采蘋南涧之滨，于以采藻于彼行潦。于以盛之维筐及筥，于以湘之维锜及釜。于以奠之宗室牖下，谁其尸之有齐季女。

《采蘋》以歌大夫之妻，能循法度承祖供祭。女子十岁不出听教，学习女事以供衣服，观于祭祀礼相助奠，教成之祭使成妇礼，十五而笄二十而嫁，既嫁循教以为法度，蘋者宾也藻者澡也，象妇行尚柔顺洁清。

《甘棠》：蔽芾甘棠勿翦勿伐，召伯所茇〔听断讼狱〕。蔽芾甘棠勿翦勿败，召伯所憩〔不烦百姓〕。蔽芾甘棠勿翦勿拜，召伯所说〔德化国人〕。

《甘棠》歌美召伯之功。召伯之教明于南国，恩爱结于南国民心，听男女讼不烦百姓，亲听断于小棠之下，国人被德悦其风化，因思其人遂敬其树。

《行露》：厌浥行露〔二月良时〕，岂不夙夜谓行多露。谓雀无角何穿我屋，谓女无家何速我狱。虽速我狱室家不足。谓鼠无牙何穿我墉，谓女无家何速我讼，虽速我讼亦不女从。

《行露》以歌召伯听讼，当殷末世周之盛德。衰乱俗微贞信教兴，行人惧露贞女畏礼，违礼污身惧而不为，强暴之男难侵贞女。

《羔羊》：羔羊之皮素丝五紽，退食自公委蛇委蛇。羔羊之革素丝五緎，委蛇委蛇自公退食。羔羊之缝素丝五总，委蛇委蛇退食自公。

《羔羊》以歌《鹊巢》功致。召南之国化文王政，在位俭直德如羔羊，《鹊巢》之君积行累功，在位大夫竞相切化，正直顺事委曲自得，布德施行动而有法，行服相称内外得宜。

《殷其雷》：殷其雷在南山之阳，何斯违斯莫敢或遑，振振君子归哉归哉。殷其雷在南山之侧，何斯违斯莫敢遑息，振振君子归哉归哉。殷其雷在南山之下，何斯违斯莫或遑处，振振君子归哉归哉。

《殷其雷》诗劝夫以义。召南大夫当纣乱时，远行从政不遑宁处，妻悯其劳劝为臣义，信厚君子功成方归。

《摽有梅》：摽有梅〔兮〕其实七兮，求我庶士迨其吉兮。摽有梅〔兮〕其实三兮，求我庶士迨其今兮。摽有梅〔兮〕顷筐塈之，求我庶士迨其谓之。

《摽有梅》歌男女及时，当纣之时俗衰政乱，男女嫁娶多不以时，被文王化得以及时。女子二十有如春盛，求女众士宜及善时，春盛不嫁至夏则衰，蕃育民人不待备礼。

《小星》：嘒彼小星三五在东，肃肃宵征夙夜在公，〔分位有差〕寔命不同。嘒彼小星维参与昴，肃肃宵征抱衾与裯，〔礼数有别〕寔命不犹。

《小星》以歌夫人惠下，无妒忌行惠及贱妾，得接君子感惠守礼，知其礼命而尽其心。

《江有汜》：江〔则〕有汜归不我以，归不我以其后也悔。江〔则〕有渚归不我与，归不我与其后也处。江〔则〕有沱归不我过，归不我过其啸也歌。

《江有汜》者美媵之德。江汜并流嫡媵俱行，江流渚留嫡媵异心，文王之时江沱之间，有嫡不以其媵备数，媵勤无怨嫡亦悔过。

《野有死麕》：野有死麕白茅包之，有女怀春吉士诱之。林有朴樕野有死鹿，白茅纯束有女如玉。舒而脱脱〔愿以礼来〕，无感我帨无使龙吠。

《野有死麕》恶婚无礼。当纣之世天下大乱，强暴相陵遂成淫风，不由媒妁劫胁成婚，南国之民被文王化，虽当乱世犹恶无礼，贞女坚洁其德如玉，凶荒杀礼犹须诚礼。死鹿之肉白茅纯束，但以礼来女则从之，不得安舒奔走失节，劫胁成婚贞女深恶。

《何彼襛矣》：何彼襛矣唐棣之华，曷不肃雍王姬之车。何彼襛矣华如桃李，平王之孙齐侯之子。其钓维何维丝伊缗，齐侯之子平王之孙。

《何彼襛矣》歌美王姬，下嫁诸侯犹执妇道，能成肃敬雍和之德。以丝为绳方为善钓，以礼为本方为善娶，善道相求礼仪无差。

《驺虞》：彼茁者葭壹发五豝，于嗟驺虞〔仁心感致〕。彼茁者蓬壹发五豵，于嗟驺虞〔至信感致〕。

《周南》《召南》王化之基，《驺虞》之感《鹊巢》之应，夫人均一不失其职，《鹊巢》化行人伦既正，以礼自防听讼决事，朝廷既治天下纯化。庶类蕃殖蒐田以时，王用三驱放失前禽，君射一发而翼五猪，战禽兽命仁心之至。驺虞义兽白虎黑文，不食生物至信德应，仁如驺虞王道以成。

邶风

《柏舟》：泛彼柏舟亦泛其流，耿耿不寐如有隐忧，微我无酒以敖以游。我心匪鉴不可以茹，亦有兄弟不可以据，薄言往诉逢彼之怒。我心匪石不可转也，我心匪席不可卷也，威仪棣棣不可选也。忧心悄悄愠于群小，觏闵既多受侮不少，静言思之寤辟有摽。日居月诸胡迭而微，心之忧矣如匪浣衣，静言思之不能奋飞。

《柏舟》诗言仁而不遇。卫顷公时君拒贤志，小人专恣仁人见侵，君臣道亏贤臣无遇，善恶外内心度知之，心志坚平拊心摽然，君臣同姓兄弟当依，不忍去位仁厚之至。

《绿衣》：绿兮衣兮绿衣黄里，心之忧矣曷维其已。绿兮衣兮绿衣黄裳，心之忧矣曷维其亡。绿兮丝兮女所治兮，我思古人俾无訧兮。絺兮绤兮凄其以风，我思古人实获我心。

《绿衣》之诗庄姜伤己。诸侯夫人祭服为上，鞠衣展衣褖衣次之，贵贱所服各有礼制，褖衣黄里非礼不正。嬖妾上僭夫人失位，嫡妾礼乱本末颠倒，夫妇失道贵贱紊序，古圣先贤制礼意深，礼定尊卑使人无差。

《燕燕》：燕燕于飞差池其羽，之子于归远送于野，瞻望弗及泣涕如雨。燕燕于飞颉之颃之，之子于归远于将之，瞻望弗及伫立以泣。燕燕于飞下上其音，之子于归远送于南，瞻望弗及实劳我心。仲氏任只其心塞渊，终温且惠淑慎其身，先君之思以勖寡人。

《燕燕》庄姜恘送归妾。陈女戴妫生子名完，庄姜无子以为己子，公薨完立州吁杀之，戴妫大归庄姜送之，戴妫恩信诚实深远，温恭谨慎礼义劝勉，庄姜远送哀其际遇，作诗见志称其德行。

《日月》：日居月诸照临下土，乃如之人逝不古处，胡能有定宁不我顾。日居月诸下土是冒，乃如之人逝不相好，胡能有定宁不我报。日居月诸出自东方，乃如之人德音无良，胡能有定俾也可忘。日居月诸东方自出，父兮母兮畜我不卒，胡能有定报我不述。

《日月》之诗庄姜伤己，伤己不见答于先君，遭州吁难以至困穷，日月以喻国君夫人，不以正处甚违初时。治国本当同德齐意，不循礼制夫妇失所，众事终亦难以安定。

《终风》：终风且暴顾我则笑，谑浪笑敖中心是悼。终风且霾惠然肯来，莫往莫来悠悠我思。终风且曀不日有曀，寤言不寐愿言则嚏。曀曀其阴虺虺其雷，寤言不寐愿言则怀。

《终风》之诗庄姜伤己，遭州吁暴见侮难止。州吁不善如风无休，既无子道以来事己，己亦不得母道往加，母子恩绝无敬心忧。

《击鼓》：击鼓其镗踊跃用兵，土国城漕我独南行。从孙子仲平陈与宋，不我以归忧心有忡。爰居爰处爰丧其马，于以求之于林之下。死生契阔与子成说，执子之手与子偕老。于嗟阔兮不我活兮，于嗟洵兮不我信兮。

《击鼓》之诗民怨州吁，用兵暴乱勇而无礼，阻兵安忍无众无亲，众民劳苦从军尤甚。从军士伍相与勤苦，不告归期忧心忡忡，众叛亲离军士离散，伤叹约誓志相存救，勿得相背使非命亡。

《凯风》：凯风自南吹彼棘心，棘心夭夭母氏劬劳。凯风自南吹彼棘薪，母氏圣善我无令人。爰有寒泉在浚之下，有子七人母氏劳苦。睍睆黄鸟载好其音，有子七人莫慰母心。

《凯风》之诗深美孝子，卫淫风行妇不安室，母有嫁志反躬内省，作诗以成自责之志。感恩其母宽仁劳苦，责己无善难安母心，子尽孝道和颜顺辞，母心感慰嫁志遂消。

《雄雉》：雄雉于飞泄泄其羽，我之怀矣自诒伊阻。雄雉于飞下上其音，展矣君子实劳我心。瞻彼日月悠悠我思，道之云远曷云能来。百尔君子不知德行，不忮不求何用不臧。

《雄雉》之诗刺卫宣公，奋讯形貌志在妇人，小大其声怡悦女色，淫乱悖伦不恤国事，军旅数起大夫久役，男女旷怨国人患之，妇人念夫心不能已，诉之君子怨恩宣公。

《匏有苦叶》：匏有苦叶济有深涉，深则厉〔涉〕浅则揭〔涉〕。有瀰济盈有鷕雉鸣，盈不濡轨雉鸣求牡。雍雍鸣雁旭日始旦，士如归妻迨冰未泮。招招舟子人涉卬否，人涉卬否卬须我友。

《匏有苦叶》刺卫宣公，公与夫人并为淫乱，不用正礼及时而娶，乃烝父妾乱礼败伦。济水之道深厉浅揭，礼有禁法不可逾越，男女之际不可无礼，用礼当随丰俭之异，时丰礼隆时俭礼杀，遭时制宜不可无礼，若其无礼无以自济。室家之道当有媒介，非得所适贞女不行，非得礼义婚姻不成。

《谷风》：习习谷风以阴以雨，黾勉同心不宜有怒。采葑采菲无以下体，德音莫违及尔同死。行道迟迟中心有违，不远伊迩薄送我畿。谁谓荼苦其甘如荠，宴尔新昏如兄如弟。泾以渭浊湜湜其沚，宴尔新昏不我屑以。毋逝我梁毋发我笱，我躬不阅遑恤我后。就其深矣方之舟之，就其浅矣泳之游之。何有何亡黾勉求之，凡民有丧匍匐救之。不我能慉反以为仇，既阻我德贾用不售。昔恐育鞠及尔颠覆，既生既育比予于毒。我有旨蓄亦以御冬，宴尔新昏以我御穷。有洸有溃既诒我肄，不念昔者伊余来墍。

《谷风》诗刺夫妇失道，卫公淫乱民效其上，淫于新婚弃其旧室，夫妇离绝国俗伤败。东风温舒阴阳和至，夫妇和成而继嗣生，夫妇同心不宜谴怒，以礼义合颜衰无弃，夫弃妇怨伦常乖张，恩义断绝痛何如之。

《式微》：式微式微胡不〔还〕归，微君之故胡为中露。式微式微胡不〔速〕归，微君之躬胡为泥中。

《式微》之诗臣谏寄君。为狄人逐黎侯弃国，寓卫久之臣劝以归，可归不归臣子责君，君不在此臣何久耽，在此益微君何不归。

《旄丘》：旄丘之葛兮何诞之节，叔兮伯兮何多日也。何其处也必有与也，何其久也必有以也。狐裘蒙戎匪车不东，叔兮伯兮靡所与同。琐兮尾兮流离之子，叔兮伯兮褒如充耳。

《旄丘》之诗黎臣责卫。狄人迫逐黎侯寓卫，诸侯连属忧患相及，当修方伯连率之职，救患恤难行仁义德。卫之诸臣初有小善，不恤其职但为昏乱，始而愉乐终以微弱，无德自将不能常乐。

《简兮》：简兮简兮方将万舞，日之方中在前上处，硕人俣俣公庭万舞。有力如虎执辔如组，左手执龠右手秉翟，赫如渥赭公言锡爵。山〔则〕有榛隰〔则〕有苓，云谁之思西方美人，彼美人兮西方之人。

《简兮》之诗刺不用贤。卫之贤者仕于乐官，武力比虎可以御乱，御众有章言能治众，硕人大德堪为王臣，伶官贱职大失其所，贤不进用处非其位，容色赫然徒赐一爵，榛也苓也各得其所，硕人贤者宜荐王室。

《泉水》：毖彼泉水亦流于淇，有怀于卫靡日不思，娈彼诸姬聊与之谋。出宿于泲饮饯于祢，女子有行远父母兄，问我诸姑遂及伯姊。出宿于干饮饯于言，载脂载辖还车言迈，遄臻于卫不瑕有害。我思肥泉兹之永叹，思须与漕我心悠悠，驾言出游以写我忧。

《泉水》之诗卫女思归，嫁于诸侯父母命终，归宁不得作诗见志。女子生有适人之道，远于父母兄弟之亲，礼缘人情使得归宁，国君夫人亲在归宁，没则使卿宁于兄弟，思归非礼亦思之至，觌问诸姑遂及伯姊，观其志意申亲亲恩。

《北门》：出自北门忧心殷殷，终窭且贫莫知我艰，天实为之谓之何哉。王事适我政事益我，我入自外室人谪我，天实为之谓之何哉。王事敦我政事遗我，我入自外室人摧我，天实为之谓之何哉。

《北门》诗刺仕不得志。卫之忠臣不得其志，君不知贤遭遇困苦，君禄之薄不足为礼，贫困乏资内外交责，事君志忠无怨他人。出自北门背明行阴，犹仕暗君忧心殷殷，君虽禄薄不忍去之，守此贫困自认天命。

《北风》：北风其凉雨雪其雱，惠而好我携手同行，其虚其邪既亟只且。北风其喈雨雪其霏，惠而好我携手同归，其虚其邪既亟只且。莫赤匪狐莫黑匪乌，惠而好我携手同车，其虚其邪既亟只且。

《北风》之诗刺上酷虐，在位本应虚徐宽仁，今行急刻君臣为恶，类于狐乌莫辨同异。寒凉之风病害万物，喻君政教酷暴民散，卫国君臣并为威虐，百姓不亲相携同去。

《静女》：静女其姝俟我城隅，爱而不见搔首踟蹰。静女其娈贻我彤管，彤管有炜说怿女美。自牧归荑洵美且异，匪女为美美人之贻。

《静女》诗刺时无礼法，卫君无道夫人无德，故陈静女遗彤管法。古有女史彤管之法，后妃群妾以礼侍君，女史书记以进退之，事无大小记以成法，使不违失以成德美，史不记过其罪杀之。女德贞静待礼而动，防如城隅志往行正，能遗古法可配人君，非美其女美贻贤法。

《新台》：新台有泚河水弥弥，燕婉之求蘧篨不鲜。新台有洒河水浼浼，燕婉之求蘧篨不殄。鱼网之设鸿则离之，燕婉之求得此戚施。

《新台》之诗刺卫宣公，纳子伋妻作台要之，国人恶之而作是诗。伋妻始来未至于卫，公闻其美待其于河，设网宜鱼鸿反来附，礼求燕婉反得不善，水之盛流当洁污秽，恶公反为淫昏之行。

《二子乘舟》：二子乘舟泛泛其景，愿言思子中心养养。二子乘舟泛泛其逝，愿言思子不瑕有害。

《二子乘舟》民思伋寿，卫宣二子争相为死，国人伤思而作是诗。宣公为伋娶齐女美，夺之自纳生寿及朔，朔与其母愬伋于公，公令之齐使贼杀之，寿知告伋使速去之，伋答君命不可以逃，寿窃其节先往被杀，伋至自认贼又杀之。国人伤其涉危赴死，如乘轻舟而无所系，泛然迅疾而不挂碍，深悯至悼惜其遇害。

鄘风

《柏舟》：泛彼柏舟在彼中河，髧彼两髦实维我仪，之死矢靡〔邪念〕它〔心〕，母也天只不谅人只。泛彼柏舟在彼河侧，髧彼两髦实维我特，之死矢靡〔它心〕慝〔念〕，母也天只不谅人只。

《柏舟》之诗恭姜自誓。卫僖世子恭伯早死，父母欲嫁其妻守义，舟在河中妇在夫家，子事父母是其常处，同德齐意誓死不嫁，作诗绝止夺己之意。

《墙有茨》：墙〔上〕有茨不可扫也，中冓之言不可道也，所可道也言之丑也。墙〔上〕有茨不可襄也，中冓之言不可详也，所可详也言之长也。墙〔上〕有茨不可束也，中冓之言不可读也，所可读也言之辱也。

《墙有茨》者卫人刺上。公子顽通幼君之母，国人疾之而不可道，墙防非常扫蒺伤墙，国君以礼防制一国，宫内反有淫昏之行，淫昏语恶丑不可道，欲除灭之违礼害国，讥君本应防闲其母。

《君子偕老》：君子偕老副笄六珈，委委佗佗如山如河，〔德位俱隆〕象服是宜，子之不淑云如之何。玼兮玼兮其之翟也，鬒发如云不屑髢也，玉瑱象揥扬且皙也，胡然而天也胡然而帝也。瑳兮瑳兮其之展也，蒙彼绉绤是绁袢也，子之清扬扬且之颜，展如之人邦之媛也。

《君子偕老》刺卫夫人。淫乱失事君子之道，故陈人君德服相称，目视清明眉上平广，颜角丰满德以称之，行可委曲其德平易，山无不容河无不润，德服相称宜配君子，守礼贞洁以事君子，君子虽死志行不变，贞顺宜与君子偕老，刺卫夫人德行不称，宜善不善不可尊敬。

《桑中》：爰采唐矣沫之乡矣，云谁之思美孟姜矣，期我桑中要我上宫，〔亲〕送我乎淇之上矣。爰采麦矣沫之北矣，云谁之思美孟弋矣，期我桑中要我上宫，〔亲〕送我乎淇之上矣。爰采葑矣沫之东矣，云谁之思美孟庸矣，期我桑中要我上宫，〔亲〕送我乎淇之上矣。

《桑中》诗刺男女淫奔。卫之公室淫乱所化，世族在位相窃妻妾，不待礼媒期于幽远，政教荒散世俗流移，淫乱成风而不可止。

《鹑之奔奔》：鹑之奔奔鹊之彊彊，人之无良我以为兄。鹊之彊彊鹑之奔奔，人之无良我以为君。

《鹑之奔奔》刺卫宣姜，与公子顽为淫乱行。宣姜小君母仪卫国，与庶子淫失其常匹，鹑鹊各匹不乱其类，讥刺宣姜鹑鹊不若，亦责惠公不能防闲。

《定之方中》：定之方中作于楚宫，揆之以日作于楚室，树之榛栗椅桐梓漆，爰伐琴瑟〔礼乐复兴〕。升彼虚矣以望楚矣，景山与京降观于桑，卜云其吉终然允臧。灵雨既零命彼倌人，星言夙驾说于桑田，匪直也人秉心塞渊，〔灭而复兴〕骙牝三千。

《定之方中》美卫文公。卫为狄灭齐桓封之，文公徙居得其时制，百姓悦之爱民务农，秉心诚远政行德实，卫国复兴殷富可美。

《蝃蝀》：蝃蝀在东莫之敢指，女子有行远父母兄。朝跻于西崇朝其雨，女子有行远兄父母。乃如之人怀昏姻也，大无信也不知命也。

《蝃蝀》诗赞复礼止奔。卫文公能礼法化民，淫奔之耻国人不齿，虹气见东夫妇过礼，君子尚莫敢指敢视。淫奔过恶须就责之，朝跻必雨气应自然，女子适人嫁为正道，何为淫奔无命失贞。

《相鼠》：相鼠有皮人而无仪，人而无仪不死何为。相鼠有齿人而无止，人而无止不死何俟。相鼠有体人而无礼，人而无礼胡不遄死。

《相鼠》诗刺无礼仪者，人无礼仪伤化败俗，承先君化有臣无礼，文公正之化使有礼。

《干旄》：孑孑干旄在浚之郊，素丝纰之良马四之，彼姝者子何以畀之。孑孑干旟在浚之都，素丝组之良马五之，彼姝者子何以予之。孑孑干旌在浚之城，素丝祝之良马六之，彼姝者子何以告之。

《干旄》之诗美上好善。文公臣子多好善者，贤者乐以善道告之，示御马法喻教治民，执辔于此马骋于彼，立化于己德加于民，从内出外使民得所，处士贤者忠厚为怀，虽有所告意犹未尽。

《载驰》：载驰载驱归唁卫侯，驱马悠悠言至于漕，大夫跋涉我心则忧。既不我嘉不能旋反，视尔不臧我思不远。既不我嘉不能旋济，视尔不臧我思不閟。陟彼阿丘言采其蝱，女子善怀亦各有行，许人尤之众稚且狂。我行其野芃芃其麦，控于大邦谁因谁极，大夫君子无我有尤，百尔所思不如我之。

《载驰》许穆夫人示志，悯卫懿公为狄所灭，国人分散露于漕邑，宗国颠覆自伤不救，思归唁兄礼义不得，心忧如焚赋诗见志。

卫风

《淇奥》：瞻彼淇奥菉竹猗猗，有匪君子〔礼以自修〕，如切如磋如琢如磨，瑟兮僩兮赫兮咺兮，有匪君子不可谖兮。瞻彼淇奥菉竹青青，有匪君子〔服称其德〕，充耳琇莹会弁如星，瑟兮僩兮赫兮咺兮，有匪君子不可谖兮。瞻彼淇奥菉竹如箦，有匪君子〔中道可亲〕，如金如锡如圭如璧，宽兮绰兮猗重较兮，善戏谑兮不为虐兮。

《淇奥》诗美武公之德，文章斐然能听规谏，切磋琢磨学问自修，颜色矜庄容裕宽大，明德外见威仪宣著，德业已成精如金锡，性情宽弘张弛得中，质美德盛康叔余烈，以礼自防入相于周，盛德之至民念不忘。

《考槃》：考槃在涧硕人之宽，独寐寤言永矢弗谖。考槃在阿硕人之薖，独寐寤歌永矢弗过。考槃在陆硕人之轴，独寐寤宿永矢弗告。

《考槃》之诗刺卫庄公，不继先业不用贤德，贤退穷处使至饥困。大德宽博进于道义，穷处虚乏能成其乐，执德之弘信道之笃，以道自誓不敢过差，成乐终处不复入朝。

《硕人》：硕人其颀衣锦褧衣，齐侯之子卫侯之妻，东宫之妹邢侯之姨，谭公维私〔其亲重贵〕。手如柔荑肤如凝脂，领如蝤蛴齿如瓠犀，螓首蛾眉〔端庄聪敏〕，巧笑倩兮美目盼兮。硕人敖敖说于农郊，四牡有骄朱幩镳镳，〔夫人正礼〕翟茀以朝，大夫夙退无使君劳。河水洋洋北流活活，施罛濊濊鳣鲔发发，葭菼揭揭庶姜孽孽，庶士有朅〔礼仪备好〕。

《硕人》之诗悯卫庄姜，容貌既美亲皆正大，礼仪具备宜相亲幸，庄公嬖妾使骄上僭，庄姜虽贤庄公不答，终以无子国人悯忧。

《氓》：氓之蚩蚩抱布贸丝，匪来贸丝来即我谋。送子涉淇至于顿丘，匪我愆期子无良媒，将子无怒秋以为期。乘彼垝垣以望复关，不见复关泣涕涟涟，既见复关载笑载言，尔卜尔筮体无咎言，以尔车来以我贿迁。桑之未落其叶沃若，于嗟鸠兮无食桑葚，于嗟女兮无与士耽，士之耽兮犹可说也，女之耽兮不可说也。桑之落矣其黄而陨，自我徂尔三岁食贫，淇水汤汤渐车帷裳，女也不爽士贰其行，士也罔极二三其德。三岁为妇靡室劳矣，夙兴夜寐靡有朝矣，言既遂矣至于暴矣，兄弟不知咥其笑矣，静言思之躬自悼矣。及尔偕老老使我怨，淇则有岸隰则有泮，总角之宴言笑晏晏，信誓旦旦不思其反，反是不思亦已焉哉。

《氓》刺时淫美悔反正。宣公之时礼义消亡，淫风大行男女诱奔，花落色衰复相弃背，初无礼仪失贞无终，困而自悔序事以风。

《竹竿》：籊籊竹竿以钓于淇，岂不尔思远莫致之。泉源在左淇水在右，女子有行远兄父母。淇水在右泉源在左，巧笑之瑳佩玉之傩。淇水滺滺桧楫松舟，驾言出游以写我忧。

《竹竿》之诗卫女思归。小水之道流入大水，今水相与以为左右，妇人之礼嫁于君子，而今君子不礼疏己，钓以得鱼待礼成家，适不见答忧思以礼。舟楫相配得水而行，男女相配得礼而备，伤己不得夫妇正礼，无由致此室家之道。

《芄兰》：芄兰之支童子佩觽，虽则佩觽能不我知，容兮遂兮垂带悸兮。芄兰之叶童子佩韘，虽则佩韘能不我甲，容兮遂兮垂带悸兮。

《芄兰》之诗刺卫惠公，幼即君位自谓有才，但习威仪为政无礼，君子德当柔润温良，骄而无礼大夫刺之。芄兰柔弱蔓延于地，幼稚之君任贤成政，内德不称无礼以行，虽仪不如众臣狎习。

《河广》：谁谓河广一苇杭之，谁谓宋远跂予望之。谁谓河广曾不容刀，谁谓宋远曾不崇朝。

《河广》之诗出母思子。宋襄公母被休归卫，襄公即位其母思宋，义不可往作诗自止。

《伯兮》：伯兮竭兮邦之桀兮，伯也执殳为王前驱。自伯之东首如飞蓬，岂无膏沐谁适为容。其雨其雨杲杲出日，愿言思伯甘心首疾。焉得谖草言树之背，愿言思伯使我心痗。

《伯兮》诗刺行役逾时。蔡卫陈人从王伐郑，君子行役为王前驱，三月一时伐不逾时，师出有时以厚民性，过时不返家人思之，思之至甚遂生首疾，恐以危身思忘忧草，冀树北堂观以忘忧。

《有狐》：有狐绥绥在彼淇梁，心之忧矣之子无裳。有狐绥绥在彼淇厉，心之忧矣之子无带。有狐绥绥在彼淇侧，心之忧矣之子无服。

《有狐》刺卫婚姻失时，男女失时丧其妃耦，古有凶荒杀礼为婚，时君不教随时减礼，至过盛年而无匹配。狐而匹行亦得其所，男女失时狐之不如，裳之配衣犹女配男，故妇假言之子无裳，欲为作裳与为室家。

《木瓜》：投我木瓜报以琼琚，匪为报也永为好也。投我木桃报以琼瑶，匪为报也永为好也，投我木李报以琼玖，匪为报也永为好也。

《木瓜》之诗美齐桓公，狄灭卫国齐桓救之，封而遗之车马器服，卫人思报而作是诗，果实相遗必苟且之，报之不能假以琼玉，欲令玩好结其恩情。孔子读诗喟然感叹，《二南》可见周道所成，《柏舟》可见匹夫执志，《淇奥》可见学为君子，《考槃》可见遁士无闷，《木瓜》可见苟且礼行，《缁衣》可见好贤之至。

王风

《黍离》：彼黍离离彼稷之苗，行迈靡靡中心摇摇，知我〔情〕者谓我心忧，不知我者谓我何求，悠悠苍天此何人哉。彼黍离离彼稷之穗，行迈靡靡中心如醉，知我〔情〕者谓我心忧，不知我者谓我何求，悠悠苍天此何人哉。彼黍离离彼稷之实，行迈靡靡中心如噎，知我〔情〕者谓我心忧，不知我者谓我何求，悠悠苍天此何人哉。

《黍离》之诗悯叹宗周，幽王灭后平王东迁，政遂微弱诗不复雅，以王当国同于国风。大夫行役至于宗周，宗庙宫室尽为禾黍，悯周颠覆不忍速去，亡国之君何等人哉，而使宗庙丘墟至此，中心忧思诉之于天。

《君子于役》：君子于役不知其期，曷〔时〕至哉鸡栖于埘，日之夕矣羊牛下来，君子于役如何勿思。君子于役不日不月，曷其有佸鸡栖于桀，日之夕矣羊牛下括，君子于役苟无饥渴。

《君子于役》刺周平王，畜产出入尚有期节，君子行役漫无期度，思其危难大夫讽焉。

《君子阳阳》：君子阳阳〔无所用心〕，左执簧右招我由房，〔乱世道阻〕其乐只且。君子陶陶〔和乐无争〕，左执翿右招我由敖，〔乱世道阻〕其乐只且。

《君子阳阳》悯周衰乱。时世衰乱礼教不行，君子遭乱全身远害，得禄而仕不求道行，安于时命恬淡无忧，相招乐官乐此而已。

《扬之水》：扬之水〔兮〕不流束薪，彼其之子不与戍申，怀哉怀哉曷月还哉。扬之水〔兮〕不流束楚，彼其之子不与戍甫，怀哉怀哉曷月归哉。扬之水〔兮〕不流束蒲，彼其之子不与戍许，怀哉怀哉曷月还归。

《扬之水》诗刺周平王，不抚其民屯戍母家。平王母家申国近楚，王弱见侵故远戍之，激扬之水可移束薪，王者之尊可泽下民，政教烦急恩泽不行，其令颇僻独行劳苦，久不得归周人怨思。

《中谷有蓷》：中谷有蓷暵其干矣，有女仳离嘅其叹矣，慨其叹矣遇人艰矣。中谷有蓷暵其脩矣，有女仳离条其歗矣，条其歗矣遇不淑矣。中谷有蓷暵其湿矣，有女仳离啜其泣矣，啜其泣矣何嗟及矣。

《中谷有蓷》悯周俗衰。蓷草宜生高陆之地，今生谷中水浸干死，妇人宜居平安之世，凶年夫弃慨然伤之，夫妇恩衰饥馑相弃，风俗衰败作诗悯之。

《兔爰》：有兔爰爰雉离于罗，我生之初尚无〔役〕为，我生之后逢此百罹，〔无所乐生〕尚寐无吪。有兔爰爰雉离于罦，我生之初尚无〔役〕造，我生之后逢此百忧，〔无所乐生〕尚寐无觉。有兔爰爰雉离于罿，我生之初尚无〔役〕庸，我生之后逢此百凶，〔无所乐生〕尚寐无聪。

《兔爰》之诗悯伤周乱。桓王失信诸侯背叛，构怨连祸王师伤败，有兔无拘爰爰而缓，有雉离网躁蹙而急，王政不均役赋不息，君子之人不乐其生。

《葛藟》：绵绵葛藟在河之浒，终远兄弟谓他人父，谓他人父亦莫我顾。绵绵葛藟在河之涘，终远兄弟谓他人母，谓他人母亦莫我有。绵绵葛藟在河之漘，终远兄弟谓他人昆，谓他人昆亦莫我闻。

《葛藟》王族刺周平王。周室道衰弃其九族，不复食燕礼叙亲睦，葛藟河润长大不绝，王之同姓恩施以存，王寡恩施远弃族亲，有如他人为己之父，何能顾眷有恩于己，故王族人作诗怨之。

《采葛》：彼采葛兮〔小事惧谗〕，一日不见如三月兮。彼采萧兮〔大事惧谗〕，一日不见如三秋兮。彼采艾兮〔急事惧谗〕，一日不见如三岁兮。

《采葛》之诗君子惧谗，桓王之时政事不明，臣出使者惧谗人毁，日久情疏为惧益甚。

《大车》：大车槛槛毳衣如菼，岂不尔思畏子不敢。大车啍啍毳衣如璊，岂不尔思畏子不奔。穀则异室死则同穴，谓予不信有如皦日。

《大车》之诗刺周大夫，礼义陵迟男淫女奔。古者大夫善于听讼，有女欲奔畏罪不敢，乃使夫妇室家有礼，生则异居死则同葬，陈古刺今暗于古礼。

《丘中有麻》：丘中有麻彼留子嗟，彼留子嗟其来施施。丘中有麦彼留子国，彼留子国将其来食。丘中有李彼留之子，彼留之子贻我佩玖。

《丘中有麻》国人思贤，庄王不明贤人放逐，国人思之而作是诗，思其将来己得见诲。

郑风

《缁衣》：缁衣宜兮敝改为兮，适子之馆还授子粲。缁衣好兮敝改造兮，适子之馆还授子粲。缁衣蓆兮敝改作兮，适子之馆还授子粲。

《缁衣》之诗美郑武公，为周司徒善于其职，国人宜之故美其德，有德君子宜世居位，褒其治功好贤之至。皮弁之服天子朝服，缁衣乃居私朝之服，德称其服愿常居位，诸侯入卿受馆受采，德称其禄愿常食采。

《将仲子》：将仲子兮无逾我里，无折树杞〔无伤兄弟〕，岂敢爱之畏我父母，仲可怀也父言可畏。将仲子兮无逾我墙，无折树桑〔无伤昆亲〕，岂敢爱之畏我诸兄，仲可怀也兄言可畏。将仲子兮无逾我园，无折树檀〔无伤亲胞〕，岂敢爱之畏人多言，仲可怀也人言可畏。

《将仲子》诗刺郑庄公，庄公之母生公弟段，弟段失道而公弗制，好勇无礼任其骄慢，祭仲骤谏而公弗听，不胜其母以害其弟，于小不忍终致大乱，陈拒谏辞以深刺之。

《叔于田》：叔于田〔兮〕巷无居人，不如叔也洵美且仁。叔于狩〔兮〕巷无饮酒，不如叔也洵美且好。叔适野〔兮〕巷无服马，不如叔也洵美且武。

《叔于田》诗刺郑庄公，弟处于京缮甲治兵，出而田猎国人悦归，注心公弟如无人处，悦之若此刺公不禁。

《大叔于田》：大叔于田乘乘马〔兮〕，执辔如组两骖如舞，大叔在薮火烈具举，禮裼暴虎献于公所，将叔勿狃戒其伤女。大叔于田乘乘黄〔兮〕，两服上襄两骖雁行，大叔在薮火烈具扬，叔善射忌又良御忌，抑磬控忌抑纵送忌。大叔于田乘乘鸨〔兮〕，两服齐首两骖如手，大叔在薮火烈具阜，叔马慢忌叔发罕忌，抑释掤忌抑鬯弓忌。

《大叔于田》刺郑庄公，弟才而勇不义得众，善御执辔有如织组，骖之与服和谐中节，举火得众搏虎好勇，负才恃众必为乱阶，公不知禁故而刺之。

《清人》：清人在彭驷介旁旁，二矛重英河上翱翔。清人在消驷介麃麃，二矛重乔河上逍遥。清人在轴驷介陶陶，左旋右抽中军作好。

《清人》之诗刺郑文公。高克好利不顾其君，文公恶之欲远不能，使其将兵御狄于境，陈其师旅久而不召，众散而归高克奔陈，进不以礼退不以道，危国亡师作诗刺之。

《羔裘》：羔裘如濡洵直且侯，彼其之子舍命不渝。羔裘豹饰孔武有力，彼其之子邦之司直。羔裘晏兮三英粲兮，彼其之子邦之彦兮。

《羔裘》诗刺朝无正臣。郑自庄公贤者陵迟，托古君子以讽今朝，缁衣羔裘诸侯朝服，裘色润泽如濡湿之，正其衣冠尊其瞻视，俨然忠正望而畏之，身服此服德能称之，德具刚克柔克正直，性行均直有人君度，躬行善道至死不渝，古朝君子有德有力，今朝无贤刺君不明。

《遵大路》：遵大路兮掺子祛兮，无我恶兮不寁故也。遵大路兮执子手兮，无我魗兮不寁好也。

《遵大路》诗思望君子。庄公失道君子去之，国人思望欲挽留之，公不速于先君之道，我则敬奉固留君子。

《女曰鸡鸣》：女曰鸡鸣士曰昧旦，子兴视夜明星有烂，将翱将翔弋凫与雁。弋言加之与子宜之，宜言饮酒与子偕老，琴瑟在御莫不静好。知子来之杂佩赠之，知子顺之杂佩问之，知子好之杂佩报之。

《女曰鸡鸣》刺不悦德，郑庄公时不悦君子，陈古贤士好德轻色，刺今朝士贱德好色。古之贤士不留于色，夫妻同寝相戒夙兴，燕乐宾客相亲和敬，厚报安好有德君子。

《有女同车》：有女同车颜如舜华，将翱将翔佩玉琼琚，彼美孟姜洵美且都。有女同行颜如舜英，将翱将翔佩玉将将，彼美孟姜德音不忘。

《有女同车》刺世子忽，有功于齐齐侯请妻，女贤不娶无大国助，至于见逐国人刺之。

《山有扶苏》：山有扶苏隰有荷华，不见子都乃见狂且。山有乔松隰有游龙，不见子充乃见狡童。

《山有扶苏》刺忽狡愚。君子宜上小人宜下，高下大小得其所宜，不识善恶所美非美，用臣颠倒俱失其所，臣无忠良君又昏愚，刺忽好善山隰不如。

《萚兮》：萚兮萚兮风其吹女，叔兮伯兮倡予和女。萚兮萚兮风其漂女，叔兮伯兮倡予要女。

《萚兮之诗》刺忽微弱，萚待风吹然后乃落，臣待君倡然后乃和，君弱臣强不倡而和，君臣分位各失其礼。

《狡童》：彼狡童兮不与我言，维子之故〔忧〕不能餐。彼狡童兮不与我食，维子之故〔忧〕不能息。

《狡童之诗》刺忽疏贤，童志壮狡不与图事，权臣擅命国将危亡，贤深忧之不暇餐食。

《褰裳》：子惠思我褰裳涉溱，子不我思岂无他人，狂童之狂〔亟正〕也且。子惠思我褰裳涉洧，子不我思岂无他士，狂童之狂〔亟正〕也且。

《褰裳之诗》思见正也，狂童恣行突忽争国，更出更入为狂不止，国人亟思大国正之。

《丰》：子之丰兮俟我巷兮，〔如此善人〕悔不送兮。子之昌兮俟我堂兮，〔如此善人〕悔不将兮。衣锦褧衣裳锦褧裳，叔兮伯兮驾予与行。裳锦褧裳衣锦褧衣，叔兮伯兮驾予与归。

《丰》诗刺乱婚姻道缺。夫妇之道阴阳之义，阳倡阴和男行女随，郑国衰乱婚姻礼废，阳倡阴违男行女睽，女后追悔故陈其辞。

《东门之墠》：东门之墠茹藘在阪，其室则迩其人甚远。东门之栗有践家室，岂不尔思子不我即。

《东门之墠》刺乱淫奔，女不待礼私自奔男。墠地町町践履则易，茹藘在阪登陟则难，贞女之行非礼不动，婚姻之际非礼不行，得礼则易不得则难，举古以刺今时淫乱。

《风雨》：风雨凄凄鸡鸣喈喈，既见君子云胡不夷。风雨潇潇鸡鸣胶胶，既见君子云胡不瘳。风雨如晦鸡鸣不已，既见君子云胡不喜。

《风雨》之诗思见君子。风雨凄凄鸡犹时鸣，君子乱世不改其节，今日时世无复此人，若既得见何喜如之。

《子衿》：青青子衿悠悠我心，纵我不往宁不嗣音。青青子佩悠悠我思，纵我不往子宁不来。挑兮达兮在城阙兮，一日不见如三月兮。

《子衿》之诗刺学校废，青衿青领学子所服，郑国衰乱不修学校，学者分散或去或留。礼乐不可一日废习，留者作诗恨责去者，不习诗乐诵歌弦舞，废业去学游观为乐。君子之学以友辅仁，独学无友孤陋寡闻，何故弃学乍往乍来，废礼乐道故深刺之。

《扬之水》：扬之水〔兮〕不流束楚，终鲜兄弟维予与女，无信人言人实廷女。扬之水〔兮〕不流束薪，终鲜兄弟维予二人，无信人言人实不信。

《扬之水》诗悯忽无臣。激扬之水不流束楚，政教乱促不行臣下，兄弟争国亲戚相疑，终竟寡于兄弟之恩。君子悯忽无贤良臣，无贤同心臣皆诳之，多被欺诳终以死亡。

《出其东门》：出其东门有女如云，虽则如云匪我思存，缟衣綦巾聊乐我员。出其闉阇有女如荼，虽则如荼匪我思且，缟衣茹藘聊可与娱。

《出其东门》诗悯郑乱。公子五争兵革不息，下民穷困男女相弃，兵难不畜恩不忍绝，室家乖离思得保之，如云从风心无有定，我思存者原室家乐。

《野有蔓草》：野有蔓草零露溥兮，有美一人清扬婉兮，邂逅相遇适我愿兮。野有蔓草零露瀼瀼，有美一人婉如清扬，邂逅相遇与子皆臧。

《野有蔓草》诗思遇时。野草延蔓露以润之，民得蕃息君泽育之，今君恩泽不流及下，征伐不休民困兵革，男女失时不得配耦，故思不期而相逢遇，君政使然陈以刺君。

《溱洧》：溱之与洧方涣涣兮，士之与女方秉蕑兮，女曰观乎士曰既且，且往观乎洧讦且乐，维士与女伊其相谑，〔私结恩情〕赠以芍药。溱之与洧浏其清矣，士之与女殷其盈矣，女曰观乎士曰既且，且往观乎洧讦且乐，维士与女伊其将谑，〔私结恩情〕赠以芍药。

《溱洧》诗刺郑乱淫行，兵革不息男女相弃，各无匹偶感春并出，托采香草为淫泆行，男女本当以礼相配，淫风大行莫之能救。

齐风

《鸡鸣》：鸡既鸣矣朝既盈矣，匪鸡则鸣苍蝇之声。东方明矣朝既昌矣，匪东方明月出之光。虫飞薨薨与子同梦，会且归矣无庶子憎。

《鸡鸣》诗思贤妃相君，哀公淫怠托古贤妃。恭敬之事施于疏远，其于至亲往往无敬，古之夫人配其君子，情虽至亲亦不忘敬，以蝇为鸡闻声即起，以月为日见明促朝，早于常礼恭敬过度，夙夜警诫相成之道，刺今夫人忘敬晚兴，好色淹留不诫令起。

《还》：子之还兮遭我猱间，并驱两肩揖谓我儇。子之茂兮遭我猱道，并驱两牡揖谓我好。子之昌兮遭我猱阳，并驱两狼揖谓我臧。

《还》之诗刺政事荒废，哀公好猎纵兽无厌，国人化之遂成风俗，习猎闲驰谓之贤好，聚说田事以为戏乐，刺士大夫荒废政事。

《著》：俟我于著充耳以素，尚〔饰〕之以琼华乎而。俟我于庭充耳以青，尚〔饰〕之以琼莹乎而。俟我于堂充耳以黄，尚〔饰〕之以琼英乎而。

《著》诗刺时娶不亲迎，陈古亲迎之礼正之，君大夫士娶俱亲迎，受女于堂出至庭门，妻瞻君子美其冠饰。

《东方之日》：东方之日彼姝者子，在我室兮履我即兮。东方之月彼姝者子，在我闼兮履我发兮。

《东方之日》刺衰无礼，君臣失道男女淫奔，陈古君臣化民以礼。日出东方无不鉴照，君德明盛依礼嫁娶，以礼而来则往就之，不以礼来不得从之。

《东方未明》：东方未明颠倒衣裳，颠之倒之自公召之。东方未晞颠倒裳衣，倒之颠之自公令之。折柳樊圃狂夫瞿瞿，不能辰夜不夙则莫。

《东方未明》刺上无节。朝廷早晚礼有常法，起居无节号令不时，掌漏刻者失掌其职，不任其事恒失节度。

《南山》：南山崔崔雄狐绥绥，鲁道有荡齐子由归，既曰归止曷又怀止。葛屦五两冠緌双止，鲁道有荡齐子庸止，既曰庸止曷又从止。蓺麻如何衡从其亩，取妻如何必告父母，既曰告止曷又鞠止。析薪如何匪斧不克，取妻如何匪媒不得，既曰得止曷又极止。

《南山》之诗刺齐襄公。襄公妹即鲁桓夫人，襄淫其妹鸟兽之行，绥然无别失阴阳匹，人行之恶莫甚于此，亦非鲁桓不能禁制，不安妇道穷极邪意。

《甫田》：无田甫田维莠骄骄，无思远人劳心忉忉。无田甫田维莠桀桀，无思远人劳心怛怛。婉兮娈兮总角丱兮，未几见兮突而弁兮。

《甫田》之诗刺齐襄公。大田过度力不充给，田必芜秽而生莠草，准功治田谷乃可获，勤身修德功乃可立，内善其身外修其德，居无几何可以立功。若无霸德思来远人，德不致物人必不至，本无礼义不自修德，求霸诸侯志大心劳，求非其道作诗刺之。

《卢令》：卢令令其人美且仁，卢重环其人美且鬈，卢重鋂其人美且偲。

《卢令》诗刺襄公荒政，好田猎弋不修民事，百姓苦之陈古以讽。有德之君顺时田猎，仁恩与民共乐同获，百姓欣奉乐而不患。

《敝笱》：敝笱在梁其鱼鲂鳏，齐子归止其从如云。敝笱在梁其鱼鲂鱮，齐子归止其从如雨。敝笱在梁其鱼唯唯，齐子归止其从如水。

《敝笱》诗刺文姜淫恶。鲂鳏大鱼敝笱不制，齐女强盛弱夫难禁，云性顺风水性顺势，伾娣善恶文姜使然。鲁桓微弱不能防闲，不能终其初时婉顺，使至淫乱为二国患。

《载驱》：载驱薄薄簟茀朱鞹，鲁道有荡齐子发夕。四骊济济垂辔沵沵，鲁道有荡齐子岂弟。汶水汤汤行人彭彭，鲁道有荡齐子翱翔。汶水滔滔行人儦儦，鲁道有荡齐子游敖。

《载驱》之诗刺齐襄公，身无礼义盛美车服，淫妹文姜播恶万民，国民刺君恬无惭耻。

《猗嗟》：猗嗟昌兮颀而长兮，抑若扬兮美目扬兮，巧趋跄兮射则臧兮。猗嗟名兮美目清兮，仪既成兮终日射侯，不出正兮展我甥兮。猗嗟娈兮清扬婉兮，舞则选兮射则贯兮，四矢反兮以御乱兮。

《猗嗟》之诗刺鲁庄公，齐人伤其威仪才艺，不能以礼防闲其母，人谓齐胤失子之道。

魏风

《葛屦》：纠纠葛屦可以履霜，掺掺女手可以缝裳，要之襋之好人服之。好人提提〔慎于威仪〕，宛然左辟佩其象揥，维是褊心是以为刺。

《葛屦》之诗刺魏褊啬。魏君俭啬褊急失教，魏地狭隘民俗趋利，夏服屦霜新嫁缝裳，趋利之甚无教使然，君无德化日见侵削。

《汾沮洳》：彼汾沮洳言采其莫，彼其之子〔其〕美无度，〔虽〕美无度殊异公路。彼汾一方言采其桑，彼其之子〔其〕美如英，〔虽〕美如英殊异公行。彼汾一曲言采其藚，彼其之子〔其〕美如玉，〔虽〕美如玉殊异公族。

《汾沮洳》刺俭不得礼。魏君俭勤亲采莫菜，美虽无度不得礼制，采莫之士殊异公路，贱官不为君何亲采。

《园有桃》：园有桃〔兮〕其实之肴，心之忧矣我歌且谣，不我知者谓士也骄，彼人是哉子曰何其，心之忧矣其谁知之，其谁知之盖亦勿思。园有棘〔兮〕其实之食，心之忧矣聊以行国，不我知者谓士罔极，彼人是哉子曰何其，心之忧矣其谁知之，其谁知之盖亦勿思。

《园有桃》刺时无德教。有桃得实有民得用，国迫君啬薄税省用，不用其民不施德教，民无以战日以侵削，大夫忧之诉其衷肠。

《陟岵》：陟彼岵兮瞻望父兮，嗟子行役夙夜无已，上慎旃哉犹来无止。陟彼屺兮瞻望母兮，嗟季行役夙夜无寐，上慎旃哉犹来无弃。陟彼冈兮瞻望兄兮，嗟弟行役夙夜必偕，上慎旃哉犹来无死。

《陟岵》之诗役子思亲，国迫侵削役乎大国，骨肉离散孝子行役，思念父母慎其教诫。

《十亩之间》：十亩之间桑者闲闲，〔往来无别〕行与子还。十亩之外桑者泄泄，〔无别往来〕行与子逝。

《十亩之间》诗以刺时。土田狭隘十亩一夫，男女无别往来闲闲，虽则异家得以俱行，削小之甚不足居生。

《伐檀》：坎坎伐檀寘之河干，河水清〔清风〕且涟猗，不稼不穑禾三百廛，不狩不猎庭有县貆，彼君子兮不素餐兮。坎坎伐辐寘之河侧，河水清〔清风〕且直猗，不稼不穑禾三百亿，不狩不猎庭有县特，彼君子兮不素食兮。坎坎伐轮寘之河漘，河水清〔清风〕且沦猗，不稼不穑禾三百囷，不狩不猎庭有县鹑，彼君子兮不素飧兮。

《伐檀》诗刺贪禄沮贤。在位贪鄙无功受禄，贤德君子不得仕进，心坎坎然自斩伐木，不见用必待明君，如待河清且有波涟，伐檀君子终不空餐，无功妄禄贤者不进。

《硕鼠》：硕鼠硕鼠无食我黍，三岁贯女莫我肯顾，逝将去女适彼乐土，乐土乐土爰得我所。硕鼠硕鼠无食我麦，三岁贯女莫我肯德，逝将去女适彼乐国，乐国乐国爰得我直。硕鼠硕鼠无食我苗，三岁贯女莫我肯劳，逝将去女适彼乐郊，乐郊乐郊谁之永号。

《硕鼠》之诗刺君重敛，曾无教令恩德眷顾，不修其政蚕食于民，贪而畏人有若肥鼠，民誓别往彼有德土，冀无困苦喜乐得所。

唐风

《蟋蟀》：蟋蟀在堂岁聿其莫，今我不乐日月其除，无已大康职思其居，好乐无荒良士瞿瞿。蟋蟀在堂岁聿其逝，今我不乐日月其迈，无已大康职思其外，好乐无荒良士蹶蹶。蟋蟀在堂役车其休，今我不乐日月其慆，无已大康职思其忧，好乐无荒良士休休。

《蟋蟀》之诗刺晋僖公。晋而谓唐本尧遗风，忧深思远俭而用礼，俭不中礼过犹不及，欲其及时以礼虞乐，太俭逼下过乐失盈，节之以礼方成娱乐，礼乐自居无得忘忽，当如善士瞿瞿顾之。

《山有枢》：山〔则〕有枢隰〔则〕有榆，子有衣裳弗曳弗娄，子有车马弗驰弗驱，宛其死矣他人是愉。山〔则〕有栲隰〔则〕有杻，子有廷内弗洒弗扫，子有钟鼓弗鼓弗考，宛其死矣他人是保。山〔则〕有漆隰〔则〕有栗，子有酒食何不鼓瑟，且以喜乐且以永日，宛其死矣他人入室。

《山有枢》诗刺晋昭公。山隰有材不能自理，公有财器不能自用，钟鼓琴瑟束之高阁，不能修道以正其国，无所事事长日难度，政荒民散将以危亡，四邻谋国犹不自知。

《扬之水》：扬之水兮白石凿凿，素衣朱襮从子于沃，既见君子云何不乐。扬之水兮白石皓皓，素衣朱绣从子于鹄，既见君子云何其忧。扬之水兮白石粼粼，我闻有命不敢告人。

《扬之水》诗刺晋昭公，封其叔父桓叔于沃。激水洗垢白石鲜洁，喻桓叔德政教宽明，除民疾恶使有礼义，善政得民沃盛公弱，晋国之民将叛从沃，欲制诸侯中服献之，犹畏昭公谓己煽民，公不知抚故深刺之。

《椒聊》：椒聊之实蕃衍盈升，彼其之子硕大无朋，椒聊远条〔子德弥博〕。椒聊之实蕃衍盈匊，彼其之子硕大且笃，椒聊远条〔子德弥广〕。

《椒聊》之诗刺晋昭公。椒实衍盈喻子孙多，椒气香远喻德广博，桓叔有德子孙蕃盛，君子见沃修政日强，知其子孙将有晋国，昭公不知故深刺之。

《绸缪》：绸缪束薪三星在天，今夕何夕见此良人，子兮子兮如良人何。绸缪束刍三星在隅，今夕何夕见此邂逅，子兮子兮如邂逅何。

绸缪束楚三星在户，今夕何夕见此粲者，子兮子兮如粲者何。

《绸缪》刺乱婚姻失时，仲春之月婚姻正时，晋乱失时婚皆迟之，贤见失时指候以责。三星心星亦云火星，心有尊卑三纲之象，二月之昏火星未见，阴阳交会嫁娶天候。火星始见三四月间，在天在隅四五月间，在隅在户五六月间，三时皆晚失仲春月。有如薪刍待人后束，男女室家待礼而成，晚失其时不可为婚，忧思咨嗟无可如何。

《杕杜》：有杕之杜其叶湑湑，〔无所依亲〕独行踽踽，岂无他人不如同父，嗟行之人胡不比焉，人无兄弟胡不佽焉。有杕之杜其叶菁菁，〔无所亲依〕独行睘睘，岂无他人不如同姓，嗟行之人胡不比焉，人无兄弟胡不佽焉。

《杕杜》刺君不能亲亲。杜叶湑盛枝条稀疏，枝疏叶茂不相比次，宗族虽强不相亲昵，同姓不亲骨肉离散，异姓臣亦不能忠辅，孤独无依将为沃并。

《羔裘》：羔裘豹祛我人居居，岂无他人维子之故。羔裘豹褎我人究究，岂无他人维子之好。

《羔裘》刺时上不恤民。羔裘豹祛大夫之服，居居怀恶不相亲比，在位无恤疾恶其民，本末不同异心自用，役我民人其意悖恶，不忍去者念旧恩好，民厚如此唐尧遗风。

《鸨羽》：肃肃鸨羽集于苞栩，王事靡盬不蓺稷黍，〔五谷不播〕父母何怙，悠悠苍天曷其有所。肃肃鸨翼集于苞棘，王事靡盬不蓺黍稷，〔五谷不播〕父母何食，悠悠苍天曷其有极。肃肃鸨行集于苞桑，王事靡盬不蓺稻粱，〔五谷不播〕父母何尝，悠悠苍天曷其有常。

《鸨羽》刺乱疲役失养。昭公之后大乱五世，君子从役难养父母，鸨之天性不止于树，乃集苞栩极其危苦，君子之人当居安处，今从征役疲倦不堪,不复种蓺亲无依怙,冀免征役复于常居,人穷反本困则告天,征役未止诉天告怨。

《无衣》:岂曰无衣七〔命七章〕,不如子衣安且吉兮。岂曰无衣六〔命之服〕,不如子衣安且燠兮。

《无衣》之诗美晋武公,天子不命不成君侯,始并晋国心未自安,侯伯之礼冕服七章,大夫请命得赐为安,变七言六谦不敢必。

《有杕之杜》:有杕之杜生于道左,彼君子兮噬肯适我,中心好之曷饮食之。有杕之杜生于道周,彼君子兮噬肯来游,中心好之曷饮食之。

《有杕之杜》刺晋武公。道左之杜人宜休息,不休息者以其阴寡,一国之君人宜往仕,武公寡特初兼宗族,不求贤辅与之在位,专任己身君子不归,君子之人义之与比,心诚好之尽礼待之。

《葛生》:葛生蒙楚蔹蔓于野,予美亡此谁与独处。葛生蒙棘蔹蔓于域,予美亡此谁与独息。角枕粲兮锦衾烂兮,予美亡此谁与独旦。夏之〔长〕日冬之〔永〕夜,百岁之后归于其居。冬之〔永〕夜夏之〔长〕日,百岁之后归于其室。

《葛生》之诗刺晋献公,好战无恤民人多丧,夫从征役弃亡不返,妻独居家怨思刺君。葛延蔹蔓生此长彼,妇生父家外成夫家,当与夫偕夫亡谁居,夫既不在独斋行祭,当斋之时出夫衾枕,睹君子物感以增思,冬夜夏日情意专注,百年之后归夫墓室。

《采苓》:采苓采苓首阳之巅,人之为言苟亦无信,舍旃舍旃苟亦无然,人之为言胡〔而〕得焉。采苦采苦首阳之下,人之为言苟亦无与,舍旃舍旃苟亦无然,人之为言胡〔而〕得焉。采葑采葑首阳之东,人之为言苟亦无从,舍旃舍旃苟亦无然,人之为言胡〔而〕得焉。

《采苓》之诗刺晋献公。献公好听用谗之言，贬退贤人进用恶人，采苓
首阳幽僻无征，谗伪之言貌是实非，君求细行小人谗兴，止谗之法无与无
受，不昵小人伪复何得，既无所得自然谗止。

秦风

《车邻》：有车邻邻有马白颠，未见君子寺人之令。阪〔则〕有漆
隰〔则〕有栗，既见君子并坐鼓瑟，今者不乐逝者其耋。阪〔则〕有
桑隰〔则〕有杨，既见君子并坐鼓簧，今者不乐逝者其亡。

《车邻》诗美秦仲好礼。秦本附庸至仲始大，始大即好车马御乐，阪漆
隰栗各得其宜，君臣俱贤上下得所，燕饮相乐并坐鼓瑟，秦仲善政君子
乐仕。

《驷驖》：驷驖孔阜六辔在手，公之媚子从公于狩。奉时辰牡辰牡
孔硕，公曰左之舍拔则获。游于北园四马既闲，輶车鸾镳载猃歇骄。

《驷驖》之诗美秦襄公，世为附庸未得王命，始命诸侯得田囿乐，襄公
亲贤君臣和合。马既闲习六辔在手，善御善射与贤共猎，顺时游田治兵习
武，取禽祭庙礼乐敬恪。

《小戎》：小戎俴收五楘梁辀，游环胁驱阴靷鋈续，文茵畅毂驾我
骐馵，言念君子温其如玉，在其板屋乱我心曲。四牡孔阜六辔在手，
骐骝是中騧骊是骖，龙盾之合鋈以觼軜，言念君子温其在邑，方何为
期胡然念之。俴驷孔群厹矛鋈镦，蒙伐有苑虎韔镂膺，交韔二弓竹闭绲
縢，言念君子载寝载兴，厌厌良人秩秩德音。

《小戎》之诗美秦襄公，备其兵甲以讨西戎，国人矜夸车甲之盛，车马
备具伐戎必克，妇人悯念君子德性，外内同志美政教功。

《蒹葭》：蒹葭苍苍白露为霜，所谓伊人在水一方，溯洄从之道阻
且长，溯游从之在水中央。蒹葭萋萋白露未晞，所谓伊人在水之湄，

遡洄从之道阻且跻，遡游从之在水中坻。蒹葭采采白露未已，所谓伊人在水之涘，溯洄从之道阻且右，溯游从之在水中沚。

《蒹葭》之诗刺秦襄公，新得周地未习周礼，国人未服无以固国。蒹葭虽盛未堪家用，露凝为霜岁事乃成，秦民虽众未顺德教，必待礼教而后国兴。逆礼治国不得人道，扞格难通终不可至，顺礼治国得人之道，敬顺求贤道来迎之。

《终南》：终南何有有条有梅，君子至止锦衣狐裘，颜如渥丹其君也哉。终南何有有纪有堂，君子至止黻衣绣裳，佩玉将将寿考不亡。

《终南》之诗诫秦襄公，能取周地始为诸侯，以功受服美以劝诫。南山高大宜有茂木，君有盛德宜有显服，当崇明德无使不宜，修德无倦务立功业。

《黄鸟》：交交黄鸟止〔止〕于棘，谁从穆公子车奄息，维此奄息百夫之特，临〔视〕其穴惴惴其慄，彼苍者天歼我良人，如可赎兮人百其身。交交黄鸟止〔止〕于桑，谁从穆公子车仲行，维此仲行百夫之防，临〔视〕其穴惴惴其慄，彼苍者天歼我良人，如可赎兮人百其身。交交黄鸟止〔止〕于楚，谁从穆公子车鍼虎，维此鍼虎百夫之御，临〔视〕其穴惴惴其慄，彼苍者天歼我良人，如可赎兮人百其身。

《黄鸟》之诗哀秦三良。黄鸟以时往来得所，人以寿命终得其所，以人从死不得其所。止棘求安不安鸟移，仕君行道不行臣去，去留由道从死非礼，三良从死秦人哀之，愬之于天愿代赎之。

《晨风》：鴥彼晨风郁彼北林，未见君子忧心钦钦，如何如何忘我实多。山有苞栎隰有六駮，未见君子忧心靡乐，如何如何忘我实多。山有苞棣隰有树檖，未见君子忧心如醉，如何如何忘我实多。

《晨风》之诗刺秦康公。先君渴贤贤人乐往，疾如晨风飞入茂林，秦康不肖始弃贤臣，麻木不仁无以恤民，忘穆功业君子刺之。

《无衣》：岂曰无衣与子同袍，王于兴师修我戈矛，〔修我戈矛〕与子同仇。岂曰无衣与子同泽，王于兴师修我矛戟，〔修我矛戟〕与子偕作。岂曰无衣与子同裳，王于兴师修我甲兵，〔修我甲兵〕与子偕行。

《无衣》之诗刺亟用兵，与民同欲民乐致死，君好攻战非王兴师，与民异欲百姓怨之。

《渭阳》：我送舅氏曰至渭阳，何以赠之路车乘黄。我送舅氏悠悠我思，何以赠之琼瑰玉佩。

《渭阳》之诗康公念母。康公之母晋献公女，文公未君而秦姬卒，秦穆纳之康公时嗣，赠送文公归于晋国，念母不见思慕深极，见于舅氏如母存焉。

《权舆》：〔始〕於我乎夏屋渠渠，今也〔疏薄〕每食无余，于嗟乎〔哉〕不承权舆。〔始〕於我乎每食四簋，今也〔疏薄〕每食不饱，于嗟乎〔哉〕不承权舆。

《权舆》之诗刺秦康公，遗忘旧臣不加礼饩，与贤交接有始无终，初时殷勤后转疏薄，行无终始贤嗟叹之。

陈风

《宛丘》：子之汤兮宛丘上兮，洵有情兮而无望兮。坎其击鼓宛丘之下，无冬无夏值其鹭羽。坎其击缶宛丘之道，无冬无夏值其鹭翿。

《宛丘》之诗刺陈幽公。陈备三恪承舜遗风，后世政衰变风作焉，幽公淫昏游荡无度，耽于女色废其政事，大夫化之民无则效。

《东门之枌》：东门之枌宛丘之栩，子仲之子婆娑其下。榖旦于差南方之原，不绩其麻市也婆娑。榖旦于逝越以鬷迈，视尔如荍贻我握椒。

《东门之枌》刺俗荒乱，风俗之败自上行之，幽公淫荒大夫化之，男女弃业歌舞淫乐。

《衡门》：衡门之下可以栖迟，泌之洋洋可以乐饥。岂其食鱼必河之鲂，岂其取妻必齐之姜。岂其食鱼必河之鲤，岂其取妻必宋之子。

《衡门》之诗诱掖僖公，自强行道兴国致理。衡门浅陋亦可游息，陈国虽小亦可兴治，泉水涓涓可至广大，人君进德乐道忘饥。鱼取可口女取贞顺，臣不必圣但取忠孝，僖公恧愿无自立志，任用贤臣政教犹成。

《东门之池》：东门之池可以沤麻，彼美淑姬可与晤歌。东门之池可以沤纻，彼美淑姬可与晤语。东门之池可以沤菅，彼美淑姬可与晤言。

《东门之池》刺时淫昏。池中柔麻可作衣服，贤女柔顺君子成德，淫君所化时世皆淫，故思贤女以配君子，对偶而歌化君成善。

《东门之杨》：东门之杨其叶牂牂，昏以为期明星煌煌。东门之杨其叶肺肺，昏以为期明星晢晢。

《东门之杨》刺时淫乱，婚姻失时男女多违，夫亲迎女犹有不至，不亲迎者相违众矣。

《墓门》：墓门有棘斧以斯之，夫也不良国人知之，知而不已谁昔然矣。墓门有梅有鸮萃止，夫也不良歌以讯之，讯予不顾颠倒思予。

《墓门》诗刺陈佗不明，佗无良师以至不义，弑君自立恶加万民。墓道之门去棘须斧，退恶就良乃可训善，鸮恶鸣树恶鸮及树，陈佗之性本未必恶，师傅恶故从之而恶，非得明师恶终不改，必至诛绝悔之晚矣。

《防有鹊巢》：防有鹊巢邛有旨苕，谁侜予美心焉忉忉。中唐有甓邛有旨鹝，谁侜予美心焉惕惕。

《防有鹊巢》诗忧谗贼，树巢地苕处势自然，宣公信谗谗人集焉，君子忧惧忉然心惕。

《月出》：月出皎兮佼人僚兮，舒窈纠兮劳心悄兮。月出皓兮佼人懰兮，舒忧受兮劳心慅兮。月出照兮佼人燎兮，舒夭绍兮劳心惨兮。

《月出》诗刺在位好色。人于德色不得并好，心既好色不复好德，月出光皎妇人窈纠，思之既甚悄然忧闷，不好美德而好美色，尸位素餐陈事以讽。

《株林》：胡为乎株林从夏南，匪适株林〔而〕从夏南。驾我乘马说于株野，乘我乘驹朝食于林。

《株林》之诗刺陈灵公，淫于夏姬驱驰往来，朝夕不休人责犹饰，可恶之甚故深刺之。

《泽陂》：彼泽之陂有蒲与荷，有美一人伤如之何，寤寐无为涕泗滂沱。彼泽之陂有蒲与蕑，有美一人硕大且卷，寤寐无为中心悁悁。彼泽之陂有蒲菡萏，有美一人硕大且俨，寤寐无为辗转伏枕。

《泽陂》诗刺上淫下化。君臣淫上国民效之，柔蒲美荷男女淫悦，美好如是不自礼防，风俗败坏君子感伤。

桧风

《羔裘》：羔裘逍遥狐裘以朝，岂不尔思劳心忉忉。羔裘翔翔狐裘在堂，岂不尔思我心忧伤。羔裘如膏日出有曜，岂不尔思中心是悼。

《羔裘》大夫以道去君。诸侯朝服缁衣羔裘，大蜡息民黄衣狐裘，以朝服燕以祭服朝，好洁衣服变易典常，国小而迫君不用道，逍遥游燕不能自强，君志如是思之悼伤，尽忠以谏三谏不从，待放于郊得玦乃去。

《素冠》：庶见素冠棘人栾栾，〔今不得见〕劳心慱慱。庶见素衣我心伤悲，〔今不得见〕与子同归。庶见素韠我心蕴结，〔今不得见〕与子如一。

《素冠》刺丧不能三年。子为其父父卒为母，服丧至亲礼当三年，时人恩薄礼废不行，无三年恩于其父母，丧礼既祥缟冠素纰，时人懈缓废其丧礼。觊见素冠哀戚孝子，形貌栾然瘦瘠哀思，今无可见慱然忧思，觊见祥祭素衣素韠，今无可见心悲蕴结，若得见之愿与同归。

《隰有苌楚》：隰有苌楚猗傩其枝，夭之沃沃乐子无知。隰有苌楚猗傩其华，夭之沃沃乐子无家。隰有苌楚猗傩其实，夭之沃沃乐子无室。

《隰有苌楚》疾君淫恣。苌楚之草始生正直，及其长大枝柔不蔓，人若少时正直端悫，长大不妄淫恣情欲，淫戏悖礼非君人度，故思乐见无情欲者。

《匪风》：匪风发兮匪车偈兮，顾瞻周道中心怛兮。匪风飘兮匪车嘌兮，顾瞻周道中心吊兮。谁能亨鱼溉之釜鬵，谁将西归怀之好音。

《匪风》之诗忧思周道，国小政乱忧及祸难，君子思复周之政令。周之政令弃而不行，周道废灭俗改风变，风车失常心中怛伤，烹烦鱼碎治烦民散，思得贤人辅周兴道。

曹风

《蜉蝣》：蜉蝣之羽衣裳楚楚，心之忧矣于我归处。蜉蝣之翼采采衣服，心之忧矣于我归息。蜉蝣掘阅麻衣如雪，心之忧矣于我归说。

《蜉蝣》诗刺曹昭公奢。曹俗重厚尧舜遗风，富而无教昭公骄侈，国小而迫无以自守，好奢任邪将无所依。蜉蝣之虫朝生夕死，犹有羽翼以自修饰，昭公之朝臣皆小人，衣裳楚楚死亡无日。

《候人》：彼候人兮何戈与祋，彼其之子三百赤芾。维鹈在梁不濡其翼，彼其之子不称其服。维鹈在梁不濡其咮，彼其之子不遂其媾。荟兮蔚兮南山朝脐，婉兮娈兮季女斯饥。

《候人》诗刺君近小人，共公远贤好近小人，贤者之官不过候人，诸侯之制大夫五人，赤芾三百小人过度，德薄服尊实非其常。小云升山不能大雨，小人见任不成德教，鹈鸟在梁必濡其翼，小人在朝必乱其政，天旱岁灾幼弱必饥，国无政令下民困病。

《鸤鸠》：鸤鸠在桑其子七兮，淑人君子其仪一兮，其仪一兮心如结兮。鸤鸠在桑其子在梅，淑人君子其带伊丝，其带伊丝其弁伊骐。鸤鸠在桑其子在棘，淑人君子其仪不忒，其仪不忒正是四国。鸤鸠在桑其子在榛，淑人君子正是国人，正是国人胡不万年。

《鸤鸠》刺君用心不一，朝从上下暮从下上，鸤鸠养子平均如一，人君德当均一化民。善人君子位临民上，执义均平坚固不变，德称其服故民爱之，祈任候伯祈愿寿考。

《下泉》：冽彼下泉浸彼苞稂，忾我寤叹念彼周京。冽彼下泉浸彼苞萧，忾我寤叹念彼京周。冽彼下泉浸彼苞蓍，忾我寤叹念彼京师。芃芃黍苗阴雨膏之，四国有王郇伯劳之。

《下泉》之诗曹人思治，共公侵刻不得其所，下民忧思明王贤伯。稂非溉草得水则病，政教酷虐病困下民，芃盛黍苗阴雨膏泽，贤伯劳来恩被下国，有王伯故无敢暴虐。

豳风

《七月》：七月流火九月授衣，〔周之正月寒风〕觱发，〔周之二月寒气〕栗烈，无衣无褐何以卒岁。〔周之三月农修〕于耜，〔周之四月农耕〕举趾，同我妇子馌彼南亩，〔农事殷勤〕田畯至喜。七月流火九月授衣，春日载阳有鸣仓庚，女执懿筐遵彼微行，〔育养新蚕〕爰求柔桑，春日迟迟采蘩祁祁，〔物化感时〕女心伤悲，〔始嫁〕殆及公子同归。七月流火八月萑苇，蚕月条桑取彼斧斨，以伐远扬猗彼女桑。七月鸣鵙八月载绩，载玄载黄我朱孔阳，〔染缯色好〕为公子裳。四月秀葽五月鸣蜩，八月其获十月陨萚，〔周之正月猎取〕于貉，取彼狐狸为公子裘。〔周之二月上下〕其同，〔田猎习战〕载缵武功，言私其豵献豜于公。五月〔之时〕斯螽动股，六月〔之时〕莎鸡振羽，七月在野八月在宇，〔天气益寒〕九月在户，十月蟋蟀入我床下。穹窒熏鼠塞向墐户，嗟我妇子曰为改岁，〔御冬大寒〕入此室处。六月〔之时〕食郁及薁，七月〔之时〕烹葵及菽，八月剥枣十月获稻，为此春酒以介眉寿。七月食瓜八月断壶，九月叔苴〔各有时序〕，采荼薪樗食我农夫。九月筑场十月纳稼，黍稷重穋禾麻菽麦。〔农事既毕〕嗟我农夫，我稼既同入执宫功，昼尔于茅宵尔索绹，亟其乘屋始播百谷。〔周之二月〕凿冰冲冲，〔周之三月〕纳于凌阴，四〔月〕其蚤献羔祭韭。九月肃霜十月涤场，朋酒斯飨曰杀羔羊，跻彼公堂〔誓无犯礼〕，称彼兕觥万寿无疆。

夏历寅月商历丑月，周历子月为三正月，周之正月夏十一月，周之七月当夏五月。《七月》诗陈王业兴艰。公刘遭难勤行风化，教民周备民奉上命，周公遭难勤修德教，陈先公事比序己志。豳公之教自始至成，七月之诗备《风》《雅》《颂》，政教始化则为豳风，政教中通则为豳雅，政教大成则为豳颂，寒暑礼乐具体而微，豳公政教王家基业。

《鸱鸮》：鸱鸮鸱鸮〔殷勤喻告〕，既取我子无毁我室，恩斯勤斯鬻子闵斯。迨天〔时〕之〔尚〕未阴雨，彻彼桑土绸缪牖户，今女下民或敢侮予。予手拮据予所捋荼，予所蓄租予口卒瘏，曰予〔稚子〕未有室家。予羽谯谯予尾翛翛，予室翘翘风雨漂摇，予〔惧室毁〕维音哓哓。

《鸱鸮》诗陈周公救乱，武王既崩周公摄政，管蔡流言武庚叛乱，周室将危周公拯之。周公之志成王未知，既诛管蔡王意不悦，公乃为诗贻王明之，言己必诛管蔡之意。鸱鸮筑巢积日累功，周之王业累世修成，作巢至苦周业至艰，勤修德业竭力劳神。王业初成成王幼弱，管蔡不肖轻侮稚子，周公忧惧哓哓喻告，宁亡管蔡无毁周室。

《东山》：我徂东山慆慆不归，我来自东零雨其濛，我东曰归我心西悲，制彼裳衣勿士行枚，蜎蜎者蠋烝在桑野，敦彼独宿亦在车下。我徂东山慆慆不归，我来自东零雨其濛，果臝之实亦施于宇，伊威在室蟏蛸在户，町畽鹿场熠燿宵行，不可畏也伊可怀也。我徂东山慆慆不归，我来自东零雨其濛，鹳鸣于垤妇叹于室，洒扫穹窒我征聿至，有敦瓜苦烝在栗薪，自我不见于今三年。我徂东山慆慆不归，我来自东零雨其濛，仓庚于飞熠燿其羽，之子于归皇驳其马，亲结其缡九十其仪，其新孔嘉其旧如何。

《东山》诗美周公东征，周公东征三年方归，士久不归劳苦之甚，慰劳归士大夫美之。悦以使民民忘其死，东山之诗君子有之，述民情实悯民苦劳，洞若观火情义殷备。

《破斧》：既破我斧又缺我斨，周公东征四国是皇，哀我人斯亦孔之将。既破我斧又缺我锜，周公东征四国是吪，哀我人斯亦孔之嘉。既破我斧又缺我銶，周公东征四国是遒，哀我人斯亦孔之休。

《破斧》之诗褒美周公，斧斨民用礼义国用，损其斧斨废其家用，废其礼义坏其国用，作乱大罪不得不诛，周公摄政东伐四国。四国之民被诱作乱，公不谓罪矜而正之，诛其君罪正其民人，周公哀民圣德广大。

《伐柯》：伐柯如何匪斧不克，取妻如何匪媒不得。伐柯伐柯其则不远，我觏之子笾豆有践。

《伐柯》之诗褒美周公，成王既得雷风之变，欲迎周公朝臣犹惑，不知圣德大夫刺之。柯者斧柄伐柯唯斧，礼者国柄治待周公，取妻唯媒治国须礼，周公能礼任之国治。执柯伐柯比而视之，伐柯有则旧新如之，治国有道其道不远，有礼君子恕以治国，近取诸己不须远求，得见周公观其礼治，礼器有序礼制大行。

《九罭》： 九罭之鱼〔岂宜〕鳟鲂，我觏之子衮衣绣裳。鸿飞遵渚〔大小非宜〕，公归无所于女信处。鸿飞遵陆〔非所宜止〕，公归不复于女信宿。是有衮衣无以公归，〔速以公归〕无使我悲。

《九罭》之诗褒美周公。九罭小网鳟鲂大鱼，周公圣人处东非宜，鸿者大鸟循渚非宜，周公圣人混俗非宜，周大夫刺成王不知，王意不悟无以归道，当早迎公无使臣悲。

《狼跋》： 狼跋其胡载疐其尾，公孙硕肤赤舄几几。狼疐其尾载跋其胡，公孙硕肤德音不瑕。

《狼跋》之诗褒美周公。狼进躐胡退跲其尾，进退两难不失其猛，周公摄政远怨近惑，进退维艰不失其圣。流言不惑不知不怨，终立其志礼致太平，复成王位为之太师，盛服行礼有大美德，终始无愆圣德著明。

二 《小雅》韵义

鹿鸣之什

《鹿鸣》： 呦呦鹿鸣食野之苹，我有嘉宾鼓瑟吹笙，吹笙鼓簧承筐是将，人之好我示我周行。呦呦鹿鸣食野之蒿，我有嘉宾德音孔昭，视民不恌君子则效，我有旨酒嘉宾燕敖。呦呦鹿鸣食野之芩，我有嘉宾鼓瑟鼓琴，鼓瑟鼓琴和乐且湛，我有旨酒燕乐宾心。

《鹿鸣》诗燕群臣嘉宾。鹿若得苹笃诚相呼，嘉乐宾客输诚成礼，既饮食之又酬币帛，上隆下报君臣尽诚。为政之美唯贤是用，先王德教宾告彰明，民皆象之不偷礼义，君子则效和乐宾心。

《四牡》：四牡骈骈周道倭迟，〔思念父母〕岂不怀归，王事靡盬我心伤悲。四牡骈骈啴啴骆马，岂不怀归〔思念父母〕，王事靡盬不遑启处。翩翩者雕〔其性恚谨〕，载飞载下集于苞栩，王事靡盬不遑将父。翩翩者雕〔其性恚谨〕，载飞载止集于苞杞，王事靡盬不遑将母。驾彼四骆载骤骎骎，岂不怀归〔思念父母〕，是用作歌将母来谂。

《四牡》诗劳归来使臣。雕鸟恚谨先飞后集，人当先劳后得所安，私恩孝亲公义忠臣，君子私恩不害公义。文王为伯以服事殷，率抚叛国朝聘商纣，使臣往来职勤王事，陈使功苦以歌乐之，有功见知使臣则悦，周公作乐为后世法。

《皇皇者华》：皇皇者华于彼原隰，駪駪征夫每怀靡及。我马维驹六辔如濡，载驰载驱周爰咨诹。我马维骐六辔如丝，载驰载驱周爰咨谋。我马维骆六辔沃若，载驰载驱周爰咨度。我马维骃六辔既均，载驰载驱周爰咨询。

《皇皇者华》君遣使臣。草木之花煌煌光明，臣之出使光显其君，受命速行无私稽留，不易其志不辱使命。使臣出使所乘维驹，驱驰访贤以求善道，忠信为周问善为咨，咨事为诹咨难为谋，咨礼为度谋亲为询，能礼敏达心和乐易，延誉四方不辱使命。

《常棣》：常棣之花鄂不韡韡，凡今之人莫如兄弟。死丧之威兄弟孔怀，原隰裒矣兄弟求矣。脊令在原兄弟急难，每有良朋况也永叹。兄弟阋墙外御其务，每有良朋烝也无戎。丧乱既平既安且宁，虽有兄弟不如友生。傧尔笾豆饮酒之饫，兄弟既具和乐且孺。妻子好合如鼓瑟琴，兄弟既翕和乐且湛。宜尔室家乐尔妻帑，是究是图亶其然乎。

《常棣》之诗燕乐兄弟，管蔡失道兄弟恩疏，周公吊悯歌以亲之。众花俱发韡韡光明，兄弟和睦强盛光晖，兄弟至亲宜加恩惠，以时燕乐兄弟承顺，恩睦宗族敦天下俗。脊令失处天性不舍，兄弟急难天性相救，朋友以义切切然乐，兄弟尚恩怡怡然亲，族人燕堂宗妇燕房，族人化王和睦同心。

《伐木》：伐木丁丁鸟鸣嘤嘤，出自幽谷迁于乔木，嘤其鸣矣求其友声，相彼鸟矣犹求友声，矧伊人矣不求友生，神之听之终和且平。伐木许许酾酒有藇，既有肥羜以速诸父，宁适不来微我弗顾。於粲洒扫陈馈八簋，既有肥牡以速诸舅，宁适不来微我有咎。伐木于阪酾酒有衍，笾豆有践兄弟无远，民之失德乾餱以愆，有酒湑我无酒酤我，坎坎鼓我蹲蹲舞我，迨我暇矣饮此湑矣。

《伐木》诗燕朋友故旧，天子庶人须友以成，亲亲以睦友贤不弃，不遗故旧民德归厚。伐木惊鸟朋友切正，昔未居位勤苦勉励，君子迁位求其故友，友朋燕饮无使疏远，心诚求之相得如志，友终相与和而齐功。

《天保》：天保定尔亦孔之固，俾尔单厚何福不除，俾尔多益以莫不庶。天保定尔俾尔戬穀，罄无不宜受天百禄，降尔遐福维日不足。天保定尔以莫不兴，如山如阜如冈如陵，如川方至以莫不增。吉蠲为饎是用孝享，禴祠烝尝于公先王，君曰卜尔万寿无疆。神之吊矣诒尔多福，民之质矣日用饮食，群黎百姓遍为尔德。如月之恒如日之升，如南山寿不骞不崩，如松柏茂无不尔承。

《天保》诗歌下报上德。君能下臣以成其政，臣则归美上报其君，祈君之福崇君之尊，如月上弦稍就盈满，如日始出稍益明盛，齐敬洁诚民神相悦，王德日隆有进无退，天定基业长久坚固，子孙世嗣相承恒兴。

《采薇》：采薇采薇薇亦作止，曰归曰归岁亦莫止，靡室靡家猃狁之故，不遑启居猃狁之故。采薇采薇薇亦柔止，曰归曰归心亦忧止，忧心烈烈载饥载渴，我戍未定靡使归聘。采薇采薇薇亦刚止，曰归曰归岁亦阳止，王事靡盬不遑启处，忧心孔疚我行不来。彼尔维何维常之花，彼路斯何君子之车，戎车既驾四牡业业，岂敢定居一月三捷。驾彼四牡四牡骙骙，君子所依小人所腓，四牡翼翼象弭鱼服，岂不日戒狁犹孔棘。昔我往矣杨柳依依，今我来思雨雪霏霏，行道迟迟载渴载饥，我心伤悲莫知我哀。

《采薇》诗述命遣戍役。文王事殷有夷狄患，以天子命遣戍卫夏，戍兵出期采薇之时，既遣其行告之归期，陈其中情怀恩怒寇，述其劳苦民悦忘劳。

《出车》：我出我车于彼牧矣，自天子所谓我来矣，召彼仆夫谓之载矣，王事多难维其棘矣。我出我车于彼郊矣，设此旐矣建彼旄矣，彼旟旐斯胡不旆旆，忧心悄悄仆夫况瘁。王命南仲往城于方，出车彭彭旂旐央央，天子命我城彼朔方，赫赫南仲狁犹于襄。昔我往矣黍稷方华，今我来思雨雪载涂，王事多难不遑启居，岂不怀归畏此简书。喓喓草虫趯趯阜螽，未见君子忧心忡忡，既见君子我心则降，赫赫南仲薄伐西戎。春日迟迟卉木萋萋，仓庚喈喈采蘩祁祁，执讯获丑薄言还归，赫赫南仲狁犹于夷。

《出车》诗劳凯旋将帅。草虫鸣则阜螽跃从，南仲赫赫伐狄成功，西方诸侯称扬其德，文王具知深劳慰之，陈其行苦述其忠敬。

《杕杜》：有杕之杜有睆其实，王事靡盬继嗣我日，日月阳止女心伤止，〔杕杜不如〕征夫遑止。有杕之杜其叶萋萋，王事靡盬我心伤悲，卉木萋止女心悲止，〔杕杜不如〕征夫归止。陟彼北山言采其杞，王事靡盬忧我父母，檀车幝幝四牡痯痯，〔忧思祈祈〕征夫不远。匪载匪来忧心孔疚，斯逝不至而多为恤，卜筮偕止会言近止，〔忧思祈祈〕征夫迩止。

《杕杜》之诗慰劳还役。杕杜犹得其时蕃滋，役夫劳苦无安室家，王事当理不得休息，当归不归室妇忧伤，思盼君子其归不远。

《鱼丽》：鱼丽于罶〔有〕鲿〔有〕鲨，君子有酒〔既〕旨且多。鱼丽于罶〔有〕鲂有鳢，君子有酒〔既〕多且旨。鱼丽于罶〔有〕鰋

〔有〕鲤，君子有酒〔既〕旨且有。物其多矣维其嘉矣，物其旨矣维其偕矣，物其有矣维其时矣。

《鱼丽》诗美物盛备礼，《天保》以上内治诸夏，《采薇》以下外治夷狄，始于忧勤终于逸乐。武王之时万物殷盛，取之有时用之有道，鸟兽鱼鳖皆得其所，酒旨鱼丰堪告神明。

《南陔》《白华》《华黍》：《南陔》诗陈孝子戒养，《白华》诗赞孝子洁白，《华黍》诗述时和宜种，以上三篇诗佚其辞。

南有嘉鱼之什

《南有嘉鱼》：南有嘉鱼烝然罩罩，君子有酒嘉宾燕乐。南有嘉鱼烝然汕汕，君子有酒嘉宾燕衎。南有樛木甘瓠累之，君子有酒宾燕绥之。翩翩者鵻烝然来思，君子有酒宾燕又思。

《南有嘉鱼》君子乐贤，人喜嘉鱼君子乐贤，樛垂瓠蔓尊贤贤归，雏鸟集木贤者意专，太平君子至诚笃实，乐与在野贤者共立。此篇以至《菁菁者莪》，成王周公之正《小雅》，成王雅名周公雅德，二人协佐致周太平。

《南山有台》：南山有台北山有莱，乐只君子邦家之基，乐只君子万寿无期。南山有桑北山有杨，乐只君子邦家之光，乐只君子万寿无疆。南山有杞北山有李，乐只君子民之父母，乐只君子德音不已。南山有栲北山有杻，乐只君子遐不眉寿，乐只君子德音是茂。南山有枸北山有楰，乐只君子遐不黄耇，乐只君子保艾尔后。

《南山有台》君乐得贤，山有草木成其高大，君有贤臣以自尊显，人君得贤德广坚固，置贤尊位礼乐乐之，得寿考福立邦家基。

《由庚》《崇丘》《由仪》：《由庚》万物得由其道，《崇丘》万物得极高大，《由仪》万物各得其宜，三篇有义而佚其辞。乡饮酒礼燕礼用焉，间歌《鱼丽》则笙《由庚》，《南有嘉鱼》歌笙《崇丘》，《南山有台》歌笙《由仪》。

《蓼萧》：蓼彼萧斯零露湑兮，既见君子我心写兮，燕笑语兮有誉处兮。蓼彼萧斯零露瀼瀼，既见君子为龙为光，其德不爽寿考不忘。蓼彼萧斯零露泥泥，既见君子孔燕岂弟，宜兄宜弟令德寿岂。蓼彼萧斯零露浓浓，既见君子鞗革冲冲，和鸾雍雍万福攸同。

《蓼萧》美王泽及四海，九夷八狄七戎六蛮，虽有大者爵不过子，在九州外谓之四海。时王恩泽被及四外，无侵伐忧得风雨节，天露润之萧得长大，王恩泽之夷君得所，朝见既接燕见尽欢，为天子保无忧危亡，情意得舒无复留恨，感王恩德称扬不忘。

《湛露》：湛湛露斯匪阳不晞，厌厌夜饮不醉无归。湛湛露斯在彼丰草，厌厌夜饮在宗载考。湛湛露斯在彼杞棘，显允君子莫不令德。其桐其椅其实离离，岂弟君子莫不令仪。

《湛露》美王燕乐诸侯。诸侯朝觐会同之时，天子与燕以示慈惠，草木得露湛然低垂，见日之阳干而舒放，诸侯燕饮威仪纵弛，天子赐爵肃敬承命。同姓夜饮以崇亲厚，庶姓燕饮仪德无忒，同姓庶姓二王之后，王意殷勤上下情通。

《彤弓》：彤弓弨兮受言藏之，我有嘉宾中心贶之，钟鼓既设一朝飨之。彤弓弨兮受言载之，我有嘉宾中心喜之，钟鼓既设一朝右之。彤弓弨兮受言櫜之，我有嘉宾中心好之，钟鼓既设一朝酬之。

《彤弓》王赐有功诸侯，敌王所忾诸侯献功，王赐彤弓讲德习射，诸侯得赐可专征伐。中心至诚殷勤于宾，王厚报功歌以示法。

《菁菁者莪》：菁菁者莪在彼中阿，既见君子乐且有仪。菁菁者莪在彼中沚，既见君子我心则喜。菁菁者莪在彼中陵，既见君子锡我百朋。泛泛杨舟载沉载浮，既见君子我心则休。

《菁菁者莪》民乐育材，人君教学长育国人，既教学之又免征役，使有材者成秀进士，养之以渐至官爵之，如阿长莪菁菁兴盛，沉物浮物杨舟俱载，君于人才文武并致，君子官爵休休然美，长育人材天下乐喜。

《六月》：六月栖栖戎车既饬，四牡骙骙载是常服，猃狁孔炽我是用急，王于出征以匡王国。比物四骊闲之维则，维此六月既成我服，我服既成于三十里，王于出征以佐天子。四牡修广其大有颙，薄伐猃狁以奏肤公，有严有翼共武之服，共武之服以定王国。猃狁匪茹整居焦获，侵镐及方至于泾阳，织文鸟章白旆央央，元戎十乘以先启行。戎车既安如轾如轩，四牡既佶既佶且闲，薄伐猃狁至于大原，文武吉甫万邦为宪。吉甫燕喜既多受祉，来归自镐我行永久，饮御诸友炰鳖脍鲤，侯谁在矣张仲孝友。

《六月》诗美宣王北伐，此篇以至《无羊》之篇，俱为宣王之变《小雅》，《鹿鸣》礼废则和乐缺，《四牡》礼废则君臣缺，《皇皇者华》废忠信缺，《常棣》礼废则兄弟缺，《伐木》礼废则朋友缺，《天保》礼废则福禄缺，《采薇》礼废则征伐缺，《出车》礼废则功力缺，《杕杜》礼废则师众缺，《鱼丽》礼废则法度缺，《南陔》礼废则孝友缺，《白华》礼废则廉耻缺，《华黍》礼废则蓄积缺，《由庚》礼废阴阳失常，《南有嘉鱼》之诗礼废，贤者不安下不得所，《崇丘》礼废万物不遂，《南山有台》废国基坠，《由仪》礼废万物失理，《蓼萧》礼废则恩泽乖，《湛露》礼废则万国离，《彤弓》礼废则诸夏衰，《菁菁者莪》废无礼仪，《小雅》尽废礼义大缺，四夷交侵中国衰微。宣王北伐周室中兴，北狄侵急盛夏出兵，王自征御简选阅择，出行征伐匡正王国。威严之将恭敬之臣，共典掌是兵武之事，威敌厉众抚和上下，吉甫逐狄远出中国。有功而归王燕赐之，张仲与焉其性孝友，吉甫贤故得此善友，王任得人所以为美。

《采芑》：薄言采芑〔和耕之土〕，于彼新田于此菑亩，方叔莅止方叔率止，其车三千师干之试，乘其四骐四骐翼翼，鱼服钩膺路车有奭。薄言采芑〔和耕之垧〕，于彼新田于此中乡，方叔莅止方叔率止，其车三千旂旐央央，约軧错衡八鸾玱玱，服其命服朱芾葱珩。䲭彼飞隼〔猛而能集〕，其飞戾天亦集爰止，方叔莅止方叔率止，其车三千师干之试，钲人伐鼓陈师鞠旅，显允方叔〔身先士卒〕，伐鼓渊渊振旅阗阗。蠢尔蛮荆大邦为仇，方叔元老克壮其犹，方叔率止执讯获丑，戎车啴啴如霆如雷，显允方叔〔不辞辛苦〕，征伐猃狁蛮荆来威。

《采芑》诗美宣王南征。一岁菑田二岁新田，三岁畲田俱已和耕，和耕之田芑必肥美，和治之士忠必可用，先新美士取乃称用，隼疾冲天集止不妄，士卒劲勇禀命无擅。伐讨有罪征正其罪，王命方叔南征蛮荆，陈师陈旅誓而告之，赏罚用命身先士卒，率众用力气势浩渊，遂败蛮荆服天子威。

《车攻》：我车既攻我马既同，四牡庞庞驾言徂东。田车既好田牡孔阜，东有甫草驾言行狩。之子于苗选徒嚣嚣，建旐设旄搏兽于敖。驾彼四牡四牡奕奕，赤芾金舄会同有绎。决拾既佽弓矢既调，射夫既同助我举柴。四黄既驾两骖不猗，不失其驰舍矢如破。萧萧马鸣悠悠旆旌，徒御不惊大庖不盈。之子于征有闻无声，允矣君子展也大成。

《车攻》诗美宣王复古，内修政事外攘夷狄，恢复文武之时境土，车马是修器械是备。田选车徒复会诸侯，御良射善军旅齐肃，敬从王威无敢谨哗，宣王信实功成美之。

《吉日》：吉日维戊既伯既祷，田车既好四牡孔阜，升彼大阜从其群丑。吉日庚午既差我马，兽之所同麀鹿麌麌，漆沮之从天子之所。瞻彼中原其祁孔有，儦儦俟俟或群或友，悉率左右以燕天子。既张我弓既挟我矢，发彼小豝殪此大兕，以御宾客且以酌醴。

《吉日》诗美宣王田猎。宣王慎微恩接群下，下自尽诚奉事其上，将用马力先祷其祖，吉善之日祷马硕健，虞人驱兽待天子射，得兽以为宾醴俎实。

鸿雁之什

《鸿雁》：鸿雁于飞肃肃其羽，之子于征劬劳于野，爰及矜人哀此鳏寡。鸿雁于飞集于中泽，之子于垣百堵皆作，虽则劬劳其究安宅。

鸿雁于飞哀鸣嗷嗷，维此哲人谓我劬劳，维彼愚人谓我宣骄。

《鸿雁》诗美宣王安民。鸿雁知避阴阳寒暑，本性居泽今复集中，民知去恶而就有道，乱而离散今还安集。厉王衰乱宣王承敝，万民离散不安其居，宣王劳来定安集之，至于鳏寡无不得所，筑作兴造今虽劬劳，久得安居岂为奢骄。

《庭燎》：夜如何其夜〔尚〕未央，〔待君子朝〕庭燎之光，君子至止鸾声将将。夜如何其夜〔尚〕未艾，〔待君子朝〕庭燎晰晰，君子至止鸾声哕哕。夜如何其夜〔方〕乡晨，〔待君子朝〕庭燎有辉，君子至止言观其旂。

《庭燎》美王因以箴之，诸侯将朝宣王问时，美王始能自勤政事，箴王失问不正时官。

《沔水》：沔彼流水朝宗于海，鴥彼飞隼载飞载止，嗟我兄弟邦人诸友，莫肯念乱谁无父母。沔彼流水其流汤汤，鴥彼飞隼载飞载扬，念彼不迹载起载行，心之忧矣不可弭忘。鴥彼飞隼率彼中陵，民之讹言宁莫之惩，我友敬矣谗言其兴。

《沔水》之诗规谏宣王。流水朝海小则就大，诸侯朝王臣则事君，隼飞隼止自由无畏，诸侯朝否自恣无惧。奢僭恣放妄相侵伐，谗人毁之王亦不察，心为之忧不可止忘，祈王治察规使为善。

《鹤鸣》：鹤鸣九皋声闻于野，鱼潜在渊或在于渚，乐彼之园爰有树檀，〔其上维檀〕其下维萚，它山之石可以为错。鹤鸣九皋声闻于天，鱼在于渚或潜在渊，乐彼之园爰有树檀，〔其上维檀〕其下维榖，它山之石可以攻玉。

《鹤鸣》之诗教海宣王。鱼感寒温贤察治乱，鹤鸣野闻贤隐朝知，石可琢玉贤可理政，上檀下萚举贤抑枉，国家得贤匡辅成治，当求贤人之未仕者。

《祈父》：祈父〔忘〕予王之爪牙，转予于恤靡所止居。祈父〔忘〕予王之爪士，转予于恤靡所厎止。祈父〔祈父〕亶〔为〕不聪，转予于恤有母尸饔。

《祈父》诗刺宣王不明，使人不称官非其人。宣王之末司马职废，姜戎为败勇士责刺，所职有常不应迁易，移勇力士于所忧地，无所止居难侍于家，母代奉父陈馈食具。

《白驹》：皎皎白驹食我场苗，絷之维之以永今朝，所谓伊人于焉逍遥。皎皎白驹食我场藿，絷之维之以永今夕，所谓伊人于焉嘉客。皎皎白驹贲然来思，尔公尔侯逸豫无期，慎尔优游勉尔遁思。皎皎白驹在彼空谷，生刍一束其人如玉，毋金玉音而有遐心。

《白驹》诗大夫刺宣王，宣王之行初善后恶，初任贤能周室中兴，宣王之末不能用贤，贤不为留而有去者。大夫爱贤愿挽留之，不知所适思见之甚，逸豫无期思而不来，度终不见设言与诀，在外优游事勉力行，遁思之志勿使不终，贤毋吝身有疏远心，昔日有恩音信无绝。

《黄鸟》：黄鸟黄鸟〔集榖啄粟〕，无集于谷无啄我粟，此邦之人不我肯榖，言旋言归复我邦族。黄鸟黄鸟〔集桑啄梁〕，无集于桑无啄我梁，此邦之人不可与明，言旋言归复我诸兄。黄鸟黄鸟〔集栩啄黍〕，无集于栩无啄我黍，此邦之人不可与处，言旋言归复我诸父。

《黄鸟》诗刺宣王失教。黄鸟性宜集木啄粟，今而禁之是失其性，妇在夫家宜安其居，今夫禁己失夫妇宜。阴礼以教男女之亲，夫妇之道则能坚固，教亲不至夫妇相弃，兄弟不固王之失教，宣王之末室家离散，率不以礼大失天性，妇被弃者怨诉大归。

《我行其野》：我行其野蔽芾其樗，昏姻之故言就尔居，尔不我畜复我邦家。我行其野言采其蓫，昏姻之故言就尔宿，尔不我畜言归斯复。我行其野言采其葍，不思旧姻求尔新特，成不以富亦祇以异。

《我行其野》诗刺宣王，嫁娶之礼娶则有数，天子诸侯一娶不改，大夫以下其妻死出，容得更娶非此亦否。宣王之末男女失道，妻无出罪遂弃更婚，旧姻相怨王不能禁，不正嫁娶多淫婚俗。行野采菜唯得恶蓫，妇嫁他族唯得恶夫，遇已不善乃深责怨，我父之婚尔父之姻，承二父命我就汝居，人悉偕老汝独相弃，不以礼畜当复邦家。

　　《斯干》：秩秩斯干幽幽南山，如竹苞矣如松茂矣，兄及弟矣〔和乐宜矣〕，式相好矣无相犹矣。〔宫庙成矣〕似续妣祖，筑室百堵西南其户，爰居爰处爰笑爰语。约之阁阁椓之橐橐，风雨攸除鸟鼠攸去，〔宫室相称〕君子攸芋。如跂斯翼如矢斯棘，如鸟斯革如翚斯飞，〔宫室肃美〕君子攸跻。殖殖其庭有觉其楹，哙哙其正哕哕其冥，〔宫室正大〕君子攸宁。下莞上簟乃安斯寝，乃寝乃兴乃占我梦，吉梦维何〔大人占之〕，维熊维罴维虺维蛇，维熊维罴男子之祥，维虺维蛇女子之祥。乃生男子载寝之床，载衣之裳载弄之璋，其泣喤喤朱芾斯皇，〔生子谨礼〕室家君王。乃生女子载寝之地，载衣之裼载弄之瓦，无非无仪酒食是议，〔生女谨仪〕父母〔无〕罹。

　　《斯干》诗美宣王考室，宣王德行民富和亲，乃筑庙寝俭而得礼，既成蜱之歌诗落之，宗庙考成祭祀先祖，王与群臣燕乐安之。王德无穷犹涧不竭，国饶民足有如南山，民殷美如竹生松茂，骨肉亲好无相诟尤，国富和亲嗣续祖功，乃筑宫室堂堂相称，宫室之制平正高广，君子居中以自光大，长幼有礼君子所安，生男生女吉祥止止。

　　《无羊》：谁谓无羊三百维群，谁谓无牛九十其犉，尔羊来思其角濈濈，尔牛来思其耳湿湿，或降于阿或饮于池，或寝或讹〔无惊无畏〕。尔牧来思何蓑何笠，或负其糇〔有备无患〕，三十维物尔牲则具。尔牧来思〔余力樵猎〕，以薪以蒸以雌以雄，尔羊来思〔温温恭恭〕，矜矜兢兢不骞不崩，麾之以肱毕来既升。牧人乃梦〔大人占之〕，众维鱼矣旐维旟矣，众维鱼矣实维丰年，旐维旟矣室家溱溱。

《无羊》诗美宣王考牧。厉王之时牧人职废，宣王始兴牧官称职，牛羊得所牧事复成，万物得所阴阳谐和，岁熟民滋国有休庆。

节南山之什

《节南山》：节彼南山维石岩岩，赫赫师尹民具尔瞻，忧心如惔不敢戏谈，国既卒斩何用不监。节彼南山有实其猗，赫赫师尹不平谓何，天方荐瘥丧乱弘多，民言无嘉憯莫惩嗟。尹氏大师维周之氐，秉国之均四方是维，天子是毗俾民不迷，不吊昊天不宜空我师。弗躬弗亲庶民弗信，弗问弗仕勿罔君子，式夷式已无小人殆，琐琐姻亚则无膴仕。昊天不佣降此鞠讻，昊天不惠降此大戾，君子如届俾民心阕，君子如夷恶怒是违。不吊昊天乱靡有定，式月斯生俾民不宁，忧心如酲谁秉国成，不自为政卒劳百姓。驾彼四牡四牡项领，我瞻四方蹙蹙靡骋。方茂尔恶相尔矛矣，既夷既怿如相酬矣。昊天不平我王不宁，不惩其心覆怨其正。家父作诵以究王讻，式讹尔心以畜万邦。

《节南山》诗刺周幽王，此篇以至《何草不黄》，俱为幽王之变《小雅》。南山岩岩四方望之，三公赫赫下民瞻之，贪暴不均民失瞻仰，国见绝灭愬之于天，不宜尸位穷困下民，为政不均下俗多讼，行不和顺下化乖争。民之所为皆化于上，王用平正民俗化成，大臣自恣王心不宁，躬亲为政以安百姓。

《正月》：正月繁霜我心忧伤，民之讹言亦孔之将，念我独兮忧心京京，哀我小心癙忧以痒。父母生我胡俾我瘵，不自我先不自我后，好言自口莠言自口，忧心愈愈是以有侮。忧心惸惸念我无禄，民之无辜并其臣仆，哀我人斯于何从禄，瞻乌爰止于谁之屋。瞻彼中林侯薪侯蒸，民今方殆视天梦梦，既克有定靡人弗胜，有皇上帝伊谁云憎。谓山盖卑为冈为陵，民之讹言宁莫之惩，召彼故老讯之占梦，具曰予圣谁知乌之雌雄。谓天盖高不敢不局，谓地盖厚不敢不蹐，维号斯言有伦有脊，哀今之人胡为虺蜴。瞻彼阪田有菀其特，天之扤我如不我克，彼求我则如不我得，执我仇仇亦不我力。心之忧矣如或结之，今兹之正胡然厉矣，燎之方扬宁或灭之，赫赫宗周褒姒灭之。终其永怀又窘阴雨，其车既载乃弃尔辅，载输尔载将伯助予。无弃尔辅员于尔辐，屡顾尔仆不输尔载，终逾绝险曾是不意。鱼在于沼亦匪克乐，潜虽伏矣亦孔之炤，忧心惨惨念国为虐。彼有旨酒又有嘉肴，洽比其邻昏姻孔云，念我独兮忧心慇慇。佌佌有屋蔌蔌有谷，民今无禄天天是椓，哿矣富人哀此惸独。

《正月》之诗刺周幽王。正阳之月而有繁霜，幽王急酷致害百姓，乌集富屋民归明君，民无所归上恶过甚。林宜大木唯集薪蒸，朝宜有贤但聚小人，虺蜴之性见人则走，民闻王政莫不避逃，天高地厚曲身累足，恐触忌讳惧陷罗网。阪有菀苗野有隐贤，小人贪贤有名无实，礼命征召空执留之，鱼在沼池不得逸乐，退而潜处炤炤易见，贤者在朝不得行道，退而隐居亦不足避。佌佌小人富有室屋，蔌蔌窭陋贵有爵禄，哀此下民今无天禄，为上天椓穷困无告。

《十月之交》：十月之交朔月辛卯，日有食之亦孔之丑，彼月而微此日而微，今此下民亦孔之哀。日月告凶不用其行，四国无政不用其良，彼月而食则维其常，此日而食于何不臧。烨烨震电不宁不令，百川沸腾山冢崒崩，高岸为谷深谷为陵，哀今之人胡憯莫惩。皇父卿士番维司徒，家伯维宰仲允膳夫，棸子内史蹶维趣马，楀维师氏艳妻煽处。抑此皇父岂曰不时，胡为我作不即我谋，彻我墙屋田卒汙莱，曰予不戕礼则然矣。皇父孔圣作都于向，择三有事亶侯多藏，不憖遗一老俾守我王，择有车马以居徂向。黾勉从事不敢告劳，无罪无辜谗口嚣嚣，下民之孽匪降自天，噂沓背憎职竞由人。悠悠我里亦孔之痗，四方有羡我独居忧，民莫不逸独不敢休，天命不彻不敢效逸。

《十月之交》刺周幽王，周之十月当夏八月，朔日日月交会日食，其日辛卯辛金卯木，金本胜木木反侵金，一食二象为恶丑甚。皇父擅恣日月告凶，阴臣侵凌阳君象现，小人在上非但日食，雷电山川皆为反常，君臣失道灾起民哀，不用善人王政大蹙。幽王淫色七嬖皆用，妻党炽盛女谒肆行，小人擅恣自比圣人，尽去贤老卿皆聚敛，上既信谗下民竞愿，相对谈语背而憎疾，己与王亲不忍离去，黾勉王事不敢告劳。

《雨无正》：浩浩昊天不骏其德，降丧饥馑斩伐四国，昊天疾威弗虑弗图，舍彼有罪既伏其辜，若此无罪沦胥以铺。周宗既灭靡所止戾，正〔卿〕离居莫知我勚，三事大夫莫肯夙夜，邦君诸侯莫肯朝夕，庶曰式臧覆出为恶。如何昊天辟言不信，如彼行迈则靡所臻，凡百君子各敬尔身，胡不相畏不畏于天。戎成不退饥成不遂，曾我暬御憯憯日瘁，凡百君子莫肯用讯，听言则答谮言则退。〔呜呼〕哀哉〔贤〕不能言，匪舌是出维躬是瘁，哿矣能言〔顺俗不逆〕，巧言如流俾躬处休。维曰予仕孔棘且殆，云不何使得罪天子，亦云可使怨及朋友。谓迁王都〔辞〕未室家，鼠思泣血无言不疾，昔尔出居谁作尔室。

《雨无正》诗刺周幽王，不能承顺昊天之德，教令如雨事皆苛虐，情不恤民非为政道，死丧饥馑诸侯侵伐。天道设教以卑承尊，下不事上不畏天道，群臣不忠恶直丑正，贤者在朝进退两难，道灭国危无所安定，民不堪命痛怨于天。

《小旻》：昊天疾威敷于下土，谋犹回遹何日斯沮，谋臧不从不臧覆用，我视谋犹亦孔之邛。潝潝訿訿亦孔之哀，谋之其臧则具是违，谋之不臧则具是依，我视谋犹伊于胡底。我龟既厌不我告犹，谋夫孔多是用不集，发言盈庭谁敢执咎，匪行迈谋不得于道。〔呜呼〕哀哉〔今上〕为犹，先民匪程大犹匪经，维迩言是听维迩言是争，筑室道谋不溃于成。国虽靡止或圣或否，民虽靡膴〔亦可择焉〕，或哲或谋或肃或艾，如彼泉流无沦胥败。不敢暴虎不敢冯河，人知其一莫知其他，〔危乎殆哉〕战战兢兢，如临深渊如履薄冰。

《小旻》之诗刺周幽王，谋事邪僻不任贤者。小人在位自作威福，竞营私利不思称上，君臣昏乱争知让过，谋夫甚多而非贤者，是非不决谋不得成，发意鄙近无期远大，恶直丑正小人本性，畏慎小心临深履薄。

《小宛》：宛彼鸣鸠翰飞戾天，我心忧伤念昔先人，明发不寐有怀二人。人之齐圣饮酒温克，彼昏不知壹醉日富，各敬尔仪天命不又。中原有菽庶民采之，螟蛉有子蜾蠃负之，教诲尔子式穀似之。题彼脊令载飞载鸣，我日斯迈而月斯征，夙兴夜寐毋忝所生。交交桑扈率场啄粟，哀我填寡宜岸宜狱，握粟出卜自何能穀。温温恭人如集于木，惴惴小心如临于谷，战战兢兢如履薄冰。

《小宛》之诗刺周幽王，鸣鸠之鸟宛然翅小，欲使飞天必不可得，幽王政教才智褊小，欲使致治亦不可得，心为忧伤追念文武。菽生原中力采得食，王位无常勤德者居，桑虫有子蒲卢负养，德教取民作民父母。脊令之鸟飞鸣无止，君子处世岂可自舍，视朝视朔日月不休，早起夜卧无辱父祖。桑扈肉食食粟失性，以此求活必将不能，欲求治国当行善教，上乱下治终不可得，哀民困顿无从得活，贤人君子无罪亦恐。

《小弁》：弁彼鸒斯归飞提提，民莫不穀我独于罹，何辜于天我罪伊何，心之忧矣云如之何。踧踧周道鞫为茂草，我心忧伤惄焉如捣，假寐永叹维忧用老，心之忧矣疢如疾首。维桑与梓必恭敬止，靡瞻匪父靡依匪母，不属于毛不罹于裹，天之生我我辰安在。菀彼柳斯鸣蜩嘒嘒，有漼者渊萑苇淠淠，譬彼舟流不知所届，心之忧矣不遑假寐。鹿斯之奔维足伎伎，雉之朝雊尚求其雌，譬彼坏木疾用无枝，心之忧矣宁莫之知。相彼投兔尚或先之，行有死人尚或墐之，君子秉心维其忍之，心之忧矣涕既陨之。君子信谗如或酬之，君子不惠不舒究之，伐木掎矣析薪扡矣，舍彼有罪予之佗矣。莫高匪山莫浚匪泉，无易由言耳属于垣，无逝我梁无发我笱，我躬不阅遑恤我后。

《小弁》之诗刺周幽王。道因草荒政因德败，王信褒姒太子放逐，鸟饱同飞父子相养，太子遭放人鸟不如，柳茂鸣蝉渊深生苇，王有天下宜容太子，仰父依母恭孝不容，状如舟流无所适从，鹿俱牝走雉并雌飞，太子离妃鸟兽不如，伐木掎巅不欲妄踏，析薪扡理不欲妄析，太子无罪王妄加之。《凯风》亲之过小者也，《小弁》亲之过大者也，亲之过大不怨愈疏，亲之过小怨不可激，舜其至孝五十犹慕，《小弁》之怨亲亲仁也，褒姒盗宠太子念王，无如之何孝不可已。

《巧言》：悠悠昊天曰父母且，无罪无辜乱如此憮，昊天已威予慎无罪，昊天大憮予慎无辜。乱之初生僭始既涵，乱之又生君子信谗，君子如怒乱庶遄沮，君子如祉乱庶遄已。君子屡盟乱是用长，君子信盗乱是用暴，盗言孔甘乱是用餤，匪其止共维王之邛。奕奕寝庙君子作之，秩秩大猷圣人莫之，他人有心予忖度之，跃跃毚兔遇犬获之。荏染柔木君子树之，往来行言心焉数之，蛇蛇硕言出自口矣，巧言如簧颜之厚矣。彼何人斯居河之麋，无拳无勇职为乱阶，既微且尰尔勇伊何，为犹将多尔徒几何。

《巧言》之诗刺周幽王，大夫伤谗故作是诗。王之始言为民父母，今乃刑杀无罪无辜，王乱初萌容受谗言，不察真伪谗遂渐进，乱生益大朝臣信谗，谗言遂兴致此大乱。君子怒谗福贤乱止，君子信谗暖惑乱剧，君子树木必择善木，君子出言善而后出。小人不然巧为言语，徒从口出不由心行，谗佞之人敢为乱阶，谗谋多多谗徒几何。

《何人斯》：彼何人斯其心孔艰，胡逝我梁不入我门，伊谁云从维暴之云。二人从行谁为此祸，胡逝我梁不入唁我，始不如今云不我可。彼何人斯胡逝我陈，我闻其声不见其身，不愧于人不畏于天。彼何人斯其为飘风，胡不自北胡不自南，胡逝我梁祇搅我心。尔之安行亦不遑舍，尔之亟行遑脂尔车，壹者之来云何其盱。尔还而入我心易也，还而不入否难知也，壹者之来俾我祇也。伯氏吹埙仲氏吹篪，及尔如贯谅不我知，出此三物以诅尔斯。为鬼为蜮则不可得，有腼面目视人罔极，作此好歌以极反侧。

《何人斯》诗刺绝暴公。暴公为卿而潜苏公，苏公作诗刺以绝之，和如埙篪恩如兄弟，俱为王臣宜相亲爱，王信其谗令使获谴，不得其情怒而责之。

《巷伯》：萋兮斐兮成是贝锦，彼谮人者亦已大甚。哆兮侈兮成是南箕，彼谮人者谁适与谋。缉缉翩翩谋欲谮人，慎尔言也谓尔不信。捷捷幡幡谋欲谮言，岂不尔受既其女迁。骄人好好劳人草草，苍天苍天〔鉴临下民〕，视彼骄人矜此劳人。彼谮人者谁适与谋，取彼谮人投畀豺虎，豺虎不食投畀有北，有北不受投畀有昊。杨园之道猗于亩丘，寺人孟子作为此诗，凡百君子敬而听之。

《巷伯》之诗刺周幽王，寺人伤谗故作是诗。女工集采织成贝锦，谗人集过构成其罪，箕星所成由踵而舌，始小嫌疑终构刑罪，谗谋功密为王信用，仰告苍天察妄矜劳。先历亩丘乃至杨园，欲谮大臣先毁小臣，无罪被谗滥及善人，在位君子自慎听察。

谷风之什

《谷风》：习习谷风维风及雨，将恐将惧维予与女，将安将乐女转弃予。习习谷风维风及颓，将恐将惧寘予于怀，将安将乐弃予如遗。习习谷风维山崔嵬，无草不死无木不萎，忘我大德思我小怨。

《谷风》之诗刺周幽王。风而有雨则润泽行，朋友同志则恩爱成，风雨相感朋友相须，父生师教朋友以成，风薄相扶良朋佐善，大德切磋相率道成。盛夏物茂小有萎死，小萎无亏万物夏长，大义不亏小有忿讼，小忿无损友朋交好，朋友之交人行大者，若无大故不可遗弃。幽王之时风俗浇薄，穷达相弃无复恩情，志趋于利不顾终始，忘友大德弃由小怨，天下俗薄朋友道绝，王政使然作诗刺之。

《蓼莪》：蓼蓼者莪匪莪伊蒿，哀哀父母生我劬劳。蓼蓼者莪匪莪伊蔚，哀哀父母生我劳瘁。瓶之罄矣维罍之耻，鲜民之生不如久死，无父何怙无母何恃，出则衔恤入则靡至。父兮生我母兮鞠我，抚我畜我长我育我，顾我复我出入腹我，欲报之德昊天罔极。南山烈烈飘风发发，民莫不榖我独何害，南山律律飘风弗弗，民莫不榖我独不卒。

《蓼莪》之诗刺周幽王，孝子劳苦不得侍养，父母终亡适在役所，莪而谓蒿视物不察，亲亡身役精神昏乱。瓶小而尽罍大而盈，不顾大小酌者之耻，富裕少役贫寡多役，贫富不均王者之耻，不以为耻偏困贫民，不得供养悲恨之甚，生养恩德欲报无已，痛切之情告于昊天。

《大东》：有饛簋飧有捄棘匕，周道如砥其直如矢，君子所履小人所视，睠言顾之潸焉出涕。小东大东杼柚其空，纠纠葛屦可以履霜，佻佻公子行彼周行，既往既来使我心疚。有冽氿泉无浸获薪，契契寤叹哀我惮人，薪是获薪尚可载也，哀我惮人亦可息也。东人之子职劳不来，西人之子粲粲衣服，舟人之子熊黑是裘，私人之子百僚是试。或以其酒不以其浆，鞙鞙佩璲不以其长，维天有汉监亦有光，跂彼织女终日七襄，虽则七襄不成报章，皖彼牵牛不以服箱，东有启明西有长庚，有捄天毕载施之行。维南有箕不可簸扬，维北有斗不挹酒浆，维南有箕载翕其舌，维北有斗西柄之揭。

《大东》诗刺政乱役偏。古者天子施下恩厚，贡赋赏罚齐均平直，君子法效履厚行之，小人视平承奉无怨，君子行道小人供役，王道流行上下和乐。在位贪乱赋敛偏颇，政役失理今不如古，虚竭送往空尽受之，曾无反币复礼之惠，寒泉浸薪腐不中用，暴虐极敛民困不堪。天河无明织女无织，箕宿不簸斗宿不挹，王之官司美佩无德，有名无实虚列无用。众官废职群小得志，上下无制贱人骄奢，东国困役而伤于财，谭国大夫作诗告病。

《四月》：四月维夏六月徂暑，先祖匪人胡宁忍予。秋日凄凄百卉具腓，乱离瘼矣爰其适归。冬日烈烈飘风发发，民莫不穀我独何害。山有嘉卉侯栗侯梅，废为残贼莫知其尤。相彼泉水载清载浊，我日构祸曷云能穀。滔滔江汉南国之纪，尽瘁以仕宁莫我有。匪鹑匪鸢翰飞戾天，匪鳣匪鲔潜逃于渊。山有蕨薇隰有杞桋，君子作歌维以告哀。

《四月》之诗刺周幽王，幽王之时在位贪残，下国构祸怨乱并兴，恶之有渐非朝夕故，四月渐暑六月暑极，王初渐酷至今酷甚，凉风用事众草皆病，贪残政行万民困苦。果下有草取果践草，上多赋敛弱民窘迫，泉水之流一清一浊，诸侯并恶曾无一善，江汉大水纪理众川，吴楚犹理周政不如。雕鸢高飞鲤鲔处渊，山菜隰树俱得其所，民性自然安土重迁，畏乱逃走不得其所。

《北山》：陟彼北山言采其杞，偕偕士子朝夕从事，王事靡盬忧我父母。溥天之下莫非王土，率土之滨莫非王臣，大夫不均我事独贤。四牡彭彭王事傍傍，嘉我未老鲜我方将，旅力方刚经营四方。或燕居息尽瘁事国，息偃在床不已于行，不知叫号惨惨劬劳，栖迟偃仰王事鞅掌，湛乐饮酒惨惨畏咎，出入风议靡事不为，〔或此或彼人心不同〕。

《北山》之诗刺周幽王。幽王不均大夫之使，专其贤才独使从役，役使不均不得奉亲，劳怨刺诉大夫自陈。

《无将大车》：无将大车祇自尘兮，无思百忧祇自疧兮。无将大车维尘冥冥，无思百忧不出于颎。无将大车维尘雍兮，无思百忧祇自重兮。

《无将大车》悔进小人，将车鄙事贱者所为，君子为之不堪其劳，喻举小人适自忧累。幽王朝昏小人众多，大夫将进使有职位，不堪其任愆负及己，悔而鉴戒以示将来。

《小明》：明明上天照临下土，我征徂西至于艽野，二月初吉载离寒暑，心之忧矣其毒大苦，念彼共人涕零如雨，岂不怀归畏此罪罟。昔我往矣日月方除，曷云其还岁聿云莫，念我独兮我事孔庶，心之忧矣惮我不暇，念彼恭人睠睠怀顾，岂不怀归畏此谴怒。昔我往矣日月方奥，曷云其还政事愈蹙，岁聿云莫采萧获菽，心之忧矣自诒伊戚，念彼共人兴言出宿，岂不怀归畏此反覆。嗟尔君子无恒安处，靖共尔位正直是与，神之听之式穀以女。嗟尔君子无恒安息，靖共尔位好是正直，神之听之介尔景福。

《小明》之诗悔仕乱世，幽王政损日小其明，役则偏苦行则过时，岂不思归畏谴不敢。牧伯大夫仕乱自悔，恨不待贤自遗此忧，仕不择时悔嗟深戒，愿遇明君出而为治。

《鼓钟》：鼓钟将将淮水汤汤，〔淫乐野合〕忧心且伤，淑人君子怀允不忘。鼓钟喈喈淮水湝湝，〔淫乐野合〕忧心且悲，淑人君子其德不回。鼓钟伐鼛淮有三洲，〔淫乐野合〕忧心且妯，淑人君子其德不犹。鼓钟钦钦鼓瑟鼓琴，〔君子嘉乐〕笙磬同音，以雅以南以籥不僭。

《鼓钟》之诗刺周幽王。幽王用乐不与德比，鼓其淫乐以示诸侯，嘉乐不野牺象不出，会于淮上失所刺之。古善君子礼乐得宜，功成作乐和比道德，鼓击其钟人闻乐善，瑟琴笙磬谐和无僭，上下得所王者正乐。

《楚茨》：楚楚者茨言抽其棘，自昔何为我蓺黍稷，我黍与与我稷翼翼，我仓既盈我庾维亿，以为酒食以享以祀，以妥以侑以介景福。济济跄跄絜尔牛羊，各以其职以往烝尝，或剥或亨或肆或将，祝祭于祊祀事孔明，先祖是皇神保是飨，孝孙有庆〔所为馨香〕，报以介福万寿无疆。执爨踖踖为俎孔硕，或燔或炙〔尽心尽力〕，君妇莫莫为豆孔庶，为宾为客献酬交错，礼仪卒度笑语卒获，〔所为馨香〕神保是格，报以介福万寿攸酢。我孔熯矣式礼莫愆，工祝致告徂赉孝孙，苾芬孝祀神嗜饮食，卜尔百福如几如式，既齐既稷既匡既勑，永锡尔极时万时亿。礼仪既备钟鼓既戒，孝孙徂位工祝致告，神具醉止皇尸载起，鼓钟送尸神保聿归，诸宰君妇废彻不迟，诸父兄弟备言燕私。乐具入奏以绥后禄，尔肴既将莫怨具庆，既醉既饱小大稽首，神嗜饮食使君寿考，孔惠孔时维其尽之，子子孙孙勿替引之。

《楚茨》之诗刺周幽王，政烦赋重田莱多荒，饥馑降丧民皆流亡，祭祀不飨君子思古，陈古之善刺今之恶。古之明王政简敛轻，阴阳洽和风雨顺时，田畴垦辟年有丰穰，百姓欣欣安土乐业，祭祀精诚鬼神歆飨，助祭供职执爨有容，君妇清德俎豆肥美，献酬得法以事鬼神，鬼神安之报以多福，孝子恭顺尸嘏以福，祭事既毕告尸利成，于祭之末同族燕饮。

《信南山》：信彼南山维禹甸之，畇畇原隰曾孙田之，我疆我理南东其亩。上天同云雨雪雾雾，益之霢霂既优既渥，既沾既足生我百谷。疆场翼翼黍稷或或，曾孙之穑以为酒食，畀我尸宾寿考万年。中田有庐疆埸有瓜，是剥是菹献之皇祖，曾孙寿考受天之祜。祭以清酒从以骍牡，执其鸾刀以启其毛，取其血膋〔荐于祖考〕。是烝是享苾苾芬芬，祀事孔明先祖是皇，报以介福万寿无疆。

《信南山》诗刺周幽王，疆理天下无奉禹功，忘成王业君子思古，陈古之善以刺今恶。成王之时远修禹功，风调雨顺阴阳谐和，冬雪春霖润泽饶洽，百谷生成税取供祭，祭祀齐戒尊尸敬宾，敬神神福寿考万年。

甫田之什

《甫田》：倬彼甫田岁取十千，我取其陈食我农人，〔上下安安〕自古有年。今适南亩〔成王修古〕，或耘或籽黍稷薿薿，攸介攸止烝我髦士。以我齐明与我牺羊，〔谷熟报功〕以社以方，我田既臧农夫之庆，春前祈年琴瑟击鼓，以御田祖以祈甘雨，以介稷黍以谷士女。曾孙来止〔亲劝农事〕，以其妇子馌彼南亩，田畯至喜〔教农暇时〕，攘其左右尝其旨否，禾易长亩终善且有，曾孙不怒农夫克敏。曾孙之稼如茨如梁，曾孙之庾如坻如京，乃求千仓乃求万箱，黍稷稻梁农夫之庆，报以介福万寿无疆。

《甫田》之诗刺周幽王，幽王之时仓廪空虚，政烦赋重农人失职，君子贤者伤今思古。成王奉古藉民什一，丰年得获尊老食新，农作闲暇讲德选士，谷成报功祭社四方。孟冬息劳春前祈年，王亲劝稼民勤于下，禾生易长收成大有，年丰劳赐祈福无疆。

《大田》：大田多稼〔可以授民〕，既种既戒既备乃事，以我覃耜俶载南亩，播厥百谷既庭且硕，曾孙是若〔不夺农时〕。既方既皁既坚既好，〔时气和顺〕不稂不莠，去其螟螣及其蟊贼，〔明君德正〕无害田稚，田祖有神秉畀炎火。有渰萋萋兴雨祈祈，雨我公田遂及我私，有不获稚有不敛穧，彼有遗秉此有滞穗，〔民风宽仁〕寡妇之利。曾孙来止〔亲劝农事〕，以其妇子馌彼南亩，田畯至喜来方禋祀，以其骍黑与其黍稷，以享以祀以介景福。

《大田》之诗刺周幽王，不务农事政烦赋重，万民饥馑鳏寡难存，君子贤者思古刺今。明君为政德合灵祇，阴阳谐和风雨顺时，怙君仁德蒙君恩惠，其民之心先公后私，馀漏禾穗资利鳏寡，禋敬洁祀四方之神，神歆飨之报福丰年。

《瞻彼洛矣》：瞻彼洛矣维水泱泱，君子至止福禄如茨，韎韐有奭以作六师。瞻彼洛矣维水泱泱，君子至止鞞琫有珌，君子万年保其家室。瞻彼洛矣维水泱泱，君子至止福禄既同，君子万年保其家邦。

《瞻彼洛矣》刺周幽王。幽王无政思古明王，爵命诸侯赏善罚恶，洛水深广灌溉嘉谷，明王仁厚爵赐成贤。既爵命之加赐饰刀，以显君子贤能制断，君子诸侯受明王赐，家国无殆万年长安。

《裳裳者华》：裳裳者华其叶湑兮，我觏之子我心写兮，我心写兮有誉处兮。裳裳者华芸其黄矣，我觏之子维有章矣，维有章矣是有庆矣。裳裳者华或黄或白，我觏之子乘其四骆，乘其四骆六辔沃若。左之左之君子宜之，右之右之君子有之，维其有之是以似之。

《裳裳者华》诗刺幽王，小人在位谗谄并进，弃贤胤类绝勋世嗣，思古明王以泻心忧。上花喻君下叶喻臣，明王贤臣德承治兴，朝祀丧戎君子能之，王使世禄子孙嗣之，仕朝君子皆得世禄，君臣相与声誉常处。

《桑扈》：交交桑扈有莺其羽，君子乐胥受天之祜。交交桑扈有莺其领，君子乐胥万邦之屏。之屏之翰百辟为宪，不戢不难受福不那。兕觥其觩旨酒思柔，彼交匪敖万福来求。

《桑扈》之诗刺周幽王，君臣上下动无礼文，不用先王礼法威仪，故陈礼仪以讥刺之。桑扈其羽文章可爱，君子礼文天下乐观，王者乐贤才知文章，君子得所庶官不旷。王者之德外捍患难，内立事功为之桢干，百辟卿士修职法象，天下共乐受天祜福。

《鸳鸯》：鸳鸯于飞毕之罗之，君子万年福禄宜之。鸳鸯在梁戢其左翼，君子万年宜其遐福。乘马在厩摧之秣之，君子万年福禄艾之。乘马在厩秣之摧之，君子万年福禄绥之。

《鸳鸯》之诗刺周幽王，残害万物奉养过度。思古明王交物有道，鸳鸯息梁自若无惧，厩马无事莝而不谷，自奉有节顺万物性，取之以时而不暴夭，德行如是福寿宜归。

《颍弁》：有颍者弁实维伊何，尔酒既旨尔肴既嘉，岂伊异人兄弟匪他，茑与女萝施于松柏，未见君子忧心奕奕，既见君子庶几说怿。有颍者弁实维何期，尔酒既旨尔肴既时，岂伊异人兄弟具来，茑与女萝施于松上，未见君子忧心怲怲，既见君子庶几有臧。有颍者弁实维在首，尔酒既旨尔肴既阜，岂伊异人兄弟甥舅，如彼雨雪先集维霰，死丧无日无几相见，乐酒今夕君子维宴。

《颍弁》之诗刺周幽王。颍然皮弁宜在于首，天王尊贵宜正纲纪，酒旨肴嘉足能具礼，当与族燕亲之令辅，茑与女萝依于松柏，同姓九族缘王兴衰。将大雨雪始霰后雪，王政暴虐自微而甚，暴戾无亲不宴同姓，九族乏睦孤危将亡。

《车舝》：间关车舝思娈季女，匪饥匪渴德音来括，虽无好友式燕且喜。依彼平林有集维鷮，辰彼硕女令德来教，式燕且誉好尔无射。虽无旨酒式饮庶几，虽无嘉肴式食庶几，虽无德女式歌且舞。陟彼高冈析其柞薪，析其柞薪其叶湑兮，鲜我觏尔我心写兮。高山仰止景行行止，四牡骓骓六辔如琴，觏尔新昏以慰我心。

《车舝》之诗刺周幽王。褒姒性妒在王后位，物类相感小人道长，无道之辈并进于朝，谗巧败国德泽不下，思得贤女以配君子，代去褒姒改修德教。平林木茂耿鸟往集，君子德美能致硕女，贤女既进谏王效贤，慕仰高德则行明行，御臣有礼如御四马，教令调均如瑟谐和，王修如是心复何忧。

《青蝇》：营营青蝇止〔止〕于樊，岂弟君子无信谗言。营营青蝇止〔止〕于棘，谗人罔极交乱四国。营营青蝇止〔止〕于榛，谗人罔极构我二人。

《青蝇》之诗刺周幽王。营营青蝇变乱黑白，当止藩篱不可近之，往来谗佞变乱善恶，构合两端交更惑乱，当弃荒外不可亲之，乐易君子当远佞谗。

《宾之初筵》：宾之初筵左右秩秩，笾豆有楚殽核维旅，酒既和旨饮酒孔偕，钟鼓既设举酬逸逸，大侯既抗弓矢斯张，射夫既同献尔发功，发彼有的以祈尔爵。籥舞笙鼓乐既和奏，烝衎烈祖以洽百礼，百礼既至有壬有林，锡尔纯嘏子孙其湛，其湛曰乐各奏尔能，宾载手仇室人入又，酌彼康爵以奏尔时。宾之初筵温温其恭，其未醉止威仪反反，曰既醉止威仪幡幡，舍其坐迁屡舞僊僊，其未醉止威仪抑抑，曰既醉止威仪怭怭，是曰既醉不知其秩。宾既醉止载号载呶，乱我笾豆屡舞僛僛，是曰既醉不知其邮，侧弁之俄屡舞傞傞，既醉而出并受其福，醉而不出是谓伐德，饮酒孔嘉维其令仪。凡此饮酒或醉或否，既立之监或佐之史，彼醉不臧不醉反耻，式勿从谓无俾大怠，匪言勿言匪由勿语，由醉之言俾出童羖，三爵不识矧敢多又。

《宾之初筵》托古讽今。古行燕射先为燕礼，宾入升筵威仪敬偕，既旅之后止饮行射，弓矢既张各奏射功，与耦拾发心竞使中，以求不饮养病之爵。幽王荒废媟近小人，上下淫湎天下化之，武公入卿作诗刺时，俗既然矣无如之何，禁戒时人无令相悦。

鱼藻之什

《鱼藻》：鱼在在藻有颁其首，王在在镐岂乐饮酒。鱼在在藻有莘其尾，王在在镐饮酒乐岂。鱼在在藻依于其蒲，王在在镐有那其居。

《鱼藻》之诗刺周幽王。王政教衰阴阳不和，物失其性不得其所，君子忧亡思念武王，鱼依水草人依明王，万物得所四方无虞，天下平安武王共乐。

  《采菽》：采菽采菽筐之筥之，君子来朝何锡予之，虽无予之路车乘马，又何予之玄衮及黼。觱沸槛泉言采其芹，君子来朝言观其旂，其旂淠淠鸾声嘒嘒，载骖载驷君子所届。赤芾在股邪幅在下，彼交匪纾天子所予，乐只君子天子命之，乐只君子福禄申之。维柞之枝其叶蓬蓬，乐只君子殿天子邦，乐只君子万福攸同，平平左右亦是率从。泛泛杨舟绋纚维之，乐只君子天子葵之，乐只君子福禄膍之，优哉游哉亦是戾矣。

  《采菽》之诗刺周幽王，侮慢诸侯赐命非礼，数征会之略无信义。君子见微思古明王，敬待诸侯赐命以礼，采得菽藿筐筥盛之，下迎诸侯牢礼以待，因观诸侯车服得礼，与之路车驷马衮黼，天子既赐福禄申之，君臣同心民安国治，柞枝叶茂诸侯继世，承德世贤天下安定。舟浮无定系以维之，王御诸侯礼法制之，不得违叛供职顺命，揆功命赐王德至美。

  《角弓》：骍骍角弓翩其反矣，兄弟昏姻无胥远矣。尔之远矣民胥然矣，尔之教矣民胥效矣。此令兄弟绰绰有裕，不令兄弟交相为瘉。民之无良相怨一方，受爵不让至己斯亡。老马反驹不顾其后，如食宜饇如酌孔取。毋教猱升如涂涂附，君子徽猷小人与属。雨雪瀌瀌见晛曰消，莫肯下遗式居娄骄。雨雪浮浮见晛曰流，如蛮如髦我是用忧。

  《角弓》之诗父兄刺王，不亲九族而好谗佞，骨肉相怨作诗刺之。角弓调利当善用之，宗族和顺当善待之，亲亲之望易以成怨，宗族亲恕天下可化。猱性善登涂性善附，人性皆仁教之则进，君子美誉小人乐属，无良相怨王宜教之。雨雪瀌盛见日消释，小人行恶明王易化，不以善政启小人心，使如夷狄君子忧之。

  《菀柳》：有菀者柳不尚息焉，上帝甚蹈无自瘵焉，俾予靖之后予极焉。有菀者柳不尚愒焉，上帝甚蹈无自瘵焉，俾予靖之后予迈焉。有鸟高飞亦傅于天，彼人之心于何其臻，曷予靖之居以凶矜。

《菀柳》之诗刺周幽王。菀茂之柳行人愿息，王有盛德天下归往，暴虐无亲刑罚不中，诸侯不安皆不欲朝。鸟之高飞极至于天，王心不恒转侧无常，不知所止鸟之不如，亲近将罪不可朝事。

《都人士》：彼都人士狐裘黄黄，其容不改出言有章，行归于周万民所望。彼都人士臺笠缁撮，彼君子女绸直如发，我不见兮我心不说。彼都人士充耳琇实，彼君子女谓之尹吉，我不见兮我心菀结。彼都人士垂带而厉，彼君子女卷发如虿，我不见兮言从之迈。匪伊垂之带则有余，匪伊卷之发则有旟，我不见兮云何盱矣。

《都人士》刺衣服无常。德行有常故服不变，观服不贰知德齐一，古长民者衣服不贰，从容有常以齐其民，民德归一与上齐同，伤今不古作诗刺之。都邑之士近于政化，明德先被昏淫先化，古都邑人有士行者，草笠布冠撮发俭节，充耳美石实耳节制，君子家女容仪有常，性行不变正直嘉善。

《采绿》：终朝采绿不盈一匊，予发曲局薄言归沐。终朝采蓝不盈一襜，五日为期六日不詹。之子于狩言韔其弓，之子于钓言纶之绳。其钓维何维鲂及鱮，维鲂及鱮薄言观者。

《采绿》之诗刺妇怨旷。幽王失政多怨旷者，君子行役过时妇忧，家务不成志念于夫，忧思不见悔不随行，思情可悯礼所不责，欲从于外非礼刺之。

《黍苗》：芃芃黍苗阴雨膏之，悠悠南行召伯劳之。我任我辇我车我牛，我行既集盖云归哉。我徒我御我师我旅，我行既集盖云归处。肃肃谢功召伯营之，烈烈征师召伯成之。原隰既平泉流既清，召伯有成王心则宁。

《黍苗》之诗刺周幽王，王无膏润卿士旷职，陈宣王德与召伯功，以刺王臣废恩泽业。天下之民如黍苗然，王泽育养如雨膏润，功役有期臣司其职，召伯劳劝功成王安。

《隰桑》：隰桑有阿其叶有难，既见君子其乐如何。隰桑有阿其叶有沃，既见君子云何不乐。隰桑有阿其叶有幽，既见君子德音孔胶。心乎爱矣遐不谓矣，中心藏之何日忘之。

《隰桑》之诗刺周幽王。隰桑长美叶茂荫人，君子野处有覆养德，小人在位无德于民，思见君子尽心事之，置之于位喜乐之甚，中心善之诚不能忘。

《白华》：白华菅兮白茅束兮，之子之远俾我独兮。英英白云露彼菅茅，天步艰难之子不犹。滮池北流浸彼稻田，啸歌伤怀念彼硕人。樵彼桑薪卬烘于煁，维彼硕人实劳我心。鼓钟于宫声闻于外，念子懆懆视我迈迈。有鹙在梁有鹤在林，维彼硕人实劳我心。鸳鸯在梁戢其左翼，之子无良二三其德。有扁斯石履之卑兮，之子之远俾我疧兮。

《白华》诗刺周幽王后。白华白茅菅束成用，妇贤纳娶恩礼申束，王不以礼失申束义，申后废黜菅茅不如。菅茅露养稻田池润，后黜不养茅稻不如，鹙恶食鱼鹤善反饥，褒姒受宠申后反卑，近恶远善非王所宜。鸳鸯雌雄阴阳相下，夫妇相与以成家道，幽王二心德行变易，邪宠褒姒而黜申后。击钟宫内声必闻外，王之失德天下效之，下国化之以妾为妻，以庶代宗王不能治。

《緜蛮》：緜蛮黄鸟止于丘阿，道之云远我劳如何，饮之食之教之诲之，命彼后车谓之载之。緜蛮黄鸟止于丘隅，岂敢惮行畏不能趋，饮之食之教之诲之，命彼后车谓之载之。緜蛮黄鸟止于丘侧，岂敢惮行畏不能极，饮之食之教之诲之，命彼后车谓之载之。

《緜蛮》之诗微臣刺乱。大夫出行士为末介，禄薄困财当周赡之，幽政昏乱礼废恩薄，大不念小尊不恤贱，大夫不仁遗忘微贱，不肯饮食教诲提携。鸟止于阿人止于仁，黄鸟知止丘阿安息，小臣知择仁德依属，其义当然今则废之。

《瓠叶》：幡幡瓠叶采之亨之，君子有酒酌言尝之。有兔斯首炮之燔之，君子有酒酌言献之。有兔斯首燔之炙之，君子有酒酌言酢之。有兔斯首燔之炮之，君子有酒酌言酬之。

《瓠叶》之诗刺周幽王，自养丰厚薄于宾客，弃礼不行不用牲饔。思古之人薄不废礼，养宾礼行上行下化，庶人贤者瓠叶作菹，农毕为酒讲道习礼，亲亲尊尊朋友讲习，一兔虽微可佐宾羞。

《渐渐之石》：渐渐之石维其高矣，山川悠远维其劳矣，武人东征不皇朝矣。渐渐之石维其卒矣，山川悠远曷其没矣，武人东征不皇出矣。有豕白蹢烝涉波矣，月离于毕俾滂沱矣，武人东征不皇他矣。

《渐渐之石》刺周幽王，幽王无道天下失序，戎狄叛之荆舒不至，命将东征役久民病。山石高峻山川悠远，戎狄强暴不可卒服，豕性躁疾唐突难制，荆人悍捷去礼居乱，月离毕星大雨滂沱，伐而不息役人病苦，将帅无暇修礼相朝，下国作诗以刺幽王。

《苕之华》：苕之华〔矣〕芸其黄矣，心之忧矣维其伤矣。苕之华〔矣〕其叶青青，知我如此不如无生。牂羊坟首三星在罶，人可以食鲜可以饱。

《苕之华》诗大夫悯时，幽朝戎夷交侵中国，师旅并起饥馑因之，不能抚和君子悯之。苕干苕花京师诸夏，诸侯丧败京师孤弱，国日侵削伤遭世难，王政如此不如不生。小羊大首终无是道，周衰求兴亦无此理，心星光耀见笱须臾，欲望周存亦不可久。

《何草不黄》：何草不黄何日不行，何人不将经营四方。何草不玄何人不矜，哀我征夫独为匪民。匪兕匪虎率彼旷野，哀我征夫朝夕不暇。有芃者狐率彼幽草,有栈之车行彼周道。

《何草不黄》列国刺王,四夷交侵中国背叛,用兵不息视民如兽,君子忧之故作是诗。草生从役草黄不息,经营四方劳苦嗟怨,师出有时厚民之性,久不得归何人不鳏,人非兽狐常在草莽,久行旷野有如兽狐。

三 《大雅》韵义

文王之什

《文王》:文王在上於昭于天,周虽旧邦其命维新,有周不显帝命不时,文王陟降在帝左右。亹亹文王令闻不已,陈锡哉周维文孙子,文王孙子本支百世,凡周之士不显亦世。世之不显厥犹翼翼,思皇多士生此王国,王国克生维周之桢,济济多士文王以宁。穆穆文王缉熙敬止,假哉天命有商孙子,商之孙子其丽不亿,上帝既命侯于周服。侯服于周天命靡常,殷士肤敏祼将于京,厥作祼将常服黼冔,王之荩臣无念尔祖。无念尔祖聿修厥德,永言配命自求多福,殷未丧师克配上帝,宜鉴于殷骏命不易。命之不易无遏尔躬,宣昭义问虞殷自天,上天之载无声无臭,仪刑文王万邦作孚。

《文王》之诗受命作周。上接天道恭敬承事,下接民情恩礼抚养,施行美道有功于民,其德昭明著见于天,勉勉不倦天下君之,天命作王制立周邦,泽流子孙百世相继,周士贤德亦皆世禄。天命无常去恶就善,殷臣美敏来助周祭,声嗅不闻天道难知,仪型文王天下信顺,修德服众天下归之,长配天命福禄自随。此篇以下至于《卷阿》,文武成周之正《大雅》,据盛隆时推序天命,上述祖美皆国大事。

《大明》:明明在下赫赫在上,天难忱斯不易维王,天位殷適不挟四方。挚仲氏任自彼殷商,来嫁于周曰嫔于京,乃及王季维德之行。大任有身生此文王,维此文王小心翼翼,昭事上帝聿怀多福,厥德不回以受方国。天监在下有命既集,文王初载天作之合,在洽之阳在渭之涘。文王嘉止大邦有子，大邦有子俔天之妹，文定厥祥亲迎于渭，造舟为梁不显其光。有命自天命此文王，于周于京缵女维莘，长子维行笃生武王，保右命尔燮伐大商。殷商之旅其会如林，矢于牧野维予侯兴，上帝临汝无贰尔心。牧野洋洋檀车煌煌，〔牧野洋洋〕驷𬴂彭彭，维师尚父时维鹰扬，〔维师尚父〕凉彼武王，肆伐大商会朝清明。

《大明》诗美二圣相承。纣恶天弃令阻民叛，天命无常维德是予，父母共贤文王成德，文王受命奠王业基。大姒贤德以配文王，文王明德武王承之，德日广大故曰大明，天人攸归天下清明。

《緜》：緜緜瓜瓞〔不绝于缕〕，民之初生自土沮漆，古公亶父陶复陶穴，〔国小民少〕未有家室。古公亶父来朝走马，率西水浒至于岐下，爰及姜女聿来胥宇。周原膴膴堇荼如饴，爰始爰谋爰契我龟，曰止曰时筑室于兹。乃慰乃止乃左乃右，乃疆乃理乃宣乃亩，自西徂东周爰执事。乃召司空乃召司徒，俾立室家其绳则直，缩版以载作庙翼翼。捄之陾陾度之薨薨，筑之登登削屡冯冯，百堵皆兴鼛鼓弗胜。乃立皋门皋门有伉，乃立应门应门将将，乃立冢土戎丑攸行。肆不殄愠亦不陨问，柞棫拔矣行道兑矣，混夷駾矣维其喙矣。虞芮质成王蹶蹶生，曰有疏附曰有先后，曰有奔奏曰有御侮。

《緜》陈文王兴本太王。后稷緜緜历世不绝，太王仁爱贤妃助之，避狄得民肇生王业。筚路蓝缕虽苦犹甘，筑室制度臣民劝乐，文王用之为天子法，立国用众伐恶亲善，威德兼行不忝前业，遵太王道行善消恶。虞芮之君讼得成平，虞芮既平归周益众，上承祖基下得贤助，克成王业卒有天下。

《棫朴》：芃芃棫朴薪之槱之，济济辟王左右趣之。济济辟王左右奉璋，奉璋峨峨髦士攸宜。淠彼泾舟烝徒楫之，周王于迈六师及之。倬彼云汉为章于天，周王寿考遐不作人。追琢其章金玉其相，勉勉我王纲纪四方。

《棫朴》诗美文王官人。山木茂盛民用得薪，贤人众多国用蕃兴，置贤官位各司其职，政令流行随民而化。文王行礼贤臣趋助，化纠恶俗如新作人，本性睿圣修饰成美，勉行善道纲纪天下。

《旱麓》：瞻彼旱麓榛楛济济，岂弟君子干禄岂弟。瑟彼玉瓒黄流在中，岂弟君子福禄攸降。鸢飞戾天鱼跃于渊，岂弟君子遐不作人。清酒既载骍牡既备，以享以祀以介景福。瑟彼柞棫民所燎矣，岂弟君子神所劳矣。莫莫葛藟施于条枚，岂弟君子求福不回。

《旱麓》诗美文王受祖。云雨润泽山林茂盛，德教于上民性得所，阴阳调和君德感招，君子得以干禄乐易。太王王季功德润民，殷王帝乙赐之玉瓒，德教明察化及上下，道被飞潜万物得所，变化恶俗近新作人，民事既成敬祀先祖，傍无秽草木得茂盛，为神劳来君子得福。葛藟延蔓缘枝而长，太王王季依祖业起，文王敬受其祖功业，增而广之王有天下。

《思齐》：思齐大任文王之母，思媚周姜京室之妇，大姒嗣音则百斯男。惠于宗公神罔时怨，〔神罔时怨〕神罔时恫，刑于寡妻至于兄弟，〔至于兄弟〕御于家邦。雍雍在宫肃肃在庙，不显亦临无射亦保。戎疾不殄烈假不遐，不闻亦式不谏亦入。成人有德小子有造，古人无斁誉髦斯士。

《思齐》诗陈文王圣因。王正人伦以为化本，自内及外化被天下，屈己从众心不自专，谘访大臣顺而行之，使人器之不求全备，养善使之积小致大，化恶为善小大皆成，恶人皆消王业远大，性与天合以身化人，身无所择人皆成德。圣本天性亦贤母生，太任上慕先姑太姜，下为子妇太姒所续，德行纯备故生圣子，母贤身圣协和神人。

《皇矣》：皇矣上帝临下有赫，监观四方求民之莫，维此二国其政不获，维彼四国爰究爰度，上帝者之憎其式廓，乃眷西顾此维与宅。作之屏之其菑其翳，修之平之其灌其栵，启之辟之其柽其椐，攘之剔之其檿其柘，帝迁明德串夷载路，天立厥配受命既固。帝省其山〔百物丰茂〕，柞棫斯拔松柏斯兑，作邦作对大伯王季，因心则友则友其

兄，则笃其庆载锡之光，受禄无丧奄有四方。维此王季帝度其心，貊
其德音其德克明，克明克类克长克君，王此大邦克顺克比，比于文王
其德靡悔，既受帝祉施于孙子。帝谓文王无然畔援，无然歆羡诞先登
岸，密人不恭敢距大邦，侵阮徂共王赫斯怒，爰整其旅以按徂旅，以
笃周祜对于天下。依其在京侵自阮疆，陟我高冈无矢我陵，我陵我阿
无饮我泉，我泉我池度其鲜原，居岐之阳在渭之将，万邦之方下民之
王。帝谓文王予怀明德，不大声色长夏〔不〕革，不识不知顺帝之则。
帝谓文王询尔仇方，同尔弟兄以尔钩援，与尔临冲以伐崇墉，临冲闲
闲崇墉言言，执讯连连攸馘安安，是类是祃是致是附，临冲茀茀崇墉
仡仡，是伐是肆是绝是忽，四方无侮四方无拂。

《皇矣》之诗美周盛德，天监代殷莫如周者，世世修德莫盛文王，文王
之德不劣禹汤，积世贤圣乃有成功。诗人抑扬因事发咏，归美文王以为世
教，文王纯粹天性自然，其所动作常顺天则，德足抚民威足除恶，四方服
德无敢侮慢。

  《灵台》：经始灵台经之营之，庶民攻之不日成之，经始勿亟庶民
子来。王在灵囿麀鹿攸伏，麀鹿濯濯白鸟翯翯，王在灵沼於牣鱼跃。
虡业维枞贲鼓维镛，於论鼓钟於乐辟雍。於论鼓钟於乐辟雍，鼍鼓逢
逢矇瞍奏公。

《灵台》诗美民心始附，文王受命作邑于丰，德化流行似神精明，王之
灵德人物皆验，民乐灵德至是心附。民心之附事亦有渐，受命身附作台齐
心，悦文王德劝事忘劳，子成父事不期而成。王立灵台知民归附，作灵囿
沼知物得所，音声之道与政相通，合乐端详中和诚乎。

  《下武》：下武维周世有哲王，三后在天王配于京。王配于京世德
作求，永言配命成王之孚。成王之孚下土之式，永言孝思孝思维则。
媚兹一人应侯顺德，永言孝思昭哉嗣服。昭兹来许绳其祖武，於万斯
年受天之祜。受天之祜四方来贺，於万斯年不遐有佐。

《下武》诗美武王继文。武王圣德复受天命，成文王业昭先人功，益有明智配先人道，继嗣祖考成其孝思，伐纣济民顺定天下，行善不倦天下乐仰，民祈长寿受天福禄，辅佐之臣亦蒙馀福。

《文王有声》：文王有声遹骏有声，遹求厥宁遹观厥成。文王受命有此武功，既伐于崇作邑于丰，筑城伊淢作丰伊匹，匪棘其欲遹追来孝。王公伊濯维丰之垣，四方攸同王后维翰，丰水东注维禹之绩，四方攸同皇王维辟，镐京辟雍自西自东，自南自北无思不服。考卜维王宅是镐京，维龟正之武王成之，丰水有芑武王〔能〕仕，诒厥孙谋以燕翼子，文王烝哉武王烝哉。

《文王有声》武王继伐，文王伐崇武王伐纣，广文王声卒其伐功，顺成民德终安民道。丰水东流注渭入河，禹决治之傍成平地，文王作邑武成镐京，行辟雍礼养老教孝，四方感德同心归往，文武施化得人君道。丰水无情犹能润芑，武王事功思泽后人，遗顺民谋安其子孙，武王之道令得长世。

生民之什

《生民》：厥初生民时维姜嫄，生民如何〔必立郊禖〕，克禋克祀以弗无子，履帝武敏〔为神〕歆〔飨〕，攸介攸止载震载夙，载生载育时维后稷。诞弥厥月先生如达，不坼不副无菑无害，以赫厥灵上帝不宁，不康禋祀居然生子。真之隘巷牛羊字之，真之平林会伐平林，真之寒冰鸟覆翼之，鸟乃去矣后稷呱矣。实覃实讦厥声载路，诞实匍匐克岐克嶷，以就口食蓺之荏菽，荏菽旆旆禾役穟穟，麻麦幪幪瓜瓞唪唪。后稷之穑有相之道，茀厥丰草种之黄茂，实方实苞实种实褎，实发实秀实坚实好，实颖实栗即邰家室。〔天应尧封〕诞降嘉种，维秬维秠维穈维芑，恒之秬秠是获是亩，恒之穈芑是任是负，以归肇祀诞祀如何，或舂或揄或簸或蹂，释之叟叟烝之浮浮，载谋载惟取萧祭脂，取羝以軷载燔载烈，以兴嗣岁〔恒得丰年〕。卬盛于豆于豆于登，其香始升上帝居歆，胡臭亶时后稷肇祀，庶无罪悔以迄于今。

《生民》诗尊始祖后稷，万物本天人本于祖，天无形象人道事之，文王受命武王除乱，王天下功本自后稷，周公成王太平制礼，推后稷功举以配天。周祖后稷生于姜嫄，成人有德为舜举用，播种百谷利益下民，掌教稼穑若有神助，尧善其功赐封于邰，命之事天嘉种始郊，苴羹馨香上帝歆飨，齐敬降福恒得丰年，福泽万民令皆得所，子孙蒙荫至今赖之。

《行苇》：敦彼行苇牛羊勿履，方苞方体维叶泥泥，戚戚兄弟莫远具尔，或肆之筵或授之几。肆筵设席授几绥御，或献或酢洗爵奠斝，醓醢以荐或燔或炙，嘉肴脾臄或歌或咢。敦弓既坚四镞既钧，舍矢既均序宾以贤，敦弓既句既挟四镞，四镞如树序宾不侮。曾孙维主酒醴维醹，酌以大斗以祈黄耇，黄耇台背以引以翼，寿考维祺以介景福。

《行苇》诗美周家忠厚，忠诚笃厚仁及草木，草木之微尚加爱惜，况在于人爱之必甚，内睦九族燕乐族人，外尊黄耇行养老礼，射择贤宾助行养老，恭敬乞言成其福禄。

《既醉》：既醉以酒既饱以德，君子万年介尔景福。既醉以酒尔肴既将，君子万年介尔昭明。昭明有融高朗令终，令终有俶公尸嘉告。其告维何笾豆静嘉，朋友攸摄摄以威仪。威仪孔时君子孝子，孝子不匮永锡尔类。其类维何室家之壸，君子万年永锡祚胤。其胤维何天被尔禄，君子万年景命有仆。其仆维何釐尔女士，釐尔女士从以孙子。

《既醉》之诗歌舞太平，王祭宗庙群臣助之，旅酬下遍见十伦义，鬼神之道亲疏之杀，父子之伦君臣之义，夫妇之别长幼之序，贵贱之等上下之际，爵赏之施政事之均。醉酒饱德志意充满，既荷德泽莫不自修，威仪得宜具君子行，孝子之行非有竭时，能以孝道转相教化。君于上位子于下民，在位有德太平验显，天深祐之赐王善道，祈寿万年福祚子孙。

《凫鹥》：凫鹥在泾公尸燕宁，尔酒既清尔肴既馨，公尸燕饮福禄来成。凫鹥在沙公尸燕宜，尔酒既多尔肴既嘉，公尸燕饮福禄来为。凫鹥在渚公尸燕处，尔酒既湑尔肴伊脯，公尸燕饮福禄来下。凫鹥在潀公尸燕宗，既燕于宗福禄攸降，公尸燕饮福禄来崇。凫鹥在亹公尸熏熏，旨酒欣欣燔炙芬芬，公尸燕饮无有后艰。

《凫鹥》诗美太平守成。王驭天下功极太平，物极则反或将丧之，太平君子持盈守成，保守成功不使失坠，成之既难守亦不易，神祇祖考爱乐安宁。成王之时天下太平，万物众多莫不得所，水鸟居水公尸在庙，祭祀既毕绎而燕尸，王心诚敬尸心安宁，馨香神悦福禄来成。

《假乐》：假乐君子显显令德，宜民宜人受禄于天，保右命之自天申之。干禄百福子孙千亿，穆穆皇皇宜君宜王，不愆不忘率由旧章。威仪抑抑德音秩秩，无怨无恶率由群匹，受福无疆四方之纲。之纲之纪燕及朋友，百辟卿士媚于天子，不解于位民之攸墍。

《假乐》之诗嘉美成王，官人安民皆得其宜，能守成功受天福禄，群臣保举乃命用之，又用天意谆谆申敕，勤行善德循用典章，立朝威仪致密无失，教令清明天下乐仰，贤臣匹己纲纪四方，成王恩隆燕及群臣，群臣敬位万民得息。

《公刘》：笃〔哉〕公刘匪居匪康，乃场乃疆乃积乃仓，乃裹糇粮于橐于囊，思辑〔民人〕用光〔显德〕，弓矢斯张干戈戚扬，〔笃哉公刘〕爰方启行。于胥斯原既庶既繁，既顺乃宣而无永叹，陟则在巘复降在原，〔美德有度〕何以舟之，维玉及瑶鞞琫容刀。笃〔哉〕公刘逝彼百泉，瞻彼溥原乃陟南冈，乃觏于京京师之野，于时处处于时庐旅，于时言言于时语语。笃〔哉〕公刘于京斯依，跄跄济济俾筵俾几，既登乃依乃造其曹，执豕于牢酌之用匏，食之饮之君之宗之。既溥既长既景乃冈，相其阴阳观其流泉，其军三单度其隰原，〔十一而税〕彻田为粮，度其夕阳豳居允荒。笃〔哉〕公刘于豳斯馆，涉渭为乱取厉取锻，止基乃理爰众爰有，夹其皇涧溯其过涧，止旅乃密芮鞫之即。

《公刘》之诗诫勉成王，成王莅政年尚幼稚，惧忽于民召公诫之，褒美公刘爱厚民事。公刘为君思和民人，安安能迁积而能散，爰厚于民不顾己安，新为邦国厚于群臣，用心反复民皆安居，重民若是为民深爱，保全家国泽及子孙，王应效法留意治民，厚民之事人君急务。故召康公先作《公刘》，非有道德不能爱民，又作《泂酌》示天亲德，君虽有德不能独治，又作《卷阿》求贤用士。

《泂酌》：泂酌行潦挹彼注兹，〔忠信诚洁〕可以餴饎，岂弟君子民之父母。泂酌行潦挹彼注兹，〔忠信诚洁〕可以濯罍，岂弟君子民之攸归。泂酌行潦挹彼注兹，〔忠信诚洁〕可以濯溉，岂弟君子民之攸塈。

《泂酌》之诗劝诫成王，在身为德施行为道，天亲有德缉祐有道，流潦远取洁诚可荐，乐易君子作民父母，民归民塈王德所系，王须修行不可无德。

《卷阿》：有卷者阿飘风自南，岂弟君子来游来歌，以矢其音〔感王善心〕。伴奂尔游优游尔休，俾尔弥尔性似先公酋。土宇昄章亦孔厚矣，俾尔弥尔性百神尔主。受命长矣茀禄康矣，俾尔弥尔性嘏尔常矣。有冯有翼有孝有德，以引以翼四方为则。颙颙卬卬如圭如璋，令闻令望四方为纲。凤皇于飞翙翙其羽，〔众鸟从之〕亦集爰止，蔼蔼王〔朝〕多〔有〕吉士，维君子使媚于天子。凤皇于飞翙翙其羽，〔众鸟仰之〕亦傅于天，蔼蔼王朝多有吉人，维君子命媚于庶人。凤皇鸣矣于彼高冈，梧桐生矣于彼朝阳，菶菶萋萋雍雍喈喈。君子之车既庶且多，君子之马既闲且驰，矢诗不多维以遂歌。

《卷阿》诫王求贤用士。大陵之阿卷然而曲，回旋飘风无不消散，大德之化安舒有伦，凶悖恶人随顺止息，恶人既消贤者乐进，君子优游感王进善，终王性命无困病忧，嗣先君功终可成就。凤凰和鸣朝阳梧桐，贤者待礼仁圣明君，凤凰往飞众鸟从集，贤者在位士慕往仕，朝多善士君子率化，亲爱天子奉职尽力。求贤自益礼义切磋，任贤乃逸福常助之，体貌和敬志气高朗，乐易君子天下纲纪，得贤与治任之教民，民蒙德泽荷王厚恩。

《民劳》：民亦劳止汔可小康，惠此中国以绥四方，无纵诡随以谨无良，式遏寇虐憯不畏明，柔远能迩以定我王。民亦劳止汔可小休，惠此中国以为民逑，无纵诡随以谨惛恘，式遏寇虐无俾民忧，无弃尔劳以为王休。民亦劳止汔可小息，惠此京师以绥四国，无纵诡随以谨罔极，式遏寇虐无俾作慝，敬慎威仪以近有德。民亦劳止汔可小愒，惠此中国俾民忧泄，无纵诡随以谨丑厉，式遏寇虐无俾正败，戎虽小子而式弘大。民亦劳止汔可小安，惠此中国国无有残，无纵诡随以谨缱绻，式遏寇虐无俾正反，王欲玉女是用大谏。

《民劳》之诗刺周厉王，赋敛重复徭役烦多，民皆疲苦轻为奸宄，强以凌弱众以暴寡，作寇为害召公忧劝。王施善政无废始勤，敬慎自修亲近贤德，纠察有罪无得阿纵，止寇虐害免使道坏。王虽小子用事广大，息民止虐不可不慎，中国京师四方诸夏，先爱根本以安天下。

《板》：上帝板板下民卒瘅，出话不然为犹不远，靡圣管管不实于亶，犹之未远是用大谏。天之方难无然宪宪，天之方蹶无然泄泄，辞之辑矣民之洽矣，辞之怿矣民之莫矣。我虽异事及尔同寮，我即尔谋听我嚣嚣，我言维服勿以为笑，先民有言询于刍荛。天之方虐无然谑谑，老夫灌灌小子蹻蹻，匪我言耄尔用忧谑，多将熇熇不可救药。天之方懠无为夸毗，威仪卒迷善人载尸，民方殿屎莫我敢葵，丧乱蔑资莫惠我师。天之牖民如埙如篪，如璋如圭如取如携，携无曰益牖民孔易，民之多辟无自立辟。价人维藩大师维垣，大邦维屏大宗维翰，怀德维宁宗子维城，无俾城坏无独斯畏。敬天之怒无敢戏豫，敬天之渝无敢驰驱，昊天曰明及尔出王，昊天曰旦及尔游衍。

《板》诗凡伯刺周厉王，王虐弭谤贤人如尸，王暴臣佞侵乱下民，天下之民愁苦呻吟，君臣无恤莫揆实情。为政违祖反于天道，以心自恣无所依据，言善无践天下尽病，谋不远图不知祸至。贤善宗亲国之干城，官贤任能切勿疏远，政恶民邪上下应和，君臣悔过改行民化，天人相随常须敬慎，逸豫自恣天必罚之。

荡之什

《荡》：荡荡上帝下民之辟，疾威上帝其命多辟，天生烝民其命匪谌，靡不有初鲜克有终。文王曰咨咨女殷商，曾是强御曾是掊克，曾是在位曾是在服，天降滔德女兴是力。文王曰咨咨女殷商，而秉义类强御多怼，流言以对寇攘式内，侯作侯祝靡届靡究。文王曰咨咨女殷商，炰烋中国敛怨为德，不明尔德无背无侧，尔德不明无陪无卿。文王曰咨咨女殷商，天不湎酒不义从式，既愆尔止靡明靡晦，式号式呼俾昼作夜。文王曰咨咨女殷商，如蜩如螗如沸如羹，小大近丧人尚由行，内奰中国覃及鬼方。文王曰咨咨女殷商，匪帝不时殷不用旧，无老成人尚有典刑，曾是莫听大命以倾。文王曰咨咨汝殷商，人亦有言颠沛之揭，枝叶未害本实先拨，殷鉴不远在夏后世。

《荡》之诗伤周室大坏。厉王无道纲纪无存，掩耳弭谤自伐好胜，小人聚朝竞相为恶，重敛峻刑政命邪僻，君臣专恣莫用常法，湎酒耽荒无有止息，无可则象天下荡荡，人皆效恶延及四海，民化从恶无复诚信，违天生民立教之意。树木将倾根本先绝，根本既绝枝叶从之，王位将丧王身先灭，王身既灭群臣随之，宜鉴纣亡悔改修德，召穆公哀作诗伤之。

《抑》：抑抑威仪维德之隅，人亦有言靡哲不愚，庶人之愚亦职维疾，哲人之愚亦维斯戾。无竞维人四方训之，有觉德行四国顺之，讦谟定命远犹辰告，敬慎威仪维民之则。其在于今兴迷乱政，颠覆厥德荒湛于酒，女虽乐从弗念厥绍，罔求先王克共明刑。皇天弗尚〔臣无与恶〕，〔无〕如泉流沦胥以亡，夙兴夜寐洒埽庭内，〔勤于职事〕维民之章，修尔车马弓矢戎兵，用戒戎作用逷蛮方。质尔民人谨尔侯度，〔国君大夫〕用戒不虞，慎尔出话敬尔威仪，〔教令礼仪〕无不柔嘉，白圭之玷尚可磨也，斯言之玷不可为也。无易由言无曰苟矣，莫扪朕舌言不可逝，无言不雠无德不报，惠于朋友庶民小子，子孙绳绳民靡不承。尔友君子〔今视不类〕，辑柔尔颜不遐有愆，相在尔室不愧屋漏，无曰不显莫予云觏，神之格思不可度思，〔公卿助祭〕矧可射思。辟尔为德俾臧俾嘉，淑慎尔止不愆于仪，不僭不贼鲜不为则，投我以桃报之以李，彼童而角实虹小子。荏染柔木言缗之丝，温温恭人维德之基，其维哲人〔其性明明〕，告之话言顺德之行，其维愚人覆谓我僭，民各有心〔或教或否〕。於乎小子未知臧否，匪手携之言示之事，匪面命之言提其耳，借曰未知亦既抱子，民之靡盈谁夙莫成。昊天孔昭我生靡乐，视尔梦梦我心惨惨，诲尔谆谆听我藐藐，匪用为教覆用为虐，借曰未知亦聿既耄。於乎小子告尔旧止，听用我谋庶无大悔，天方艰难曰丧厥国，取譬不远昊天不忒，回遹其德俾民大棘。

《抑》之诗者卫武公作，志刺厉王亦以自警。厉王弭谤贤者佯愚，弃贤不用民无则象，尊尚小人荒废政事，贪暴税敛下民困急，反天无常邪僻其德，政令随意师心自用，不知善否不可启觉，自绝于天如流渐竭。王既为恶臣当行善，勤行政事为民表宪，心之所止神明必察，牵率为恶同归于灭。

《桑柔》： 菀彼桑柔其下侯旬，捋采其刘瘼此下民，不殄心忧仓兄填兮，倬彼昊天宁不我矜。四牡骙骙旟旐有翩，乱生不夷靡国不泯，民靡有黎俱祸以烬，於乎有哀国步斯频。国步蔑资天不我将，靡所止疑云徂何往，君子实维秉心无竞，谁生厉阶至今为梗。忧心慇慇念我土宇，我生不辰逢天僤怒，自西徂东靡所定处，多我觏痻孔棘我圉。为谋为毖乱兄斯削，告尔忧恤诲尔序爵，谁能执热逝不以濯，其何能淑载胥及溺。如彼溯风亦孔之僾，民有肃心荓云不逮，好是稼穑力民代食，稼穑维宝代食维好。天降丧乱灭我立王，降此蟊贼稼穑卒痒，哀恫中国具赘卒荒，靡有旅力以念穹苍。维此惠君民人所瞻，秉心宣犹考慎其相，维彼不顺自独俾臧，自有肺肠俾民卒狂。瞻彼中林甡甡其鹿，朋友已谮不胥以穀，人亦有言进退维谷。维此圣人瞻言百里，维彼愚人覆狂以喜，匪言不能胡斯畏忌。维此良人弗求弗迪，维彼忍心是顾是复，民之贪乱宁为荼毒。大风有隧有空大谷，维此良人作为式穀，维彼不顺征以中垢。大风有隧贪人败类，听言则对诵言如醉，匪用其良覆俾我悖。嗟尔朋友予知而作，如彼飞虫时亦弋获，既之阴女反予来赫。民之罔极职凉善背，为民不利如云不克，民之回遹职竞用力。民之未戾职盗为寇，凉曰不可覆背善詈，虽曰匪予既作尔歌。

《桑柔》之诗刺周厉王，厉王卿士芮伯所作。柔桑叶茂荫庇得所，捋之叶疏人息炎病，王者明德恩及天下，群臣恣放损德害民，厉王无道征伐不息，虐政无矜民忧不绝，伐不得罪乱不能平，诸侯相伐民悉被乱。以水濯手可以止热，以礼任贤可以止乱，王不任贤政教暴虐，师心自用唯任小人，鹿乃走兽犹相类善，朝臣僭差鹿之不如，大风之行有所从来，贤愚所行各由其性，贪人居上下民化效，恶行败善民俗偷薄。

《云汉》：倬彼云汉昭回于天，王曰於乎何辜今人，天降丧乱饥馑荐臻，靡神不举靡爱斯牲，圭璧既卒宁莫我听。旱既大甚蕴隆虫虫，不殄禋祀自郊徂宫，上下奠瘗靡神不宗，后稷不克上帝不临，耗斁下土宁丁我躬。旱既大甚则不可推，兢兢业业如霆如雷，周余黎民靡有孑遗，昊天上帝则不我遗，胡不相畏先祖于摧。旱既大甚则不可沮，赫赫炎炎云我无所，大命近止靡瞻靡顾，群公先正则不我助，父母先祖胡宁忍予。旱既大甚涤涤山川，旱魃为虐如惔如焚，我心惮暑忧心如薰，群公先正则不我闻，昊天上帝宁俾我遯。旱既大甚黾勉畏去，胡宁瘨我旱不知其故，祈年孔夙方社不莫，昊天上帝则不我虞，敬恭明神宜无悔怒。旱既大甚散无友纪，鞫哉庶正疚哉冢宰，趣马师氏膳夫左右，靡人不周无不能止，瞻卬昊天云如何里。瞻卬昊天有嘒其星，大夫君子昭假无赢，大命近止无弃尔成，何求为我以戾庶正，瞻卬昊天曷惠其宁。

《云汉》之诗美周宣王，承厉王衰有拨乱志，悼父之非自力为善，遇灾而惧忧民修德，王化复行天下乐喜，仍叔作诗述民喜情。旱灾过甚王忧念民，精诚祷天遍祭群神，灾旱不熟民必至死，为民父母责躬罪己，馨忠诚心为民请命，洁祀不绝齐肃尊敬。先祖不祐上帝不飨，天下饥馑心动意惧，无德致雨逊遁惭丑，杀礼救厄大夫同恤，上天不应尽杀众民，雨将不久劝令勉力。

《崧高》：崧高维岳骏极于天，维岳降神生甫及申，维申及甫维周之翰，四国于蕃四方于宣。亹亹申伯王缵之事，于邑于谢南国是式，王命召伯定申伯宅，登是南邦世执其功。王命申伯式是南邦，因是谢人以作尔庸，王命召伯彻申伯田，王命傅御迁其私人。申伯之功召伯是营，有俶其城寝庙既成，既成藐藐王锡申伯，四牡蹻蹻钩膺濯濯。王遣申伯路车乘马，我图尔居莫如南土，锡尔介圭以作尔宝，往近王舅南土是保。申伯信迈王饯于郿，申伯还南谢于诚归，王命召伯彻申伯疆，以峙其粻式遄其行。申伯番番既入于谢，徒御啴啴〔安舒得礼〕，周邦咸喜戎有良翰，不显申伯王之元舅，文武是宪〔民之表式〕。申伯之德柔惠且直，揉此万邦闻于四国，吉甫作诵其诗孔硕，其风肆好以赠申伯。

《崧高》之诗美周宣王，厉王之乱天下不安，宣王兴起先王之功，天下复平封功建国，亲爱诸侯褒赏得宜。四岳之山崧然而高，神灵和气生贤国君，申伯之德安顺正直，揉服不顺善誉远闻，为周卿士桢干之臣，勉德不倦佐王有勋，改大其邑使为侯伯，世持政事传之子孙，复赐申伯虎贲车马，勇武得礼入国安舒，文武兼全为民表式，遍邦之内皆大欢喜，吉甫作诗申伯增美，自强不息德行益进。

> 《烝民》：天生烝民有物有则，民之秉彝好是懿德，天监有周昭假于下，保兹天子生仲山甫。山甫之德柔嘉维则，令仪令色小心翼翼，古训是式威仪是力，天子是若明命使赋。王命山甫式是百辟，缵戎祖考王躬是保，出纳王命王之喉舌，赋政于外四方爰发。肃肃王命山甫将之，邦国若否山甫明之，既明且哲以保其身，夙夜匪解以事一人。人亦有言柔则茹之，刚则吐之维仲山甫，柔亦不茹刚亦不吐，不侮矜寡不畏强御。人亦有言德輶如毛，民鲜举之我仪图之，山甫举之爱莫助之，衮职有阙山甫补之。山甫出祖四牡业业，征夫捷捷每怀靡及，四牡彭彭八鸾锵锵，王命山甫城彼东方。四牡骙骙八鸾喈喈，山甫徂齐式遄其归，吉甫作诵穆如清风，山甫永怀以慰其心。

《烝民》之诗美周宣王，任贤使能中兴周室。天生众民兼性与情，性有物象情有所法，五德七情中道无颇，民执常道俱好美德，民之所好天必从之，宣王德美上天祐之，为生大贤使佐中兴，山甫之德和美可则，善其威仪遵典勉行，内奉王命外治诸侯，明哲洞察行无懈倦，刚柔强弱中道待之，德轻如毛行之甚易，无志难行山甫能之。清微之风化养万物，作此工歌调和情性，山甫述职多思而劳，慰安其心进德忘劳。

> 《韩奕》：奕奕梁山维禹甸之，有倬其道韩侯受命，王亲命之缵戎祖考，夙夜匪解虔共尔位，无废朕命朕命不易，榦不庭方以佐戎辟。四牡奕奕孔修且张，韩侯入觐以其介圭，入觐于王王锡韩侯，淑旂绥

章簟苇错衡，玄衮赤舄钩膺镂钖，鞹鞃浅幭鞗革金厄。韩侯出祖出宿于屠，显父饯之清酒百壶，其殽维何炰鳖鲜鱼，其蔌维何维笋及蒲，其赠维何乘马路车，笾豆有且侯氏燕胥。韩侯娶妻〔迎于蹶里〕，汾王之甥蹶父之子，百两彭彭八鸾锵锵，〔礼仪盛备〕不显其光，诸娣从之祁祁如云，韩侯顾之烂其盈门。蹶父孔武靡国不到，为韩姞相莫如韩乐，孔乐韩土川泽讦讦，鲂鱮甫甫麀鹿噳噳，有熊有罴有猫有虎，庆既令居韩姞燕誉。溥彼韩城燕师所完，先祖受命因时百蛮，王锡韩侯其追其貊，奄受北国因以其伯，实墉实壑实亩实藉，献其貔皮赤豹黄罴。

《韩奕》之诗美周宣王，赐命诸侯褒赏得宜，梁山之野禹曾治之，韩侯居之复禹之功，以此明德授命侯伯，绍继先祖无弃王命，用心坚固无怠其职，韩侯实贤王命得人，佐助天子复归典常。

《江汉》： 江汉浮浮武夫滔滔，匪安匪游淮夷来求，既出我车既设我旟，匪安匪舒淮夷来铺。江汉汤汤武夫洸洸，经营四方告成于王，四方既平王国庶定，时靡有争王心载宁。江汉之浒王命召虎，式辟四方彻我疆土，匪疚匪棘王国来极，于疆于理至于南海。王命召虎来旬来宣，文武受命召公维翰，无曰小子召公是似，肇敏戎公用锡尔祉。釐尔圭瓒秬鬯一卣，告于文人锡山土田，于周受命自召祖命，虎拜稽首天子万年。虎拜稽首对扬王休，作召公考天子万寿，明明天子令闻不已，矢其文德洽此四国。

《江汉》之诗美周宣王，兴衰拨乱平定淮夷。宣王之时淮夷皆叛，王亲命帅以行征伐，武夫肃命所以克胜，召公忠顺作诗述志。王法征伐开辟四方，优宽以礼兵无躁急，正道经营遍理众国，复使来受王教中正，四方平服天下安定，时无叛争王心安宁。功成事终王慰勋劳，臣蒙君恩称扬王美，无以报答愿王长寿，经纬天地文德洽民。

《常武》： 赫赫明明王命卿士，南仲大祖大师皇父，整我六师以修我戎，既敬既戒惠此南国。王谓尹氏命〔于〕程伯，左右陈行戒我师旅，率彼淮浦省此徐土，不留不处三事就绪。赫赫业业有严天子，王舒保作匪绍匪游，徐方绎骚震惊徐方，如雷如霆徐方震惊。王奋厥武如震如怒，进厥虎臣阚如虓虎，铺敦淮渍仍执丑虏，截彼淮浦王师之所。王旅啴啴如飞如翰，如江如汉如山之苞，如川之流绵绵翼翼，不测不克濯征徐国。王犹允塞徐方既来，徐方既同天子之功，四方既平徐方来庭，徐方不回王曰还归。

《常武》之诗美周宣王。宣王明赫命帅整师，王师威盛王谋信实，恭敬临之戒惧处之，舒徐安行不为急疾，用兵有常伐得其罪，施仁爱心勿暴害民，武事既立天下晏安，常德立武因以为戒。

《瞻卬》：瞻卬昊天则不我惠，孔填不宁降此大厉，邦靡有定士民其瘵，蟊贼蟊疾靡有夷届，罪罟不收靡有夷瘳。人有土田女反有之，人有民人女覆夺之，此宜无罪女反收之，彼宜有罪女覆说之。哲夫成城哲妇倾城，懿厥哲妇为枭为鸱，妇有长舌维厉之阶，乱匪降天生自妇人，匪教匪诲时维妇寺。鞫人忮忒谮始竟背，岂曰不极伊胡为慝，如贾三倍君子是识，妇无公事休其蚕织。天何以刺何神不富，舍尔介狄维予胥忌，不吊不祥威仪不类，人之云亡邦国殄瘁。天之降罔维其优矣，人之云亡心之忧矣，天之降罔维其几矣，人之云亡心之悲矣。觱沸槛泉维其深矣，心之忧矣宁自今矣，不自我先不自我后，藐藐昊天无不克巩，无忝皇祖式救尔后。

《瞻卬》诗刺幽政大坏。宣王驾崩幽王嗣之，政教恶虐周道废坏，无常无止网罗天下，贤人奔亡民心大忧，天下骚扰邦国无宁，如蟊害稼士民皆病。恶乱之政出自妇人，妇言不善干乱朝政，恶不知非可为痛伤，如贾求利君子岂宜，人君美德宜比昊天，以德配位承前继后。

《召旻》：旻天疾威天笃降丧，瘨我饥馑民卒流亡，〔自内至外〕居圉卒荒。天降罪罟蟊贼内讧，昏椓靡共溃溃回遹，〔沐猴而冠〕靖夷我邦。皋皋訿訿不知其玷，兢兢业业孔填不宁，我〔王之〕位孔贬〔惟甚〕。如彼岁旱草不溃茂，如彼栖苴〔枯槁无泽〕，我相此邦无不溃止。维昔之富不如〔今〕时，维今之疚不如〔昔〕兹，〔君子食〕疏〔小人精〕粺，胡不自替职兄斯引。池之竭矣不云自频，泉之竭矣不云自中，溥斯害矣职兄斯弘，〔乱渐益大〕不裁我躬。先王受命有如召公，〔孜孜〕日辟国〔土〕百里，今也日蹙国〔土〕百里，於乎哀哉维今之人，〔将以丧亡〕不尚有旧。

《召旻》诗刺幽政大坏。池水之溢由外灌焉，王政之乱由无贤佐，泉水喷涌由地水生，妃无德助王政危乱，幽王政教急疾威虐，疏远贤者近任刑奄，谄佞之臣助为残酷，时无贤臣凡伯悯伤。丧乱饥馑国民流亡，天下之人戒惧危怖，王无恩惠民枯无润，民不见德祸乱将起，政教不行王位摇坠，犬戎伐之卑同诸侯。

四 "三颂"韵义

周颂·清庙之什

《清庙》：於穆清庙肃雍显相，济济多士秉文之德，对越在天奔走在庙，不显不承无射于人。

成王嗣位周公摄政，修文王德定武王烈，圣王之政法象天地，光被四表格于上下，无不覆帱无不持载，政平民悦和乐兴焉，王功既成太平德洽，颂声乃作歌以报神。《清庙》之诗祀颂文王，天德清明文王象焉，洛邑既成大朝诸侯，周公率祀文庙得礼，礼仪和敬君子助祭，配行文德无所失坠，文王德美人乐不厌，诸侯贤士奔走承之，诗人作诗遂成乐歌。

《维天之命》：维天之命於穆不已，於乎不显文王之德，〔文王之德〕纯〔亦不已〕，假以溢我我其收之，骏惠文王曾孙笃之。

《维天之命》祭告太平，文王受命不卒而崩，周公摄政继父之业，致得太平承意告之。天道无息文王当之，美德光显纯行不已，文王德衍收以制礼，顺文王意仪型后世。

《维清》：维清缉熙文王之典，〔文王受命征伐〕肇禋，〔伐纣克胜〕迄用有成，〔征伐合礼〕维周之祯。

《维清》诗奏象舞歌乐，文王时有征伐之法，武王作乐象而为舞，周公成王奏之于庙，诗人述之颂此乐歌。文王受命祭天征伐，清静光明政无败乱，武王用之伐纣成功，天下清明周道吉祥。

《烈文》：烈文辟公锡兹祉福，惠我无疆子孙保之。〔治〕无封靡于尔邦〔国〕，维王崇之〔增尔土爵〕，念兹戎功继序皇之。无竞维人四方训之，不显维德百辟刑之，於乎前王〔称颂〕不忘。

《烈文》诗颂成王乐歌。成王亲政诸侯助祭，祭末殷切敕诫诸侯，公侯赫赫文王所赐，造始周国得为藩屏，惠爱无已传世不绝。文王如此武王亦然，旧为君者无大罪恶，还得增封不复贬退，武王之德惟贤是得，得贤国强教导万民。公侯当念先君之功，勤事不废继世在位，武王之德称颂不忘，其德可师法而行之。

《天作》：天作高山大王荒之，彼〔民〕作矣文王康之，彼〔民〕徂矣岐有夷行，〔王道易简〕子孙保之。

《天作》之诗祀先王公，周公成王作乐制礼，祠礿尝烝四时有祭，周致太平先祖之力，因祭述事颂此乐歌。天生岐山云雨利物，太王行道效天德泽，文王继德泽被万民，定居岐者亲而安之，新慕往者化以简易，天地之德易简而已，德合天地易知易从，阴阳和洽圣人成能。

《昊天有成命》：昊天成命二后受之，成〔就〕王〔德〕不敢康〔逸〕，夙夜〔无懈〕基命宥密，缉熙单心肆其靖之。

《昊天成命》郊祀天地，诗人因祭颂此乐歌。天地神祇祐助周室，文武受命王有天下，南郊祭祀所感天神，北郊祭祀神州地祇。周自后稷已有天命，文武二王敬顺受之，笃厚其心抚民不倦，宽仁安静止苛息暴，勤行道德以定天下，终固和安至于太平。

《我将》：我将我享维牛维羊，〔充盛肥硕〕维天右之。仪式〔则象〕文王之典，〔孜孜不倦〕日靖四方。伊嘏文王既右飨之，我其夙夜畏天之威，〔文王之道〕于时保之。

《我将》诗祀文王明堂，今之太平文王致之，祭五帝神文王配祀，诗人因祭作此乐歌。周公成王法文王道，牺牲肥腯天祐其德，而今而后畏敬天威，仪型文王以为常道，施化天下文王福之，文王之道安而保之。

《时迈》：时迈其邦昊天子之，〔多生贤知〕右序有周，薄言震之莫不震叠，怀柔百神及河乔岳。明昭有周式序在位，载戢干戈载橐弓矢，我求懿德肆于时夏，允王维后允王保之。

《时迈》诗颂巡守祭望。天下既定武王巡守，柴祭昊天望祭山川，上天祐爱贤俊位序，威服诸侯安宁百神，偃武修文求任贤德，人神得信长保大美，百神安祀王者盛事，周公追念乐歌颂之。

《执竞》：执竞武王无竞维烈，不显成康上帝是皇。自彼成康奄有四方，钟鼓喤喤磬筦将将，斤斤其明降福穰穰。降福简简威仪反反，既醉既饱福禄来反。

《执竞》之诗祀颂武王，周公成王既致太平，祀武王庙颂德述功。武王能持强盛之道，顺天应人伐纣克商，斤斤明察同有万民，胤嗣长远享国永祜。天下既定祭祖考庙，奏乐和集八音克谐，威仪顺习祭事无违，醉酒饱德神降福禄。

《思文》：思文后稷克配彼天，立我烝民莫匪尔极，贻我来牟帝命率育，无疆尔界陈常时夏。

《思文》诗颂后稷配天，周公制礼南郊祭天，后稷配祀陈德颂之。后稷播谷救民灾饥，民复常性功德常久，恩泽子孙大有天下，配天共食永在乐歌。

周颂·臣工之什

《臣工》：嗟嗟臣工敬尔在公，王厘尔成来咨来茹，嗟嗟保介维莫之春，亦又何求如何新畬。於皇来年将受厥明，明昭上帝迄用康年，命我众人庤乃钱镈，〔天道酬勤〕奄观铚艾。

《臣工》诗颂王敕诸侯。诸侯春朝助祭天子，将归王敕遣之于庙，诸侯朝王不纯为臣，故于庙中正君臣礼。宾敬诸侯不直斥身，诫其大夫敬助君事，大事来谋无得自专，又诫车右及时劝农，田不可舍耕则必获，大夫受敕诸侯警切，惟诚惟敬上下感通。

《噫嘻》：噫嘻成王既昭假尔，率时农夫播厥百谷，骏发尔私终三十里，亦服尔耕十千维耦。

《噫嘻》诗颂祈谷上帝。周公成王春郊夏雩，祷求膏雨以成谷实，能成王功令德著明，率是田吏诫民耕种。上欲富民仁让于下，令发私田力耕取富，民知君上于己专诚，感而乐业公私俱成，天下太平祈神诫民，重民犹此歌颂美之。

《振鹭》：振鹭于飞于彼西雍，我客戾止亦有斯容。在彼无恶在此无斁，庶几夙夜以永终誉。

《振鹭》诗颂王后助祭，夏殷二王其后杞宋，先代之后服膺圣德，周公成王治致太平，诸侯助祭亦列其中，宾主之美光益王室，尽礼备仪特歌颂之。鹭鸟洁白集泽得所，杞宋之客威仪素洁，助祭周庙得礼之宜，国人悦慕无怨恶者，周人爱敬无厌倦者，终始于善长保美誉。

《丰年》：丰年〔大有〕多黍多稌，亦有高廪万亿及秭。为酒为醴烝畀祖妣，以洽百礼降福孔皆。

《丰年》诗颂宗庙报祭。周公成王时致太平，谷熟年丰秋尝冬烝，鬼神祐助归功感报，为酒为醴进奉祖妣，牲玉币帛合用洁祭，追养继孝神福满满。

《有瞽》：有瞽有瞽在周之庭，设业设虡崇牙树羽，应田县鼓鼗磬柷圉，既备乃奏箫管备举，喤喤厥声肃雍和鸣，〔继志述事〕先祖是听，我客戾止永观厥成。

《有瞽》诗颂作乐合祖。治定制礼功成作乐，周公摄政功致太平，始作《大武》合于太庙，乐官肃穆乐器备具，诸声和集不相夺理，和敬谐鸣神降以听，二王之后与闻此乐，感和入善终无过愆。

《潜》：猗与漆沮潜有多鱼，有鳣有鲔鲦鲿鰋鲤，以享以祀以介景福。

《潜》之诗颂宗庙荐献。冬鱼性定春鲔新来，周公成王太平之时，季冬荐鱼季春献鲔，献之先祖神明降福。

《雍》：有来雍雍至止肃肃，相维辟公天子穆穆。於荐广牡相予肆祀，假哉皇考绥予孝子。宣哲维人文武维后，燕及皇天克昌厥后。绥我眉寿介以繁祉，既右烈考亦右文母。

《雍》之诗颂禘祭太祖。禘者大祭太祖文王，小于祫祭大于四时，周公成王太平之时，禘祭文庙诸侯助祭。天子庄穆诸侯和敬，宾主各宜神人欢心，文王德泽安定孝子，天无变异寿考多福，天下归心昌大子孙，皇考祐之考妣亦助。

《载见》：载见辟王曰求厥章，龙旂阳阳和铃央央，鞗革有鸧休有烈光，率见昭考以孝以享，永言保之思皇多祜，烈文辟公绥以多福，以介眉寿缉熙纯嘏。

《载见》诗颂见武王庙。周公居摄七年归政，成王即政诸侯来朝，于是始率祭武王庙，诸侯来朝车服有法，助祭得福歌颂美之。

《有客》：有客有客亦白其马，有萋有且敦琢其旅。有客宿宿有客信信，言授之絷以絷其马。薄言追之左右绥之，既有淫威降福孔夷。

《有客》诗颂微子朝庙。周公摄政武庚作乱，武庚既平微子代嗣，既受王命来朝祖庙，威仪敬慎尽心其事，从者皆贤周人爱之，殷勤留之不欲使去，至于将去王饯臣燕，厚之无已安乐其心。为王者后用殷正朔，行其礼乐有如天子，神明降福有德甚易，述微子美颂封得人。

《武》：於皇武王无竞维烈，允文文王克开厥后，嗣武受之胜殷遏刘，〔顺天应民〕耆定尔功。

《武》诗颂奏大武乐歌。周公摄政六年之时，取象武王伐纣之事，作大武乐既成奏庙，睹奏思功诗人颂焉。武王克商功业实强，能致强者由信文王，圣德受命开后基绪，嗣受天命武王伐殷，止纣暴虐致民安定，代天行道不汲名利，功盛如此象而制乐，陈其功德颂歌美之。

周颂·闵予小子之什

《闵予小子》：闵予小子〔方幼父崩〕，遭家不造嬛嬛在疚。於乎皇考永世克孝，念兹皇祖陟降庭止。维予小子夙夜敬止，於乎皇王继思不忘。

《闵予小子》嗣王朝庙。除武王丧成王嗣位，继志述事朝庙自誓，文武之道承绪不忘，敬慎不懈直行无枉。

《访落》：访予落止率时昭考，於乎悠哉朕未有艾。将予就之继犹判涣，维予小子未堪多难。绍庭上下陟降厥家，休矣皇考保明其身。

《访落》诗颂嗣王谋庙。成王始政承嗣父业，惧不能遵先圣道德，于庙与臣谋即政事，当效武王承嗣父志，继文武道群臣次序，天下泰定安天子位。

《敬之》：敬之敬之天维显思，〔善吉恶凶〕命不易哉。无日〔天远〕高高在上，陟降厥士日监在兹。维予小子不聪敬止，日就月将〔习之以渐〕，学有缉熙于光明〔者〕，佛时仔肩示我德行。

《敬之》诗颂臣诫嗣王。成王朝庙与臣谋政，群臣因之进诫嗣王，天之恒道福善祸淫，神明临在敬畏无怠，习行有渐日新月异，光明之道从学圣贤，身方学之未堪为政，良臣辅弼显明德行。

《小毖》：予其惩前而毖后患，莫予荓蜂自求辛螫。肇允桃虫拚飞维鸟，未堪多难又集于蓼。

《小毖》诗颂嗣王求助。周公归政成王始位，祭庙求贤辅政救患，管叔流言疑惑险乱，创艾往过戒慎未然。天下之事当慎其小，小而不慎后祸必大，小人无得谲诈欺诳，诱君入恶必加刑诛，才浅忧惧未堪独任，恐复陷难贤其助之。

《载芟》：载芟载柞其耕泽泽，千耦其耘徂隰徂畛，侯主侯伯侯亚侯旅，侯彊侯以〔齐心毕力〕，有嗿其馌〔众妇子弟〕，思媚其妇有依其士。有略其耜俶载南亩，播厥百谷实函斯活，驿驿其达有厌其杰，厌厌其苗绵绵其麃，载获济济有实其积，万亿及秭为酒为醴，烝畀祖妣以洽百礼，有铋其香邦家之光，有椒其馨胡考之宁，匪且有且匪今斯今，〔德礼祯祥〕振古如兹。

《载芟》诗颂藉田祈社。藉者借助民力治田，周公成王太平之时，王者春时亲耕劝农，祈于社稷以求谷实。王化泓深民乐治田，尽家之众皆服劳作，天下丰熟税取为醴，会礼祭祀进奉先祖，鬼神馨飨邦国安宁，祭祀得所诚感天地，祥瑞必臻不期而至，修德行礼莫不获报，由来者久非独今时。

《良耜》：畟畟良耜俶载南亩，播厥百谷实函斯活。或来瞻女载筐及莒，其饷伊黍其笠伊纠，其镈斯赵以薅荼蓼，荼蓼朽止黍稷茂止。获之挃挃积之栗栗，其崇如墉其比如栉，以开百室〔共族纳谷〕，百室盈止妇子宁止。杀时犉牡有捄其角，以似以续续古之人。

《良耜》诗颂秋报社稷。太平之时秋物既成，祭社稷神报生长功，天下大熟族宁民安，嗣继先岁复望丰年，人以续人今以续往，求良司啬益使民丰。

《丝衣》：丝衣其紑载弁俅俅，自堂徂基自羊徂牛，鼐鼎及鼒兕觥其觩，旨酒思柔不吴不敖，〔齐敬神祐〕胡考之休。

《丝衣》之诗颂绎宾尸，绎者又祭周绎商肜，王侯曰绎祭之明日，大夫宾尸与祭同日。周公成王太平之时，祭庙明日寻绎前祭，以宾礼事所祭之尸，祭前使士行礼恭顺，当祭事尸礼无失者，助祭思安不哗不慢，事事如礼故无所罚，恭顺如此当于神明，得寿考征美而歌颂。

《酌》：於铄王师遵养时晦，时纯熙矣〔天下归往〕，是用大介我龙受之，蹻蹻造王载用有嗣，实维尔公允〔得〕师〔道〕。

《酌》之诗颂告成《大武》。周公居摄六年太平，制礼作乐归政成王，象武王事作《大武》乐，祭庙告成睹乐思功。文王用师率叛事纣，养暗昧君以老其恶，以多事寡诚义感人，周道大兴天下归往，贤士竞造宠而受之，天人和同周家受殷。武王因酌先祖之道，信用《大武》嗣文王功，伐纣取昧养天下民，周道明盛致今太平。

《桓》：绥〔和〕万邦娄〔有〕丰年，天命匪解〔以为天子〕，桓桓武王保有厥士，于以四方克定厥家，於昭于天皇以间之。

《桓》之诗颂讲武类祃。桓者武志类祃师祭，武王伐殷陈军习武，类祭上帝祃祭征地，治兵祭神然后克纣。武王威武天下为任，为善不倦安天下事，用武四方除商残贼，代纣暴虐遂有天下，周公成王太平之时，诗人追述为此颂歌。

《赉》：文王既勤我应受之，敷时绎思徂维求定，时周之命於〔乎〕绎思。

《赉》之诗颂大封于庙。武王克纣大封功臣，赉赐善人以为诸侯，文王之道永为大法，陈文王德诚敕封者。文王劳心有天下业，绎而行之天下安定，周受天命王民所由，天命不懈当思行之，周公成王太平之时，诗人追述为此颂歌。

《般》：於皇时周陟其高山，隓山乔岳允犹翕河，敷天之下裒时之对，〔祭无不遍〕时周之命。

《般》诗颂祀四岳河海。武王既定巡省四方，祭祀四岳河海之神，山河案图次序祭之，山川众神配祭周遍，神飨其祀降之福助，周得受命而王天下，周公成王太平之时，诗人述之作歌颂焉。

鲁颂·駉之什

《駉》：駉駉牡马在坰之野，薄言駉者有骄有皇，有骊有黄以车彭彭，思〔古〕无疆思马斯臧。駉駉牡马在坰之野，薄言駉者有骓有駓，有骍有骐以车伾伾，思〔古〕无期思马斯才。駉駉牡马在坰之野，溥言駉者有驒有骆，有骝有雒以车绎绎，思〔古〕无斁思马斯作。駉駉牡马在坰之野，薄言駉者有骃有騢，有驔有鱼以车祛祛，思〔古〕无邪思马斯徂。

鲁地古为少昊之墟，周公之子伯禽始侯，报周公勋成王命鲁，郊祭三望如天子礼，传十九世至鲁僖公，遵伯禽法国人美功，其卿请命于周作颂，孔子录颂同王者后。《駉》之诗颂僖公尊祖，僖公能遵伯禽之法，俭以足用宽以爱民，务农重谷牧于远野，专心无邪思祖不已，善及于物民念不忘，鲁人尊之请命作颂。

《有駜》：有駜有駜駜彼乘黄，夙夜在公在公明明，振振〔白〕鹭〔集止〕于下，鼓咽醉舞于胥乐兮。有駜有駜駜彼乘牡，夙夜在公在公饮酒，振振〔白〕鹭〔翯翯〕于飞，鼓咽醉归于胥乐兮。有駜有駜駜彼乘骃，夙夜在公在公载燕，自今以始岁其有〔丰〕，君子有穀诒〔于〕子孙，〔诒于子孙〕于胥乐兮。

《有駜》诗颂僖公君臣，君臣有道礼义相与。肥马致远养以刍秣，贤臣安国先致禄食，君厚于下臣忠于上，夙夜在公相与明德。白鹭集下洁士集朝，在外贤士竞来事君，君与燕乐鼓节咽咽，至无算爵醉舞尽欢，相与有道阴阳和顺，德泽及后君臣喜乐。

《泮水》：思乐泮水薄采其芹，鲁侯戾止言观其旂，其旂茷茷鸾声哕哕，无小无大从公于迈。思乐泮水薄采其藻，鲁侯戾止其马蹻蹻，其马蹻蹻其音昭昭，载色载笑匪怒伊教。思乐泮水薄采其茆，鲁侯戾止在泮饮酒，既饮旨酒永锡难老，顺彼长道屈此群丑。穆穆鲁侯敬明其德，敬慎威仪维民之则，允文允武昭假烈祖，靡有不孝自求伊祜。明明鲁侯克明其德，既作泮宫淮夷攸服，矫矫虎臣在泮献馘，淑如皋陶在泮献囚。济济多士克广德心，桓桓于征狄彼东南，烝烝皇皇不吴不扬，不告于讻在泮献功。角弓其觩束矢其搜，戎车孔博徒御无斁，既克淮夷孔淑不逆，式固尔犹淮夷卒获。翩彼飞鸮集于泮林，食我桑黮怀我好音，憬彼淮夷来献其琛，元龟象齿大赂南金。

《泮水》诗颂僖公修教。天子辟雍诸侯泮宫，诸侯之学以班政教，能修泮宫为宫立水，水傍生菜宫内行化。敬明其德敬慎威仪，车服得宜行趋中节，群臣小大皆从公至，先生君子与行饮礼，顺彼仁义敛此民人。恶声之鸟食黮变音，不善之人感恩效化，宫修化行淮夷来服，文德武功为民则法。

《閟宫》：閟宫有侐实实枚枚，赫赫姜嫄其德不回，上帝是依无灾无害，弥月不迟是生后稷，〔天不空生〕降之百福，黍稷重穋稙稚菽麦，奄有下国俾民稼穑，有稷有黍有稻有秬，奄有下土缵禹之绪。后稷之孙实维大王，居岐之阳实始剪商，至于文武缵大王绪，致天之届于牧之野，无贰无虞上帝临女，敦商之旅克咸厥功。王曰叔父〔功勋厥伟〕，建尔元子俾侯于鲁，大启尔宇为周室辅，乃命鲁公俾侯于东，锡之山川土田附庸。周公之孙庄公之子，龙旗承祀六辔耳耳，春秋匪解享祀不忒，皇皇后帝皇祖后稷，享以骍牺是飨是宜，〔皇天后稷〕降福既多，周公皇祖亦其福女。秋而载尝夏而楅衡，白牡骍刚牺尊将将，毛炰胾羹笾豆大房，万舞洋洋孝孙有庆，俾尔炽昌俾尔寿臧，保彼东方鲁邦是常，不亏不崩不震不腾，三寿作朋如冈如陵。公车千乘公徒三万，朱英绿縢二矛重弓，贝胄朱绶烝徒增增，戎狄是膺荆舒是惩，〔往无不克〕莫我敢承，俾尔昌炽俾尔寿富，黄发台背寿胥与试，俾尔昌大俾尔耆艾，万有千岁眉寿无害。泰山岩岩鲁邦所詹，奄有龟蒙遂荒大东，至于海邦淮夷来同，莫不率从鲁侯之功。保有凫绎遂荒徐宅，至于海邦淮夷蛮貊，及彼南夷莫不率从，莫敢不诺鲁侯是若。天锡纯嘏眉寿保鲁，居常与许复周公宇，鲁侯燕喜令妻寿母，大夫庶士邦国是有，既多受祉黄发儿齿。徂徕之松新甫之柏，是断是度是寻是尺，松桷有舄路寝孔硕，新庙奕奕奚斯所作，孔曼且硕万民是若。

《閟宫》诗颂僖公振兴，能复周公之时封域。伯禽之后君德渐衰，邻国侵削境界狭小，僖公有德更能复之，君臣相亲内外咸宜，德备天福保有鲁国，先祖肇兴敬奉天命，继志述事尊祖法古，命修庙寝神悦人安，鲁衰复兴作诗颂之。

商颂

《那》：猗与那与置我鞉鼓，奏鼓简简衎我烈祖。汤孙奏假绥我思成，鞉鼓渊渊嘒嘒管声。既和且平依我磬声，於赫汤孙穆穆厥声。庸鼓有斁万舞有奕，我有嘉客亦不夷怿。自古在昔先民有作，温恭朝夕执事有恪，顾予烝尝汤孙之将。

尧舜之时契为司徒，有五教功赐姓封之，世有官守至十四世，汤受天命殷商代夏，成汤中宗高宗三王，受命中兴有诗颂之，纣德大坏周兴代商，微子启封宋公嗣商，自后政衰礼乐散亡，七世戴公时当宣王，宋之大夫正考父者，校颂十二祀商先王，至孔子时五篇存焉。《那》诗颂祀商祖成汤，创业垂统制礼作乐，制作濩乐植立鞉鼓，立一代乐用祭先祖，能制礼乐善为子孙，嘉客助祭温恭敬敏，诸乐和谐不相夺伦，德当神明万福来宜，天下和平后世颂之。

《烈祖》：嗟嗟烈祖有秩斯祜，申锡无疆及尔斯所。既载清酤赉我思成，亦有和羹既戒既平。鬷假无言时靡有争，绥我眉寿黄耇无疆。约軧错衡八鸾鸧鸧，以假以享受命溥将，自天降康丰年穰穰。来假来飨降福无疆，顾予烝尝汤孙之将。

《烈祖》诗颂庙祀中宗，中宗太戊汤之玄孙，成汤始王中宗承兴，有桑穀异惧而修德，殷道复兴子孙祀歌。和羹调安诸侯和顺，助祭无争服职劝事，清酒裸献洁敬愿成，心平性和神明降福，中宗之神来享其祭，乃与大福天下安丰。

《玄鸟》：天命玄鸟降而生商，〔至汤八迁〕宅殷芒芒。天命武汤正域四方，方命厥后奄有九有。商之先后受命不殆，〔高宗〕武丁〔善为〕孙子。武〔功〕王〔德〕靡〔所〕不胜，龙旂十乘大糦是承。邦畿千里维民所止，肇域四海四海来假，来假祁祁景员维河，殷命咸宜百禄是何。

《玄鸟》诗颂祫祭高宗，高宗武丁有雊雉异，惧而修德殷道复兴，上兴汤功垂法后世，祫祭太庙歌诗颂焉。成汤受命子孙循之，年世延长不至危殆，威德盛大无不胜任，四海安庆诸侯助祭，颂政大均受命得宜，如河润物无不霑及。

《长发》：濬哲维商长发其祥，洪水芒芒禹敷土方，大国是疆幅陨既长，有娀方将立子生商。玄王桓拨〔教令大行〕，小国大国受〔之〕是达，率履不越遂视既发，相土烈烈海外有截。帝命不违至于汤齐，汤降不迟圣敬日跻，昭假迟迟上帝是祗，帝命〔成汤〕式于九围。受小大球为下缀旒，〔成汤敬德〕何天之休，不竞不絿不刚不柔，敷政优优百禄是遒。受小大共为下骏厖，〔成汤中庸〕何天之龙，敷奏其勇不震不动，不戁不竦百禄是总。武王载斾有虔秉钺，如火烈烈莫我敢曷，苞有三蘖莫遂莫达，九有有截韦顾既伐，昆吾夏桀〔天下廓清〕。昔在中叶有震且业，允也天子降予卿士，实维阿衡左右商王。

《长发》诗颂郊祭大禘。商家之德久见祯祥，佐禹治水契始王兆，玄王政行相土服远，世世行之商德浸大。至于成汤受命而王，圣德日进下士尊贤，荷天和道举事得中，大贤为辅政教优和，王德武功表率诸侯，上天祐之福禄聚之，王者禘天以祖配之，高宗大禘诗人颂之。

《殷武》：挞彼殷武奋伐荆楚，采入其阻衰荆之旅，有截其所汤孙之绪。维女荆楚居国南乡，昔有成汤自彼氐羌，莫不来享莫不来王，曰商是常〔楚反不如〕。天命多辟设都禹绩，岁事来辟勿予祸適，〔徒赦劝民〕稼穑匪解。天命降监下民有严，不僭不滥不敢怠遑，命于下国封建厥福。商邑翼翼四方之极，赫赫厥声濯濯厥灵，寿考且宁以保后生。陟彼景山松柏丸丸，是断是迁方斲是虔，松桷有梴旅楹有闲，〔政教得所〕寝成孔安。

《殷武》之诗颂祀高宗。高宗前世殷道中衰，宫室不修荆楚叛之，高宗有德中兴殷道，讨伐荆楚修治宫室，殷俗翼然礼让恭敬，诚可法则四方中正，政教美声赫赫显盛，敬如神灵濯濯光明，路寝既治王安政成，子孙美之庙祀颂功。

《书经》韵义

　　《尚书》书名何来？孔安国《尚书》序指出，"圣贤阐教，事显于言，言惬群心，书而示法，既书有法，因号曰'书'。后人见其久远，自于上世，尚者上也，言此上代以来之书，故曰'尚书'。且言者意之声，书者言之记，是故存言以声意，立书以记言……书者，写其言，如其意，情得展舒也"。《尚书》书名何义？《尚书正义》序指出，"夫《书》者，人君辞诰之典，右史记言之策。古之王者事总万机，发号出令，义非一揆。或设教以驭下，或展礼以事上，或宣威以肃震曜，或敷和而散风雨，得之则百度惟贞，失之则千里斯谬。枢机之发，荣辱之主，丝纶之动，不可不慎。所以辞不苟出，君举必书，欲其昭法诫，慎言行也……勋华揖让而典谟起，汤武革命而誓诰兴。先君宣父，生于周末，有至德而无至位，修圣道以显圣人，芟烦乱而翦浮辞，举宏纲而撮机要，上断唐虞，下终秦鲁，时经五代，书总百篇……巍巍荡荡，无得而称。郁郁纷纷，于斯为盛。斯乃前言往行，足以垂法将来也"。至于《尚书》内容，由《虞书》五篇（《尧典》《舜典》《大禹谟》《皋陶谟》《益稷》）、《夏书》四篇（《禹贡》《甘誓》《五子之歌》《胤征》）、《商书》十七篇（《汤誓》《仲虺之诰》《汤诰》《伊训》《太甲上中下》《咸有一德》《盘庚上中下》《说命上中下》《高宗肜日》《西伯戡黎》《微子》）、《周书》三十二篇（《泰誓上中下》《牧誓》《武成》《洪范》《旅獒》《金縢》《大诰》《微子之命》《康诰》《酒诰》《梓材》《召诰》《洛诰》《多士》《无逸》《君奭》《蔡仲之命》《多方》《立政》《周官》《君陈》《顾命》《康王之诰》《毕命》《君牙》《冏命》《吕刑》《文侯之命》《费誓》《秦誓》）共计五十八篇构成。

　　《尚书》中涉及的儒教义理极为丰富，诸如对敬天保民德治民本立场、民有恒性先觉后觉教化信念、天君臣民三位一体教化架构、纲常礼刑教化内容、明德亲民价值取向、天人感应建立民极中道教化思维、圣王师贤垂范感化教化主体、自修及远渐次感化教化脉动，以及尊奉先王反本开新教化创新等均有论述。其中，敬天保民德治民本立场、天君臣民三位一体教化架构、圣王师贤垂范感化教化主体、天人感应建立民极中道教化思维等论述尤为侧重。就基本义理而言，古文《尚书》与今文《尚书》内在一致，故这里一视同仁而不再特意区分。

一　《虞书》韵义

《尧典》赞尧化民：明德亲民教化有序，顺天授时安定民生，明察正邪和顺众情，举贤任贤禅让天下。

昔在帝尧将逊于位，让于虞舜史述《尧典》，典者百代常行之道，惟德是与非贤不受。曰若稽古顺考先道，帝尧放勋钦明文思，威仪敬备照临四方，经天纬地德虑纯粹，四德安安允恭克让，光被四表格于上下，克明俊德以亲九族，九族既睦平章百姓，百姓昭明协和万邦，黎民从化俗变雍和。乃命羲和钦若昊天，历象日辰敬授民时，分命羲仲以正仲春，申命羲叔以正仲夏，分命和仲以正仲秋，申命和叔以正仲冬，诚羲与和四时成岁，允厘百工庶绩咸熙。择选继嗣洞若观火，子朱嚚讼共工阴诈，静言庸违象恭滔天，鲧性狠戾好名败善，求贤侧陋虞舜升闻，瞽子父顽母嚚弟傲，克谐以孝乂不格奸，帝试舜德登用嗣禅。

《舜典》赞舜化民：大孝克谐玄德配位，天人与力政通民和，礼刑赏罚天下悦服，知贤善任勉以中和。

虞舜明德尧将嗣位，历试诸难史述《舜典》。曰若稽古顺考先道，帝舜重华协于帝尧，浚哲文明温恭允塞，玄德升闻乃命以位，慎徽五典五典克从，纳于百揆百揆时叙，宾于四门四门穆穆，纳于大麓风雨弗迷，三年考绩陟于帝位，正月上日受终文祖。察正天文以齐七政，类于上帝禋于六宗，望于山川遍于群神，辑敛五瑞既月乃日，觐四岳牧班瑞群后，四时巡守考正风俗，五载一巡群后四朝，敷奏以言明试以功，功成则赐车服以用，肇十二州封山浚川。象以典刑用不越法，流宥五刑鞭作官刑，扑作教刑金作赎刑，眚灾肆赦怙终贼刑，钦哉钦哉刑之恤哉。共工惑世流于幽州，驩兜党之放于崇山，三苗饕餮窜于三危，鲧乱天常殛于羽山，四罪刑当天下咸服，二十八载尧乃殂落，百姓三载如丧考妣，四海之内遏密八音。正月元日舜格文祖，询于四岳开辟四门，明目达聪时无壅塞，民食为重敬授民时，柔远能迩惇德允元，斥难佞人蛮夷率服。禹平水土使宅百揆，播谷济民弃作后稷。百姓不亲五品不逊，契作司徒敬敷五教，五常教宽五典克从。蛮夷猾夏寇贼奸宄，皋陶作士惟明克允，五刑有服五服三就，五流有宅五宅三居。垂领百工益则作虞，能典三礼伯夷秩宗，夙夜惟寅直哉惟清。命夔典乐以教胄子，直而能温宽而庄栗，刚而无虐简而无傲，诗以言志歌以永言，五声依咏律吕和声，八音克谐无相夺伦，神人以和百兽率舞。谗说殄行震惊师众，龙作纳言出纳帝命，纳上宣下惟务允信，钦哉钦哉信立天功。三载考绩三考为度，黜陟幽明庶绩咸熙，三苗否善北流三苗，舜生三十尧征用之，历试摄位计三十载，帝五十载陟方乃死。

《大禹谟》赞舜禹益皋陶：君臣道交德政养民，念兹在兹允执厥中，君民一体敬慎在位，修德化民无远弗届。

陈禹九功皋陶九谟，舜美申之史述《禹谟》，与《皋陶谟》及《益稷篇》，典谟所以立治之本，师法古道成不易则。曰若稽古顺考先道，大禹文命敷于四海，祗承二帝其道周备，舜禹君臣相为勉励，知为君难为臣不易，政教乃乂黎民敏德，允若兹者嘉言罔伏，野无遗贤万邦咸宁，稽察于众舍己从人，不虐无告不废困穷，惟帝是克帝德广运，乃圣乃神乃武乃文，玄德升闻皇天眷命，奄有四海为天下君，顺道则吉从逆则凶，若影随形若响应声，儆戒无虞罔失法度，罔游于逸罔淫于乐，任贤勿贰去邪勿疑，疑谋勿成百志惟熙，罔违道干百姓之誉，罔咈百姓以从己欲，无怠无荒四夷来王。德惟善政政在养民，水火金木土谷惟修，正德利用厚生惟和，九功惟叙九叙惟歌，戒之用休董之用威，劝之以九歌俾勿坏，六府三事九功允治，地平天成万世永赖。君德罔克下民不依，种德德降黎民怀之，念兹在兹释兹在兹，言兹在兹出兹在兹，念人在功废人在罪，皋陶德义惟帝念功，明于五刑以弼五教，当于治体刑期无刑，民协于中其功懋哉。帝德罔愆孜孜向善，临下以简御众以宽，罚弗及嗣赏延于世，宥过无大刑故无小，罪疑惟轻功疑惟重，毋杀不辜宁失不经，好生之德洽于民心，民化帝德不犯有司，四方风动从欲以治。大禹治水成允成功，克勤于邦克俭于家，不自矜伐天下莫争，天之历数实在禹躬，人心惟危道心惟微，惟精惟一允执厥中，无稽之言无验勿听，弗询之谋专独勿用，君育民命故君可爱，失道民叛故民可畏，众非元后何戴自存，元后非众罔与守邦，君民相须钦哉钦哉，慎乃有位敬修德美，四海困穷皆得存立，勤此三者天禄永终，占先断志志定后卜，询谋佥同鬼神其依，龟筮协从卜不习吉。有苗弗率舜命禹征，禹会群后誓于师众，蠢兹有苗昏迷不恭，侮慢自贤反道败德，君子在野小人在位，民弃不保天降之咎，以尔众士奉辞伐罪，一乃心力其克有勋，苗民逆命益赞于禹，惟德动天无远弗届，满损谦益是乃天道，舜田历山号泣旻天，负罪引慝祇事父母，夔夔齐栗瞽瞍允若，至诚感神矧兹有苗，禹拜昌言班师振旅，诞敷文德习舞干羽，御之以道七旬苗格。

《皋陶谟》赞皋陶：身修族叙由近及远，知人安民哲惠不邪，九德中庸兢兢业业，典礼刑政达于上下。

曰若稽古皋陶陈谟，信蹈古德谟明弼谐，慎修厥身思长久道，惇叙九族庶民明教，自效勉励翼戴上命，行此道者迩可及远，治道要在知人安民，知人则哲而能官人，安民则惠黎民怀之，能哲而惠内外平成，何忧驩兜何迁有苗，何畏巧言令色邪佞。行有九德察事以验，其性宽弘而能庄栗，其性和柔而能立事，其性愿悫而能恭恪，其性能治而又谨敬，其性扰顺而又果毅，其性正直而气温和，其性简大而又廉隅，其性刚断而能实塞，其性坚强而能合义，明九常德知人吉哉，日宣三德夙夜思之，明明行之可为大夫，日日严身祇敬六德，信治政事可为诸侯，翕受敷施九德咸事，天子行之俊乂在官，百僚师师百工惟时，抚顺五行庶绩其成，无教逸欲有国之常，兢兢业业万事几微，天工人代无旷庶官。天叙有典五典五惇，天秩有礼五礼有用，诸侯同敬合恭和善，天命有德五服五章，天讨有罪五刑五用，政事合天懋哉懋哉，天聪明自我民聪明，天明畏自我民明威，人君言行天视听之，民归天命民叛天讨，达于上下敬哉有土，皋陶陈谟赞赞襄哉。

《益稷》赞舜禹皋陶夔：君臣一体孜孜为民，天命几微明良交益。

禹曰孜孜决川至海，治水播谷懋迁有无，烝民乃粒万邦作乂，昌言帝舜慎其在位，安止好恶惟几惟康，辅弼用直动则丕应，昭受上帝天命用休。臣哉邻哉邻哉臣哉，贤臣作君股肱耳目，翼君教民宣力四方，观古人象制服明礼，六律五声八音察政，五德之言出纳施化，臣无面从退有后言，钦哉四邻君违臣弼，庶顽谗说若不在道，射侯明之笞挞记之，书用识哉欲并生哉，工以纳言时而扬之，贤德承用否则威之，光天之下至于海隅，万邦黎献共惟帝臣，惟帝是举敷纳以言，明庶以功车服以用，谁敢不让敢不敬应，帝不用贤曰奏罔功，无若丹朱慢游是好，傲虐是作昼夜额额，朋淫于家用殄厥世。禹治水土启泣弗子，弼成五服至五千里，州十二师外薄四海，咸建五长各蹈有功，皋陶敬行九德考绩，法刑宽明佐禹成功，夔节庙乐祖考来格，虞宾在位群后德让，下管鼗鼓合止柷敔，笙镛以间鸟兽跄跄，箫韶九成凤凰来仪，百兽率舞庶尹允谐。安不忘危帝作戒歌，敕天之命惟时惟几，股肱喜哉元首起哉，元首明哉股肱良哉，百工熙哉庶事康哉，元首丛脞股肱惰哉，万事堕哉在位钦哉。

二 《夏书》韵义

《禹贡》赞禹：分土制赋顺势利导，五服绥靖声教播远。

禹别九州随山浚川，任土所有定其赋差，史述《禹贡》为《夏书》首。禹敷水土随山刊木，五岳四渎定祀差秩，四隩既宅九山刊旅，九川涤源九泽既陂，九州攸同四海同风，政和俗化六府孔修，庶土交正厎慎财赋，三壤差等成赋中邦。天子建德因生赐姓，祗敬德先不距王行，甸服侯服绥服要服，最外荒服俱五百里，东渐于海西被流沙，朔南声教讫于四海，禹赐玄圭告厥成功。

《甘誓》赞启：五行三正弃绝天命，行天之罚奖惩分明。

启与有扈战于甘野，因启诚救史述《甘誓》。大战于甘启誓六卿，威侮五行怠弃三正，天用剿绝有扈氏命，今予受命恭行天罚，左攻于左右攻于右，御马当正众士恭命，用命庙赏弗用社戮。

《五子之歌》戒太康尸位：民惟邦本近之亲之，临民懔懔敬奉纲常。

太康失国昆弟五人，待于洛汭作《五子歌》。太康尸位逸豫灭德，盘游无度畋于洛南，十旬弗反黎民咸贰，羿因民怨距之于河，弟侍其母待于洛汭，五子咸怨歌述禹戒。皇祖大禹早有训诫，民惟邦本本固邦宁，民可亲近不可疏下，君若轻民失分怨上，愚夫愚妇情性天赋，一能胜予敢不畏敬，一人三失怨岂在明，谨小慎微不见是图，君临兆民懔懔危惧，有若朽索之驭六马，为人上者奈何不敬。内作色荒外作禽荒，甘酒嗜音峻宇雕墙，有一于此未或不亡，惟彼陶唐有此冀方，尧统天下今失其道，乱其纪纲乃厎灭亡。明明禹祖万邦之君，有典有则贻厥子孙，关石和钧故有典制，荒坠厥绪覆宗绝祀。呜呼曷归予怀之悲，万姓仇予予将畴依，郁陶心哀色愧心惭，弗慎厥德虽悔可追。

《胤征》戒羲和尸位：荒酒乱纪天隶逸德，惩一儆百咸与维新。

羲和湎淫废时乱日，胤侯往征史述《胤征》。仲康肇位胤掌六师，羲和废职荒酒胤征，誓救师众圣有谟训，为世明证定国安家，王谨天戒臣奉常宪，百官修辅上下大明，孟春遒人木铎徇路，官师相规工执艺谏，其或不恭邦有常刑。惟是羲和颠覆厥德，沉乱于酒叛官离次，俶扰天纪遐弃厥司，季秋月朔辰弗集房，阴盛日食而瞽奏鼓，啬夫驰币庶人役走，羲和尸官罔闻知，昏迷天象干先王诛，政典有曰历象之法，四时节气弦望晦朔，先天时者罪杀无赦，后天时者罪杀无赦。今以尔众奉将天罚，嗟尔众士同力王室，弼予钦承天子威命，火炎昆冈玉石俱焚，天吏逸德烈于猛火，歼厥渠魁胁从罔治，旧染污俗咸与惟新，威胜私爱万事允济，私爱胜威济众罔功，其尔众士懋哉戒哉。

三 《商书》韵义

《汤誓》赞汤革命顺应天民：时日曷丧天命殛夏，不敢不正致天之罚。

自契至于成汤八迁，汤始居亳从先王居，史述《帝告》以及《釐沃》，葛伯不祀汤始征之，史述《汤征》以记因由，汤贡伊尹去亳适夏，既丑有夏复归于亳，入自北门遇汤贤臣，述还意作《汝鸠》《汝方》，五篇皆佚惟略知意。伊尹相汤伐桀自陑，遂与桀战鸣条之野，誓诫士众史述《汤誓》。格尔众庶悉听朕言，非予小子敢行称乱，有夏多罪天命殛之，桀不恤众废夺农功，率遏众力剥割夏邑，众下相率怠惰弗和，比桀于日愿同归尽，时日曷丧及汝皆亡。众言咸曰夏氏有罪，予畏上帝不敢不正，夏德若兹今朕必往，尔尚辅予致天之罚，必得赉赏决不食言，若不从誓孥戮罔赦。

《仲虺之诰》赞汤：生民有欲无主乃乱，有夏昏德式商受命，率兹厥典推亡固存，宽仁自律彰信兆民，礼义节制建中于民，慎厥终始永保天命。

汤归自夏至于大坰，仲虺作诰史以述之。放桀南巢汤有惭德，仲虺作诰慰以天道，生民有欲无主乃乱，天生聪明是乂民乱，夏王有罪矫诬上天，托天行虐布命于下，夏桀昏德民坠涂炭，简贤附势实繁有徒，商邦战战惧于非辜，帝用不臧式商受命。上天乃赐汤王勇智，表正万邦缵禹旧服，兹率厥典奉若天命，不迩声色不殖货利，德懋懋官功懋懋赏，用人惟己改过不吝，克宽克仁彰信兆民，葛伯仇饷初征自葛，成汤东征则西夷怨，南征狄怨奚独后予，攸徂之民室家相庆，待我君来庶几苏息，民之戴商厥惟旧哉。佑贤辅德显忠遂良，兼弱攻昧取乱侮亡，推亡固存邦乃其昌，日新其德万邦惟怀，志自盈满九族乃离，懋昭大德建中于民，以义制事以礼制心，率义奉礼垂裕后昆，好问则裕自用则小，能自求贤得师者王，人莫己若自师者亡，靡不有初鲜克有终，戒慎厥终惟如其始，封殖有礼覆亡昏暴，钦崇天道永保天命。

《汤诰》赞汤与民更始：上天降衷孚佑下民，民有恒性克绥惟后，福善祸淫兆民允殖，典常是承简在帝心。

既黜夏命汤复归亳，诰天下以伐纣大义。万方有众明听予诰，惟皇上帝降衷下民，生民天赋五常之性，为君之道顺此恒性，克绥厥猷安立道教。夏王灭德作威敷虐，万方百姓罹其凶害，弗忍荼毒告于神祇，天道恢恢福善祸淫，降灾于夏以彰厥罪。肆予小子将天明威，敢用玄牡告天请罪，聿求元圣与之戮力，上天昭昭孚佑下民，天命弗僭罪人黜伏，兆民允殖贲若草木，俾予一人辑宁邦家。兹朕未知获戾上下，栗栗危惧若坠深渊，凡我造邦咸与维新，无从匪彝无即慆淫，各守尔典以承天休，尔其有善朕弗敢蔽，罪当朕躬弗敢自赦，简阅惟在上帝之心，万方有罪在予一人，予一人罪无及万方，尚克是诚乃亦有终。

《伊训》赞伊尹教导太甲：夏愆厥德天地咸宁，子孙弗率商汤革命，代虐以宽兆民允怀，立爱立敬自近及远，肇修人纪傲于有位，克明克忠严于律己，三风十愆训于蒙士，善祥恶殃上帝不常。

成汤既没太甲元年，伊尹作训史以述之。元祀十有二月乙丑，伊尹祗奉嗣王祠庙，侯甸群后咸在位次，百官总己以听冢宰，伊尹明宣汤德训王。夏方愆德罔有天灾，山川鬼神亦莫不宁，暨于鸟兽鱼鳖咸若，子孙弗率皇天降灾，假商有命修德自亳。惟我商王布昭圣武，代虐以宽兆民允怀，今王嗣德罔不在初，立爱惟亲立敬惟长，始化家邦终洽四海，先王肇修人伦纲纪，从谏弗咈先民是顺，居上克明为下克忠，人不求备身若不及，至有万邦兹惟艰哉，敷求哲人俾辅后嗣，制定官刑傲于有位。恒舞于宫酣歌于室，荒淫废德是谓巫风。殉于货色恒于游畋，贪欲无节是谓淫风。敢侮圣言逆忠直谏，疏远耆德亲比顽童，爱恶憎善是谓乱风。三风十愆有一于身，卿士家丧邦君国亡，臣下不匡其罪刑墨，非惟大夫亦训下士。祗敬厥身念于祖德，圣谟洋洋嘉言孔彰，上帝不常惟视善恶，作善上天降之百祥，作恶上天降之百殃，惟德罔小万邦惟庆，不德罔大终坠厥宗。

《太甲》赞伊尹辅成太甲：顾諟天命祗承神祇，昧爽丕显俊彦是求，省括于度克终允德，君民相须万世无疆，寡德不类纵欲败礼，天孽可违自作难逭，修身允德子惠民服，孝恭明聪懋德无怠，天亲克敬民怀有仁，神享恪诚德治否乱，懋敬厥德克配上帝，重民当位逆顺从道，君无辩言臣无宠利，一人元良万邦以贞。

太甲既立居礼不明，伊尹放诸桐而改过，思念常道三年复归，伊尹作训《太甲》三篇。嗣王不顺伊尹之训，伊尹作书教诫嗣王，先王顾諟天之明命，恭敬以承上下神祇，社稷宗庙罔不祗肃，天监厥德用集大命，成汤终能抚绥天下，伊尹辅汤养成万民，嗣王遂得丕承基绪。夏初君臣能用忠信，君臣俱能终其德业，其后嗣王灭先人德，罔克有终相亦罔终，嗣王戒哉祗尔厥辟，为君不君则忝厥祖。王无动衷置若罔闻，伊尹再劝率法先王，昧爽丕显坐以待旦，旁求俊彦启迪后人，无越厥命以自颠覆，慎乃俭德惟怀永图，为政之事譬若弩射，夙夜思之明旦行之，先省矢括于度则中，钦止至善率祖攸行，惟朕以怿万世有辞。王未克变习行不义，将成其性伊尹惩之，营于桐宫以远逆德，密迩考训无俾世迷，王往居忧克终允德。

三年服阕逾月吉服，伊尹奉归作书谆诲，民须戴君胥匡以生，君须本民以辟四方，皇天眷佑嗣王终德，实乃万世无疆之休。王拜稽首称予小子，不明于德自致不类，情欲败度纵欲败礼，礼度毁败召罪自身，天作灾孽犹可违避，自作祸孽不可逭逃，往背师训弗克厥初，尚赖匡德图惟厥终。伊尹答拜勉励殷殷，明王修身允德协下，先王仁厚子惠困穷，民服厥命罔有不悦，王懋乃德视乃厥祖，奉先思孝接下思恭，视远惟明听德惟聪，无时豫怠朕承王休。

喜王悔改冀王大善，伊尹至忠申诰于王，惟天无亲克敬惟亲，民罔常怀怀于有仁，鬼神无常享于克诚，天位艰哉德治否乱，与治同道任贤则兴，与乱同事任佞则亡，终始慎警在君明德，先王惟是懋敬厥德，克配上帝与天合德，王嗣令绪尚监兹哉。升高自下陟遐自迩，无轻民事无安厥位，惟难惟危慎终于始，有言逆心必求诸道，有言逊志必求非道，弗虑胡获弗为胡成，一人元良万邦以贞，君罔以辩言乱旧政，臣罔以宠利居成功，上下安分邦其永休。

《咸有一德》赞伊尹复政诫德：天命靡常常德保位，慢神虐民皇天弗保，启迪有命俾作神主，咸有一德天佑民归，吉凶在人灾祥在德，任官唯贤为德为民，和一主善永底民性，各尽其分君民道成。

伊尹复政陈诚王德，天命靡常人情难信，人常厥德则保厥位，厥德匪常九有以亡。桀失常德慢神虐民，皇天弗保监于万方，启迪有命眷求一德，德纯一者俾作神主，惟尹暨汤咸有一德，克享天心受天明命，以九有众爰革夏正，非天私商惟佑一德，非商求民民归一德，德惟纯一动罔不吉，德杂二三动罔不凶，吉凶不僭在人善恶，天降灾祥无不在德。嗣王新命惟新厥德，终始惟一是乃日新，任官惟贤位惟其人，为上为德为下为民，其难其慎惟和惟一，德无常师主善为师，善无常主协于克一，王德纯一万姓共颂，大哉王言一哉王心，克绥先王天命之禄，永底烝民五常之性。七世之庙可以观德，万夫之长可以观政，非民罔使非君罔事，君无自广以狭民人，民先尽心而后尽力，上有狭心下不尽心，匹夫匹妇不获自尽，民主罔与成厥治功。

《盘庚》赞盘庚迁都中兴：谨恪天命克从祖烈，黜心傲康勿起诬讼，实德于民有条不紊，败祸奸宄自灾其身，孚于天时惟民是承，君臣离心胥沦以沉，设衷于心恭承民命，式敷民德永肩一心。

沃丁既葬伊尹于亳，咎单遂训伊尹之事，作书《沃丁》史则述之，伊陟相太戊时有祥，桑穀共生于亳之朝，伊陟赞巫咸作《咸义》，太戊赞作《伊陟》《原命》，仲丁迁嚣史述《仲丁》，河亶甲相作《河亶甲》，祖乙圮于耿作《祖乙》。盘庚五迁将治亳殷，民咨胥怨三训安之。盘庚迁殷民不适居，率和众感直言晓谕，先王有服恪谨天命，犹不常宁于今五迁，今不承古绝命罔知，况曰克从先王之烈，若颠仆木重生萌蘖，天其永命于兹新邑，绍复先业底绥四方，臣民敬用在位之命，以常旧例以正法度，无或敢伏小人规箴。格哉汝众予告训汝，歆黜乃心无傲从康，先王谋任旧人共政，告旨不匿王用丕钦，罔有逸言民用丕化，今汝聒聒起信险肤，险伪浅薄弗知所讼，予非荒德惟汝含恶，不惕予命予若观火，予亦拙谋作成汝过，若网在纲有条不紊，若农服田力穑有秋，克黜乃心实德施民，乃敢大言汝有积德，乃竟不畏戎毒远迩，惰农自安不强作劳，不服田亩黍稷罔有，不和吉言惟自生毒，败祸奸宄自灾厥身，先恶于民痛悔何及，恰利小民犹顾箴诲，唯恐举动有过口患，况予制汝短长之命，曷弗告情浮言祸众，遏绝浮言若火燎原，不可向迩犹可扑灭，自作弗靖非予有咎。迟任有言人惟求旧，器非求旧所贵惟新，古我先王暨乃祖父，胥同逸勤何敢非罚，世选尔劳予不掩善，予享先王尔祖其从，作福作灾善恶自报，凡事预立若射有准，先难后获中志为善，无侮老成无弱孤幼，各长厥位勉出乃力，听予一人作徙迁猷，无有远迩一体同仁，用罪伐恶用德彰善，邦之和臧惟汝众功，邦之不臧惟予有过，凡尔有众诚以致告，自今至后各恭尔事，齐正乃位度慎乃口，罚及尔身悔弗可及。

盘庚作法涉河迁民，善教弗率告众用诚，有众咸造恭在王庭，登进厥民盘庚训曰，明听朕言无废朕命，古我前王惟民之承，民安君政相行天时，殷降大虐义不怀土，厥作视察民利用迁，汝当念我古王之事，承汝俾汝共喜康安，非汝有咎无比于罚，予徙新邑亦惟汝故，丕从厥志迁无惑疑，今以汝迁安定厥邦。汝不忧朕心之攸困，不布忠心自取穷苦，若舟弗济臭败所载，尔诚不类惟胥以沉，不稽先王自怒曷瘳，汝不谋远思不徙灾，不迁多忧毋自劝忧，不徙罔后居位何久，命汝一心无秽自臭，毋为他人歧诱乃心，予欲迓续乃命于天，奉畜汝众予岂威汝，予念先王之劳尔先，爵安汝身义安汝心，不徙失政高祖降罪，曷虐朕民异心不亲，君臣共治臣反贪残，乃祖乃父断弃汝命，告我高祖丕刑于汝。今予告汝常道不易，永敬大恤无胥绝远，分明猷念和以相从，各设中正于乃本心，不善不道颠越不恭，劫遇奸宄必殄灭之，无遗其类易种新邑，往哉生生进进于善，今将汝迁永建乃家。

盘庚既迁奠厥攸居，乃正郊庙朝社之位，绥安有众诚无戏怠，懋建大命勉立德教，推诚置腹遍告心志，既往不咎咸与更始，恕尔前愆尔无共怒，协比谗言毁恶寡人。古我先王大美前功，适吉去凶立善于邦，今我民人荡析离居，罔有定极需待迁徙，朕及笃臣恭承民命，祈复祖德治于商家，肆予冲人谋众用善，非敢违卜大用贲兆。邦伯师长百执事人，庶相隐括共为善政，予其勉助念敬民众，不任贪饕进奉执善，安居穷困式序敬之，今所告志汝心顺否，情实以告毋得不敬，无总货宝以干大位，生生自庸进进常善，式敷民德永肩一心。

《说命》赞武丁傅说君臣道合：明哲作则启沃君心，从谏则圣以康兆民，天聪圣宪臣顺民义，立贤为民治乱在官，官能爵德俊义在位，知易行难务学师古，股肱惟人良臣惟圣，成就君民各尽本分。

盘庚弟小乙子武丁，德高可尊故号高宗，梦得贤说得诸傅岩，君臣交益史述《说命》。高宗宅忧谅阴三年，免丧弗言群臣咸谏，知曰明哲明哲作则，天子君民百官承式，王言作命臣下禀令，高宗诰曰君正四方，恐德弗类兹故弗言，恭默思道得梦上帝，赍予良弼代予政教。乃审厥象广求天下，说筑傅岩惟肖立相，王置左右命之殷殷，朝夕纳诲以辅朕德，若金成利汝作砺石，若济巨川汝作舟楫，若岁大旱汝作霖雨，开启乃心灌沃朕心，若药瞑眩厥疾乃瘳，若跣视地厥足免伤，惟暨乃僚罔不同心，俾率先王蹈踪高祖，以匡乃辟以康兆民，钦予是命其惟有终。傅说复王王言幸甚，从绳木正从谏君圣，王克从谏谏不待命，敢不敬承天子休命。

说总百官进于王曰，天象运行尊卑相正，王奉天道建邦设都，树王君公承以大夫，不使逸豫惟以治民，惟天聪明惟圣是宪，惟臣钦顺惟民从义，惟口起羞甲胄起戎，衣裳在笥干戈省躬，谨令慎兵爵当帅任，王惟戒兹克明允休，或治或乱并在庶官，不及私昵官惟其能，罔及恶德爵惟其贤，虑善以动动惟厥时，执有其善必丧厥善，自矜其能必丧厥功，事有其备有备无患，启宠纳侮耻过作非，开宠非贤纳辱之道，耻过文之遂成大非，居行如是政事惟醇，黩于祭祀是谓弗钦，礼烦则乱事神则难。王曰旨哉俱可服行，汝不善言予罔闻行。说拜稽首勉进高宗，非知之艰行之惟艰，王心诚不以行为难，则允协于先王成德，说职当谏不言有咎。

王曰曾学殷贤甘盘，既学中废遁居民间，终罔显德尔训朕志，若作酒醴尔惟麹蘖，若作和羹尔惟盐梅，交修罔弃予行乃训。傅说奉答多闻立事，学于古训乃实有获，事不师古以克永世，无有是道匪说攸闻，学以逊志务是敏疾，先王之德自来归己，允怀逊志道积厥躬，教而知困惟教学半，念终念始常在于学，德修渐进不自觉知，监于成宪其永无愆，王能志学说克钦承，广招俊义列于庶位。高宗赞说四海之内，咸仰朕德是乃风教，股肱惟人良臣惟圣，先正伊尹作我先王，其志不佐君如尧舜，其心愧耻若挞于市，一夫不获自认罪辜，佑我烈祖格于皇天，尔明保予比类先贤，罔俾阿衡专美有商，惟君求贤非贤不义，惟贤行道非君不食，君臣克绍永绥万民。

说拜稽首答扬美命。

《高宗肜日》赞祖己训武丁：天监下民典其德义，非天夭民民中绝命，君司敬民典祀有常，正事明理感格君心。

高宗祭汤有雊雉异，祖己训王而作《肜日》。高宗既祭肜祭之日，有飞雉升鼎耳而雊，至道之王遭遇变异，能正其事则异自消，祖己以为惟先格王，以正厥事乃训于王。天监下民以义为常，降年有永亦有不永，有义者长无义者短，非天夭民民中绝命，自不修义故致绝命，民不若德或不听罪，不义无悔乃至天罚，天既信行赏罚之命，以此正其驭民之德，敢不行义以求长命，王者主民当敬民事，民事无非天所嗣常，天意欲令继嗣行之，祭祀有常礼数有定，不当特丰于己近庙，王其因异服罪改修。

《西伯戡黎》祖伊戒纣：不虞天性不迪率典，天命民情无动于衷，责命于天天弃民怨，淫戏自绝贤臣退隐。

周人胜黎殷始畏周，祖伊惧作《西伯戡黎》。西伯戡黎祖伊告王，上天既已讫我殷命，至人元龟罔敢知吉，非先王不相我后人，惟王淫戏用以自绝，不度天性不循常法，故天弃殷庙无康食，今我殷民罔弗欲丧，咸曰上天曷不降威，天命宜王何以不至，王之凶害实如上言。纣答己身有命在天，祖伊报纣罪多参天，责命于天敢拒天诛，殷之即丧汝行所致，汝必死戮于尔殷邦。

《微子》赞知几：沉酗于酒败乱厥德，官爵无度小民相仇，神人共愤沦丧难免，贤人知几安分自靖。

殷纣暴虐既乱天命，庶兄微子为纣卿士，知纣必亡欲去无道，作诰以告父师少师，父师箕子少师比干，史述其事是为《微子》。微子告曰父师少师，殷其弗或治正四方，高祖致功陈列于上，今王酗酒败德于下，殷罔小大好草窃奸宄，卿士师效湆乱法度，俱有罪辜无秉中常，小民方兴相为敌仇，今殷沦丧无所依就，若涉大水其无津涯，殷遂丧亡时不待久，我念殷亡心发疾狂，在家耄乱欲遁荒野，今尔无指告予若何。父师告曰王子自行，天毒降灾生纣为乱，纣肆沉湎四方化之，无可如何乃罔畏畏，上不畏天下不畏贤，咈其耇长致仕贤良，民乃攘窃神祇牲牷，相容行食政乱无惩，下视殷民仇敛为道，亟行暴虐召仇不怠，上下有罪合一法纣，民多瘠病无诏救者，宗室大臣义不忍去，商今有灾我受其败，商其沦丧我欲殉之，诏王子出乃合孝道，长贤无立宜为殷后，王子弗出殷庙绝主，我不顾念行遁之事，各行其志自献先王，君子之道本非一途，分位自守同归仁道。

四 《周书》韵义

《泰誓》《牧誓》《武成》赞武王革命顺天应民：父天母地人为物灵，天启明君作民父母，君不敬天降灾下民，暴殄天物害虐烝民，自绝于天结怨于民，弃善任恶无辜吁天，虐民则仇除恶务本，惟天惠民惟辟奉天，天佑下民作之君师，度之德义恭行天罚，天矜于民必从所欲，天人应和君臣同德，天自民视亦自民听，救民水火果毅时中，恭天成命偃武修文，光复典常万民悦服，建贤位能崇德报功，重民五教垂拱而治。

虞芮质成诸侯并附，以为周受天命之年，九年文卒三年丧毕，惟十一年武王伐殷，一月戊午师渡孟津，观兵以卜伐纣之情，诸侯佥同乃退示弱，王作《泰誓》史述三篇。十三年春大会孟津，王曰嗟我友邦冢君，御事庶士皆明听誓，惟天地为万物父母，惟人贵为万物之灵，亶诚聪明择作元后，天命元后作民父母，今商王受其罪孔有，弗敬上天降灾下民，沉酒乱色敢行暴虐，罪人以族官人以世，宫室台榭陂池侈服，穷奢极欲残害万姓，焚炙忠良刳剔孕妇，皇天震怒命我文考，肃将天威大勋未集，予小子发以友邦君，观政于商受罔悛心，平素弗事上帝神祇，遗弃先祖宗庙弗祀，牺牲粢盛既于凶盗，乃曰吾自有民有命，大言不惭罔惩其侮，天佑下民作之君师，克相上帝宠绥四方，有罪无罪曷敢越志，同力度德同德度义，志在养民动为除害，受臣亿万惟亿万心，予臣三千惟共一心，商罪贯盈天命诛之，予弗顺天厥罪惟钧，予小子发夙夜祇惧，受命文考类于上帝，宜于冢土无不恭肃，以尔有众致天之罚，天矜下民树善除恶，民之所欲天必从之，顺天应民时弗可失，尔尚弼予永清四海。

戊午之日次于河朔，群后毕会王誓徇师，西土有众咸听朕言，曰若稽古如是我闻，吉人为善惟日不足，凶人为恶惟日不足，今商王纣力行无度，播弃犁老昵比罪人，淫酗肆虐臣下化之，朋家作仇胁权相灭，无辜吁天秽德彰闻，惟天惠民惟辟奉天，桀弗顺天流毒下国，天佑命汤降黜夏命，今商纣罪过于夏桀，剥丧元良贼虐谏辅，自恃天命敬不足行，谓祭无益谓暴无伤，厥监不远在彼夏王，上天其以予乂万民，朕梦朕卜协合休祥，义兵诛纣必克之占，受有亿人离心离德，予臣十人同心同德，虽有至亲不如仁人，天视无不自我民视，天听无不自我民听，民恶天诛因民视听，百姓有过在予失教，我武维扬侵伐纣疆，取彼凶残我伐用张，今朕必往于汤有光，勖哉夫子罔或无畏，宁执非敌不敢无畏，百姓懔懔若畜崩角，同心立功永世安民。

戊午次日时当厥明，大巡六师王乃明誓，呜呼众士西土君子，天有显道义类彰明，今商王受其罪宜诛，狎侮五常荒怠弗敬，自绝于天结怨于民，斫朝涉胫剖贤人心，作威杀戮毒痛四海，崇信奸回放黜师保，摒弃典刑囚奴正士，郊社不修宗庙不享，奇技淫巧以悦妇人，上帝弗顺断降诛丧，尔其孜孜奉予一人，恭行天罚以定我民，抚我则后虐我则仇，古人有言今犹在耳，独夫殷受威杀无辜，乃汝世仇不可不诛，树德务滋除恶务本，肆予小子以尔众士，殄歼乃仇不遗余力，道以果毅以成君功，功多厚赏不道显戮，惟我文考日月临照，光于四方显于西土，惟我有周诞受多方，予克殷受非予之武，惟朕文考无罪天佑，殷受克予文考非罪，惟予小子不肖无良。

戎车三百虎贲三百，武王与受战于牧野，王作《牧誓》史以述之。克纣之月甲子早旦，王朝至于商郊牧野，左杖黄钺示无事诛，右秉白旄有事于教，离家远矣西土之人，称戈立矛予其誓汝，古人有言牝鸡无晨，牝鸡之晨惟家之散，今商王受妇言是用，乱弃陈祀不复当享，昏弃骨肉不接以道，乃惟四方多罪逋逃，是崇是长是信是使，任用以为大夫卿士，暴虐百姓奸宄商邑，今予发惟恭行天罚，今日之事旅进一心，勖哉夫子尚武桓桓，如虎如貔如熊如罴，来降弗诛以明我义，尔所弗勖尔躬有戮。

武王克纣偃武修文，鉴殷政教以为周法，文王受命有此武功，成于克商史述《武成》。商纣既克天下苏息，武王归丰修文偃武，归战马于华山之阳，放辅牛于桃林之野，以示天下恢复和平，丁未吉日祀于周庙，邦甸侯卫奔走助祭，庚戌柴望大告武成，诸侯百官受命于周。天下一统武王告曰，先王后稷建邦启土，曾孙公刘克笃前烈，至于太王肇基王迹，王季缵承勤立王业，文考文王克成厥勋，诞膺天命以抚方夏，大邦畏威小邦怀德，天命九年大统未集，予小子发其承厥志，致商之罪告于皇天，后土及历名山大川，曾孙姬发将正于商，今者商王殷受无道，暴殄天物害虐烝民，为逋逃主与萃渊薮，受用罪人与为魁主，亡人归若虫之窟聚，鱼归渊府兽集薮泽，纣大奸故罪人集归，予小子发既获仁人，敢承上帝以绝乱路，华夏蛮貊罔不率俾，恭天成命昭我周王，天启民心依附我周，惟尔有神尚克相予，以济兆民无作神羞。戊午之日师逾孟津，陈于商郊俟天休命，受率其旅会于牧野，服周仁政卒无战心，前徒倒戈罔敌我师，戎衣一振天下大定，反纣恶政政由旧善，释箕子囚封比干墓，式商容闾礼贤扬善，散鹿台财发钜桥粟，大赉四海万姓悦服，即商善政尊而法之，列爵五等分土三品，建官惟贤位事惟能，重民五教惟食丧祭，食乃民命丧礼笃亲，祭崇孝养圣王所重，惇信明义崇德报功，所修皆是所任得人，天子垂拱而天下治。

《洪范》赞箕子答陈天道化民：天阴骘民相协厥居，人君顺天彝伦攸叙，洪范九畴纲举目张，和用者昌逆用者亡，无偏无党建极保民，刚柔用中纳民于极，稽疑庶征天人合德，君民顺否应感吉凶。

武王胜殷以箕子归，箕子奉以天地大法。十有三年王访箕子，王言上天阴骘下民，不言而信默定下民，助合其居使有常资，天定民常理有次叙，我不知其彝伦攸叙。箕子奉答我闻在昔，鲧堙洪水乱陈五行，帝怒不畀洪范九类，彝伦致败鲧则殛死，禹乃嗣兴天乃赐禹，彝伦攸叙天下安宁，顺用五行敬用五事，厚用八政协用五纪，建用皇极乂用三德，明用稽疑念用庶征，向用五福威用六极。

五行谓水火木金土，水曰润下火曰炎上，木曰曲直金曰从革，土爰稼穑五气流行，润下作咸炎上作苦，曲直作酸从革作辛，稼穑作甘世所行用。五事谓貌言视听思，貌恭俨恪恭肃心敬，言是可从从乂可治，视明清审明哲照了，听聪微密聪谋成当，思睿通微睿圣大通。八政谓食货祀司空，司徒司寇以及宾师，食勤农业货宝用物，祀敬成教司空居民，司徒主徒众教礼义，司寇主奸盗使无纵，宾者礼宾客无不敬，师者防寇贼安保民。五纪岁月日辰历数，岁纪四时月纪一月，日纪一日星辰纪节，星宿迭见以叙气节，十二辰纪日月所会，节气之度数以为历，历数纪度敬授民时。

皇极大中大立中道，九畴为德皆须中节，人皆性善善不自成，须人君教乃得善成，君为民主当立中道，施教治民得中无僻，五事得中五福集归，敛是五福敷赐庶民，庶民慕劝安中化善，凡厥庶民无有淫朋，人无比周大为中正，兆民之众不皆合中，各有其善不相妨害。庶民有德有为有守，汝则念之录叙为官，未为大善又无恶行，虽不合中亦不罹咎，中人已上勉进以法，取其所长弃瑕录用，安汝颜色以谦下之，慕善者谓予攸好德，则赐福禄随能任官，是人庶几必自勉进，名实渐符进于中道，无虐茕独而畏高明，有能有为褒赏委任，使进其行汝邦其昌，正直之人使尽心力，爵禄富之善道接之，正人无任必引罪去，恶者有任必败君善。无偏无陂遵王之义，无有作好遵王之道，无有作恶尊王之路，无偏无党王道荡荡，无党无偏王道平平，无反无侧王道正直，会集中道率而行之，天下皆归化其中行，以大中道布陈言教，不失其常人皆顺效，民有中德陈善当纳，悦民便政增益王明，天子布教作民父母，当循先王中道治民，德惠道中天下归往，大中之道不可不务。

三德正直刚克柔克，正直能正人之曲直，刚能立事和柔能治，三德张弛时中而用，世道平康正直治之，世道强逆刚德克之，世道和顺柔德化之，地德坤顺能出金石，天德乾健能顺二气，柔中有刚沈潜刚克，刚中有柔高明柔克，臣道虽柔执刚正君，君道虽刚执柔纳臣，君臣之交刚柔递用。君臣之分贵贱有恒，作福专赏作威专罚，政当一统权不可分，惟君作福作威玉食，臣无作福作威玉食，臣若有之家害国凶，上行颇僻下民僭忒。

稽疑也者考正疑事，择建卜官乃命卜筮，卜筮兆卦其法七事，谓雨霁蒙驿克贞悔，卜兆前五筮占后二，灼龟为兆雨兆霁兆，蒙兆气暗驿兆气散，克兆气交兆相错侵，内卦曰贞外卦曰悔，筮卦二重二体成卦，卜筮七者推衍其变，卜筮必用三代之法，三人占之所占不同，善钧从众从二人言。汝有大疑先谋本心，次谋卿士以及庶人，人事竭尽卜筮决之，汝从龟筮从卿士从，庶民从是之谓大同，人和筮从大同于吉，动不违众后世休祥，汝龟筮从卿士民逆，三从二逆其事中吉，卿士龟筮从汝则逆，庶民亦逆其事中吉，庶民龟筮从汝则逆，卿士亦逆其事中吉，汝龟从筮卿士民逆，三逆两从慎微从事，举事作为内吉外凶，其事可以祭祀冠婚，而不可以出师征伐，龟筮皆逆共违于人，安可守常动则纷乱，用静则吉用作则凶。

庶征也者时气众验，曰雨曰旸曰燠寒风，雨以润物旸以干物，暖以长物寒以成物，风以动物五者以时，王用洪范行有中否，五气之验有美有恶，政中致美不中致咎，君当常度齐正下民，五者来备各以其叙，庶草蕃庑人和年丰，一者备极过甚则凶，一者极无不至亦凶。天人感应善致休征，人君行敬时雨顺之，人君政治时旸顺之，人君照晢时燠顺之，人君谋当时寒顺之，人君通圣时风顺之。天人感应恶致咎征，君行狂妄常雨顺之，君行僭差常旸顺之，君行逸豫常暖顺之，君行躁急常寒顺之，君行蒙暗常风顺之。物以类应人以天验，王职兼总如岁兼时，卿士各掌如月有别，官吏分治如日运成，岁时顺常百谷用成，君臣无易则政治明，贤良彰用家国平康，岁时既易百谷不成，君秉君道臣行臣事，君臣易职治乱贤隐。星者民象民性如之，箕星好风毕星好雨，月经于箕则为多风，月离于毕则为多雨，月行失道从星所好，天气从改以致风雨，民有好善亦有好恶，从民所欲政失国乱，民各有心须齐正之，大中治民常道不易。

五福六极福佑恶报，五福也者寿富康宁，与攸好德及考终命，人性同好德福之道，各终天命中不横夭，六极一者谓凶短折，其次谓疾忧贫恶弱，凶不遇吉横夭性命，短未六十折未三十，常抱疾苦多忧困财，貌状丑陋志力尪劣，为善致福为恶致极，五福六极皆人自召。

《旅獒》赞召公诫王保民：所宝惟贤远格近安，明王慎德四夷咸服，德盛中礼念无狎侮，君子尽心小人尽力，玩物丧志玩人丧德，不矜细行终累大德，志以道宁言以道接，夙夜勤恪生民保居。

武王胜殷封邦诸侯，分班宗彝史述《分器》，西旅献獒召公陈诫，训作《旅獒》史以述之。商纣既克天下归往，四夷慕化贡其方赂，周遂通道九夷八蛮，西旅贡獒召公谏曰，明王慎德四夷宾服，无有远迩毕献方物，惟食器用不供侈玩，王乃昭德分赐异姓，又分宝玉于伯叔国，使无废职用展亲亲，赐物由人贵贱以德，德盛自敬不狎侮人，狎侮君子罔尽其心，狎侮小人罔尽其力，不役耳目百度惟贞，玩人丧德玩物丧志，志以道宁言以道接，不作无益以害有益，不贵异物以贱用物，功德乃成民用乃足，犬马非其土性不畜，珍禽奇兽不育于国，不宝远物则远人格，所宝惟贤则迩人安，夙夜罔或不勤于德，不矜细行终累大德，君子惕励必慎其微，为山九仞功亏一篑，圣人乾乾慎终如始，信蹈此诚民安其居，天子世世王于天下。武王虽圣犹设此诫，况非圣人能无诫乎，身既非圣又无善诫，不免于过则亦宜矣。

《金縢》赞周公舍己安民：武王承命敷佑四方，万民敬畏一统在望，祈天续命志在安民，舍己避位感格成王。

武王有疾周公作策，告神请代武王而死，事毕纳书金縢之匮，为流言谤成王悟开，周公得返史官述美。克商二年王疾弗豫，召公太公欲卜吉凶，周公不可自请代命，三坛同墠请命于天，周公立焉植璧秉珪，乃告太王王季文王，史为册书周公祝曰，惟尔元孙遘厉虐疾，其若不救请以旦代，予仁顺父多材多艺，能事鬼神元孙不如，元孙天命敷佑四方，定尔子孙在于下地，四方之民罔不祇畏，无坠天命长为依归，今命元龟尔之许我，我以璧珪归俟尔命，尔不许我乃摒璧珪。乃卜三龟一皆习吉，启籥见书乃并是吉，公观兆曰王其无害，予小子新命于三王，武王终得成就周道，公归纳册金縢匮中，武王翼日病乃差愈。武王既丧成王幼弱，周公摄政流言于国，诬公将不利于孺子，周公乃伐以成周道，东征二年罪人斯得，周公为诗《鸱鸮》贻王，成王亦未敢责周公，二年秋时大熟未获，雷电以风禾谷尽偃，大木斯拔邦人大恐，王与大夫启金縢书，案省故事求变异由，乃知周公自为代命，王执书泣曰勿须卜，周公勤劳予弗及知，今天动威以彰大德，惟朕小子改过自新，我国家礼亦宜迎公，王出郊祭风反禾起，扶筑偃木岁则大熟。

《大诰》赞周公宣告讨叛：天命不僭绍继先烈，通志定疑断其姑息，不卬自恤戮力同心，平叛安民继成前功。

武王崩而周公摄政，监殷民者管蔡武庚，及淮夷叛周公将伐，陈伐叛义大诰天下。称成王命周公诰曰，周道不至叛逆者多，此害大延累我幼冲，嗣命行政无智民叛，况曰己能格知天命，予惟小子承先王业，若涉渊水惟求济渡，布陈文武受命之事，不忘大功任重道远，不敢闭绝天之威用，用文王遗我大宝龟，卜吉以绍天之明命。西土大艰西人不宁，殷后禄父敢欲兴复，三叔流言周国疵病，欺惑东国天下蠢动，民贤十夫来佐我周，抚安武事谋立其功，人谋既从卜又并吉，征伐休美往必安克。予得吉卜汝不欲伐，民不静宁惟上之过，王室有害周道不成，考疑卜吉敬成周道，肆予冲人长思此艰，天下蠢动鳏寡哀哉，天命惟艰不可以已，不惟自忧施义众邦，汝当勉我无忧征伐，不可不成文考之功，予惟小子不敢废命，天休文王安受天命，天其助民况亦卜吉，天德可畏成周基业。尔惟旧老省识古事，汝知文王之勤劳哉，德当天心使至成功，予不敢不卒文王事，谋致太平极力行之，化诱友邦共伐叛逆，天命诚辞成我众民，敢不嗣先图功攸终，天亦惟用劳慎我民，若人有疾而欲去之，敢不成先天授美命，诛除逆乱安致太平。子孙当成父祖之业，今顺古道我其东征，国家艰难日思念之，若父作室既致法矣，子不肯基况肯成构，若父菑耕杀草堪种，子不肯种况肯收获，父必言子弃其基业，敢不抚循文王大命，父兄之家友伐其子，以子恶故民心不救，我伐四国亲虽父兄，邦君罪大民亦无救，民贤十夫蹈知天命，明邦由哲今伐必克，天辅诚信敢易天常，三叔叛逆及早诛之，天之丧殷若穮去草，天意如此敢不终亩，天命文王敢不率从，循文王旨以安疆土，不待卜筮况卜龟吉，天命无差勉尔东征。

《微子之命》赞微子合礼：统承先祖作宾今王，恪慎克孝率由典常，崇德象贤与国咸休，永绥厥位万邦作式。

既黜殷命而杀武庚，命微子启以代殷后，作《微子命》史以述之。王顺道曰殷王元子，稽考古典崇德象贤，今予法之尔嗣汤后，统承先王修其典礼，二王之后作宾王家，与国咸休永世无穷，乃祖成汤齐圣广渊，皇天眷佑诞受厥命，抚民以宽除其邪虐，功加于时德垂后裔，尔践汤德久有令闻，恪慎克孝肃恭神人，予嘉乃德笃不可忘，上帝是歆下民祗协，用是建尔上公之位，正此东夏是为宋公，往敷乃训慎乃服命，率由典常以蕃王室，弘乃烈祖律乃有民，永绥厥位辅予一人，世世享德万邦作式，俾我有周好汝无厌，往哉惟休无废朕命。

《康诰》赞周公训诲康叔：丕显文王受命造周，明德慎罚不侮鳏

寡，继志述事数求先哲，宅心知训用保乂民，视民不安恫瘝在心，天
畏棐忱无好逸豫，尽心民情惠懋乂民，辅成天命造作新民，原情定罪
敕民懋和，天杀天罚无代俎庖，不孝不友泯乱民彝，违道干誉在所必
惩，庶心静民宽裕宁民，若保赤子民其康乂。

唐叔得禾异亩同颖，和同之象献诸天子，王命唐叔归之周公，并作
《归禾》褒周公德，天下和同政之善者，公奉命禾陈天子命，推美成王而作
《嘉禾》。成王既伐管叔蔡叔，以殷余民封于康叔，以成王命周公诫之，遂
作《康诰》《酒诰》《梓材》。摄政七年三月十六，周公初基新作洛邑，四
方之民和悦集会，五服百官和事于周，周公咸勉遂诰治道，顺康叔德命为
孟侯，称成王命周公诰曰，孟侯朕弟尔小子封，尔能大明显考文王，显用
明德慎去刑罚，惠恤穷民不侮鳏寡，用其可用敬其可敬，刑其可刑明道示
民，用以始政于我诸夏，一二诸国得渐修治。西周怙恃文王之道，政教四
被上帝休美，天命文王代殷受命，三分天下而有其二，其国其民皆有次序，
武王继勉汝得侯东。今将治民汝其念哉，敬循文王绍继德教，求殷王道用
保乂民，当求商贤老成人言，宅之于心以知训民，别求古哲用康保民，弘
顺天道德裕乃身，常在王命则不见废。敬哉汝封恫瘝乃身，务除恶政如去
身病，天命辅诚天德可畏，小人难安民情可见，往尽乃心以为政教，无好
逸豫乃安乂民，怨不在大大起于小，亦不在小小可至大，不顺使顺不勉使
勉，服行德政弘大王道，上应天道下安殷民，佐宅天命而作新民，居顺天
命教民日新。凡行刑罚敬明重慎，人有小罪性非过失，自作不常终身行之，
其罪虽小亦不可赦，人有大罪性惟过误，原心定罪罚宥赦之，政教有序治
明民服，民既服化敕正勉和，化恶为善如去民疾，治之以理弃恶修善，爱
养民人若保赤子，不失其欲民其康乂，非汝封得刑杀劓刵，无或妄自刑杀
劓刵，外土诸侯奉王事者，当布是法司牧其众，兼用殷刑有伦理者，察囚
要辞谨以断狱，服膺思念至于十日，乃至三月得大断之，陈是刑书之法行
事，刑罚断狱用商常法，用其时宜以为刑杀，自心所安勿用自行，汝行尽
顺实有次序，亦当谦逊自以不足，汝心最善他人不如，朕心朕德惟汝所知，
凡民得罪寇攘奸宄，杀人越货悍不畏死，人皆恶之当刑绝之。大恶民厌况
不孝友，为子不敬怠行父道，大伤父心是为不孝，为父不能字爱其子，反
疾恶之是为不慈，为弟不恭不念天常，不敬其兄是为不悌，为兄不念稚子

哀怜，不笃其弟是为不友，天与民彝民之五常，政教致治慈孝友悌，废弃不行遂大泯乱，文王作罚刑兹无赦，民不循教犹刑无赦，况主训民亲犯者乎，当布德教立民善誉，蔑我言法病为君道，实汝长恶朕惟恶汝，汝其速用宜时典刑，循理刑杀成君正道，既为君长当治五教，家道不施官吏暴虐，非德用治大弃王命，汝亦罔不克敬典常，宽民之道敬法文王，裕民政行有及于古，则予一人悦怿汝德，明民治道而善安之，念殷先哲王德乂民，何况今民无不从教，不道训之国无善政。予惟不可不监古义，告汝勤德慎刑之说，假令天下民不安定，于周教导屡不和同，天明罚我我其不怨，汝若不治罚可怨我，罪罚不论大小多少，何况为君不慎德刑，显闻于天罪岂可赦，修己以敬无作可怨，非谋非彝不善勿用，断行诚道大法敏德，信则人任敏则有功，用诚安心省德远谋，政裕民宁汝无绝亡，行善得之行恶失之，惟命不常汝其念哉，享国当明服行教令，高尚视听法古安民，往哉汝封勿废常典，听朕告言世享殷民。

《酒诰》赞周公诫酒：惟祀用酒德将无醉，纵酒丧德淫泆非彝，德祀馨香登闻于天，腥秽于酒腥闻在上，人无水鉴当于民鉴，非天为虐民自速辜，刚制于酒群饮勿泆，有位纵酒违教必惩。

康叔为牧监于殷民，化纣旧习殷民嗜酒，周公诫酒以诰康叔。以成王命周公诰曰，汝当明施教命戒酒，穆考文王肇国西土，诰慎众士朝夕敕之，酒为祭祀不主于饮，天降威罚民乱丧德，无非以酒为其助用，小大之国用使丧亡，无非以酒辅成其罪，酒为重戒不可不法，官吏职事无得常饮，庶国君民饮惟因祀，以德自将无令至醉，惟我民等当教子孙，惜爱谷物心善不耗，子孙聪听父祖常训，小大之人专一念德。用文王教不腥于酒，故周至今受殷王命，汝法文王往化殷民，继尔政教为纯一行，教民勤于耕种黍稷，奔驰趋走供事父兄，农功既毕远行贾卖，用所得珍孝养父母，子自洗洁致酒以养，庶士君子听教勿违。予惟教汝观省古道，所为考行中正之德，大进能行老成人道，可堪为君饮食醉饱，庶可奉馈祀于祖考，能进馈祀人神所助，汝乃能行用逸之道，如此用逸则信贤臣，然则天亦顺德佑助，故长不见忘于王家。我闻于古殷王成汤，蹈道畏天明德加民，常德持智以为政教，成汤之后至于帝乙，犹保王道畏敬相臣，治事之臣有恭敬德，不自宽暇不自逸豫，况曰其敢聚会群饮，外服君长内服百官，百官族姓致仕贤者，罔敢湎酒亦无闲暇，惟助其君成就王德，正身化下不令而行。我亦闻曰纣王醻乐，施其政令无德于民，所敬所安皆在于怨，淫泆非常晏丧威仪，民见无不痛伤其心，荒腆于酒昼夜不息，厥心疾狠大不畏死，聚任罪人商亡无惧，不念发闻德令馨香，使祀见享升闻于天，惟行淫虐为民下怨，臣聚淫酒腥闻在上，天命丧殷再无爱念，天非虐殷纣自召辜。不惟多诰予自戒酒，己亲行之汝可法之，水监见形民监见德，人无水监当于民监，殷纣无道坠失天命，宜大鉴戒抚安天下，汝当坚慎殷之善臣，慎接内外君长百官，固慎己身敬顺三公，则可定其为君之道，群饮勿泆执拘归罪，蹈恶诸臣化纣日久，勿用法杀且申教之，有此明训汝可享国，若不用教我不恤汝，同于杀罪不可不慎，汝常念慎笃而行之，正吏率民勿湎于酒。

  《梓材》赞周公谕治国之理：为政有如梓人治材，王政民情上下感通，敬心劳民顺常勿虐，原情断狱过误从宽，置监教民礼义为治，养民安民适其性分，勤用明德和集众邦，和悦大众长命保民。

  周公训谕康叔政道，为君之道信用贤良，上达王教下通民情，亦当务使上下顺常，君顺典常师法耆旧，臣顺典常无虐杀人，君道亦当敬劳其民，详察罪情断狱从宽，原情定罪过误当宥。王置监官治民无冤，无相残伤无相虐杀，敬养寡弱存恤属妇，和合其教用道相容，须知教命所施何用，知其善恶不可不勤，用古王道长安养民，为监务此无所复罪。人君为政劳心为民，礼义化俗政功乃成，为政有如农夫治田，既已勤劳耕耘其田，尚须修治疆畔畎垄，以至收获田功乃成，又如作室既立垣墉，尚须涂盖室功乃成，又如梓人治材为器，既已朴治斫削其材，尚须涂漆木功乃成。文武先王勤用明德，怀柔远人万方宾服，先王明德从之可法，奉先明德众邦和集，天命周王为政惟德，远拓疆土光大王道，和悦迷愚使悦天命，当法王家勤用明德，为监如此承奉王室，子孙累世居国安民。

  《召诰》赞召公谕成王敬德：天哀下民眷命用懋，天命不常君疾敬德，监于夏殷诫和民人，淫用非彝顺导成性，王位元德小民仪型，上下勤恤受天永命。

武王克商九鼎迁洛，成王告庙欲宅洛邑，周公摄政至此七年，经营洛邑即将归政，召公相宅因陈诰诚，告王宜鉴夏殷兴亡。陈说王宜顺周公事，称成王命召公诰曰，皇天上帝革改商命，有德惟王惟王受命，无疆惟休无疆惟忧，德命否改奈何不敬，天既远终商之王命，先祖在天不敬无救，贤智隐藏瘝病在位，无礼暴虐民困哀号，亡出见杀无地自容，天哀下民拣择贤圣，勉行敬者以为民主。视古先民有夏之君，禹能敬德体察天心，顺以行敬天道安之，桀弃禹道坠失王命，商汤敬德天亦子之，纣弃汤道亦失王命，王鉴夏商疾行敬德，童子嗣位宜用老成，考行古德法古善治，进顺天道功同禹汤。今王虽小亦天元子，和同万民成今之美，不敢后贤必任以先，念畏下民僭差礼义，能此二者德立道成，王居中原配天为治，躬行教化万方正中，为治之道慎祀天地，事神训民天下致治，王受天命获太平美。王今为政先治殷臣，比近周臣和协政一，和比新旧时节其性，令不失中王化日成，王疾敬德则下奉命，上下敬德则化必行。我不可不监于夏商，夏商先王服行天命，以敬德故多历年数，桀纣不敬早坠王命，敬德运长不敬运短，今王嗣命继贤敬德。王始即政服行教化，如初生子习行善道，身有贤智命由己来，政道亦然初若敬德，天必贻福智吉长久，若不敬德愚凶不长，王初服政居此新邑，天观善恶欲授王命，王疾敬德受天永命，勿妄役民过用非常，当绝刑戮以治万民，顺行禹汤所成德功，居天子位在德行首，王能如是民乃则法，行用王德显明王道。君臣上下勤行敬德，夏商长久庶几兼之，王爱民故受天长命，召公言此拜手稽首，敢共王之众百君子，安受王之威命明德，终获天命天子昭著，贤臣供奉祈天永命。

《洛诰》赞周公反政：敬天休命作民明辟，功施于民大者元祀，戒慎朋党防微杜渐，明作有功惇大成裕，仪须及礼奉上为享，民不奉上惟事爽侮，民彝是守笃行父道，政裕万民无远弗届，奉答天命和恒万民，辅君定礼克敉化功。

卜洛既吉周公告卜，申居洛义王因请诲，周公与王更相报答，史述其事而成《洛诰》。周公拜手稽首告王，今复还子明君之政，往日王幼志意未成，不敢及知周之天命，故我摄位代王为政，继文武道安定天下，为王营洛中治天下，欲王居之为民明君，卜兆得吉今献于王，吉立此都王宜居治。

王拜稽首述公之美，公敬天休营洛配天，公既定洛使来告吉，我当与公共正其美，祚胤久远公意深美，拜手稽首求公诲言。周公诲曰居此新洛，王当始举殷家祭祀，以为礼典次秩祀之，予齐百官从王于周，行其礼典庶几善政，王当记功大小次序，有大功者列为大祀，受天厚命当辅大之，任贤使能臣皆尽力，汝新即政当自诲之，躬自化之使立事功，朋党害政尤宜禁绝，自今以往朋党必慎，禁其未犯无如火燃，火焰灼灼不复可绝，当顺常道抚循国事，如我所为百官畏服，各就其位明为有功，养成厚大宽裕之德，则汝长有誉辞于后，汝惟童子嗣父祖位，惟当终其先王美业，汝其敬识臣下恭慢，奉上之道必多威仪，仪不及礼不奉上道，百官诸侯为下民君，政教不肯役志奉上，民化不敬亦不奉官，政事侮慢不可治理，己居摄政常若不暇，汝当体而勤勉行之，辅民之常听教用之，勉力为政乃可长久，所言皆是汝父所行，汝欲勉之次序行之，顺我所为则民奉命，今我退老汝往敬哉，政裕于民远近归服。王恩告公当留安己，举大明德佐予小子，扬文武烈奉答天命，和恒万民居处大众，举秩大祀待公而行，惟公明德光于天地，勤政施民四方穆穆，民化无惑文武德教，政化由公我无所能，予小子惟慎典祭祀，公功笃厚辅导于予，天下无不顺是公功，予顺公言行天子政，当命公后以为君侯，四方虽治礼乐未彰，公当留辅顺成大功，公留教导正官安民，予惟倚公四维之辅，公功显大天下敬乐，公留助我勿去废法，公留安我无去困我，我惟无厌安天下事，四方之民世享公德。公拜稽首许留告曰，王今命我来居臣位，承安文王受命之民，继文武业我不得去，汝惇常道于商贤人，治理天下新其政化，为民新君为后世则，用中为治万邦咸休，百官君子笃承先业，使当众心为后世先，我所制礼尽法文王，来居土中安教殷民，时既太平告享文武，秬鬯二卣明洁致敬，拜手稽首告以美享，予不敢宿敬告致平，为政当顺典常次序，则无患疾苦毒下民，天下万年厌饱王德，商命乃转周命长成，王使殷民相承次序，王德堪至万年之道，王之子孙常行不怠，下民长观归德周命。大安文武受命之事，周公摄政至此七年，周公归政成王赴洛，庙祭文武命作策书，告文武神言周公功，宜立其后以为君侯，王尊周公敬以为宾，享祭亲至行祼鬯礼，使读策辞以告伯禽，封之于鲁为周公后。

《多士》赞周公诫商故民： 上帝引逸君疾敬德，明德恤祀配天布泽，惟天明畏惟民秉为，桀纣淫泆汤武革命，顺天应民天命有归，奉德康民明致天罚，逊顺克敬天惟畀矜，从化迁善子孙绵延。

洛都既成迁殷顽民，安土重迁民性或怨，称成王命周公诲诰，陈迁之义史述《多士》。汝殷遗余大夫众士，殷道不至旻天降丧，有周受天佑助之命，奉天明威黜殷代王，天助周故汝士臣服，非我小国敢革殷命，治无坚固天不与信，惟天与之惟民归心，天德可畏敢妄求位。上天欲民长得逸乐，夏桀逆天害民无逸，天降灾异以谴诫之，冀桀觉悟改恶为善，桀不能用天之明诫，逆天大为过逸恶行，天不复助废绝夏祚，命汝先祖成汤革代，用夏贤俊以治四方。成汤之后至于帝乙，显用有德忧念祭祀，无敢失道配天布泽，天佑安立久为民主。纣逆天道敢行虐政，天犹忽之况念先王，淫泆过常罔敬天民，不明敬德天降诛伐，四方小大邦国之灭，无非恶盈以致天罚。今惟周家文武二王，奉天承运割绝殷命，告正于天天下归周，惟汝殷纣大无法度，自召祸乱当宜诛绝，我亦念天致纣罪者，不能正身念法之故。以汝未达德义之故，今徙居洛以教诲汝，我之徙汝汝无我怨，奉行德义天命宜然，汝无违我我不复诛，汝既来迁当为善事，惟殷先人有册有典，殷革夏命汝所亲知，夏臣蹈道大在殷庭，服行职事在于百官，予惟用德敢求汝贤，循殷故事愍徙教汝，动合天心事顺天常，徙非我罪天命当然，管蔡商奄四国叛逆，诛革君命明致天罚，徙汝居洛远于恶俗，比近服事相教为善。告尔多士远徙汝者，予不尔杀惟申教命，今作洛邑以待四方，远近若一无所宾外，亦为汝士服行顺事，汝若顺事庶还本土，庶安故居可不勉之，尔克敬顺天必矜怜，尔不克敬予致天罚，今汝敬顺居受新邑，继旧居业行善洛邑，我当听汝还归本乡，汝能敬顺兴汝子孙，皆起从汝化而迁善，汝当是我而勿非我，我诲汝当居心行用。

《无逸》赞周公诫王逸豫：稼穑惟艰知民所依，感同身受无或放纵，君子无逸所在念德，寅畏天命严恭自度，治民祗惧勿敢荒宁，雍和嘉靖小大无怨，保惠庶民不侮鳏寡，不恤民力耽乐损寿，徽柔懿恭怀保小民，昃不遑食无淫盘游，咸和万民惟正之供，偶一耽乐君则有怨，君明臣良犹相诫勉，君臣道正民无诪张，小人怨詈皇自敬德，百姓有过在予一人，变乱典刑民必怨诅，心无宽绰含怒杀罚，非民攸训非天攸若，天下同仇丛集其身。

中人之性可上可下，时忘强勉而好逸豫，成王即政恐陷逸豫，周公作诚史述《无逸》。君子之道所在念德，强勉向上无贪逸豫，必先知农稼穑艰难，乃谋心逸知民依怙，盘于游畋形之逸也，无为而治心之逸也，君子劳心小人劳力，君子心逸而无形逸。父母勤劳稼穑艰难，其子不孝不知亲苦，逸豫游戏叛谚不恭，侮慢父母古典无知，君子不逸小人反之，君子小人情实宜知。殷王中宗严恭敬畏，天命自度治民祗惧，敬身治民不敢荒宁，享有殷国七十五年。殷王高宗父在之时，久劳于外共事小人，后为太子遂即王位，乃有信默三年不言，丧毕发言时中民和，不敢荒宁嘉靖殷邦，小大之政莫不得所，其时之人无怨恨者，高宗享国五十九年。殷王祖甲初遭祖丧，言行不义惟亦为王，为小人行伊尹废置，悔复王位知小人怙，依于仁政安顺众民，不敢轻侮鳏寡孤独，享有殷国三十三年。其后立王生则逸豫，稼穑之艰小人之劳，不知不闻耽乐是从，自是而后无寿考者，或仅十年或七八年，或五六年或四三年。惟我周家太王王季，以义自抑畏敬天命，王迹从起文王继之，卑薄衣服安人治田，徽柔懿恭怀保小民，惠及鳏寡小民安之，自朝至于日中而昃，不遑暇食谐和下民，专心于政不敢逸乐，正身行己众国取法，文王受命嗣位为君，不逸长寿享国半百。自今以后嗣位之王，无得淫于观逸游畋，万民奉听王者教命，王当正己供待万民，早夜恪勤无敢闲暇，今日且乐后日乃止，此为耽乐非为勤政，非所训民非所敬天，若是之人有大愆过，当鉴商纣之乱国政，酗酒为德丧亡殷国。古之人虽君明臣良，犹尚相训告以善道，安顺美政相诲义方，君臣相正民顺上教，无相诳欺为幻惑者，此其不听中正之君，人教非法变乱正法，小大之事无不变乱，民苦违怨口诅祝之。殷王中宗高宗祖甲，及周文王此四人者，蹈明智道以临下民，其有告曰小人怨詈，大自敬德增修善政，其民有过揽为己过，民如怨詈不敢怒罪，欲得闻言以自改悔。此其不听中正之人，有人诳告小人怨詈，不原本情信受谗言，不长念其为君之道，心不宽绰径自怒人，乱罚无罪乱杀无辜，罚杀止怨人怨益甚，天下之民并同怨君，令众怨恶丛聚其身，君褊民怨当杜祸源。

《君奭》赞周召二公感通道交：殷商坠命姬周受之，终始兴废履深涉薄，天命不易难谌非德，嗣祖明德延命后人，成汤受命伊尹保衡，时贤辈出格天乂民，天寿平格受命惟艰，勉行天道以作民极，文武德教绍继不怠，丕冒海隅罔不率俾。

召公为保周公为师，辅相成王共为左右，周公继留召公不悦，周公顺古告继留意，史述其事作《君奭》篇。商周废兴君所深知，殷道不至上天降丧，殷既坠命有周既受，今虽受命贵在能终，若不能终与殷无异，商之始基长信美道，顺天辅诚所以有国，纣坠王命由其不善。我亦不敢安于天命，君当知我勿非我留，何不长远念天威罚，祸福难量当勤教民，使无尤过违法之缺，今人共观嗣王政教，如若不能恭承天地，绝失先王光大之道，我若退老虽悔何及。天命不易无德不信，恶则去之不常定在，王不顺天乃坠王命，不能久远可不慎乎，继嗣先王恭奉明德，正在而今予小子旦，非能改正惟蹈先道，奉先王事施教嗣王，天命无常无德去之，我惟延奉文王之德，不令中废周之天命，嗣王须教我当留佐。我闻在昔成汤受命，时有伊尹格于皇天，时在太甲伊尹保衡，太戊时有伊陟臣扈，格于上帝巫咸次辅，在祖乙时则有巫贤，在武丁时则有甘盘，率循臣道立安治功，以礼配天上天降福，民丰知礼历年久远，诸王秉德明恤小臣，使得其人蕃屏侯甸，所任贤德皆勤奔走，君臣称德所职皆治，天子有事验于卜筮，天下化服无不信之，贤臣助君致使大治，我留不去亦当如此。天寿仁德平至之君，商王平至国家安治，嗣纣不能天灭加威，平至安治否则灭亡，汝当长念以为法戒，坚固王命治平新周。在昔上天割制其义，文王有德劝勉使成，勤德之故天命集身，文王修化和我诸夏，亦惟贤佐共成其治，如散宜生虢叔闳夭，又如泰颠南宫括等，五贤教王精妙明德，文王秉德蹈知天威，德政既善为天所佑，惟是之故得替殷命。文王既没武王次立，惟其四贤辅继天命，惟此四贤明武王德，行天威罚德覆天下，我新还政重任在身，不敢比贤苟求救溺，恐王未嗣先人明德，我当与辅无责我留，如游大川予汝共济，用心辅弼小子成王，同于成王未在位时，收敛教诲不勉力者，教之勉力使及道义，成此化须老成耆旧，若其不肯降意为之，政无所成祥瑞不至，周家鸣凤尚不得闻，况曰其能格于皇天。朝臣无能继大功故，周命大美亦惟大艰，不可轻忽谓之易治，当谋宽饶之道治民，使事可法后世无迷，文武先王布其法度，悉以命汝立民中道，诚信遵行明勉配王，文王圣德子孙无忝，忧深责重不可不辅。我今告汝我之诚信，汝须敬戒殷之丧亡，当念天命无常可畏，行事常合文武先王，汝克敬德明贤礼让，后人则效周道大成。笃奉文武二王道故，我方能至今日美政，若常不懈继文王功，德教四海万民循化，不徒多诰欲汝躬行，我亦自勉行道化民，惟汝深知人之德行，无不有初鲜克能终，行之虽易终之实难，汝当敬顺治民无怠。

《蔡仲之命》赞成王诫蔡仲：蔡叔诛放蔡仲敬德，率德改行克慎厥猷，盖父之愆惟忠惟孝，克勤无怠垂宪后昆，天亲惟德民怀惟惠，慎初念终康民以中。

周公摄位以正百官，群叔流言诛杀管叔，放置蔡叔以车七乘，降黜霍叔以为庶人，三年不齿后封霍侯，蔡叔仲子能用敬德，周公以为己之卿士，蔡叔卒而王命封蔡，父卒命子罪不相及，王命蔡仲践诸侯位，作《蔡仲命》史以述之。王诰蔡仲尔小子胡，率循祖德改父之行，能慎其道侯尔东土，往即乃封修德敬哉，盖前人愆惟忠惟孝，善行可则勤无懈怠，垂宪后世乃当我意，率乃祖父文王彝训，无若尔父之违王命，皇天无亲惟德是辅，民心无常惟惠之怀，为善不同同归于治，为恶不同同归于乱，慎初念终终以不困，不念于终终以困穷，勉尔立功睦尔四邻，以蕃王室以和兄弟，康济小民道用大中，无作聪明以乱旧章，详审视听无非礼义，无以邪言改易常度，必断以义则予嘉汝，汝敬往哉无弃朕命。

《多方》赞周公诫顺敬天命：开发善道勤政忧民，开发不善乱民逆命，上者舒惰下者贪恣，崇用残贼威服弹压，天求民主以贤代虐，明德慎罚民用劝善，周念作狂克念作圣，诚信宽裕熙天之命，播弃天命乃自速辜，不和惟和不睦惟睦，克明克勤穆穆在位，探天之威致天之罚，克敬于和克享天祚。

成王伐奄归在镐京，诸侯朝集周公大诰，称成王命谕以祸福，史述其事而作《多方》。周公诰曰四国多方，纣虐取亡尔无不知，上天之命去恶与善，凡为民主皆当谋之，夏桀居位谋天之命，不能长敬念于祭祀，天降灾异冀惧改修，桀不畏天大其逸豫，不肯忧民惟大淫昏，不能一日勉于天道，不以善道奉承众民，无进恭德大惰于民，不能开发善政施民，罪罚于民重乱夏国，外不忧民内不勤德，夹于二者为乱之行，夏民贪忿违逆桀命，桀任残贼威服下民，义民贤人夏桀不用，天不与之不长享国，夏桀所谓恭人众士，大不能用明道安民，相与虐民无所不作，君臣同恶无开民善。桀恶不虚汝之所闻，天乃更求民主代之，明美之命大降成汤，绝夏代王作万民主，能用贤良慎施政教，民乃劝勉奉法为善，非徒汤圣后世亦贤，汤至帝乙皆成王道，显用有德畏慎刑罚，要察囚情开放无罪，亦能用劝勉民良善，今至于纣反先王道，不能用民保享天命，由此诛灭汝等宜知。非天废夏非天废殷，夏桀殷纣纵恶自弃，逸豫大过纵恣无度，不洁进善惟行恶事，君臣共恶谋天之命，恶事班班布在天下，皇天无亲惟祐有德，天降丧祸圣王代之，惟圣罔念于善作狂，惟狂克念于善作圣，纣虽狂愚冀其改悔，天待五年罔可念听，天意始改而诛灭之，察贤众方德堪顺天，惟尔多方无德以顺，惟我周王仁政奉众，德堪顺天可主神祀，天授美道革代殷命，天下归王正汝众方。我不多诰惟惩乱君，汝当诚信行宽裕道，和协亲比辅治周王，以享天命以安身心，今尔诸侯尚得旧居，治尔故田安乐如此，何不顺政以广天命，反自怀疑蹈行不安，心不服周时或叛逆，不安天命欲尽播弃，不谋正道自为不常，我惟教告征伐申惩，以至于再以至于三，今后复有不用命者，我乃承天大罚诛之，非我有周执德不宁，汝自召罪不可逭哉。以道告汝四方多士，奔走勤事敬顺周监，五年无罪听还本土，小大官长皆须用法，若不和睦尔惟和哉，和睦道明汝惟勤职，不自怨忌无入凶德，穆穆在位善相教诲，汝能修善得返旧土，天惟怜汝周惟赐汝，蹈大道者充任王庭。呜呼多士信用教命，上天福祚享民久远，若弃王命逸豫颇僻，探天之威致天之罚，将远徙汝无返本土，从道则吉违善则凶，我敬告汝吉凶之命，不敬和道终致被诛，汝自取之则无我怨。

　　《立政》赞周公诫成王： 任贤使能君名有实，憸人为政君名不显，稽考九德福祚绵长，刚愎自用暴德无后，三有宅恶三德居俊，位贤黜恶立政之本，劳于求贤逸于任贤，小大委贤尽其心力，吉士中正劢相家国，义君受民作民父母。

　　立政大事任贤使能，成王始政犹尚年少，周公恐其怠忽政事，任非其人告用臣法。顺于古道拜手稽首，周公谆谆告诫成王，今已为王慎立善政，左右亲近最须得人，常伯常任准人缀衣，虎贲五官立政之本，常所长事谓王三公，常所委任谓王六卿，平法之人谓王狱官，缀衣之人谓王掌仪，武力事王谓之虎贲，五官宜贤知忧者少。夏禹敬用求贤之道，卿士大夫皆为贤人，室家大强犹招贤俊，与共立朝尊事上天，臣蹈诚信九德之行，乃敢敬教其君立政，安居汝王掌事六卿，安居汝王牧民州伯，安居汝王平法狱官，位皆得人方成君道，惟禹能谋面见之事，分别善恶无所疑惑，举直错枉用大顺德，仁贤必用邪佞必退，官贤政立职理国治，黜无义民远外中国，桀之为德不奉先王，委任暴德绝世无后。桀灭汤兴德闻于天，天命赐授王有天下，用三有居恶人之法，能使恶人各服其罪，用三有俊居贤德人，刚柔正直三德安位，三宅三俊断罪任贤，远近从化可大法象。任贤汤兴失贤纣灭，殷王受德大恶自强，进刑用暴君臣并虐，共政惯习过德之人，周能用贤天亲有德，上天诛纣周王华夏。文王武王任贤远恶，亦知汤法三宅三俊，知居三有恶人之心，灼见三有贤俊之心，敬事上天以称天心，立民正长以合民心。文武先王嗣法禹汤，审官立政任贤养民，大小尊卑近远官位，无不皆须慎择得人。文王居心远恶举善，乃能慎择内司外牧，劳于求才逸于任贤，委任贤俊不敢代庖。武王循父安民之功，不敢有废文王义德，谋从文王宽容之德，君臣受业传之子孙。孺子今已正位为王，大小诸臣灼然明察，知顺事者大使治理，君知臣劳臣尽心力，用此贤臣治我民人，和平我众狱讼慎事，必能如是勿复代之，政从君出善在一言，人主当用一善之言，如是终有成德之美，从善若流治我人民。禹汤文武任贤正道，王宜依行勿得过误，立政立事惟用贤人，居之于心陈之于位，明识贤人用之为官，惟此乃使天下大治。圣贤立政不用憸人，憸利之人不顺于德，使其君名无显于世，从今已往王立善政，勿用憸人惟任善士，委其勉力治我国家。王其勿误治狱之官，司牧养民亦宜得贤，治狱之吏养民之官，任得其人行禹旧迹，四方而行至于天下，四海之表率服王化，由此显见文王光明，由此播扬武王大业，从今以往立行善政，常得贤人不任非才。太史用掌废置官人，理当慎选主狱之官，刑狱之法有所慎行，用中常罚不轻不重。

《周官》述设官分职用人之法：制治未乱保邦未危，建官有本政和国宁，明王立政官位得贤，三公三孤俱为大德，六卿分职阜成兆民，巡守朝聘大明黜陟，有官君子钦慎在位，以公灭私民其允怀，学古入官议事以制，典常作师无以利口，作德心逸作伪心劳，推贤让能庶官乃和。

王布政教抚安万国，巡行天下侯服甸服，征讨不直以安兆民，六服君侯无不奉德，周公摄政既黜殷命，成王即位又灭淮夷，天下大定王归宗周，设官分职号令群臣，督正治理职司百官，史述其事而成《周官》。顺古大道制政安国，预为之制政治国安，制其治于未乱之始，安其国于未危之先，张官设府分职明察，任贤委能事务顺理。唐尧虞舜考行古道，建官之数止于一百，百揆四岳州牧侯伯，外内置官各有所掌，庶政惟和万国咸宁，夏商官倍亦克用乂，自古明王立其政教，不虚官位惟求处贤。今予小子祗勤于德，夙夜不懈难及虞舜，顺蹈夏商建官之法。太师太傅太保三公，论道经邦燮理阴阳，官不必备惟得其人，少师少傅少保三孤，贰公弘化敬信天地，明顺天道弼予一人，冢宰之职总掌邦治，统领百官均平四海，司徒之职执掌邦教，敷布五典以安兆民，宗伯之职执掌邦礼，治于神人以和上下，司马之职执掌邦政，统率六师以平邦国，司寇之职执掌邦禁，诘察奸慝以刑暴乱，司空之职执掌邦土，安居四民时顺地利，六卿分职各率其属，以倡九牧阜成兆民。六年为期五服一朝，侯甸男采卫会京师，复又六年王乃时巡，考正制度四岳之下，诸侯各自朝于方岳，大明考绩黜陟之法。王曰凡我有官君子，钦乃司职慎乃出令，令出惟行无令空返，以公平心灭己私欲，民其允怀信汝归汝，学古典训入官治政，论议时事以古制度，如此政教乃不迷错，居官为政师法典常，利口辩佞无乱其官，积惑不断必败谋虑，怠惰不勤荒废政事，人而不学如面向墙，无所睹见临事烦乱，诫尔卿士务自勉励，功崇由志业广在勤，惟克果断乃罔后艰，位不期骄禄不期侈，恭俭惟德伪不可为，作德道直心逸日休，作伪道枉心劳日拙，居宠思危罔不惟畏，若乃不畏则入畏刑，推贤让能庶官乃和，名利在心不和政乱，举能其官惟尔之能，称非其人惟尔不任，呜呼三事暨诸大夫，敬尔有官治尔有政，佑尔辟君永康兆民，天下万邦无厌周德。

《君陈》赞成王诚继志述事： 孝恭友悌克施有政，慎位率常惟民其义，孜孜无逸崇圣用贤，先难后获顺成君德，民性敦厚习物则迁，不敬典宪违命从好，明德化民如风过草，宽而有制从容以和，刑宥惟中刑以止刑，败常乱俗奸宄无恤，责无求备无疾顽民，有忍事济有容德大，简善劝能别恶沮否，进显贤良率勉不良，师保万民民怀其德，德治馨香感于神明。

周公致政归在丰邑，将没遗言欲葬成周，以是己营终始念之，公薨成王葬之于毕，文武先王墓地在毕，不敢臣公使近祖墓，王以葬毕之义告柩，周公曾徙奄君亳姑，因又告公亳姑功成，史述其事成《亳姑》篇。殷民迁洛周公亲监，周公既没君陈代监，成王命之分别居处，正此东郊邑里官司，册书命之史录《君陈》。王曰君陈令德孝恭，孝友兄弟克施有政，今诰命汝尹正东郊，监殷顽民汝其敬哉，昔日周公德安万民，今汝慎职兹率厥常，懋昭公训惟民其乂，黍稷非馨明德惟馨，至治馨香感于神明，汝尚式法周公猷训，惟日孜孜无敢逸豫，人未见圣若不克见，既已见圣不克由圣，逆道无成尔其戒哉，尔教惟风下民惟草，图谋其政先虑其艰，有所废置有所兴设，出纳之事谋众度之，众言大同绎而布之，尔其若有嘉谋嘉猷，入告尔君尔顺于外，斯谋斯猷惟君之德，臣咸若是惟良显哉，尔惟弘大周公丕训，无乘势位作威民上，无倚法制行刻削政，宽而有制从容以和，殷民有罪在刑法者，予曰刑之尔勿轻刑，予曰宥之尔勿轻宥，惟以中正平理断之，弗顺汝政弗化汝训，刑以止刑汝乃刑之，狃习奸宄败常乱俗，罪小不赦以绝恶缘，顽嚚当训尔无忿疾，使人器之尔无求备，君必含忍其乃有济，君必有容其德乃大，善以劝能恶以沮否，简别德修亦别不德，进显贤良率勉不良，浑化其恶使之向善，民之禀性自然敦厚，因所见习性易变迁，违上所命从其攸好，上务慎好端以示民，常敬在德民无不变，政教信能升于大道，岂予一人膺受多福，尔之美名永世称颂。

《顾命》《康王之诰》赞命贤辅君君君相续：天难谌恶敬迓天威，嗣守先训无敢昏逾，威仪自正象以率下，柔远能迩泽润生民，本原不忘继志述事，齐信昭明君臣同情，君君相续答扬天命，贤贤顾命燮和天下。

成王将崩顾命大臣，召公毕公率相康王，二伯恭命分治天下，史述其事成《顾命》篇。成王不怿召卿御事，成王告曰予病日臻，审训命汝以续予志，先君文武布宣重光，累圣之德安定天命，施陈教化俱则勤劳，定命陈教劳不违道，通殷为周集成大命，予虽侗稚敬逆天威，嗣守先训无敢昏逾，今天降疾身殆弗兴，尔奉朕言敬保元子，恪勤德政弘济艰难，柔远能迩安劝万邦，赞襄嗣君自治威仪，尔无以钊冒进非危。兹既受命翼日王崩，安民立政葬谥成王，冢宰摄政以命重臣，以二干戈虎贲百人，逆子钊于南门之外，延入居忧宗主天下，丁卯吉日命作册度，将传王命于嗣子钊，召公命士致木供丧，隆布礼仪以传顾命，嗣王群臣吉服用事，不敢当主西阶升位，太保承圭宗奉同瑁，太史秉书进册命曰，先王郑重宣扬终命，命汝嗣道代为民主，君临周邦率循大法，燮和天下答扬祖教。嗣王再拜起而敬答，眇眇予躬浅末小子，敢嗣父祖治化四方，诚以敬忌天之威命。乃受同瑁为主以祭，三次进爵祭酒奠爵，礼成于三告受顾命，上宗赞王敬飨福酒，太保又祭告传顾命，嗣王答拜尊所受命，太保受福居授宗人，顾命事成嗣王答拜，百官出庙待王后命。

康王既主天子正位，遂诰诸侯求见匡弼，史述其事成《康王诰》。康王出在应门之内，太保左率西方诸侯，毕公右率东方诸侯，诸侯举奉圭及币曰，天子之臣在外蕃者，敢执封壤所有奠贽，再拜稽首尊王天子，康王义嗣先王明德，答拜受币与之为主。太保芮伯咸进相揖，再拜稽首敬告天子，天改殷命文武顺受，忧恤西土新陟王位，赏罚协和戡定厥功，布施子孙休美无穷，今王敬之务崇先美，张皇六师无坏祖命。王顺诚曰予钊报诰，文武先王其道甚大，政化平美无咎于人，致行中正诚信之道，用是德洽昭明天下，熊罴之士不二忠臣，保乂王家不遗余力，君圣臣贤天授端命，付与四方王有天下，建侯树屏辅成后人，今予伯父顾念祖道，绥尔先公循予先王，忠诚辅予天子一人，尔身虽外心在王室，奉行顺道无遗予羞。群公听命相揖趋出，康王释冕反服丧服。

《毕命》《君牙》《文侯之命》赞君王时中任贤安民： 道有升降政由俗革，懋德率下臧善民劝，旌别淑慝彰善瘅恶，顽民分居畏慕沮劝，政贵有恒辞尚体要，不惟好异利口非贤，无礼悖天化民实艰，贤贤相继慎始成终，君君协心同底于道，道洽政治垂拱仰成，弘敷五典式和民则，世笃忠贞忧危在心，君身克正罔敢不正，民心罔中惟君为中，夏暑冬寒民犹怨咨，思艰图易生民乃宁，旧典是式治乱在兹，答扬祖命追配前贤。扞难恤君崇礼报功，戒骄戒躁惠康小民。

康王册书以命毕公，别民居里异其善恶，定成周郊史述《毕命》。康王即位十有二年，王自宗周至于丰庙，命毕公理成周东郊，使成周民安治得所，王顺其事叹告毕公，文武先王布德天下，上天授命克殷代王，周公实能左右先王，毖殷顽民迁于洛邑，密迩王室式化厥训，既历三纪世变风移，四方无虞予是以宁，道有升降政由俗革，不臧厥臧民罔攸劝，惟公懋德克勤小物，弼亮四世正色率下，所在无不敬仰师法，嘉绩增广先王之美，予小子则垂拱仰成，今敬命公周公之事，旌别淑慝表其宅里，彰善瘅恶树扬风声，弗率训典殊其居界，俾克畏慕以为沮劝，申画郊圻慎固封守，先安京圻以康四海，政贵有恒仁义为常，辞尚体要贵在理实，异于先王君子不好，商俗靡靡利口惟贤，余风未殄公其念哉，世禄之家而无礼教，放荡陵德实悖天道，敝化奢丽万世同流，兹殷庶士居宠日久，怙侈灭义服美过制，骄淫矜侉将由恶终，虽收放心顺从周制，以礼闲御心服实难，资富能训惟以永年，惟德惟义是乃大训，不由古训其何能顺，邦之安危在和殷士，不刚不柔厥德允修，惟在周公克慎厥始，惟在君陈克和厥中，惟在毕公克成厥终，三君协心同致于道，道洽政治泽润生民，四夷左衽罔不咸赖，予小子亦永膺多福，公其惟以成周是治，立无穷基成永世名，子孙训公成式以治，人之为政无曰不能，惟在尽其心力而已，无曰民寡不足治也，惟在慎其政事而已，钦顺文武先王成烈，强勉增美前人之政。

康王之孙是为穆王，命君牙为周大司徒，史述其诰成《君牙》篇。王顺其事诰命君牙，乃祖乃父世笃忠贞，服事勤劳功在王家，其有成绩备录太常，予嗣文武成康遗绪，父祖之臣佐治四方，业大才弱心怀忧危，若蹈虎尾若涉春冰，命尔辅翼有如我身，尔当作我股肱心膂，缵乃旧服无忝祖考，弘敷五典式和民则，尔身克正罔敢弗正，民心罔中惟尔之中，夏月暑雨天之常道，小民犹为怨叹咨嗟，冬月祁寒四时之正，小民亦犹怨叹咨嗟，上之治民其惟难哉，思难图易民乃安宁，文王之谟至为显明，武王美业大可承奉，启佑后嗣正大易遵，敬明五教奉顺先王，对扬文武光明之命，追配前世令名之人，乃惟先正旧典是式，民之治乱在此而已，率乃祖考之所攸行，昭明汝君之有治功。

周幽王为犬戎所杀，平王立而东迁洛邑，迎送安定晋文侯劳，因功赐命命为方伯，赐秬鬯酒副以圭瓒，史录策书《文侯之命》。顺文侯功平王诰曰，文武先王之道丕显，详顺显用有德之人，其道至天其德被民，文武圣明天命使王，亦惟先世官臣贤能，左右辅弼明事其君，君圣臣贤小大所谋，天下无有不从其化，后嗣诸王得在王位。闵予小子嗣先王位，遭天大罪于我周家，父死国败倾覆祖业，民资用尽王泽枯竭，西夷犬戎侵伤国家，耆宿寿考俊德无位，我则材弱无能致贤，同姓诸侯祖父之列，其惟当能忧念我身，则我一人长安在位，汝明汝祖唐叔之德，今则始法文武之道，用是合会继君以善，追孝前世文德之人，乃能扞蔽我于艰难，如汝多功我所嘉善，赐汝秬鬯之酒一卣，彤弓彤矢旅弓旅矢，归以告祭汝之始祖，归汝晋国视汝众民，安汝国内上下使和，柔远能迩惠康小民，无废人事以自安逸，简所任臣忧治都鄙，用以成汝显明之德。

《冏命》赞任贤正君：君圣臣良怵惕惟厉，起居承弼正人吉士，绳愆纠谬格君非心，匡其不及交修不逮，臣谀君傲无昵憸人，永弼宪彝克绍先烈，发号施令罔有不臧，下民祗若万邦咸休。

穆王命臣名伯冏者，为太仆正策书命之，史录策书成《冏命》篇。王顺其事而告伯冏，惟予不能裕于道德，继嗣先人居大君位，人轻任重常怀悚惧，心内怵惕惟恐倾危，中夜以兴思免愆过。昔在文武聪明齐圣，小大之臣咸怀忠良，侍御仆从罔非正人，用以旦夕承弼其君，出入起居罔有不钦，发号施令罔有不臧，下民敬顺万邦咸休，惟予无善亦无有知，实赖近前有位之士，匡正予智所不及者，绳愆纠缪格其非心，使能绍继先王功业，今予命汝作太仆正，教正群仆侍御之臣，勉君为德交修不逮，慎简僚属必得正人，巧言令色便辟侧媚，无得用之用惟吉士，仆臣正则其君克正，仆臣谀则其君自圣，君德惟臣不德惟臣，无昵憸人充耳目官，导上以非先王之典，非人其吉惟货其吉，用贪利者必病官位，使汝不能祗敬于君，汝则不忠予则罪汝，呜呼钦哉敬顺我言，永弼汝君安于彝宪。

《吕刑》申明用刑中道：上乱下化信义无中，夺攘矫虔寇贼奸轨，虐刑威民淫戮无辜，德刑发闻无馨惟腥，上帝监民报虐以威，绝地天通人神不扰，教民典礼折民惟刑，用刑中正辅成民彝，德威恩恕货赂不行，敬职忌过身无择言，代天牧民吉人中正，奉君齐民敬刑成德，祥刑安民简孚中正，刑疑赦罚阅实其罪，刑罚伦要随世轻重，惟良折狱罔非在中，哀敬明审狱成而孚，配天相民永畏天罚，天罚有极五常中正，一人有庆兆民赖之。

吕侯见命天子司寇，穆王于是用吕侯言，训畅夏禹赎刑之法，称穆王命吕侯作书，更以从轻布告天下，史录其事成《吕刑》篇。穆王享国百年耄荒，王虽老耄犹能用贤，诰命吕侯度时世宜，训作赎刑以治四方，穆王诰曰顺古遗训，炎帝之末蚩尤作乱，恶化递染延及平民，平民化之亦变为恶，寇盗贼害为鸱枭义，抄掠良善外奸内宄，劫夺人物攘窃人财，矫称上命若固有之，三苗之君习蚩尤恶，不用善化更制重法，杀戮无辜劓刵椓黥，作五虐刑自谓得法，断狱施刑滥及无罪，罪者无辞无罪有辞，无所差简并皆罪之，三苗之民渐习染化，泯泯为乱棼棼同恶，民皆巧诈无中于信，虽有盟约皆违背之，虐政作威无辜吁天，上天监民行无馨香，其谓德刑发闻惟腥。三苗乱德民神杂扰，帝尧哀矜戮者无辜，报虐以威遏绝苗民，使无世位在于下国，乃命重黎绝地天通，民神不杂罔有降格，群后诸侯敬在下国，明道行常鳏寡得所，帝尧清审详问民患，民皆有辞怨于苗民，视苗见怨增修其德，以德行威民畏不邪，以德明贤民皆勉修，尧行赏罚民得其所，乃命三后施功忧民，伯夷降典折民惟刑，禹平水土主名山川，稷降播种家殖嘉谷，三后成功民生殷盛，既富后教礼法化民，皋陶作士制御百官，不僭不滥不轻不重，用刑中正非苟刑杀，教民敬德助成道化，帝尧三后躬行君道，穆穆在上明明在下，灼于四方罔不勤德，刑以助教不可专用，身无明德不能用刑，天下之大万方之众，刑尽中正天下乃治，循道治民辅成常教，尧时典狱威德有恕，非绝于威惟绝于富，罪威赦善货赂不行，敬其职事忌其过失，无有可择之言在身，奉天均德自作元命，配当天意贤化天下。王告四方司政典狱，汝惟为天牧养子民，当效伯夷善布刑法，当惩苗民淫刑灭亡，彼苗为政罔择吉人，无使观视五刑中正，惟是委任威虐货赂，断制五刑以乱无辜，天不之洁降咎于苗，苗民无以辞于天罚，帝尧乃命绝灭其世，汝等诸侯当念之哉，皆听朕言依行用之，庶几能有至善之命，今汝俱念己当勤之，汝无徒念身竟不勤。天欲整齐于下民者，顺道依理性命自终，以民不能自治之故，我为天子整齐下民，既受委付务称天心，坠失天命不为天终，慎行顺天乃为天终，一日所行失道得理，为天终否皆在自行，汝当庶几敬逆天命，以奉用我一人之诚，汝所行事虽见敬畏，切勿自谓已可敬畏，汝所行事虽见德美，切勿自谓已有德美，汝等惟当敬慎五刑，以成刚柔正直三德，谦勿自取以辅天子，一人有庆兆民赖之，如此乃安久长之道。有邦有土诸侯国君，告汝以善用刑之道，尔安百姓兆民之道，非择善人更何选择，非敬五刑更何所敬，非度时宜更何谋度，凡断狱者人证具备，众官共听入五刑辞，五辞核信正于五刑，五刑不核正于五罚，五罚不服正于五过，从刑入罚从罚入过，过失可宥则教宥之，五过所病尝同官位，诈反囚辞内亲用事，行货枉法旧相往来，以此五病出入人罪，其罪当与犯法者均，其当清察五者不行，五刑之疑有赦从罚，五罚之疑有赦从过，其明审之勿妄罪赦，既得囚辞核信服众，虽云合罪考合其貌，无可简核诚信合罪，不听理狱当放赦之，严敬天威勿轻用刑，墨辟疑赦其罚百锾，劓辟疑赦其罪惟倍，剕辟疑赦其罚倍差，宫辟疑赦其罚六百，大辟疑赦其罚千锾，五罪阅实名实相当，墨罚劓罚之属各千，剕属五百宫属三百，大辟之罚其属二百，五刑之属总计三千。将断狱讼清察以法，上下比方罪之轻重，众议断之僭辞勿听，重刑可减服其下罪，二罪俱发服其重罪，罪罚轻重皆有权宜，斟酌其状不得雷同，世轻世重视宜权行，新国轻典乱国重典，刑于平国当用中典，各有伦理各有要善。刑罚惩罪非使人死，使极病苦莫之敢犯，口才辩佞不可断狱，惟良善人乃可断狱，断须中正佞人不然，察辞有差惟从本情，哀怜敬慎勿得轻断，必令狱官明开刑书，相与占之咸得中正，刑罚详审勿使失中，断狱成辞得其信实，输汝信实之状告王，断刑文书上于王府，皆使备具勿有疏漏，囚犯二罪罪虽从重，两刑并上戒有隐没。刑罚事重当敬之哉，官伯族姓朕言多惧，朕敬于刑有德典刑，上天治民命于天子，配天在下承天为治，其听狱讼明审单辞，典狱中正听讼两辞，弃虚从实狱清民治，典狱无敢受赂听诈，成私家于狱之两辞，狱货非宝惟是聚罪，以众人怨而报罚之，汝当长畏惟天所罚，罚汝非是天道不中，惟人自作教命不中，天罚不中无论尊卑，若无善政在于天下，人主不中天亦罚之。呜呼诸侯嗣世子孙，自今以往何所监视，立德于民为之中正，汝必明听我言而行，有智之人惟能用刑，乃有无疆之美善辞，以其能属五常中正，皆中其理法有善政，汝等有邦有土之君，受王善众当鉴善刑。

《费誓》赞伯禽率职：部署周密严明法纪，尊王攘夷方伯有责。

鲁侯伯禽封居曲阜，徐夷并兴为寇于鲁，东郊之门不敢开辟，鲁侯方伯率而征之，至费诚众而作《费誓》，诸侯之事而连帝王，鲁有治戎征讨之备，秦有悔过自誓之诚，足为世法录录王事，犹《诗经》录《鲁颂》《商颂》。人无喧哗听我誓命，往征淮夷徐戎之寇，善简甲胄施汝楯纷，无敢不令攻坚可用，备汝弓矢锻汝戈矛，砺乃锋刃无敢不善，大放牛马牧于野泽，杜汝兽攫塞汝兽阱，无敢令伤所放牛马，牛马之伤汝有常刑，马牛放佚臣妾逋逃，无敢弃越垒伍而逐，有得逸马牛逃臣妾，皆敬还之复归本主，商度汝功我则赏汝，逐与不还汝有常刑，储汝糗粮无敢不逮，桢干筑堙无敢不供，刍茭饲料无敢不多，如敢不供汝则有刑。

《秦誓》赞秦穆公悔过思贤：介臣断断专一无他，其心休休其如有容，人之有技若己有之，人之彦圣其心好之，冒疾恶之违俾不达，子孙黎民不能保之，邦之杌陧所任非贤，邦之荣怀任贤之庆。

秦师伐郑晋师败之，秦穆公惩贪郑取败，自悔己过誓诚群臣，史录誓辞成《秦誓》篇。秦穆公曰士听无哗，予誓告汝群言之首，古人有言民之行己，尽用顺道是多盘乐，人非理义责之无难，己非理义人责即改，如水流下是惟艰哉，今我心忧欲改自新，日月逾迈如不复来，惟恐老死不得改悔。谋人为我执持古义，未合我欲反猜忌之，谋人为我惟利今事，我且以为亲己用之。前事虽有云然之过，今尚谋此黄发贤老，受用其言则罔所愆，番番良士力虽过老，谋计深长我欲敬用，仡仡勇夫射御不违，智虑浅近庶几不用。察察便巧辩佞之言，能使君子回心易辞，昧昧我思不明之故，此前我实大多有之。如有一心耿介之臣，断断守善虽无他技，其心乐善休休如也，如是则能有所含容，人之有技若己有之，人之彦圣其心好之，口必称扬而荐达之，是人于民必能含容，用以保我子孙黎民，国必能兴大有裨益。人之有技冒疾恶之，人之彦圣违使不达，是人于民必不含容，不能保我子孙黎民，其必乱邦大为危殆。邦之杌陧危而不安，实由所任一人不贤，邦之光荣为民怀归，亦由所任贤人之善。

"三礼"韵义

"三礼"即《周礼》《仪礼》《礼记》。至于"三礼"主旨,孔颖达《礼记正义》序指出,"夫礼者,经天纬地,本之则大一之初;原始要终,体之乃人情之欲。夫人上资六气,下乘四序,赋清浊以醇醨,感阴阳而迁变。故曰:人生而静,天之性也;感物而动,性之欲也。喜怒哀乐之志,于是乎生;动静爱恶之心,于是乎在。精粹者虽复凝然不动,浮躁者实亦无所不为。是以古先圣王鉴其若此,欲保之以正直,纳之于德义。犹襄陵之浸,修堤防以制之;罢驾之马,设衔策以驱之。故乃上法圆象,下参方载,道之以德,齐之以礼……夏商革命,损益可知;文武重光,典章斯备。泊乎姬旦,负扆临朝,述《曲礼》以节威仪,制《周礼》而经邦国。礼者,体也,履也,郁郁乎文哉!三百三千,于斯为盛。纲纪万事,雕琢六情……顺之则宗祧固,社稷宁,君臣序,朝廷正;逆之则纪纲废,政教烦,阴阳错于上,人神怨于下。故曰,人之所生,礼为大也。非礼无以事天地之神,辩君臣长幼之位,是礼之时义大矣哉!暨周昭王南征之后,彝伦渐坏;彗星东出之际,宪章遂泯……夫子定礼正乐"。儒教义理基本要素如本位立场、信念前提、基本架构、核心内容、价值取向、思维模式、担当主体、历史脉动、时中创新等,在"三礼"中均有具体体现且各有表述侧重。

一 《周礼》韵义

《周礼》本于《周官》而详述六卿礼制,官贤为本礼法为用,包罗六礼建立民极。关于《周礼》形成沿革,贾公彦《周礼正义》序指出,"夫天育烝民,无主则乱;立君治乱,事资贤辅……天地成位,君臣道生。君有五期,辅有三名……少皞以前,天下之号象其德,百官之号象其征;颛顼以来,天下之号因其地,百官之号因其事……周监二代,郁郁乎文,所以象天立官,而官益备"。"序周礼废兴"指出,"《周礼》起于成帝刘歆,而成于郑玄……郑玄遍览群经,知《周礼》者乃周公致太平之迹……《周礼》大行,后王之法……神而化之,存乎其人",于此可见其大概。

《周礼》内容分六部分。《周礼》本天道而立人道,法天文而开人文,法象天地四时而立官教民,分设天官冢宰、地官司徒、春官宗伯、夏官司马、秋官司寇、冬官司空(佚失而代之以"考工记"),亦即治官、教官、礼官、政官、刑官、事官六官,每官各有卿大夫士副贰司职以及自辟府史胥徒若干,天官总摄众官以成岁功。《周礼》六篇篇首均开宗明义,指出"惟王建国,辨方正位,体国经野,设官分职,以为民极。乃立天官冢宰,使帅其属而掌邦治,以佐王均邦国……乃立地官司徒,使帅其属而掌邦教,以佐王安扰邦国……乃立春官宗伯,使帅其属而掌邦礼,以佐王和邦国……乃立夏官司马,使帅其属而掌邦政,以佐王平邦国……乃立秋官司寇,使帅其徒而掌邦禁,以佐王刑邦国……(乃立冬官司空,使帅其徒而掌邦事,以佐王正邦国)",尔后再分述治官之属若干及其具体分掌职责。就儒教义理而言,《周礼》侧重表述了圣贤职分教化主体、纲常礼刑教化内容、天君臣民内在一体教化架构与法天立官建立民极教化思维这四大要素。

天官冢宰第一。天子建国事资贤辅,辨方正位体国经野,设官分职以为民极,太宰佐王职掌邦治。治典经邦治官纪民,教典安邦教官扰民,礼典和邦统官谐民,政典平邦正官均民,刑典诘邦刑官纠民,事典富邦任官生民。八法治官府,八则治都鄙,八柄驭群臣,八统驭万民,九职任万民,九赋敛财贿,九式节财用,九贡致国用,九两系国民,荦荦邦治备。所谓八法治官府者,一曰官属以举邦治,二曰官职以辨邦治,三曰官联以会官治,四曰官常以听官治,五曰官成以经邦治,六曰官法以正邦治,七曰官刑以纠邦治,八曰官计以弊邦治。所谓八则治都鄙者,一曰祭祀以驭其神,二曰法则以驭其官,三曰废置以驭其吏,四曰禄位以驭其士,五曰赋贡以驭其用,六曰礼俗以驭其民,七曰刑赏以驭其威,八曰田役以驭其众。所谓八柄驭群臣者,一者曰爵以驭其贵,二者曰禄以驭其富,三者曰予以驭其幸,四者曰置以驭其行,五者曰生以驭其福,六者曰夺以驭其贫,七者曰废以驭其罪,八者曰诛以驭其过。所谓八统驭万民者,一曰亲亲二曰敬故，三曰进贤四曰使能，五曰保庸六曰尊贵，七曰达吏八曰礼宾。所谓九职任万民者，一曰三农以生九谷，二曰园圃以毓草木，三曰虞衡作山泽材，四曰薮牧养蕃鸟兽，五曰百工饬化八材，六曰商贾阜通货贿，七曰嫔妇化治丝枲，八曰臣妾聚敛疏材，九曰闲民流移执事。所谓九赋邦中之赋，四郊之赋邦甸之赋，家削之赋邦县之赋，邦都之赋关市之赋，山泽之赋币余之赋，所谓九式祭祀之式，宾客之式丧荒之式，羞服之式工事之式，币帛之式刍秣之式，分颁之式好用之式。所谓九贡首为祀贡，嫔贡器贡币贡材贡，货贡服贡游贡物贡。所谓九两系国民者，一者曰牧以地得民，二者曰长以贵得民，三者曰师以贤得民，四者曰儒以道得民，五者曰宗以族得民，六者曰主以利得民，七者曰吏以治得民，八者曰友以任得民，九者曰薮以富得民。正月布治法，施法建贤辅，岁终会其治，三岁诛赏之。小宰掌建邦宫刑，宰夫掌治朝之法，宫正掌王宫戒禁，宫伯掌宫士政令。其余各司其掌治，辅佐太宰成邦治。

地官司徒第二。天子建国事资贤辅，司徒佐王职掌邦教，分类土地辨其民物，因民制宜施教十二。祀礼教敬则民不苟，阳礼教让则民不争，阴礼教亲则民不怨，乐礼教和则民不乖，以仪辨等则民不越，以俗教安则民不偷，以刑教中则民不虣，以誓教恤则民不怠，以度教节则民知足，世事教能则民称职，以贤制爵则民慎德，以庸制禄则民兴功。荒政十二以聚万民，保息六法以养万民，本俗六种以安万民，正月吉日以布教法。职事十二以登万民，三事举贤以教万民，六德六行六艺，知仁圣义忠和，教友睦姻任恤，礼乐射御书数。用乡八刑纠正万民，不孝不睦不姻不悌，不任不恤造言乱民。五祀防民伪而教之中，六乐防民情而教之和。小司徒掌建邦教法，乡师职掌所治乡教，乡大夫掌乡之政令，州长职掌教政之法。其余各司其掌治，辅佐司徒成邦教。

春官宗伯第三。天子建国事资贤辅，宗伯佐王职掌邦礼，天神人鬼地祇三才，吉凶宾军嘉燕六礼，九仪之命以正国位，玉作六瑞以等邦国，禽作六挚以等诸臣，玉作六器以礼六方，礼乐和合天地之化，以事鬼神以谐万民。小宗伯掌建国神位，肆师职掌国祀之礼，大司乐掌成均之法，乐师职掌国学之政，大师职掌六律六同，以为和合阴阳之声，大卜职掌三兆之法，大祝职掌六祝之辞。其余各司其掌治，辅佐宗伯成邦礼。

夏官司马第四。天子建国事资贤辅，司马佐王职掌邦政，建邦九法以平邦国，制畿封国设仪辨位，进贤兴功建牧立监，制军诘禁施贡分职，简稽乡民均守平则，比小事大以和邦国。九伐之法以正邦国，乘弱犯寡贼贤害民，暴内陵外野荒民散，负固不服贼杀其亲，放弑其君犯令陵政，外内作乱鸟兽之行。以九畿之籍施邦国政职，国畿侯畿甸畿男畿采畿，卫畿蛮畿夷畿镇畿蕃畿，令赋因地制宜因民制宜。中春振旅教民，中夏茇舍教民，中秋治兵教民，中冬大阅教民。小司马掌凡小祭祀，射人职掌国之爵位，职方氏职掌天下地图，训方氏掌言四方政事。其余各司其掌治，辅佐司马成邦政。

秋官司寇第五。天子建国事资贤辅，司寇佐王职掌邦禁。建三典刑邦国，刑新国用轻典，刑平国用中典，刑乱国用重典。以五刑纠万民，野刑尚功纠力，军刑尚命纠守，乡刑尚德纠孝，官刑尚能纠职，国刑尚愿纠恭。以劳狱教罢民，以两造禁民讼，以两券禁民狱，以嘉石平罢民，以肺石达穷民，正月布施刑法。邦之盟约庙藏贰之，诸侯狱讼邦典定之，卿士狱讼邦法断之，庶民狱讼邦成弊之。小司寇掌外朝之政，询民国危国迁立君，五刑五声八辟三刺，断民狱讼求民中情。士师职掌五禁五戒之法，司刑职掌五刑罪民之法。其余各司其掌治，辅佐司寇成邦禁。

冬官司空第六。天子建国事资贤辅，司空佐王职掌邦事，辨方正位体国经野，贞定万物生养万民。国有六职百工居一，审饬五材以辨民器，天时地气材美工巧，合此四者方可为良，三材既具巧者和之，法象天地制物有常，中规中矩利物厚生，辅成伦常以安民极。匠人庐人陶人梓人，玉人鲍人函人弓人，冶氏筑氏轮人舆人，尽伦尽制中和为美，其余百工各司掌治，辅佐司空成就邦事。

二 《仪礼》韵义

《仪礼》又名《礼经》《士礼》。关于《仪礼》《周礼》关系，贾公彦《仪礼疏》序指出，"《周礼》《仪礼》，发源是一，理有终始，分为二部，并是周公摄政太平之书。《周礼》为末，《仪礼》为本。本则难明，末便易晓。是以《周礼》注者，则有多门，《仪礼》所注，后郑而已"。孔颖达"礼记正义"进而指出，"夫礼者，经天地，理人伦……礼者，理也。其用以治，则与天地俱兴……礼虽合训体、履，则《周官》为体，《仪礼》为履……所以《周礼》为体者，《周礼》是立治之本，统之心体，以齐正于物……《仪礼》但明体之所行践履之事，物虽万体，皆同一履，履无两义也……《周礼》为本，则圣人体之；《仪礼》为末，贤人履之……既《周礼》为本，则重者在前，故宗伯序五礼，以吉礼为上；《仪礼》为末，故轻者在前，故《仪礼》先冠、昏，后丧、祭。故郑序云：'二者或施而上，或循而下'"。

《仪礼》以士礼为主体，主要涵摄士大夫礼仪规范、仪式程序以及部分阐释补记等仪行内容，其义理阐发主要体现在《礼记》中。《仪礼》基本框架次序为士冠礼、士昏礼、士相见礼、乡饮酒礼、乡射礼、燕礼、大射仪、聘礼、公食大夫礼、觐礼，以及丧服、士丧礼、既夕礼、士虞礼、特牲馈食礼、少牢馈食礼、有司彻共计十七部分。其中，冠礼、昏礼、乡饮酒礼、燕礼、大射礼、公食大夫礼属于嘉礼，士相见礼、聘礼、觐礼属于宾礼，丧服、士丧礼、既夕礼、士虞礼属于凶礼，特牲馈食礼、少牢馈食礼、有司彻属于吉礼，这里主要概述士礼部分。儒教重先觉觉后觉，行礼明德而亲民教化，故而君子贤达阶层礼乐修养极为重要。况且，君子礼仪加以降低要求的简化变通，亦可外化为庶民礼俗。就儒教义理而言，《仪礼》侧重体现公卿大夫士差等交接和合感通教化主体、冠昏祭丧饮射燕聘礼乐成德教化内容这两大要素。

士冠礼第一。冠者成人加服命字，敢告三界担当彝伦，筮日戒宾醴醮答拜，主人诚敬摈赞肃穆。适子冠阼以著代也，醮于客位加有成也，三加弥尊谕其志也，冠而字之敬其名也。择师充宾莅临施教，元服始加吉日祝辞，弃尔幼志顺尔成德，寿考惟祺介尔景福。敬尔威仪淑慎尔德，元服再加永受胡福。兄弟俱在以成厥德，元服三加受天之庆。父师冠者醴辞感通，甘醴惟厚嘉荐令芳。拜受祭之以定尔祥，承天之休寿考不忘。祝辞三加醮辞三就：旨酒既清嘉荐亶时，始加元服兄弟俱来，孝友时格永乃保之。旨酒既湑嘉荐伊脯，乃申尔服礼仪有序，祭此嘉爵承天之祜。旨酒令芳笾豆有楚，咸加尔服肴升折俎，承天之庆受福无疆。祝醴醮辞礼仪既备，再审字辞昭告命字，爰字孔嘉髦士攸宜，宜之于嘏永受保之。

士昏礼第二。昏礼至重六礼之本，夫妇同体方成人伦，听命于庙惟敬惟慎，纳采问名纳吉纳征，请期告期必诚必敬，父母戒女夫迎合卺，拜见舅姑家道礼成，妇入三月告祭祖祢。昏辞郑重渐次有序，二姓之好和合感通：吾子有惠贶室于某，承先人礼敬请纳采。某子蠢愚又弗能教，吾子命之某不敢辞。某既受命将加诸卜，敢请问女名为谁氏。吾子有命某不敢辞，且以备数名而择之。子为事故至于某室，某有祖礼请醴从者。既得将事某敢辞命，辞不得命敢不敬从。吾子贶命卜占曰吉，某也敢告敬请知之。某子不教唯恐弗堪，子占有吉我亦与在，子吉我与某不敢辞。吾子嘉命贶室于某，承先人礼恭请纳征。吾子顺典贶某重礼，某不敢辞敢不承命。吾子赐命某既申受，三族不虞使请吉日。某既受命唯命是听，告期之日敢不敬须。使者反命既得将事，敢以礼告主人闻命。父醮命子顺则有常，往迎尔相承我宗事，勖帅以敬先妣之嗣，子诺不忘唯恐弗堪。吾子命某初昏请命，某固敬具待命以须。戒之敬之夙夜毋违，勉之敬之无违宫事，宗尔父母敬恭听言，夙夜无愆视诸衿鞶。

士相见礼第三。士者事也职位相亲，始见承挚谓士见礼。士士相见对等有仪，相见礼挚冬雉夏腒。某也愿见无由达之，某子以命命某见子。某子命见吾子有辱，请子就家某将走见。不足辱命请终赐见，不敢为仪固请走见。不敢为仪固以请见，固辞不得敬敢辞挚，某不以挚不敢见子。不足习礼某敢固辞，依挚敢见某固以请。固辞不得敢不敬从，出迎再拜主人揖入。礼尚往来主人回见，奉送礼挚仪式成全。下大夫相见挚以雁，上大夫相见挚以羔。见于大夫士终辞挚，士见于君执挚容蹙。凡言非对妥而后传，君言使臣臣言事君，与老者言使弟子，与幼言孝悌父兄，与众言忠信慈祥，与居官者言忠信。与大人言瞻视有仪，侍坐君子察言观色。

乡饮酒礼第四。乡大夫掌三年大比，将献其君贤者能者，以礼宾之与之饮酒，主人也者谓乡大夫，先生也者乡致仕者，宾与介谓处士贤者。主人先生相谋宾介，戒宾辞许答拜众宾，设席堂廉有工有相，乐正先升工相陈位，歌乐奏笙《小雅》之篇，合乐《周》《召》正歌告备。宾若有遵礼仪有加，各有差等和乐感通，众宾之长一人辞洗，乐正与立皆荐以齿，乐作乐贤大夫不入，既旅将燕而士不入。司正受命安宾坐宾，彻俎取俎众宾皆降，揖坐进羞爵乐无算，宾出乐节主人送拜。宾服乡服明日拜赐，宾服改见主人拜辱，主人释服乃息司正，先生君子召唯所欲。

乡射礼第五。州长春秋以礼会民，射于州序敬德亲民。主人戒宾答拜爵宾，乐正先升工相陈位，鼓瑟笙歌周召合乐，正歌告备司射请射，三耦比德奏乐以射，三耦卒射宾主继射，胜者张弓不胜弛弓，胜饮不胜升饮如初。

燕礼第六。卿大夫若勤劳有功，公宾宴饮嘉乐报之。觯觚爵宾旅酬感通，鼓瑟歌诗有乐有射。

大射仪第七、聘礼第八、公食大夫礼第九、觐礼第十，俱属国之嘉礼宾礼，规格最高，但仪式程序与士相见礼、乡饮酒礼以及乡射礼相类似，此处概述从略，《礼记》部分则简述之。

丧服第十一、士丧礼第十二、既夕礼第十三、士虞礼第十四，俱属凶礼，一并略述。斩衰齐衰大小功缌，丧服五类由重而轻，君臣尊卑各就位次，主宾男女远近有分。男子不绝女子之手，女子不绝男子之手，死于适室幠用敛衾，升屋招衣曰皋某复，楔齿缀足奠于尸东，赴君拜送有宾则拜，君使吊襚吊者致命，主人哭拜宾出拜送。既夕哭后启期告宾，启殡助祭葬成反哭，丧仪安形虞礼安神，虞荐祔祥禫后礼吉。

特牲馈食礼第十五、少牢馈食礼第十六、有司彻第十七，俱属吉礼，一并概述。特牲馈礼筮日筮尸，宿尸宿宾再拜稽首。少牢馈礼庙门筮日，筮尸宿尸主拜尸揖，宗人庙外敬请祭期，主人顺之旦明行事，主人主妇宰祝宗人，司马司士宫雍人，馈成祝祝迎尸入庙，升筵受祭祝词穆穆，主人朝服庙外立阶，祝告利成祝入尸谡，祝反室中主人复位，祝命佐食司宫辩举，馂者奠爵上馂亲嘏，主人受福保建家室。有司彻堂司宫摄酒，议侑于宾宗人戒侑，主人迎尸宗人为摈，拜尸拜侑主人揖入，献尸答拜卒馂彻馈，馔于室中司宫扫祭，主人立阼祝执俎出，祝告利成有司受归，众宾出庙主人送反，妇人乃彻室中之馔。

三 《礼记》韵义

作为"三礼"之一的《礼记》通行本，实即《小戴礼记》四十九篇之简称，有别于《大戴礼记》八十五篇（现存三十九篇）。关于《礼记》成书渊源，"礼记正义"指出，"《礼记》之作，出自孔氏……孔子没后，七十二之徒共撰所闻，以为此《记》。或录旧礼之义，或录变礼所由，或兼记体履，或杂序得失，故编而录之，以为《记》也。《中庸》是子思伋所作，《缁衣》公孙尼子所撰。郑康成云：《月令》，吕不韦所修。卢植云：《王制》，谓汉文时博士所录。其余众篇，皆如此例，但未能尽知所记之人也……郑君《六艺论》云：'案《汉书·艺文志》、《儒林传》云，传《礼》者十三家，唯高堂生及五传弟子戴德、戴圣名在也。'……《六艺论》云：'五传弟子'者，熊氏云'则高堂生、萧奋、孟卿、后仓及戴德、戴圣为五也'。此所传皆《仪礼》也。《六艺论》云：'今礼行于世者，戴德、戴圣之学也。'又云'戴德传《记》八十五篇'，则《大戴礼》是也；'戴圣传《礼》四十九篇'，则此《礼记》是也"。纪昀《礼记正义》提要亦指出，"《隋书·经籍志》曰：'汉初，河间献王得仲尼弟子及后学者所记一百三十一篇献之，时无传之者。至刘向考校经籍，检得一百三十篇，第而叙之。又得《明堂阴阳记》三十三篇、《孔子三朝记》七篇、《王史氏记》二十一篇、《乐记》二十三篇，凡五种，合二百十四篇。戴德删其烦重，合而记之，为八十五篇，谓之《大戴记》。而戴圣又删大戴之书为四十六篇，谓之《小戴记》'……融所传者，乃《周礼》。若小戴之学，一授桥仁，一授杨荣。后传其学者，有刘祐、高诱、郑玄、卢植……知今四十九篇实戴圣之原书……为之疏义者，唐初尚存皇侃、熊安生二家。贞观中，敕孔颖达等修《正义》，乃以皇氏为本，以熊氏补所未备"，由此略见《礼记》源流本末。

《礼记》内容由四十九篇视角各异的礼义述记构成，顺次言之即《曲礼上下》《檀弓上下》《王制》《月令》《曾子问》《文王世子》《礼运》《礼器》《郊特牲》《内则》《玉藻》《明堂位》《丧服小记》《大传》《少仪》《学记》《乐记》《杂记上下》《丧大记》《祭法》《祭义》《祭统》《经解》《哀公问》《仲尼燕居》《孔子闲居》《坊记》《中庸》《表记》《缁衣》《奔丧》《问丧》《服问》《间传》《三年问》《深衣》《投壶》《儒行》《大学》《冠义》《昏义》《乡饮酒》《射义》《燕义》《聘义》《丧服四制》。分类言之，则包括礼义安民总述、礼制定民总述、礼仪教民分记与五礼义化民分记四大类（分记中有总论规约，总论中亦有分述展开）。其中，礼义安民总述类包括《礼运》《礼器》《学记》《乐记》《经解》《哀公问》《仲尼燕居》《孔子闲居》《坊记》《中庸》《表记》《缁衣》《儒行》《大学》十四篇，礼制定民总述类包括《王制》《明堂位》《月令》《文王世子》《玉藻》《祭法》《大传》七篇，礼仪教民分记类包括《曲礼上下》《内则》《少仪》《檀弓上下》《曾子问》七篇，五礼义化民分记类包括《祭义》《祭统》《郊特牲》《冠义》《昏义》《乡饮酒》《射义》《燕义》《投壶》《聘义》《丧服小记》《杂记上下》《丧大记》《奔丧》《问丧》《服问》《间传》《三年问》

《深衣》《丧服四制》二十一篇。就儒教义理而言，《礼记》四类内容侧重体现了天人基本架构、礼仪核心内容、五伦价值取向、中道思维模式、君子引导主体等五大要素，以下分类概述之。

（一）礼义安民总述类韵义

《礼运》：礼本天地以治人情，失之者死得之者生，礼义化民何止小康，民安性分天下大同。礼观三代周流因革，五礼正位天人感通，礼乐诚笃整齐上下，五伦有序承天之祜，礼达分定民治君安，礼法无常俗弊民怨。喜怒哀惧爱恶欲者，七者人情弗学而能，父慈子孝兄良弟悌，夫义妇听长惠幼顺，君仁臣忠十者人义，民情有七民义有十，信睦为利争夺为患，知情合义明利达患，天下一家中国一人。圣人作则本于天地，阴阳为端四时为序，五行为质岁月为量，鬼神为徒四灵为畜，人情为田礼义为器，郊社庙祀义修礼藏。人之大端礼不可已，礼之于人犹酒有蘖，君子以厚小人以薄，坏国丧家必先去礼。民情圣田修礼耕之，陈义种之讲学耨之，本仁聚之播乐安之，家国天下大顺而肥。不丰不杀持情合危，修礼达义体信达顺，天地人物一体和谐，礼运有实天下大同。

《礼器》：竹箭有筠松柏有心，礼以成器祛邪肥德，君子有礼内安外谐，万物怀仁鬼神飨德。先王立礼有本有文，忠信礼本义理礼文，无本不正无文不行，天生地养礼制有节。大小多少贵贱丰杀，时序体别合宜有称，君子行礼各安分位，攘夺隆滥纪散民乱。礼者犹体备以成人，入室由户显微致一，竭情尽慎致敬诚顺，三代礼一民共由之。诵诗三百不足一献，一献之礼不足大飨，大飨之礼不足大旅，大旅之礼不足飨帝。大礼愿悫三月系牲，七日散齐三日宿齐，洞洞其敬属属其忠，反本修古不忘其初。天道至教圣人至德，阴阳正位礼乐交和，大飨王事仪象称德，苟无忠信礼不虚道。祀祭丧礼备服用币，忠敬可观仁尽义至，礼节民心乐道民志，观其礼乐治乱可知。

《学记》：玉琢成器人学知礼，化民易俗君子必学，学知不足教知迷困，建国君民教学为先。塾庠序学学有考校，小成大成近悦远怀，大学始教先立其志，示敬官始逊业收威，游志存心学不躐等，七者完备礼教大伦。教有常业息有常居，藏焉修焉息焉游焉，安学亲师乐友信道，纸上谈兵教道无成。豫禁时当节逊观摩，知教兴废可为人师，道而弗牵强而弗抑，开而弗达和易以思。多寡止易学者四失，具知其心救失长善，善教通明使人继志，知学难易可为君师。师严道尊民知敬学，大学之礼为师弗臣，善学善问先易后难，从容安习久久为功，记问之学不足为师，师善听语知教取舍。良冶之子必学为裘，良弓之子必学为箕，始驾反之车在马前，君子察此有志于学。古之学者比物丑类，鼓和五声水彰五色，学治五官师亲五服，声色官服无当于五。大德不官大道不器，大信不约大时不齐，君子察此有志于学，三王祭川先河后海，先源后委学则知本。

《乐记》：喜怒哀乐敬爱心起，人心感物乐由此生，礼以导志乐以和声，政以一行刑以防奸，礼乐刑政慎民所感，同一民心以出治道。声音之道与政相通，治世之音安乐政和，乱世之音怨怒政乖，亡国之音哀思民困，君臣民事物不乱礼，宫商角徵羽无怙懘。音生人心乐通伦理，众庶知音君子知乐，知乐近礼审乐知政，礼乐皆得谓之有德。乐隆淡音礼隆淡味，平民好恶反民正道。性静情动好恶形焉，外诱无节人为物役，灭理穷欲大乱之道，制礼作乐以为民节。乐者和同礼者等异，同则相亲异则相敬，仁以爱之义以正之，刑暴爵贤政均民治。乐自中出礼自外作，乐至无怨礼至不争，君和民顺合亲明序，乐达礼行揖让而治。天地礼乐同和同节，百物不失祀天祭地，乐器乐文礼器礼文，知情能作识文能述，明于天地礼乐方兴，圣明述作天地和序，乐情乐感礼质礼制，礼乐义奥施则民同。功成作乐治定制礼，五帝三王不相沿袭，散殊礼行合化乐兴，乐者敦和礼者别宜，寒暑风雨天时和节，礼乐教民法天象德，乐者象德礼者缀淫，礼乐感民风移俗易。以道制欲乐而不乱，反情和志广乐成教，刚柔交畅乐行伦清，血气和平天下皆宁。致乐治心易直子谅，致礼治躬庄敬威严，乐和礼顺民无争惰，感动善心邪气不接。天地之命中和之纪，广庄齐正人情不免，君臣和敬长幼和顺，父子和亲万民化成。

《经解》：《诗》教戒愚温柔敦厚，《书》教戒诬疏通知远，《乐》教戒奢广博易良，《易》教戒贼洁静精微，《礼》教戒烦恭俭庄敬，《春秋》戒乱属辞比事。天子参天德配天地，兼利万物明照四海，居处有礼进退有度，百官得宜万事得序，民悦号令上下相亲，成民所欲去民所害，治民之意无器不成，和仁信义治民之器。五礼坊乱教化隐微，止邪未形徙善远罪，礼于正国犹衡轻重，安上治民莫善于礼。

《哀公问》：民所由生五礼为大，君子尊礼成教百姓，安居节仪自奉恭简，与民同利上下俱足。人道政大君正民从，三纲为政庶物从之，政在爱人礼敬为大，礼敬之至大昏为大，冕而亲迎兴敬为亲，弗爱不亲弗敬不正，政本爱敬合好嗣后，天地宗庙社稷有主。内治宗庙配天神明，出治政教位序敬立，事耻振之国耻兴之，礼为政本为政先礼。明王之政必敬妻子，妻为亲主供奉粢盛，子为亲后继志述事，君子必敬敬身为大，身为亲枝何敢不敬，伤亲伤本枝从而亡，妻子身三百姓之象，君行三者推治天下。言不过辞动不过则，君子敬身不命民恭，君子之称人之成名，百姓归名君子之子，君子美称成就亲名，敬身成亲俱为君子。安土乐天爱人成身，万事得中善无过误，天道不已君子贵之，事亲如天孝子成身，性善谦退自强不息，如惧后罪成身之福。

《仲尼燕居》：礼以制中过犹不及，敬不中礼谓之鄙野，恭不中礼谓之捷给，勇不中礼谓之逆乱。郊社之礼仁存鬼神，禘尝之礼仁存昭穆，馈奠之礼仁存死丧，射乡之礼仁存乡党，食飨之礼仁存宾客，全善治恶周流赅遍。居处有礼而长幼辨，闺门有礼而三族和，朝廷有礼而官爵序，田猎有礼而戎事闲，军旅有礼而武功成，鬼神得飨丧纪得哀，礼加于身而措于前，凡众之动俱得其宜。礼以合众即事为治，治国无礼犹瞽无相，中规中矩无不在礼，礼乐相示君子知仁。达礼薄乐谓之朴素，达乐薄礼谓之半偏，薄诗礼缪薄乐礼素，薄德礼虚行之在人。礼之所兴众之所治，礼之所废众之所乱，言而履之行而乐之，君子明礼举而措之。

《孔子闲居》：岂弟君子民之父母，礼乐之原君子必达，五至三无致行天下，四方有败必先知之。志之所至诗亦至焉，诗之所至礼亦至焉，礼之所至乐亦至焉，乐之所至哀亦至焉。视不得见听不得闻，志气塞天此谓五至。无声之乐无体之礼，无服之丧谓之三无。三无礼乐以诗类之，基命宥密无声之乐，威仪逮逮无体之礼，匍匐救民无服之丧。君子习诗犹有五起，无声之乐气志不违，气志既得而后民顺，日闻四方气志发起；无体之礼威仪迟迟，威仪翼翼上下和同，日就月将施及四海；无服之丧内恕孔悲，施及四国以畜万邦，纯德孔明施于孙子。三王之德参于天地，奉三无私以劳天下，天无私覆地无私载，日月无私普照天下。汤降不迟圣敬日齐，昭假迟迟上帝是祇，天有四时地载神气，施化载生无非礼教。清明在躬气志如神，王化将至有开必先，惟岳降神生甫及申，惟申及甫惟周之翰。明明天子令闻不已，三代之王必先令闻。

《坊记》：君子之道如坊控水，仁义道失放僻邪侈，坊民有道礼以坊德，刑以坊淫命以坊欲。富易骄乱贫易约盗，礼因人情节文小民，贫而好乐富而好礼，万民以宁天下庶几。礼为民坊彰疑别微，分位等别民让不惑。贵人贱己先人后己，君子谦谦示民作让，死先生后亡先存后，利禄不偷示民不背。上酌民言民敬如天，不酌民言民则犯乱，君子信让以莅百姓，民报礼重能死其难。善则称人过则称己，则民不争而怨益亡，弛亲之过敬亲之美，民则让善作忠作孝。朝廷敬老示民作孝，修庙敬祀示民追孝，齐戒承尸示民作敬，因祭聚宗示民作睦，孝悌君长示民不贰，君父丧类示民不疑。君子尽利无以遗民，仕则不稼田则不渔，礼坊民淫章民有别，君子远色以为民纪。

《表记》：君子中庸无过不及，礼仪可式足为民表，貌而足畏色而足惮，言而足信身无择言。祭祀极敬无继之乐，朝礼极辨无继之倦，慎以避祸笃以不掩，恭以远耻庄敬日强，辞以相接礼以相见，无辞无礼民毋相亵。以德报德民有所劝，以怨报怨民有所惩，以德报怨宽身之仁，以怨报德刑戮之民，仁者民表义者民制，礼尚往来报者民利。以义度人则难为人，以人望人贤者可知，好仁无欲恶恶无畏，天下一人民无所措，仁有三格同功异情，仁安知利畏罪强仁，议道自己自尽能行，恕己推人置法以民。仁之难成民失所好，君子成仁日有孳孳，恭近于礼俭近于仁，信近于情失之者鲜，君子所能不以病民，民所不能不以愧民，圣人制行不制以己，制以中人民有劝耻。礼以节之信以结之，容貌文之衣服移之，朋友极之民专于善，服容辞文实之以德。下之事上俭位寡欲，庇民有德君民无心，小心畏义求以事君，得失自若以听天命，耻名浮行彰善下贤，君子自卑民敬尊之。乐而毋荒有礼而亲，威庄而安孝慈而敬，有父之尊有母之亲，如此而后为民父母。大舜子民有如父母，恻怛爱之忠利教之，三代之礼因革损益，质文时中与民更始。天下有道行有枝叶，天下无道辞有枝叶，情有其信辞有其巧，敬事天地卜筮不违，慎始敬终礼乐齐盛，鬼神不害百姓无怨。

《缁衣》：《巷伯》恶恶《缁衣》好贤，为上易事为下易知，仪刑文王万国作孚，爵当民恶刑措民服。齐民以礼民有格心，齐民以刑民有遁心，故君民者爱信恭具，子以爱之则民亲之，信以结之则民不背，恭以莅之民有顺心。民之事上不从所令，上行下效从其所行，上有所好下必过甚，好恶必慎为民之表。禹立三年民以仁遂，一人有庆兆民赖之，赫赫师尹民具尔瞻,成王之孚下土之式。王言如丝其出如纶,谨言慎行言行不危,道民以言禁民以行,言虑所终行稽所敝。长民有道容服有常,以齐其民则民德一,彰善瘅恶以示民厚,民情不贰好是正直。上可望知下可述志,上无疑劳民无惑贰,君民彰好以示民俗,慎恶御淫则民不惑。大臣必敬以为民表,迩臣必慎以为民道。君当其位大臣不怨,迩臣不疾远臣不蔽,大臣不亲百姓不宁,疏贤信贱民失教烦。小人溺水君子溺口,大人溺民皆在所亵,民闭于道而有鄙心,可敬难慢省括慎度。君为民心民为君体,心庄体舒心肃容敬,心以体全亦以体伤,君以民存亦以民亡,身正言信义一行类,君子好正万民不惑。朋友攸摄摄以威仪,人之好我示我周行,不恒其德或承之羞,允也君子展也大成。

《儒行》:儒者优柔以道濡身,儒行有常博学时中,礼乐教化纲举目张,奉天法古和安万民。不争地利不干天和,夙夜强学忠信力行,居处齐难坐起恭敬,言必先信行必中正,忠信为甲礼义为干,戴仁而行抱义而处,见利思义见死思守,非时不见非义不合,先劳后禄难得难畜,可亲可近不可劫迫。博学不穷笃行不倦,幽居不淫上通不困,今人与居古人与稽,今世立行后世为楷,特立独行刚毅宽裕,志不可夺忧思百姓。闻善相告见善相示,慕贤容众推贤进达,澡身浴德毁方瓦合,世治不轻世乱不沮。温良仁本敬慎仁地,宽裕仁作逊接仁能,礼节仁貌言谈仁文,歌乐仁和分散仁施,儒兼有之逊不言仁,儒命有常何敢为戏。

《大学》论学成之事可以治国、德彰天下始自诚意,《中庸》论中和为用昭明圣德、道不远人至诚无息。"四书"部分专述之,此不具论。

(二) 礼制定民总述类韵义

《王制》:王制禄爵五等两重,公侯伯子男凡五等,卿大夫士三凡五等,王田千里公侯百里,伯七十里子男五十,不足五十诸侯附庸。天子三公田视公侯,天子之卿田视方伯,天子大夫田视子男,天子元士田视附庸。农田百亩上农食九,依次等差下农食五,下士视上农禄代耕,庶人在官禄差下士,士下大夫倍禄增之,卿四大夫君十倍卿,小次大国爵禄有差,上视中等中视下等。四海八州州方千里,建国大小二百一十,名山大泽不以分封,其余以为附庸间田,天子县内九十三国,名山大泽不以盼赐,其余禄士以为间田,元士附庸分封不与。百里共官千里为御,千里之外分设方伯。

属长连帅卒正州伯，八伯分属天子之老，左右天下分属二伯，千里曰甸甸外采流。天子爵下三公九卿，二七大夫八一元士，大国三卿命于天子，次小国爵各有等差。县外内禄分世不世，天子大夫监于方伯。三公八命加赐九命，次国君七小国五命，大国之卿不过三命，下卿再命小国一命。凡官民材必先论之，论辨使之任事爵之，除授位定然后禄之，爵人于朝与士共之，刑人于市与众弃之，摒之四方不及以政。诸侯于王比年小聘，三年大聘五年一朝，天子巡守五年一轮，二月东巡五月南巡，仲秋西巡仲冬北巡，望祀山川觐于诸侯，就见百年陈诗观风，命市纳贾观民好恶，命典礼官考定时月，礼乐制度衣服正之，神祇无敬君削以地，宗庙不顺不孝绌爵，变礼易乐不肖君流，革制改服为叛君讨，功德于民加地进律，归假于庙祖祢用特。天子将出类乎上帝，诸侯将出宜社造祢。天子无事相见曰朝，考礼正刑一德尊王。诸侯赐弓矢而后征，赐斧钺杀赐圭瓒鬯，未赐圭瓒资鬯天子。天子命教然后为学，小学宫侧大学在郊，天子辟雍诸侯泮宫。天子出征类乎上帝，宜社造祢祃于征地，受命于祖受成于学，出征执罪释奠于学。天子诸侯无事三田，干豆宾客充君之庖，无事不田则曰不敬，田不以礼曰暴天物，王不合围君不掩群，田杀之后百姓田猎。渔猎有时生灵有赖，不得卵夭覆巢杀胎。冢宰制国用，量入以为出，丰年不奢凶年不俭，蓄无九年国曰不足，蓄无六年国则曰急，三年蓄无则非其国。天子七日殡七月葬，诸侯五日殡五月葬，大夫三日殡三月葬，三年之丧自天子达，丧从死者祭从生者，丧不贰事支子不祭。天子七庙三昭三穆，太祖之庙合而为七，诸侯五庙二昭二穆，太祖之庙合而为五，大夫三庙一昭一穆，士惟一庙庶人寝祭。天子诸侯宗庙之祭，春礿夏禘秋尝冬烝。王祭天地君祭社稷，卿大夫者则祭五祀。天子望祭名山大川，君祭所在名山大川。天子犆礿祫禘尝烝，诸侯礿禘尝烝选半，天子社稷皆为大牢，诸侯社稷皆为少牢，大夫士人宗庙之祭，有田则祭无田则荐，庶人时荐韭麦黍稻，四时配以卵鱼豚雁。祭天地牛角茧栗，祭宗庙牛角一握，宾客祭牛角一尺。诸侯无故不杀牛，大夫无故不杀羊，士无故不杀犬豕，庶人无故不食珍。庶羞不逾祭牲，燕衣不逾祭服，寝室不逾宗庙。古者公田藉而不税，市廛不税关讥不征，林麓川泽时入不禁，圭田无征田里不粥，年用民力不过三日。司空执度度地，居民山川沮泽，量地远近兴事任力，任老者事食壮者食。凡居民材时地异制，民生其间风俗各异，修其教而不易其俗，齐其政而不易其宜，中国戎夷五方之民，皆有其性不可推移。东夷南蛮西戎北狄，居用服味器物各宜，言语不通嗜欲不同，寄象狄译达志通欲。量地制邑度地居民，地邑民居必参相得，食节事时民咸安居，劝功尊上然后兴学。司徒修六礼节民性，明七教兴民德，齐八政以防淫，一道德以同俗，养耆老以致孝，恤孤独逮不足，崇贤德简不肖。命乡简不帅教者，告耆老皆朝于庠，不变移于乡郊遂，摒之远方而不齿。乡论秀士司徒选士，选士秀者升学俊士，升司徒者不征于乡，升学造士司徒无征。乐正崇四术立四教，诗书礼乐顺以造士，春秋礼乐冬夏诗书，王孙俊士入学以齿。大乐正论造士秀者，进士告王升诸司马。司马辨论官材告王，进士贤者以定其论，官之爵之位定禄之，大夫废事终身不仕，死安士礼以葬祭之。凡执技事以上，不贰事不移官，出乡不与士齿。司寇正刑明辟听讼，三刺有旨无简不听，附从轻者赦从重者，凡制五刑必即天伦，凡听五刑之讼，必原父子之亲，必权君臣之义。论序轻重测量浅深，悉其聪明致其忠爱。疑狱与众众疑赦之，小大之比察以成之。史以狱成告正听之，正以狱成告大司寇，司寇听于棘木之下，听后告王三公参听，告王三又然后制刑，刑成不变君子尽心。析言破律乱名改作，淫声异服奇技奇器，行伪而坚言伪而辩，学非而博顺非而泽，假于鬼神时日卜筮，左道乱政疑惑齐众，四诛不听而不赦过。圭璧金璋不粥于市，命服命车不粥于市，宗庙之器不粥于市，牺牲敬重不粥于市，戎器不粥用器度粥，兵车度粥布帛量粥，五谷果实不时不粥，木不中伐不粥于市。司会岁成质于天子，冢宰受质三官从之，百官以成质于三官，休老劳农成事制用。养老燕礼飨礼食礼，五十乡养六十国养，七十学养达于诸侯。六十岁制七十时制，八十月制九十日修，唯绞衾冒死而后制。五十杖家六十杖乡，七十杖国八十杖朝，九十王问就室珍从。五十不从力政，六十不与服戎，七十不与宾客，八十齐丧弗及。五十而爵六十不亲学，七十致政唯衰麻为丧。养国老上庠，养庶老下庠，周人冕而祭，玄衣而养老，养老皆引年。八十一子不从政，九十其家不从政，废疾一人不从政，至丧三年不从政，齐衰大功假三月。孤独矜寡皆有常饩，瘖儒百工各以器食。男子由右妇人由左，父齿随行兄齿雁行，君子耆老不徒行，庶人耆老不徒食。世子世国卿不世爵，德使功爵爵禄不世。六礼冠昏丧祭乡见，七教父子兄弟夫妇，君臣长幼朋友宾客，八政饮食衣服事为，度量数制以及异别。

《明堂位》：周公践位以治天下，制礼作乐天下大服，明堂显明诸侯尊卑，上下方位正仪辨等。天子负依南乡而立，三公中阶北面东上，诸侯阼东西面北上，诸伯西阶东面北上，诸子门东北面东上，诸男门西北面东上，九夷东外西面北上，八蛮南外北面东上，六戎西外东面南上，五狄北外南面东上，九采应外北面东上，四塞蕃国世一告至。

《月令》：一年四季成十二月，时空五行物候当令，四时合序天人合德，礼教自然化民成俗。孟春之月日在营室，其帝大皞其神句芒，虫鳞音角律中大蔟，味酸臭膻祀户祭脾，鱼上獭祭雁始来归，天子太庙青阳左个，鸾路仓龙青旗青衣，服佩仓玉食麦与羊，其器疏达以顺春气。是月立春盛德在木，天子乃齐迎春东郊，赏贤于朝布德和令，行庆施惠下及兆民，庆赐遂行毋有不当，乃命大史守典奉法，司天日月星辰之行，宿离不贷毋失经纪。天子元日祈谷上帝，乃择元辰亲载耒耜，帅其在位躬耕帝藉，执爵大寝御命劳酒。天气下降地气上腾，天地和同草木萌动，命布农事审端经术，善相地宜五谷所殖，以教道民必躬亲之，田饬准定农乃不惑。是月乐正入学习舞，乃修祭典命祀山川，牺牲毋牝禁止伐木，毋杀胎卵孩虫覆巢，毋聚大众毋置城郭，掩骼埋胔兴起仁心。不可称兵称必天殃，兵戎不起不从我始，毋变天道毋绝地理，毋乱人纪以顺元春。孟春夏令雨水不时，草木蚤落国时有恐，如行秋令其民大疫，飙风暴雨藜莠并兴，如行冬令水潦为败，雪霜大挚首种不入。仲春之月日在奎度，其帝大皞其神句芒，虫鳞音角律中夹钟，味酸臭膻祀户祭脾，雨水桃华鸧鸣鹰化。王居青阳鸾路仓龙，青旗青衣服佩仓玉，食麦与羊其器疏达。安萌芽养幼少存诸孤，择元日命民社省囹圄，去桎梏毋肆掠止狱讼。玄鸟至日祠于高禖，天子亲往后妃帅御。日夜始分雷乃发声，蛰虫咸动启户始出。先雷三日木铎令民，不戒容止生子不备。同度量钧衡石，角斗甬正权概。耕者稍舍乃修寝庙，毋作大事以妨农事。毋竭川泽毋漉陂池，毋焚山林保育生灵，鲜羔开冰先荐寝庙，乐正释菜入学习舞，祀用圭璧不用牺牲。仲春秋令其国大水，寒气总至寇戎来征，如行冬令阳气不胜，麦乃不熟民多相掠，如行夏令国乃大旱，暖气早来虫螟为害。季春之月日在胃度，其帝大皞其神句芒，虫鳞音角律中姑洗，味酸臭膻祀户祭脾，桐华鼠化虹见萍生。王居太庙青阳右个，鸾路仓龙青旗青衣，服佩仓玉食麦与羊，其器疏达节顺春气。王荐鞠衣祈蚕先帝，舟牧覆舟五覆五反，乃告舟备天子始乘，荐鲔寝庙为麦祈实。生气方盛阳气发泄，句者毕出萌者尽达，不可以内布德行惠，命发仓廪振赐贫乏，开库出币周济天下，劝勉诸侯礼聘士贤。时雨将降下水上腾，循行国邑周视原野，修利堤防道达沟渎，开通道路毋有障塞，田猎罝罘罗网毕翳，餧兽之药毋出九门。鸣鸠拂羽戴胜降桑，是月命虞毋伐桑柘，后妃齐戒东向躬桑，禁妇毋观以劝蚕事，蚕事既登分茧称丝，以供祭服毋有敢惰。工师令工审量五库，百工器用毋或不良，百工咸理毋悖于时，毋作淫巧以荡上心。月末择吉乃大合乐，王率在位亲往视之。乃合牛马游牝于牧，牺牲驹犊举书其数。国难驱阴九门磔攘，出疫于郊以毕春气。季春冬令寒气时发，草木皆肃国有大恐，若行夏令民多疾疫，时雨不降山林不收，若行秋令天多沉阴，淫雨蚤降兵革并起。孟夏之月日在毕度，其帝炎帝其神祝融，虫羽音徵律中中吕，味苦臭焦祀灶祭肺，蝼蝈鸣蚯蚓出，王瓜生苦莱秀，天子太庙明堂左个，朱路赤骝赤旗朱衣，服佩赤玉食菽与鸡，其器高粗以顺夏气。是月立夏盛德在火，天子乃齐迎夏南郊，还反行赏分封诸侯，庆赐遂行无不欣悦，乃命乐师习合礼乐，命赞桀俊遂举贤长，行爵出禄必当其位。继长增高毋有坏堕，毋起土功毋发大众，毋伐大树天子始绨，命野出田命虞行原，劳农劝民毋或失时，巡行命农勉作毋休。是月驱兽毋害五谷，毋大田猎农乃登麦，天子尝麦先荐寝庙，毒气盛行聚畜百药，断薄刑决小罪出轻系，蚕事毕妃献茧收茧税，以桑均税以给祭服，孟夏天子礼月饮酎。孟夏秋令苦雨数来，五谷不滋四鄙入保，若行冬令草木蚤枯，后乃大水败其城郭，若行春令蝗虫为灾，暴风来格秀草不实。仲夏之月日在东井，其帝炎帝其神祝融，虫羽音徵律中蕤宾，味苦臭焦祀灶祭肺，小暑始至螳螂始生，伯劳始鸣反舌无声，天子居于太庙明堂，朱路赤骝赤旗朱衣，服佩赤玉食菽与鸡，其器高粗长养壮佼。修均执调整饬乐器，为民祈祀山川百源，大雩帝用盛乐，命雩祀益民神，祈谷实农登黍，仲夏天子以雏尝黍，羞以樱桃先荐寝庙。毋艾蓝染烧灰暴布，门闾毋闭关市毋索，挺重囚益其食，牝别群班马政。仲夏月日长至，阴阳争死生分，君子齐戒掩身，毋躁动止声色，毋或进薄滋味，节嗜欲定心气，百官静事毋刑，定晏阴之所成。鹿角解蝉始鸣，半夏生木堇荣，升山陵处台榭，居高明远眺望。仲夏冬令雹冻伤谷，道路不通暴兵来至，若行春令五谷晚熟，百螣时起其国乃饥，若行秋令草木零落，果实早成民殃于疫。季夏之月日在柳度，其帝炎帝其神祝融，虫羽音徵律中林钟，味苦臭焦祀灶祭肺，温风始至蟋蟀居壁，鹰乃学习腐草为萤，天子居于明堂右个，朱路赤骝赤旂朱衣，赤玉菽鸡其器高粗，伐蛟取鼍登龟取鼋，泽纳材苇秋刍养牲，令民无不咸出其力，以供六合山川之神，以祠宗庙社稷之灵，顺应时气为民祈福。妇官染采黼黻文章，必以法故无或差贷，黑黄仓赤莫不质良，无敢诈伪以给祭服，以为旗章别其位度。树木方盛毋有斩伐，不兴土功不合诸侯，不起兵众以摇养气，毋豫发令以妨农事。水潦盛昌大事天殃。土润溽暑大雨时行，烧薙行水利以杀草，可粪田畴可美土疆。季夏春令谷实鲜落，国多风欬民乃迁徙，若行秋令丘隰水潦，禾稼不熟乃多女灾，若行冬令风寒不时，鹰隼蚤鸷四鄙入保。中央土旺其日戊己，其帝黄帝其神后土，虫保音宫律中黄钟，味甘臭香祀室祭心，天子居于大庙大室，大路黄骝黄旂黄衣，服佩黄玉食稷与牛，其器圜闳以顺时气。孟秋之月月在翼度，其帝少暤其神蓐收，虫毛音商律中夷则，味辛臭腥祀门祭肝，凉风至白露降，寒蝉鸣鹰祭鸟，始行戮顺时气。天子居于总章左个，戎路白骆白旗白衣，服佩白玉食麻与犬，其器廉深以顺时气。孟秋立秋盛德在金，天子乃齐迎秋西郊，还反赏军武人于朝，乃命将帅选士厉兵，简练桀俊专任有功，以征不义诘诛暴慢，以明好恶顺彼远方。修法制缮囹圄，具桎梏禁止奸，慎罪邪务搏执，理瞻伤审折断，决狱讼必端平。戮有罪严断刑，气始肃不可赢。孟秋之月农乃登谷，天子尝新先荐寝庙，命收敛完堤防，谨壅塞备水潦，修宫室补城垣，毋封侯立大官，毋割地行大使。孟秋冬令阴气大胜，介虫败谷戎兵乃来，若行春令其国乃旱，阳气复还五谷无实，若行夏令国多火灾，寒热不节民多虐疾。仲秋之月日在角度，其帝少暤其神蓐收，虫毛音商律中南吕，味辛臭腥祀门祭肝，盲风至鸿雁来，玄鸟归鸟养羞，天子居于总章大庙，戎路白骆白旂白衣，白玉麻犬其器廉深。养衰老授几杖，行糜粥赐饮食，乃命司服具饬衣裳，文绣有恒制有小大，度有长短衣服有量，必循其故冠带有常，乃命有司申严百刑，斩杀必当毋或枉桡，枉桡不当反受其殃。命宰祝省牺牲，视全具案刍豢，瞻肥瘠察物色，必比类量小大，视长短皆中度，五者备当上帝其飨，天子磔禳以达秋气，以犬尝麻先荐寝庙。筑城郭建都邑，穿窦窖修囷仓，命有司趣民敛，务畜菜多积聚，劝种麦毋失时，若失时罪无疑。仲秋之月日夜再分，雷始收声蛰虫坏户，杀气浸盛阳衰水涸，同度量平权衡，正钧石角斗甬。易关市来商旅，纳货贿便民事，四方集远乡至，不匮乏百事遂。凡举大事毋逆大数，必顺其时慎因其类。仲秋春令秋雨不降，草木生荣国乃有恐，若行夏令其国乃旱，蛰虫不藏五谷复生，若行冬令风灾数起，收雷先行草木蚤死。季秋之月日在房度，其帝少皞其神蓐收，虫毛音商律中无射，味辛臭腥祀门祭肝，鸿雁来宾爵化为蛤，鞠有黄华豺乃祭兽，天子居于总章右个，戎路白骆白旗白衣，白玉麻犬其器廉深。季秋之月申严号令，百官贵贱无不务内，会藏天地无有宣出，乃命冢宰农事备收，帝藉之收敬藏神仓。霜始生降百工劳休，乃命有司寒气总至，民力不堪其皆入室，乃命乐正入学习吹，大飨帝尝牺牲告备，合诸侯制百县，为来岁受朔日，所税民轻重法，贡职数有宜度，给郊庙无所私。教田猎习五戎班马政，仆驺驾载旌旐级授车，司徒搢扑北面誓之，天子厉饰执弓挟矢，命主祠祭禽于四方。草木黄落伐薪为炭，蛰虫俯内皆墐其户，乃趣狱刑毋留有罪，禄秩必当供养必宜，以犬尝稻先荐寝庙。季秋夏令其国大水，冬藏殃败民多鼽嚏，若行冬令国多盗贼，边境不宁土地分裂，若行春令暖风来至，民气懈惰师兴不居。孟冬之月日在尾度，其帝颛顼其神玄冥，虫介音羽律中应钟，味咸臭朽祀行祭肾，水始冰地始冻，雉化蜃虹藏见，天子居于玄堂左个，玄路铁骊玄旗黑衣，服佩玄玉食黍与彘，其器闳奄以顺冬气。孟冬立冬盛德在水，天子乃齐迎冬北郊，还反赏恤死事孤寡。衅龟占兆审卦吉凶，阿党是察罪无掩蔽，天子始裘乃命有司，天气上腾地气下降，天地不通闭塞成冬，命谨盖藏积聚务敛。坏城郭戒门闾修键闭，慎管籥固封疆备边境，完要塞谨关梁塞徯径，饬丧纪辨衣裳审棺椁，茔丘垄察尺度辨等级。工师效功祭器按程，毋作淫巧以荡上心，物勒工名以考其诚，功有不当必行其罪，孟冬之月大饮烝，王祈来年于天宗，大割祠于公社门闾，腊祖五祀休息劳农。命将帅讲武，习射御角力。命收水泉池泽之赋，毋敢侵削众庶兆民，不为天子取怨于下，有若此者行罪无赦。孟冬春令冻闭不密，地气上泄民多流亡，若行夏令国多暴风，方冬不寒蛰虫复出，若行秋令雪霜不时，小兵时起土地侵削。仲冬之月日在斗度，其帝颛顼其神玄冥，虫介音羽律中黄钟，味咸臭朽祀行祭肾，冰壮地坼鹖休虎交。天子居于玄堂大庙，玄路铁骊玄旐黑衣，玄玉黍彘其器闳奄。严饬死事而命有司，土事毋作以固而闭，毋发室屋及起大众，地气沮泄发天地房，诸蛰则死民必疾疫，又随以丧故曰畅月。申宫令审门闾，谨房室必重闭，省妇事毋得淫，贵戚近习毋有不禁，秫稻必齐麴蘖必时，湛炽必洁水泉必香，陶器必良火剂必得，兼用六物毋有差贷，命祈四海大川，名源渊泽井泉。农务藏聚畜兽无伕，分散放佚取之不诘，山林薮泽野虞教道，有相侵夺罪之不赦。仲冬日短至阴阳争，万物阳息初动萌芽，君子齐戒居必掩身，宁身务禁声色耆欲，安形性而事欲静，以待阴阳之所定。芸始生荔挺出，蚯蚓结麋角解，水泉动日短至，则伐木取竹箭，罢冗官去冗器，涂廷间筑囹圄，助天地之闭藏。仲冬夏令其国乃旱，氛雾冥冥雷乃发声，若行秋令天时雨汁，瓜瓠不成国有大兵，若行春令蝗虫为败，水泉咸竭民多疥疠。季冬之月日在婺女，其帝颛顼其神玄冥，虫介音羽律中大吕，味咸臭朽祀行祭肾，雁北鹊巢雉雊鸡乳，天子居于玄堂右个，玄路铁骊玄旂黑衣，玄玉黍彘其器闳奄。命有司大难旁磔，出土牛以送寒气，征鸟厉疾以顺时气，毕祀山川泽民神祇。渔师始渔天子亲往，行尝鱼礼先荐寝庙，冰方盛泽腹坚，命取冰冰以入。令告民出五种，命农计耦耕事，修耒耜具田器，命乐师大合吹。乃命四监收秩薪柴，以供郊庙百祀薪燎。日穷于次月穷于纪，星回于天数将几终，岁且更始专农毋使。天子公卿共饬国典，论时令待来岁之宜，次诸侯列赋之牺牲，以供天帝社稷之飨。乃命同姓之邦，供奉寝庙刍豢，命土田之数赋牺牲，以供山林名川之祀。天下九州之民，无不咸献其力，以供吉礼之祀。季冬秋令白露早降，介虫为妖四鄙入保，若行春令胎夭多伤，国多固疾命之曰逆，若行夏令水潦败国，时雪不降冰冻消释。

《文王世子》：学世子士必按四时，春夏干戈秋冬羽籥，春诵夏弦秋礼冬书，礼在瞽宗书在上庠。学必释奠先圣先师，始立学者兴器用币，然后释菜舞而授器，凡大合乐必遂养老，凡语于郊取贤敛才，或以德进事举言扬。天子视学大昕鼓征，乃命秩祭先师先圣，有司反命释奠先老，遂席三老五更群老，发咏退修以成孝养，养老东序终之以仁。反歌清庙歌语成之，大合众事达神兴德，贵贱位正上下义行。古人举事其德全备，父子君臣长幼之道，合致德音礼之大者。虑之以大爱之以敬，行之以礼修之孝养，纪之以义终之以仁，慎其终始民得以喻。古教世子必以礼乐，乐以修内礼以修外，交错于中发形于外，其成也怿恭敬温文。大傅少傅立以养之，父子君臣常道示之，大傅审道行以示之，少傅奉观审而喻之。大傅在前少傅在后，入则有保出则有师，师教以事而喻诸德，保身翼之以归诸道。四辅三公位唯其人，是以教喻王德有成，君子曰德德成教尊，教尊官正官正国治。知为人子可为人父，知为人臣可为人君，先知事人后能使人，君于世子父君兼备，有父之亲有君之尊，兼民而有教养必慎。世子齿学三善俱得，将君齿让父在礼然，将君齿让君在礼然，将君齿让长长礼然，然后众知父子之道，君臣之义长幼之节。学为父子君臣长幼，尊君亲亲道得国治，乐正司业父师司成，一有元良万国以贞。文王世子朝于王季，朝夕至于大寝门外，问于内竖今日安否，曰安文王乃有喜色，若有不安色忧履乱，朝夕之食必视寒暖，疗疾之药必亲尝之，尝馔有善文王能食，尝馔寡少王亦不饱，王季复初己亦复初。武王帅行不敢有加，文王一饭己亦一饭，文王再饭己亦再饭，文王有疾冠带而养。周公相王践阼而治，抗世子法比于伯禽，成王有过则挞伯禽，以示成王世子之道。庶子德者正于公族，教以孝悌睦友子爱，父子之义长幼之序，宗人授事尊贤以官，登馂受爵尊祖尚嗣，虽有三命不逾父兄，丧服精粗为大事序，公之族燕异姓为宾，膳宰主人与父兄齿，庶子在军守于公祢，公若出疆守于公宫，五庙之孙祖庙未毁，虽为庶人吉凶必告。公族死罪磬于甸人，三宥不对致刑甸人，必赦无及反命于公，素服不举如丧其伦。公族内朝虽贵以齿，外朝以官以体异姓，宗庙之中以爵为位，宗人授事以官为序，登献受爵则以上嗣，亲亲尊祖崇德敬贤，族燕以齿孝悌道达，族食降等亲亲之杀，丧纪序以服之轻重，不夺人亲敬成人伦。战守公祢孝爱之深，正室守庙君臣道著。父兄子弟上下让达，敬吊临赙睦友之道。庶子官治邦国有伦，邦国有伦民知乡方。

《玉藻》：礼有极盛服有极充，大裘不裼路车不式，卜人定龟史定兆坼，君定五行兆象吉凶，天子玉藻十有二旒，前后邃延龙卷以祭。玄端朝日东门之外，听朔则于南门之外，闰月阖门左扉立中，皮弁视朝玄端而居，动则左史书之，言则右史书之，御瞽辨察声之哀乐，年不顺成天子素服，乘则素车食则无乐。诸侯玄端祭裨冕朝，皮弁以听朔于大庙，朝服以日视朝内朝，朝辨色入君日出视，朝后退适路寝听政，大夫退后小寝释服，朝服以食夫人同庖，君王无故则不杀牛，大夫无故则不杀羊，士人无故不杀犬豕，君子远庖弗践血气，八月不雨君为不举，年不顺成衣布揗本，关梁不租山泽不赋，土功不兴大夫无造。君子居当户寝东首，疾风迅雷甚雨必变，虽夜必兴衣冠而坐，适公宿斋外寝沐浴，史进象笏书思对命，既服习容观玉声出。天子搢珽正于天下，诸侯前诎让于天子，大夫两诎无所不让。凡尊必上玄酒，唯飨野人皆酒。君子之饮酒，一爵色洒如，二爵言言斯，三爵油油退。始冠缁布冠，自诸侯下达，冠而敝之可。衣正色裳间色，列采而入公门。侍君绅垂足如履齐，颐霤垂拱视下听上，视带及袷听乡任左，士于大夫不敢拜迎，士于尊者先拜答走。士对上言有公私讳，凡祭不讳庙中不讳，教学不讳临文不讳。大夫不亲拜，为君之答己，大夫拜赐退，士待诺而退，又拜弗答拜。大夫亲赐士则拜受，献于尊者弗敢以闻，君子小人赐不同日。士于大夫不敢承贺，下大夫于卿则承贺。行容惕惕庙中齐齐，朝庭之容济济翔翔。君子之容舒迟，见所尊者齐邀，足容重手容恭，目容端口容止，声容静头容直，气容肃立容德，色容庄坐如尸，燕居之告温温。祭容貌色如见所祭，丧容累累色容颠颠，视容瞿瞿言容茧茧。戎容暨暨言容诺诺，色容厉肃视容清明，立容谦正山立时行，盛气颠实扬休玉色。亲在礼人称父，人赐则称父拜。父命呼之唯而不诺，投业吐食走而不趋，亲老出有方复有时，手泽存书父没不读，口泽存杯母没不饮。古之君子身必佩玉，右则徵角左则宫羽，趋以采齐行以肆夏，周还中规折还中矩，进则揖之退则扬之，然后听玉锵鸣和声，非辟之心无所自入。君在佩结而不佩玉，居则设佩朝则结佩，带必佩玉唯丧则否。君子无故玉不去身，君子于玉而比德焉。

《祭法》：舜禘黄帝而郊喾，祖颛顼而宗尧。夏禘黄帝而郊鲧，祖颛顼而宗禹。殷禘喾而郊冥，祖契而宗商汤。周人禘喾郊稷，祖文王宗武王。燔柴泰坛以祭天，瘗埋泰折以祭地，埋少牢泰昭祭时，相近坎坛祭寒暑。王宫祭日夜明祭月，幽宗祭星雩宗祭旱，四坎坛以祭四时，有天下者祭百神。生于天地之间曰命，物死曰折人死曰鬼。天下有王分地建国，乃为亲疏多少之数，庙祧坛墠设而祭之。王立七庙一坛一墠，考王考皇考显考庙，并祖考庙皆月祭之。远庙二祧享尝乃止，去祧为坛去坛为墠，坛墠祷祭无祷乃止，去墠曰鬼礼仪淡化。诸侯五庙一坛一墠，考王考皇考庙月祭，显考祖考享尝乃止，去祖为坛去坛为墠，坛墠祷祭无祷乃止。大夫三庙二坛无墠，考庙王考庙皇考庙，显考祖考无庙有祷，为坛祭之去坛为鬼。适士二庙一坛无墠，考王考庙享尝乃止，显考无庙有祷坛祭。官师一庙则曰考庙。王考无庙而祭祀之，庶士庶人无庙曰鬼。王为群姓以立大社，自为立社则曰王社，诸侯为百姓立国社。诸侯自为立社侯社，大夫以下群立置社。王为群姓建立七祀，司命中霤国门国行，泰厉户灶合而为七，王则自为建立七祀。诸侯为国以立五祀，司命中霤国门行厉，诸侯自为以立五祀。大夫三祀族厉门行，适士二祀曰门曰行，庶士庶人一祀户灶。圣王制祭祀以功，法施于民则祀之，以死勤事则祀之，以劳定国则祀之，能御大灾则祀之，能捍大患则祀之。农弃殖谷祀以为稷，后土平地祀以为社，帝喾序星辰以著众，尧赏均刑法以义终，虞舜勤众事而野死，鲧障洪水禹修鲧功，黄帝名物颛顼能修，契为司徒民成五教，冥勤其官水患消亡，汤宽治民而除其虐，文王武王去民之灾，此皆有功烈于民者，日月星辰民所瞻仰，山川丘陵民所取用，非此族类不在祀典。

《大传》：惟王有禘以祖配之，诸侯之祭及其太祖，大夫士功干祫高祖。上治祖祢以为尊尊，下治子孙以为亲亲，旁治昆弟合族以食，序以昭穆别以礼义，人道大义于是竭尽。圣人治民始自人道，所先者五民不与焉，一曰治亲二曰报功，其次举贤使能存爱，五者具备得于天下，民无不足无不赡者，五者纰缪民莫得所。立权度考文章，改正朔易服色，殊徽号别衣服，此得与民变革。亲亲尊尊长长，男女内外有别，不得与民变革。同姓从宗合族属，异姓主名治际会，名著则男女有别。夫属父道妻皆母道，夫属子道妻皆妇道，人治大要名者必慎。四世而缌服之穷，五世袒免杀同姓，五服之后亲属竭。庶姓别上戚单于下，姓食礼同昏姻不通。服术有六亲亲尊尊，名义出入长幼从服，从服有六属从徒从，无服有服重轻轻重。君有合族之道，族人不戚君位。庶子不祭以明其宗，庶子为长三年继祖，别子为祖继别为宗，继祢小宗兄弟尊之。有百世不迁之宗，有五世则迁之宗，百世不迁别子之后，五世则迁高祖之后。自仁率亲等而上之，以至于祖恩爱渐轻，自义率祖顺而下之，以至于祢祖义为重，一轻一重情理宜然，人道亲亲故而尊祖，尊祖敬宗故而收族，收族严宗庙重社稷，重社稷故而爱百姓，爱百姓故而刑罚中，刑罚中故而庶民安，庶民安故而财用足，财用足故而百志成，百志成故而礼俗刑，礼俗刑然后民庶乐。

（三）礼仪教民分记类韵义

《曲礼》：欲不可纵敖不可长，志不可满乐不可极，心毋不敬身俨若思，口安定辞礼仪安民。礼之本，德行修，言合道。礼之用，定亲疏，决嫌疑，别同异，明是非。礼之道，不妄说，不辞费，不逾节，不侵侮，不好狎。狎而敬之畏而爱之，爱知其恶憎知其善，积而能散安安能迁，临财毋苟临难毋苟，很毋求胜分毋求多，疑事毋质直而勿有。道德仁义非礼不成，教训正俗非礼不备，分争辨讼非礼不决，三纲五常非礼不定，宦学事师非礼不亲，六卿职事非礼不威，祷祠祭祀非礼不诚。人而无礼心如禽兽，圣人作礼教人自别，有礼则安无礼则危，恭敬撙节君子明礼，富贵好礼不骄不淫,贫贱好礼则志不慑。礼取于人不闻取人,礼闻来学不闻往教,太上贵德次务施报,礼尚往来感应成礼,礼贵感通自卑尊人,礼静礼动体用一如,坐尸立齐仪宜顺俗,祭祀之礼居丧之服,哭泣之位皆如国故,谨修其法而审行之,君子行礼不求变俗。君子敦笃善行不息,不尽人欢不竭人忠,贫者不以货财为礼,老者不以筋力为礼。十年幼学二十弱冠,三十壮室四十强仕,五十艾政六十耆使,七十老传八九十耄,百年期颐七年曰悼,悼耄虽罪而无加刑。谋于长者必敬从之,长者有问率对非礼,教示幼子常视毋诳,立必正方逊奉长者。人子之礼冬温夏清,昏定晨省丑夷不争,出必禀告反必面安,所游有常所习有业,父母健在己不称老,不私藏财不许友死,暗事不为服不纯素,居不主奥坐不中席,行不中道立不中门,食飨不饫祭祀不尸,听于无声视于无形,不处危险不苟訾笑,人子三赐不及车马,称孝称慈称仁称信,父执如父孝子之行,年长以倍则父事之,十年以长则兄事之,五年以长则肩随之,群居五人长者异席。将适舍求毋固,将上堂声必扬,言不闻不入室,将入户视必下,毋践屦毋躐席,恭趋隅必慎诺,坐必安执尔颜,正己容听必恭,毋剿说毋雷同,必古昔称先王,毋侧听毋噭应,毋淫视毋怠荒,游毋倨立毋跛,坐毋箕寝毋伏,冠毋免劳毋袒。主人肃客入门而右,入门而左客就西阶,主人先登客从之登,拾级聚足连步以上,上于东阶则先右足,上于西阶则先左足。室中不翔帷外不趋,堂上不趋执玉不趋,堂上接武堂下布武,授立不跪授坐不立。侍坐先生终问则对,请业则起请益则起,父召无诺先生唯起,侍坐君子见倦请出。父前子名君前臣名,父子异席夫妻异姓,外言不入内言不出,男女分坐嫂叔分问,男女异长各自孟仲,名子不国不以日月,不以隐疾不以山川,男子二十冠而字之,女子许嫁笄而字之。父母有疾冠者不栉,言行不惰琴瑟不御,笑不至矧怒不至詈。居丧之礼不至过哀,毁瘠不形视听不衰,头创则沐身疡则浴,有疾酒肉疾止复初,不胜丧比不慈不孝,五十近毁六十不毁,七十唯有衰麻在身。居丧未葬则读丧礼,葬读祭礼复续乐章,生与来日死与往日,知生者吊知死者伤,临丧不笑望柩不歌,入临不翔当食不叹,适墓不歌哭日不歌,君子戒慎保色于人。君子已孤不再更名,已孤暴贵不作父谥,父之仇弗与共戴天,兄弟之仇斗不反兵,交游之仇不与同国。适墓不登垄,助葬必执绋,邻丧舂不相,里殡不巷歌。礼不下庶人,刑不上大夫,刑人离君侧,入境而问禁,入国而问俗,入门而问讳,卜筮不过三,卜筮不相袭，外事以刚日，内事以柔日，丧事先远日，吉事先近日。居丧不言乐，祭事不言凶，告方入公门，公事不私议，公庭不言女，拟人以其伦。凡祭有废莫之敢举，有其举之莫之敢废，非其所祭淫祀无福，支子不祭祭告宗子。将营宫室宗庙为先，厩库为次居室为后。凡家造器祭器为先，牺赋为次养器为后。无田禄者不设祭器，有田禄者先为祭服。君子虽贫不粥祭器，君子虽寒不衣祭服，营为宫室不斩丘木。天子之视上袷下带，国君绥视大夫衡视，士视五步勿傲忧奸。奉者当心提者当带，天子之器执则上衡，国君平衡大夫绥之，士则提之执轻如重。国君不名卿老世妇，大夫不名世臣侄娣，士人不名家相长妾。大夫见君君拜其辱，士见大夫大夫拜辱，同国始见主人拜辱。君无变故玉不去身，大夫无故不彻悬乐，士人无故不彻琴瑟。

《内则》：王命冢宰降德兆民，男女居室事亲有则。命士以上父子异宫，昧爽而朝慈以旨甘，日出而退各从其事，日入而夕慈以旨甘。子事父母毕恭毕敬，鸡鸣即起仪物全备，妇事舅姑如事父母，下气怡声问衣燠寒，或先或后敬扶持之，所欲敬进柔色以温，年少男女未冠笄者，鸡鸣亦起昧爽而朝，已食则退未食佐具，内外人等鸡鸣俱起，洒扫堂庭各从其事，孺子随意早寝晏起。父母俱在朝夕恒食，父没母存冢子御食。父母将坐奉席请乡，父母将衽奉席请趾。饭膳饮羞五味中和，搭配有序顺其时令，春酸夏苦秋辛冬咸，主佐有和调以滑甘，食视春时羹视夏时，酱视秋时饮视冬时。父母有命应唯敬对，进退周旋无不慎齐。五日请浴三日具沐，少长贵贱共帅其时。冢妇所为必请于姑，妇无私货私畜私器，不敢私假不敢私与，妇或受赐受而献之。父母之命勿逆勿怠，父母有爱没身敬之，父母不爱敬抑退之，子妇勤劳虽甚爱之，姑缓纵之数休息之。妇未孝敬勿庸疾怨，姑教不可而后怒之，如不可怒出不表礼。父母有过心惟孝敬，下气怡色柔声以谏，谏若不入起敬起孝，悦则复谏不悦孰谏，不悦而怒挞之流血，不敢疾怨起敬起孝。孝子养亲乐心顺志，父母虽没终身无息，思贻令名为善必果，思贻羞辱欲恶不果。适子庶子虽为贵富，不敢骄入宗子之家，车徒舍外以寡约入，富具二牲献其贤者，夫妇皆齐而加宗敬，终事而后乃敢私祭。五礼始于谨别夫妇，非祭非丧不相授器，相授女筐坐奠后取，男子居外女子居内，男不言内女不言外，内言不出外言不入，男子入内不啸不指，女子出门拥蔽其面，男子道右女子道左，夜行以烛无烛则止。男子始生设弧门左，女子始生设帨门右，择于诸母宽慈温慎，士人之妻自养其子。子能食食教以右手，能言教以男唯女俞，六年教数方名，七年男女异席，八年教之敬让，九年教之数日，十年出就外傅，十有三年学乐诵诗，舞勺舞象射御成童。二十而冠始学经礼，衣帛夏舞惇行孝悌，博学不教内而不出。三十有室始理男事，博学无方逊友视志。四十始仕出谋发虑，道合则从不可则去，五十官政七十致事。男拜尚其左手，女拜尚其右手。女子十年不出，姆教婉娩听从，执麻枲治丝茧，熟稔织纴组紃，学女事共衣服，观祭祀纳酒浆，笾豆菹醢助奠，十五年笄二十而嫁，聘则为妻奔则为妾。

《少仪》：相见荐羞威仪必慎，卑己尊人情实感通，为人臣下有谏无讪，颂而无谄谏而无骄。言语之美穆穆皇皇，朝廷之美济济翔翔，祭祀之美齐齐皇皇，车马之美匪匪翼翼，鸾和之美肃肃雍雍。执玉执龟筮而不趋，堂上不趋城上不趋，武车不式介者不拜，君子服剑乘马弗贾，宾客主恭祭祀主敬，丧事主哀会同主诩，军旅思险隐情以虞，国敝主俭君子小过。君子执虚有如执盈，君子入虚如同有人，君子未尝不敢食新，君子卜筮而不贰问，君子相见念勿淫杂，君子未知勿加臆测，君子事长量而后入，君子为下谏而无讪。始见君子其辞谦逊，固愿闻名于将命者，敌者固愿罕见闻名，亟见朝夕瞽则闻名。

《檀弓》《曾子问》：礼仪疑昧微茫之处，情理两安圣贤断例，临终丧事尤为谨慎，辨析明白礼义弥尊。君子爱人以德为敬，细人爱人姑息为美。得正而毙死得其所，失礼必改君子之心。君子曰终小人曰死，毕生兢兢其为庶几。事亲有隐无犯就养无方，服勤至死致丧三年；事君有犯无隐就养有方，服勤至死方丧三年；事师无犯无隐就养无方，服勤至死心丧三年。丧礼哀不足礼有余，不若礼不足哀有余。祭礼敬不足礼有余，不若礼不足敬有余。祭祀之礼自尽其诚，神之所飨齐敬之心。哭泣之哀齐斩之情，饘粥之食自天子达。拜后稽颡颓乎其顺，稽颡后拜顺乎其至，三年之丧从其至者。先王制礼中道有度，过者俯就不及跂及，君子执丧水浆不入，三日断情杖而后起。孺子慕泣哀则难继，哭踊有节礼可传继。君子念亲始生之义，丧礼哀戚节哀顺变，三年丧极心则弗忘，终身忧念而无灭性。子夏除丧琴不成声，哀虽未忘弗敢过礼。子张除丧琴和成声，哀虽已衰不敢不及。君子表微丧善可法，其往如慕其反如疑，始死充充如有穷急，既殡瞿瞿有求弗得，既葬皇皇如望弗至，练而慨然祥而廓然。殡葬附物必诚必信，三年丧满逾月歌善。执亲之丧泣血三年，未尝见齿君子其难。为父妻者子则母丧，不为父妻子不母丧。丧舍適孙而立庶子，礼法变例不为常训。齐衰偏坐大功服勤，衰不当物宁为无衰。啜菽饮水尽欢谓孝，葬敛手足称财谓礼。先王制礼过时弗举，君子尊礼过时不祭。君子表微礼以饰情，三年之丧吊哭为虚。虞而立尸卒哭而讳，生事毕而鬼事始已。为明器者知丧之道，备物不用而神明之。丧哀民哀庙敬民敬，作誓民叛作会民疑，礼义忠诚无以莅之，虽固结之民其不解。

（四）五礼义化民分记类韵义

《祭义》：祭不欲数数烦不敬，祭不欲疏疏怠则忘，成庙衅礼道交神明，君子合天春禘秋尝。秋霜既降君子履之，凄怆之心非寒之谓。春雨既濡君子履之，怵惕之心如将见之。乐以迎来哀以送往，禘则有乐尝则无乐。致齐于内散齐于外，思其居处思其笑语，思其志意思其所乐，思其所嗜三日感通。祭日入室僾然见位，周还出户肃然闻声，出户而听忾然闻叹。先王之孝无所不敬，色不忘目声不绝耳，心志耆欲不忘乎心，致爱存心致悫著心，生则敬养死则敬享，君子孝思终身弗辱，终身之丧忌日之谓，志有所至忌日不用。文王之祭有怀二人，事死者如事其生时，思死者如不复欲生，忌日必哀称讳如见，祭祀之日乐与哀半，飨之必乐已至必哀，祭之绎日明发不寐，飨而致之从而思之。孝子将祭虑事必豫，比时具物虚中备治，宫室修设官备斋沐，其亲质悫其行速趋，盛服奉进洞洞属属，如有弗胜如将失之，谕其志意恍惚神交，庶或飨之孝子之志。唯圣人为能飨帝，唯孝子为能飨亲，飨者乡也乡而能飨，孝子临尸和敬不怍，君牵牲而夫人奠盎，君献尸而夫人荐豆，卿大夫相君，命妇相夫人，齐齐乎其敬，愉愉乎其忠，勿勿欲其飨。孝子之祭尽悫尽信，尽敬尽礼而无过失。进退必敬如亲听命，其立敬诎其进敬愉，其荐敬欲退立如命，已彻而退敬齐盎面。孝子深爱必有和气，有和气者必有愉色，有愉色者必有婉容，孝子如执玉如奉盈，洞洞属属弗胜恐失，严威俨恪成人之道，此非孝子所以事亲。郊祭报天主日配月，祭日于坛祭月于坎，以别幽明以制上下，祭日于东祭月于西，以别外内以端其位。阴阳长短终始相巡，日月消息致天下和。郊日君牵牲穆答君，卿大夫按位次序从。郊祭至敬丧不敢哭，凶服不敢入于国门。礼致反始以厚其本，礼致鬼神以尊上亲，礼致和用以立民纪，礼致义上下不悖逆，礼致让以去争竞心，五者以治天下之礼，虽有奇邪不治者微。气者神盛魂者鬼盛，合鬼与神礼教之至，众生必死归土谓鬼，骨肉毙下阴为野土，其气上扬昭明神著，因物之精制为之极，明命鬼神以为民则，百众以畏万民以服，宫室宗祧以别亲疏，反古复始不忘所生。二端既立报以二礼，建设朝事燔燎膻芗，见以萧光报气反始。荐黍稷羞肝肺首心，加以郁鬯以报魄也。教民相爱上下用情，二礼备足礼之至极。致敬发情竭力从事，以报其亲不敢弗尽，为藉养牲蚕服祭祀，亲力亲为孝敬至极。君子为孝先意承志，大孝尊亲谕亲于道，中孝弗辱下孝能养，直养之者安能为孝。儿女身者父母遗体，父母遗体行敢不敬，居处不庄事君不忠，莅官不敬朋友不信，战阵无勇俱为非孝。烹熟膻芗尝荐谓养，国人称愿有子谓孝。本教曰孝其行曰养，养能敬难敬能安难，安能卒难慎行其身，不遗亲羞可谓能终。仁者仁此礼者履此，义者宜此信者信此，乐顺此生刑反此作。孝置之而塞乎天地，孝溥之而横乎四海，施诸后世而无朝夕，推而放诸四海而准，东南西北无思不服。树木时伐禽兽时杀，断树杀兽不时非孝。小孝用力思慈忘劳，中孝用劳尊仁安义，大孝不匮博施备物。父母爱之喜而弗忘，父母恶之惧而无怨，父母有过谏而不逆，父母既没仁粟以祀。天地生养人最为大，父母生之子全归之，不亏其体不辱其身，君子顷步弗敢忘孝。举足出言不敢忘亲，道而不径舟而不游，恶言不出愤言不反，不辱其身不羞其亲。

《祭统》：治人之道莫急于礼，礼有五经莫重于祭，祭者非物自外至者，乃为自中出生于心，感时怵惕奉之以礼，故唯贤者能尽祭义。贤者之祭必受其福，福者备也百顺之名，内尽于己外顺于道，忠臣事君孝子事亲，上顺鬼神外顺君长，内孝于亲此之谓备。贤者能备然后能祭，致其诚信与其忠敬，奉之以物道之以礼，安之以乐参之以时，明荐而已不求其为。祭者所以追养继孝，孝者畜也顺道不逆，孝子事亲行有三道，生养没丧丧毕则祭，养则观顺丧则观哀，祭则观其敬而时中。既内自尽又外求助，供事宗庙为昏礼本，夫妇亲祭外内官备，小物美物阴阳物备，水草之菹陆产之醢，三牲之俎八簋之实，昆虫之异草木之实，天之所生地之所长，苟可荐者莫不咸在，尽物尽志此祭之心。天子亲耕以共粢盛，王后亲蚕以共纯服，诸侯夫人亦复如是，诚信致敬祭事之道。及时将祭君子乃齐，大事恭敬不齐心乱，及其将齐防其邪物，讫其嗜欲耳不听乐。齐者不乐不敢散志，心不苟虑必依于道，身不苟动必依于礼，君子之齐专致精明，散齐七日致齐三日，精明之至可交神明。祭有三重献重于裸，声重升歌舞重武乐，假外而增君子之志，志轻则轻志重则重，君子之祭必身自尽，道之以礼以奉三重，荐诸皇尸圣人之道。祭末有馂不可不知，善终如始馂其是已，贱馂贵余下馂上余，馂乃惠术可以观政，尸谡君卿馂，君起大夫馂，大夫起士馂，士起百官馂。凡馂之道每变以众，贵贱别等施惠之象，以四簋黍见修庙中，庙中也者境内之象，祭者乃为泽之大象，上有大泽惠必及下，非上积重下有馂民，上先下后民待下流，知惠必至由馂见之。祭礼顺备为孝教本，外则教之以尊君长，内则教之以孝其亲。明君在上诸臣服从，崇事宗庙子孙顺孝，尽道端义而教生焉。君子事君必身行之，不安于上不以使下，所恶于下不以事上，非人行己非教之道，君子之教必由其本，顺之至也祭其是与。祭礼有十义，见事鬼神道，见君臣之义，见父子之伦，见贵贱之等，见亲疏之杀，见爵赏之施，见夫妇之别，见政事之均，见长幼之序，见上下之际。成庙衅礼道交神明，祭有四时春秋夏冬，祠禘尝烝顺阴阳义，禘尝之义治国之本，不明其义君臣不全，义者济志诸德之发，德盛志厚义彰祭敬，祭敬子孙莫不礼敬。君子之祭必亲莅之，有故使人君明其义，德薄志轻疑义求祭，使之必敬弗可得已，祭而不敬非民父母。祭鼎有铭称扬先祖，先祖之美明著后世，莫不有美莫不有恶，铭义称美而不称恶，子孙孝心唯贤能之。先祖德善功烈勋劳，庆赏声名列于天下，酌之祭器以祀先祖，显扬先祖所以崇孝，身比为顺示后为教，铭称实际上下皆得，观铭美称美其所为，明足见之仁足与之，知足利之为者贤恭。论撰祖美明著后世，君子比身以重家国，子孙守成彰明美善，无美称之是诬其先，有善弗知不明其先，知而弗传不仁其先，不明仁诬君子所耻。

《郊特牲》：贵诚之义大礼本根，郊祭特牲社稷大牢，王适诸侯奉膳用犊，诸侯适王赐礼大牢，牲孕弗食祭帝弗用，至敬贵气嗅不飨味。缩禘有乐食尝无乐，祭养阴阳其义则一。笾豆之实水土之品，不敢亵多以交神明。乐由阳来礼由阴作，阴阳和而万物得所。宾入乐兴卒爵乐阕，礼示嘉美和悦恭敬，旅币无方别地节期，龟为前列以其先知，以钟次之和居参之，虎豹之皮示德服猛，束帛加璧以表归德。君王大祭至诚至敬，再拜稽首肉袒亲割，稽首服甚肉袒服尽，祭称孝子符以义称，自致其敬尽嘉无让。社祭五土而主阴气，北墉南向答阴之义，大社必受霜露风雨，表象以达天地之气，丧国之社不受天阳，薄社北牖绝阳通阴。社之为义神地之道，地载万物天垂物象，取财于地取法于天，尊天亲地教民美报。家主中霤国社示本，唯为社事民人出里，唯为社田国人毕作，民供粢盛报本反始。王适四方柴事上帝，郊祭以迎长日之至，法象主日大报天德，兆于南郊以就阳位，扫地而祭贵于其质，器有陶匏象天地性，牲用尚赤用犊贵诚，卜郊受命尊于祖庙，作龟称宫尊祖考亲，卜之吉日王立泽宫，亲听誓命以受教谏。献命库门以戒百官，大庙之命以戒百姓，祭之吉日天子皮弁，以听祭报示民严上，丧者不哭不敢凶服，泛扫反道乡为田烛，天子弗命民听于上，天子服用以法象天，天象圣则郊明天道。帝牛不吉以为稷牛，帝牛在涤必须三月，稷牛唯具其别事神鬼，万物本天人本乎祖，郊祭配天报本反始。蜡祭岁末王蜡八神，合聚万物而索飨之，百日之蜡一日之泽，一张一弛文武之道。蜡祭主先啬祭司啬，祭以百种以报啬功，飨农以及邮表禽兽，使之必报仁至义尽。土反其宅水归其壑，昆虫毋作草木归泽。皮弁素服葛带榛杖，送终丧杀仁至义尽，黄衣黄冠祭息田夫，草笠而至尊野服也。好田好女以亡其国，时物勿蓄民利无争，年不顺成八蜡不通，顺成之方其蜡乃通，既蜡而收民人劳息，既蜡而休上不兴功。恒豆之菹水草和气，先王之荐食不可嗜，卷冕路车陈不可好，武壮不乐庙威不安，庙器可用不可便利，交于神明不同安乐，玄酒尚水贵味之本，疏布之尚反女功始，蒲越稿鞂尚以明朴，大羹不和贵其质味，大圭不琢美其质地，素车之乘尊朴贵质，交神明者不同安亵，祭天扫地祭于其质，煎盐之尚贵其天产，鸾刀之贵贵其和义。礼之所尊尊其德义，失义陈数祝史之事，其数可陈其义难知，天子治民知义敬守。

《冠义》：人之为人礼义之谓，礼义之始安其容止，容体正颜色齐辞令顺，君臣正父子亲长幼和，礼仪大备礼义方立，冠后服备容止其安。礼始于冠而本于昏，重于丧祭尊于朝聘，和于乡射礼之大体。冠礼成人礼义之始，古者冠礼筮日筮宾，敬重冠事所以重礼，重礼安伦以为国本。冠于阼阶以著代父，醮于客位敬而成之，三加弥尊增益有成，已冠字之成人之道，成人之者责成人礼，责为人子责为人弟，责为人臣责为人少。冠者见母母礼拜之，见于兄弟兄弟拜之，冠者成人家人始礼，玄冠玄端奠挚于君，贽见乡党大夫先生，冠者成人师长见礼。孝忠行立可以为人，可以为人则可治人，冠者礼始嘉事之重，古者重冠行之于庙，尊重冠事不敢擅为，所以自卑而尊先祖。

《昏义》：天地合而后万物兴，男女有别夫妇有义，父子有亲君臣有正，昏礼为本万世之始。昏礼将合二姓之好，敬慎重正而后亲之，上事宗庙下继后世，取于异姓附远厚别，昏礼不乐幽阴之义，昏礼不贺人之代序。执币必诚辞无不腆，告以直信妇德事人，壹与之齐终身不改，妇人从人幼从父兄，既嫁从夫夫死从子，为社稷主为祖先后，从夫之爵坐以夫齿。天先乎地君先乎臣，男子亲迎男先于女，阴阳刚柔其义一也，执挚相见敬章别也，男女有别则父子亲，父子有亲然后义生，义生礼作万物作安，无别无义禽兽之道，敬而亲之化民必由。古者妇人先嫁三月，祖庙未毁教于公宫，祖庙既毁教于宗室，教以妇德妇言容功，教成祭之以成妇顺。纳采问名纳吉请期，主人拜迎听命于庙，所以敬慎重正昏礼，父亲醮子而命之迎，子承命迎男先于女，出于大门男帅女从，夫妇之义由此而始。妇至婿揖共牢而食，合卺而酳体同尊卑，夙兴妇沐敬以俟见，质明赞见妇于舅姑，妇执枣栗祭成妇礼，舅姑入室妇馈明顺，厥明飨妇一献之礼，奠酬舅姑先降西阶，妇降阼阶以著代事。成礼明顺申以著代，重责妇顺顺于舅姑，和于室人而当于夫，以成丝麻布帛之事，以审守委积盖藏物，妇顺备而后内和理，内和理而后家长久。古者天子后立六宫，以听内治以明妇顺，前立六官公卿元士，以听外治以明男教，王理阳道后治阴德，王听外治后听内职，内和家理外和国治，教顺成俗外内和顺。男教不修阳事不得，适见于天日为之食，妇顺不修阴事不得，适见于天月为之食。日食王修六官之职，素服以荡天下阳事，月食后修六宫之职，素服以荡天下阴事。天子与后犹日与月，阴之与阳相须而成。王修男教乃为父道，后修女顺乃为母道，王之与后犹父与母，为王斩衰服父之义，为后齐衰服母之义。

《乡饮酒》：乡大夫饮宾于庠序，乡饮酒礼尊贤养老。主人迎宾庠门外入，三揖至阶三让后升，主宾所以致其尊让，盥洗扬觯致其洁敬，拜至拜洗拜受送既，宾主所以致其恭敬。尊让洁敬君子相接，尊让不争洁敬不慢，不慢不争远于斗辨，不斗辨则无暴乱祸，圣人制礼君子免祸。尊于房户宾主共之，尊有玄酒贵其本质。羞出东房主人共之，洗当东荣自洁事宾。古之制礼经之天地，纪之日月参之三光，天人合德政教之本。宾主象天地，介僎象阴阳，三宾象三光，让三象月魄，四坐象四时。天地严凝尊严义气，始于西南盛于西北，天地温厚盛德仁气，始于东北盛于东南。主人接人以德厚者，宾者接人以义者也，坐宾西北主坐东南，坐介西南敬以辅宾，坐僎东北以辅主人，宾主有事俎豆有数，仁义交接宾主情通，通而将之以敬曰礼，礼以体成长幼曰德，德者身得学者务焉。祭荐祭酒宾敬主礼，啐肺尝礼啐酒成礼，于席末表非专饮食，为是行礼贵礼贱财，卒觯致实西阶之上，是席之上非专饮食，先礼后财民让不争。乡饮酒礼六十者坐，五十立侍尊长听役，六十三豆七十四豆，八十五豆九十六豆，以此示民尊长养老，尊长养老乃入孝悌，入孝出敬而后成教，成教而后家国可安。孝非家至而日见之，孝悌行立君子谓孝，合诸乡射教之饮礼，尊贤尚齿王道易易。主人亲自速拜宾介，众宾自随贵贱义别。三揖至阶三让升宾，拜让节繁及介有省，众宾升受坐祭立饮，不酢而降隆杀义别。升歌三终主人献之，笙入三终主人献之，间歌三终合乐三终，工告乐备遂出不复，一人扬觯乃立司正，知其能礼和乐不流。宾酬主人主人酬介，介酬众宾终于沃洗，少长以齿悌长无遗。修爵无数而有节文，朝不废朝暮不废夕，宾出拜送节文终遂，知其能安燕而不乱。贵贱明隆杀辨，和乐而不流，悌长而无遗，安燕而不乱，五行足身国安。

《射义》：诸侯之射先行燕礼，卿大夫射先行饮礼。燕礼以明君臣之义，饮礼以明长幼之序。射者绎也各绎己志，进退周还射必中礼，内志端平外体正直，弓矢审固方可言中，观射可以观其德行。为人父者以为父鹄，为人子者以为子鹄，为人君者以为君鹄，为人臣者以为臣鹄，射者各射己位之鹄，天子大射谓之射侯，射中则得以为诸侯。天子当以《驺虞》为节，诸侯当以《狸首》为节，大夫当以《采蘋》为节，士人当以《采繁》为节。《驺虞》者乐官备，《狸首》者乐会时，《采蘋》者乐循法，《采繁》者乐称职。天子以备官为节，诸侯以时会为节，大夫以循法为节，士人以称职为节。明其节志不失其事，功成德立无暴乱祸。先王以射选君卿士，射者男事饰以礼乐，事尽礼乐而可数为，藉立德行圣王务焉。古者诸侯岁献贡士，天子将祭习射于泽，择士德行再试射宫，容体比礼其节比乐，中数多者得与于祭，数与于祭而君有庆，数不与祭而君有让，有庆益地数让削地，诸侯君臣尽志于射，君臣习礼无以流亡，天子制之诸侯务焉，养诸侯自为正之具。贲军之将亡国大夫，为人后者不入行射，幼壮孝悌耇耋好礼，不从流俗修身以俟，好学不倦好礼不变，耄期不乱在位入射。天地四方男子之事，男子生射天地四方，必先有志于其所事，然后敢用爵禄奉飨。射者有似求仁之道，射求正己己正后发，发而不中不怨胜者，君子反求诸己而已。循声而发不失正鹄，唯贤者中不肖安能，发彼有的以祈尔爵，求中辞爵以养老病。

《燕义》：臣竭勤劳立功于国，君报爵禄国安君宁，圣人制礼因事托政，君臣燕饮以和乐之，燕礼所明君臣之义，君臣相尊上下感报。君立阼阶东南南乡，卿大夫皆进定臣位，君席阼上安居主位，君独升立臣莫敢敌。设宾主者饮酒之礼，宰夫为主臣无亢礼，公卿明嫌大夫为宾，宾入中庭君降揖礼。君旅酬宾臣降稽首，臣下尽礼君上答拜，上下交欢而不相怨，礼无不答君臣义明。小卿席位次于上卿，大夫席位次于小卿，士庶子序就位于下，君举旅酬而后献卿，卿举旅酬而献大夫，大夫举旅酬而献士，士举旅酬而献庶子，俎豆牲体荐羞等差，尊卑贵贱上下义明。礼无不答上不虚取，上明正道以之道民，道民有功取其什一，上下用足而无匮乏，上下和亲而不相怨，礼用和宁君臣大义。

《投壶》：主客燕饮讲论才艺，投壶之礼亦嘉亦宾。主人奉矢司射奉中，使人执壶主人请宾，枉矢哨壶请以乐宾，宾敬三辞而后从命，宾再拜受主人还避，主人拜送宾亦还避，已拜受矢进即楹间，退反安位揖宾就筵，毋憮毋傲正立慎言，背立逾言罚有常爵。司射进度壶位，间以二矢有半，反位设中东面，执八筭起告宾，顺投为入比投不释，胜饮不胜能养不能。命奏《狸首》为志取节，主客矢具更投复位，宾党于右主党于左，入者司射坐释一筭，卒投请数告贤告均，为胜立马请庆多马，命酌行觯酌者曰诺，当饮者跪奉觯赐灌，胜者跪曰以觯敬养，正爵既行司射彻马。

《聘义》：诸侯之国交相聘问，重礼轻财共佐王室，聘礼敬让贵贱有等，上公七介侯伯五介，子男三介介绍传命，君子至敬弗敢当尊，三让传命三让入庙，三揖至阶三让后升。士迎于境大夫郊劳，君亲拜迎庙受拜觌，拜君命辱以致敬让，敬让相接君子之道，诸侯敬让不相侵陵。君亲礼宾卿为上摈，大夫承摈士为绍摈，私面私觌贿赠飨燕，敬致飨饩礼还圭璋，明示宾客君臣之义。天子制侯相厉以礼，比年小聘三年大聘，使者聘误主君弗亲，使宾耻愧自勉劝厉。诸侯交聘相厉以礼，内崇敬让外不相陵，天子藉之以养诸侯，兵不用而诸侯自正。圭璋以聘已聘还之，轻财重礼则民作让，主国待客出入三积，饩客于舍一食再飧，燕赐无数厚重尽礼，尽之于礼君臣相安，内不相陵外不相侵，天子制之诸侯务焉。聘射之礼至大，质明而始行事，日中而后礼成，非强力弗能行。强有力者将以行礼，酒清人渴而不敢饮，肉干人饥而不敢食，日暮人倦齐庄无懈，以成礼节以正君臣，以亲父子以和长幼，众人所难君子行之，谓之有行有义勇敢，贵于勇敢贵能立义，贵于立义贵其有行，贵于有行贵其行礼。贵于勇敢敢行礼义，天下无事用于礼义，天下有事用于战胜，战胜无敌礼义顺治，无敌顺治内外盛德，勇力争斗刑罚行国，诛惩乱人民顺国安。

觐礼下堂天子失礼，王无客礼莫敢为主，君适其臣升自阼阶，群臣不敢自有室家。大夫执圭使以申信，不敢私觌所以致敬，臣无外交不敢贰君，大夫强梁君诛为义。天子微弱诸侯僭越，大夫强梁诸侯胁迫，相贵以等相黩以货，相贼以利天下礼乱。（本段内容移自《郊特牲》——编者注）

《丧服小记》：期丧二年再期三年，九月七月之丧三时，五月二时三月一时，丧节应时期祭为礼，感应天道期除变通，祭为存亲不为除丧，亲亲以三为五为九，上杀下杀旁杀亲毕。斩衰括发以麻，为母可免以布，苴杖竹削杖桐，男免冠妇人髽。丧为父母长子稽颡，大夫吊之虽缌稽颡，妇人为夫长子稽颡，为父后者无服出母，男主代丧必使同姓，妇主代丧必使异姓。丈夫冠礼而不为殇，妇人笄礼而不为殇。母在宗子为妻禫祭，母卒不服君母之党。奔兄弟丧先之其墓，而后之家为位而哭。从服者所从亡则已，属从者所从没亦服。除丧先重男首女带，易服易轻男腰女首。虞祭则杖不入于室，祔祭则杖不升于堂。练则筮日筮尸视濯，有司告具而后去杖，大祥吉服而占筮尸，变时除丧凶不临吉。王者禘祖之所自出，以祖配之而立四庙，别子为祖继别为宗，继祢小宗五世而迁，祖迁于上宗易于下，尊祖敬宗敬宗尊祖，庶子不为长子斩衰，不祭祖祢以明其宗，庶子不祭殇与无后，殇与无后从祖祔食，亲亲尊尊长长男女，丧服隆杀人道大端。

《杂记》：丧礼敬上哀次瘠下，颜色称情戚容称服，君子不夺他人之丧，人亦不可夺君子丧，丧哭父母礼无常声，如中路婴失散其母。善居丧者三日不怠，三月不懈期犹悲哀，三年思亲忧戚憔悴。三年之丧念兹在兹，言而不语对而不问，庐垩室中不与人坐，非时见母则不入门，疏衰皆居垩室不庐。亲丧外除兄丧内除，免丧之后行于道路，见似目瞿闻名心瞿，吊死问疾颜容异人，如此可服三年之丧，斩衰以下直道而行。期之丧十一月而练，十三月祥十五月禫，三年之丧功衰不吊，有服往哭丧服而往。丧食虽恶而必充饥，过饥废事过饱忘哀，有疾七十饮酒食肉，五十近毁六十不毁，毁瘠而死谓之无子，毁瘠为病君子弗为。小功以上非祥无沐，疏衰之丧不请见人，小功可请大功不挚，父母之丧不避涕见。三年之丧祥而从政，期之丧者卒哭从政，九月之丧既葬从政，小功缌丧既殡从政。

《丧大记》：疾病外内皆扫，彻去悬乐琴瑟，寝东首北牖下，废床彻亵新衣，男女改服以深，属纩以俟绝气，男子不死妇手，妇人不死男手。复升东荣中屋履危，北面三号卷衣投前，司服受之降西北荣，复衣不以衣尸从敛，男子称名妇人称字，唯哭先复后行死事，始卒主人啼兄弟哭，妇人哭踊正尸成位，小敛主人即位户内，主妇随位东面卒敛，主人凭踊主妇如之，小敛户内大敛于阼。在位拜宾极尽悲哀。子持亲丧三日不食，既葬主人疏食水饮，不食菜果妇人如之，练食菜果祥而食肉。持期之丧不食菜果，期之终丧不食肉酒，九月之丧食犹期丧，食肉饮酒不与人乐，五三月丧一再不食，比葬肉酒不与人乐。父母之丧居庐不涂，寝苫枕块非丧不言，禫而从御吉祭复寝。妇人不居庐不寝苫，丧父母者既练而归，期九月者既葬而归，诸父兄弟卒哭而归。

《奔丧》：始闻亲丧哭答使者，哭哀问故尽哀遂行，日行百里不以夜行，唯父母丧早行晚舍，见星而行见星而舍，若未得行成服后行，至国境哭尽哀而止，哭避市朝望国境哭。齐衰望乡而哭，大功望门而哭，小功至门而哭，缌麻即位而哭。至家入左升自西阶，殡东西面坐哭尽哀，括发袒胸降堂东位，西向即位哭而成踊，袭绖序东绞带反位，拜宾成踊送宾反位，出门哭止阖门就次，三哭括发袒而成踊，三日成服拜送如初。奔丧者自齐衰以下，入门左中庭北哭哀，免麻序东即位袒踊，又哭三哭皆免袒礼。奔丧不及殡先之墓，北面坐哭尽哀主拜。闻丧不得奔丧哭哀，问故哭位括发袒踊。齐衰以下即位尽哀，免绖即位袒而成踊。哭父之党于庙，母妻之党于寝，哭师于庙门外，朋友于寝门外，所识于野张帷。

《问丧》：亲始死则免冠徒跣，手及上衽交手而哭，恻怛之心痛疾之意，失心伤肾干肝焦肺，水浆不入三日不炊，邻里糜粥以饮食之，悲哀在中形变于外，痛疾在心身不安美。三日而敛在床曰尸，在棺曰柩动尸举柩，悲哀志懑气盛袒踊，哭踊动体安心下气，妇人发胸击心爵踊，殷殷田田如坏墙然，悲哀痛疾无助之至，辟踊哭泣哀以送之。送形而往迎神而反，往送如慕其反如疑，往送汲汲如追弗及，反哭皇皇若求弗得。求无所得入门弗见，上堂弗见入室弗见，亡矣丧矣不可复见，哭泣辟踊尽哀而止，怅焉怆焉惚焉忾焉，心绝志悲至亲已矣，祭之宗庙以鬼飨之，徼幸复反可慰孝心。成圹而归不敢入室，居于倚庐哀亲在外，寝苫枕块哀亲在土，哭泣无时服勤三年，思慕之心孝子之志，人情之实有以安止。亲死三日后敛者何，孝子亲死悲哀志懑，匍匐哭之若将复生，安可得夺而速敛之。三日后敛以俟其生，三日不生亦不生矣，孝子望心亦益衰矣，家计服具亦可成矣，亲戚远者亦可至矣，故圣断决三日礼制。冠尊不居肉袒之体，故而为之免以代之，秃者不免伛者不袒，跛者不踊非不悲也，身有锢疾不可备礼，女子哀泣击胸伤心，男子哀泣触地无容，丧礼至哀以为其主。免者乃不冠者所服，童子不缌唯当室缌，缌者其免当室免杖，杖者何也竹桐一也，为父苴杖苴杖竹也，为母削杖削杖桐也。孝子丧亲哭泣无数，服勤三年身病体羸，以杖扶病父在不敢，堂上不杖避尊者处，堂上不趋示不遽也，人情之实礼义之经，非从天降非从地出，孝子之志人情而已。

《服问》：罪多刑五丧多服五，上附下附其类等比。丧服有从轻而重者，公子之妻为其皇姑，从重而轻为妻父母，有从无服而为有服，公子妻为夫外兄弟，有从有服而为无服，公子为其妻之父母。母出则为继母党服，母死则为其母党服。凡见人虽尊无免绖，唯于公门有税齐衰，君子不夺他人之丧，人亦不可夺君子丧。

《间传》：丧服之间轻重有宜，等比容体声音哀情。斩衰服苴苴者恶貌，忧其内者必见诸外。哀情之发于声音者，斩衰之哭若往不反，齐衰之哭若往而反，大功之哭三曲而哀，小功缌麻哀容即可。哀发容体者，斩衰貌若苴，齐衰貌若枲，大功貌若止，小功缌麻轻，哀声可从容。哀发于言语者，斩衰唯而不对，齐衰对而不言，大功言而不议，小功缌议不乐。哀发于饮食者，斩衰三日不食，齐衰二日不食，大功则三不食，小功缌再不食，士与敛一不食。父母之丧既殡食粥，朝一溢米暮一溢米，齐衰之丧不食菜果，大功之丧不食醯酱，小功缌麻不饮醴酒。父母之丧既虞卒哭，疏食水饮不食菜果，期而小祥而食菜果，期而大祥而有醯酱，中月而禫而饮醴酒，始饮酒者先饮醴酒，始食肉者先食干肉。哀情之发于居处者，父母之丧居于倚庐，寝苫枕块不税绖带，齐衰之丧屋于垩室，芐翦不纳以示哀情，大功之丧寝而有席，小功缌麻有床可也。父母之丧既虞卒哭，柱楣翦屏芐翦不纳，期而小祥居垩寝席，期而大祥居而复寝，中月而禫禫而有床。哀情之发于衣服者，斩衰三升齐衰四六，大功七九小功十二，缌麻十五升去其半，有事其缕无事其布。斩衰三升既虞卒哭，受以成布而为六升。期而小祥腰绖不除，男子除首妇人除带，男子重首妇人重带，除服先重易服易轻，期而大祥素缟麻衣，中月而禫无所不佩。

《三年问》：三年之丧其道无易，称情立文因以饰群，亲疏贵贱弗可损益，天子庶人一体俱尊。创巨者其日久，痛甚者其愈迟，三年称情立文，所以为至痛极。斩衰苴杖居庐食粥，寝苫枕块为至痛饰。三年之丧廿五月毕，哀痛未尽思慕未忘，送死有已复生有节，服丧三年以是断之。天地所生血气有知，有知之属知爱其类，鸟兽犹为失丧鸣号，人于其亲至死不穷，邪淫之人朝死夕忘，鸟兽不若群居必乱。君子修饰三年之丧，天时廿五过月而毕，若驷过隙遂之无穷，先王为之立中制节，足成文理而后丧除。天地已易矣，四时已变矣，万物更始焉，至亲以期断，以是象之也，三年加隆焉，倍之故再期。九月以下者，焉使弗及也，三年以为隆，缌小功以杀，期九月为间。上则取象于天，下则取法于地，中则取则于人，群居和一理尽。三年之丧至文至隆，百王所同古今所壹，子生三年免亲之怀，三年之丧天下达丧。

《深衣》：古者深衣盖有制度，以应规矩而绳权衡。短毋见肤长毋被土，续衽钩边腰缝半下，袼之高下可以运肘，袂之长短反诎及肘，带当无骨毋厌胁髀。制则十有二幅，以应十有二月，袂圆以应于规，曲袷如矩应方，负绳及踝以应直，下齐如衡以应平。规者揖让以为容仪，负绳抱方以直其政。下齐有如权衡也者，以安其志而平其心。五法已施圣人服之，规矩取无私，绳则取其直，权衡取其平，可以为文可以为武，可以摈相可以治旅，完且弗费善衣之次。父母祖亲在，衣则纯以缋，惟父母健在，衣则纯以青，孤子纯以素，纯袂缘纯边，其广各寸半。

《丧服四制》：礼者体也故谓之履，体察天地法象四时，则其阴阳顺乎人情，丧服四制仁义礼智。天道自然礼所由生，吉凶异道不得相干，吉凶礼象取之阴阳。丧有四制变而从宜，四制礼象取之四时。有恩有理有节有权，权中礼象取之人情。恩者仁也理者义也，节者礼也权者智也。仁义礼智人道具矣。其恩厚者则其服重，为父斩衰以恩制者。门内之治恩以掩义，门外之治义以断恩，资于事父以事其君，贵贵尊尊敬同义大，为君斩衰以义制者。三日而食三月而沐，期而练者毁不灭性，不以死者而伤生者。丧极三年苴衰不补，坟墓不培祥日素琴，告民有终以节制者。资于事父事母爱同，天无二日土无二主，国无二君家无二尊，父在为母齐衰期者，恩同服异不敢二尊。设杖为扶病，三日授子杖，五日授大夫，七日授士杖。或杖假主或杖辅病，妇人童子不杖不病。百官备而后百物具，不言事行者扶而起，言而事行者杖而起，身自执事面垢而已，秃者不免伛者不袒，跛者不踊老病酒肉，凡此八者以权制者。至亲始死孝子悲恸，三日不怠三月不懈，期犹悲哀三年犹忧，圣人因杀以制恩节，三年之丧丧之中庸，贤者无过不肖得及。斩衰之丧唯而不对，齐衰之丧对而不言，大功之丧言而不议，缌麻小功议不及乐。至丧衰冠绳缨菅屦，三日食粥三月而沐，期而练冠三年而祥，终兹三节仁者观爱，知者观理强者观志，礼以治之义以正之，孝子贞妇可得而察。

《易经》韵义

　　《周易》是中华民族集体智慧的结晶，其中古圣先贤贡献突出。《周易》基本内容包括卦爻辞与十翼阐释，具体而言即上经下经六十四卦卦辞、三百八十六爻爻辞，阐发卦辞的彖辞、大象辞，阐发爻辞的小象辞，专门阐发乾坤两卦卦爻辞的文言辞，以及系辞上下、说卦、序卦与杂卦。关于《周易》主旨，孔颖达《周易正义》序指出："夫易者，象也。爻者，效也。圣人有以仰观俯察，象天地而育群品；云行雨施，效四时以生万物。若用之以顺，则两仪序而百物和；若行之以逆，则六位倾而五行乱。故王者动必则天地之道，不使一物失其性；行必协阴阳之宜，不使一物受其害。故能弥纶宇宙，酬酢神明，宗社所以无穷，风声所以不朽。非夫道极玄妙，孰能与于此乎？斯乃乾坤之大造，生灵之所益也。"《周易》以阴（▬▬）阳（▬）耦合比拟物象，以八经卦（乾☰坤☷震☳巽☴坎☵离☲艮☶兑☱）的错综复杂排列组合为六十四卦、三百八十六爻，模象万物静动态势，内外卦体本末交感，上下六爻时位流行，吉凶悔吝补过无咎。为君子谋善易不占，法天文而开人文，本天道而立人道，随时变易当位中正，洁静精微各适性分，阴阳和谐顺治天下。具体而言，《周易》每卦由上下经卦构成，上下经卦卦象乃分析卦德爻时之母体。《周易》卦象、爻象不一而足，然而均形象鲜活，若能明晓其象，则卦爻辞义理可迎刃而解。《周易》卦体六爻时位内在关联，下三爻位构成内卦，上三爻位构成外卦。初、三、五爻位为阳之正位，二、四、上爻位为阴之正位，二爻五爻为阴阳中位，阴阳是否得中得正关乎吉凶悔吝。内外卦中初四爻、二五爻、三上爻分别为对应关系，其中阴阳对应为正应，阳阳、阴阴同类若合则为同德相合。相邻两爻为相比关系，其中阴在阳上为阴乘阳，阴在阳下则为阴承阳，这些时位联系构成了分析爻变义理的基本框架。就儒教义理而言，《周易》侧重表述了君子主体担当、礼位时空中正、阴阳内外交相感应以及象数类比思维等基本要素。关于《周易》源流沿革，孔颖达《周易正义》序指出："若夫龙出于河，则八卦宣其象；麟伤于泽，则《十翼》彰其用。业资九圣，时历三古。及秦亡金镜，未坠斯文；汉理珠囊，重兴儒雅。其传《易》者，西都则有丁、孟、京、田，东都则有荀、刘、马、郑，大体更相祖述，非有绝伦。唯魏世王辅嗣之《注》独冠古今，所以江左诸儒并传其学，河北学者罕能及之。其江南义疏十有余家，皆辞尚虚玄，义多浮诞。原夫易理难穷，虽复玄之又玄，至于垂范作则，便是有而教有。若论住内住外之空，就能就所之说，斯乃义涉于释氏，非为教于孔门也，既背其本，又违于《注》……考察其事，必以仲尼为宗；义理可诠，先以辅嗣为本。去其华而取其实，欲使信而有征，其文简，其理约，寡而制众，变而能通。"据说，伏羲始画八卦，文王重之为六十四卦并作卦辞，周公作爻辞，孔子整理并作《十翼》以发明卦爻辞之人文内涵，传至两汉形成今古文易学传统，郑玄等学者对象数义理予以初步整合，魏晋王弼等兴起义理，唐代孔颖达等整合之。作为经学重镇，后世易学无不时中发明《周易》大义，因历代因缘际遇而应时兴起，唐宋明清大家辈出，居常达变发明儒教。其中，清版《周易正义》即魏王弼、晋韩康伯注与唐孔颖达疏的内在整合，立足义理，易象清明，立论平正，影响深远。宋代大儒程颐所撰《周易程氏传》则为《周易》义理学经典，学理正大且对王弼注本之虚浮多所匡正，以下韵解兼采《周易程氏传》与《周易正义》之精华，庶几义理更为彰明。

一　《上经》韵义

乾卦 ䷀ 乾上乾下

乾：元亨利贞。初九：潜龙勿用。九二：见龙在田，利见大人。九三：君子终日乾乾，夕惕若厉，无咎。九四：或跃在渊，无咎。九五：飞龙在天，利见大人。上九：亢龙有悔。用九：见群龙无首，吉。

内乾外乾卦象为乾，卦辞四德元亨利贞，圣人作《易》本为教人，象乾立化施于人事，元始亨通利和贞正，乾性纯阳万物得所，四时之运终始无端，君子比德仁礼义信，长养会通协和正固，天人合德止于至善。彖赞卦辞大哉乾元，万物资始乃统于天，云行雨施品物流形，大明终始六位时成，时乘六龙以御于天，乾道变化各正性命，保合太和乃致利贞，上法乾德生成万物，圣人当位万国咸宁。

　　大象辞赞上下卦象，法象立化推衍人事，万物有象设卦拟之，实象假象以义示人，上下乾乾天行至健，君子体之自强不息，君子也者有德有位，君临上位子爱下民，天子诸侯公卿大夫，时位尊卑量力而行。爻辞小象自下而上，六爻皆阳小象拟龙，天地之气有升有降，君子之道有行有藏，龙能变化君子比德。乾爻初九潜龙勿用，君子未显保任生息。乾爻九二见龙在田，出潜离隐其德健中，利现大人德泽普施，有如大舜之田渔时，又如孔子教于洙泗，虚往实归见者皆利。乾爻九三直言人事，居上不骄在下不忧，终日乾乾夕惕若厉，反复合道君子无咎，有如大舜玄德升闻，又如文王脱囚理政。乾爻九四时处乾革，用心存公进不在私，疑以为虑不谬于果，或跃在渊进退无咎，如周西伯内执王心，外率诸侯敬事商纣，又如武王观兵孟津，时中而进合于常道，戒如宋襄战楚败亡。乾爻九五飞龙在天，德以位叙位以德兴，至德造就大人居位，九五中正德备天下，天下利见大人当王。乾爻上九亢龙有悔，物极则反盈不可久，纯阳虽极但有悔吝，戒惧补过未至大凶。乾爻用九群龙无首，能用天德吉可常保，刚健居首物所不与，柔顺不正佞邪之道，谦通下情刚柔和济，乾吉无首坤利永贞。

　　文言专阐乾坤卦爻，其余卦爻自乾坤出。元善之长亨嘉之会，利义之和贞事之干，君子体仁足以长人，君子嘉会足以合礼，君子利物足以和义，君子贞固足以干事，元亨利贞君子德行。潜龙勿用龙德而隐，不易乎世不成乎名，遁世无闷晦德无闷，乐则行之忧则违之，确不可拔比德潜龙。见龙在田龙德正中，庸言之信庸行之谨，闲邪存诚善世不伐，德博而化利现君德。君子乾乾进德修业，忠信自持所以进德，修辞立诚所以居业，知至至之可与言几，知终终之可与存义，居上不骄在下不忧，乾乾时惕虽危无咎。或跃或潜君子无咎，上下无常非为邪也，进退无恒非离群也，进德修业及时无咎。飞龙在天利见大人，同声相应同气相求，水性流湿火性就燥，云则从龙风则从虎，圣人作而万物利睹，本乎天者本乎地者，亲上亲下各从其类。亢龙有悔比类人事，贵而无位高而无民，贤人在下不辅动悔。龙之为德举动不妄，以爻为人以位为时，爻居其位犹人遇时，人不妄动时皆可知，文王明夷则主可知，仲尼旅人则国可知，潜龙勿用时在卑下，见龙在田以时通舍，终日乾乾及时行事，或跃在渊随时自试，飞龙在天得时上治，亢龙有悔时穷致灾，乾元用九天下善治。潜龙勿用阳气潜藏，见龙在田天下文明，终日乾乾与时偕行，或跃在渊乾道乃革，离下升上时位变迁，飞龙在天位乎天德，亢龙有悔与时偕极，乾元用九乃见天则。乾元始亨通物之始，利贞性情久行其正，乾始能以美利利物，不言所利德大矣哉，大哉乾乎体性用情，刚健中正纯粹阳精，六爻发挥旁通物情，时乘六龙以御天位，云行雨施天下均平。君子当以成德为行，德行彰明日可见之，潜之为言隐而未见，行而未成君子弗用。君子蓄德学问居行，学以聚之问以辨之，宽以居之仁以行之，见龙在田利见大人，君德位下进德修业。九三爻位重刚不中，上不在天下不在田，乾乾时惕虽危无咎。九四爻位重刚不中，上不在天下不在田，中不在人上下无定，迟疑心安优柔无咎。夫大人者德合九五，能与天地合其性德，能与日月合其光明，能与四时合其秩序，能与鬼神合其吉凶，先天而行而天弗违，后天而行而奉天时，天且弗违况乎人神。亢之为言知进忘退，知存忘亡知得忘丧，圣人君子惟其知全，进退存亡不失其正。

坤卦䷁坤上坤下

坤：元亨，利牝马之贞。君子有攸往，先迷后得，主利。西南得朋，东北丧朋，安贞吉。初六：履霜，坚冰至。六二，直方大，不习无不利。六三，含章可贞，或从王事，无成有终。六四，括囊，无咎无誉。六五，黄裳，元吉。上六，龙战于野，其血玄黄。用六，利永贞。

内坤外坤卦象为坤，天象拟龙地象拟马，坤道柔顺其德广生，卦辞元亨利牝马贞，柔顺利贞君子攸往，天地恒道阴柔从阳，待唱而和大化流行，在阳之先迷惑失道，在阳之后主于得利，犹如臣子不先君父，和实生物同则不继，西南得朋东北丧朋，阴柔之物必离其党，之于阳刚安静贞吉，如臣离党入君之朝，女子离家入夫之室。象赞卦辞至哉坤元，万物资生乃顺承天，坤厚载物德合无疆，含弘光大品物咸亨，牝马地类行地无疆，柔顺利贞君子攸行，先迷失道后顺得常，西南得朋乃与类行，东北丧朋乃终有庆，安贞之吉应地无疆。

大象辞赞地势坤顺，君子体之厚德载物，承天时行随分多少。坤卦六爻纯阴不杂，自下而上小象赞之，坤爻初六履霜坚冰，阴始凝霜驯致坚冰，阴之为道微而积渐，初位柔顺终至坚刚，戒喻人事制其节度，防渐虑微慎终于始。坤爻六二位中得正，极地之质俱包三德，直方而大不习而利，生物不邪谓之直也，地体安静是其方也，无物不载是其大也，六二之动直以方也，不习而利地道光也，任其自然而物自生，不假修营而功自成，故虽不习物无不利。坤爻六三含章可贞，或从王事无成有终，含章可贞以时发也，或从王事知光大也，位居阴极能自降退，不为事始须唱乃应，知虑光大不擅其美，敬奉于上不疑于阳。坤爻六四履非中位，以阴居阴内无阳事，括囊否闭譬心藏知，闭知不用贤人乃隐，不与物竞功不显物，无咎无誉慎则不害。坤爻六五阴处盛位，黄裳元吉文德在中，黄者中色裳者下饰，坤为臣道五居君位，中和通理居奉臣职，体无刚健能极物情，垂裳元吉不用威武，极阴之盛不至疑阳。坤爻上六龙战于野，其血玄黄阴道穷极，阴顺不盈乃全其美，盛而不已阳所不堪，坤极陵乾阳龙与战，阴阳相伤阴极必衰。坤爻用六利永贞固，行以牝马利以永贞，刚健为耦用之至顺，坤之为用不可纯柔，用柔守正广大而终。

坤卦文言颂卦爻德，坤虽至柔其动也刚，坤虽至静其德也方，后和得主阴性有常，含养万物其德化光，坤道其顺承天时行。积善之家必有馀庆，积恶之家必有馀殃，臣弑其君子弑其父，由来有渐非朝夕故，霜至坚冰盖言顺也，上防下恶须及早辩。直其正也方其义也，敬以直内义以方外，敬义得立则德不孤，直方而大不习而利，效坤中行君子不疑。地道卑柔无敢成物，臣道妻道弗敢成也，臣虽含美以从王事，必待君唱而后代终。阴阳感通生养万物，天地变化草木蕃盛，二气不交天地否闭，处此时位贤人潜隐，括囊谨慎无咎无誉。君子坤德处尊奉职，黄中通理正位居体，美在其中畅于四肢，发于事业美之至也。阴疑于阳必与争战，为嫌无阳故称龙焉，未离阴类故称血焉，强争俱伤其血玄黄。

屯卦☲☳坎上震下

屯：元亨利贞。勿用有攸往，利建侯。初九，磐桓，利居贞，利

建侯。六二，屯如邅如，乘马班如，匪寇婚媾。女子贞不字，十年乃
字。六三，即鹿无虞，惟入于林中，君子几，不如舍，往吝。六四，
乘马班如，求婚媾，往吉，无不利。九五，屯其膏，小贞吉，大贞凶。
上六，乘马班如，泣血涟如。

内震外坎卦象为屯，卦辞赞曰元亨利贞，君子贤者勿用攸往，而利建
侯以为民主。象赞卦辞刚柔始交，阴阳激薄尚未通感，情不相得故而难生，
内震外坎动乎险中，雷雨之动乃得满盈，先难后得至大亨贞，天地造始冥
昧不宁，王者察此不遑安居，建立诸侯抚恤万方。

大象赞曰云雷始屯，君子法象经纶天下。屯爻初九小象释之，处屯之
初动则难生，不可轻进故而磐桓，虽则磐桓志利居正，息乱以静非求宴安，
民思其主宜建诸侯，屯难之世阴求于阳，安民在正弘正在谦，初九得位在
三阴下，以贵下贱大得民心。屯爻六二难在乘阳，近不相得难与五婚，屯
如邅如乘马班如，志在于五不从于初，女守贞正本志斯获，匪寇婚媾十年
反常。屯爻六三阴居阳位，上六无应往依于五，五应在二故而不纳，即鹿
无虞徒入林中，不揆其志徒劳无功，君子之动岂取恨辱，见几而舍往必悔
吝。屯爻六四得位居正，下应初九疑二比初，明二贞志求初见纳，虑二妨
路乘马班如，明二贞志往求婚媾，君子明察吉无不利。屯爻九五得位居尊，
处屯难时宜广拯济，唯系应二屯难其膏，固志同好不容他间，膏泽恩惠所
施褊狭，位尊不能德被广大，小贞为吉大贞则凶，君子观象无党无偏。屯
爻上六位处险极，下无应援进无所适，虽比于五五屯其膏，不与相得居不
获安，乘马班如泣血涟如，屯难穷极何可久长，君子观象中道变通。

蒙卦䷃ 艮上坎下

蒙：亨。匪我求童蒙，童蒙求我。初筮告，再三渎，渎则不告。
利贞。初六，发蒙，利用刑人，用说桎梏，以往吝。九二，包蒙吉。
纳妇吉，子克家。六三，勿用取女。见金夫，不有躬，无攸利。六四，
困蒙，吝。六五，童蒙，吉。上九，击蒙，不利为寇，利御寇。

内坎外艮卦象为蒙，卦辞赞曰蒙卦亨通，匪求童蒙童蒙求我，初筮诚
告再三则渎，渎则不告利守贞正，蒙者微昧暗弱之名，物皆蒙昧唯愿亨通，

童蒙问师原多疑惑，当以初心一理剖决，若不契机广深告之，童蒙闻之亵渎烦乱，失诚敬义不如不告，蒙之为义利以养正，越俎代庖大失其道。象赞卦辞蒙之意象，山下有险险而能止，退则困险进则阂山，进退不可不知所适，居蒙之时唯愿亨通，亨道行之君子时中，礼闻来学不闻往教，暗者求明明不谙暗，童蒙来求师生志应，初筮告者二爻刚中，为众阴主当为明师，再三不告恐乱蒙者，二爻刚中而居阴位，发而后禁扞格难胜，五志应二非二求五，纯一未发养正于蒙，蒙昧隐默自养正道，明德亲民止于至善，乃成至圣大同之功。

大象赞曰蒙之为象，山下出泉未知所适，君子当以果行育德，果决其行发此蒙道，隐默怀藏不自彰显，育养童蒙贞正之德，时未获通果决行志，育养明德蒙昧消融。蒙卦六爻小象释之，初六发蒙利用刑人，用脱桎梏以往则吝，初近九二二则阳中，明照初六发去其蒙，蒙既发去疑滞显明，或惩或免无不得当，治蒙之初威之刑戒，明罚正法立其防限，心虽未喻畏使由之，不敢肆其昏蒙欲望，脱桎梏束身心自由，格其非心渐至于化，刑辅德教不可或缺，戒律成教教在戒中，专刑为治民免无耻，刑不可过过必悔吝。蒙爻九二包蒙有吉，纳妇有吉子能克家，以刚居中童蒙来归，含容不距决疑故吉，体阳包蒙物莫不应，阴阳配德故纳妇吉，下体刚中含容群阴，五信任二主发蒙功，刚柔相接任内理中，比类子孙干济家事。蒙爻六三勿用取女，见于金夫不能有躬，心行不顺故无攸利，阴求于阳晦求于明，童蒙之世各求发昧，六三阴柔以处蒙暗，不中不正如女妄动，六三上九本为正应，正应在上不能远从，近见九二群蒙所归，得时之盛舍正往从，女之从人当由正礼，固守贞信自保其躬，见人多金悦而妄从，非礼而动不保其身，邪僻不顺故不可娶，心行不正往何所利。蒙爻六四困蒙鄙吝，阳实生息阴虚消损，九二阳实六四隔远，处两阴间独远阳刚，暗莫之发困于蒙昧，不能比贤以发其志，蒙昧无知故可羞吝。蒙爻六五童蒙有吉，童蒙之吉顺以巽也，六五阴柔居君尊位，其应在二二刚得中，不自任察委贤九二，以柔中德任刚明才，付物以能不劳聪明，心顺貌顺不先不为，治天下蒙不啻己出，有如成王委任周公，功克干济童蒙有吉。蒙爻上九击发童蒙，不利为寇利用御寇，处蒙之终以刚居上，击去阴蒙发明暗昧，合上下愿莫不顺从，治人之蒙有如御寇，击发阴蒙刚不过暴，如舜征苗周公伐叛，若肆刚暴则如为寇，秦皇黩武汉武穷兵，御寇物归为寇物叛，上九刚极不中故诫。

需卦☵ 坎上乾下

需：有孚，光亨，贞吉，利涉大川。初九，需于郊，利用恒，无咎。九二，需于沙，小有言，终吉。九三，需于泥，致寇至。六四，需于血，出自穴。九五，需于酒食，贞吉。上六，入于穴，有不速之客三人来，敬之终吉。

内乾外坎卦象为需，卦辞赞曰有孚光亨，贞正则吉利涉大川，物初蒙稚待养而成，无信不立所待唯信，需待孚信其道光明，物得亨通贞正则吉，刚健能进不患险难，乾德乃亨利涉大川。彖赞卦辞需者须也，乾德刚健需道得亨，前虽遇险不被陷滞，险难在前有待乃进，刚健不陷义不困穷，需有孚光亨贞吉者，位乎天位以正中也，九五君位以阳居尊，中则不偏正则无邪，正而得中故能孚信，需待之义先须于信，位乎天位用其中正，孚信待物需道毕矣，利涉大川往有功者，刚健中正乾德获进，行险有功往辄亨通。

大象赞需云上于天，阴阳和洽方可成雨，观象畜德安以待时，君子当以饮食宴乐，童蒙已发盛德光亨，养体和志居易俟命。需之一卦须待难通，待通而亨须待之义，其于六爻假象明事，远近出处凡人万事，法此六爻即万事尽，需卦六爻小象释之，需爻初九需待于郊，居需之时远避坎险，能抑其进远难待时，去难既远不犯难行，安守其常宜利无咎，虽不应几可以保常。需爻九二需待于沙，沙近水傍去水渐近，虽未致患小有责让，将近坎难宽衍在中，近不逼难远不后时，履健居中以待其会，虽小有言以终吉也。需爻九三需待于泥，泥溺之处切逼坎难，刚而不中居健体上，以刚逼险欲进其道，自我致寇感外坎难，犹须待时不陷其刚，相时量宜敬慎不败。需爻六四需待于血，出自坎穴顺以听命，六四阴柔居处坎初，当三阳进伤于险难，不能安处必失其居，顺时无竞不至于凶，凡称血者阴阳相伤，阴阳相近而不相得，阳进阴塞两相妨害，待时于血犹待难中，穴者阴路坎始居穴，九三刚进四不能距，出避顺命得以免咎。需爻九五需于酒食，酒食贞吉以中正也，需之所须以待达也，九五既为需卦之主，阳刚居尊畅其中正，需道亨通上下无事，宴安垂拱贞正则吉。需爻上六入于坎穴，不速之客有三人来，虽不当位未大失也，不速客来敬之终吉，上六处终非塞路者，与三为应三来之己，无畏害避入穴安固，三阳不进须难之终，难终则至不招自来，阴居上位为三阳主，敬慎自处阳不能凌，未至大失终得其吉。

讼卦 ䷅ 乾上坎下

讼：有孚，窒惕，中吉，终凶。利见大人，不利涉大川。初六，不永所事，小有言，终吉。九二，不克讼，归而逋。其邑人三百户，无眚。六三，食旧德，贞厉，终吉。或从王事，无成。九四，不克讼，复既命渝，安贞吉。九五：讼，元吉。上九：或锡之鞶带，终朝三褫之。

内坎外乾卦象为讼，卦辞赞曰有孚窒惕，中吉终凶利见大人，往讼必患不利涉川，凡为讼者物有不和，情相乖争而致其讼，凡讼之道不可妄兴，窒塞未通必有信实，无实诬枉凶之道也，中道惕惧乃得和吉，终凶也者讼不可长，终竟讼事必致戾凶，讼须辩决利见大人，长讼往祸不利涉川。象赞卦辞上刚下险，内险外健险健相接，孚惕中吉刚来得中，九二刚中为讼之主，争讼终凶不可使成，利见大人讼尚中正，不利涉川往陷渊难。

大象赞讼天水违行，君子当以作事谋始，天道水性相违而行，象人乖戾以致争讼，物既有讼当塞讼源，听讼犹人必使无讼，契之不明讼之所生，作制谋始安分不滥，有德司契不责于人，上下谦顺争何由兴。讼卦六爻小象释之，讼爻初六不永所事，虽小有言终得和吉，初六阴柔处讼之始，见犯乃讼不为讼先，九四应援能辩理明，讼不可长不永其事，虽小有言终得为吉。讼爻九二不克终讼，讼上患至归而逋避，其邑人户三百无眚，以刚处讼不能下物，自下讼上悖逆之道，与阳五敌宜其不克，祸患来至如手拾物，若能怖惧归窜小邑，寡约自处得无过眚，邑过三百大都偶国，君疑不息灾患未免。讼爻六三食其旧德，贞正自厉故而终吉，或从王事无成有终，六三阴柔顺于上九，不见侵夺保全其有，得食旧德不失素位，居争讼时处两刚间，近不相得贞正自厉，柔体不争系应在上，众莫能倾故曰终吉，上壮争胜不敢触忤，或从王事无敢先成。讼爻九四不克终讼，复既命渝安贞则吉，九四刚而居健体，不得中正躁动好讼，承五履三而应下初，五者君位义不克讼，三居下柔不与之讼，初应顺从非与讼者，四虽刚健讼无由兴，居柔应柔亦为能止，若克刚忿争讼之心，复理即命革心平气，躁变安贞不失道吉。讼爻九五讼德元吉，讼元吉者位中正也，处得尊位为讼之主，用其中正以断枉直，中则不过正则不邪，刚无所溺公无所偏，中正为德故讼元吉。讼爻上九或赐鞶带，以讼受服终朝三褫，处讼之极以刚居上，肆其刚强穷极于讼，即便善讼仇争得胜，讼胜受赐荣何可保，终朝之间褫带者三，非德受赐亦不足敬。

师卦☷☵坤上坎下

师：贞，丈人吉，无咎。初六，师出以律，否臧凶。九二，在师中吉，无咎，王三锡命。六三，师或舆尸，凶。六四，师左次，无咎。六五，田有禽，利执言，无咎。长子帅师，弟子舆尸，贞凶。上六，大君有命，开国承家，小人勿用。

内坎外坤卦象为师，卦辞贞丈人吉无咎，丈人严毅敦德之人，为师之正丈人乃吉，不得丈人无不畏惧，不能齐众必有咎害。彖赞卦辞丈人德备，师者众也贞者正也，能以众正可以王矣，刚中而应行险而顺，以毒天下而民从之，义师有功吉又何咎。

大象赞师地中有水，地能包水水聚地中，君子当以容民畜众，为民除害使众得宁，虽尚威严当赦小过，不可纯用威猛济众。师爻初六小象释之，师出以律否臧亦凶，师出伊始齐之以律，律不可失失律必凶，失令幸功法亦不赦。师爻九二在师中吉，承宠无咎王三赐命，以刚居中而应上五，承五恩宠为师之主，在师而得中和者也，行师中吉乃得无咎，安怀万邦赐莫重焉。师爻六三师或舆尸，舆尸之凶大无功也，居下卦上居位当任，其才阴柔位不中正，以阴处阳以柔乘刚，进则无应退无所守，九二刚中不专任之，六三主师获舆尸凶。师爻六四师旅左次，左次无咎未失常也，六四得位而无阳应，无应不行得位可处，以柔居阴非能进捷，量宜进退不失常道，虽未有功远愈覆败，故师左次而无咎害。师爻六五田有禽兽，利执言辞讨罪无咎，长子帅师中行贞吉，弟子舆尸使不当凶，柔得尊位阴不先唱，柔不犯物物犯后应，往必得直故往有功，犹田有禽而来犯苗，往应猎之则无咎过，柔非军帅阴非刚武，不可躬行必授子弟，授不得王则众不从，任役长子则可帅师，任用弟子军败而凶，长子九二德长于人，弟子六三德劣于物，长子帅师九二居中，弟子舆尸六三失位，师帅任专不可二三，弟子之凶故其宜也。师爻上六大君有命，开国承家小人勿用，大君有命命以正功，小人勿用用必乱邦，处师之极师之终也，大君之命不失功也，开国承家以宁邦也，小人勿用非其道也，开国诸侯承家大夫，勿用小人须用君子。

比卦 ䷇ 坎上坤下

　　比：吉，原筮，元永贞，无咎。不宁方来，后夫凶。初六，有孚比之，无咎。有孚盈缶，终来有它，吉。六二，比之自内，贞吉。六三，比之匪人。六四，外比之，贞吉。九五，显比。王用三驱，失前禽。邑人不诫，吉。上六，比之无首，凶。

　　内坤外坎卦象为比，卦辞赞曰亲比吉道，原筮得元永贞无咎，不宁方来后夫则凶，能相亲比而得具吉，原穷其情筮决其意，善长贞正乃得无咎，宁乐之时与人亲比，不宁之方皆悉归来，亲比贵速在后至者，人或疏己亲比不成。象赞卦辞比者吉也，比者辅也下顺从也，永贞无咎以刚中也，不宁方来上下应也，后夫则凶其道穷也，人不安宁亲比中正，民不自保戴君求宁，君不独立保民以安，上下情志相须相应，群党相比欲求无咎，无元永贞凶邪之道，不遇其主犹未免咎，永贞无咎主于九五，上下无阳以分其民，五独处尊莫不归之，九五刚中能识情意，众阴亲顺使保永贞，上下应之既亲且安，不安者托不宁方来，他悉亲比己独后来，穷困无亲上六其凶。

　　大象赞比地上有水，流通无间普润万物，先王法象以建万国，爵赏恩泽亲比诸侯。比爻初六小象释之，有孚比之得免无咎，有孚盈缶终来有它，相比之道诚信为本，终始如一乃得无咎，处比首始应不在一，心无私吝莫不比之，诚信内充质素盈溢，亲乎天下物归无竭，感非一人有他溥吉。比爻六二比之自内，贞正则吉不自失也，处比之时居中得位，系应在五不能来它，守己中正以待上求，质柔体弱戒慎自守，亲比由己得君进道，不自失偶得正而吉，君子修己自尊自重，降志辱身非君子道，伊尹武侯待礼而出，汲汲求比必自失德。比爻六三比之匪人，三不中正比必悔吝，四外比五二为五贞，近不相得远无正应，所与比者皆非己亲，比之匪人是以伤悲。比爻六四外比贞吉，外比于贤以从上也，六四初六同朋无应，外比于五复得其位，比不失贤处不失位，君臣亲比贞正而吉。比爻九五中正显比，王用三驱失其前禽，邑人不须防诫故吉，显比之吉位中正也，舍顺取逆失前禽也，邑人不诫上使中也，五居君位处中得正，比道显明不自偏私，诚意待物发政施仁，天下蒙泽孰不亲比，如天子畋行三驱礼，来取去纵失其前禽，中正不妄远近如一，邑人无虞何须防诫，若暴小仁违道干誉，欲求下比其道狭隘。比爻上六比之无首，比之无首凶无所终，阴柔不中无应于下，处卦之终是后夫也，他人皆比亲道已成，己独在后无所与终，违众叛义宜其凶也，禹会涂山防风后至，比不以道不祥之甚。

小畜卦☰ 巽上乾下

　　小畜：亨。密云不雨，自我西郊。初九，复自道，何其咎，吉。九二，牵复，吉。九三，舆说辐，夫妻反目。六四，有孚，血去惕出，无咎。九五，有孚挛如，富以其邻。上九，既雨既处，尚德载。妇贞厉。月几望，君子征凶。

　　内乾外巽卦象小畜，卦辞赞曰小畜则亨，密云不雨自我西郊，巽阴柔顺不能止乾，不能畜大唯畜九三，初九九二刚志不止，刚健犹行上得亨通，阴畜狭小故名小畜，阳之上升阴能畜止，畜阳者四为畜之主，阴阳交和畜固成雨，阴先阳倡不顺不和，唯畜九三初二犹行，但为密云不能降雨，所聚密云远在阴方，以小畜大润泽不行。彖赞卦辞小有止畜，柔得位而上下应之，内乾外巽二五阳刚，健巽刚中志行乃亨，密云不雨阳尚往上，自我西郊泽施未行，成卦之义在六四爻，六四阴柔得位畜阳，既得其位上下应之，一阴五阳畜不能固，小畜之势如云不雨。

　　大象赞曰风行天上，君子法之以懿文德，风在天上去物既远，泽未施行但美文德，君子修德待时而发。小畜初九复自其道，何所犯咎得义之吉，处乾之始以升巽初，四为己应不距于己，以阳升阴以刚应柔，进复于上由其道行，顺而无违无咎得吉。小畜九二牵复中吉，牵复在中不失过刚，处乾之中以升巽五，二五皆以阳刚居中，为阴所畜俱欲上复，二阳并进阴不能胜，畜道未极牵挽而进，反复就五中道得吉。小畜九三舆脱于辐，夫妻反目不能正室，小畜之道先通后畜，至于九三畜道已成，九三阳爻居不得中，同为阳爻上九无应，昵比于四阴阳相求，为四畜止不可牵征，以斯而进如舆脱辐，阴制于阳今反制阳，夫失其道夫妻反目。小畜六四有孚血去，惕出无咎上合志也，六四阴柔为小畜主，上乘九三阳刚之上，九三上进四塞其路，必被侵伤故称血焉，四近君位能畜君者，内有孚诚君信从畜，四五合志众阳皆从，感其孚诚惕出无咎。小畜九五有孚挛如，富以其邻不独富也，众阳为阴所畜之时，九五中正居尊孚信，居盛处实心不专固，来者不拒富共邻类，众阳牵挽相从共济，志意合同戮力克艰。小畜上九既雨既处，尚德积载妇盛贞厉，月满几望君子征凶，既雨既处德积载也，君子征凶有所疑也，九居卦上巽顺之极，处畜之终为四畜止，既雨和也既处止也，阴之畜阳不和不止，既和而止畜道成矣，阴柔畜刚非朝夕成，积累而至可不戒乎，以阴畜阳以柔制刚，妇制其夫臣制其君，危厉之道必致不安，月圆几望阴盛敌阳，阳动则凶君子警惧。

履卦☰乾上兑下

履：虎尾，不咥人，亨。初九，素履往，无咎。九二，履道坦坦，幽人贞吉。六三，眇能视，跛能履。履虎尾，咥人，凶。武人为于大君。九四，履虎尾，愬愬，终吉。九五，夬履，贞厉。上九，视履考祥，其旋元吉。

内兑外乾卦象为履，卦辞赞曰履践虎尾，虎不咥人故得亨通，履者礼也人所履也，上下尊卑常履之道，理之当也礼之本也，以柔藉刚至顺至当，虽履危地无害能亨，履卦之义六三为主，六三阴柔履践刚二，以柔乘刚违谦越礼，犹履虎尾危惧之甚，六三兑体兑为和悦，奉乾刚德虽履其危，无所见害故得亨通，假物之象以喻人事，犹履虎尾不见咥人。象赞卦辞履柔履刚，悦而应乾履虎尾亨，九五刚中而又居正，履于帝位明德无疚。

大象赞履上天下泽，天尊泽卑上下有序，君子法象以辨上下，各当分位定民心志，民志素定礼行民安，德不称位天下纷争。履爻初九素履以往，独行其愿无所咎害，处履初始居阳得位，阳刚处下可以上进，他人尚华己独质素，独行惹愿则物无犯，素履行礼何往不从，贪躁而动往必有咎。履爻九二履道坦坦，幽人贞吉中不自乱，履道尚谦不喜处盈，务在致诚恶夫外饰，九二居柔履于谦退，宽裕得中坦坦平易，幽静贞固宜其有吉，心无躁动利欲岂乱。履爻六三眇而能视，跛而能履履践虎尾，虎咥人凶武人欲君，眇而能视不足有明，跛而能履不足与行，咥人之凶位不当也，武人为君志意刚也，居履之时当须谦退，六三之爻以阴居阳，处不得中履非其正，志欲刚猛以柔乘刚，才弱志刚履不由道，有如武人而为大君，眇视难明跛行难远，履危见害顽愚之甚。履爻九四履践虎尾，得行其志愬愬终吉，以阳承阳逼近至尊，处嫌隙地愬愬恐惧，以阳居阴意能谦退，虽处危惧兢慎自持，居柔顺处阳刚能行，谦志得行免危获吉。履爻九五夬履贞厉，夬履贞厉其位正当，九五之爻为履卦主，得位处尊以刚决正，履道行正故曰夬履，圣人居尊尽天下议，履道恶盈居尊贞厉，刚明自专虽正犹危。履爻上九视履考祥，其旋元吉上大有庆，处履之极下应兑悦，高而不危旋反中礼，祸福之祥生乎所履，处履之极履道已成，视其履行善恶得失，考其祸福征祥感报，终始无亏周旋完备，在上元吉大有福庆。

泰卦䷊坤上乾下

泰：小往大来，吉，亨。初九，拔茅茹，以其汇，征吉。九二，包荒，用冯河，不遐遗，朋亡。得尚于中行。九三，无平不陂，无往不复。艰贞无咎，勿恤其孚，于食有福。六四，翩翩，不富以其邻。不戒以孚。六五，帝乙归妹，以祉元吉。上六，城复于隍，勿用师。自邑告命，贞吝。

内乾外坤卦象为泰，卦辞吉亨小往大来，阴去居外阳来居内，阳气下降阴气上交，阴阳和畅万物资育，天地通泰故而安吉，泰道吉亨拟以人事，上下志通朝廷之泰，君子得位小人用命，政教调顺天下之泰，时有污隆治有小大，元亨利贞四德难必。象赞卦辞大来吉亨，天地气交而万物得通，上下情交志意和同，内阳外阴内健外顺，君子在内小人在外，君子道长小人道消。

大象赞曰天地交泰，君当财成天地之道，辅相天地之宜养民，上下大通物易失节，君子剪裁成就天道，辅相时宜以助养民，天地之道四时有序，气化流行裁节成就，寒暑得常生杀依节，物安其性各得其宜，民之生养有赖君上，政教辅相化民成俗。泰卦六爻小象释之，初九拔茅茹以其汇，拔茅征吉其志在外，三阳同志戮力进升，如茅拔根牵引类从，上坤顺应不为违拒，进皆得志征行得吉。泰爻九二包含荒秽，纳用冯河不弃遐远，朋亡中行其道光大，九二刚中上应六五，为五专任主治泰者，上下交感其志和同，治泰之道宽裕详密，有含弘度无忿疾心，有深远虑无暴扰患，用心弘大包容荒秽，泰宁之世狃习安逸，惰于因循惮于更改，无冯河勇不能济治，纳用刚果英烈之人，挺特奋发以革时弊，治泰之时深思远虑，周及庶事遐远无弃，时之既泰情肆失节，绝去朋党方可正之，包容用勇虑远杜私，治泰四德得配中行。泰爻九三无平不陂，无往不复艰贞无咎，勿恤其孚于食有福，三居阳上泰之极盛，天道往复否泰无常，于泰盛时故为之诫，天地交际何敢安逸，居不失正动不失应，艰而能贞不失其义，自古隆盛失道必败，信义诚著可常保泰，德善日积福禄日臻，德逾于禄虽盛无盈。泰爻六四翩翩相随，不富其邻不戒以孚，翩翩不富皆失本实，不戒以孚中心愿复，阴位本下居上失实，四处坤首志在下复，其上二阴志亦下行，翩翩就下同类相从，志愿和同不必富利，不待戒告诚意相与，阴阳升降时运否泰，或交或散礼之常也，四既过中泰将变矣，故告始终反复之道。泰爻六五帝乙归妹，中以行愿以祉元吉，泰者阴阳交通之时，六五阴柔以居尊位，下应九二刚明之贤，履中居顺中道行愿，降尊顺阳如王嫁妹，不失其礼得福元吉。泰爻上六城复于隍，勿用师者其命乱也，自邑告命虽正亦吝，居泰终极将反于否，卑不上承尊不下施，城之为体基土培扶，下不培扶城则陨坏，以此崩倒反复于隍，犹君为体由下辅翼，上下情睽民心离散，君道倾危故勿用师，唯于亲近得施诰命，否道已成为可羞吝。

否卦☷乾上坤下

否：否之匪人，不利君子贞。大往小来。初六，拔茅茹，以其汇。贞吉，亨。六二，包承，小人吉，大人否，亨。六三，包羞。九四，有命无咎，畴离祉。九五，休否，大人吉。其亡其亡，系于苞桑。上九，倾否，先否后喜。

内坤外乾卦象为否，卦辞赞曰否之匪人，大往小来不利君子，君子之道上下交通，刚柔和会否则反是，否闭之世人道不通，君子正道否塞不行，阳主生息故而称大，阴主消耗故而称小，阳外阴内大往小来。彖赞卦辞否之匪人，天地不交万物不通，上下不交天下无邦，内阴外阳内柔外刚，小人在内君子在外，小人道长君子道消。

大象赞否天地不交，君子法象俭德避难，小人得志晦处穷约，不可荣华以居禄位。否爻六爻小象释之，初六拔茅茹以其汇，贞吉亨者志在君也，居否之初处顺之始，顺非健也何可以征，居否之时动则入邪，三阴同道皆不可进，犹若拔茅牵连其根，守正而居志常在君，康济天下得君乃进，不敢怀谄苟进吉亨。否爻六二包纳顺承，小人获吉大人否亨，大人否亨不乱群也，居否之世柔顺中正，承顺九五以求干济，小人路通故而获吉，大人用此包承之德，于否之世守其正节，不杂乱于小人群类，身否道亨故曰否亨。否爻六三失位包羞，阴柔居否不中不正，用小人道包承于上，近上不安穷斯滥矣，失位不当实可羞辱。否爻九四有命无咎，其志得行畴类离祉，阳体居顺逼近君位，有济否才忌在居功，动出君命威柄归上，无咎志行济时之否，初六之畴附丽福祉。九五休否惟大人吉，其亡其亡系于苞桑，大人之吉位正当也，阳刚中正居尊得位，故能休息天下之否，大人当位驯致于泰，犹未离否常惧危亡，系于桑苞物则牢固，戒慎安固则无倾危。上九倾否先否后喜，否终则倾何可长也，物极必反否极泰来，否道已终泰道将至，否极必倾何得长久，先倾后通故后喜也，上九阳刚而居阴位，易乱为治反危为安。

同人卦䷌乾上离下

同人：同人于野，亨，利涉大川，利君子贞。初九，同人于门，无咎。六二，同人于宗，吝。九三，伏戎于莽，升其高陵，三岁不兴。九四，乘其墉，弗克攻，吉。九五，同人先号咷，而后笑。大师克相遇。上九，同人于郊，无悔。

内离外乾卦象同人，卦辞赞亨同人于野，利涉大川利君子贞，同人也者和同于人，私意所合昵比之情，大同之道大公之心，处非近狭远至于野，宽广无私乃得亨进，与人和同可涉险难，君子贞正戒入邪僻。象赞卦辞六二中正，柔得中位上应九五，至诚无私乾之行也，文明以健中正而应，君子中正文明为德，行健不武相应不邪，君子道正利君子贞，视亿兆心如同一心，文明烛理刚见克己，君子能通天下之志。

大象赞曰天火同人，君子当以类族辨物，天体在上火性炎上，同人之义取其性同，君子观于同人之象，各以族类辨物异同，君子小人处不失方。初九同人于门无咎，出门同人又谁咎也，居卦之始为同人首，无应于上心无系咎，含弘光大和同无私，通夫大同谁与为咎。六二同人于宗则吝，系应九五唯同宗党，同人之道毋得私比，用心褊狭其道鄙吝。同人九三伏戎于莽，升其高陵三岁不兴，伏戎于莽敌于刚也，三岁不兴安能得行，九三阳刚而不得中，上下之际履下之极，不能包弘上下大同，下据于二上与五争，志欲贪暴夺而强同，九五刚正力不能敌，理曲义亏不敢显发，怀恶顾望终不能兴。九四乘墉弗克攻吉，乘其墉者义弗克也，不克之吉困而反则，以阳居阴失位不正，志欲同二亦与五仇，四切近五如隔墉垣，以邪攻正其义弗克，自知义亏不克终攻，困思反则修德得吉。九五同人先号后笑，同人之先以中直也，大师相遇言相克也，六二柔中众阳所与，九五与同隔乎二刚，初未获志是以号咷，居中处尊终克而笑，用其强直师胜方遇，兴师动众亦可羞吝。上九同人于郊无悔，同人于郊志未得也，求和同者必相亲与，上九极外而无内应，虽欲同人人必疏己，欲同之志虽不顺遂，远于内争故无悔吝，未得其志亦非善处。

大有卦䷍离上乾下

　　大有：元亨。初九，无交害。匪咎，艰则无咎。九二，大车以载，有攸往，无咎。九三，公用亨于天子，小人弗克。九四，匪其彭，无咎。六五，厥孚交如，威如，吉。上九，自天祐之，吉无不利。

内乾外离卦象大有，卦辞赞曰大有元亨，柔处尊位五阳并应，大为所有故称大有，包容万物大得亨通。彖赞卦辞柔得尊位，大中而又上下应之，其德刚健而又文明，应天时行是以元亨，处尊以柔居中以大，体无二阴以分其应，上下应之靡所不纳，刚健不滞文明不犯，五应乾二行不失时，应天则大时行无违，其德如此是以大通。

大象赞曰火在天上，大有包容君子体之，遏恶扬善顺天休命，天体高明火性炎上，光明之甚无不烛照，君子观于大有之象，遏绝众恶扬明善类，奉天美命以安众生。大有初九无交之害，大有匪咎艰则无咎，初九刚健大有初始，未至于盛处卑无应，大凡富有鲜不有害，未失骄盈故无交害，富有本身非为有咎，人因富有自为咎耳，若能自知艰难其志，骄奢心消则得无咎。大有九二大车以载，积中不败所往无咎，九二刚健居中位柔，才胜谦顺而无偏过，为五倚信胜大有任，犹若大车壮能载物，任重不危致远不泥，物既积聚身有中和，时不至败其往无咎。大有九三公亨于王，小人弗克害可立待，九三处下而居人上，此乃诸侯人君之象，履得其位与五同功，上承天子何敢专有，必得用享通乎天子，以示其有乃王所赋，忠顺奉上人臣常义，小人专私德劣致害。大有九四匪其彭盛，匪彭无咎明辨晰也，九四过中位高逼君，过盛凶咎之所由生，性辩晰知斟酌事宜，谦损盛多乃免斯咎。大有六五厥孚交如，厥孚交如信以发志，威如有吉易而无备，君尊处盛执柔守中，无私于物上下应之，下之从上如响随声，下之所志从乎上者，信以发志孚信相交，专尚柔顺凌慢易生，既以柔和孚信接下，又有威严使之有畏，善处大有其吉可知。大有上九自天祐之，大有上吉吉无不利，上九居终无位之地，丰有之世不累于位，高尚其志尚贤者也，五为信德己乘履信，以刚乘柔思顺之义，大有之极不居其有，处离之上明之极也，至明不过无盈满灾，满而不溢君子天祐。

谦卦䷎坤上艮下

谦：亨。君子有终。初六，谦谦君子，用涉大川，吉。六二，鸣谦，贞吉。九三，劳谦，君子有终，吉。六四，无不利，撝谦。六五，不富以其邻，利用侵伐，无不利。上六，鸣谦，利用行师，征邑国。

内艮外坤卦象为谦，卦辞赞亨君子有终，有德不居谓之曰谦，谦逊自处所往亨通，君子达理乐天不竞，粹德内充退让不矜，安履乎谦终身不易，自卑益尊君子有终，小人反之不能有终，有欲必竞有德必伐，即便行谦不能长久，勉慕于善难以安固。彖赞卦辞谦则亨通，天道下济德化光明，地道卑柔其气上行，天道有常亏盈益谦，地道有常变盈流谦，鬼神有常害盈福谦，人道有常恶盈好谦，谦道也者尊大光显，卑不可逾君子之终。

大象赞谦地中有山，君子法象体而行之，裒多益寡称物平施，中道与物施不失平。谦爻初六谦谦君子，卑以自牧用涉川吉，柔居谦下谦之谦者，能体谦谦其唯君子，恒处谦卑自养其德，用涉险难无害故吉。谦爻六二鸣谦贞吉，鸣谦贞吉中心得也，柔顺中正谦德内充，发华于外鸣谦广远，积中发外不待勉强，中心自得谦正而吉。谦爻九三劳谦君子，万民尊服有终得吉，处下体上阳履得位，上下无阳以分其民，君任众从劳而能谦，众阴所宗尊莫先焉，居谦之世何可安尊，上承下接劳谦匪懈，以刚居正君子能终，高而不危满而不溢，谦恭厚德以守其位，万民尊服劳谦得吉。谦爻六四无所不利，大利㧑谦不违则也，居阳三上位六五下，恭畏奉承谦德之君，卑巽礼让劳谦之臣，尽乎奉上下下之道，动息进退施布谦德，动不违则宜无不利。谦爻六五不富以邻，利用侵伐无所不利，五居尊位谦顺民归，如不赐财能用其邻，居谦履顺必不滥罚，骄逆不服威武伐之，以谦得众伐无不利，威德并著合君中道。上六鸣谦志未得也，利用行师征邑国也，柔处谦极极乎谦者，谦极居高谦志未得，不胜其切发外鸣谦，谦既过极刚柔兼济，利用刚武征己邑国，自治其私高尚其德。

豫卦 ䷏ 震上坤下

　　豫：利建侯行师。初六，鸣豫，凶。六二，介于石，不终日，贞吉。六三，盱豫悔，迟有悔。九四，由豫，大有得。勿疑，朋盍簪。六五，贞疾，恒不死。上六，冥豫成，有渝，无咎。

　　内坤外震卦象为豫，卦辞曰利建侯行师，建侯树屏共安天下，行师为民和顺而动，动不违众众心悦豫，悦豫道利建侯行师，君御万邦萃聚大众，惟和悦能使之服从。彖赞卦辞刚应志行，豫顺以动天地如之，而况建侯行师者乎，天地圣人无不顺动，日月不过四时不忒，刑罚清明民众悦服，豫之时义实大矣哉，九四初六相应志行，坤下震上顺动悦豫，天地之道顺动以成，建侯行师顺动民从，不赦有罪不滥无辜，罚当民服豫道深远。

　　大象赞豫雷出地奋，先王法象作乐崇德，殷荐上帝以配祖考，阴阳相薄阳气奋发，雷既出地万物震动，被阳气生通畅和豫，先王法此鼓动作乐，发扬天地生生之德，盛祭上天配以祖考，象雷阳德崇德报功。豫卦六爻小象释之，初六鸣豫志穷凶也，阴柔处下独得应四，不中不正而为上宠，志意满极外发鸣豫，乐过则淫志穷则凶，小人浅薄必至于凶。豫爻六二坚介于石，不待终日守正贞吉，逸豫之道放则失正，六二无应中正自守，上交不谄下交不渎，顺不苟从豫不违中，不改操守坚介如石，安夫贞正不苟豫者，见微知彰不耽豫乐，去恶修善岂俟终日。豫爻六三盱豫宜悔，迟则有悔位不当也，阴而居阳不中不正，承四豫主不为所取，迟而不从见弃亦悔，处身不正进退悔吝，君子处己以礼制心，不失中正处豫无悔。九四由豫大有得也，勿疑朋合其志大行，处豫之时居动之始，独体阳爻众阴所从，莫不由之以得其豫，众阴皆归大有所得，居大臣位承柔弱君，当天下任处危疑地，尽诚勿疑众阴速合，上下之信志意大同。六五贞疾因乘刚也，恒不死者中未亡也，四以刚动为豫之主，专权执制不敢与争，阴柔耽豫居中处尊，威权虽失位尚未亡。豫爻上六冥昧豫乐，何可长乎有渝无咎，处豫最上极豫肆乐，俾昼作夜灭亡在近，在豫之终昏冥已成，过豫不已何可长乎，冥豫虽成有变之义，能思迁善乃得无咎。

随卦䷐ 兑上震下

随：元亨，利贞，无咎。初九，官有渝，贞吉。出门交有功。六二，系小子，失丈夫。六三，系丈夫，失小子。随有求得，利居贞。九四，随有获，贞凶。有孚在道以明，何咎。九五，孚于嘉，吉。上六，拘系之，乃从维之。王用亨于西山。

内震外兑卦象为随，卦辞元亨利贞无咎，随道得正大得亨通，随而不正邪僻之道，四德备具乃得无咎，以苟相从涉于朋党。彖赞卦辞刚来下柔，动而悦随亨贞无咎，天下随时其义大哉，震刚而下兑柔而上，以刚下柔动悦物随，乾之上九来居坤下，坤之初六往居乾上，以上下下以贵下贱，能如是故物所悦随，大通利贞无有咎害，随道得正随之者广，君子之道随时从宜，随之施设唯在得时。

大象赞随泽中有雷，君子以向晦入宴息，雷震泽中泽随震动，君子观象随时而动，昼则强勉夜则晏息，起居随时以适其宜，泽中有雷动悦之象，物皆悦随可以无为，君子法象端默体道，犹既夕后宴寝止息。初九心官有渝贞吉，出门而交有功不失，居随之始上无其应，无所偏系动能随时，心能渝变从正则吉，所从不正则有悔吝，人心所随多苟亲爱，私情所与难合正理，出门而交非牵于私，随不失正有功无失。随爻六二系随小子，失其丈夫弗兼与也，阴柔之物不能独立，以处随世必有系也，六二柔弱应五比初，随初失五弗能兼与，如系小子而失丈夫，随正专一切忌苟且。随爻六三系随丈夫，失其小子随有求得，志在舍下利于居贞，九四丈夫初九小子，三初同体三四切近，上系于四下失于初，舍下从上善随得宜，四亦无应有求必得，非四正应系毋妄动，随当正直故利居贞。九四爻随有获贞凶，有孚在道以明何咎，随有获者其义凶也，有孚在道明哲功也，处悦之初下据二阴，三求系己不距则获，以阳刚才处极臣位，体刚居悦故得民心，恩威出上从己危疑，于随有获虽正亦凶，孚诚积中行止合道，上下交信无专逼嫌，能干其事志在济物，明哲公正何咎之有。随爻九五孚于嘉吉，孚于嘉吉位正中也，九五居尊得正中实，下应六二位亦中正，随之所防忌过忌偏，随道之吉得中为善，中诚随善尽随时宜，得物之诚其吉可知。上六拘系乃从维之，王业用亨兴于西山，上六柔顺居随之极，极随犹如拘縻维系，太王避狄去豳来岐，老稚扶携随归如市，民心之随固结如是，亨盛王业兴于岐山，随极过甚君子亨通，小人处穷戒律维之。

蛊卦☶ 艮上巽下

蛊：元亨，利涉大川。先甲三日，后甲三日。初六，干父之蛊，有子，考无咎，厉终吉。九二，干母之蛊，不可贞。九三，干父之蛊，小有悔，无大咎。六四，裕父之蛊，往见吝。六五，干父之蛊，用誉。上九，不事王侯，高尚其事。

内巽外艮卦象为蛊，卦辞元亨利涉大川，先甲三日后甲三日，治必因乱乱则开治，蛊乱复治大得亨通，济蛊拯难利涉大川，治蛊之道推原先后，究其所然知救之道，虑其将然知备之方，能善救蛊前弊可革，能善备蛊后利可久，以新天下而垂后世，今用创制之令治人，以民未习未可即罚，宣前三日殷勤语之，宣后三日叮咛语之，其人不从乃加刑罚，先甲后甲谆谆告诫。彖赞卦辞刚上柔下，巽而止蛊元亨大治，利涉大川往有事也，先甲三日后甲三日，终则有始天道行也，乾之初九升为上九，坤之上六降为初六，男女当位尊卑得正，上下顺理治蛊有道，下巽上止蛊治元亨，事止于顺天下大治，天下方坏艰险宜济，先甲后甲终始周全。

大象赞蛊山下有风，君子法象振民育德，山下有风遇山而回，物皆散乱有事之象，风能摇动散布润泽，君子恩泽下振于民，蛊者有事待贤之时，君子体之内圣外王，内则养德外则济民，君子所事无非二者。蛊爻初六干父之蛊，有子承考无咎厉吉，柔巽处初治父之事，堪承父事则为有子，体乃阴柔无应主治，祗敬置父无咎之地，常怀惕厉量事制宜，以意承考故而终吉。蛊爻九二干母之蛊，不可贞者中道不过，居内处中宜治母事，妇人之性难可全正，宜屈己刚不固执正，既治且顺不失中道，如阳刚臣辅柔弱君，体巽处柔使得于义，不顺败蛊子之罪也，从容将顺岂无道乎，中道尽诚身正事治。蛊爻九三干父之蛊，以刚干事上无其应，得位不中以治父事，刚过不中犹在巽体，虽小有悔非善事亲，克干其事终无大咎。蛊爻六四裕父之蛊，体柔当位治不以刚，能以柔和容裕父事，然无其应往必不合，不胜见吝往未得济，仅能循常自守而已。蛊爻六五干父之蛊，以柔处尊用中而应，中和倚贤不任威力，承父德业用誉之道。蛊爻上九不事王侯，最处事上不累于位，独善其身守节合道，高尚其事其志可则。

临卦䷒坤上兑下

　　临：元亨，利贞。至于八月有凶。初九，咸临，贞吉。九二，咸临，吉，无不利。六三，甘临，无攸利。既忧之，无咎。六四，至临，无咎。六五，知临，大君之宜，吉。上六，敦临，吉，无咎。

　　内兑外坤卦象为临，卦辞赞曰元亨利贞，至于八月阳衰有凶，阳气浸长其德壮大，监临于下故而曰临，刚既浸长悦而且顺，以刚居中有应于外，大通而正元亨利贞，物盛必衰阴长阳退，临卦当为建丑之月，七月申月三阴既盛，三阳方退八月有凶，圣人为戒方盛虑衰，防其满极图其永久，盛不知戒安乐败坏，既衰而戒亦无及矣。彖赞卦辞刚浸而长，兑悦坤顺刚中而应，刚正和顺合天之道，以此而临大亨以正，八月有凶消不久也，阴阳消长知备无凶。

　　大象赞临泽上有地，君子法象教思无穷，含容授受保民无疆，水之在地相与含容，相临之道莫若悦顺，君子教民至诚无致，含容广大安民不息。临爻初九咸临贞吉，咸临贞吉志行正也，咸者感也有感必应，阳长之时感动于阴，为初所感四应初九，初四俱正感应志行。九二咸临吉无不利，咸临吉利未顺命也，九二阳长渐盛之臣，感动六五中顺之君，六五体顺九二体悦，阴阳相应交亲见信，至诚相感得行其志，吉利非由顺上之命。六三甘临无所攸利，甘临无利位不当也，既忧无咎咎不长也，阴柔体悦处不中正，阳方上进乘二阳上，谄佞临下失德无利，邪说由己忧惧能改，谦诚自处过咎不长。六四至临位当无咎，居上体先比临初九，近君位正守正任贤，亲临于下处当无咎。临爻六五知临而吉，大君之宜行中之谓，柔中体顺以居尊位，下应九二刚中之臣，纳刚以礼用建其正，委能倚任以知临下，天下之广自任难周，举贤任能其知大哉，知临之道大君宜吉，行其中德君臣道合。上六敦临吉而无咎，敦临之吉志在内也，处坤终极敦厚顺临，虽无正应志从二阳，尊而应卑高二从下，尊贤取善敦厚之至，意在助贤刚所不害，志行敦厚得吉无咎。

观卦 ䷓ 巽上坤下

观：盥而不荐，有孚颙若。初六，童观，小人无咎，君子吝。六二，窥观，利女贞。六三，观我生进退。六四，观国之光，利用宾于王。九五，观我生，君子无咎。上九，观其生，君子无咎。

内坤外巽卦象为观，卦辞赞曰盥而不荐，有孚颙若为天下观，王道可观莫盛宗庙，庙祭可观莫盛盥礼，君子精诚表仪天下，勿使诚意稍为分散，极其庄敬下则孚化。彖赞卦辞大观在上，顺巽中正以观天下，有孚颙若下观而化，观天神道四时不忒，神道设教天下顺服，坤顺巽和九五中正，为下所观其德甚大，观道不以刑制使物，而以观感化物者也，神则无形不可听闻，神道也者微妙无方，不见天使四时不忒，圣人则法天之神道，身自行善垂化于人，不假言语教戒威逼，在下自然观化服从。

大象赞观风行地上，先王省方观民设教，风行地上周及庶物，先王法象因俗施教。观爻初六小象童观，小人无咎君子则吝，初六阴柔居远于阳，观见浅近有如童稚，不能辨识君子之道，小人常分不足谓咎，君子行之则为鄙吝。六二窥观利女贞正，窥观女贞亦可丑也，二应于五观于五者，九五阳刚中正之道，非是六二阴柔能观，但如窥觇稍知难明，虽难明见而能顺从，如女守贞不失中正，不明阳刚中正大道，窥觇仿佛君子丑之。六三观我所生进退，观我进退未失道也，居非其位处顺之极，能顺时以进退者也，处进退时以观其几，时可则进不可则退，动作施为出于己者，观其所生随宜进退，处虽不正未致失道，进退顺宜故无悔吝。观爻六四观国之光，尚宾故利用宾于王，贤德之人人君宾礼，仕进王朝敬谓之宾，六四阴柔体巽居正，切近观明九五君德，君子志在兼善天下，登进显德以行其道，宜宾王朝效其智力，上辅于君施泽天下。观爻九五观我所生，能观民故君子无咎，九五居尊为观之主，天下政教系乎己身，上之化下犹风靡草，观民之俗可察己道，君欲观己施为善否，当观民俗治乱美恶，教善天下有君子风，不善天下著小人俗，百姓有罪在予一人，君子风著己乃无咎。观爻上九观其所生，君子无咎志未平也，观我生者自观其道，观其生者为民所观，阳处最上而不当位，高尚其志为天下观，犹如君子虽不在位，德为天下观仰矜式，当自慎省自观德义，长不失于君子德行，不失所望天下化之，不可懈怠无所事事，是以志意未得安平。

噬嗑卦䷔离上震下

噬嗑：亨。利用狱。初九，屦校灭趾，无咎。六二，噬肤灭鼻，无咎。六三，噬腊肉，遇毒，小吝无咎。九四，噬干胏，得金矢。利艰贞吉。六五，噬干肉，得黄金，贞厉无咎。上九，何校灭耳，凶。

内震外离卦象噬嗑，卦辞赞曰亨利用狱，噬者啮也嗑者合也，犹物在口啮去乃合，物之不亲由有间也，物之不齐由有过也，啮而合之所以通也，明照察狱亨通利也。象赞卦辞颐中有物，噬嗑而亨刚柔有分，动而能明雷电合章，阴柔得中而能上行，虽不当位利用狱也，震刚在下离柔在上，虽各一事相须而用，刚柔爻分不相溷杂，明辨之象察狱之本，上震下离动而显明，雷电并合不乱乃彰，明而且著可以断狱，治狱之道刚柔兼济，全用阳刚伤于严暴，过于阴柔失于宽纵，六五以柔处刚得中，虽不当位犹利用狱。

大象赞曰雷电噬嗑，先王法象明罚敕法，电明雷威相须并见，明敕刑令以为民防。噬嗑初九屦校灭趾，屦校灭趾不行无咎，居无位地以处刑初，刑民之象非治刑者，过之所始始微后著，罚之所始始薄后诛，人有小过及时戒止，小惩大诫得福无咎。噬嗑六二噬肤灭鼻，噬肤灭鼻乘刚无咎，六二应五处中得正，用刑中当罪恶易服，肤者柔脆故取为象，然乘刚初如刑强人，用刑深严得宜无咎。六三噬于腊肉遇毒，位不当故小吝无咎，居下体上乃用刑者，处不当位刑人怨怼，噬喻刑人腊喻不服，毒喻怨生苦恶之物，三柔承四而不乘刚，失正犹顺虽吝无害。九四噬干胏得金矢，利艰贞吉德未光也，九四体阳近君当任，位已过中用刑愈深，如噬干肉道得刚直，利在克艰正固得吉，刚而体明阳而居柔，刚明伤果诚以知难，居柔不固诚以坚贞，知难坚贞九四为善。六五噬干肉得黄金，贞厉无咎所为得当，干肉喻坚黄金刚中，居尊得中刑下势易，在卦将极为间甚大，噬嗑其难如噬干肉，六五无应居得中道，四辅以刚如得黄金，六五体柔诚以贞厉，正固危厉方得无咎。噬嗑上九荷校灭耳，荷校灭耳聪不明凶，上九无位为受刑者，处极聋暗怙恶不悛，校伤其耳诚其不明，刑及其首凶莫甚焉。

贲卦☲☶ 艮上离下

贲：亨。小利有攸往。初九，贲其趾，舍车而徒。六二，贲其须。九三，贲如濡如，永贞吉。六四，贲如皤如，白马翰如。匪寇，婚媾。六五，贲于丘园，束帛戋戋。吝，终吉。上九，白贲，无咎。

内离外艮卦象为贲，卦辞赞亨小利攸往，无本不立无文不行，有实加饰则可亨通，刚柔二象交相文饰，刚上文柔不得中正，文饰之道可增光采，小利于进不利大往。彖赞柔来文刚故亨，刚上文柔小利攸往，刚柔交错以成天文，文明以止以成人文，观乎天文以察时变，观乎人文化成天下，刚柔不分文何由生，乾坤二体刚柔交饰，分刚而上分柔而下，坤之上六来居二位，乾之九二分居上位，柔来文刚离明亨通，刚上文柔艮止小利，天文阴阳刚柔交错，人文不武止于文明，裁止伦序成文德教，诗书礼乐化成天下。

大象赞贲山下有火，君子法象体而行之，以明庶政无敢折狱，火上照山光明广被，君子体之修明庶政，折狱至慎专用情实，岂可恃明而轻自用，文明止物不可威刑，勿用果敢折断讼狱。贲爻初九贲于其趾，舍车而徒义弗乘也，在贲之始以刚处下，初九刚阳体明居下，比于六二应于六四，君子刚明居于无位，德无所施惟自贲饰，君子饰道正其所行，守节处义志行不苟，不近与二远正应四，义不苟乘安步徒行。贲爻六二象贲其须，贲其须者与上兴也，贲于物者因质加饰，随系所附善恶在质，二正无应三亦无应，无应而比近而相得，二上附三若饰其须，循其所履与上同兴。贲爻九三贲如濡如，永贞之吉终莫之陵，处离体上居得其位，处文明极贲之盛者，与二四比上下交贲，和合相润以成其文，得其饰润贲如濡如，贲饰之事难乎常也，三与二四终非正应，故须戒以长保贞吉。贲爻六四贲如皤如，白马翰如匪寇婚媾，六四应隔当位疑也，匪寇婚媾终无尤也，正应在初为三所隔，二志相感不获亨通，欲静则疑初九之应，欲进则惧九三之难，或饰或素内怀疑惧，鲜洁其马翰如以待，虽履正位未敢果志，三为刚猛未可轻犯，初四正应理直义胜，终得相贲故无怨尤。贲爻六五贲于丘园，束帛戋戋吝而终吉，丘园外近以象上九，五处尊位为贲之主，质柔密比上九刚贤，虽其柔弱为可吝少，能从上贤受其剪裁，柔帛成用终获贲吉。上九白贲得志无咎，处贲终极止于质素，上止文柔成贲之功，不失本真得无过咎。

剥卦 ䷖ 艮上坤下

　　剥：不利有攸往。初六：剥床以足，蔑贞凶。六二：剥床以辨，蔑贞凶。六三：剥之，无咎。六四：剥床以肤，凶。六五：贯鱼以宫人宠，无不利。上九：硕果不食，君子得舆，小人剥庐。

　　内坤外艮卦象为剥，卦辞曰不利有攸往，群阴长盛消剥阳刚，犹众小人剥丧君子，君子惟当巽言晦迹，慎其所往以免剥害。彖赞剥者柔变刚也，不利攸往小人长也，顺而止之以观象也，君子法天消息盈虚，柔长刚变阴长阳消，小人方盛君子守常，坤顺艮止卦象顺止，处剥之道顺时而止，君子体象不敢刚止，强亢激拂触忤陨身，身倾功毁非君子尚，君子顺理消息盈虚，合乎天行敦尚时中，值消虚时危行言逊。

　　大象赞剥山附于地，君上法象厚下安宅，山本高峻剥落附地，不厚下者无不见剥，能安宅者物不失处，厚下安宅治剥之道，剥之为义从下而起，君上当须丰厚固下，民惟邦本本固邦宁，安养民人厚本防剥。剥爻初六剥床以足，上自下灭蔑贞故凶，小象拟床取身所处，剥床之足剥始自下，自下而剥渐至于身，消蔑贞正其凶可知。剥爻六二剥床以辨，蔑贞凶者未有与也，床足床身分辨之处，剥道浸长乃至于辨，阳未应与长此阴柔，削除中正之道故凶。剥爻六三剥之无咎，剥之无咎失上下也，虽处剥时群阴剥阳，违失上下群阴之情，三志应上独协上九，故虽失位从正无咎。剥爻六四剥床以肤，剥床以肤切近灾凶，六四阴盛阳剥已甚，床既剥尽及至肤身，小人遂盛君子近灾，岂唯削正靡所不凶。六五贯鱼以宫人宠，终无尤也无所不利，剥及君位剥之极也，其凶可知更不言剥，别开小人迁善之门，六五阴主鱼象阴物，六五若能长率群阴，骈首次序如鱼贯穿，获宠于阳不害正事，从正迁善则无尤过。剥爻上九硕果不食，君子得舆小人剥庐，君子得舆民所载也，小人剥庐终不可用，诸阳剥尽上九尚存，处剥卦终独全不落，犹果硕大不为人食，将见元阳复生之理，剥尽于上复生于下，阳无尽理无间容息，君子之道不可亡也，正道剥极人心思治，阳刚君子为民承载，若用小人剥下所庇。

复卦䷗坤上震下

复：亨。出入无疾，朋来无咎。反复其道，七日来复，利有攸往。初九，不远复，无祗悔，元吉。六二，休复，吉。六三，频复，厉无咎。六四，中行独复。六五，敦复，无悔。上六，迷复，凶，有灾眚。用行师，终有大败。以其国君凶，至于十年不克征。

内震外坤卦象为复，卦辞赞亨出入无疾，朋来无咎反复其道，七日来复利有攸往，阳气既复渐得亨通，君子道复渐泽天下，出则刚长入则阳反，微阳始生无可止害，其类渐进将盛无咎，消长之道反复选至，复不可远七变合道，阳进阴退君子道长，小人道消故利攸往。象赞卦辞复亨刚反，动以顺行无疾无咎，七日来复天道行也，利有攸往阳刚长也，复其可见天地之心，入则阳反出则刚长，下动上顺阳进无咎，天地运行消长相因，君子道长故利进往，一阳来复萌动于下，此乃天地生物之心。

大象赞复雷在地中，先王法象至日闭关，商旅不行后不省方，阴阳相薄而成雷鸣，阳生始微伏地未发，微阳安静而后能长，先王观象以顺天道，至日阳生安静养之。初九不远复无祗悔，不远之复修身元吉，刚阳来复处卦之初，复之最先不远而复，失而后复不失何复，不远而复不至于悔，复之不速遂至迷凶，有过必改大善而吉，君子修身道不远复，唯在知过速改从善。复爻六二休复则吉，休复之吉以下仁也，得位处中切比于初，志从于阳能下亲仁，复礼为仁休美而吉。六三频复虽厉无咎也，六三阴躁处动之极，复善屡失危道难安，频复频失虽为危厉，复善之义则无过咎。复爻六四中行独复，中行独复以从道也，四处阴中得位应初，独得所复顺道而反，物莫之犯处正独复，志顺阳刚君子善道。复爻六五敦复无悔，敦复无悔中以自考，五居君位处中体顺，以柔居尊敦笃复善，阳复方微下复无助，居敦厚物自考其行，成中顺德免于悔吝。上六迷复凶有灾眚，行师终败为国君凶，至于十年不克征伐，迷复之凶反君道故，阴柔居终终迷不复，迷而不复其凶可知，灾自外来眚自己作，既迷不复动皆过失，用以行师终必大败，以之为国则君有凶，人君居治当从众善，既迷于复反违君道，暗于复道必无福庆，唯有灾眚久不能兴。

无妄卦☲☳乾上震下

无妄：元亨利贞。其匪正有眚，不利有攸往。初九，无妄往，吉。六二，不耕获，不菑畲，则利用攸往。六三，无妄之灾，或系之牛，行人之得，邑人之灾。九四，可贞，无咎。九五，无妄之疾，勿药有喜。上九，无妄行，有眚，无攸利。

内震外乾卦象无妄，卦辞赞曰元亨利贞，匪正有眚不利攸往，至诚无妄天之道也，天育万物生生不穷，各正性命诚实无妄，君子无敢诈伪虚妄，德合天地大得亨通，天道无妄当行贞正，非依正道必有灾眚。象赞卦辞无妄之卦，刚自外来为主于内，动而能健刚中而应，大亨以正天之命也，无妄之往又何之矣，天命不祐岂行矣哉，九五中正六二应之，刚中则能制断虚实，有应物顺不敢虚妄，威刚方正私欲不行，下体震动上体乾健，刚自外来坤初变震，以刚变柔象正去妄，刚主于内柔邪道消，动而愈健刚直道通，无妄道成大亨利正，天之教命不可妄犯，无妄行正更有何适，竟行悖妄天命何祐。

大象赞曰天下雷行，物与无妄各正性命，先王茂对时育万物，雷行天下阴阳交合，相薄成声惊蛰振萌，万物惊肃无敢虚妄，乃得各自保全性命，先王法天发生赋与，茂顺天时养育万物，辅成无妄各得其宜。初九爻曰无妄往吉，无妄之往得其志也，阳刚主内诚笃而动，无妄而行得志往吉。六二不耕获不菑畲，非欲富故利用攸往，六二中正上应九五，体震柔顺动则无妄，天理无妄妄者人欲，故以耕获菑畲象之，一年菑田三年畲田，不耕而获不菑而畲，因顺事理心无妄作，不首造事代终有成，尽二顺道不擅五美，心无欲妄故利应往。六三爻曰无妄之灾，或系之牛使不妄作，行人之得邑人之灾，六三阴柔而不中正，应上阳阻妄欲之象，人之妄动由其有欲，动妄虽得悔失随之，牛者稼资六三僭耕，以阴居阳行倡始道，不顺王事有司系牛，制之得功使不妄造，二不耕获利应往五，三行不顺五四系之，五四以获六三则灾，无妄之世邪道不行，六三不正阴居阳位，行违谦顺为妄乖范，无妄之时所以为灾。九四爻曰可贞无咎，可贞无咎固有之也，九四刚阳体乾无应，刚而无私无妄者也，处无妄时以阳居阴，以刚乘柔履于谦顺，比近至尊可以任正，贞固守之得无所咎。九五爻曰无妄之疾，勿药有喜不可试也，九五居尊为无妄主，下皆无妄中正顺应，无妄之至道无以加，无妄有疾非妄之灾，药之益凶勿治自复，忧劳攻治反伤正性，爻假病象以喻人事，如君正修身无虚妄，遇逢凶祸若尧汤厄，灾非己招但顺修德，不劳烦民勿须治理，身既无妄勿药有喜，无妄疾者德未孚洽，率有不从化有未融，如舜化苗反躬自修，人情理顺顽冥亦服，明德亲民无有止极，逝者如斯不舍昼夜。上九爻曰无妄之行，有眚无利穷之灾也，上九时处无妄穷极，极而复行躁动则妄，唯宜静保不可加进，动必有灾无所利益。

大畜卦☲☰艮上乾下

　　大蓄：利贞。不家食，吉。利涉大川。初九，有厉利已。九二，舆说輹。九三，良马逐，利艰贞。曰闲舆卫，利有攸往。六四，童牛之牿，元吉。六五，豶豕之牙，吉。上九，何天之衢，亨。

　　内乾外艮卦象大畜，卦辞赞曰利守贞正，不家食吉利涉大川，乾健上进艮能止畜，畜止刚健故曰大畜，人之蕴蓄宜守正道，异端偏学徒畜何益，贤德内充宜享天禄，举任上位不穷处吉，所畜既大应乎天道，宜施于时济天下艰。彖赞卦辞大畜也者，刚健笃实辉光发外，日新其德刚上尚贤，能止乾健以大正也，不家食吉以养贤也，利涉大川应乎天也，刚健谓乾笃实谓艮，乾健不息笃实不虚，内外辉光德蓄日新，大畜上九阳刚处上，乾刚上进贤来不拒，处上应乾大为通畅，健莫过乾艮能止之，德非大正莫之能也，大畜卦德比象养贤，尚贤大正利涉险难。

　　大象赞曰天在山中，能积不散大畜之象，君子多识前贤往行，法象自修大畜其德，天在山中德积身中，畜怀乾健令德不散，君子体之畜成明德，多闻前古圣贤言行，察言求心考迹观用，识而得之身体力行。大畜初九有厉利已，有厉利已不犯灾也，初九阳刚体乾上进，初虽应四四抑畜初，六四畜初初未可犯，进则危厉休止则利，处健之始不果其健，故能利己不犯祸凶。大畜九二舆脱于輹，舆脱輹者中无尤也，九二虽与六五相应，五处畜盛未可进犯，志进则危如舆脱輹，处得中道不为冯河，度势不可遇难自止，动不失宜故无尤过。九三良马逐利艰贞，曰闲舆卫利有攸往，利有攸往上合志也，物极则反畜极则通，三上俱阳合志以进，二值畜盛难可以升，至于九三能升上九，途径大通进无违拒，驰骋速进如良马逐，履当其位进得其时，虽涉艰难而无患害，舆者以行卫者以防，闲习舆卫不忘备慎，志既锐进故诫贞正，与上合志利于进升。六四童牛之牿元吉，六四元吉有喜也，六四应初正德居位，处艮之始畜初者也，四当畜任止初最善，既盛后禁扞格难胜，初九阳微畜之易制，柔以止刚刚不敢犯，抑锐之始以息强争，犹如童牛始角加牿，牴性不发易而无伤，止恶未发大善之吉。六五豮豕之牙吉庆，豕牙横猾刚暴难制，五处尊位为畜之主，二刚升进能豮其牙，柔能制健禁暴抑盛，岂唯固位乃将有庆，六五柔中居于君位，止畜天下邪恶者也，兆民苟发邪欲之心，刑法力制不能胜也，操得其要兆民一心，不劳而治若豮豕牙，豕牙躁猛力劳难止，豮去其势牙存躁止，君子发明豮豕之义，知天下恶不可力制，察机持要塞绝本原，不尚威刑而恶自止，止恶之道知本得要，修习教化天下福庆。上九何天之衢亨通，何天之衢道大行也，处畜之极畜极则通，如天通衢行畅无碍。

颐卦䷚艮上震下

颐：贞吉。观颐，自求口实。初九，舍尔灵龟，观我朵颐，凶。六二，颠颐，拂经于丘颐，征凶。六三，拂颐，贞凶。十年勿用，无攸利。六四，颠颐，吉。虎视眈眈，其欲逐逐，无咎。六五，拂经，居贞吉，不可涉大川。上九，由颐，厉吉，利涉大川。

内震外艮卦象为颐，卦辞赞颐贞正得吉，观人所颐自求口实，颐者养也取象口齿，颐之为道以正则吉，颐养道正万物化育，观人所养自养之道，善恶吉凶朗然可见。彖赞颐者养正则吉，观颐也者观其所养，自求口实观其自养，天地时行长养万物，圣人养贤以及万民，颐养之时其大矣哉，养正义兼养贤自养，在下观上所养何人，及观在上自养之道，所养若贤自养若节，则是在上养正德盛，所养非贤自养乖度，则是在上失养德恶，圣人养贤与共天位，施泽天下众皆获安，如舜五人周武十人，汉帝张良齐君管仲，此皆养贤政治世康，万物生养时节为大，故曰颐养其时大哉。

大象赞颐山下有雷，君子慎言语节饮食，山下雷震萌养之象，上止下动颐颔之象，初上二阳中含四阴，外实中虚颐口之象，君子法象慎德安体，谨慎言语裁节饮食，慎不失当节不失中，推养之道明德亲民。颐爻初九舍尔灵龟，观我朵颐凶不足贵，神龟明鉴喻己明德，朵颐垂涎喻外贪求，初九阳明智足养正，动应六四不能自守，志在上行迷欲失己，以阳从阴离致养道，损廉静德行贪窃情，羡上躁竞凶莫甚焉，刚贵自立不屈于欲，明贵自照不失于正，既惑所欲而失其正，刚明何有实为可贱。颐爻六二颠颐征凶，拂经丘颐行失类也，阴不独立必从阳刚，六二阴柔待养于人，以上养下理之正也，二反求初则为颠颐，拂经违常不可行也，丘谓上九在外而高，上非二应非其族类，妄动求养取辱致凶。颐爻六三拂颐贞凶，十年勿用道悖无利，颐养之道唯正则吉，自养成德养人合义，六三阴柔处不中正，在震之极柔邪而动，违颐正道其养则凶，大悖义理终不可用。颐爻六四颠颐而吉，虎视眈眈其欲逐逐，上施光故吉而无咎，六四阴柔不足自养，体艮得位顺应求初，求下颠颐正应故吉，下交不渎虎视耽耽，威而不猛不恶而严，养德施贤何可有利，其欲逐逐尊尚敦实，观其求养则能履正，察其所养则能顺阳，修此二者吉而无咎，颐爻之贵于斯为盛。颐爻六五拂经贞吉，顺以从上不可涉川，六五居尊养天下者，才质阴柔不足以养，上九阳刚故顺从贤，赖其养己以济天下，君者养人反赖人养，违拂经常如顺师长，居守贞固笃于委信，翼身泽民居贞则吉，虽倚刚贤持循平时，不可处险变故之际，艰险之际当恃刚明，故管蔡乱成王岌岌。颐爻上九由颐厉吉，大有吉庆利涉大川，以阳处上而履四阴，阴宗于阳由之得养，贵而无位是以厉也，高而有民是以吉也，为养之主物莫之违，利济艰险大有庆也，上九德刚居师傅任，六五之君柔顺从己，当天下任天下由养，人臣当任危厉则吉，有如伊尹周公当位，忧勤敬畏故得终吉，宜竭才智济天下危，天下被泽大有福庆。

大过卦☱☴ 兑上巽下

大过：栋桡。利有攸往，亨。初六，藉用白茅，无咎。九二，枯杨生稊，老夫得其女妻，无不利。九三，栋桡，凶。九四，栋隆，吉。
有它吝。九五，枯杨生华，老妇得其士夫，无咎无誉。上六，过涉灭
顶，凶，无咎。

内巽外兑卦象大过，卦辞栋桡利攸往亨，大过阳过为大者过，四阳在
中阳过之甚，阳刚拯难过越常情，圣贤德业大过于人，小过阴过过于上下，
大过阳过大过于中，阳过于中上下弱矣，中盛外弱栋桡之象，制事以理矫
时之用，矫之小过而后及中，矫之大过率中道行，过越俗常契合天理，尧
舜禅让汤武放伐，天道流行时中亨通。彖赞大过大者过也，栋桡之象本末
弱也，刚过而中巽而悦行，利有攸往拯难乃亨，大过之时事功甚大，四阳
过越二阴衰弱，阳刚虽过二五皆中，下巽上兑和顺中行，故利攸往所以能
亨，大过之时其事甚大，事立非常功兴百世，圣贤成就绝俗大德。

大象取象泽过灭木，君子法象大能过越，独立不惧遁世无闷。大过初
六藉用白茅，柔慎在下故而无咎，初六阴柔体巽处下，取象白茅诚敬藉物，
茅虽微薄其用可重，用之能成敬慎之道，洁素敬慎奉事于上，大过用诚虽
难无咎。大过九二枯杨生稊，老夫得其少女之妻，过以相与而无不利，阳
之大过比阴则合，故二与五皆有生象，九二柔中密比初六，二无上应与初
相与，喻刚过者以中自处，用柔相济成大过功，杨者阳气易感之物，二初
相与如枯生根，又如老夫得少女妻，得中用柔成生育功，无过极失无所不
利，老夫少妻悦顺相与，过于常分大过之象。大过九三栋桡有凶，栋桡之
凶不可以辅，居大过时兴功立事，刚须柔中取人自辅，九三过刚而不得中，
动违中和而拂众心，不胜其任如栋桡折，不可支辅倾败以凶。九四栋隆吉
有它吝，栋隆之吉不桡乎下，九四近君当大过任，以刚处柔刚柔交济，既
不过刚能胜其任，如栋隆起是以吉也，大过之时动则过也，九四得宜若复
应初，牵系于阴桡曲就下，心不弘阔亦可鄙吝。大过九五枯杨生花，老妇
士夫无咎无誉，枯杨生花何可久也，无妇士夫亦可丑也，九五中正下无应
助，无济功资上比极阴，相济有如枯杨生花，旋即枯槁复有何益，又如老
妇得其士夫，虽无罪咎岂成育功，处大过世无咎无誉，何可长久诚可丑辱。
上六过涉灭顶有凶，过涉之凶不可咎也，处太过极过越之甚，涉难过甚至
灭顶凶，志在救时意善功恶，不害义故无可咎责，有如龙逢比干忠谏，忤
无道主遂至灭亡。

坎卦 ䷜ 坎上坎下

坎：习坎，有孚，维心亨，行有尚。初六，习坎，入于坎窞，凶。九二，坎有险，求小得。六三，来之坎坎，险且枕。入于坎窞，勿用。六四，樽酒簋贰，用缶，纳约自牖，终无咎。九五，坎不盈，祗既平，无咎。上六，系用徽纆，置于丛棘，三岁不得，凶。

内坎外坎卦象为坎，卦辞赞曰习坎有孚，维心有亨其行有尚，阴居阳中谓之离丽，阳居阴中谓之坎陷，坎者险陷险难之事，习者重义亦为便习，上下叠坎成险之用，非经便习难可通行，阳实在中中有孚信，其心诚一故能亨通，诚一亨通行险有功。象赞卦辞习坎重险，水流不盈行险守信，维心亨通乃以刚中，其行有尚往有功也，天险难升地险川陵，王公设险以守其国，险之时用其大矣哉，习坎重险两险相重，阳动险中未出于险，若水流行未盈于坎，阳刚中实居险之中，水性就下信义有孚，至诚之道何所不通，刚中道行险济亨通，止而不行常在险中，能行有功故可嘉尚，天地有险以保民人，用险有时其功盛大，尊卑之辨贵贱之分，杜绝凌僭皆险之用。

大象赞水洊至习坎，君子常德行习教事，两坎相习仍洊不骤，因势就下信而有常，人之德行不常则伪，君子体象常久德行，三令五申如水洊习。初六习坎入坎窞凶，习坎入坎失道凶也，初六阴柔居坎险下，柔弱无援处不当位，非能出险唯益陷深，如入坎窞失道故凶。九二坎有险求小得，求小得者未出中也，九二陷于二阴之中，履失正位上无应援，处中而与初三相比，虽未出险刚中小济，君子处险刚中自保，刚足自卫中不失宜。坎爻六三来之坎坎，险枕入于坎窞勿用，来之坎坎终无功也，六三阴柔居不中正，处两坎间进退两难，出则之坎居亦坎险，枕者支倚不安之甚，出则无应处则无安，出入皆难如入坎窞，益入深险终必无功。坎爻六四樽酒簋贰，用缶纳约自牖无咎，樽酒簋贰刚柔际也，六四阴柔下无助应，处险履正居柔近君，顺承九五刚柔得所，尽其质实不尚浮饰，一樽之酒二簋之食，瓦缶之器质之至也，纳约自牖启明君道，心有所蔽宜有所通，以忠信道结于君心，必因君心所明处入，于所蔽推而及之，能悟其心求信则易，为教亦然就人所长，从其心明推及其余，孟子所谓成德达才，刚柔交接质实顺善，诚敬笃信终无咎过。九五坎不盈祗既平，中道光大乃得无咎，九五中正宜可济险，陷坎险中复无应辅，若得致济乃得无咎，刚中之道未光大故，坎不盈满未能平难。坎爻上六系用徽纆，置于丛棘三岁不得，上六失道凶三岁也，上六阴柔居险之极，陷深故取牢狱之象，系缚囚置不得免出，失道而凶久修方兴。

离卦☲ 离上离下

　　离：利贞，亨。畜牝牛吉。初九，履错然，敬之，无咎。六二，黄离，元吉。九三，日昃之离，不鼓缶而歌，则大耋之嗟，凶。九四，突如其来如，焚如，死如，弃如。六五，出涕沱若，戚嗟若，吉。上九，王用出征，有嘉折首，获匪其丑，无咎。

　　内离外离卦象为离，卦辞赞曰利贞则亨，其象有如畜牝牛吉，离者附丽亦为虚明，一阴丽于上下二阳，离体为火中虚光明，万物莫不各有所丽，离卦之体阴柔为主，故必贞正乃得亨通，内外俱强失于猛害，外内俱顺失于劣弱，外强内顺于用为善，离之为德内顺外强，内刚外顺反离之道，柔不处内妇预外事，不履正中邪僻非善，牛之性顺牝牛尤顺，畜牝牛喻养成顺德。彖赞卦辞离者附丽，日月丽天谷木丽土，重明丽正化成天下，柔丽中正畜牝牛吉，上下重明五二中正，中正为德万事亨通，君臣上下明德中正，可化天下成文明俗，二五柔顺丽中正亨，人养顺德丽中正吉。

　　大象赞曰明两作离，大人继明照于四方，明而重两明明相继，明照相继而不绝旷，大人法象世继明德，亲其民人照临四方。初九履错然敬无咎，履错之敬以避咎也，初九阳刚体离居下，离性炎上志在上丽，错然欲动失居下分，刚明敬慎不自妄动，明所丽道乃得无咎。离爻六二黄离元吉，黄离元吉得中道也，黄者中色离者文明，六二体离中正文明，上同文明中顺之君，得中道故大善之吉。离爻九三日昃之离，不鼓缶歌大耋嗟凶，日昃之离何可久也，九三居于下体之终，前明将尽后明当继，人之终始时之革易，象拟日昃盛衰常道，达者乐天鼓缶而歌，不达嗟忧大耋乃凶，日既倾昃明何能久，达者有嗣安常处顺。离爻九四突如其来，焚如死如弃如难容，九四体上继明之初，在上近君继承之地，体离刚躁而不中正，突如其来失善继道，又承六五阴柔之君，刚盛凌烁气焰如焚，不善如此必被祸害，承上逆德众所弃绝，凌逆众恶天下不容。离爻六五出涕沱若，戚嗟若吉离王公也，六五居尊守中文明，以柔居上在下无助，附丽刚间其势危惧，唯其文明能深忧畏，出涕戚嗟能保其吉，六五之吉离王公位。离爻上九王用出征，有嘉折首获匪其丑，王征正邦故而无咎，上九离终刚明之极，明则能照刚则能断，察邪行威王者宜用，王者用此刚明之德，奋行征伐有嘉美功，明断之极约之中道，渐染注误何可胜诛，但折魁首胁从罔治，除去民害以正邦国。

二 《下经》韵义

咸卦 ䷞ 兑上艮下

咸：亨，利贞。取女吉。初六，咸其拇。六二，咸其腓，凶。居吉。九三，咸其股，执其随，往吝。九四，贞吉，悔亡。憧憧往来，朋从尔思。九五，咸其脢，无悔。上六，咸其辅颊舌。

内艮外兑卦象为咸，卦辞亨利贞取女吉，天地也者万物之本，夫妇也者人伦之始，乾坤咸恒上下经首，咸之为卦兑上艮下，少男少女笃诚感悦，男女感应而成夫妇，相感以正乃得亨通，邪感凶害故利贞正。彖赞卦辞咸者感也，柔上刚下感应相与，止而能悦男能下女，是以亨利贞取女吉，天地交感万物化生，圣感人心天下和平，观于天地圣人所感，天地万物情实可见，柔爻变刚上体成兑，刚爻变柔下体成艮，兑柔在上艮刚在下，二气感应以相授与，艮止笃诚兑悦和应，相感以正亨通得吉，推及男女相感之道，咸道之广赅万物，圣人设教至诚无息，感化民心天下和平。

大象赞咸山上有泽，君子体象以虚受人，泽性润下土性受润，泽在山上其润通彻，君子观象山泽通气，虚中无我以受于人，受纳于物无所弃遗，中无私主无感不通。咸爻初六咸于其拇，咸其拇者志在外也，初六处下与四相感，以微处初所感未深，有志而已岂能动人，所感浅末如足拇指，指虽小动其足未移，人心初感始有其志，志虽小动未甚躁求，吉凶悔吝生乎动者，本实未伤无吉无吝，浅深轻重感有差异，识其时势处不失宜。六二咸其腓凶居吉，虽凶居吉顺不害也，六二居下与五为应，咸道转进离拇升腓，腓者足肚足动乃举，二不守道不待上求，如腓自动躁妄以凶，安其顺道不妄动吉。九三咸其股执其随，不处随人执下往咎，九三阳刚为主于内，宜行正道以感于物，上六居于感悦之极，九三从感应于上六，不能自主随上而动，有如腿股随身以行，进不制动退不静处，刚阳之质志在随人，操执卑下以往故咎。咸爻九四贞吉悔亡，憧憧往来朋从尔思，贞吉悔亡私未感害，憧憧往来感未光大，九四中上当心之位，为感之主象感之道，贞感之道无所不通，有所私系则害感通，九四体悦居阴应初，故戒贞感无悔得吉，虚中贞一感无不通，私心感物往来憧憧，思及能感不及无应，朋类虽从难廓然通，思虑无私贞吉悔无，私感道狭感难光大。咸爻九五咸于其脢，志不浅末方得无悔，居尊当以诚感天下，九五若私应二比上，偏狭浅末非正感道，脢者背肉心所不见，感无私欲志正无悔。咸爻上六咸辅颊舌，咸辅颊舌滕口悦也，上六阴柔而复体悦，居感之极为悦之主，过欲不能至诚感物，徒发见于口舌之间，流入小人女子之态，腾扬口舌岂能感人。

恒卦 ䷟ 上震下巽

恒：亨，无咎，利贞。利有攸往。初六，浚恒，贞凶，无攸利。九二，悔亡。九三，不恒其德，或承之羞。贞吝。九四，田无禽。六五，恒其德，贞。妇人吉，夫子凶。上六，振恒，凶。

内巽外震卦象为恒，卦辞赞亨无咎利贞，能修恒道利有攸往，恒者常久终身不渝，咸男下女交感之义，恒女下男尊卑常道，交感之情少为亲切，尊卑之序长为谨正，男动于外女顺于内，人伦之常故而为恒，恒久之道所贵变通，变通随时方可长久，能久能通乃得无咎，恒通无咎利以行正，各得所恒修其常道，终则有始无往不利。彖赞卦辞恒者久也，刚上柔下雷风相与，恒巽而动刚柔皆应，久于其道无咎利贞，天地之道恒久不已，利有攸往终则有始，日月得天而能久照，四时变化而能久成，圣久其道天下化成，观于天地圣人所恒，天地万物之情可见，恒卦四德其义常久，乾之初九上居于四，坤之初六下居于初，刚柔交易成震巽体，震刚处上巽柔处下，刚上柔下恒卦一德，雷震风发相须交助，雷风相与恒卦二德，下体巽顺上体震动，巽顺而动恒卦三德，刚柔之爻皆得相应，刚柔皆应恒卦四德，久于正道亨通无咎，不恒其德难免羞吝，人恒于德合天地理，动而能恒终而复始，随时变易恒而无穷，天地四时变化恒成，常久之道情实可见，行之有常化成美俗。

大象赞曰雷风为恒，君子体象立不易方，雷风相与成恒久象，君子体之恒久其德，自立中常恒不变易。初六浚恒贞凶无利，浚恒之凶始求深也，初六居下四为正应，九四体震以刚居高，志上不下二三亦隔，初六柔暗不能度势，不恒安处求望浚深，固守泥常宜凶无利。九二悔亡能久中也，九二居阴而能刚中，正应六五恒久于中，失位称悔居中悔亡，恒久中道可以消悔。恒爻九三不恒其德，或承之羞贞吝难容，九三阳刚处得常位，志从上六恒处不处，其德不恒处无定据，自相违错或至羞吝，所往不纳无所容身。恒爻九四田而无禽，久非其位安得禽也，九四阳刚居阴失正，处得正道久而成功，不得其道虽久何益，恒于非位徒劳无获，有如田猎不得禽兽。恒爻六五恒其德贞，妇人得吉夫子则凶，妇人贞吉从一而终，夫子制义从妇故凶，六五阴柔顺应九二，居中应中阴柔之正，妇人之道以顺为恒，恒久顺德妇人贞吉，丈夫从妇失刚正凶，君道不可柔顺为恒，六五居尊为恒之主，不能制义系应在二，用心专贞从唱而已，妇人之吉夫子之凶。恒爻上六振恒则凶，振恒在上大无功也，上六居于恒极震终，恒极不常震终极动，阴柔居上不能安固，有如振动无节而速，静为躁君安为动主，以振为恒其凶宜哉，居上之道必有恒德，躁动不常岂有成功。

遯卦 ䷠乾上艮下

遯：亨，小利贞。初六，遯尾，厉，勿用有攸往。六二，执之用黄牛之革，莫之胜说。九三，系遯，有疾厉。畜臣妾，吉。九四，好遯，君子吉，小人否。九五，嘉遯，贞吉。上九，肥遯，无不利。

内艮外乾卦象为遯，卦辞赞曰亨小利贞，阴长阳消君子知几，退藏于密其道乃亨，阴柔浸长未至大盛，阳未全灭尚可致力，不可大贞尚利小贞，事有不齐与时消息。彖赞卦辞遯而亨也，刚正有应与时行也，小利贞者浸而长也，遯之时义其大矣哉，君子遯退道伸故亨，九五中正与二相应，阴长未盛尚可致力，至诚时中扶持正道，道之将乱忍肯坐视，阴浸难遽道可小贞，有如王允谢安之为，处遯有时久速从宜。

大象赞遯天下有山，君子法象以远小人，高尚其志不恶而严，积阳为天积阴为地，山者地之高峻者也，天下有山阴长之象，山者阴类势上逼天，天性高远遯不受逼，君子体象避远小人，远之有道矜庄威严，声色无恶不致怨忿，使知敬畏自然心远。遯爻初六遯尾则厉，勿用有往不往何灾，初六柔微最在后遯，其为遯尾危之道也，危厉既至则当固穷，危行言逊不往无害。遯爻六二固执其志，黄牛之革莫之胜脱，六二中正上应九五，交合坚固如系牛革，黄者中色以譬中和，牛者顺物革譬厚顺，能用中和厚顺之道，固结心志安处遯时。遯爻九三系遯疾厉，系遯之厉有疾惫也，不可大事畜臣妾吉，九三下与六二切比，阳志悦阴系乎二者，遯贵速远而有系累，不能远害惫疾危厉，私恩系恋畜臣妾道，昵比相亲非君子道，小道致泥岂当大事，若正虽系虽危无咎，如蜀先主不忍弃民。遯爻九四其象好遯，君子以吉小人则否，九四初六上下正应，君子虽亦有所好爱，克己复礼以道制欲，义苟当遁去而不疑，体乾刚断君子当舍，小人系恋陷辱其身。遯爻九五嘉遯贞吉，嘉遯贞吉其志正也，九五中正遁之嘉者，时止时行贞正而吉，非无系应中正不失，处遯道美中正而已，不恶而严反制于内，小人应命率正其志。上九肥遯无所不利，肥遯而利无所疑也，肥者充大宽裕之义，遯者无所系累为善，上九体乾最处外极，无应于内刚断无滞，超然绝志心无疑顾，遯而肥裕无所不利。

大壮卦䷡震上乾下

大壮：利贞。初九，壮于趾，征凶有孚。九二，贞吉。九三，小人用壮，君子用罔，贞厉。羝羊触藩，羸其角。九四，贞吉，悔亡。藩决不羸，壮于大舆之輹。六五，丧羊于易，无悔。上六，羝羊触藩，不能退，不能遂，无攸利。艰则吉。

内乾外震卦象大壮，卦辞赞曰大壮利贞，阴长阳遯阳盛大壮，群阳盛大小道将灭，大壮之道利于贞正，壮不得正强猛而已。象赞卦辞大者壮也，阳刚以动故曰大壮，大壮利贞大者正也，正大可见天地之情，阴小阳大阳盛大壮，阳爻浸长已至九四，乾刚震动故为大壮，阳者既壮利于贞正，天地之情正大而已。

大象赞曰雷在天上，君子法象非礼弗履，震主威动乾主刚健，雷在天上健动大壮，盛极之时好生骄溢，壮若违礼失壮而凶，君子大壮克己复礼，非礼切勿视听言动。大壮初九其象壮趾，征凶有孚其孚穷也，初九阳刚体乾处下，在下用壮其象壮趾，刚壮不中处下无应，凌犯于物信其穷凶。大壮九二居中贞吉，九二阳刚居柔处中，刚柔中和壮不过亢，居中履谦是以贞吉。大壮九三小人用壮，君子用罔贞固危厉，羝羊触藩必羸其角，九三以刚居阳处壮，当谦体终壮趾极者，小人尚力用其勇壮，君子志刚故用蔑罔，藐视于事肆无忌惮，君子有勇无义必乱，刚柔得中不折不挠，施于天下而无不宜，刚猛固执无和顺德，健而不谦必用其壮，以壮为正其正必危，多伤无与危厉之道，如羊壮首羝而喜触，用壮触藩摧困其角。大壮九四贞吉悔亡，藩决不羸壮于舆輹，藩决不羸尚往不已，九四阳盛过中壮甚，居四不正故诫贞吉，以阳处阴行不违谦，刚柔交济壮进不已，如篱限隔决开无困，大车轮壮行利可知。六五丧羊于易无悔，丧羊于易位不当也，四阳壮进六五柔尊，若以力制难胜有悔，和易待之刚无所用，中正和易丧壮无悔，九二贞吉能干其任，六五委焉得其助力，治壮之道不可以刚，刚克柔克时中合宜。大壮上六羝羊触藩，处不详慎不能退遂，无利艰吉其咎不长，上六阴处震终壮极，有应于三故不能退，惧于刚长故不能遂，持疑犹豫志无所定，其状有如羊触藩篱，进则碍身退则妨角，才本阴柔难退就义，有摧必缩壮难终遂，虽处刚长刚不害正，苟定其分固志在一，艰固其志患消柔吉，居壮之终有变之义，能变得分过咎不长。

晋卦☲离上坤下

　　晋：康侯用锡马蕃庶，昼日三接。初六，晋如摧如，贞吉。罔孚，裕无咎。六二，晋如，愁如，贞吉。受兹介福，于其王母。六三，众允，悔亡。九四，晋如鼫鼠，贞厉。六五，悔亡，失得勿恤。往吉，无不利。上九，晋其角，维用伐邑。厉吉无咎，贞吝。

　　内坤外离卦象为晋，卦辞赞晋象拟康侯，赐马蕃庶昼日三接，渐次晋进明盛光宠，进盛之时上明下顺，诸侯承附天子之象，康侯也者治安之侯，柔以时进君臣相得，厚赐亲礼褒崇之至，一日之间三度接见。象赞卦辞晋者进也，明出地上顺丽大明，柔进上行康侯用赐，明出地上益进而盛，坤顺丽离君明臣附，诸侯顺附天子明德，康国安民恩遇非常，柔进受宠一日三接，讼不终朝服三褫之，黜陟之速明示惩劝，进德必至光明盛大。

　　大象赞晋明出地上，君子体象自昭明德，明出地上益发明盛，君子观象显明其德，去蔽致知自明明德，充内发外昭明天下。晋爻初六晋如摧如，贞吉罔孚裕则无咎，晋如摧如独行正也，裕则无咎未受命也，初六居下进之始也，处坤顺初应离明始，晋如升进摧如抑退，进明退顺不失其正，处晋之始功未著孚，宽裕进德乃得无咎，无进无抑独行正道，未受职命裕德无咎。六二晋如愁如贞吉，受兹介福于其王母，受兹介福以中正也，六二在下上无应援，中正履顺不强于进，进难守正晦修诚吉，六二中正德充必彰，六五大明必大赐福，六五阴尊故称王母。晋爻六三众允悔亡，众允之志顺明上行，位不中正宜有悔咎，居坤体上志顺上明，三阴皆顺与众同信，谋能从众得合天心，众所允从悔所以亡。九四晋如鼫鼠贞厉，鼫鼠贞厉位不当也，九四非正贪处高位，上承于五下据三阴，三阴上进存畏忌心，贪而惧失畏忌如鼠，既负且乘志无所安，固处其地危厉可知。六五悔亡失得勿恤，往吉有庆无所不利，六五体离柔而居尊，以其大明下皆顺附，下既同德推诚委任，尽众之才通天下志，大明之主不患明照，患自任明至于察察，尽天下公岂用私察，失之与得何须忧恤，虽不当位能消其悔，能用此道所行吉庆。上九晋其角用伐邑，道隘厉吉无咎贞吝，角者刚强居上之物，上九阳刚居卦之极，刚极亢进失中之甚，刚进躁猛如晋其角，无所用可伐邑无咎，伐其居邑反内自治，刚猛自修非中和德，未能中正过厉可吝，自治有功道未广大，危厉自惕吉而无咎。

明夷卦䷣坤上离下

明夷：利艰贞。初九，明夷于飞，垂其翼。君子于行，三日不食。有攸往，主人有言。六二，明夷，夷于左股。用拯马壮，吉。九三，明夷于南狩，得其大首。不可疾贞。六四，入于左腹，获明夷之心，于出门庭。六五，箕子之明夷，利贞。上六，不明晦，初登于天，后入于地。

内离外坤卦象明夷，卦辞赞曰利在艰贞，夷者伤也明者见伤，日入地中明夷之象，晋卦明盛明君在上，卦象群贤并进之时，明夷昏暗暗君在上，卦象明者见伤之时，利在知艰不失贞正，时暗不可随世倾邪。象赞卦辞明入地中，内德文明而外柔顺，以蒙大难文王以之，利在艰贞晦其明也，内难志正箕子以之，内卦体离文明之象，外卦体坤柔顺之象，文王内怀文明之德，外执柔顺三分事纣，蒙犯大难不失明圣，处明夷世晦藏其明，戒陷邪道利固守正，殷祚将倾自正其志，不为邪干箕子用之。

大象赞曰明入地中，君子莅众用晦而明，明所以照君子明照，用明之过伤于察苛，察察代庖伤含弘度，莅众显明蔽伪百姓，君子观象以蒙养正，不极明察明夷莅众，晦藏其明容物和众，众亲而安用晦而明，若自任明无所不察，不胜忿疾德无含容，人情睽疑失莅众道，欲明适成不明之效，无为清静民化不欺，运其聪明奸诈愈生，古之圣王垂旒树屏，专心德化不欲过明。初九明夷飞垂其翼，君子于行三日不食，有所攸往主人有言，君子于行义不食也，初九体离见伤之始，阳明上升故取飞象，昏暗在上伤阳之明，不得上进若飞伤翼，君子明照见事之微，去其禄位退藏行去，其伤未显困顿亟行，世俗疑怪义不迟疑，扬雄失节袁宏免祸，明夷之道史有明证。六二明夷夷于左股，用拯马壮顺以则吉，六二中正体离至明，顺以中正如拯马壮，自处自拯暗主不疑，其伤不甚获免之吉。九三明夷取象南狩，得其大首不可疾贞，南狩之志乃大得也，九三体离居上明极，上六体坤居上暗极，正相敌应明以去暗，南狩义谓前进除害，诛其元凶胁从不问，旧染污俗未可遽革，正不可疾以免骇惧，能去暗害大得明志，汤武革命去害而已。明夷六四入于左腹，获明夷心于出门庭，六五君位伤明之主，六四近君以阴居阴，小人高位柔邪顺君，以隐僻道深得君心，入于左腹获君心意，君心既蛊行之于外，居明夷时阴柔须贞，不可阿顺增君之蛊。六五箕子明夷利贞，箕子之贞明不可息，上六处上明夷之极，六五切近上六至暗，当如箕子晦藏其明，佯狂为奴内正其志，明德自存不可灭息，卒免于难为武王师。明夷上六不明则晦，初登于天后入于地，初登于天能照四国，后入于地失其法则，上六居终为明夷极，如至暗主不明而晦，明在至高本当远照，失明之道反为昏暗。

家人卦☲巽上离下

家人：利女贞。初九，闲有家，悔亡。六二，无攸遂，在中馈，贞吉。九三，家人嗃嗃，悔厉吉。妇子嘻嘻，终吝。九四，富家，大吉。九五，王假有家，勿恤，吉。上九，有孚威如，终吉。

内离外巽卦象家人，卦辞赞曰利女贞正，家人卦论家内之道，父子之亲夫妇之义，尊卑长幼井然有序，正于伦理笃于恩义，风自火出自内及外，处家之道明内巽外，推而行之可治天下，家人之道利在女正，夫身若正妇身自正，夫夫妇妇而家道正。象赞卦辞家人也者，女正位内男正位外，男女位正天地大义，家有严君父母之谓，父父子子兄兄弟弟，夫夫妇妇而家道正，家道齐正而天下定，女主于内男主于外，男女正位家道乃立，六二得位女正内位，九五得位男正外位，道均二仪天地大义，无尊孝衰无长礼废，家人必有尊严君长，父兄夫妇家道齐正，推及天下天下治定。

大象赞曰风自火出，君子言有物行有恒，巽在离外风从火出，火炽风生自内而外，正家之本在正自身，正身之道言行不易，言行谨内德业著外，言慎行修身正家齐，举言行为家人诚者，正家无妄修于近小，言必情实口无择言，行必常度身无择行，言之与行君子枢机，出身加人发迩化远。家人初九闲家悔亡，闲有家者志未变也，初九处下治家之始，家人志意尚未变黩，法度防闲不伤恩义，志变后治所伤多矣，苟不防闲人情流放，失长幼序乱男女别，残伤恩义戕害伦理，无所不至必至于悔。家人六二无所攸遂，中馈贞吉顺以巽也，人处骨肉父子之间，情易胜礼恩易夺义，唯刚立者情义两得，不以私爱失其正理，故家人卦以刚为善，六二体离柔居中正，以阴应阳妇人之正，妇人阴柔不能治家，无所必遂居中主馈，巽顺为常是以贞吉。家人九三家人嗃嗃，礼未失故悔厉而吉，妇子嘻嘻失节终吝，九三不中处下体极，象一家长治内过刚，伤于严急家人有怨，家道齐肃人心祇畏，自悔惕厉犹为家吉，若弛礼节妇子嘻笑，自恣慢黩终致羞吝，行与其慢宁过乎恭，家与其渎宁过乎严，初虽悔厉终无慢黩，若纵嘻嘻终失家节。家人九四富家大吉，富家大吉顺在位也，六四体巽居正承五，巽顺守正能富其家，体巽承尊长保禄位，顺其在位故致大吉。家人九五王假有家，交相爱也勿恤有吉，九五中正居尊有应，治家有道至正善者，九五中正恭己于外，六二中正正家于内，夫敬内助妇乐刑家，象王极乎正家之道，圣王恭己正家为本，交相爱敬内外同德，心化诚合家道齐正，修身齐家天下致治，君明家道天下化之，文王化民《关雎》为先。上九有孚威如终吉，威如之吉反身之谓，上九处终居家道成，治家之道诚信为本，中心孚信型于寡妻，以著于外众自化善，慈过无严恩胜掩义，礼法不足而渎慢生，长失尊严少失恭敬，家不乱者未之有也，故必威严而能终吉，身得威敬人亦如之，家道可终唯信与威，治家威严先正其身，先行于己自反于身，身不行道妻子不则。

睽卦☲离上兑下

睽：小事吉。初九，悔亡。丧马勿逐，自复。见恶人，无咎。九二，遇主于巷，无咎。六三，见舆曳，其牛掣，其人天且劓。无初有终。九四，睽孤。遇元夫，交孚，厉无咎。六五，悔亡。厥宗噬肤，往何咎。上九，睽孤。见豕负涂，载鬼一车，先张之弧，后说之弧。匪寇婚媾，往遇雨则吉。

内兑外离卦象为睽，卦辞赞曰小事得吉，物情乖异离散之时，不可大事与役动众，虽乖可修小事而吉。象赞卦辞睽之为义，火动而上泽动而下，二女同居志不同行，悦而丽明柔进上行，得中应刚故小事吉，天地睽而其事同也，男女睽而其志通也，万物睽而其事类也，睽之时用其大矣哉，火性炎上泽性润下，性情违异其象为睽，如中少女志不同行，少时同处长各适归，兑悦离明柔五中尊，悦顺丽明下应九二，虽不能合天下之睽，亦可小济得小事吉，天高地卑其体悬隔，交感化育其事则同，男外女内分位有别，相济成家其志则通，万物殊形各自为象，和禀阴阳其事则类，天下之大群生之众，睽散万殊圣人能同，睽之大义体乖用合，圣人能明和合万类，推明物类明睽时用，此乃圣人合睽之道。

大象赞睽上火下泽，君子法象以同而异，上火下泽动而相背，君子观此睽离之象，于大同中知所当异，天理同一异位分殊，有如政教志均在民，各有所司职掌不同，又如彝伦莫不大同，流俗之失何得不异，不能大同乱常咈理，不能独异随俗习非，同而能异和而不流，君子处睽其道中和。初九悔亡丧马自复，见于恶人以避咎也，初九居初睽之始也，刚动于下有悔可知，九四在上睽离无与，本非相应在睽故合，同德相与能亡其悔，阳行象马睽独无与，阳不能行如丧其马，初四志合勿逐自复，所谓恶人乖异于己，当睽之时小人至众，若弃绝之天下尽仇，失含弘义凶咎之道，安能化善使之睽合，必接恶人避免怨咎，弗绝睽合彝伦终苏。九二遇主于巷无咎，遇主于巷未失道也，九二六五处睽失位，虽相应与当委屈求，遇主于巷觊得应合，君臣睽合故得无咎，善道宛转中和不枉，至诚感合未失正道。六三见舆曳其牛掣，其人天劓无初有终，见舆曳者位不当也，无初有终以遇

刚也，六三阴柔失正介刚，处不得安受凌可知，正应上九欲进合志，四阻
二牵如牛掣车，为四所伤黥额截鼻，履非其位失所载也，滞隔所在不获进
也，执志不回终获刚助，始厄后合无初有终，失位难安正道终合，顺理安
行知几固守。九四睽孤遇于元夫，交孚有厉志行无咎，九四失正无应介阴，
刚阳之德睽离孤处，初九睽初同德相亲，如遇元夫交以孚诚，阳刚志行就
时之睽，至诚相合虽危无咎。六五悔亡厥宗噬肤，往有庆也复夫何咎，六
五失正居尊有悔，九二刚贤应辅悔亡，君才不足信任贤辅，深信其道所为
福庆，有如宗党深入噬合，以斯而往有庆无咎。睽爻上九其象睽孤，见豕
负涂载鬼一车，先张之弧后说之弧，匪寇婚媾往遇雨吉，遇雨之吉群疑亡
也，上九居终睽戾难合，阳刚居上刚躁不祥，在离之上明察多疑，六三虽
应甚恶猜疑，如豕负涂如鬼载车，无而谓有猜妄之极，失道之极必反正理，
故于六三始疑终合，始恶欲射疑释置弓，睽极而反非寇婚媾，阴阳交和如
遇雨吉。

蹇卦 ䷦ 坎上艮下

蹇：利西南，不利东北。利见大人，贞吉。初六，往蹇来誉。六
二，王臣蹇蹇，匪躬之故。九三，往蹇来反。六四，往蹇来连。九五，
大蹇朋来。上六，往蹇来硕，吉。利见大人。

内艮外坎卦象为蹇，卦辞贞吉利于西南，不利东北利见大人，西南坤
方体顺而易，东北艮方体止而阻，处顺难纾处阻弥塞，蹇难之时利处平易，
能济众难利现大德，正道固守是以得吉，爻皆当位各履其正，居难履正正
邦之道，蹇不正固必入邪滥，即便苟免知命者羞。彖赞蹇者险难在前，见
险能止其知矣哉，蹇利西南往得中也，不利东北其道穷也，利见大人往有
功也，当位贞吉以正邦也，蹇之时用其大矣哉，屯象始难困象力穷，上坎
下艮蹇象阻难，险而能止智明时中，阳升坤中中正平易，阳降坤末蹇阻难
行，大人当位成济蹇功，爻多当位正吉正邦，处蹇之时济蹇之道，其用至
大圣贤成能，从平易道由至正理，顺时而处量险而行。

大象赞蹇山上有水，君子法象反身修德，山之峻阻上复有水，上下险
阻故为蹇象，水在山上失流通性，终应反下故曰反身，道畅之时并济天下，
处穷之时独善其身，行有不得反求诸己，君子遇蹇自省己身，未善改之无

歉加勉，道成德立方能济险。蹇爻初六往蹇来誉，往蹇来誉宜待时也，初六阴柔居初无应，进则益蹇止则无咎，时未可进宜止待时，见几知时善来有誉。蹇爻六二王臣蹇蹇，匪躬之故终无尤也，六二体艮止于中正，上应九五如王信臣，王方在蹇臣志济君，阴柔难任故而蹇蹇，忠荩不私志义可嘉，虽未成功终无过尤。蹇爻九三往蹇来反，往蹇来反内喜之也，九三刚正居艮体上，初二皆柔恃附九三，上虽应三阴柔无位，不足为援三往则蹇，与坎为邻进则入险，下阴附喜居得其所。蹇爻六四往蹇来连，往蹇来连当位实也，六四阴柔居正比三，与初二阴同志相连，往则无应入坎深险，下与众合得处蹇道，得位履正当其本实，诚以与下连合济蹇。蹇爻九五大蹇朋来，大蹇朋来以中节也，九五君位居坎大蹇，六二中正朋来应辅，处蹇中正守节不失，虽二阴柔难济亦益。蹇爻上六往蹇来硕，志内故吉利见大人，上六阴柔体坎居极，冒险极进必致险阻，外反自修志在三五，从五应三顺阳为贵，得阳刚助硕大宽裕，阳刚中正方得出蹇，出蹇由道蹇极得纾，蹇极之时利见大德，阳刚中正大弘道化。

解卦䷧震上坎下

解：利西南。无所往，其来复，吉。有攸往，夙吉。初六，无咎。九二，田获三狐，得黄矢，贞吉。六三，负且乘，致寇至，贞吝。九四，解而拇，朋至斯孚。六五，君子维有解，吉。有孚于小人。上六，公用射隼于高墉之上，获之，无不利。

内坎外震卦象为解，卦辞利西南无所往，其来复吉有往夙吉，解者患难解散之时，西南坤方广大平易，难之方解始离艰苦，不可严苛当济宽易，人心怀安故利西南，如汤伐桀代虐以宽，武王诛纣反商常政，解而未尽迟将复盛，事之复生晚图坐大，患难既解安平无事，修复纲纪以反正道，救难定乱未暇遽为，既定复为使可久继。彖赞险动免险得解，解利西南往得众也，其来复吉乃得中也，有往夙吉往有功也，天地屯解雷雨和作，百果草木皆得甲坼，解之时义其大矣哉，遇险不动无由解难，动在险中亦未免咎，坎险震动出难得解，解道宽易众心归乎，无难可解渊默无为，难解复正乃得中道，解之能速不失其几，早图有功缓逸滋恶，天地否结雷雨不作，天地之气开散交感，阴阳和畅雷雨兴作，险厄者亨否结者散，万物皆得生发萌蘖，天地之功由解而成，当法天道顺解之时，宽宥恩惠养育兆民，泽及万物合德天地。

大象赞曰雷雨作解，君子体象赦过宥罪，二气和解雷雨得兴，君子法象宽大含容，体其发育广施恩仁，体其解散普行宽释，赦免过失宽宥罪恶。初六无咎刚柔相际，初六居难初解之时，以柔居刚应九四阳，柔而能刚刚柔际接，患难初解休养生息，自处得宜则得无咎。解爻九二田获三狐，黄矢贞吉得中道也，九二刚中上应六五，为五所任处坎险中，田者去害狐者邪伏，二知险情能获隐伏，黄矢中直用治三阴，位虽不正得中直道，除去邪恶贞正而吉。六三负乘致寇贞吝，既负且乘亦可丑也，自我致戎又谁咎也，六三阴柔居下体上，乘二负四窃位容身，处位失正有如小人，宜下负荷反据乘车，柔邪自媚必致寇夺，寇之由来自所致，虽幸而免亦可鄙吝。九四解拇朋至斯孚，解而拇者未当位也，九四阳刚切承六五，失位不正应初比三，六三得附以为其拇，居于高位亲比小人，己诚未孚君子远退，解去阴小朋至而信。六五君子维有解吉，孚于小人小人退服，六五中尊而应乎刚，以君子德解难获吉，小人虽间退而畏服，小人退去君子道行。上六公用射隼高墉，以解悖也获之有利，上六尊高故谓之公，隼喻六三悖乱小人，初为四应二为五应，三不应上失位负乘，处下体上故曰高墉，墉非隼处高非三履，上六体震为解之极，将解悖逆用射除乱，极则后动成而后举，故必获之而无不利。

损卦䷨艮上兑下

损：有孚，元吉，无咎，可贞，利有攸往。曷之用，二簋可用享。初九，已事遄往，无咎，酌损之。九二，利贞，征凶。弗损，益之。六三，三人行则损一人，一人行则得其友。六四，损其疾，使遄有喜，无咎。六五，或益之十朋之龟，弗克违，元吉。上九，弗损，益之，无咎，贞吉，利有攸往。得臣无家。

内兑外艮卦象为损，卦辞赞曰有孚元吉，无咎可贞利有攸往，二簋虽微诚可用享，乾之九三进为上九，坤之上六降为六三，损自泰来上艮下兑，损之为义损过就中，损下益上损刚益柔，减损人欲而复天理，损末就实诚信大吉，多仪备物以副诚敬，饰过其诚则为浮伪，行损之道贵夫诚信，二

簋至约可用享祭。彖赞卦辞所谓损者，损下益上其道上行，损而有孚元吉
可贞，二簋可享其用有时，损刚益柔其行有时，损益盈虚与时偕行，艮阳
兑阴阴顺于阳，阳止于上阴悦而顺，损下益上上行之义，无本不立无文不
行，文实相须刚柔相济，过者损之不足益之，亏者盈之实者虚之，二簋至
约质薄之器，行损以信二簋可享，文胜末流远本丧实，当损必损应时中行。

大象赞损山下有泽，君子法象惩忿窒欲，泽在山下气通上润，泽卑自
损以崇山高，君子法象损己忿欲，惩止忿怒窒塞情欲，境有顺逆情有忿欲，
惩息既往窒闭将来。损爻初九已事遄往，无咎酌损与上合志，初九阳刚上
应六四，四柔居上赖初之益，下之益上当损于己，事已速去不自居功，损
己益人当度其宜，酌而减损无过不及，上下合志乃得无咎。损爻九二利贞
征凶，弗损益之中以为志，九二刚中居柔体悦，上应六五阴柔之君，柔悦
应上失刚中德，损己益柔则剥道成，故戒其损利在贞正，以中为志损益得
节，不自损刚适以益上，失刚用柔适足损之，九二非正处悦非刚，所谓利
贞得中为善，正不必中中则能正，志存守中自正益上。六三三人行损一人，
一人独行则得其友，一人成行三则疑也，损减有余益补不足，三阳同行损
三益上，三阴同行损上益三，地天泰乃成山泽损，损卦六爻上下各应，两
两相与志专得友，天下皆两生生之本，一阴一阳三则当损，六三独行上九
纳己，阴阳相得三则疑与。损爻六四损去其疾，使遄有喜故而无咎，六四
得正下应初九，以柔纳刚自损从阳，自损不善如损其疾，人之损过唯患不
速，亦既见止我心则降，速则不悔是为可喜。六五或益十朋之龟，弗违元
吉自上祐也，六五中顺应九二阳，虚中自损以从下贤，阴非先唱柔非自任，
尊以自居损以守之，江海处下百谷归之，天下化之群朋益之，尽众人见合
天地心，人用其力事顺其功，自天祐之吉无不利。损爻上九弗损益之，大
得志故无咎贞吉，利有攸往得臣无家，上九居终损极当变，刚不损下反而
益之，君子行志唯在益人，人心归服天下为一，得臣无家无咎正吉。

益卦䷩巽上震下

益：利有攸往，利涉大川。初九，利用为大作，元吉，无咎。六
二，或益之十朋之龟，弗克违，永贞吉。王用享于帝，吉。六三，益
之用凶事，无咎。有孚中行，告公用圭。六四，中行告公从，利用为
依迁国。九五，有孚惠心，勿问元吉。有孚惠我德。上九，莫益之，

或击之。立心勿恒，凶。

内震外巽卦象为益，利有攸往利涉大川，盛衰损益有如循环，损极必益理之自然，巽上震下雷风相益，乾四降初坤初升四，风雷益自天地否来，损上益下下厚上安，利益万物动而无违，何往不利可济险难。彖赞卦辞所谓损者，损上益下民悦无疆，自上下下其道大光，利有攸往中正有庆，利涉大川木道乃行，益动而巽日进无疆，天施地生其益无方，凡益之道与时偕行，震阳巽阴巽非违震，柔巽在上刚动在下，下有动求上能巽接，上不违下损上益下，居上者能自损益下，下民欢悦无复穷极，阳下居初阴上居四，天地否变风雷交益，自上下下其道光显，九五六二中正相应，中正道行天下福庆，木体轻浮涉川不溺，以益涉难如舟涉川，涉川无害见益之利，动而顺理益进无疆，天施地受万物化生，施化之益广大无穷，益之为道应时顺理，满益害道过犹不及。

大象赞曰风雷交益，风烈雷迅雷激风怒，雷动风散万物皆益，君子体象自益明德，见善则迁有过则改，迁徙慕尚尽天下善，改更惩止过归于无，迁善改过益莫大焉。益爻初九利用大作，下不厚事元吉无咎，初九阳刚震动之主，六四巽主顺贤应初，体刚能干巽应不违，堪建功德大益天下，位下任重小善无称，作为大善乃得无咎，能致元吉知人胜任，不能元吉上下皆咎。益爻六二或益朋龟，益自外来弗违贞吉，如王用享于帝获吉，六二中正有虚中象，虚则受益不召自至，居益用谦物自外来，朋龟献策吉凶从众，中正虚怀能得众益，质本阴柔戒常贞固，中正应巽能享上帝，况与人接岂不获通。六三益用凶事无咎，有孚中行告公用圭，益用凶事固有之也，六三居于下体之上，居刚应阳处动之极，犹在民上以为守令，居上刚决果于为益，下当承上安得擅任，用行患难方可免咎，义在庇民中行诚孚，为上信任故告用圭，自任凶事可得权宜，救民拯时固有其功，益不为私志在救难，壮不至亢不失中行。六四中行告公有从，告公从者以益志也，犹如利用为依迁国，六四近尊居得其正，柔巽辅五下应初九，处不得中戒其中行，中道益上可获信从，体本柔巽无刚特操，利依附上顺下而动，上依明君而致其益，下顺贤才以行其事，民不安居则迁国邑，顺下而动迁国之象。益爻九五有孚惠心，勿问元吉孚惠我德，有孚惠心勿问之矣，惠我德者大得志也，九五居尊刚阳中正，又得六二中正相应，阳实在中孚信之象，惠益万物至善大吉，为益之大莫大于信，为惠之大莫大于心，因民所利而利之焉，惠而不费惠心者也，我既以信惠被于物，物亦以信惠归于我，诚益天下天下感惠，益道大行益志大得。上九莫益之或击之，立心勿恒凶咎之道，莫益之者偏一之辞，或击之者不招自来，上九无位非能益人，刚处益极求益过甚，所应者阴非取善益，求益无已心无恒者，无厌之求人之弗与，独唱莫和故为偏辞，理者天下之所至公，利者众人之所同欲，无侵于人人亦与之，自私好利人亦力争，人道恶盈怨者非一，无恒之人凶咎所集，专欲益己昏蔽忘义，求极必夺而致仇怨，孔云放利而行多怨，孟云先利不夺不餍，福祸无门不召自至，众所共恶无益有祸。

夬卦☱兑上乾下

夬：扬于王庭，孚号有厉。告自邑，不利即戎，利有攸往。初九，壮于前趾，往不胜，为咎。九二，惕号，莫夜有戎，勿恤。九三，壮于頄，有凶。君子夬夬，独行遇雨，若濡有愠，无咎。九四，臀无肤，其行次且。牵羊悔亡，闻言不信。九五，苋陆夬夬，中行无咎。上六，无号，终有凶。

内乾外兑观象为夬，卦辞赞曰扬于王庭，孚号有厉告于自邑，不利即戎利有攸往，剥柔变刚夬刚决柔，夬者决也阴消阳息，阳长至五共决一阴，小人衰微君子道盛，决断宫廷明示善恶，诚信号令不忘戒备，以善易恶必先修己，告自邑者先自治也，以刚制断不尚强武，刚过则寇敷德善夬，刚德不长柔邪不消，明德进道利有攸往。象赞卦辞夬刚决柔，健而能悦决而能和，扬于王庭柔乘五刚，孚号有厉其危乃光，不利即戎所尚乃穷，利有攸往刚长乃终，五阳决去一阴曰夬，乾健兑悦健而能悦，决而能和决之至善，刚德齐长一柔逆乘，非理之甚显扬其罪，诚信命众使知危惧，君子之道无虞光大，以刚断制先自修德，专用威猛决而不和，刚德愈长柔邪愈消，精纯无害夬道乃成。

大象赞夬泽上于天，决溃溉下君子法象，施禄及下居德则忌，施其禄泽以及于下，安处其德防禁溃散。夬爻初九壮于前趾，往而不胜宜其为咎，初九健初壮于躁进，如壮前趾果决而往，百足之虫死而不僵，非决之谋不胜有咎，暴虎冯河孔子不与，谬于用壮必无胜理。九二惕号暮夜有戎，有戎勿恤得中道也，九二阳刚处中居柔，刚柔交济决得中道，内怀兢惕外严号令，戎情突发无须忧恤。夬爻九三颀壮有凶，君子夬夬独行遇雨，若濡有愠终无咎也，九三健极自任刚决，故而取象壮于颧骨，夬者刚长三独应上，助于小人是以凶也，君子处此果决其断，虽其私与当远绝之，无牵私好义之与比，以应为污愠恶无咎。九四臀无肤行次且，牵羊悔亡闻言不信，其行次且位不当也，闻言不信聪不明也，九四体悦以阳居阴，刚决不足进退维谷，众阳并进欲止不能，有如臀伤居不能安，欲行居柔失其刚壮，不能强进其行次且，羊者群行牵者挽拽，若能牵挽随阳悔亡，以阳居柔失其刚决，闻善不信不能克己。九五苋陆夬夬中行，中行无咎中未光也，九五中正为夬之主，刚阳体悦切比上六，野苋极阴然脆易折，五当决比如断野苋，中正行义则得无咎，比心难融中道未光。上六无号终则有凶，无号之凶终不可长，阳长将极阴消将尽，君子道长小人道亡，小人无用号咷畏惧，君子得时决去其道。

姤卦 ☰☴ 乾上巽下

　　姤：女壮，勿用取女。初六，系于金柅，贞吉。有攸往，见凶。羸豕孚蹢躅。九二，包有鱼，无咎，不利宾。九三，臀无肤，其行次且，厉，无大咎。九四，包无鱼，起凶。九五，以杞包瓜，含章，有陨自天。上九，姤其角，吝，无咎。

　　内巽外乾卦象为姤，卦辞女壮勿用取女，姤者遇也柔遇五刚，一阴始生自是而长，渐以盛大犹女将壮，娶女柔顺以成家道，故阳失正故诫勿娶。彖赞姤遇柔遇刚也，勿用取女不可与长，天地相遇品物咸章，刚遇中正天下大行，姤之时义其大矣哉，一阴方生始与阳遇，阴盛阳衰难与长久，举凡女子小人夷狄，势苟渐盛何可与久，阴阳相遇万物彰明，五二中正相与道行，天地不遇万物不生，君臣不遇政治不兴，圣贤不遇道德不亨，事物不遇功用不成，姤时姤义甚为广大。

　　大象赞姤天下有风，后以施命诰于四方，风行天下周遍庶物，如天威令人君体之，以施教命诰于四方。初六系于金柅贞吉，柔道牵也有往见凶，有如羸豕孚躁蹢躅，初六阴生微而未盛，知几预制可使不进，金者坚刚柅者止车，九四系初有如金柅，初阴虽微不可轻忽，柔承五刚体巽躁质，得遇而通散而无主，有如牝豕阴质淫躁，必系正应乃得贞吉。九二包有鱼者无咎，不利宾者义不及宾，九二比初相遇者也，阴柔之质鲜能贞固，初六应四九二比之，其象有如苴裹包鱼，擅人之物义不及宾。姤爻九三若臀无肤，其行趑趄厉无大咎，其行趑趄行未牵也，二初相遇三亦悦初，九三比二为二忌恶，其居不安若臀无肤，居姤之时志欲求遇，难进趑趄不能遽舍，刚正处顺义不终迷，危厉止牵得无大咎。九四包中无鱼起凶，无鱼之凶远下民也，四初正应当相遇者，初已遇二故四失遇，犹包无鱼亡其所有，居上失下由己失德，不中不正失其民人，民心既离凶难将作。九五以杞包瓜含章，九五含章以其中正，有陨自天志不舍命，九五中正得遇之道，下虽无应终必有遇，杞高叶硕瓜美在下，象九五君求侧微贤，中正内蕴充实彰美，至诚降曲必得遇贤，高宗感梦文王遇钓，志存天理天降贤才。上九姤其角吝无咎，姤其角者上穷吝也，上九刚上其象为角，进之于极无所复遇，角非所安与无遇等，人之相遇降屈相从，和顺相接故能遇合，高亢刚极求遇则吝，吝由己致反躬自求，不与物争则无咎害。

萃卦 ䷬ 兑上坤下

萃：亨。王假有庙。利见大人，亨，利贞。用大牲，吉。利有攸往。初六，有孚不终，乃乱乃萃。若号，一握为笑，勿恤，往无咎。六二，引吉，无咎。孚乃利用禴。六三，萃如，嗟如，无攸利。往无咎，小吝。九四，大吉，无咎。九五，萃有位，无咎。匪孚，元永贞，悔亡。上六，赍咨涕洟，无咎。

内坤外兑卦象为萃，卦辞萃亨王假有庙，利见大人亨通利贞，用大牲吉利有攸往，萃者聚也聚集之义，招民聚物使之归聚，王聚天下立庙至重，祭祀之报本自天性，圣人制礼以成其德，萃合人心总摄众志，道大莫过宗庙祭祀，群生虽众一其归仰，人心难知致其诚敬，鬼神莫测感其来格，王至有庙萃道之至，天下崩离民怨神怒，虽复享祀与无庙同，聚易争乱须大人治，萃忌苟合故诚贞正，大人为王聚道乃全，丰用大牲神明降福，人聚神祐何往不利，故曰萃时利有攸往。彖赞卦辞萃者聚也，坤顺以悦刚中而应，王假有庙致孝享也，见大人亨聚以正也，利有攸往顺天命也，观聚可见万物之情，坤顺兑悦九五中正，下有应助故能萃聚，以刚为主则非邪佞，应不失中则非偏亢，祭祀者敬人心自尽，萃天下心莫如孝享，所谓大人体于中正，萃聚以正大人治亨，祭祀庄敬神人同归，顺天命即萃聚人心，万物终始聚散而已，观物所聚见其情实。

大象赞萃泽上于地，君子除戎器戒不虞，泽萃于地则水潦聚，聚而无防则众心生，君子法象当萃聚时，修治戎器戒备不虞。萃爻初六有孚不终，乃乱乃萃其志乱也，一握为笑则往无咎，初六应四而三承之，若舍正应有孚不终，惑乱心志萃其阴类，初为正配三以近宠，若自号比一握之小，执谦退容不与三争，则无忧咎终必合四。萃爻六二引吉无咎，中正未变孚利用禴，六二阴柔处得中正，六二九五正应当萃，二远于五在群阴间，必相牵引乃得其萃，中正应合吉而无咎，如禴祭薄不尚备物，荐其诚信可交神明，天下萃聚在于诚孚。萃爻六三萃如嗟如，无攸利往无咎小吝，上六巽受故往无咎，六三阴柔履不中正，上比于四四亦失位，相聚不正干初之应，欲萃而嗟无与何利，三上俱阴上处悦极，思援求朋巽以待物，三往从上巽受无咎，二阴相合非阴阳应，差强人意故有小吝。萃爻九四大吉无咎，大吉无咎位不当也，九四上比九五之君，下比在下坤体群阴，得君臣萃得下民聚，以阳居阴位不正故，周遍大正乃吉无咎，功非尽善安得大吉。九五萃有位志未光，无咎匪孚永贞悔亡，九五阳刚居尊位盛，萃天下众而君临之，正位修德中正无咎，王者之志诚孚感通，倘有非信志未光大，若有不信未归附者，当自反修元永贞德，如是悔亡无思不服。上六赍咨涕洟无咎，赍咨涕洟未安上也，上六阴柔兑悦之主，居萃之时最处上极，五非所乘内无应援，处上独立近远无助，至于穷困不知所为，居不获安赍咨嗟叹，若知危惧至于涕洟，不敢自安乃得无咎。

升卦☷☴坤上巽下

巽：元亨。用见大人，勿恤。南征吉。初六，允升，大吉。九二，孚乃利用禴，无咎。九三，升虚邑。六四，王用亨于岐山，吉，无咎。六五，贞吉，升阶。上六，冥升，利于不息之贞。

内巽外坤卦象为升，卦辞元亨用见大人，乃得勿恤南征则吉，巽顺可升升得大通，阳不当尊无严刚正，用见大德乃得无忧，南方明阳前进得吉。

象赞卦辞柔以时升，巽顺刚中有应大亨，用见大人勿恤有庆，南征之吉其志行也，升之为义自下升上，其道巽顺可谓时升，二以刚中之道应五，五以忠顺之德应二，纯柔不升刚亢无从，刚中顺应升得大亨，柔以时升居六五尊，以大通德必致庆善，凡升之道必由大人，柔顺进升其志得行。

大象赞升地中生木，始于毫末终至合抱，君子法象顺行其德，积其小善以称美名。升爻初六允升大吉，允升大吉上合志也，初六居下为巽之主，上承九二巽之至者，二德刚中上应六五，当升之任初信从之，初六阴柔又无应援，不能自升从刚中贤，合志同升乃得大吉。九二孚利用禴无咎，九二之孚宜其有喜，九二阳刚事五柔尊，诚积于中不假文饰，闲邪存诚进不求宠，如禴祭简专诚无咎，刚阳之臣事柔弱君，当升之时感通唯诚，上升君任荐约神享，斯之为喜不亦宜乎。九三升虚邑无所疑，九三得正体巽应上，上体坤顺不距于己，以阳升阴进无疑阻，其象若升空虚之邑。六四王用亨于岐山，其象顺事吉而无咎，六四阴柔安止其分，上顺君升下顺下进，有如文王昔居岐山，柔顺谦恭不出其位，上顺天子望其进道，下顺民贤使之升进，至德如此周业亨通，以其顺德得吉无咎。升爻六五贞吉升阶，贞吉升阶大得志也，六五居尊下应刚中，质本阴柔守贞固吉，任刚中贤辅己以升，犹进自阶有藉乃易，信贤不笃任贤不终，如此而升安能得吉，君道之升患无贤助，有助则如得阶而升，任贤贞固天下大治，如是而升大得其志。上六冥升利不息贞，冥升在上消不富也，上六以阴居升之极，进不知止昏冥于升，昏升不已终致消衰，有退无进无复增益，不已之心宜用贞正，修身施教不息为美，君子之于贞正之事，终日乾乾自强不息，小人贪求无已之心，移于进德何善如之。

困卦☵ 兑上坎下

困：亨。贞，大人吉，无咎。有言不信。初六，臀困于株木，入于幽谷，三岁不觌。九二，困于酒食，朱绂方来，利用享祀。征凶，无咎。六三，困于石，据于蒺藜，入于其宫，不见其妻，凶。九四，来徐徐，困于金车。吝，有终。九五，劓刖，困于赤绂，乃徐有说，利用祭祀。上六，困于葛藟，于臲卼，曰动悔有悔，征吉。

内坎外兑卦象为困，卦辞赞亨贞大人吉，吉而无咎有言不信，困者愈乏穷厄委顿，大人处困贞正亨通，乐天安命不改其操，通道自得吉而无咎，小人遭困穷斯滥矣，正身修德脱困之方，巧言能辞人所不信。彖赞卦辞困者刚揜，险而能悦困不失所，能为亨通其唯君子，贞大人吉以刚中也，有言不信尚口乃穷，兑卦阴柔坎卦阳刚，坎在兑下见揜于柔，刚揜于柔所以为困，犹君子为小人掩蔽，君子之道困窒之时，坎险兑悦处困之道，乐天安义其道自亨，处困用刚不失其中，大人刚中困而贞吉，处困能通非小人事，困不失所唯君子能，处困求通在于修德，徒尚口说更致困穷。

大象赞曰泽无水困，君子法象致命遂志，水在泽下泽中无水，泽上枯槁万物皆困，君子法此困乏之象，尽其人事犹不得免，知命当然安心行义，推致其命以遂其志，苟不知命恐惧无守，处困屈志小人是也，君子固穷道可忘乎。初六之象臀困株木，入于幽谷三岁不觌，入于幽谷幽不明也，初六阴柔居坎险下，困不自济须刚明助，初六九四虽为正应，四不中正困于刚揜，犹如秃木不能荫覆，臀困秃木何得安居，不明妄动自陷深困，如入幽谷无自出势。困爻九二困于酒食，刚中有庆朱绂方来，利用享祀征凶无咎，九二刚中处坎险中，困于酒食无所施惠，大人君子怀道困下，明君求用乃施其蕴，九五九二俱为刚中，志同德合朱绂来求，至诚感通有如享祀，守刚中德终致福庆，自古圣贤困于幽远，自守至诚德卒升闻，困当至诚安处俟命，不安其所为困动志，征而求之失刚中德，自取凶悔将复谁咎。六三困石据于蒺藜，入于其宫不见妻凶，据于蒺藜以乘刚也，不见其妻凶不祥也，六三阴柔质不中正，处坎险极居阳用刚，不善处困之甚者也，石之为物坚刚不入，蒺藜之草有刺难践，六三冒进志怀刚武，二阳在上己又无应，坚不可犯如困于石，以不善德居九二上，不安犹藉蒺藜之刺，二非所据刚非所乘，上比困石下据蒺藜，无应而入焉得配偶，譬如入宫不见其妻，处困以斯难吉宜凶。困爻九四其来徐徐，困于金车吝而有终，来徐徐者志在下也，虽不当位有应与也，九四处困履不中正，虽应初六难可济困，九二刚中居阴尚柔，能济困故初六比之，四志在初隔于九二，履不当位威令不行，弃之不能欲往畏二，徐徐迟疑如困金车，犹疑不进岂不羞愧，以阳居阴履谦之道，量力而处不与二争，虽不当位物终与之，初四正应终必相从，寒士之妻弱国之臣，苟不安正择势而从，恶之大者不容于世。九五劓刖困于赤绂，乃徐有悦利用祭祀，劓刖也者志未得也，乃徐有悦以中直也，利用祭祀能受福也，九五中正为困之主，截鼻曰劓伤于上也，去足曰刖刖伤于下也，上下掩阴剥削之象，人君之困上下无与，九五虽困有刚中德，下有九二刚中之贤，志同德合共济时艰，故而始困徐有喜悦，祭祀之事致诚受福，人君宜念天下之困，至诚求贤若祭祀然，同德感应以义和合，己德未孚物不附己，中直自修悦而受福。困爻上六困于葛藟，臲卼动悔有悔征吉，困于葛藟处道未当，动悔有悔悔去吉行，物极则反事极则变，困既极矣理当变矣，葛藟缠束臲卼危动，上六困极乘刚无应，如困葛藟居不获安，动辄有悔无所不困，穷则思变困则谋通，至困之地用谋之时，能悔前失出困获吉。

井卦☱ 坎上巽下

井：改邑不改井，无丧无得，往来井井。汔至，亦未繘井，羸其瓶，凶。初六，井泥不食，旧井无禽。九二，井谷射鲋，瓮敝漏。九三，井渫不食，为我心恻。可用汲，王明，并受其福。六四，井甃，无咎。九五，井洌寒泉，食。上六，井收勿幕，有孚元吉。

内巽外坎卦象为井，卦辞赞改邑不改井，无丧无得往来井井，汔至未繘井羸瓶凶，穿地取水木桶引汲，其象为井不变为德，邑虽迁移井体有常，终始无改养物不穷，君子修德养民有常，修德之卦取譬名井，汲之不竭存之不盈，无丧无得德不渝变，往来井井其用也周，往者来者皆得足用，汔者几也繘者绠也，汲水绠绳未离井口，钩羸其瓶水犹覆之，井道当以济用为功，几至而覆与未汲同，君子修德贵乎有成，五谷不熟不如稊稗，掘不及泉犹为弃井，德行不恒有初无终，功匮不成必致凶咎。彖赞巽乎水而上水，取之不竭井养不穷，邑不改井乃以刚中，汔至未繘未济用功，羸败其瓶丧用以凶，坎水在上巽木在下，以木入水而又上水，木桶引汲井之象也，愈汲愈生井功无穷，井卦九二九五刚中，井无迁改其德有常，水未及用井功未成，修德中止所以致凶。

大象赞井木上有水，君子法象劳民劝相，木承水上汲水井象，汲水以养养而不穷，君子观象劳徕其民，劝勉民以相助之道，劳徕勤恤劝助百姓，如井德用施养无穷。初六居下井泥不食，时舍不用旧井无禽，初六阴柔体坎居下，上无应援无上水象，阴居井下井泥之象，久井不见渫治者也，无水而泥井不可食，不能养济为时弃舍，犹人居德才弱无援，不能及物时所不用。井爻九二井谷射鲋，无与之故如瓮敝漏，九二刚阳体巽居中，上无其应反下比初，似山谷水下注敝鲋，井之为德以下汲上，井而下注失井之道，如瓮敝漏无济用功，阳刚之才本可济用，上无应与下比射鲋，不能汲上难成井功。井爻九三井渫不食，为我心恻井可用汲，王明之故并受其福，九三阳刚处下卦上，得正应上当井之义，井以汲上出水为用，犹在下体处刚过中，切于施为汲汲上进，如井渫清不见食用，才足不用使我心恻，上有明王用得其效，贤得行道君得享功，下得其泽并受其福。井爻六四井甃无咎，井甃无咎井修不废，修井之坏谓之为甃，六四阴柔处正承君，才弱无应不足广施，修德补过可得无咎，处正承上若废其事，如井不修废养人功，失井之道其咎大矣。九五井洌寒泉可食，寒泉之食以中正也，清而冷者水之本性，九五阳刚中正居尊，德才善美有如井泉，甘洁寒美可为人食，九五中正井道至善，为井卦主择人而用，既体刚直不纳非贤，行洁才高而后乃用。井爻上六井收勿幕，有孚元吉在上大成，处井上极水已出井，井功已成故曰井收，不擅其美不私其利，取而不覆与众共之，博施有常大善之吉，井道大成而获元吉。

革卦☲☱ 兑上离下

革：巳日乃孚，元亨，利贞，悔亡。初九，巩用黄牛之革。六二，巳日乃革之，征吉，无咎。九三，征凶，贞厉。革言三就，有孚。九四，悔亡，有孚改命，吉。九五，大人虎变，未占有孚。上六，君子豹变，小人革面。征凶，居贞吉。

内离外兑卦象为革，卦辞赞曰巳日乃孚，元亨利贞是以悔亡，革者变故改制革命，革变其故人难遽信，须假时日而后信从，革前弊坏可致大通，革利于正道则可久，革得裨益无动之悔，久无孚信则革不当，悔咎所生生乎变动，革而得当其悔乃亡，革若不当悔咎交及，革而民信大通利正。象赞卦辞革之为象，水火相息二女同居，其志不相得合曰革，巳日乃孚革而信之，文明以悦大亨以正，革而得当其悔乃亡，天地革而四时得成，汤武革命顺天应人，革卦之时其大矣哉，火上泽下相战生变，二女志异革变必生，变之所生生于不合，故取不合之象为革，改为之际当详申令，人心未孚强行无成，离为文明兑为和悦，照察事理和顺人心，可致大通而得贞正，革之至当乃得无悔，阴阳革易而成四时，生长成终各得其宜，汤武圣王易世革命，上顺天命下应民心，革道时中其义甚大。

大象赞革泽中有火，二性相违必相改变，水火相息故为革象，历数时会存乎变易，君子法象治历明时，推日月星辰之迁易，以治历数明四时序，变易之道四时至明，观于四时而顺变革，则于天地能合其序。初九巩用黄牛之革，巩用黄牛不可有为，变革事大时位才备，审虑慎动方可无悔，初九居下体离无应，在革之始革道未成，躁动不中得僭妄咎，中顺自固不可有为。革爻六二巳日乃革，行有嘉故征吉无咎，六二柔顺中正文明，上应九五刚阳之君，时位才备革之至善，臣道无先待上下信，时日宽裕民孚乃革，革天下弊新天下事，进道无咎行有嘉庆。革爻九三征凶贞厉，革言三就有孚无过，九三阳刚居下体上，体离不中躁动于革，在下革躁行必有凶，守正怀惧不恃刚明，稽之众论重慎至三，摒己私欲顺理时行，革得至当宜无过悔。九四悔亡有孚改命，改命之吉其志孚信，九四阳刚具革之才，离下进上具革之时，居水火际具革之势，得近君位当革之任，下无系应具革之志，以刚居柔具革之用，九四可谓当革盛时，事有可悔革当悔亡，事当弊革行之以诚，上信下顺其吉可知，民信其志改命而吉，上下孚信革道之本，不当不孚则民不信，当而不信革犹不行。革爻九五大人虎变，其文炳故未占有孚，九五阳刚中正居尊，以大人道革天下事，为革之主损益创制，文章之美焕然可观，无不时中所过变化，事理炳著如虎文采，革道中正不待占决，以其至当天下孚信。革爻上六君子豹变，小人革面征凶贞吉，居革之终革道已成，君子良善从革而变，若豹之文彬蔚彰见，小人昏愚未能心化，革面从令革道即成，人性本善皆可变化，才有下愚圣亦难移，畏威避罪不敢肆恶，勉而假善君子所容，革至于极当守贞正，苟更深治为甚则凶。

鼎卦 ䷱ 离上巽下

鼎：元吉，亨。初六，鼎颠趾，利出否。得妾以其子，无咎。九二，鼎有实。我仇有疾，不我能即，吉。九三，鼎耳革，其行塞，雉膏不食。方雨亏悔，终吉。九四，鼎折足，覆公𫗧，其形渥，凶。六五，鼎黄耳金铉，利贞。上九，鼎玉铉，大吉，无不利。

内巽外离卦象为鼎，卦辞赞曰元吉亨通，革以去故鼎以取新，鼎者烹饪有成新用，变腥为熟易坚为柔，和合水火并用不害，鼎之为用所以成革，革既变矣无制必乱，圣人革命示物法象，制器立法有鼎之义，法制应时贤愚有别，尊卑有序然后乃亨，革故成新必须当理，大善元吉然后亨通。象赞卦辞鼎之取象，以木巽火烹饪之象，圣人烹饪以享上帝，大烹诚敬以养圣贤，下巽顺而耳目聪明，柔进上行得中应刚，有斯二德是以元亨，鼎者大器法象尊严，其形端正其体安重，以木从火所以烹饪，烹饪调和成鼎之用，圣人用以祭祀礼宾，上享上帝下养圣贤，圣贤获养无为垂成，下体为巽和顺于理，上体离明中虚于上，六五得中下应九二，刚柔中道大为亨通。

大象赞鼎木上有火，君子法象正位凝命，以木从火烹饪鼎象，鼎之为象端正安重，君子法象制法成新，端正其位明尊卑序，安重命令成教命严。初六鼎颠趾利出否，得妾以其子故无咎，鼎颠趾者未必悖理，利出否者以从新贵，初六居下鼎趾之象，本质阴虚上应九四，趾而上进颠趾之象，趾颠覆食本非顺道，时须当颠利出否恶，倾出败恶致洁取新，初四相应可成善功，去故纳新泻恶受美，颠而时中未为悖逆，取妾为主亦颠趾义，正室虽亡妾继犹咎，妾有贤子母以子贵，继为室主则得无咎，初六阴卑顺阳妾象，处鼎之初革故纳新，施颠出秽得妾立子，上应九四纳新从贵。鼎爻九二鼎有阳实，我仇有疾不我即吉，鼎有阳实慎所之也，我仇有疾终无尤也，九二刚中象鼎阳实，鼎实上出方成济用，上应六五中道亨通，密比初六非正害义，自守以正慎不昵初，不相接即从上正应。九三鼎耳革其行塞，雉膏不食方雨亏悔，鼎耳革失其义终吉，六五鼎耳为鼎之主，九三阳刚体巽非应，才足济务未得合君，不得君任无以施用，异而不合行塞不通，雉膏不食禄位不得，君子蕴德守道终亨，六五离明九三巽正，阴阳交畅终得吉合。九四鼎折足覆公餗，信如之何其形渥凶，九四大臣任天下事，天下之事岂可独任，当求贤知与之协力，得人则治非贤则败，应初阴柔不堪其任，覆败犹鼎折足倾实，德薄知小蔽于所私，赧颜羞愧其凶可知，当天下任谋天下安，失信天下不当名实。六五黄耳金铉利贞，鼎黄耳者中以为实，六五在上鼎耳之象，举措在耳故为鼎主，六五中德其象黄耳，九二刚中其象金铉，二应五如金铉加耳，六五文明得中应刚，九二刚中体巽上应，居中以柔纳乎刚正，中道至善利在贞固，六五鼎主得中为善，中有实德得鼎之道。上九玉铉大吉大利，玉铉在上刚柔节也，上九处终鼎功已成，体刚履柔刚柔和济，其象玉铉坚刚温润，刚柔节度玉铉自举，成鼎功用吉无不利。

震卦䷲震上震下

震：亨。震来虩虩，笑言哑哑。震惊百里，不丧匕鬯。初九，震来虩虩，后笑言哑哑，吉。六二，震来厉，亿丧贝。跻于九陵，勿逐，七日得。六三，震苏苏，震行无眚。九四，震遂泥。六五，震往来厉。亿无丧，有事。上六，震索索，视矍矍，征凶。震不于其躬，于其邻，无咎。婚媾有言。

内震外震卦象为震，卦辞赞震其德亨通，震来虩虩笑言哑哑，震惊百里不丧匕鬯，阳生于下奋进亨通，震惧自修亦可致亨，震之为用天之威怒，震之为义威至乃惧，威严之教行于天下，惊骇怠惰以肃懈慢，虩虩恐惧不敢为非，保安其福笑声哑哑，至诚尽敬处震之道，震象长子奉承宗庙，临大震惧安不自失，彝器粢盛守而长保。象赞卦辞震者亨通，震来虩虩恐致福也，笑言哑哑后有则也，震惊百里惊远惧迩，不丧匕鬯以为祭主，出可以守宗庙社稷，震亨也者由惧得通，威震之来初虽恐惧，因惧自修所以致福，惧而安则言笑自若，震威远大遐迩惊惧，长子诚敬安威无惧，可守世祀可承国家。

大象赞曰洊雷为震，君子法象恐惧修省，洊者重也因仍之义，雷相因仍乃成威震，君子观此上下震象，战战兢兢不敢懈惰，敬天之怒畏雷之威，正身省过咎而改之。震爻初九震来虩虩，后有则吉笑言哑哑，初九刚阳成震之主，在卦之下处震之初，能以恐惧修其德者，周旋顾虑不敢宁止，终保安吉言笑自若。六二震来厉亿丧贝，跻于九陵勿逐终得，震来厉者乘刚之故，六二中正善处震者，下乘初九阳刚震主，初九上奋危丧其资，避守中正勿逐自得，以己逐物则失其守。震爻六三震苏苏然，虽位不当震行无眚，苏苏然者畏惧不安，神气缓散自失之状，三不中正震惧不安，因震能行上比九四，动以就正迁善无过。九四震遂泥德未光，九四居震不中不正，陷溺重阴不能震奋，其象逐泥滞溺困难，处四阴中居恐惧时，宜勇其身以安于众，失正违中不能免惧，不能亨通德未光大。震爻六五震往来厉，亿度无丧有中德事，震往来厉致危致行，其事在中大无丧也，六五居中刚柔交济，往则无应来则乘刚，怀惧往来致危之行，处震之时而得尊位，斯乃有事转圆之机，能守中位建大事业，恐惧往来致危无功。上六震索索视矍矍，不于其躬征凶无咎，戒于其邻婚媾有言，上六阴柔不中不正，居震之极极震者也，未得中道恐惧自失，惊惧之甚志气殚索，索索不安视瞻彷徨，动极复进凶其宜也，震未及身尚有改道，震终当变柔不固守，畏邻之震惧自戒改，震尚未极补过无咎，愎者怨斥义无反顾。

艮卦䷳ 艮上艮下

艮：艮其背，不获其身。行其庭，不见其人，无咎。初六，艮其趾，无咎，利永贞。六二，艮其腓，不拯其随，其心不快。九三，艮其限，列其夤，厉薰心。六四，艮其身，无咎。六五，艮其辅，言有序，悔亡。上九，敦艮，吉。

内艮外艮卦象为艮，卦辞艮背不获其身，行庭不见其人无咎，动静相因动则有静，艮者安止敦重坚实，阳居阴上上止下静，防欲之法宜防未兆，既兆而止则伤物情，施止于面强抑其情，为欲牵动甚难安止，故艮之道当艮其背，止于无见令物自止，止于人欲之所不见，无欲乱心其止乃安，若强止之奸邪并兴，近不相得则有凶咎，不见其身忘我则止，不能无我无可止道，庭除至近在背无见，外物无牵内欲不萌，不相交通得止之道。彖赞卦辞艮者止也，时止则止时行则行，动静时中其道光明，艮其止者止其所也，上下敌应不相与也，不见其人得无咎也，艮止之道唯其时中，行止动静时则不妄，顺理合义艮道光明，止得其所方为善止，父止于慈子止于孝，君止于仁臣止于敬，物必有则各有其所，得其所安失其所悖，圣人所以顺治天下，非替作则唯止其所，上下二体敌应无与，不见所欲能止无咎。

大象赞曰兼山为艮，君子以思不出其位，两山重叠止义弥大，止之为义各止其所，君子法象于止之时，思安所止不出己位，各当分位无相僭越。初六艮其趾则无咎，未失于正利于永贞，初六处下有趾之象，当止之时行则失正，艮其趾者止于动初，未至失正故而无咎，阴柔患变故戒贞固。艮爻六二其象艮腓，不拯其随其心不快，不拯其随未退听也，六二中正得止之道，上无应援不获其君，九三在上主乎止者，刚而失中不得止宜，六二比三为小腿象，股动腿随非得自由，不能拯救九三不中，上不降听止不得所，勉而随从其志不行。九三艮其限列其夤，危亡之忧薰灼其心，限者分隔上下身中，夤者腰脊中脊之肉，九三不中以刚居刚，成艮之主决止之极，在下体上隔止上下，如艮其限不复进退，如裂绝夤上下不属，止道贵宜行止以时，强固止之处世乖戾，与物睽绝失感通理，不与上交体分夤裂，上下离心国将丧亡。艮爻六四艮身无咎，艮其身者止诸躬也，六四大臣当止之任，阴柔不遇阳刚之君，不能止物唯自止身，自止于正无躁动咎，位高独善如天下何。六五艮辅言序悔亡，艮其辅者以中正也，六五君位艮之主也，阴柔不足主天下止，故取象为口之辅颊，施止辅颊以处于中，能用中正口无择言，言有伦序能亡其悔。上九敦艮以厚终吉，上九艮极成艮之主，刚实居上敦笃止者，在上能用敦厚自终，止道至善宜其吉也。

渐卦☴☶巽上艮下

渐：女归吉，利贞。初六，鸿渐于干。小子厉，有言，无咎。六二，鸿渐于磐，饮食衎衎，吉。九三，鸿渐于陆。夫征不复，妇孕不育，凶。利御寇。六四，鸿渐于木，或得其桷，无咎。九五，鸿渐于陵。妇三岁不孕，终莫之胜，吉。上九，鸿渐于陆，其羽可用为仪，吉。

内艮外巽卦象为渐，卦辞赞女归吉利贞，屈伸消息止必有进，渐者渐进序次以进，渐进之象女归最显，止巽而进故女归吉，女生外成以夫为家，妇人之嫁备礼乃动，女归有渐得礼之正。彖赞渐之进女归吉，渐进得位则往有功，渐进以正可以正邦，刚中止巽动不穷也，渐序而进女归之吉，阴阳正位渐进有功，正道渐进可正邦国，九五刚阳中正居尊，欲心躁动不得其渐，内艮止静外巽和顺，故其进动无有困穷。

大象赞渐山上有木，君子以居贤德善俗，木生山上因山而高，非下忽高渐之义也，止而巽者渐之美也，贤德者以止巽则居，风俗者以止巽乃善，人进贤德必有其渐，习而后安陵节难至，移风易俗岂朝夕成，教化善俗非渐难入，君子求贤得使居位，文德谦下渐以进之，卒暴威刑物不从矣。渐爻初六鸿渐于干，小子危厉有言无咎，鸿至有时群居有序，时序不失为渐之象，干者水湄离水至近，渐进不失得其宜矣，初六阴柔居下无应，以此而进常情所忧，小人危惧啧有烦言，君子明理知下必进，用柔不躁无应能渐，优柔渐进于义何咎。渐爻六二鸿渐于磐，饮食衎衎不素饱吉，磐石安平象进之安，自干之磐又渐进也，六二九五中正相应，故能渐进安裕平易，得志和乐不素餐吉。渐爻九三鸿渐于陆，夫征不复离群丑也，妇孕不育失其道凶，利用御寇顺相保也，九三居于下体之上，进而得高平原之象，志将渐进上无应援，当正俟时安处以渐，欲有所牵失渐之道，无应于上密比六四，四亦无应近而相得，夫阳九三妇阴六四，三不守正而与四合，无应行进不复顾理，不正而合虽孕不育，非其道故妄合则凶，寇之为义非理而至，三之所利在于御寇，守正闲邪以御侵寇，夫征不复从欲失正，离叛群类为可丑也，君子守正以比小人，岂唯君子自完而已，亦使小人不陷非义，顺道相保御止其恶。渐爻六四鸿渐于木，或得其桷顺巽无咎，鸿者趾连不能握枝，不宜木栖平柯则安，六四阴柔据阳刚上，九三上进六四难安，如鸿进木有不安象，求安之道唯顺与巽，六四居正体巽无咎，顺正而巽如得木柯。渐爻九五鸿渐于陵，妇久不孕终莫之胜，终莫之胜得所愿吉，鸿止高埠象五尊位，与二正应中正德同，三比于二四比于五，三四之比隔其正应，未能即合三岁不孕，中正之道有必亨理，终难隔害其合有渐，不正而隔一时之为，中正道交渐得吉愿。渐爻上九鸿渐于逵，羽序不乱可用仪吉，逵者云路虚空之中，其义通达全无阻蔽，上九至高又益上进，居巽之极必有其序，如鸿离地飞于云空，不失其渐贤达高致，进处高洁不累于位，无应屈心不乱心志，以鸿明渐用羽表仪，鸿羽有序可为仪表，君子之进自下而上，跬步造次莫不有序，由微而著吉不失序，有序不乱可为仪法。

归妹卦䷵震上兑下

归妹：征凶，无攸利。初九，归妹以娣，跛能履，征吉。九二，眇能视，利幽人之贞。六三，归妹以须，反归以娣。九四，归妹愆期，迟归有时。六五，帝乙归妹，其君之袂不如其娣之袂良。月几望，吉。上六，女承筐无实，士刲羊无血，无攸利。

内兑外震卦象归妹，卦辞赞曰征凶无利，兑为少阴震为长阳，长男动上少女从之，以悦而动动而相悦，少女嫁归从男之象，以少承长非是匹敌，悦动失正进无所利，妹从娣嫁本非正配，唯须自守卑退事上，求宠并后必有凶败。象赞归妹天地大义，天地不交万物不兴，归妹之义人之终始，相悦以动所归妹也，征凶也者位不当也，无攸利者柔乘刚也，阴阳交感万物蕃兴，女归于男嗣续不穷，人伦终始天地常理，以悦而动鲜不失正，诸爻失正动必有凶，六三六五又皆乘刚，失尊卑序丧唱随礼，情悦是动夫妇渎乱，牵欲失刚狃悦忘顺，阴阳配合天理之常，肆欲流放伤身败俗。

大象赞曰泽上有雷，君子法象永终知敝，雷阳动上泽阴悦随，女之从男其象归妹，君子观此嗣续之象，永长其终知弊坏理，生息嗣续永久其传，诚情弊坏思相继道，万事莫不有终有弊，亦有可继可久之道，归妹人伦终始之道，观于归妹当思此戒。归妹初九归妹以娣，跛而能履相承征吉，初九居下而无正应，于女归嫁娣从之象，少女之行善莫若娣，阳处卑顺娣德贤正，承嗣以子幼不妄行，相承之道恒久之义，位卑而贤无能事为，如跛能履不能及远，可自善身以承助君，分位善处行得致吉。归妹九二眇而能视，未变常故利幽人贞，九二刚中象女贤正，上应六五其位失正，其质阴柔动于悦者，九二虽贤其配不良，适可善身而小施之，如眇虽视不能及远，男女之际当以正礼，五虽不正二当自守，幽静贞正乃所为利，未失夫妇常正之道。归妹六三归妹以须，未当之故反归以娣，六三悦主柔而尚刚，以悦求归动而非礼，失正无应欲嫁未得，反归以待以娣乃行。归妹九四归妹愆期，有待而行迟归有时，九四居柔象女贤德，下无正应未得其归，位高资贤人所愿娶，所以愆期志待嘉配。归妹六五帝乙归妹，君袂不如其娣袂良，位中行贵月几望吉，六五居尊妹位贵高，下应九二下嫁之象，王姬下嫁自古而然，至帝乙始正婚姻礼，女虽至贵不失柔道，帝乙归妹谦降从礼，不尚容饰以悦于人，故而不如其娣袂良，月望阴盈盈则敌阳，几望也者未至于盈，女尊贵高不欲盈极，不亢其夫乃得为吉，得中居尊而行中道，柔顺降屈尚礼获吉。上六象女承筐无实，士刲羊无血无攸利，上六无实承虚筐也，上六无应女归无终，妇承先祖以奉祭祀，不能奉祀不可为妇，筐篚之实妇职所供，诸侯大夫亲割牲祭，夫妇共承宗庙祭祀，无实无血祭祀难奉，夫妇无终当绝何利。

丰卦☳☲ 震上离下

丰：亨，王假之。勿忧，宜日中。初九，遇其配主，虽旬无咎，往有尚。六二，丰其蔀，日中见斗。往得疑疾，有孚发若，吉。九三，丰其沛，日中见沫。折其右肱，无咎。九四，丰其蔀，日中见斗。遇其夷主，吉。六五，来章有庆誉，吉。上六，丰其屋，蔀其家，窥其户，阒其无人。三岁不觌，凶。

内离外震卦象为丰，卦辞赞丰其德亨通，王假之勿忧宜日中，丰者盛大盈足之义，无所拥碍其德亨通，王者能至天下丰大，丰大之时治难周及，宜如日中盛明遍照，阐弘微细通夫隐滞，无所不及然后无忧。彖赞丰大明动故丰，王假之者能尚大也，宜日中者宜照天下，日中则昃月盈则食，天地盈虚与时消息，况于人乎况鬼神乎，丰者盛大离明震动，明动相资而成丰大，唯王者能致丰大道，王者之道所尚至大，天下丰大保全有道，宜如日中普照天下，日中至盛过中则昃，月满则盈过盈则食，天地日月随时进退，人与鬼神岂长保盈，盛极必衰丰大难常，中道节度及时修德。

大象赞丰雷电皆至，君子法象折狱致刑，雷电合至成丰之象，明动相资致丰之道，离者明也照察之象，震者动也威断之象，君子观象文明以动，折狱明照虚实之情，致刑威断轻重之中，动而不明淫滥斯及，君子明德亲民致用，火雷噬嗑先王饬法，雷火为丰君子折狱，明上而威王者创制，明下而威君子成用。丰爻初九遇其配主，虽旬无咎往有嘉尚，初九明初九四动初，初六奉四为己配主，明以照动动以成明，相往而从相资成用，虽均阳刚相从无咎，相资成丰行可嘉尚，德同才均降己协力，怀私求胜灾患必至。六二丰蔀日中见斗，往得疑疾孚发若吉，有孚发若信以发志，明动相资乃能成丰，六二中正为明之主，六五虽应阴柔不正，才质不足非能动者，丰大之时遇柔弱主，蔀掩光明丧其明功，明丧而暗如昏见斗，往求猜忌无资成丰，君子至诚感发上志，上下交孚得行道吉。九三丰沛日中见沬，折其右肱自处无咎，丰其沛者不可大事，折其右肱终不可用，沛者幡幔围蔽物者，沬者微星暗弱之甚，右肱常用折无能为，九三明体阳刚得正，上六阴柔处震之终，既终则止不复震动，上应势弱不能成丰，处丰之时三遇上六，有如日中而见微星，如折右肱自守无咎，施于大事终不可用。丰爻九四丰大其蔀，日中见斗遇夷主吉，丰其蔀者位不当也，日中见斗幽不明也，遇其夷主得吉行也，九四阳刚为动之主，居大臣位而不中正，遭暗弱主难致丰大，犹如蔀蔽日见星斗，时当盛明转反昏暗，幸遇初九等夷之主，同德相辅庶几有吉，六五不能阳刚中正，九四难辅致天下丰。六五来章有庆誉吉，六五柔中为丰之主，六二中正文明才美，初三四爻皆阳刚才，六五若能来致委任，天下福庆誉美而吉。上六丰其屋蔀其家，窥视其户阒其无人，三岁不觌其凶宜矣，丰其屋者天际翔也，窥户无人昏自藏也，处丰大时宜乎谦屈，致丰大功在乎刚健，当丰大任在乎得时，上六阴柔居丰之极，处动之终亢满躁动，丰其屋者自高若翔，蔀其家者自蔽不明，高亢昏暗自绝于人，久不知变固宜有凶。

旅卦☲☶ 离上艮下

旅：小亨，旅贞吉。初六，旅琐琐，斯其所取灾。六二，旅即次，怀其资，得童仆贞。九三，旅焚其次，丧其童仆，贞厉。九四，旅于处，得其资斧，我心不快。六五，射雉，一矢亡，终以誉命。上九，鸟焚其巢，旅人先笑后号咷。丧牛于易，凶。

内艮外离卦象为旅，卦辞赞旅小亨贞吉，山止不迁火行不居，违去不处其象为旅，旅者客寄羁旅之称，失其本居旅寄他方，不足全夫贞吉之道，唯足以为旅之贞吉，既为羁旅苟求仅存，虽得自通非甚光大，旅之为德小亨而已，羁旅小亨贞正得吉。彖赞卦辞旅德小亨，柔外得中而顺乎刚，止而丽明小亨贞吉，旅之时义其大矣哉，六五柔中顺承阳刚，艮止离明止而能明，动不履妄不失时宜，得处旅道贞正得吉，旅困失正中不失安，处旅之时其义大哉。

大象赞旅山上有火，君子法象止而能明，明慎用刑而不留狱，明不可恃故戒慎止，刑狱之设迫不得已，火行不处讼无淹滞。旅爻初六处旅琐琐，志穷之故所以取灾，初六阴柔最处穷下，象处旅困志气卑弱，鄙猥琐细无所不至，上虽有援无能为也，寄旅不安乃至侮辱，志意穷迫益自取灾。六二旅即次怀其资，得童仆贞终无尤也，六二之德柔顺中正，众乐与之处不失当，能保所有内外忠信，初六柔弱在下象童，三四刚壮处外象仆，次舍安旅财货资旅，童仆利旅旅善免咎。旅爻九三旅焚其次，丧其童仆之贞危厉，旅焚其次亦以伤矣，以旅与下其义丧也，处旅之道柔谦为先，九三阳刚体艮居上，过刚失中自高之象，上体为离故为焚象，其下二阴为童仆象，自高无顺焚次失安，过刚暴下丧其忠贞，故致困伤危厉之道。九四未得位旅于处，得其资斧我心不快，九四阳刚虽不中正，以刚居柔离体之下，才质刚明五任初应，用柔能下得旅之宜，上下有与旅得资利，六五初六应与阴柔，四失中正心志未快。六五射雉一矢而亡，终以誉命承上逮也，六五中尊文明柔顺，上下与之处旅至善，羁旅行失困辱随之，动而无失然后为善，离象为雉文明之物，取则文明中道必合，有如射雉发无不中，顺承于上为上逮与，终当获致令闻福禄。旅爻上九鸟焚其巢，以旅在上其义焚也，旅人先笑后则号咷，丧牛于易莫之闻凶，上九阳刚失于中正，体离处极其亢可知，处旅谦和乃可自保，高取鸟象体离焚象，过刚自高巢焚失安，刚处至高始则快意，既而无与失安号咷，牛者顺物离火躁易，丧牛于易轻易丧顺，过亢躁动凶不自知。

巽卦 ☴ 巽上巽下

巽：小亨。利有攸往。利见大人。初六，进退，利武人之贞。九二，巽在床下，用史巫纷若，吉，无咎。九三，频巽，吝。六四，悔亡，田获三品。九五，贞吉，悔亡，无不利。无初有终。先庚三日，后庚三日，吉。上九，巽在床下，丧其资斧，贞凶。

内外皆巽卦象为巽，卦辞赞曰巽德小亨，利有攸往利见大人，巽者入也逊顺能入，卑顺为体容入为用，能自卑巽无所不容，阴柔和顺巽德小亨，巽悌以行物无违距，大人用巽其道愈隆。彖赞卦辞重巽申命，刚巽中正而志得行，柔皆顺刚小亨利往，上顺于道以出命令，下奉命令而顺从之，上下皆巽不为违逆，君唱臣和教令乃行，阳刚居巽而得中正，巽顺中正志意上行，上下之柔皆顺于刚，无所违逆故得小亨。

大象赞曰随风为巽，君子法象申命行事，两风相重故曰随风，风既相随上下皆顺，君子观象相继以顺，申明命令以行政事，顺下出令顺上从令，顺合民心天下顺从。初六进退利武人贞，进退志疑武人志治，初六阴柔不中承刚，卑顺太过志意不安，或进或退不知所从，勉为刚贞则无过失，进退不安其志疑惧，用武刚贞其志修立。巽爻九二巽在床下，史巫纷若中吉无咎，九二刚中体巽居柔，处巽下位过于巽者，床者所安床下失安，九二刚中过巽非邪，恭巽之过虽非正礼，远耻绝怨亦为吉道，史巫通诚于神明者，谦逊中诚感通无咎。九三频巽志穷有吝，九三失中以阳居刚，处下体上质本刚亢，本非能巽上临以巽，承于重刚为六四乘，不得行志频失频巽，志意穷屈可吝之甚。六四悔亡田获三品，田获三品行命有功，六四阴柔下无应援，承乘皆刚宜其有悔，以阴居阴得巽之正，居上体下巽上下阳，田猎三品首供祭祀，次供宾客充君之庖，复次广颁徒御有功，六四善处依尊履正，顺于上下成巽之功，如获三品遍及上下。巽爻九五贞吉悔亡，无所不利无初有终，先庚三日后庚三日，九五之吉位正中也，九五居尊为巽之主，处得中正得巽善道，巽道柔顺所利在贞，以阳居阳损于谦巽，秉乎中正以宣其令，物莫之违贞吉悔亡，刚直加物初皆不悦，终于中正故得有终，申正命令不可仓促，民迷固久直不可肆，先申三日命令明著，复申三日诛无咎怨。上九上穷巽在床下，丧其资斧失正乃凶，床者所安床下失安，上九阳刚居巽之极，居上过巽巽在床下，斧能斩决故喻威断，过巽失正威命不行，如丧斧用自失致凶。

兑卦☱ 兑上兑下

兑：亨，利贞。初九，和兑，吉。九二，孚兑，吉，悔亡。六三，来兑，凶。九四，商兑未宁，介疾有喜。九五，孚于剥，有厉。上六，引兑。

内外皆兑卦象为兑，卦辞赞曰亨通利贞，兑者悦义致亨之道，泽润万物万物皆悦，能悦于物物莫不与，惠施民悦所以为亨，为悦之道利于贞正，非道求悦邪诎有咎。彖赞卦辞兑者悦也，刚中柔外悦以利贞，是以顺天而应乎人，悦以先民民忘其劳，悦以犯难民忘其死，悦道之大民劝矣哉，阴居阳上阴阳相悦，阳刚居中中心诚实，阴柔往外接物和柔，悦而能刚不陷于诎，刚而能悦不陷于暴，悦而能贞致悦之道，上顺天理下应人心，悦道之至至正至善，违道干誉苟悦之道，君子之道如天地施，感于民心悦服无致，民悦忘劳不恤其死，悦道之大民莫不劝，民心悦服君道之本。

大象赞曰丽泽为兑，君子法象朋友讲习，两泽相连相为附丽，交互浸润滋益之象，君子法象朋友讲习，同门曰朋同志曰友，朋友聚居讲习道义，相悦之盛莫过于此。兑爻初九和兑而吉，和兑之吉行未疑也，初九阳爻体悦居下，谦下和悦无所应系，阳刚不卑居下能巽，处悦能和无应不偏，以和为悦悦正故吉，无求而和不涉邪诎，随时顺处行无可疑。九二孚兑吉而悔亡，孚兑之吉其志诚信，九二阳刚得中不正，失位而悦是以有悔，悦不失中诚孚悔亡，九二承比阴柔六三，孚信内充自守不失，刚中以悦和而不同。六三来兑位不当凶，六三阴柔不中不正，无应比二悦不以道，来兑也者就下求悦，无与妄求失道下行，不当中正所以致凶。兑爻九四商兑未宁，介疾有喜有福庆也，九四阳刚处柔非正，上承九五下比六三，悦三阴柔拟议所从，商度难决得失未定，介然守正疾远邪恶，得君行道福庆及物。兑爻九五孚剥有厉，孚于剥者位正当也，九五中正而得尊位，下无其应比于上六，剥者消阳小人道长，悦信小人信而成剥，危厉之道故曰有厉，五当悦时密比上六，悦惑易入戒孚于剥，小人革面君子勉悦，备之不至则害于善，处正当位宜任君子，反信小人责以当位。兑爻上六引兑未光，上六阴柔最处悦后，自为静退见引乃悦，虽免六三躁求之凶，不能自主悦道未光。

涣卦☴☵ 巽上坎下

涣：亨。王假有庙，利涉大川，利贞。初六，用拯马壮，吉。九二，涣奔其机，悔亡。六三，涣其躬，无悔。六四，涣其群，元吉。涣有丘，匪夷所思。九五，涣汗其大号。涣，王居无咎。上九，涣其血，去逖出，无咎。

内坎外巽卦象为涣，卦辞赞亨王假有庙，利涉大川利于贞正，涣者离散其德为亨，散难释险所以亨通，中心无孚则民离散，治民离散本于中诚，收合人心则散可聚，德洽神人可济大难，大难既散正道柔集，合散之道在乎正固。彖赞卦辞涣德亨通，刚来于内中而不穷，柔得位乎外而上同，王假有庙王乃在中，利涉大川乘木有功，涣之能通在于卦才，阳来居内坤则成坎，九二得中不穷于险，阴往居外乾则成巽，六四得正承五中正，当涣之时二五守中，离散可合故能亨通，王者拯涣在能诚中，享帝立庙竭诚致敬，感通神人收合民心，拯涣之道极于有庙，大人治涣当济险难，巽木坎水乘木济川。

大象赞涣风行水上，先王以享于帝立庙，风行水上散释之象，先王观象救民离散，祭祀之报出于人心，收合人心无如立庙，拯道极于享帝立庙，归系民心离散合聚。初六用拯马壮顺吉，初六居初涣之始也，涣拯于始为力则易，离散之势辨之宜早，知几而拯不至涣散，初六柔顺九二刚中，两皆无应亲比相求，如得壮马有济而吉，初六之吉顺从刚中，始涣用拯顺乎时也。涣爻九二涣奔其机，涣奔其机得愿悔亡，九二阳刚处坎险中，涣离之时有悔可知，奔就所安则得悔亡，机者承物俯凭以安，二初无应阴阳亲比，奔初获安能亡其悔，涣散之时以合为安，居险求安得其所愿。涣爻六三涣散其躬，涣其躬志在外无悔，六三阴柔不中不正，内不比二志应上九，涣之为义内险外安，与刚合志故得无悔，其应上九居无位地，不能大拯仅得无悔。六四涣群元吉光大，涣聚有丘匪夷所思，六四阴柔体巽得正，切承九五居大臣位，四柔五刚刚柔相济，君臣合力拯天下涣，涣时独刚不能怀附，独柔不足为之依归，六四顺正辅中正君，同功济涣大善之吉，释涣合聚有如大丘，事难功大其用至妙，平常之见难能思及，非大贤智孰能如是。涣爻九五涣汗大号，王居无咎以正位也，九五六四君臣合德，刚中顺正治涣得道，当使政命洽于民心，若人身汗浃于四体，则民信从时涣可济，称居王位而无咎患。涣爻上九涣其血惕，远害去惕出则无咎，上九应三三居险极，上若从下难出于涣，坎象伤惧故云血惕，上九阳刚最处涣外，又居巽极能顺事理，若使血去惕出无咎，涣之时以能合为功，上九涣极有应临险，故以出涣远害为善。

节卦 ䷻ 坎上兑下

节：亨。苦节不可贞。初九，不出户庭，无咎。九二，不出门庭，凶。六三，不节若，则嗟若，无咎。六四，安节，亨。九五，甘节，吉。往有尚。上六，苦节，贞凶，悔亡。

内兑外坎卦象为节，卦辞亨苦节不可贞，节者止也制度之称，物既离散则当节止，制事有节能致亨通，节贵适中过节则苦，节至于苦伤于刻薄，物所不堪不复贞正。彖赞卦辞节德亨通，刚柔有分而刚得中，苦节不贞其道穷也，下兑上坎悦以行险，当位以节中正以通，天地有节而四时成，节以制度民财两丰，节道能通卦才之故，坎刚居上兑柔居下，刚爻柔爻分处不乱，刚爻得中为节制主，刚柔有别节之大者，节不违中可致亨通，为节过苦不可为正，苦节为正其道困穷，内兑外坎悦以行险，九五中正节而能通，气序为节四时功成，王者当以制度为节，用之有道役之有时，不伤于财不害于民。

大象赞节泽上有水，君子制数度议德行，泽能容水过盈则溢，水在泽中乃得其节，礼命尊卑文质轻重，皆有数度以为搏节，存中为德发外为行，德行当义以为中节，观象以制礼数等差，度议人才德行任用，皆使有度皆使得宜。初九不出户庭无咎，不出户庭知通塞也，户庭也者户外之庭，初九阳刚上应六四，当节之初戒其谨守，将合离散而立制度，明于通塞虑于险伪，慎密不失事济无咎，初能固守终或渝之，不谨于初安能有终，不出户庭得无咎者，识时通塞所以不出。九二不出门庭有凶，不出之凶失时极也，门庭也者门内之庭，九二虽具刚中之质，以阳处阴居悦承柔，处阴不正居悦失刚，承柔近邪失刚中正，不出门庭谓不从五，九五中正二不与合，失节之道难成节功，私昵承系阴柔六三，失德失时九二以凶。六三不节若则嗟若，不节之嗟又谁咎也，节者乃为制度之卦，处节之时位不可失，六三阴柔不中不正，乘刚临险固宜有咎，本具柔顺和悦之质，自节顺义可免其过，若不节顺凶咎伤嗟，己所自致无所归咎。节爻六四安节则亨，安节之亨承上道也，六四顺承九五之道，能奉阳刚中正为节，以阴居阴安于正位，上体坎水上溢无节，六四体坎下应于初，就下有节安节致亨。九五甘节吉往有尚，甘节之吉居位中也，九五中正为节之主，当位以节中正以通，在己则安行下则悦，甘美而吉行可嘉尚。上六苦节贞凶悔亡，苦节贞凶其道穷也，上六居极节之苦者，过节之中以致亢极，以斯施人不堪而凶，以斯修身无妄悔亡。

中孚卦☲巽上兑下

中孚：豚鱼吉。利涉大川，利贞。初九，虞吉，有它不燕。九二，鸣鹤在阴，其子和之。我有好爵，吾与尔靡之。六三，得敌，或鼓或罢，或泣或歌。六四，月几望，马匹亡，无咎。九五，有孚挛如，无咎。上九，翰音登于天，贞凶。

内兑外巽卦象中孚，卦辞赞曰豚鱼有吉，利涉大川利于贞正，信发于中谓之中孚，豚躁鱼冥难感之物，孚信能感感无不至，忠信蹈火况涉大川，守信之道在于坚正，信而不正凶邪之道。象赞卦辞中孚也者，阴柔在内阳刚得中，悦而巽顺孚乃化邦，豚鱼之吉信及豚鱼，利涉大川乘木舟虚，中孚利贞乃应乎天，二柔在内中虚诚象，二刚得中中实孚象，全体中虚二体中实，中虚信本中实信质，下兑上巽悦而能顺，上以至诚顺巽于下，下有孚信悦从其上，上下交孚化于邦国，乖争不作物无巧竞，信及豚鱼信道至吉，卦体虚中乃虚舟象，中孚涉险若舟济川，天德刚正气序不差，天之神道孚贞而已，中孚而正应乎天道。

大象泽上有风中孚，君子法象议狱缓死，风行泽上感于泽中，水体虚故风能入之，心体虚故物能感之，风动乎泽犹物感中，君子观此中孚之象，处天下事诚孚忠信，议狱缓死最其大者，议狱尽忠决死恻缓。初九虞吉有它不燕，初九虞吉志未变也，虞者度也燕者安也，当信之始志未定从，度其可信从正则吉，即得所信则当诚一，志若不定惑而难安，六四体巽居正应初，初九信从志专不渝。中孚九二鸣鹤在阴，其子和之中心愿也，我有好爵与尔靡之，九二刚中至诚感通，若鹤幽鸣其子和应，有孚于中物无不应，好善心同诚意愿通，我有孚信同类与共。六三得敌或鼓或罢，位不当故或泣或歌，敌者对敌所应上九，三四虚中成孚之主，四得正故亡匹从上，三失中正得敌累志，质本柔悦信从系应，动息忧乐唯系所信，所处得正所信有方，居不当位心无所主。中孚六四明月几望，马匹亡绝类上无咎，六四近君成孚之主，得正君信当孚之任，如月近圆盛之至也，初与四应故为四匹，孚道在专不专害孚，系初不进难成孚功，四既从五不复系初，如马匹亡绝类从上。九五有孚挛如无咎，有孚挛如位正当也，九五居尊阳刚中正，君道至诚感通天下，固结民心犹如拘挛，民心和集称位无咎。上九翰音登天贞凶，翰音登天何可长也，翰音也者高飞之音，音飞而实不从之谓，居卦之上处信之终，信终则衰忠笃内丧，华美外扬如音登天，虚声远闻正亦灭矣，虚声无实何可久长，固执不通其凶可知。

小过卦䷽震上艮下

小过：亨，利贞。可小事，不可大事。飞鸟遗之音，不宜上，宜下，大吉。初六，飞鸟以凶。六二，过其祖，遇其妣。不及其君，遇其臣。无咎。九三，弗过防之，从或戕之，凶。九四，无咎，弗过遇之。往厉必戒，勿用永贞。六五，密云不雨，自我西郊，公弋取彼在穴。上六，弗遇过之，飞鸟离之，凶，是谓灾眚。

内艮外震卦象小过，卦辞赞曰亨通利贞，可小事而不可大事，飞鸟遗之音不宜上，宜下顺理自律大吉，阳者为大阴者为小，小过诸爻阴居尊位，阳刚失中小者过常，小人重利礼易过薄，君子重义过厚矫之，矫之礼道乃得亨通，矫世厉俗利在归正，小过之时小人在位，政教难施自律而已，飞鸟遗音鸟之失声，君子穷迫未得安处，执卑守下勿逆凌犯，过以顺理其吉必大。象赞卦辞小过也者，小者过越而亨者也，过以利贞与时行也，柔得中是以小事吉，刚失中正不可大事，卦体诸爻有飞鸟象，宜下大吉上逆下顺，过行小事谓之小过，顺时矫俗虽过犹通，过行利正应时所宜，当过而过过以之正，成大事者必在阳刚，六二六五阴柔居中，三失中正九四失中，故可小事不可大事，六五乘于九四之刚，六二承于九三之阳，上乘逆刚下承顺阳，故不宜上宜下大吉。

　　大象山上有雷小过，君子法象行过乎恭，丧过乎哀用过乎俭，雷震山上其声过常，过其本所故曰小过，天下之事有时当过，不可过甚故为小过，当过而过乃得其宜，小人过礼慢易奢侈，君子矫之厚恭哀俭。小过初六飞鸟以凶，飞鸟以凶不可如何，初六柔卑小人之象，上应九四四体震动，小过之义上逆下顺，初应在上躁易上逆，过如飞鸟无所措足，自取凶咎救止莫及。六二过其祖遇其妣，不及其君遇臣无咎，不及其君臣不可过，阳在上者父之象也，尊于父者祖之象也，四在三上为二之祖，五阴而尊祖妣之象，二五柔中同德相求，六二之志不从三四，过四遇五过其祖也，过而得之故谓之遇，平时本应阴阳相求，处过之时必过其常，上进而不凌及其君，适当臣位则无过咎，自过臣分其咎可知。小过九三弗过防之，从或戕之凶如何也，阴过之时阳刚失位，九三体艮居正在下，以阳居刚过于刚也，若弗过防小人害之，防小人道正己为先，三不失正过防则免，防之不至或为戕害。九四无咎弗过遇之，往厉必戒勿用永贞，弗过遇之位不当也，往厉必戒终不可长，九四处柔刚不过也，小过之时无咎合宜，九四失正比五应初，阴过之时阴岂从阳，自守免咎随时顺处，刚进则危故当戒惧。小过六五密云不雨，自我西郊公弋在穴，密云不雨阴已上也，小过阴小过于盛大，六五阴柔居中处尊，虽欲过为岂能成功，犹如密云不能成雨，中虚者空穴指六二，阴当尊位故称公上，柔过处尊难行施化，本非相应弋而取之，文德怀之可使自服，同类弋取无济大事，阳降阴升和合成雨，今阴盛上而艮止之，阴阳不交云密难雨，阴过之故不能成大。小过上六弗遇过之，飞鸟离之凶而灾眚，弗遇过之过已亢极，上六体震处过上极，过不知限至于亢也，违礼过常如速飞鸟，过而弗遇必遭罗网，过亢罹凶自灾致眚，灾自己致复何言哉。

既济卦䷾坎上离下

既济：亨小，利贞。初吉终乱。初九，曳其轮，濡其尾，无咎。六二，妇丧其茀，勿逐，七日得。九三，高宗伐鬼方，三年克之。小人勿用。六四，繻有衣袽，终日戒。九五，东邻杀牛，不如西邻之禴祭，实受其福。上六，濡其首，厉。

内离外坎卦象既济，卦辞赞曰既济也者，亨小利贞初吉终乱，既济万事皆得济用，小者不通有所未济，小者尚亨何况于大，阳刚阴柔各当其位，处既济时利守正固，既济之初虽皆获吉，若不进德慎始如终，危乱必及初吉终乱。彖赞既济小者亨也，利贞刚柔正而位当，初吉柔中终乱道穷，既济之时阴阳俱亨，刚柔皆正邪不可行，柔不得中小者未亨，小者未亨则未既济，六二柔顺文明中正，下体善处初成济功，不进则止衰乱至矣，终止而乱既济道穷，倘能通变于未穷时，不使至极有终无乱。

大象水在火上既济，君子思患而豫防之，水在火上炊爨之象，水火既交各当其用，既济之道初吉终乱，存不忘亡既济兢兢，思其后患豫为防制。初九曳轮濡尾无咎，初九阳刚体离居下，上应于四其进志锐，既济犹进易及悔咎，倒曳车轮使止不进，濡兽之尾使不能济，既济之初能止其进，不至于极义自无咎。六二妇丧其茀勿逐，以中道故七日复得，六二体离文明中正，上应九五中正之君，九五刚中反为中满，坎离本亲乃为相戾，六二阴柔其象为妇，茀遮妇面丧不可行，时已既济上不求贤，二志不行如妇丧茀，中正之道无终废理，不得行今必行异时，逐物失志故诫勿逐，中正自守终得志行。九三高宗伐于鬼方，三年克之小人勿用，三年克之事难愈甚，九三体离以刚居刚，当既济时用刚之至，犹商高宗伐鬼方事，天下既济远伐暴乱，既济用刚救民为心，王者之事唯圣贤可，小人为之失高宗心，骋威贪忿肆欲残民。既济六四繻有衣袽，终日戒者有所疑也，六四体坎取象舟济，近君得正当其任者，既济防患虑变为急，如舟渗漏当塞衣袽，君子终日戒惧不息，处济常虑患之将至。既济九五东邻杀牛，不如西邻禴祭之时，实受其福吉大来也，九五阳刚实中而孚，六二阴柔虚中而诚，诚孚中正取象祭祀，东邻阳五西邻阴二，杀牛盛祭禴者薄祭，祭祀之盛莫盛修德，明德惟馨虽薄神飨，二五德皆孚诚中正，二处济下进德受福，五处济极守正勿失，德非不善二则当时，六二在下有进之时，中正而孚吉来受福。既济上六濡其首厉，濡其首厉何可久也，上六阴柔处既济极，济之道穷不安而危，居坎险上其象濡首，首既被濡身将陷没，既济道穷何可长久，小人处之败坏立待，君子处之穷极思变。

未济卦䷿ 离上坎下

未济：亨。小狐汔济，濡其尾。无攸利。初六，濡其尾，吝。九二，曳其轮，贞吉。六三，未济，征凶。利涉大川。九四，贞吉，悔亡。震用伐鬼方，三年有赏于大国。六五，贞吉，无悔。君子之光，有孚，吉。上九，有孚于饮酒，无咎。濡其首，有孚，失是。

内坎外离卦象未济，卦辞赞曰未济德亨，小狐汔济濡尾无利，既济而穷未济无穷，变易从道生生不息，未济之时有亨之理，未济求济至慎能亨，狐能渡水濡尾则否，老狐疑畏履水而听，小狐无畏果勇而渡，不能畏慎濡尾不济，既不能济岂有所利。彖赞未济亨柔得中，小狐汔济未出中也，濡尾无利不续终也，虽不当位刚柔应也，未济能亨以柔得中，六五得中以柔居刚，居刚应刚得柔之中，刚柔得中其德亨通，九二阳刚居坎险中，上应六五将济者也，险非可安五则当从，果济如狐未出险中，进锐退速无可续终，位虽不正刚柔皆应，若能重慎济道可通。

大象火在水上未济，君子以慎辨物居方，火在水上水火不交，不相济用故曰未济，君子观此失位之象，慎处事物辨其所当，使各安止居其方所。未济初六濡其尾吝，濡其尾者不知极也，初六柔下处险应四，不安险居志行应上，质既阴柔四非中正，不能援济如狐濡尾，不度才力终不能济，不智之极实可羞吝。未济九二曳轮贞吉，九二贞吉中以行正，未济之时君道艰难，六五阴柔而处君位，九二刚阳与应当任，阳刚则有凌柔之义，坎水则有胜火之象，方难之时君赖才臣，犹当恪尽恭顺之道，用刚之过犯上不逊，倒曳其轮可杀其势，曳轮缓进中正而吉。六三未济居险征凶，位不当而利涉大川，六三阴柔不中不正，居于坎险才不足济，六三上应刚阳上九，涉险往从可济出险，柔不中正无济险才，涉险应阳有可济道。未济九四贞吉悔亡，志行震用以伐鬼方，三年乃有赏于大国，九四阳刚居大臣位，上有虚中明顺之主，出险过中有可济道，济天下难须刚健才，九四虽阳而居阴位，故戒贞固吉而悔亡，震者动极用力之甚，如伐鬼方贞固力勤，三年志济成功行赏，鬼方之伐贞之至也，济天下道贞固如是，伐鬼方者兴衰之征，每至兴衰多取义焉，处文明初始出坎难，其德未盛故曰三年。未济六五贞吉无悔，君子之光有孚则吉，君子之光其辉吉也，六五体离文明之主，居刚应刚其处得中，虚其心而阳为之辅，虽柔居尊处之至善，既得贞正吉而无悔，使武以文御刚以柔，文明之主君子德光，充积光盛至于有晖，善之至也故云晖吉。上九有孚饮酒无咎，濡其首则有孚失是，饮酒濡首不知节也，上九刚上刚之极也，居离明上明之极也，明能烛理刚能断义，刚极能明不躁能决，居未济极非得济位，安乐义命至诚无咎，不乐其处忿躁陨获，耽乐过节亦非安处，放心不反失常不安。

三 《易传》韵义

系辞上

天尊地卑乾坤定矣，卑高以陈贵贱位矣，动静有常刚柔断矣，方以类聚物以群分，在天成象在地成形，吉凶生矣变化见矣，刚柔相摩八卦相荡，鼓之雷霆润之风雨，日月运行一寒一暑，乾道成男坤道成女，乾知大始坤作成物，乾以易知坤以简能，易则易知简则易从，易知有亲易从有功，有亲可久有功可大，可久则有贤人之德，可大则有贤人之业，易简天下之理得矣，天下理得成位其中。

圣人法天设卦观象，系辞焉而明示吉凶，刚柔相推而生变化，吉凶也者失得之象，悔吝也者忧虞之象，变化也者进退之象，刚柔也者昼夜之象，六爻之动三极之道，居而安者《易》之序也，乐而玩者爻之辞也，君子居则观象玩辞，动则观其变玩其占，自天祐之吉无不利。

象者言象爻者言变，吉凶言乎其失得也，悔吝言乎其小疵也，无咎者善补过者也，列贵贱者存乎其位，齐小大者存乎其卦，辩吉凶者存乎其辞，忧悔吝者存乎其介，震无咎者存乎其悔，卦有小大辞有险易，辞也者各指其所之。

《易》之为义与天地准，故能弥纶天地之道，仰观天文俯察地理，是故能知幽明之故，原始反终故知死生，精气为物游魂为变，是故能知鬼神情状，与天地相似故不违，知周万物道济天下，旁行不流乐天知命，故而不过故而不忧，安土敦乎仁故能爱，范围天地之化不过，曲成万物而能不遗，通乎昼夜之道而知，故神无方而易无体。

一阴一阳之谓道也，继之者善成之者性，仁者见之谓之仁也，知者见之谓之知也，百姓日用而不知也，君子之道中庸鲜矣，显诸仁而又藏诸用，鼓万物不与圣同忧，盛德大业其至矣哉，富有大业日新盛德，生生不息之谓易也，成象谓乾效法谓坤，极数知来之谓占也，通变从道之谓事也，阴阳不测之谓神也。

夫《易》之道广矣大矣，言远不御言迩静正，言乎天地之间则备，静专动直乾以大生，静翕动辟坤以广生，易道广大以配天地，易道变通以配四时，阴阳之义以配日月，易简之善以配至德。

夫《易》也者其至矣乎，圣人所以崇德广业，知崇礼卑效天法地，天地设位《易》行其中，成性存存道义之门。见天下赜拟诸形容，象其物宜故谓之象，圣人有以见天下动，观其会通行其典礼，系辞以爻断其吉凶，天下至赜不可恶也，天下至动不可乱也，拟之后言议之后动，拟议以成其变化也。

鸣鹤在阴其子和之，我有好爵与尔靡之，君子居室出其言善，千里外应况迩者乎，居其室而出言不善，千里外违况迩者乎，言出乎身而加乎民，行发乎迩而见乎远，言行君子之枢机也，枢机之发荣辱之主，能动天地言行必慎。同人先号咷而后笑，君子之道动静无端，或出或处或默或语，二人同心其利断金，同心之言其臭如兰。初六藉用白茅无咎，苟错诸地而亦可矣，藉之用茅慎之至也，茅为物薄而用可重，慎斯以往无所失矣。劳谦君子有终而吉，劳而不伐有功不德，以功下人厚之至也，德则言盛礼则言恭，谦者致恭以存其位。乾爻上九亢龙有悔，贵而无位高而无民，贤人在下位而无辅，是以亢龙动而有悔。节卦不出户庭无咎，乱之所生言语为阶，君上不密则失臣下，臣下不密则失其身，几事不密则害于成，是以君子慎密不出。为《易》之人其知盗乎，解卦负且乘致寇至，负也者小人之事也，乘也者君子之器也，小人而乘君子之器，名实不当盗思夺矣，上慢下暴盗思伐矣，慢藏诲盗冶容诲淫，负乘致寇盗之招也。

天一地二天三地四，天五地六天七地八，天九地十天地数全，天数五奇地数五偶，五位相得而各有合，天数二五地数三十，天地之数五十有五，以成变化而行鬼神。大衍之数所赖五十，其用之者四十有九，分而为二以象两仪，余者挂一以象三才，揲之以四以象四时，归奇于扐以象闰月，五岁再闰再扐后挂，乾策二百一十有六，坤策一百四十有四，凡三百六当期之日，二篇之策当万物数，万有一千五百二十。是故蓍策四营成易，十有八变而后成卦，八卦象尽易道小成，引而伸之触类长之，天下能事易象毕尽，显明天道神妙德行，可与酬酢可与佑神，知变化道则知神用。

《易》有圣人之道四焉，言者尚辞动者尚变，器者尚象卜筮尚占，是以君子将为将行，问焉以言受命如响，远近幽深皆知来物，天下至精能与于此。参伍以变错综其数，通其变成天下之文，极其数定天下之象，天下至变能与于此。无思无为寂然不动，感而遂通天下之故，天下至神能与于此，《易》以极深而研几也，唯深能通天下之志，唯几能成天下之务，唯神速至不疾不行。

《易》何为者开物成务，冒天下道如斯而已，圣人以通天下之志，定天下业断天下疑，是故蓍之德圆而神，是故卦之德方以知，而六爻之义易以贡，圣人洗心退藏于密，吉凶示象与民同患，神以知来知以藏往，聪明睿知神武不杀，明于天道察于民故，是兴神物以前民用，以此齐戒神明其德。阖户谓坤辟户谓乾，一阖一辟而谓之变，往来不穷而谓之通，见谓之象形谓之器，制而用之而谓之法，利而用之或出或入，民咸用之而谓之神。

《易》有太极是生两仪，遂生四象而生八卦，卦定吉凶遂生大业，是故法象天地至大，变通之道四时至大，悬象著明日月至大，崇高则莫大乎富贵，备物致用成天下器，为天下利圣人至大，探赜索隐钩深致远，以此正定天下吉凶，亹亹勉成蓍龟至大。天生神物圣人则之，天地变化圣人效之，天象吉凶圣人象之，河图洛书圣人则之，易有四象所以示也，系辞焉者所以告也，定以吉凶所以断也。

自天祐之吉无不利，顺则天助信则人助，履信思顺以尚贤也。书不尽言言不尽意，圣人之意于《易》可见，立象尽意设卦尽情，系辞焉者以尽其言，变而通之以尽其利，鼓之舞之以尽其神。乾坤也者《易》之缊也，乾坤成列《易》立其中，乾坤毁则无以见《易》，《易》不可见乾坤几息。形而上者乃谓之道，形而下者乃谓之器，化而裁之乃谓之变，推而行之乃谓之通，举而措之谓之事业。天下之赜拟诸形容，象其物宜故谓之象，天下之动观其会通，行其典礼而系辞焉，以断吉凶故谓之爻，极天下之赜存乎卦，鼓天下之动存乎辞，化而裁之者存乎变，推而行之者存乎通，神而明之存乎其人，体会《易》道默而成之，不言而信存乎德行。

系辞下

八卦成列象在其中，因而重之爻在其中，刚柔相推变在其中，系辞命之动在其中，吉凶悔吝生乎动者，刚柔也者立本者也，变通也者趣时者也，吉凶也者贞胜者也，天地之道贞观者也，日月之道贞明者也，天下之动贞一者也。夫乾确然示人易矣，夫坤隤然示人简矣，所谓爻者效此者也，所谓象者像此者也，爻象动内吉凶见外，功业见变圣情见辞。天地之大德者曰生，圣人之大宝者曰位，守位曰仁聚人曰财，理财正辞禁非曰义。

古圣伏羲之王天下，观象于天观法于地，观鸟兽文与地之宜，近取诸身远取诸物，类象万物始作八卦，通神明德类万物情。此后黄帝尧舜氏作，通时之变使民不倦，神而化之使民宜之。《易》穷则变变则通久，自天祐之吉无不利。《易》者像也象者材也，爻者效天下之动也，故吉凶生而悔吝著。阳卦多阴阴卦多阳，阳卦奇而阴卦耦也，一君二民君子之道，二君一民小人之道。

憧憧往来朋从尔思，天下万事何思何虑，同归殊途一致百虑。日往月来月往日来，日月相推而明生焉，寒往暑来暑往寒来，寒暑相推而岁成焉，往者屈也来者伸也，屈伸相感而利生焉。尺蠖之屈以求伸也，龙蛇之蛰以存身也，精义入神以致用也，利用安身以崇德也，过此以往未之或知，穷神知化德之盛也。困石据蒺不见妻凶，非所困而困名必辱，非所据而据身必危，既辱且危死期将至，入宫其妻可得见耶。射隼高墉获无不利，藏器于身待时而动，成器而动动而不括，出而有获如何不利。不耻不仁不畏不义，见利而劝不威不惩，小惩大诫小人之福，故曰履校灭趾无咎。善不积不足以成名，恶不积不足以灭身，以为小善无益弗为，以为小恶无伤弗去，恶积不掩罪大不解，《易》曰荷校灭耳有凶。其亡其亡系于苞桑，危者能安其位者也，亡者能保其存者也，乱者能有其治者也，是故君子安不忘危，存不忘亡治不忘乱，是以身安国家可保。德薄位尊知小谋大，力少任重鲜不及矣，鼎折足凶不胜其任。上交不谄下交不渎，其因知几而能神乎，几者动微吉之先见，见几而作不俟终日，介于石不终日贞吉，介如石焉宁用终日，君子也者知微知彰，知柔知刚万夫之望。颜氏之子其庶几乎，不善必知知不复行，不远复无祗悔元吉。天地氤氲万物化醇，男女构精万物化生，三人而行则损一人，一人而行则得其友，言致一而后化成也。君子安其身而后动，易心后语定交后求，君子修此三者故全，危以动则民不与也，惧以语则民不应也，无交而求则民不与，莫之与则伤之者至。莫益之立心勿恒凶。乾坤也者乃易之门，乾阳物也坤阴物也，阴阳合德刚柔有体，体天地撰通神明德，其称名也杂而不越，于稽其类衰世之意。夫易也者断辞则备，彰往察来微显阐幽，开而当名辨物正言，称名也小取类也大，其旨也远其辞也文，言曲而中事肆而隐，明失得报以济民行。

《易》之兴其于中古乎，作易者其有忧患乎，是故履卦德之基也，谦德之柄复德之本，恒德之固损德之修，益德之裕困德之辨，井德之地巽德之制。履和而至谦尊而光，复小辨物恒杂不厌，损卦义先难而后易，益卦义长裕而不设，困卦之义穷而能通，井居而迁巽称而隐。履以和行谦以制礼，复以自知恒以一德，损以远害益以兴利，困以寡怨井以辨义，巽卦也者顺以行权。

《易》不可远为道屡迁，变动不居周流六虚，上下无常刚柔相易，不拘典要唯变所适。出入以度而使知惧，又能明于忧患与故，无有师保如临父母，初率其辞而揆其方，唯变所适乃其典常，苟非其人道不虚行。

《易》之为用原始要终，六爻相杂唯其时物，初本难知上末易知，初辞拟之卒成之终，杂物撰德辩是与非，则非其中爻而不备，存亡吉凶则居可知，观其象辞则思过半。二四之爻同功异位，二多誉四近五多惧，柔之为道不利远者，其要无咎其用柔中。三五之爻同功异位，三爻多凶五爻多功，贵贱之等柔危刚胜。

《易》之为书广大悉备，天道人道地道兼焉，兼三才而两之故六，六者非它三材之道，道有变动故而曰爻，爻有等类故曰物类，物类相杂故曰文理；文理不当吉凶生焉。易兴殷末周之盛德，文王事纣故其辞危，危者使平易者使倾，其道甚大百物不废，惧以终始其要无咎，此之所谓易之道也。

夫乾天下之至健也，德行恒易以知险也，夫坤天下之至顺也，德行恒简以知阻也，能悦诸心能研诸虑，定事吉凶成人亹亹。变化云为吉事有祥，象事知器占事知来，天地设位圣人成能，人谋鬼谋百姓与能。卦以象告爻象情言，刚柔杂居吉凶可见，变以利言吉凶情迁，爱恶相攻而吉凶生，远近相取而悔吝生，情伪相感而利害生，易情近不相得则凶，或有害之既悔且吝，将叛辞惭心疑辞枝，吉人辞寡躁人辞多，诬善之人其辞游漫，失其守者其辞屈桡。

说卦

昔者圣人之作《易》也，幽赞于神明而生蓍，参天两地而倚于数，观变于阴阳而立卦，发挥于刚柔而生爻，和顺道德而理于义，穷理尽性以至于命。昔者圣人之作《易》也，将以顺成性命之理，立天之道曰阴与阳，立地之道曰柔与刚，立人之道曰仁与义，兼三才之道而两之，故《易》六画而成卦象，分阴分阳迭用柔刚，故《易》六位而成文章。

天地定位山泽通气，雷风相薄水火相逮，八卦相错数往者顺，知来者逆故《易》逆数。雷以动之风以散之，雨以润之日以烜之，艮以止之兑以悦之，乾以君之坤以藏之。帝出乎震而齐乎巽，相见乎离致役乎坤，悦言乎兑而战乎乾，劳乎坎而成言乎艮。万物出震震东方也，齐乎巽而巽东南也，齐也者万物洁齐也，离者明也万物皆见，圣人南面而听天下，向明而治盖取诸此。坤者地也万物致养。兑正秋也万物所悦，战乎乾者西北之卦，纯阳居阴阴阳相薄。坎者水也正北之卦，劳卦也万物之所归，成言乎艮东北之卦，万物之所成终成始。神者妙万物而为言，动万物者莫疾乎雷，挠万物者莫疾乎风，躁万物者莫熯乎火，悦万物者莫悦乎泽，润万物者莫润乎水，终始万物莫盛乎艮。水火相逮雷风不悖，山泽通气变化成物。

乾健坤顺震动巽入，坎陷离丽艮止兑悦，乾马坤牛震龙巽鸡，坎豕离雉艮狗兑羊，乾首坤腹震足巽股，坎耳离目艮手兑口。乾者天也故称乎父，坤者地也故称乎母。震一索得谓之长男，巽一索得谓之长女，坎再索得谓之中男，离再索得谓之中女，离再索得谓之中女，艮三索得谓之少男，兑三索得谓之少女。乾象为天为圆为君，为父为玉为金为寒，为冰为大赤为良马，老马瘠马驳马木果。坤象为地为母为布，为釜为吝啬为均平，为子母牛为大舆文，为众为柄于地为黑。震象为雷为龙玄黄，为旉大途长子决躁，为苍筤竹亦为萑苇，善鸣馵足作足的颡，于稼反生为健蕃鲜。巽为木风长女绳直，工白长高进退不果，寡发广颡其究为躁。坎象为水沟渎隐伏，矫輮弓轮加忧心病，为耳痛为血卦为赤，其于木也为坚多心。离象为火为日为电，中女甲胄戈兵大腹，为乾为鳖蟹蠃蚌龟，其于木也为科上槁。艮象为山径路小石，门阙果蓏阍寺指狗，为鼠及为黔喙之属，其于木也为坚多节。兑象为泽为少女巫，为口舌毁折为附决，为妾为羊于地刚卤。

序卦

有天地然后万物生，盈天地间者唯万物，受之以屯屯者盈也，屯者亦物之始生也。物生必蒙受之以蒙，蒙者蒙也物之稚也。物稚须养受之以需，需者须也饮食之道，饮食必讼受之以讼。讼必众起受之以师，师必有比受之以比，比必有畜受以小畜，物畜有礼受之以履，履泰而安受之以泰，物不终通受之以否，物不终否受之同人，同人物归受之大有，大不可盈受之以谦，大谦必豫受之以豫，豫必有随受之以随，随必有事受之以蛊，有事后大受之以临，物大可观受之以观，可观有合受之噬嗑，物不苟合受之以贲，致饰亨尽受之以剥。物不可以终尽于剥，穷上反下受之以复，复则不妄受以无妄，无妄物畜受以大畜，物畜可养受之以颐，养则可动受以大过，物不终过受之以坎，陷必有丽受之以离。

有天地然后有万物，有万物然后有男女，有男女然后有夫妇，有夫妇然后有父子，有父子然后有君臣，有君臣然后有上下，有上下然后礼义措。夫妇之道不可不久，受之以恒恒者久也。物不可以久居其所，受之以遯遯者退也。物不终遯受以大壮，物不终壮受之以晋，进必有伤受以明夷，伤外反家受以家人，家道穷乖受之以睽，乖必有难受之以蹇，物不终难受之以解，缓必有失受之以损，损极必益受之以益，益极必决受之以夬，决必有遇受之以姤，物遇后聚受之以萃，聚而上升受之以升，升极必困受之以困，困上反下受之以井，井道须革受之以革，革莫若鼎受之以鼎，主器长子受之以震，物不终动受之以艮，物不终止受之以渐，进必有归受以归妹，得归必大受之以丰，穷大失居受之以旅，旅无所容受之以巽，入而悦之受之以兑，悦而散之受之以涣，物不终离受之以节，节而信之受以中孚，有信必行受以小过，过物必济受之既济，物不终穷受以未济。

杂卦

乾刚坤柔比乐师忧，临观之义或与或求，屯不失居蒙杂而著，震者起也艮者止也，损益也者盛衰之始，大畜时也无妄灾也，萃者聚也升不来也，谦轻豫怠噬嗑食也，贲无色也兑见巽伏，随无故也蛊则饬也，剥者烂也复则反也，晋者昼也明夷诛也，井者通也困相遇也，咸者速也恒者久也，涣者离也节者止也，解者缓也蹇者难也，睽者外也家人内也，否泰也者反其类也，大壮则止遯则退也，大有众也同人亲也，革去故也鼎取新也，小过过也中孚信也，丰多故也亲寡旅也，离上坎下小畜寡也，履不处也需不进也，讼不亲也大过颠也，姤者遇也柔遇刚也，渐者女归待男行也，颐养正也既济定也，归妹也者女之终也，未济也者男之穷也，夬者决也刚决柔也，君子道长小人道忧。

《春秋》韵义

　　《春秋》乃经史合一编年体例，所谓"见诸行事深切著明"者也。孔子志在《春秋》，以之为礼教纲常褒贬判例。关于《春秋》经名来历，杨士勋于《春秋穀梁传注疏》篇首疏云："仲尼所修谓之经。经者，常也，圣人大典，可常遵用，故谓之经。"杜预《春秋左氏传》序指出："《春秋》者，鲁史记之名也。记事者，以事系日，以日系月，以月系时，以时系年，所以纪远近、别同异也。故史之所记，必表年以首事，年有四时，故错举以为所记之名也。"关于《春秋》主旨与修因，《春秋公羊传注疏》何休序云："昔者孔子有云：'吾志在《春秋》，行在《孝经》。'此二学者，圣人之极致，治世之要务也。"范宁《春秋穀梁传序》云："昔周道衰陵，乾纲绝纽，礼坏乐崩，彝伦攸斁。弑逆篡盗者国有，淫纵破义者比肩。是以妖灾因衅而作，民俗染化而迁，阴阳为之愆度，七曜为之盈缩，川岳为之崩竭，鬼神为之疵厉。故父子之恩缺，则《小弁》之刺作。君臣之礼废，则《桑扈》之讽兴。夫妇之道绝，则《谷风》之篇奏。骨肉之亲离，则《角弓》之怨彰。君子之路塞，则《白驹》之诗赋。天垂象，见吉凶。圣作训，纪成败。欲人君戒慎厥行，增修德政。盖诲尔谆谆，听我藐藐，履霜坚冰，所由者渐。四夷交侵，华戎同贯，幽王以暴虐见祸，平王以微弱东迁。征伐不由天子之命，号令出自权臣之门，故两观表而臣礼亡，朱干设而君权丧。下陵上替，僭逼理极。天下荡荡，王道尽矣。孔子睹沧海之横流，乃喟然而叹曰：'文王既没，文不在兹乎！'言文王之道丧，兴之者在己，于是就大师而正《雅》、《颂》，因鲁史而修《春秋》，列《黍离》于《国风》，齐王德于邦君，所以明其不能复雅，政化不足以被群后也。于时则接乎隐公，故因兹以托始，该二仪之化育，赞人道之幽变，举得失以彰黜陟，明成败以著劝诫，拯颓纲以继三五，鼓芳风以扇游尘。一字之褒，宠逾华衮之赠。片言之贬，辱过市朝之挞。德之所助，虽贱必申。义之所抑，虽贵必屈。故附势匿非者无所逃其罪，潜德独运者无所隐其名，信不易之宏轨，百王之通典也。先王之道既弘，麟感而来应。因事备而终篇，故绝笔于斯年。成天下之事业，定天下之邪正，莫善于《春秋》。"孔颖达《春秋左传正义》序亦指出："夫《春秋》者，纪人君动作之务，是左史所职之书。王者统三才而宅九有，顺四时而治万物。四时序则玉烛调于上，三才协则宝命昌于下，故可以享国永年，令闻长世。然则有为之务可不慎与，国之大事在祀与戎，祀则必尽其敬，戎则不加无罪，盟会协于礼，兴动顺其节，失则贬其恶，得则褒其善。此《春秋》之大旨，为皇王之明鉴也……暨乎周室东迁，王纲不振，楚子北伐，神器将移。郑伯败王于前，晋侯请隧于后。窃僭名号者，何国不然。专行征伐者，诸侯皆是。下陵上替，内叛外侵，九域骚然，三纲遂绝。夫子内韫大圣，逢时若此，欲垂之以法则无位，正之以武则无兵，赏之以利则无财，说之以道则不用。虚叹衔书之凤，乃似丧家之狗，既不救于已往，冀垂训于后昆。因鲁史之有得失，据周经以正褒贬。一字所嘉，有同华衮之赠；一言所黜，无异萧斧之诛。所谓不怒而人威，不赏而人劝，实永世而作则，历百王而不朽者也。"《春秋》"三传"即《春秋左氏传》《春秋公羊传》《春秋穀梁传》，三者所述各有侧重，郑玄《六艺论》云："《左氏》善于礼，《公羊》善于谶，《穀梁》善于经。"儒教义理基本要素如本位立场、信念前提、基本架构、核心内容、价值取向、思维模式、担当主体、历史脉动等，在《春秋》"三传"中均有具体体现且各有表述侧重。

一 《春秋左氏传》韵义

关于《左传》主旨体例，杜预《春秋左氏传》序指出："周德既衰，官失其守。上之人不能使《春秋》昭明，赴告策书，诸所记注，多违旧章。仲尼因鲁史策书成文，考其真伪，而志其典礼，上以遵周公之遗制，下以明将来之法。其教之所存，文之所害，则刊而正之，以示劝戒。……左丘明受经于仲尼，以为经者不刊之书也，故传或先经以始事，或后经以终义，或依经以辩理，或错经以合异，随义而发。……身为国史，躬览载籍，必广记而备言之。其文缓，其旨远，将令学者原始要终，寻其枝叶，究其所穷。优而柔之，使自求之；餍而饫之，使自趋之。若江海之浸，膏泽之润，涣然冰释，怡然理顺，然后为得也。其发凡以言例，皆经国之常制，周公之垂法，史书之旧章。仲尼从而修之，以成一经之通体。……发传之体有三，而为例之情有五。一曰微而显，文见于此，而起义在彼……二曰志而晦，约言示制，推以知例……三曰婉而成章，曲从义训，以示大顺……四曰尽而不汙，直书其事，具文见意……五曰惩恶而劝善，求名而亡，欲盖而章……推此五体以寻经传，触类而长之，附于二百四十二年行事，王道之正、人伦之纪备矣。……《春秋》虽以一字为褒贬，然皆须数句以成言，非如八卦之爻，可错综为六十四也，固当依传以为断。"至于《左传》形成沿革，左丘明以来师承不绝，至汉张苍、孔安国、刘德等曾上献之，光武帝时议立学官未果，成帝时刘歆等备其章句义理，和帝时郑兴、刘歆等奏而立学，章帝时贾逵、服虔等褒扬之，至郑玄分披其学遂显，晋杜预集解之，北朝刘炫等义疏之，唐孔颖达等正义之，此后则因缘时兴之。《左传》内容编年跨度为十二公二百五十五年，具体包括鲁隐公十一年、桓公十八年、庄公三十二年、闵公二年、僖公三十三年、文公十八年、宣公十八年、成公十八年、襄公三十一年、昭公三十二年、定公十五年、哀公二十七年。就儒教义理而言，《左传》侧重表述了基本架构与核心内容、价值取向与思维模式、担当主体与历史脉动等要素资料，以下试概述之。

隐公元年至十一年

隐公元年：春，王正月。三月，公及邾仪父盟于蔑。夏，五月，郑伯克段于鄢。秋，七月，天王使宰咺来归惠公、仲子之赗。九月，及宋人盟于宿。冬，十有二月，祭伯来。公子益师卒。

春王正月体元居正，人君即位朝庙告朔，摄行君事不书即位，尊敬祖考亦朝告朔。公及邾仪父盟于蔑，未有王命附庸不爵，自通大国来朝齐盟，继好息民字而贵之。费伯城郎非公之命，君举必书非命不书。郑伯克段善恶两书，庄公失教不称国讨，段亦凶逆故不言弟，有如二君故曰力克，养成其恶原心定罪，志在必杀不言出奔，都城百雉国之大害，不度非制君不堪贰，多行不义虽必自毙，放纵隐忍必生民心，孝子不匮永赐尔类，怨母远母既而悔之，颖考纯孝施及庄公，掘地及泉隧而相见，融融泄泄母子如初。天王使宰咺来归赗，仲子未薨惠公礼缓，赠死吊生不及尸哀，豫及凶事违礼贬名。纪人伐夷夷不告鲁，史不书册《春秋》不书。有董淫恶夷狄之物，不为过甚不灾不书。鲁及宋人盟成始通，命卿必名微者不名。改葬惠公隐公弗临，让不主丧故而不书，卫侯会葬非礼不书。卫邾请师君否臣行，及邾卫盟非命不书。新作南门非命不书，祭伯来鲁无命非使。卿众父卒公不与敛，名实示戒故不书日。

隐公二年：春，公会戎于潜。夏，五月，莒人入向。无骇帅师入极。秋，八月庚辰，公及戎盟于唐。九月，纪裂繻来逆女。冬，十月，伯姬归于纪。纪子帛、莒子盟于密。十有二月乙卯，夫人子氏薨。郑人伐卫。

会戎修好请盟公辞，再请则盟复修戎好，戎贪无信当渐教之，御夷狄者不一而足。莒娶于向逃归逼还，婚姻失义备记为戒。司空无骇帅师入极，君未赐族卿而不氏。纪卿逆女姬归于纪，纪莒相盟和鲁息民。夫人子氏薨不书葬，隐公让桓成其母丧。郑人伐卫以讨前乱，因果相连礼必敬慎。

隐公三年：春，王二月己巳，日有食之。三月庚戌，天王崩。夏，四月辛卯，君氏卒。秋，武氏子来求赗。八月庚辰，宋公和卒。冬，十有二月，齐侯、郑伯盟于石门。癸未，葬宋穆公。

正阳之月日有食之，君子忌之伐鼓用币。三月壬戌周平王崩，赴以庚戌书以惩伪。君氏卒者隐公母卒，不敢正君不备母礼，不赴诸侯不反哭寝，不祔于姑故不曰薨，不称夫人故不言葬，不书其姓尊曰君氏。周郑交质而后交恶，信不由中质无益也，明恕而行要之以礼，苟有忠信又焉用质。武氏子来求赗礼者，鲁不恭丧不敬致求，王未葬故称族不使。宋公和卒同盟赴名，薨而卒之略外别内，葬宋穆公大夫会葬，始死书卒葬书公谥，穆公贤孝义立兄子，布德执义故谥曰穆。齐郑相盟来告故书，郑伯车踦非常记异。卫庄夫人美而无子，公子州吁有宠好兵，石碏谏言爱子必诲，教之义方弗纳于邪，骄奢淫泆所自邪也，宠禄过则阶之为祸，以贱妨贵以少陵长，以远间亲以新间旧，以小加大以淫破义，悖逆常礼谓之六逆，君义臣行父慈子孝，兄爱弟敬谓之六顺，去顺效逆所以速祸，君人之者祸是务去。

隐公四年：春，王二月，莒人伐杞，取牟娄。戊申，卫州吁弑其君完。夏，公及宋公遇于清。宋公、陈侯、蔡人、卫人伐郑。秋，翚帅师会宋公、陈侯、蔡人、卫人伐郑。九月，卫人杀州吁于濮。冬，十有二月，卫人立晋。

莒人伐杞取邑牟娄，既伐且取谨记变异。卫国州吁弑其君完，称臣弑君示臣不义。公及宋公相遇于清，仓促期会各简其礼。翚帅师会宋陈伐郑，强君不义去族称名。卫人立晋而杀州吁，州吁罪大弑君取国，未列于会故不称君，善晋得众不书逆入。卫州吁立修怨于郑，求宠诸侯以和其民，以德和民不闻以乱，以乱犹治丝而棼之，阻兵安忍众叛亲离，兵犹火也弗戢自焚，忍弑其君虐用其民，不务令德欲以乱成，众仲断定州吁不免。石碏纯臣设计讨弑，君子谓其大义灭亲。

隐公五年：春，公矢鱼于棠。夏，四月，葬卫桓公。秋，卫师入郕。九月，考仲子之宫。初献六羽。邾人、郑人伐宋。螟。冬，十有二月辛巳，公子彄卒。宋人伐郑，围长葛。

隐公矢鱼书示非礼，观渔戏乐君爵无尊。讲事以度轨量谓轨，取材以章物采谓物，不轨不物谓之乱政。君将纳民于轨物者，春蒐夏苗秋狝冬狩，皆于农隙以讲其事，三年治兵入而振旅，归而饮至以数军实，文章贵贱等列少长，昭明辨顺以习威仪，器用资实皂隶之事，官司之守非君所及。郑人侵卫制人败燕，不备不虞不可以师。曲沃叛王王立哀侯，卫乱郕侵卫师入郕。考仲子宫安主祭之，将行万舞诸侯用六，舞节八音而行八风，初献六羽始用六佾。宋取邾田郑报前役，邾郑伐宋以入其郛，邾虽小国主兵序上，虽有因果专伐无命，社稷之难诸侯同恤，宋使求救不诚礼辞。虫食苗心螟灾故书，奸冥难知贪心所致。大夫书卒而不书葬，公子彄卒因忠加礼。宋人伐郑以报前役，诸侯报怨周礼衰矣。

隐公六年：春，郑人来渝平。夏，五月辛酉，公会齐侯，盟于艾。秋，七月。冬，宋人取长葛。

和而不盟郑来渝平，变更前怨复成和好。公会齐侯相盟于艾，始平于齐弃恶结好。秋七月者秋时无事，四时成岁书其孟月。善不可失恶不可长，亲仁善邻邦国之宝，郑伯请成陈侯不许，乐郑外难无视其诚，长恶不悛陈桓自及，郑伯侵陈大获书戒。宋取长葛乘其无备，秋取冬告故书冬取。京师告饥公为请籴，不以王命不书于经，己国不足旁请邻国，隐公恭命曰礼曰贤。周之东迁晋郑是依，郑庄始朝桓王不礼，周室衰微天子失礼，自降分位每况愈下。

隐公七年：春，王三月，叔姬归于纪。滕侯卒。夏，城中丘。齐侯使其弟年来聘。秋，公伐邾。冬，天王使凡伯来聘。戎伐凡伯于楚丘以归。

女嫁他国侄娣俱随，待年满叔姬归于纪。滕侯卒未盟不称名，诸侯同盟于是称名，薨赴以名告终称嗣，继好息民谓之礼经。夏城中丘不时故书，齐侯使其弟年来聘，玉帛存问惠结前盟，宋及郑平公惧伐邾。戎曾朝周凡伯弗宾，天王冬使凡伯来聘，返途戎伐凡伯以归。陈及郑平卿互莅盟，陈卿忧乱歃血如忘。郑公子忽陈侯妻之，失齐婚援致后出奔。

隐公八年：春，宋公、卫侯遇于垂。三月，郑伯使宛来归祊。庚寅，我入祊。夏，六月己亥，蔡侯考父卒。辛亥，宿男卒。秋，七月庚午，宋公、齐侯、卫侯盟于瓦屋。八月，葬蔡宣公。九月辛卯，公及莒人盟于浮来。螟。冬，十有二月，无骇卒。

齐侯会期将平宋卫，宋敬齐命遇卫于垂。郑伯使宛来归祊邑，欲释助祭泰山之祀，改祀周公以祊易许，鲁遂入祊未肯受有。蔡侯考父卒宿男卒，虢公忌父作周卿士。郑忽逆妇自陈入郑，先配后祖诬祖非礼，不成夫妇何以能育。宋公齐侯卫侯成盟，齐侯尊宋主会序上，齐人卒平宋卫于郑，定国息民释怨合礼，郑不与盟故而不书，郑伯朝王有礼不悖。公及莒人盟于浮来，寻纪莒盟以成纪好。螟而为灾左氏无传，不谈天遣首重人事。齐侯使来告成三国，释怨鸠民鲁承惠德。无骇卒者不日不氏，公不与敛故不书日，卒而赐族故不书氏，天子建德以为诸侯，因生赐姓胙土命氏，其臣为族以字或谥，官有世功则有官族。

隐公九年： 春，天王使南季来聘。三月癸酉，大雨，震电。庚辰，大雨雪。挟卒。夏，城郎。秋，七月。冬，公会齐侯于防。

大雨震电后大雨雪，阴阳相薄大失其时。挟卒者大夫未赐族，夏城郎者书其不时。郑伯时为王左卿士，宋公不王以王命讨，郑人奉命来告伐宋，公会齐侯以谋伐宋。北戎侵郑郑伯御之，戎轻不整贪而无亲，胜不相让败不相救，先者见获必务躁进，进而遇覆必速奔逃，后者不救无继则败。

隐公十年： 春，王二月，公会齐侯、郑伯于中丘。夏，翚帅师会齐人、郑人伐宋。六月壬戌，公败宋师于菅。辛未，取郜。辛巳，取防。秋，宋人、卫人入郑。宋人、蔡人、卫人伐戴。郑伯伐取之。冬，十月壬午，齐人、郑人入郕。

公会齐侯郑伯谋宋，公不告盟故不书盟，翚帅师会齐郑伐宋，不待公命贪会专进，非公本期故去族氏。会后公还不告于庙，公再会齐郑而不书。郑入郜防而归于我，郑庄体正不贪其土。蔡卫郕人不会王命，宋卫入郑蔡人从之，郑伯克之轻取三师，齐郑入郕讨违王命。

隐公十一年： 春，滕侯、薛侯来朝。夏，公会郑伯于时来。秋，七月壬午，公及齐侯、郑伯入许。冬，十有一月壬辰，公薨。

滕侯薛侯来朝争长，薛侯先封但为庶姓，周之宗盟异姓为后，会宾有礼滕侯宜长。公会郑伯夏谋伐许，公及齐郑秋而入许，与谋曰及入则不灭，许不供王鬼神不逞，天祸许国假手于郑，郑使许叔居许东偏，君臣和协抚柔许民，天其以礼悔祸于许，祈冀许公复奉社稷，王室既卑同姓失序，天厌周德郑许何争。君子判曰郑庄知礼，礼经国家礼定社稷，礼序民人礼利后嗣，无刑伐之服而舍之，度德处之量力行之，相时而动无累后人。郑伯使诅射颍叔者，君子判曰郑失政刑，政以治民刑以正邪，既无德政又无威刑，邪而诅之将有何益。王取郑田而与卿田，君子判曰桓王失郑，恕而行之德则礼经，己弗能有而以与人，人之不至不亦宜乎。郑息言违息侯伐郑，郑伯与战息师败还，不夺人德不量己力，不能亲亲征辞察罪，犯五不韪丧师其宜。郑伯伐宋报其入郑，宋不告命故经不书，灭不告败胜不告克，虽及灭国不书于策。羽父求名请杀桓公，公否翚惧反谮请弑，公薨不地不忍直言，隐拂不成谥号隐公，弑隐篡位礼讳国恶，不书君葬丧礼不成。

桓公元年至十八年

桓公元年：春，王正月，公即位。三月，公会郑伯于垂，郑伯以璧假许田。夏，四月丁未，公及郑伯盟于越。秋，大水。冬，十月。

春王正月桓公即位，弑篡继丧欲盖弥彰，初丧定嗣改元逾年，继志述事不忍中变，嗣君首岁礼庙继位，改元正位以序百官。公会郑伯卒易祊田，以璧假田非礼故隐，鲁郑相盟以结祊成，辞曰渝盟无以享国，誓不悔恶深谴鲁桓。秋大水者成灾必书，水不润土而出地上，平原出水不宜非常。宋华督路见孔父妻，目逆送之曰美而艳，祸起萧墙内因外缘，闺门不谨必启邪心。

桓公二年：春，王正月戊申，宋督弑其君与夷及其大夫孔父。滕子来朝。三月，公会齐侯、陈侯、郑伯于稷，以成宋乱。夏，四月，取郜大鼎于宋。戊申，纳于大庙。秋，七月，杞侯来朝。蔡侯、郑伯会于邓。九月，入杞。公及戎盟于唐。冬，公至自唐。

宋督弑君及于孔父，督心无君而后动恶，称督弑者罪在华父，孔父称名与有责焉，内乱闺门外怨于民，殇公好战民不堪命，孔父不谏祸及其君。滕子来朝左氏无传，前侯今子时王所黜。鲁齐陈郑会成宋乱，赂取郜鼎纳鲁太庙，君者惧失昭德塞违，礼制昭俭昭度昭数，昭文昭物昭声昭明，俭而有度登降有数，文物纪之声明发之，临照百官百官戒惧，灭德立违置赂非礼，百官象之其又何诛，国家之败由官邪也，官之失德宠赂章也，郜鼎在庙章孰甚焉，君违非礼谏之以德。楚僭称王欲害中国，蔡郑近楚惧而会谋。杞侯来朝不敬伐之，鲁及戎盟以修旧好，公行告庙反行饮至，舍爵策勋孝顺合礼，还不书至皆不告庙，或谦或慢理由殊别。名以制义义以出礼，礼以体政政以正民，政成民听易则生乱，嘉耦曰妃怨耦曰仇，晋君名子以其战役，大子曰仇弟曰成师，始兆乱矣兄其替乎。天子建国诸侯立家，卿置侧室大夫贰宗，士隶子弟各有分亲，庶人工商皆有等衰，民服事上下无觊觎，本大末小是以久固。晋国纷乱尾大不掉，末强本弱终成异位。

桓公三年：春，正月，公会齐侯于嬴。夏，齐侯、卫侯胥命于蒲。六月，公会杞侯于郕。秋，七月壬辰朔，日有食之，既。公子翚如齐逆女。九月，齐侯送姜氏于讙。公会齐侯于讙。夫人姜氏至自齐。冬，齐侯使其弟年来聘。有年。

春正月者废法违常，王道不彰故不书王。公会齐侯成婚于齐，不由媒介自会非礼。齐侯卫侯胥命不盟，杞来求成鲁杞相会。日有全食左氏无传，秋公子翚如齐逆女，修先君好故书公子，齐侯亲送无礼先君。齐侯使其弟年来聘，谦敬殷勤以致夫人。五谷皆熟则书有年，桓恶年丰佐助其非。

桓公四年：春，正月，公狩于郎。夏，天王使宰渠伯纠来聘。

春周正月公狩于郎，顺而射之不中则已，行三驱礼仁恩养威，书时合礼地则非礼。王使宰渠伯纠来聘，父在故名亦讥世卿。芮伯多宠其母逐之，出居于魏秦师执归。

桓公五年：春，正月甲戌、己丑，陈侯鲍卒。夏，齐侯、郑伯如纪。天王使仍叔之子来聘。葬陈桓公。城祝丘。秋，蔡人、卫人、陈人从王伐郑。大雩。螽。冬，州公如曹。

陈侯鲍卒陈乱再赴，来赴以名未盟亦书。齐郑朝纪欲以袭之，纪惧来告故而书之。王夺郑政郑伯不朝，王以伐郑郑伯败之，郑使劳王且问左右，名尊为王实沦诸侯。天王使仍叔子来聘，代父嗣位未堪从政，童子将命系父以讥。城祝丘防齐郑袭纪，蔡卫陈人从王伐郑，王为伐主师败不书。秋大雩者书不时也，显言天时以指怠事，启蛰而郊龙见而雩，始杀而尝闭蛰而烝，祀卜过次节气则书。螽灾故书左氏无传。州公如曹朝不书奔，度其国危遂不复还。

桓公六年：春，正月，寔来。夏，四月，公会纪侯于成。秋，八月壬午，大阅。蔡人杀陈佗。九月丁卯，子同生。冬，纪侯来朝。

州公自曹来行朝礼，遂留不去不复其国。楚武侵随其臣助诱，随侯轻敌季梁止之，小能敌大小道大淫，天方授楚楚赢其诱，道者忠于民信于神，上思利民祝史正辞，民馁君欲祝史矫祭，忠信无实不可谓道。民乃神主民成神享，先成民后致力于神，博硕肥腯民力普存，洁粢丰盛民和年丰，嘉栗旨酒上下无违，所谓馨香无有谗慝，务其三时修其五教，亲其九族致其禋祀，民和神福动则有成，民各有心鬼神乏主，君虽独丰何福之有，随惧修政楚不敢伐。纪来咨难公会纪侯。秋月大阅礼非其时，惧郑畏齐以简车马。陈佗争猎蔡人杀之，未会诸侯篡立不爵。子同生者举太子礼，接以大牢卜士负之，士妻食之君父命之，举以正礼史书于策。五名者信义象假类，名生为信德为义，类命为象取物为假，取父为类以国废名，以官废职山川废主，畜牲废祀器币废礼。纪侯来朝因请王命，求成于齐公告不能。

桓公七年：春，二月己亥，焚咸丘。夏，穀伯绥来朝。邓侯吾离来朝。

焚咸丘者火其田也，蒐狩书焚讥其尽物。穀伯绥邓侯吾离来，春来夏朝礼陋贱之。盟向邑民求成于郑，既而背之王迁于郏。曲沃伯诱晋小子侯，杀之灭翼末渐成本。

桓公八年：春，正月己卯，烝。天王使家父来聘。夏，五月丁丑，烝。秋，伐邾。冬，十月，雨雪。祭公来，遂逆王后于纪。

四时祭用四仲之月，仲春已烝复烝见渎。天王使家父来聘者，天子大夫家氏父字。伐邾无传雨雪非时，祭公来逆王后于纪，使鲁主婚受命礼迎。

桓公九年：春，纪季姜归于京师。夏，四月。秋，七月。冬，曹伯使其世子射姑来朝。

纪季姜归于京师者，诸侯女行唯王后书，书字姓伸父母之尊。楚国乘蛮夷以制夷，兼并小国渐次做大。曹使世子射姑来朝，诸侯嫡子摄君未命，继子男后宾以上卿。

桓公十年：春，王正月庚申，曹伯终生卒。夏，五月，葬曹桓公。秋，公会卫侯于桃丘，弗遇。冬，十有二月丙午，齐侯、卫侯、郑伯来战于郎。

曹伯终生卒谥桓公，公会卫侯独往弗遇，卫侯背公更与齐郑，鲁用周班犹秉周礼，三国暧昧功侪于礼，齐卫郑君来战于郎，正王爵以表周礼制，去侵伐以见鲁无罪，扶奖王室敦崇大教。虢仲谮其大夫于王，王师伐虢虢公出奔，秦人纳芮伯万于芮，虞公贪戾虞叔伐之，虞公出奔君臣礼紊。

桓公十一年：春，正月，齐人、卫人、郑人盟于恶曹。夏，五月癸未，郑伯寤生卒。秋，七月，葬郑庄公。九月，宋人执郑祭仲。突归于郑。郑忽出奔卫。柔会宋公、陈侯、蔡叔，盟于折。公会宋公于夫锺。冬，十有二月，公会宋公于阚。

齐人卫人郑人相盟，郑伯寤生卒谥庄公。宋人执郑祭仲以胁，归立厉公昭公出奔，祭示仲名不称行人，受胁逐君示而罪之。柔会宋公陈侯蔡叔，公会宋公以和好之。

桓公十二年：春，正月。夏，六月壬寅，公会杞侯、莒子，盟于曲池。秋，七月丁亥，公会宋公、燕人，盟于榖丘。八月壬辰，陈侯跃卒。公会宋公于虚。冬，十有一月，公会齐侯、宋公于龟。丙戌，公会郑伯，盟于武父。丙戌，卫侯晋卒。十有二月，及郑师伐宋。丁未，战于宋。

公会杞侯莒子寻盟，公会宋公燕人相盟。公会宋郑欲平宋郑，宋贪无信伐战于宋，君子屡盟乱是用长，苟信不继盟亦无益。楚国伐绞狡计败之，蚕食周边渐次扩疆。

桓公十三年：春，二月，公会纪侯、郑伯。己巳，及齐侯、宋公、卫侯、燕人战。齐师、宋师、卫师、燕师败绩。三月，葬卫宣公。夏，大水。秋，七月。冬十月。

宋多责赂郑不堪命，公会纪侯郑伯修好，公及齐宋卫燕师战，宣公未葬卫惠僭侯，会伐率意礼制衰微，夏月大水阴阳失调。

桓公十四年：春，正月，公会郑伯于曹。无冰。夏，五。郑伯使其弟语来盟。秋，八月壬申，御廪灾。乙亥，尝。冬，十有二月丁巳，齐侯禄父卒。宋人以齐人、蔡人、卫人、陈人伐郑。

公会郑伯曹人饯礼，郑伯使弟来盟修会。无冰时失阴而为阳，御廪灾者天火祭仓，灾犹尝祭嘉谷犹存。齐人蔡人卫人陈人，宋人主师伐郑报怨。

桓公十五年：春，二月，天王使家父来求车。三月乙未，天王崩。夏，四月己巳，葬齐僖公。五月，郑伯突出奔蔡。郑世子忽复归于郑。许叔入于许。公会齐侯于艾。邾人、牟人、葛人来朝。秋，九月，郑伯突入于栎。冬，十有一月，公会齐侯、宋公、卫侯、陈侯于袤，伐郑。

车服上赐下贡非礼，诸侯贡常王无私求，天王使家父来求车，周礼颠倒未几王崩。不自安固郑伯出奔，君臣俱失自奔示罪，狷介执节世子复归，不谋社稷终乱郑国，出奔降名以赴诸侯，复归书示太子之礼。许叔入许上下同心，公会齐侯以谋定之。邾人牟人葛人来朝，附庸世子摄行父事。郑伯突复入于郑邑，鲁宋卫陈会谋纳之。

桓公十六年：春，正月，公会宋公、蔡侯、卫侯于曹。夏，四月，公会宋公、卫侯、陈侯、蔡侯伐郑。秋，七月，公至自伐郑。冬，城向。十有一月，卫侯朔出奔齐。

公会宋公蔡侯卫侯，鲁宋卫陈蔡会伐郑，厉公篡位谋纳非正，鲁讳与谋书会掩之。冬月城向书其合时，失臣心卫侯朔出奔，谗构取国书奔罪之。

桓公十七年：春，正月丙辰，公会齐侯、纪侯，盟于黄。二月丙午，公会邾仪父，盟于趡。夏，五月丙午，及齐师战于奚。六月丁丑，蔡侯封人卒。秋，八月，蔡季自陈归于蔡。癸巳，葬蔡桓侯。及宋人、卫人伐邾。冬，十月朔，日有食之。

齐欲灭纪卫逐其君，公会齐侯纪侯相盟，欲平齐纪且谋卫事。公会邾子以寻盟好，因疆场事及齐师战。蔡桓侯卒蔡季归立，以善得众蔡以字告。鲁及宋人卫人伐邾，邾宋争疆鲁从宋志。日有食之官失不日，王有日官诸侯日御，日官居卿礼以平历，不失天时以授百官。郑昭公嫉恶无权断，匹夫之仁身弑国乱。

桓公十八年：春，王正月，公会齐侯于泺。公与夫人姜氏遂如齐。夏，四月丙子，公薨于齐。丁酉，公之丧至自齐。秋，七月。冬，十有二月己丑，葬我君桓公。

女安夫家男安妻室，无渎有礼易此必败，公会齐侯夫人与之，文姜淫乱公谴责之，齐侯戕之公薨于齐，辟土服远谥号桓公。齐杀子亹辗高渠弥，祭仲逆郑子而立之。周公将弑辛伯告王，与王杀之王子克奔，并后匹嫡两政耦国，周室见乱民无式仪。

庄公元年至三十二年

庄公元年：春，王正月。三月，夫人孙于齐。夏，单伯送王姬。秋，筑王姬之馆于外。冬，十月乙亥，陈侯林卒。王使荣叔来锡桓公命。王姬归于齐。齐师迁纪郱、鄑、郚。

春王正月改元更始，父弑母出不称即位。三月夫人逊于齐者，不称姜氏不亲绝齐，讳奔称逊犹逊让去。夏月单伯送王姬者，王女嫁齐命鲁主之。筑王姬之馆于外者，不敢逆命不忍庙接，不能仇齐变礼权通。王使臣来赐桓公命，追命加服褒称其德。齐师迁纪三邑之民，齐欲灭纪志在取地。

庄公二年：春，王二月，葬陈庄公。夏，公子庆父帅师伐于馀丘。秋，七月，齐王姬卒。冬，十有二月，夫人姜氏会齐侯于禚。乙酉，宋公冯卒。

葬陈庄公往会故书，公子庆父帅伐小国，齐王姬卒鲁主故书，夫人姜氏会齐侯者，妇人无会行不以礼，赫然书之明示其奸。

庄公三年：春，王正月，溺会齐师伐卫。夏，四月，葬宋庄公。五月，葬桓王。秋，纪季以酅入于齐。冬，公次于滑。

溺会齐师以伐卫者，疾其专命大夫去氏。纪季以酅入于齐者，齐欲灭纪自为附庸，先祀不废社稷有奉，善自立存书字贵之。公次师欲会郑谋纪，郑有内难辞之未果。

庄公四年：春，王二月，夫人姜氏享齐侯于祝丘。三月，纪伯姬卒。夏，齐侯、陈侯、郑伯遇于垂。纪侯大去其国。六月乙丑，齐侯葬纪伯姬。秋，七月。冬，公及齐人狩于禚。

夫人姜氏享齐侯者，妇无享礼直书其失。楚武王操阵兵之法，威服小国不遗余力。纪伯姬卒齐侯葬之，加礼嘉慭恩抚纪民。齐侯陈侯郑伯相遇，纪侯不屈大去其国，弟奉社稷故不言灭，不见迫逐故不言奔，力弱虑穷去国不返，春秋兼并纪国壮哉。公及齐人狩于禚者，越境与微失礼莫甚。

庄公五年：春，王正月。夏，夫人姜氏如齐师。秋，郳犁来来朝。冬，公会齐人、宋人、陈人、蔡人伐卫。

夫人姜氏如齐师者，往就齐师奸发夫人。秋月郳犁来来朝者，未受爵命附庸称名。公会齐宋陈蔡人者，伐卫以强纳卫惠公。

庄公六年：春，王正月，王人子突救卫。夏，六月，卫侯朔入于卫。秋，公至自伐卫。螟。冬，齐人来归卫俘。

王人子突救卫也者，官位虽卑见授大事，称人称字庄严其事。卫朔谗构取国非礼，示尊王使谴责诸侯。卫侯朔入于卫也者，诸侯强纳以国逆告，度于本末而后立中，本枝百世方能固位，不知其本乃为不谋，知本不枝亦曰弗强。至自伐卫公敢告庙，秋月有螟为灾无传。齐人来归卫宝也者，文姜请之妇人识见。楚文伐申过邓邓享，自谓亲亲楚伐灭之。

庄公七年：春，夫人姜氏会齐侯于防。夏，四月辛卯，夜，恒星不见。夜中，星陨如雨。秋，大水。无麦、苗。冬，夫人姜氏会齐侯于穀。

夫人姜氏内会齐侯，相会鲁境齐侯之志。恒星不见星陨如雨，怪异非常书以记之。秋月大水无麦补种，不害嘉谷不幸万幸。

庄公八年：春，王正月，师次于郎，以俟陈人、蔡人。甲午，治兵。夏，师及齐师围郕。郕降于齐师。秋，师还。冬，十有一月癸未，齐无知弑其君诸兒。

师次于郎以俟陈蔡，甲午治兵告庙习战，鲁齐围郕郕降齐师，修德待时全师而还，罪己责德君子善之。齐无知弑其君诸兒，臣名罪臣君名责君，齐襄无常君使臣慢，乱之将作小白奔莒。

庄公九年：春，齐人杀无知。公及齐大夫盟于蔇。夏，公伐齐，纳子纠。齐小白入于齐。秋，七月丁酉，葬齐襄公。八月庚申，及齐师战于乾时，我师败绩。九月，齐人取子纠杀之。冬，浚洙。

无知弑篡齐人杀之，未列于会故不书爵。无君公及齐大夫盟，伐齐纳纠小白入齐，及齐师战鲁师败绩，祸莫大于骨肉相残，齐取子纠杀之直书，管仲相齐鲁畏以备。

庄公十年： 春，王正月，公败齐师于长勺。二月，公侵宋。三月，宋人迁宿。夏，六月，齐师、宋师次于郎。公败宋师于乘丘。秋，九月，荆败蔡师于莘，以蔡侯献舞归。冬，十月，齐师灭谭，谭子奔莒。

公败齐师于长勺者，齐师伐鲁曹刿佐之：小惠未遍民弗之从，小信未孚神弗之福，小大之狱察必尽情，上思利民忠可一战，一鼓作气再衰三竭，彼竭我盈逐而克之。公侵宋而宋人迁宿，齐师宋师次而报鲁，公败宋师齐师乃还。荆败蔡师以蔡侯归，僻陋在夷始通上国，告辞不典不称将帅，蔡侯无礼致被伐辱。不礼齐桓齐伐报之，齐师灭谭谭子奔莒，诸侯强势周室式微。

庄公十一年： 春，王正月。夏，五月戊寅，公败宋师于鄑。秋，宋大水。冬，王姬归于齐。

春王正月无事亦书，公败宋师权谲胜之。宋大水者公吊故书，宋君不敬天降之灾，天作淫雨害于粢盛，禹汤罪己其兴也勃，桀纣罪人其亡也忽，列国有凶君则称孤，有恤民心方宜为君。书记王姬归于齐者，命鲁主婚必恭必敬，尊王攘夷周室赖佐。

庄公十二年： 春，王三月，纪叔姬归于酅。夏，四月。秋，八月甲午，宋万弑其君捷及其大夫仇牧。冬，十月，宋万出奔陈。

纪叔姬归于酅也者，纪侯忧死叔姬归鲁，纪季自定而后归之，全守节义敬系之纪。君戏其臣是为祸端，弑其君捷宋万奔陈，天下之恶天下共之，陈归罪人宋人醢之。

庄公十三年： 春，齐侯、宋人、陈人、蔡人、邾人会于北杏。夏，六月，齐人灭遂。秋，七月。冬，公会齐侯，盟于柯。

欲平宋乱以修霸业，齐桓会宋陈蔡邾人，遂人不至齐人灭遂，公会齐侯始及齐平。

　　庄公十四年：春，齐人、陈人、曹人伐宋。夏，单伯会伐宋。秋，七月，荆入蔡。冬，单伯会齐侯、宋公、卫侯、郑伯于鄄。

宋人背会齐帅伐之，齐请于周单伯会伐。郑门蛇斗厉公入郑，人之所忌气焰取之，人若弃常妖由人兴，人若无衅妖不自作。荆入蔡者乘蔡息怨，恶之易也如火燎原，不可向迩其可扑灭，宋服之故单伯成会。

　　庄公十五年：春，齐侯、宋公、陈侯、卫侯、郑伯会于鄄。夏，夫人姜氏如齐。秋，宋人、齐人、邾人伐郳。郑人侵宋。冬，十月。

齐宋陈卫郑君复会，为诸侯长齐始霸焉。夫人姜氏如齐归宁，宋人齐人邾人伐郳，附庸而叛齐为宋伐，乘其间隙郑人侵宋。

　　庄公十六年：春，王正月。夏，宋人、齐人、卫人伐郑。秋，荆伐郑。冬，十有二月，会齐侯、宋公、陈侯、卫侯、郑伯、许男、滑伯、滕子，同盟于幽。邾子克卒。

宋人齐人卫人伐郑，班序上下大小为次，征伐则以主兵为先，郑伯缓礼楚亦伐郑。齐宋陈卫郑许滑滕，郑成公会诸侯同盟。王使虢公命曲沃伯，以小国礼初为晋侯。

　　庄公十七年：春，齐人执郑詹。夏，齐人歼于遂。秋，郑詹自齐逃来。冬，多麋。

齐桓始霸郑不朝齐，郑詹执政齐人执之，不称行人书名罪之，郑詹自齐逃来也者，遁逃苟免书以贱之。齐人灭遂遂人怨之，假飨醉杀齐人尽歼。

多麋为灾残害五稼，书而记异左氏无传。

庄公十八年：春，王三月，日有食之。夏，公追戎于济西。秋，有蜮。冬，十月。

春王三月日有食之，不书日者日官失之。虢公晋侯朝王行礼，飨醴命宥赐同非礼，名位不同礼亦异数，王命诸侯礼勿假人。虢公晋侯郑伯倡议，为王订婚陈人敬从，原庄公逆王后于陈，陈妫于归后乱周室。戎来侵境公逐济西，有蜮为灾含沙射影，淫女惑乱之气所生。楚并小邦服叛反复，相为攻伐消融不易，臣忠爱君有失偏颇，楚国渐强终非中正。

庄公十九年：春，王正月。夏，四月。秋，公子结媵陈人之妇于鄄，遂及齐侯、宋公盟。夫人姜氏如莒。冬，齐人、宋人、陈人伐我西鄙。

公子结媵陈妇于鄄，遂及齐侯宋公盟者，权事专断去其本职，本非公意失媵陈好，齐宋陈人伐鲁为报。妇人不以礼出为奸，夫人姜氏如莒书奸。惠王争利君臣不和，大夫作乱伐王不克，卫燕伐周僭立新王，周室纷争威信渐失。

庄公二十年：春，王二月，夫人姜氏如莒。夏，齐大灾。秋，七月。冬，齐人伐戎。

郑伯和王室而不克，执燕仲父遂以王归，遂入成周取宝器还，王子颓享作乱大夫，奸王之位乐及遍舞，哀乐失时殃咎必至，临祸忘忧忧必及之。齐大灾者天火为灾，齐人伐戎来告故书。

庄公二十一年：春，王正月。夏，五月辛酉，郑伯突卒。秋，七月戊戌，夫人姜氏薨。冬，十有二月，葬郑厉公。

郑伯虢公胥命纳王，同伐王城杀王子颓，王与郑伯虎牢东地，郑伯效尤备乐受地，虢公请器王予之爵，郑伯享王王予罄鉴，周王郑伯由是始恶。郑伯突卒谥曰厉公，夫人姜氏薨而书者，薨寝衬姑赴于诸侯，母子不绝具小君礼。

庄公二十二年：春，王正月，肆大眚。癸丑，葬我小君文姜。陈人杀其公子御寇。夏，五月。秋，七月丙申，及齐高傒盟于防。冬，公如齐纳币。

肆大眚者大赦有罪，涤荡旧恶以新其心，有时而用非制之常。葬我小君文姜也者，反哭成丧故称小君。陈人杀其公子御寇，实杀太子以公子告，讳称君父以国讨告，陈公子完奔齐辞卿，以君成礼弗纳于淫，周史占验其后代齐。及齐高傒盟于防者，齐桓谦接霸业以崇。公如齐纳币者非礼，母丧未满图婚讥之。

庄公二十三年：春，公至自齐。祭叔来聘。夏，公如齐观社。公至自齐。荆人来聘。公及齐侯遇于榖。萧叔朝公。秋，丹桓宫楹。冬，十有一月，曹伯射姑卒。十有二月甲寅，公会齐侯盟于扈。

天子内臣不得外交，祭叔来聘书不称使。齐因祭社以蒐军实，公如齐观社者非礼，礼以整民会朝惟礼，训上下则制财用节，正班爵义帅长幼序，征伐以讨其不用命。君举必书书必可法，书而不法后嗣何观。荆人来聘君臣同辞，楚之始通未成其礼。公及齐侯相遇于榖，萧叔朝公外朝非正，嘉礼嘉乐不可野合。晋献公患桓庄族逼，士蒍僭谋亲亲礼衰。丹桓宫楹书其非礼，公会齐侯相盟于扈。

庄公二十四年：春，王三月，刻桓宫桷。葬曹庄公。夏，公如齐逆女。秋，公至自齐。八月丁丑，夫人姜氏入。戊寅，大夫宗妇觌，用币。大水。冬，戎侵曹。曹羁出奔陈。赤归于曹。郭公。

将逆夫人特为盛饰，刻桓宫桷非礼书之，俭德之共侈恶之大，先君共德君纳诸恶，继志述事孝乃为可。公如齐逆女者合礼，亲逆正礼有故使卿。

公至自齐者告庙也，夫人姜氏入而朝庙。大夫宗妇觌共用币，男女同赘讥其失礼，男赘章物玉帛禽鸟，女赘告虔榛栗枣脩，男女之别国之大节，夫人乱之实为不可。大水为灾左氏无传，戎侵曹者曹告故书，曹羁出奔陈而不爵，弱不自定曹赴以名，为戎所纳赤归于曹，力以成君不可为训。

　　庄公二十五年：春，陈侯使女叔来聘。夏，五月癸丑，卫侯朔卒。六月辛未，朔，日有食之，鼓、用牲于社。伯姬归于杞。秋，大水，鼓、用牲于社，于门。冬，公子友如陈。

　　陈侯使女叔来聘者，始结陈好嘉之不名，公子友如陈者报聘，称公子者史策通言。日有食之社鼓用牲，时处物乖一举三失，失礼非常书而讥之，正月阴伏日有食之，用币于社请救于上，伐鼓于朝退而罪己，徽示阴阳君臣大义，因事设戒昭明正礼。伯姬归于杞者姻好，因逆者微不书逆女。大水为灾伐鼓用牲，于社于门失礼非常，凡天降灾谴告人君，欲令改善非求饮食，唯当告请有币无牲，月不侵日鼓伐不用。

　　庄公二十六年：春，公伐戎。夏，公至自伐戎。曹杀其大夫。秋，公会宋人、齐人伐徐。冬，十有二月癸亥朔，日有食之。

　　公伐戎而至自伐戎，曹杀其大夫而不名，大夫无罪称国以杀。公会宋人齐人伐徐，尊王攘夷宋人主兵。秋冬之月虢两侵晋，冬月日食左氏无传。

　　庄公二十七年：春，公会杞伯姬于洮。夏，六月，公会齐侯、宋公、陈侯、郑伯，同盟于幽。秋，公子友如陈，葬原仲。冬，杞伯姬来。莒庆来逆叔姬。杞伯来朝。公会齐侯于城濮。

　　公会杞伯姬于洮者，会女非常非诸侯事，天子非展义不巡守，诸侯非民事而不举，大夫非君命不越境。陈郑二心今始服齐，公会齐宋陈郑君盟。公子友如陈葬原仲，臣卒称字不忍称名，会外大夫葬为非礼。杞伯姬来归宁父母，莒庆来逆叔姬姻好。晋侯伐虢士苏不可，民让乐和爱亲哀丧，礼乐慈爱战之所畜，骄必弃民民不可用。杞伯来朝羁縻礼常，王使召伯赐齐侯命，卫立子颓请齐伐卫，公会齐侯相谋讨卫。

庄公二十八年：春，王三月甲寅，齐人伐卫。卫人及齐人战，卫人败绩。夏，四月丁未，邾子琐卒。秋，荆伐郑，公会齐人、宋人救郑。冬，筑郿。大无麦、禾。臧孙辰告籴于齐。

齐人伐卫卫人败绩，数以王命取赂而还，讳其取赂齐侯称人，以贱者告故书齐人。晋献昵嬖听谗室乱，尊卑上下颠倒国危。荆伐郑鲁齐宋救郑，大无麦禾冬月筑郿，阴阳不和土气不养，岁饥恐侵筑邑备难，臧孙辰乃告籴于齐，大夫私行故不称使，邻国互恤救急为礼。

庄公二十九年：春，新延厩。夏，郑人侵许。秋，有蜚。冬，十有二月，纪叔姬卒。城诸及防。

新延厩者书其不时，秋分马入修厩当令，春而作厩有失民务。郑人侵许钟鼓寝声，秋有蜚者为灾故书。纪国虽灭执节守义，纪叔姬卒系纪录贤。城诸及防书其当时，都邑民障农隙备修，季秋毕务戒民土功，孟冬致用树板兴作，仲冬阳动而土功息。樊皮叛王大夫而名，樊者采地皮者为名。

庄公三十年：春，王正月。夏，次于成。秋，七月，齐人降鄣。八月癸亥，葬纪叔姬。九月庚午朔，日有食之，鼓、用牲于社。冬，公及齐侯遇于鲁济。齐人伐山戎。

次于成者将卑师微，不能救鄣畏齐设备，齐人降鄣亡纪附庸。葬纪叔姬书以录贤，纪无臣子故不作谥。日食伐鼓用牲于社，公及齐侯遇谋山戎，齐人伐之以其病燕。

庄公三十一年：春，筑台于郎。夏，四月，薛伯卒。筑台于薛。六月，齐侯来献戎捷。秋，筑台于秦。冬，不雨。

春夏秋月筑台于郎，筑台于薛筑台于秦，书之刺奢且为非时。齐侯来献戎捷非礼，凡诸侯有四夷之功，则献于王王以警夷，中国则否诸侯无献。冬月不雨左氏无传，不书旱者不为灾也。

庄公三十二年：春，城小榖。夏，宋公、齐侯遇于梁丘。秋，七月癸巳，公子牙卒。八月癸亥，公薨于路寝。冬，十月己未，子般卒。公子庆父如齐。狄伐邢。

城小榖者城管仲邑，感齐桓德而以报之。宋公齐侯遇于梁丘，因楚伐郑诸侯相会，宋先请见齐进其班。内史过评神降于莘：神者专壹聪明正直，善善恶恶依人而行，国之将兴神降监德，国之将亡神降观恶，得神兴亡历代有之，国之将兴顺听于民，国之将亡求听于神。公子牙卒干政鸩死，公薨路寝所得其正，胜敌克壮谥称庄公。子般卒者讳杀称卒，庄公太子庆父弑之，先君未葬故不称爵，成季奔陈庆父如齐，国人不与惧求齐援，国立闵公庄公庶子。

闵公元年至二年

闵公元年：春，王正月。齐人救邢。夏，六月辛酉，葬我君庄公。秋，八月，公及齐侯盟于落姑。季子来归。冬，齐仲孙来。

不书即位国乱礼断，狄人伐邢齐人救邢，戎狄豺狼不可厌也，诸夏亲昵不可弃也，宴安鸩毒不可怀也，同恶相恤之谓简书。公及齐侯盟于落姑，请复季友齐桓许之，季子来归贤而字之，忠于社稷国人怀思。齐仲孙来志在省难，非齐桓命故不称使，劝齐宁鲁嘉而字之。不去庆父鲁难未已，难之不已必将自毙，国之将亡本必先颠，犹秉周礼鲁未可取，亲其有礼因其重固，间其携贰覆其昏乱。晋作二军灭耿霍魏，分城位卿太子不立。

闵公二年：春，王正月，齐人迁阳。夏，五月乙酉，吉禘于庄公。秋，八月辛丑，公薨。九月，夫人姜氏孙于邾。公子庆父出奔莒。冬，齐高子来盟。十有二月，狄入卫。郑弃其师。

齐人迁阳逼而徙之，有德不纯霸而难仁。虢公败犬戎于渭汭，无德而禄殃必将至。吉禘庄公讥速非礼，三年丧毕新主致庙，远主迁祧谛审昭穆。公薨实弑史讳不地，赏罚不明庆父因弑，在国逢难谥号闵公。夫人姜氏逊于邾者，哀姜外淫故称姜氏，齐人取杀僖公请葬，固齐居厚母子无绝。公子庆父出奔莒者，罪弑闵公无以立足，成季立僖庆父自缢。平鲁乱齐高子来盟，鲁人贵德故不书名。狄入卫者不有卫地，卫懿好鹤鹤致乘轩，国人失望无心于战，卫师败绩遂至灭卫，存亡绝续诸侯助兴，迁邢夷仪封卫楚丘，邢迁如归卫国忘亡。卫文兢兢终致复兴，大布之衣大帛之冠，务材训农通商惠工，敬教劝学授方任能。郑恶高克疏而远之，进不以礼退不以道，郑弃其师危国亡师。

僖公元年至三十三年

僖公元年：春，王正月，齐师、宋师、曹师次于聂北，救邢。夏，六月，邢迁于夷仪。齐师、宋师、曹师城邢。秋，七月戊辰，夫人姜氏薨于夷，齐人以归。楚人伐郑。八月，公会齐侯、宋公、郑伯、曹伯、邾人于柽。九月，公败邾师于偃。冬，十月壬午，公子友帅师败莒师于郦。获莒挐。十有二月丁巳，夫人氏之丧至自齐。

公出复入不称即位，国乱礼缺讳其国恶。齐宋曹师逐狄救邢，邢迁夷仪诸侯城之，救患分灾讨罪为礼，刑迁如归自迁为辞。夫人姜氏薨于夷者，讳齐杀而言外薨归，夫人氏之丧至自齐，僖公告庙故书丧至，女子从人齐杀为甚，固齐存亲讳若无罪。楚人伐郑以其即齐，诸侯盟荦以谋救郑。公败邾师邻怨始启，莒人求赂季友败之。

僖公二年：春，王正月，城楚丘。夏，五月辛巳，葬我小君哀姜。虞师、晋师灭下阳。秋，九月，齐侯、宋公、江人、黄人盟于贯。冬，十月，不雨。楚人侵郑。

城楚丘者诸侯封卫，继绝存亡再封建之。葬我小君哀姜也者，反哭成丧故称小君。虞师晋师灭下阳者，假道伐虢虞助为虐，唇亡齿寒终必亡己，恶虞贪贿故书晋上。齐侯宋公盟江黄人，远国来服齐桓谦接。虢公败戎于桑田者，亡邑不惧而又有功，天夺之鉴而益其疾，不抚其民亡国不远。十月不雨延至来年，楚人侵郑名伐实掠。

僖公三年：春，王正月，不雨。夏，四月，不雨。徐人取舒。六月，雨。秋，齐侯、宋公、江人、黄人会于阳穀。冬，公子友如齐莅盟。楚人伐郑。

正月不雨四月不雨，一时不雨书其首月，六月雨者幸能播稼。徐人取舒兼并小国，恩怨缘由不一而足。齐宋江黄会谋伐楚，齐侯寻盟季友莅盟。楚人伐郑郑伯欲成，齐方勤郑弃德不祥。

僖公四年：春，王正月，公会齐侯、宋公、陈侯、卫侯、郑伯、许男、曹伯侵蔡。蔡溃，遂伐楚，次于陉。夏，许男新臣卒。楚屈完来盟于师，盟于召陵。齐人执陈辕涛涂。秋，及江人、黄人伐陈。八月，公至自伐楚。葬许穆公。冬，十有二月，公孙兹帅师会齐人、宋人、卫人、郑人、许人、曹人侵陈。

诸侯侵蔡而遂伐楚，王祭不供尊王攘夷，楚屈完来盟于师者，如师观齐权时与盟，非楚子意故不言使，德绥诸侯而不以力，双方情伸礼盟息民。许男新臣卒谥穆公，薨于朝会礼加一等，死于王事则加二等。齐人执陈辕涛涂者，以其不忠误诸侯师，伐陈侵陈服罪以成。

僖公五年：春，晋侯杀其世子申生。杞伯姬来，朝其子。夏，公孙兹如牟。公及齐侯、宋公、陈侯、卫侯、郑伯、许男、曹伯会王世子于首止。秋，八月，诸侯盟于首止。郑伯逃归不盟。楚人灭弦，弦子奔黄。九月戊申朔，日有食之。冬，晋人执虞公。

公既视朔登观台望，分至启闭云物必书，察气妖祥逆为之备，治历明时审别阴阳，叙事训民善公得礼。晋侯杀其世子申生，晋献偏昵骊姬阴毒，父子相残恶之甚者，斥称晋侯恶其信谗。杞伯姬来朝其子者，归宁子幼系母而朝。卿非君命礼不越境，公孙兹如牟聘以娶。诸侯相会王世子者，惠王昵后欲废太子，齐桓率会以定其位，殊贵世子故不称名。诸侯相盟以为宁周，从王邪命郑伯逃盟，君轻失亲患至无日。弦子恃齐不事备楚，楚人灭弦弦子奔黄。日有食之左氏无传，晋人执虞公灭其国，鬼神非亲惟德是依，民不易物惟德繄物，志贪拒谏无恤民意，称人以执书罪虞公。

僖公六年： 春，王正月。夏，公会齐侯、宋公、陈侯、卫侯、曹伯伐郑，围新城。秋，楚人围许，诸侯遂救许。冬，公至自伐郑。

非时土功违礼害民，诸侯伐郑亦惩逃盟，楚人围许解郑而还，蔡许归楚楚子礼之。

僖公七年： 春，齐人伐郑。夏，小邾子来朝。郑杀其大夫申侯。秋，七月，公会齐侯、宋公、陈世子款、郑世子华，盟于宁母。曹伯班卒。公子友如齐。冬，葬曹昭公。

齐人伐郑郑杀申侯，专利不厌称名罪之，小邾子来朝以修好，始得王命尊而不名。诸侯相盟以谋郑事，遂修贡职以尊王室，招携以礼怀远以德，德礼不易无人不怀，齐桓管仲修礼诸侯，诸侯服礼各受方物。季友如齐聘谢不敏，曹伯班卒葬谥昭公。

僖公八年： 春，王正月，公会王人、齐侯、宋公、卫侯、许男、曹伯、陈世子款，盟于洮。郑伯乞盟。夏，狄伐晋。秋，七月，禘于大庙，用致夫人。冬，十有二月丁未，天王崩。

惠王崩卒王子告难，诸侯王人会盟于洮，弁冕虽旧必加于首，周室虽衰必先诸侯，诸侯相盟同奖王室，天子之臣不与同盟，谋定王室郑伯乞盟，新服不会故不序列，襄王定位而后发丧，告天王崩有难故缓。晋师败狄拒之而已，狄即伐晋以报其役。禘于大庙用致夫人，致主于庙列之昭穆，夫人淫杀不薧于寝，虽殡于庙而赴于同，亦祔于姑礼终有疑，今因三禘果复行之，异于常礼史官书之。宋公疾革大子让兄，兄服其仁顺而退序。

僖公九年： 春，王三月丁丑，宋公御说卒。夏，公会宰周公、齐侯、宋子、卫侯、郑伯、许男、曹伯于葵丘。秋，七月乙酉，伯姬卒。
九月戊辰，诸侯盟于葵丘。甲子，晋侯佹诸卒。冬，晋里克杀其君之
子奚齐。

公会宰周公与齐侯，宋子卫侯郑伯许男，以及曹伯于葵丘者，齐桓老
矣略内勤远，天子三公尊崇不字，公侯在丧继父称子。伯姬卒者未嫁不国，
许嫁不殇书以成人。宰周公先归不与盟，葵丘会盟修好为礼，凡我同盟诸
国之人，既盟之后言归于好。晋侯佹诸卒谥献公，里克杀君之子奚齐，荀
息从君力尽死难，人之欲善谁不如我，己欲无贰不责人壹。齐会秦师纳晋
惠公，不识不知顺帝之则，不愆不贼鲜不为则，无好无恶不忌不克，忌则
多怨焉能定国。宋襄即位而仁目夷，使为左师听政宋治。

僖公十年： 春，王正月，公如齐。狄灭温，温子奔卫。晋里克弑
其君卓及其大夫荀息。夏，齐侯、许男伐北戎。晋杀其大夫里克。秋，
七月。冬，大雨雪。

公如齐者敬以息民，狄灭温温子奔卫者，中国之狄灭居其地，苏子无
信叛王即狄，不能于狄狄伐无救。晋国里克弑其君卓，及其大夫荀息也者，
免丧称君赴告乃书，从君于昏荀息称名。齐侯许男伐北戎者，尊王攘夷实
有勤劳。晋杀其大夫里克者，累弑二君称名罪之。大雨雪者平地盈尺，有
异非常左氏无传。

僖公十一年： 春，晋杀其大夫㔻郑父。夏，公及夫人姜氏会齐侯于
阳榖。秋，八月，大雩。冬，楚人伐黄。

晋杀其大夫㔻郑父，私怨谋乱书名罪之。公及夫人会齐侯者，妇人迎送
足不出门，见兄弟则足不逾阈，与公俱会齐桓非礼。秋大雩者过时故书，
黄人恃齐楚人伐黄。王使召武公内史过，赐晋侯命受玉惰者，礼者国干敬
者礼舆，不敬无礼无礼昏乱，王赐之命惰于受瑞，先自弃也何继之有。中
原之戎同伐京师，王子带召欲藉篡位，秦晋伐戎以救周室，晋侯姑息平戎
于王。

僖公十二年：春，王三月庚午，日有食之。夏，楚人灭黄。秋，七月。冬，十有二月丁丑，陈侯杵臼卒。

日有食之官失不朔，非常之变左氏无传。诸侯城卫楚丘之郭，惧畏狄难中原防侵。诸侯睦齐黄人恃之，途远侥幸不供楚职，楚人灭黄双方俱罪。齐使管仲平戎于王，亦使隰朋平戎于晋，管仲谦逊受礼本位，尊王攘夷功在华夏，恺悌君子神所劳矣，让不忘上世祀其宜。

僖公十三年：春，狄侵卫。夏，四月，葬陈宣公。公会齐侯、宋公、陈侯、卫侯、郑伯、许男、曹伯于咸。秋，九月，大雩。冬，公子友如齐。

齐使仲孙湫聘于周，王子带事王怒未怠。有备无患狄果侵卫，淮夷病杞且谋王室，公会齐侯宋公陈侯，郑伯许男曹伯于咸。秋月大雩左氏无传，为戎难故诸侯戍周，齐仲孙湫致成其事，公子友如齐敦敬睦。冬晋荐饥乞籴于秦，输粟于晋雍绛相继，重施不报民携无众，其君是恶其民何罪，天灾流行国家代有，救灾恤邻行道有福。

僖公十四年：春，诸侯城缘陵。夏，六月，季姬及鄫子遇于防。使鄫子来朝。秋，八月辛卯，沙鹿崩。狄侵郑。冬，蔡侯肸卒。

避淮夷诸侯城缘陵，迁杞都而器用不具，城池未固为惠不终，不书其人讥言诸侯。鄫子不朝姬宁公止，季姬及鄫子遇于防，本无朝志姬召来朝，诸侯懈怠周礼衰矣。沙鹿崩者灾不系国，国主山川晋几亡国。狄侵郑者内狄渐炽，秦饥乞籴晋人弗与，背施无亲幸灾不仁，贪爱不祥怒邻不义，背施幸灾民之所弃，四德皆失无以守国。

僖公十五年：春，王正月，公如齐。楚人伐徐。三月，公会齐侯、宋公、陈侯、卫侯、郑伯、许男、曹伯，盟于牡丘，遂次于匡。公孙敖帅师，及诸侯之大夫救徐。夏，五月，日有食之。秋，七月，齐师、曹师伐厉。八月，螽。九月，公至自会。季姬归于鄫。己卯晦，震夷伯之庙。冬，宋人伐曹。楚人败徐于娄林。十有一月壬戌，晋侯及秦伯战于韩，获晋侯。

春王正月公如齐者，诸侯相礼五年再朝。徐即诸夏楚人伐徐，诸侯相盟以谋救之，诸侯大夫帅师救徐，齐师曹师伐厉救徐，徐恃齐救楚人败之，华夷交侵小国危殆。日有食之官失朔日，蠡者为灾左氏无传。己卯晦震夷伯之庙，大夫卒字夷谥伯字，展氏隐恶罪所不加，因天地变感使自肃，身为恶行天必加祸，神道设教毋妄动作。宋人伐曹以讨旧怨，晋惠无信秦伯伐之。晋及秦战秦获晋侯，背施无亲愎谏违卜，贬绝晋侯不言以归，重怒难任陵人不祥，贰执服舍乃许晋平，下民之孽匪降自天，吉凶由德祸福在人，龟者象也筮者数也，物生有象象而滋数。

僖公十六年： 春，王正月戊申朔，陨石于宋，五。是月，六鹢退飞，过宋都。三月壬申，公子季友卒。夏，四月丙申，鄫季姬卒。秋，七月甲子，公孙兹卒。冬，十有二月，公会齐侯、宋公、陈侯、卫侯、郑伯、许男、邢侯、曹伯于淮。

陨石于宋六鹢退飞，内史叔兴答宋襄问：鲁丧齐乱宋霸不终。退而告人宋君失问，不问己失而问兆祥，阴阳之象吉凶由人。壬申公子季友卒者，公与小敛故而书日，鄫季姬卒公孙兹卒。夏齐伐厉救徐而还，狄因晋败而秋侵晋，襄王以戎难告于齐，齐征诸侯以为戍周。淮夷病鄫诸侯会淮，役人病久鄫不果城。

僖公十七年： 春，齐人、徐人伐英氏。夏，灭项。秋，夫人姜氏会齐侯于卞。九月，公至自会。冬，十有二月乙亥，齐侯小白卒。

齐人徐人伐英氏者，楚之与国从楚伐徐。灭项讳之齐讨止公，夫人姜氏相会齐桓，违礼直书释公无责。管仲先卒齐桓业衰，齐侯小白冬乙亥卒，好内多宠公室大乱。

僖公十八年： 春，王正月，宋公、曹伯、卫人、邾人伐齐。夏，师救齐。五月戊寅，宋师及齐师战于甗，齐师败绩。狄救齐。秋，八月丁亥，葬齐桓公。冬，邢人、狄人伐卫。

宋公曹伯卫邾伐齐，齐杀无亏四公子乱，宋及齐战齐师败绩，齐孝公立葬齐桓公。中国无伯郑始朝楚，邢人狄人伐卫救齐，梁益其国无民实之，命曰新里秦人取居。

僖公十九年： 春，王三月，宋人执滕子婴齐。夏，六月，宋公、曹人、邾人盟于曹南。鄫子会盟于邾。己酉，邾人执鄫子，用之。秋，宋人围曹。卫人伐邢。冬，会陈人、蔡人、楚人、郑人盟于齐。梁亡。

宋人执滕子婴齐者，告称人执其罪及民。宋公曹邾盟于曹南，曹人与盟无地主礼，鄫子不及会盟于邾，宋使邾人执之用社，鄫失会信宋罚过虐，恶宋恶邾杀属东夷，古者六畜不相为用，小事小牲何敢用人，民乃神主祭祀为人，用人暴虐无德孰缩。宋人围曹讨其不服，子鱼劝以内省其德。宋襄偏执思齐桓德，诸侯盟齐修桓之好。梁亡也者不书其主，虚兴土功呕城弗处，民疲弗堪遂启怨谤，民惧而溃恶梁自亡。

僖公二十年： 春，新作南门。夏，郜子来朝。五月乙巳，西宫灾。郑人入滑。秋，齐人、狄人盟于邢。冬，楚人伐随。

新作南门书其不时，郜子来朝修好息民。西宫灾者天火为灾，滑人叛郑郑人入滑。齐人狄人相盟于邢，卫方病邢谋刑卫难。随叛楚伐取成而还，善败由己而不由人，随之见伐不自量力，量力而动其过鲜矣。宋襄志欲匡合诸侯，以人从欲其志难济。

僖公二十一年： 春，狄侵卫。宋人、齐人、楚人盟于鹿上。夏，大旱。秋，宋公、楚子、陈侯、蔡侯、郑伯、许男、曹伯会于盂。执宋公以伐宋。冬，公伐邾。楚人使宜申来献捷。十有二月癸丑，公会诸侯，盟于薄，释宋公。

宋人齐人楚人盟者，宋人为盟以求于楚，小国争盟其祸实启，宋为盟主故书齐上。夏月大旱雩不获雨，自夏及秋五稼不收，公欲焚巫尪文止之，贬食省用务穑劝分，公从之言年饥不害。宋公楚子陈侯蔡侯，郑伯许男曹伯会者，始行会礼楚故称爵，执宋公以伐宋也者，德弱争盟诸侯疾之，君欲已甚何以堪之，不言楚执总言共执。任宿须句颛臾风姓，实司太皞有济之祀，以与诸夏同服王事，邾人灭须句公伐邾，因成风须句子来奔，周礼崇明祀保小寡，蛮夷猾夏实乃周祸，若封须句修祀纾祸。楚人使宜申来献捷，使者礼缺不称楚子。宋襄虽愎心系中华，诸侯会盟以释宋公。

僖公二十二年： 春，公伐邾，取须句。夏，宋公、卫侯、许男、滕子伐郑。秋，八月丁未，及邾人战于升陉。冬，十有一月己巳朔，宋公及楚人战于泓，宋师败绩。

公伐邾取须句也者，礼恤寡小而返其君。郑伯如楚宋公怒之，与卫许滕君共伐郑。及邾人战于升陉者，傲不设备师败深耻。楚人伐宋以救郑国，宋公及楚人战于泓，宋襄复礼宋师败绩，郑文夫人亲劳楚子，妇人不出故而非礼，入飨九献庭实旅百，笾豆六品取二姬归，楚王为礼卒于无别，难以寿终亦不遂霸。

僖公二十三年： 春，齐侯伐宋，围缗。夏，五月庚寅，宋公兹父卒。秋，楚人伐陈。冬，十有一月，杞子卒。

忘桓谦德强召齐盟，讨不应盟齐侯伐宋。夏月宋公兹父卒者，因事有功葬谥襄公，人心不古每况愈下，志向扞格古礼难复。陈贰于宋楚人伐陈，杞子卒者贬行夷礼。晋惠公卒怀公淫刑，己则不明杀人以逼，民不见德唯戮是闻，德薄欲深何后之有。重耳逃外艰辛备尝，晋国不靖天将启之，其性广俭文而有礼，从者肃宽忠而能力，天将兴之谁能废之，违天不祥则有大咎。

僖公二十四年： 春，王正月。夏，狄伐郑。秋，七月。冬，天王出居于郑。晋侯夷吾卒。

滑人即卫郑师伐滑，王使请滑郑伯违命，郑怨王怒使狄伐郑，民未忘祸王又兴之。抚民以德亲亲相及，封建亲戚以蕃屏周，管蔡郕霍鲁卫毛聃，郜雍曹滕毕原酆郇，邗晋应韩文昭武穆，兄弟有忿不废懿亲，用勋亲亲昵近尊贤，即聋从昧与顽用嚚。郑具四德狄具四奸，弃德崇奸祸之大者，王报狄人纳女为后，狄固贪惏王又启之，女德无极妇怨无终，狄必为患不可规制。王弟通后王废狄女，王弟受奉狄师攻王，天王避弟出居于郑，天子无外书出讥之，蔽于小孝不顾天下，自绝于周书出讳奔，王使告难凶服降名，鲁郑晋秦奉礼敬答。晋侯夷吾卒赴以名，文公定位而后告书。郑子臧者好聚鹬冠，郑伯恶之使盗诱杀，地平天成上下相称，不称其服自治伊戚。

僖公二十五年： 春，王正月丙午，卫侯燬灭邢。夏，四月癸酉，卫侯燬卒。宋荡伯姬来逆妇。宋杀其大夫。秋，楚人围陈，纳顿子于顿。葬卫文公。冬，十有二月癸亥，公会卫子、莒庆，盟于洮。

春月卫侯燬灭邢者，恶灭同姓称名罪之。宋荡伯姬来逆妇者，妇人越境非礼故书。宋杀其大夫者国杀，大夫无罪故不称名。勤王大义晋侯纳王，晋侯朝王飨醴命宥，请隧弗许与之王田，天命未改晋文实谲。顿迫于陈顿子奔楚，楚人围陈以纳顿子。公会卫子莒庆相盟，卫侯称子善述父志，修文公好平莒于鲁，未赐族故莒庆不氏。

僖公二十六年： 春，王正月己未，公会莒子、卫宁速盟于向。齐人侵我西鄙，公追齐师，至酅，弗及。夏，齐人伐我北鄙。卫人伐齐。公子遂如楚乞师。秋，楚人灭夔，以夔子归。冬，楚人伐宋，围缗。公以楚师伐齐，取穀。公至自伐齐。

公会莒子卫宁速盟，齐人侵鲁讨是二盟，齐人再伐卫人伐齐，使公子遂如楚乞师，导伐齐宋以其不臣，使犒齐师劝昭旧职，股肱周室世无相害，纠合诸侯谋其不协，弥缝其阙匡救其灾，念率桓德齐孝乃还。楚夔同姓夔不祀祖，楚人灭夔以夔子归。叛楚即晋楚人伐宋，公以楚师伐齐取穀，置桓公子雍为鲁援。

　　僖公二十七年：春，杞子来朝。夏，六月庚寅，齐侯昭卒。秋，八月乙未，葬齐孝公。乙巳，公子遂帅师入杞。冬，楚人、陈侯、蔡侯、郑伯、许男围宋。十有二月甲戌，公会诸侯，盟于宋。

　　杞子来朝实杞桓公，因用夷礼故贬子爵，迫于东夷风俗杂坏，礼不恭全书贬以示。齐侯昭卒葬谥孝公，鲁虽怨齐不废丧纪。公子遂帅师入杞者，入不取地责其无礼。楚子围宋子玉治兵，刚而无礼不可治民。楚人陈侯蔡侯郑伯，许男围宋楚卿称人，耻不得志以微者告，主兵序上公会盟宋。晋文始入文德教民，示民知义以安其居，示民知信以宣其用，示民知礼以生其恭，民听不惑而后用之，诗书义府礼乐德则，布德行义利民之本，郤縠敦悦诗书礼乐，以为元帅统率三军。宋公孙固如晋告急，楚始得曹新婚于卫，晋伐曹卫齐宋免难，报施救患取威定霸。

　　僖公二十八年：春，晋侯侵曹。晋侯伐卫。公子买戍卫，不卒戍，刺之。楚人救卫。三月丙午，晋侯入曹，执曹伯，畀宋人。夏，四月己巳，晋侯、齐师、宋师、秦师及楚人战于城濮，楚师败绩。楚杀其大夫得臣。卫侯出奔楚。五月癸丑，公会晋侯、齐侯、宋公、蔡侯、郑伯、卫子、莒子，盟于践土。陈侯如会。公朝于王所。六月，卫侯郑自楚复归于卫。卫元咺出奔晋。陈侯款卒。秋，杞伯姬来。公子遂如齐。冬，公会晋侯、齐侯、宋公、蔡侯、郑伯、陈子、莒子、邾子、秦人于温。天王狩于河阳。壬申，公朝于王所。晋人执卫侯，归之于京师。卫元咺自晋复归于卫。诸侯遂围许。曹伯襄复归于曹，遂会诸侯围许。

　　晋侯侵曹伐卫告书，卫侯请盟晋人弗许，国人不与出君悦晋。公子买戍卫不卒戍，公实畏晋诬杀悦之。楚人救卫晋侯入曹，执曹伯而畀宋人者，执诸侯当归于京师，怒楚使战谲而不正。晋侯齐师宋师秦师，及楚人战于城濮者，子玉专横楚师败绩，故楚杀其大夫得臣，献俘于王享醴命宥，策命侯伯赐之辂服，敬服王命以绥四国。践土会盟王子虎临，临盟不歃故而不书，盟无相害皆奖王室，有渝此盟明神殛之，俾坠其师无克祚国，及而玄孙无有老幼，能以德攻是盟也信。诸侯会温以讨不服，天王狩于河阳也者，晋合诸侯尊王为名，自嫌强大不敢朝周，喻王出狩得尽臣礼，以臣召君不可以训，谲而不正犹有功德。曹伯襄复归于曹者，齐桓为会而封异姓，晋文为会而灭同姓，礼以行义信以守礼，刑以正邪同罪同伐，晋文悦劝遂复曹伯。

僖公二十九年： 春，介葛卢来。公至自围许。夏，六月，会王人、晋人、宋人、齐人、陈人、蔡人、秦人盟于翟泉。秋，大雨雹。冬，介葛卢来。

介葛卢来公会未见，虽不称朝国宾礼之。会盟王人晋人宋人，齐人陈人蔡人秦人，寻践土盟且谋伐郑，鲁僖讳盟天子大夫，下讳诸侯大夫僭盟，故不书公所会称人。大雨雹者为灾故书。介葛卢来礼加燕好，以未见公故复来朝。

僖公三十年： 春，王正月。夏，狄侵齐。秋，卫杀其大夫元咺及公子瑕。卫侯郑归于卫。晋人、秦人围郑。介人侵萧。冬，天王使宰周公来聘。公子遂如京师，遂如晋。

晋人侵郑以观虚实，狄侵齐者间晋无暇。书卫杀其大夫元咺，及公子瑕国杀称名，讼君求直立公子瑕，国人不与是以罪之，未会诸侯瑕不称君，卫侯郑归于卫也者，鲁为之请例诸侯纳。晋人秦人围郑也者，郑不礼晋且贰于楚，郑间秦人结盟围解。介人侵萧左氏无传，天王使宰周公来聘，飨有昌歜白黑形盐，国君有能文昭武畏，备物之飨象德献功。公子遂如京师也者，将聘于周未行改命，遂如晋聘鲁始聘晋。

僖公三十一年： 春，取济西田。公子遂如晋。夏，四月，四卜郊，不从，乃免牲。犹三望。秋，七月。冬，杞伯姬来求妇。狄围卫。十有二月，卫迁于帝丘。

晋赐曹田取济西田，公子遂如晋拜曹田。四卜郊不吉乃免牲，牲成卜郊怠慢非礼，不复为郊犹三望者，分野之星国中山川，皆因郊祀望而祭之，郊天既废小祀可止。杞伯姬来求妇无传，晋蒐清原五军御狄，狄人围卫卫迁帝丘。

僖公三十二年：春，王正月。夏，四月己丑，郑伯捷卒。卫人侵狄。秋，卫人及狄盟。冬，十有二月己卯，晋侯重耳卒。

楚卿请平晋卿报之，晋楚始通两霸消长。狄有乱故卫人侵狄，狄人请平卫及狄盟。晋侯重耳卒赴以名，慈惠爱民葬谥文公。

僖公三十三年：春，王二月，秦人入滑。齐侯使国归父来聘。夏，四月辛巳，晋人及姜戎败秦师于殽。癸巳，葬晋文公。狄侵齐。公伐邾，取訾娄。秋，公子遂帅师伐邾。晋人败狄于箕。冬十月，公如齐。十有二月，公至自齐。乙巳，公薨于小寝。陨霜不杀草，李梅实。晋人、陈人、郑人伐许。

秦师袭郑过周北门，免胄而下超乘者众，过王门当卷甲束兵，王孙满谓轻佻无礼，轻则寡谋无礼则脱，入险脱易无谋必败。及滑郑商弦高遇之，犒师佯示郑君知情，使遽告郑郑辞秦使，秦知郑备灭滑而还，不能得地灭而书入。晋原轸曰必伐秦师，秦违蹇叔贪利勤民，不哀晋丧伐其同姓，天奉晋也奉不可失，纵敌患生违天不祥。晋人姜戎败秦于殽，在丧用兵讳以贱告，文嬴请归秦师三帅，秦伯素服郊次而哭，自悔罪过史述《秦誓》。鲁因晋丧欺凌小国，伐邾取邑报前役耻，邾不设备襄仲复伐。郤缺夫妻相敬如宾，臼季与归谏文公曰，出门如宾承事如祭，常能谨敬仁之则也，敬者德聚能敬必德，德以治民君请用之，其父虽罪不及其子，采葑采菲无以下体，恶不弃善取节可也，狄人伐晋晋败之箕，郤缺有功获白狄子，以一命命郤缺为卿。齐侯使国归父来聘，自郊劳以至于赠贿，礼成加敏审当于事，臧文仲言于僖公曰，国子为政齐犹有礼，服于有礼社稷之卫，君其朝焉以息民人，公遂朝齐反薨小寝，小寝也者夫人之寝，讥公就安不终路寝。小心畏忌葬谥僖公，葬僖公讥缓作神主，卒哭而祔祔而作主，特祀于主烝尝禘庙，凡君薨者礼当如是。霜不杀草李梅有实，左氏无传书时失也，周十一月当夏九月，夏之九月霜不应重，重不杀草所以为灾。

文公元年至十八年

文公元年：春，王正月，公即位。二月癸亥，日有食之。天王使叔服来会葬。夏，四月丁巳，葬我君僖公。天王使毛伯来锡公命。晋侯伐卫。叔孙得臣如京师。卫人伐晋。秋，公孙敖会晋侯于戚。冬，十月丁未，楚世子商臣弑其君頵。公孙敖如齐。

改元年春周王正月，公即位者君不可旷，岁首即位余月不行，先君未葬逾年正位。日有食之左氏无传，不书朔者日官失之。天王使叔服来会葬，天子大夫会诸侯葬。归闰三月非礼无书，先王正时履端于始，举正于中归余于终，履端于始序则不愆，举正于中民则不惑，归余于终事则不悖。王使毛伯来赐公命，赐以命圭合瑞为信，叔孙得臣如周拜赐。卫成不朝晋襄伐卫，晋侯朝王大夫伐卫，越国而谋卫使告陈，虽合古道却失时宜，卫人伐晋贬称人者，孔达为政不恭盟主，兴兵邻国受讨丧邑。晋取卫田正其疆界，公孙敖会晋侯于戚。楚世子商臣弑君頵，父子相残蛮夷行径。公孙敖如齐始聘者，凡君即位卿出并聘，践修旧好要结外授，好事邻国以卫社稷，忠信卑让行德之道。

文公二年：春，王二月甲子，晋侯及秦师战于彭衙，秦师败绩。丁丑，作僖公主。三月乙巳，及晋处父盟。夏，六月，公孙敖会宋公、陈侯、郑伯、晋士縠，盟于垂陇。自十有二月不雨，至于秋七月。八月丁卯，大事于大庙，跻僖公。冬，晋人、宋人、陈人、郑人伐秦。公子遂如齐纳币。

秦师伐晋以报殽役，晋及秦战秦师败绩，秦伯念德犹用孟明，增修国政重施于民，惧而增德晋不敢当。作僖公主书其不时，缓成失礼讥以示之。及晋处父盟者书讥，晋讨不朝公遂如晋，使卿盟公以耻辱之，卿亲盟公非礼贬族，不称公盟直厌不直。公孙敖会宋公陈侯，郑伯晋士縠相盟者，晋讨卫故卫晋渝成，堪事受成晋卿书氏。自十二月至于七月，不雨为灾左氏无传，不书旱者五谷差收。禘祭大庙以跻僖公，礼无不顺逆祀非礼，子虽齐圣不先父食，臣子继君犹子继父。晋人宋人陈人郑人，伐秦称人尊秦崇德。公子遂如齐纳币者，凡君即位和好舅甥，修合婚姻而娶元妃，以奉粢盛孝为礼始。

文公三年：春，王正月，叔孙得臣会晋人、宋人、陈人、卫人、郑人伐沈，沈溃。夏，五月，王子虎卒。秦人伐晋。秋，楚人围江。雨螽于宋。冬，公如晋。十有二月己巳，公及晋侯盟。晋阳处父帅师伐楚以救江。

诸侯之师伐沈沈溃，沈服于楚民逃其上。王子虎卒王赴不爵，赴吊皆如同盟之礼。秦伯伐晋晋人不出，封殽尸还遂霸西戎，晋耻不出以微者告，故而赴书秦人伐晋。雨螽于宋坠地而死，灾异非常书而示之。楚人围江晋告于周，假天子威晋伐救之。公如晋及晋侯盟者，晋惧无礼故请改盟，晋侯缝赋《菁菁者莪》，公赋《嘉乐》拜惠慎仪。

文公四年：春，公至自晋。夏，逆妇姜于齐。狄侵齐。秋，楚人灭江。晋侯伐秦。卫侯使宁俞来聘。冬，十有一月壬寅，夫人风氏薨。

逆妇姜于齐卿不行，贵聘贱逆君而卑之，不敬于室不允于国，在国必乱在家必亡。楚人灭江秦伯吊之，降服出次不举过数，江失民心同盟灭亡，矜以自惧谋度政事。卫侯使宁俞来聘者，公赋《湛露》《彤弓》僭礼，卫宁武子微谏正之。夫人风氏薨书夫人，母以子贵赴同祔姑。

文公五年：春，王正月，王使荣叔归含且赗。三月辛亥，葬我小君成风。王使召伯来会葬。夏，公孙敖如晋。秦人入鄀。秋，楚人灭六。冬，十月甲申，许男业卒。

王使荣叔归含且赗，珠玉曰含车马曰赗，周室衰落一人兼使，吉凶吊贺罕能如礼，葬鲁小君王使会葬，周室维持周礼差行。公孙敖如晋敬修好，即秦贰楚秦人入鄀。六人叛楚而即东夷，德之不建民之无援，楚人灭六皋陶亡祀。

文公六年：春，葬许僖公。夏，季孙行父如陈。秋，季孙行父如晋。八月乙亥，晋侯驩卒。冬，十月，公子遂如晋。葬晋襄公。晋杀其大夫阳处父。晋狐射姑出奔狄。闰月不告月，犹朝于庙。

晋蒐选帅宣子为政，制其事典正其法罪，辟其狱刑董其逋逃，由其质要治其旧洿，本秩续职出其滞淹，既成授行以为常法。秦伯任好卒以士殉，死而弃民难以在上，古之王者知命不长，并建圣哲树之风声，分之采物著之话言，为之律度陈之艺极，引之表仪予之法制，告之训典教之防利，委之常秩道之礼则，使毋失宜而后即命。陈卫方睦求好于陈，季孙行父如陈聘娶。晋侯驩卒葬谥襄公，晋杀其大夫阳处父，侵官专制称国以杀，贾季使杀故出奔狄。闰月不告犹朝于庙，闰月不告朔为非礼。闰以正时时以作事，事以厚生生民之道，不告闰朔弃时政也，弃天子政何以治民。

文公七年：春，公伐邾。三月甲戌，取须句。遂城郚。夏，四月，宋公王臣卒。宋人杀其大夫。戊子，晋人及秦人战于令狐。晋先蔑奔秦。狄侵我西鄙。秋，八月，公会诸侯、晋大夫，盟于扈。冬，徐伐莒。公孙敖如莒莅盟。

邾复灭须句公伐邾，取须句遂城郚备邾，间晋难置邾文叛子，绝太皥祀置叛非礼。宋人杀其大夫也者，昭公欲去宋群公子，穆襄之族率人攻公，杀公孙固与公孙郑，众不称名且非其罪，公族乃为公室枝叶，去之则本根无庇荫，所谓庇焉而纵寻斧，亲之以德谁敢携贰。晋人及秦人战也者，赵盾废幼嫡外求君，讳悔以战故贬称人。狄侵西鄙公使告晋，赵盾使问且责让之。公会诸侯晋大夫盟，公后至故不书所会。徐伐莒莒人来请盟，鲁公孙敖如莒莅盟。诸侯盟主恩威兼备，叛而不讨无以示威，服而不柔无以示怀，非威非怀何以示德，无德主盟诸侯必叛，六府水火金木土谷，三事正德利用厚生，六府三事谓之九功，九功之德谓之九歌，义而行之谓之德礼，无礼不乐无德则叛，赵盾纳善归还卫地。

文公八年：春，王正月。夏，四月。秋，八月戊申，天王崩。冬，十月壬午，公子遂会晋赵盾，盟于衡雍。乙酉，公子遂会雒戎，盟于暴。公孙敖如京师，不至而复。丙戌，奔莒。螽。宋人杀其大夫司马。宋司城来奔。

赵盾相君善盟诸侯，使归卫田复致封地。天王崩者葬谥襄王，公孙敖如京师吊丧，不至而复以币奔莒。公盟后至晋人讨之，公子遂会晋赵盾盟，知伊雒戎将欲伐鲁，公子遂又会盟洛戎，人臣受命而不受辞，苟利社稷出境可专，虽无专命善解国患，书公子遂以珍贵之。螽者为灾左氏无传，宋人杀其大夫司马，司马握节以死书官，司城来奔书官贵之。

文公九年：春，毛伯来求金。夫人姜氏如齐。二月，叔孙得臣如京师。辛丑，葬襄王。晋人杀其大夫先都。三月，夫人姜氏至自齐。晋人杀其大夫士縠及箕郑父。楚人伐郑。公子遂会晋人、宋人、卫人、许人救郑。夏，狄侵齐。秋，八月，曹伯襄卒。九月癸酉，地震。冬，楚子使椒来聘。秦人来归僖公、成风之襚。葬曹共公。

供葬事毛伯来求金，襄王未葬不称王使，叔孙得臣如周会葬。夫人姜氏如齐归宁，夫人姜氏告至自齐。晋人杀其大夫先都，大夫士縠及箕郑父，卿位不升作乱书名。间晋君少图谋称霸，楚人伐郑郑及楚平，公子遂会晋人宋人，卫人许人救郑不及，卿缓不书以惩不恪。陈服于晋故狄侵陈，曹伯襄卒葬谥共公。地震也者左氏无传，地道安静动异故书。楚子使椒来聘也者，称君以使礼同中国，椒执币傲辱其先君，神弗之福必灭其宗。秦人来归僖公襚者，诸侯吊贺虽不当事，无忘旧好苟礼必书，秦慕诸夏通敬于鲁，接好为礼不讥其缓。

文公十年：春，王三月辛卯，臧孙辰卒。夏，秦伐晋。楚杀其大夫宜申。自正月不雨，至于秋七月。及苏子盟于女栗。冬，狄侵宋。楚子、蔡侯次于厥貉。

臧孙辰卒公敛书日，晋人伐秦秦报伐晋。楚杀其大夫宜申者，谋弑作乱故书其名。正月不雨至于七月，为灾必书左氏无传，不书旱者五谷差收。及苏子盟于女栗者，顷王新立盟亲诸侯。狄侵宋者左氏无传，陈侯郑伯相会楚子，遂及蔡侯师次伐宋，宋为示弱以息其民，乃逆楚子劳且听命。

文公十一年：春，楚子伐麇。夏，叔仲彭生会晋郤缺于承筐。秋，曹伯来朝。公子遂如宋。狄侵齐。冬，十月甲午，叔孙得臣败狄于鹹。

麇子逃会楚子讨伐，叔仲彭生会晋郤缺，谋诸侯之从于楚者。曹伯来朝即位来见，公子遂聘宋复司城，因贺楚师之无害也。狄人侵齐而遂伐鲁，叔孙得臣败狄于鹹。

文公十二年：春，王正月，郕伯来奔。杞伯来朝。二月庚子，子叔姬卒。夏，楚人围巢。秋，滕子来朝。秦伯使术来聘。冬，十有二月戊午，晋人、秦人战于河曲。季孙行父帅师城诸及郓。

郕伯卒而郕人立君，太子绝望以邑来奔，郕伯来奔逆以诸侯，公崇叛人窃邑非礼。杞伯来朝始朝公也，复称伯者舍夷礼也，请绝叔姬而无绝婚，子叔姬卒绝杞恩录。群舒叛楚楚人围巢，滕子来朝亦始朝公。秦使术来聘言伐晋，使者有礼君子能国。秦伯伐晋晋人御之，晋人秦人战于河曲。季孙行父帅师城郓，莒鲁所争书城合时。

文公十三年：春，王正月。夏，五月壬午，陈侯朔卒。邾子蘧蒢卒。自正月不雨，至于秋七月。大室屋坏。冬，公如晋。卫侯会公于沓。狄侵卫。十有二月己丑，公及晋侯盟。公还自晋，郑伯会公于棐。

陈侯朔邾子蘧蒢卒，同未同盟均赴以名，邾子卒前卜迁于绎，史占利民不利于君，天生民而树君利之，苟利于民君之利也，民既利矣君必与焉，命在养民短长乃时，民苟利迁吉莫如之，邾子定迁知命而卒，慈惠爱民葬谥文公。正月不雨至于七月，如是之者公历三焉。大室屋坏即太庙室，周公庙坏不敬何甚，大室之屋鲁国所尊，简慢倾颓书示不恭。公如晋者朝且寻盟，卫侯会公请平于晋，狄侵卫者左氏无传，公及晋盟郑伯会公，亦请平晋公皆成之，《鸿雁》《四月》《载驰》《采薇》，卿则赋志君则礼拜。

文公十四年：春，王正月，公至自晋。邾人伐我南鄙，叔彭生帅师伐邾。夏，五月乙亥，齐侯潘卒。六月，公会宋公、陈侯、卫侯、郑伯、许男、曹伯、晋赵盾。癸酉，同盟于新城。秋，七月，有星孛入于北斗。公至自会。晋人纳捷菑于邾，弗克纳。九月甲申，公孙敖卒于齐。齐公子商人弑其君舍。宋子哀来奔。冬，单伯如齐。齐人执单伯。齐人执子叔姬。

公至自晋告至于庙，顷王崩而公卿争政，崩薨不赴祸福不告，并皆不书以惩不敬。公使吊邾文公不敬，邾人来讨鲁师伐邾。元妃齐姜生邾定公，二妃晋姬生子捷菑，邾立定公捷菑奔晋。会晋赵盾诸侯同盟，从楚者服且谋邾事。晋人纳捷菑弗克纳，邾人辞以定公年长，不度于义辞顺师退，兴师动众贬称晋人。有星孛入于北斗者，彗星长尾入斗勺中，除秽布新异常故书，叔服有言不出七年，宋齐晋君皆将死乱。公卿互讼周王与焉，晋平王室复和亲之。楚庄王立大夫作乱，君幼国乱不能竞晋。公孙敖卒于齐也者，奔莒求复许之将来，卒齐告丧请葬弗许。宋卿高哀不义宋公，出遂来奔不污避祸，宋子哀来奔书贵之。齐昭公卒舍即君位，公子商人弑君谋立，齐定懿公使来告难，鲁使告王单伯如齐，请子叔姬齐人执之。

文公十五年：春，季孙行父如晋。三月，宋司马华孙来盟。夏，曹伯来朝。齐人归公孙敖之丧。六月辛丑朔，日有食之，鼓、用牲于社。单伯至自齐。晋郤缺帅师伐蔡。戊申，入蔡。秋，齐人侵我西鄙。季孙行父如晋。冬，十有一月，诸侯盟于扈。十有二月，齐人来归子叔姬。齐侯侵我西鄙，遂伐曹，入其郭。

季孙行父如晋也者，为单伯子叔姬之事。宋司马华孙来盟者，至后定盟故不书使，其官皆从礼仪敬备，春秋扰攘率由古典，敬事笃礼贵而不名。曹伯来朝书以示礼，诸侯五年再次相朝，以修王命古之制也。齐人归公孙敖之丧，葬视庆父皆以罪降，大夫丧归本应不书，善鲁感子以赦其父，敦公族恩崇仁孝教，特录丧归以示大义，贺善吊灾祭敬丧哀，情虽不同毋绝亲爱，丧乃亲终兄弟致美，虽不能始善终可也。六月辛丑日有食之，伐鼓用牲于社非礼，日食之救古有常礼，天子不举伐鼓于社，诸侯用币伐鼓于朝，以昭事神训民等威。单伯至自齐者喜之，齐许晋请而赦单伯，单伯为鲁不废礼节，使来致命贵而告庙。蔡不与盟晋师伐蔡，入蔡以城下之盟还。齐人侵鲁鲁如晋告，诸侯寻盟且谋伐齐，齐赂晋侯不克而还，时有齐难公不与会，恶其受贿贬不序列。齐人来归子叔姬者，单伯守节终达王命。齐侯侵鲁遂伐曹朝，己则无礼而讨有礼，礼以顺天天之道也，君子畏天不虐幼贱，畏天之威于时保之，不畏于天将何能保。

文公十六年： 春，季孙行父会齐侯于阳榖，齐侯弗及盟。夏，五月，公四不视朔。六月戊辰，公子遂及齐侯盟于郪丘。秋，八月辛未，夫人姜氏薨。毁泉台。楚人、秦人、巴人灭庸。冬，十有一月，宋人弑其君杵臼。

鲁及齐平而公有疾，使季孙行父会齐侯，请盟而齐侯弗及盟，公实有疾四不视朔，公子遂赂及齐侯盟。天子班朔令于诸侯，诸侯受而藏诸祖庙，每月之朔特羊告庙，受而施行听治月政，无故不视朔者非礼。蛇出泉宫如先君数，夫人姜氏薨毁泉台，君人之心一国之俗，须此为安书毁示义。楚人秦人巴人灭庸，楚国大饥戎伐蛮叛，麋人率百濮亦将伐，楚人伐庸振廪同食，示弱骄敌盟蛮灭庸。宋人弑其君杵臼者，宋公子鲍礼于国人，昭公无道国人奉鲍，襄夫人使攻杀宋昭，国杀君名示君无道。

文公十七年： 春，晋人、卫人、陈人、郑人伐宋。夏，四月癸亥，葬我小君声姜。齐侯伐我西鄙。六月癸未，公及齐侯盟于榖。诸侯会于扈。秋，公至自榖。冬，公子遂如齐。

晋卫陈郑人伐宋者，讨宋弑君犹立文公，卿贬称人失其所讨。齐侯无道而复伐鲁，晋不能救鲁服公盟。诸侯会而不次序者，晋复合诸侯以平宋，宋昭虽以无道见弑，宋文犹以弑君受讨，称君罪君使为鉴戒，君虽合死非臣得弑，晋侯平宋无功不序，尊君卑臣以督大教。疑贰于楚晋不见郑，郑子家使告赵宣子，小国之事大国也者，德则其人不德其鹿，铤而走险急何能择，居大国间从强岂罪，大国弗图无所逃命，晋卿巩朔行成于郑，国卿大子交相为质。公子遂如齐拜前盟，齐君语偷民主偷死。

文公十八年：春，王二月丁丑，公薨于台下。秦伯䓕卒。夏，五月戊戌，齐人弑其君商人。六月癸酉，葬我君文公。秋，公子遂、叔孙得臣如齐。冬，十月，子卒。夫人姜氏归于齐。季孙行父如齐。莒弑其君庶其。

公忧齐伐薨于台下，慈惠爱民葬谥文公。齐人弑其君商人者，弑君称臣乃臣之罪，贱臣弑君则称为盗，盗称人者罪君无道。两卿如齐朝新拜葬，襄仲请齐欲立宣公，齐惠新立求援许之。子卒也者讳杀君嫡，讳弑君以未成君书。夫人姜氏归于齐者，大归将行哭而过市，仲为不道杀嫡立庶，市人皆哭谓之哀姜，季孙行父如齐申好。莒弑其君庶其也者，国杀君名罪君无道。莒大子因国人弑父，以宝来奔纳诸宣公，公命与邑当日必授，卿逐出境当日必达，无礼于君诛之如雀，孝敬忠信实为吉德，盗贼藏奸实为凶德，以训则昏民无则焉，不度于善皆在凶德，忠君爱民是以去之。

宣公元年至十八年

宣公元年：春，王正月，公即位。公子遂如齐逆女。三月，遂以夫人妇姜至自齐。夏，季孙行父如齐。晋放其大夫胥甲父于卫。公会齐侯于平州。公子遂如齐。六月，齐人取济西田。秋，邾子来朝。楚子、郑人侵陈，遂侵宋。晋赵盾帅师救陈。宋公、陈侯、卫侯、曹伯会晋师于棐林，伐郑。冬，晋赵穿帅师侵崇。晋人、宋人伐郑。

公继位者篡立不安，公子遂如齐逆女讥，不待贬责丧娶恶明，卿称名氏为尊君命，以夫人妇姜至自齐，书尊夫人姑在称妇，季孙行父如齐也者，公篡位危纳赂请会，公会齐侯以定君位，襄仲如齐谢会拜成，赂报齐人取济西田，邾子来朝初朝新君。晋放其大夫胥甲父，讨不受命黜罪宥远。尸盟主位晋公贪赂，郑穆鄙之遂盟于楚，宋文陈灵相继盟晋，楚子郑人侵陈侵宋，晋赵盾帅师救陈宋，宋公陈侯卫侯曹伯，会晋伐郑楚救晋还。晋赵穿帅师侵崇者，欲求秦成秦弗与成，晋人宋人伐郑报役，晋公骄侈不竞于楚。

宣公二年：春，王二月壬子，宋华元帅师及郑公子归生帅师，战于大棘，宋师败绩，获宋华元。秦师伐晋。夏，晋人、宋人、卫人、陈人侵郑。秋，九月乙丑，晋赵盾弑其君夷皋。冬，十月乙亥，天王崩。

受命于楚郑师伐宋，宋及郑战宋师败绩，宋师不和果毅不致，大夫睦离失礼违命，人之无良残民以逞，以其私憾败国殄民。晋人宋人卫人陈人，侵郑畏楚示弱而还，失霸者义故贬称人。晋赵盾弑其君夷皋，灵公不君称臣以弑，深责执政良史之法，公过不改赵盾骤谏，不忘恭敬为民之主，亡不越境返不讨贼，赵穿弑公书赵盾弑，古之良史书法不隐，赵盾良卿为法受恶。晋逆公子黑臀立之，丽姬之乱公子无畜，成公即位复晋公族，馀子复初庶子公行。冬天王崩左氏无传，来年葬速葬谥匡王。

宣公三年：春，王正月，郊牛之口伤，改卜牛。牛死，乃不郊。犹三望。葬匡王。楚子伐陆浑之戎。夏，楚人侵郑。秋，赤狄侵齐。宋师围曹。冬，十月丙戌，郑伯兰卒。葬郑穆公。

郊牛口伤改卜牛死，不郊犹望非礼故书，郊不可废以为民也，王虽未葬不废天事。楚子伐陆浑之戎者，遂至于雒观兵周疆，定王使王孙满劳之，楚子问鼎大小轻重，对曰在德而不在鼎，夏方有德铸鼎象物，百物为备民知神奸，协于上下以承天休，桀有昏德鼎迁于商，商纣暴虐鼎迁于周，德之休明虽小亦重，奸回昏乱虽大亦轻，天祚明德有所底止，成王定鼎卜世三十，卜年七百天所命也，周德虽衰天命未改，鼎之轻重尚未可问。晋侯伐郑郑及晋平，郑即晋故楚人侵郑。宋文杀弟武氏之谋，使戴桓族攻而逐之，武穆族以曹师伐宋，宋师围曹以报武乱。郑伯兰卒左氏录梦，欲阐天命似是而非。

宣公四年：春，王正月，公及齐侯平莒及郯。莒人不肯。公伐莒，取向。秦伯稻卒。夏，六月乙酉，郑公子归生弑其君夷。赤狄侵齐。秋，公如齐。公至自齐。冬，楚子伐郑。

公及齐侯平莒及郯，莒人不肯公伐取邑，平国以礼而不以乱，以乱平乱无以行礼。楚公子归生弑君夷，子公蔑君因怨谋弑，子家不权惧潜从之，仁而不武权不能达，书子家弑示以首恶，称君无道称臣臣罪。赤狄侵齐公如齐朝，公至自齐告庙故书。楚卿越椒骄汰犯上，楚子与战灭若敖氏，王思子文之治楚国，复子文后用以劝善。去岁侵郑未获郑成，郑未服故楚子伐郑。

宣公五年：春，公如齐。夏，公至自齐。秋，九月，齐高固来逆叔姬。叔孙得臣卒。冬，齐高固及子叔姬来。楚人伐郑。

公如齐者齐侯止之，高固使止强请与婚，公至自齐书以示过，连婚邻卿累其先君。齐高固来逆叔姬者，名聘实逆大夫自娶，下嫁大夫不称女归，先公遗体许适他族，必告于庙示敬故书。叔孙得臣卒者无传，公缺小敛卿卒不日。齐高固及子叔姬来，送女留马谦不自安，三月庙见遣使反马，礼无亲行俱宁书讯。楚人伐郑陈及楚平，晋师救郑遂伐于陈。

宣公六年：春，晋赵盾、卫孙免侵陈。夏，四月。秋，八月，螽。冬，十月。

晋赵盾卫孙免侵陈，陈即楚故侵以惩之。定王使卿求后于齐，召桓公逆王后于齐，联姻修好以固王室。赤狄伐晋示弱骄之，使疾其民以盈其贯。螽书为灾左氏无传，楚人伐郑取成而还。郑公子曼满欲为卿，无德而贪郑人杀之。

宣公七年：春，卫侯使孙良夫来盟。夏，公会齐侯伐莱。秋，公至自伐莱。大旱。冬，公会晋侯、宋公、卫侯、郑伯、曹伯于黑壤。

卫侯使孙良夫来盟，始通修好且谋会晋。公会齐侯伐莱也者，公不获已应命而出，与谋曰及不与曰会，至自伐莱告庙故书。大旱书灾左氏无传，旱不书雩雩或无功。公会晋侯宋公卫侯，郑伯曹伯盟谋不睦，王叔桓公衔命监临，尊卑有别不同歃盟，晋侯之立公无朝聘，晋人止公公赂免盟，会不书盟耻而讳之。

宣公八年：春，公至自会。夏，六月，公子遂如齐，至黄乃复。辛巳，有事于大庙，仲遂卒于垂。壬午，犹绎。万入，去籥。戊子，夫人嬴氏薨。晋师、白狄伐秦。楚人灭舒蓼。秋，七月甲子，日有食之，既。冬，十月己丑，葬我小君敬嬴。雨，不克葬。庚寅，日中而克葬。城平阳。楚师伐陈。

公至自会告庙故书，被执不耻书以示过。仲遂如齐不至乃还，大祭大庙仲遂卒外，绎祭宾尸万入去籥，卿卒犹绎忍恩非礼。晋师白狄平而伐秦，众舒叛楚楚灭舒蓼，楚子疆之盟吴越还。日有食之既者月末，书以记异左氏无传。夫人嬴氏薨葬谥敬，旱而无麻始用葛茀，雨不克葬日中克葬，卜葬远日以避不怀。城平阳者书其当时，陈及晋平楚师伐陈，取成而还晋楚竞强。

宣公九年：春，王正月，公如齐。公至自齐。夏，仲孙蔑如京师。齐侯伐莱。秋，取根牟。八月，滕子卒。九月，晋侯、宋公、卫侯、郑伯、曹伯会于扈。晋荀林父帅师伐陈。辛酉，晋侯黑臀卒于扈。冬，十月癸酉，卫侯郑卒。宋人围滕。楚子伐郑。晋郤缺帅师救郑。陈杀其大夫泄冶。

公如齐公至自齐者，公立因齐故时修好。王使来征聘不书者，讳频朝齐而忽周室，仲孙蔑如京师也者，公应召使卿聘于周。齐侯伐莱鲁取根牟，诸侯相会以讨不睦，陈侯不会晋师伐陈，晋侯黑臀卫侯郑卒，宋人围滕因其有丧，楚子伐郑晋师救郑，郑败楚师君子忧之，晋楚交伐国无宁日。陈杀其大夫泄冶者，公卿宣淫民无效令，乱朝直谏取死无益，民之多辟无自立辟，《春秋》不贵书名谨之。

宣公十年：春，公如齐。公至自齐。齐人归我济西田。夏，四月丙辰，日有食之。己巳，齐侯元卒。齐崔氏出奔卫。公如齐。五月，公至自齐。癸巳，陈夏征舒弑其君平国。六月，宋师伐滕。公孙归父如齐，葬齐惠公。晋人、宋人、卫人、曹人伐郑。秋，天王使王季子来聘。公孙归父帅师伐邾，取绎。大水。季孙行父如齐。冬，公孙归父如齐。齐侯使国佐来聘。饥。楚子伐郑。

公如齐者比年再朝，以鲁服故归济西田。日有食之左氏无传，齐侯元卒公如齐丧，不书奔丧讳其非礼，崔杼有宠公卒出奔，书崔氏者非罪不名。陈夏徵舒弑君平国，君臣乐淫恶不加民，称臣以弑两见其罪。滕人恃晋而不事宋，宋师伐滕以惩责之。败楚恐怨郑及楚平，诸侯伐郑取成而还。天王使王季子来聘，季孙行父如齐初聘，鲁卿帅师伐邾取绎，以大侵小恐为齐讨，公孙归父如齐往谢，齐侯使国佐来报聘。水漫成灾嘉谷不成，大水民饥左氏无传。楚子伐郑晋师救郑，郑子家卒郑人讨之，贬斫其棺而逐其族，改葬幽公重谥曰灵，动静乱常乱而不损，臣子敬君忠善为怀。

宣公十一年：春，王正月。夏，楚子、陈侯、郑伯盟于辰陵。公孙归父会齐人伐莒。秋，晋侯会狄于攒函。冬，十月，楚人杀陈夏徵舒。丁亥，楚子入陈。纳公孙宁、仪行父于陈。

晋楚兵争而不务德，楚复伐郑郑两顺之，陈郑顺服楚陈郑盟。公孙归父会齐伐莒，赤狄暴役众狄服晋，寡德务勤能勤有继，晋侯会狄狄为会主。楚卿孙叔敖能使民，楚国之政行有章法，楚人杀陈夏徵舒者，讨夏氏乱因以县陈，弑君罪大讨戮为义，蹊田牵牛而夺之牛，县陈贪富示楚无礼，纳申叔谏乃复封陈。

宣公十二年：春，葬陈灵公。楚子围郑。夏，六月乙卯，晋荀林父帅师及楚子战于邲，晋师败绩。秋，七月。冬，十有二月戊寅，楚子灭萧。晋人、宋人、卫人、曹人同盟于清丘。宋师伐陈。卫人救陈。

郑志反复楚子围郑，郑卜不吉三月克之，郑伯肉袒牵羊以逆，自言不天不能事楚，使楚怀怒以及郑邑，不泯社稷愿非敢望，敢布腹心君实图之，郑伯下人必信用民，楚许之平入盟出质，德刑政事典礼不易，怒贰哀卑叛伐服舍。晋师救郑诸卿志歧，师出以律否臧则凶，晋及楚战晋师败绩，晋卿同奔分谤生民，楚子知德成事而还，禁暴戢兵安民和众，止戈为武有礼必兴。郑伯如楚楚子灭萧，晋人宋人卫人曹人，盟誓有曰恤病讨贰，楚人伐宋晋卫不恤，宋师伐陈卫人救陈，不实其言贬卿称人。

宣公十三年： 春，齐师伐莒。夏，楚子伐宋。秋，螽。冬，晋杀其大夫先縠。

恃晋轻齐齐师伐莒，因宋救萧楚子伐宋，螽者无传为灾故书。晋杀其大夫先縠者，楚战刚愎召狄逞欲，恶之来也己则取之，以罪讨之国杀卿名。

宣公十四年： 春，卫杀其大夫孔达。夏，五月壬申，曹伯寿卒。晋侯伐郑。秋，九月，楚子围宋。葬曹文公。冬，公孙归父会齐侯于縠。

卫杀其大夫孔达者，背盟大国书名罪之，卫之救陈晋使讨之，罪无所归将加之师，孔达为政晋讨揽罪，苟利社稷杀己息民，孔达缢死悦晋免郑，复室其子使复其位。郑复属楚晋侯伐郑，告于诸侯蒐焉而还。楚使聘齐宋人杀之，楚子围宋伐以报之。公孙归父使会齐侯，见晏桓子言鲁乐物，怀欲必贪贪必谋人，人亦谋己何得不亡。

宣公十五年： 春，公孙归父会楚子于宋。夏，五月，宋人及楚人平。六月癸卯，晋师灭赤狄潞氏，以潞子婴儿归。秦人伐晋。王札子杀召伯、毛伯。秋，螽。仲孙蔑会齐高固于无娄。初税亩。冬，蝝生。饥。

公孙归父使会楚子，小国预敬免于大国。宋人及楚人平也者，宋被楚围告急于晋，晋侯欲救伯宗不可：虽鞭之长不及马腹，天方授楚未可与争，虽晋之强能违天乎，高下在心自审度之，川泽纳污山薮藏疾，瑾瑜匿瑕国君含垢，天之道也君其待之。公使如宋使宋无降，宋囚献楚使致君命，君制命义臣承命信，信载义行谋不失利，以卫社稷为民之主，宋及楚平华元为质，我无尔诈尔无我虞。晋师灭赤狄潞氏者，酆舒为政怙才蔑德，天反时灾地反物妖，民反德乱妖灾则生，反正为乏晋推亡之，杀舒以潞子婴儿归。王札子杀召伯毛伯，卿士争政两下相杀，称杀者名杀者有罪，死者无罪故不称名。为诸狄故秦人伐晋，晋略狄土魏颗败秦，晋侯赏赐桓子士伯，庸庸祇祇率道必济，晋使赵同献俘于周，不敬将亡天夺之魄。仲孙蔑会齐高固者，会于杞邑左氏无传。螽者为灾左氏无传，初税亩者非礼书讥，民耕百亩公田十亩，借民力治税不过藉，丰民之财故不多税，公田之法十取其一，再履余亩复十收一，遂以为常故书示初，藉外更税讥其税亩。蝗子冬生寒死不蝗，风雨不和五稼不丰，螽生民饥幸不为灾。

宣公十六年：春，王正月，晋人灭赤狄甲氏及留吁。夏，成周宣榭火。秋，郯伯姬来归。冬，大有年。

晋人尽灭赤狄余党，卿则称人从告以书，献王狄俘晋请于王，命士会为上卿大傅，晋国之盗逃奔于秦，民之多幸国之不幸，善人在上国无幸民。成周宣榭火者人火，屋而不室宣扬武威，人火曰火天火曰灾。郯伯姬来归者休出，毛召之难王室复乱，晋使士会以平王室，大有年者幸而书之。

宣公十七年：春，王正月庚子，许男锡我卒。丁未，蔡侯申卒。夏，葬许昭公。葬蔡文公。六月癸卯，日有食之。己未，公会晋侯、卫侯、曹伯、邾子，同盟于断道。秋，公至自会。冬，十有一月壬午，公弟叔肸卒。

许男锡我蔡侯申卒，葬许昭公葬蔡文公。六月癸卯日有食之，官失不朔左氏无传。晋使郤克征会于齐，郤子跛登妇人笑帷，献子怒之志在伐齐，君子喜怒以止乱也，弗止乱者逞志益乱。公会晋卫曹邾君盟，盟以讨贰拒辞齐人，齐卿犯难晋人执之，过而不改而又过之，以成其悔何利之有，晋侯纳谏缓执使逸。公至自会告庙故书，公之母弟叔肸卒书。

宣公十八年：春，晋侯、卫世子臧伐齐。公伐杞。夏，四月。秋，七月，邾人戕鄫子于鄫。甲戌，楚子旅卒。公孙归父如晋。冬，十月壬戌，公薨于路寝。归父还自晋，至笙，遂奔齐。

晋侯卫世子臧伐齐，齐会晋盟而晋师还。公不事齐齐晋相盟，公惧使楚乞师伐齐，左氏有传经文不书。公伐杞者左氏无传，邾人戕鄫子于鄫者，凡虐国君内弑外戕，残贼杀害两书其罪。楚子旅卒未盟赴名，吴楚之葬僭而不典，绝而不书同之蛮夷，以惩诸侯求名之伪。公孙归父如晋也者，欲去三桓以张公室。公薨路寝得以善终，善问周达葬谥宣公。归父还自晋遂奔者，及境坛帷复命于介，袒而括发即位而哭，三踊而出遂奔于齐，卿还不书《春秋》之常，今书还奔善其礼退。

成公元年至十八年

成公元年：春，王正月，公即位。二月辛酉，葬我君宣公。无冰。三月，作丘甲。夏，臧孙许及晋侯盟于赤棘。秋，王师败绩于茅戎。冬，十月。

元年之春周王正月，公即位者体元居正，朝庙告朔政教其民。晋平周戎王子徹戎，背盟不祥欺晋不义，神人弗助王师败绩，左氏有传经文不书。无冰冬温书其时失，作丘甲者书讯重敛，九夫为井四井为邑，四邑为丘四丘为甸，丘出畜曰戎马与牛，甸出车畜甲士步卒，丘出甸赋以备齐难。臧孙许及晋侯盟者，齐楚结好惧齐楚师，卿出如晋新与晋盟。王师败绩于茅戎者，王人来告故书示之，王者至尊天下莫校，自败为文故不言战。臧宣叔令修赋缮完，知齐楚难而具守备，左氏有传经文不书。

成公二年：春，齐侯伐我北鄙。夏，四月丙戌，卫孙良夫帅师及齐师战于新筑，卫师败绩。六月癸酉，季孙行父、臧孙许、叔孙侨如、公孙婴齐帅师会晋郤克、卫孙良夫、曹公子首及齐侯战于鞌，齐师败绩。秋，七月，齐侯使国佐如师。己酉，及国佐盟于袁娄。八月壬午，宋公鲍卒。庚寅，卫侯速卒。取汶阳田。冬，楚师、郑师侵卫。十有一月，公会楚公子婴齐于蜀。丙申，公及楚人、秦人、宋人、陈人、卫人、郑人、齐人、曹人、邾人、薛人、鄫人盟于蜀。

齐侯果然伐鲁北鄙，卫师侵齐与齐师遇，卫齐师战卫师败绩，新筑人救孙桓子免，卫人赏邑辞请礼器，唯器与名不可假人，名以出信信以守器，器以藏礼礼以行义，义以生利利以平民，君之所司政之大节，假与人政政亡国随。鲁卫乞师晋侯许之，鲁四卿会晋卫曹卿，及齐侯战齐师败绩，君臣礼仪恶战无缺，齐使国佐如师相盟，公会晋师赐官命服。宋公鲍卒未盟赴名，厚葬用殉始僭王礼，臣者忠谏治烦去惑，君生纵惑死益其侈，弃君于恶宋卿不臣。卫侯速卒同盟赴名，自役权吊晋卿外哭，卫人逆之成无命礼。取汶阳田晋使之还，不以好得故不言归。鲁卫盟晋会晋伐齐，楚师郑师侵卫及鲁，赂之执斫执针织纴，质以请盟楚人许平，公会楚公子婴齐者，许蔡君在会卿不贬，公及楚秦宋陈卫郑，齐曹邾薛鄫人相盟，于时畏晋窃与楚盟，卿不书者匮乏之盟，蔡许君幼乘于楚车，失诸侯位是以不书，不解于位民之攸墍，蔡许失位不列诸侯。晋辟于楚畏其众也，使献齐捷王使辞焉，蛮夷戎狄不式王命，淫湎毁常王命伐之，则有献捷王亲受劳，以惩不敬以劝有功，兄弟甥舅侵败王略，告事而已不献其功，以敬亲昵以禁淫慝。

成公三年： 春，王正月，公会晋侯、宋公、卫侯、曹伯伐郑。辛亥，葬卫穆公。二月，公至自伐郑。甲子，新宫灾，三日哭。乙亥，葬宋文公。夏，公如晋。郑公子去疾帅师伐许。公至自晋。秋，叔孙侨如帅师围棘。大雩。晋郤克、卫孙良夫伐廧咎如。冬，十有一月，晋侯使荀庚来聘。卫侯使孙良夫来聘。丙午，及荀庚盟。丁未，及孙良夫盟。郑伐许。

公会晋侯宋公卫侯，曹伯伐郑以讨前役，晋败有传经文不书，宋卫未葬其子称爵，以接邻国非礼故书。新宫灾三日哭也者，三年丧毕神主入庙，亲之神灵凭居宗庙，遇灾哀哭善其得礼。公如晋者拜汶阳田，公至自晋告庙故书。许恃从楚而不事郑，郑卿去疾帅师伐许。晋人换因楚人许之，各惩其忿以相为宥，两释累囚以成其好，俱图社稷求纾其民。取汶阳田棘不服故，叔孙侨如帅师围棘。大雩无传以过时书，晋卫卿帅伐廧咎如，讨赤狄余上失民溃。晋侯卫侯使卿来聘，公及晋卫大夫相盟，郑复伐许左氏无传。

成公四年： 春，宋公使华元来聘。三月壬申，郑伯坚卒。杞伯来朝。夏，四月甲寅，臧孙许卒。公如晋。葬郑襄公。秋，公至自晋。冬，城郓。郑伯伐许。

宋公使华元来聘者，即位始聘通嗣君也，忠信卑让以卫社稷。将出叔姬杞伯来朝，修礼朝鲁审言其故。公如晋者晋侯不敬，命在诸侯晋侯必敬，敬之敬之不敬难免，天惟显思命不易哉。城郓公欲与楚叛晋，季文子谏公乃止之，晋虽无道晋未可叛，国大臣睦而迩于鲁，诸侯听焉未可以贰，楚国虽大非吾华族，非我族类其心必异。郑疆许田许人败之，郑伯伐许争讼于楚。

成公五年：春，王正月，杞叔姬来归。仲孙蔑如宋。夏，叔孙侨如会晋荀首于穀。梁山崩。秋，大水。冬，十有一月己酉，天王崩。十有二月己丑，公会晋侯、齐侯、宋公、卫侯、郑伯、曹伯、邾子、杞伯同盟于虫牢。

杞叔姬来归称杞者，行道犹以夫人之礼，弃妻义绝致命其家。报宋聘仲孙蔑如宋，晋卿荀首如齐逆女，叔孙侨如野馈会之。梁山崩者书以记异，国主山川山崩川竭，君为不举降服彻乐，出次祝币史辞以礼。大水也者平地出水，为灾故书左氏无传，十一月己酉定王崩。公会晋齐宋卫郑君，曹邾杞君同盟也者，许愬于楚郑讼不胜，郑伯归使请成于晋，郑服同盟诸侯谋会，宋公不与辞以内难。

成公六年：春，王正月，公至自会。二月辛巳，立武宫。取鄟。卫孙良夫帅师侵宋。夏，六月，邾子来朝。公孙婴齐如晋。壬申，郑伯费卒。秋，仲孙蔑、叔孙侨如帅师侵宋。楚公子婴齐帅师伐郑。冬，季孙行父如晋。晋栾书帅师救郑。

郑伯如晋拜成授玉，视流行速不安其位，自弃其死宜不能久，左氏有传经文无书。立武宫者书讥非礼，以鞌之功作武公庙，明己之功告成示后，听于晋人以救其难，立武由己而非由人。取鄟言易并附庸国，邾子来朝叙好息民。卫孙良夫帅师侵宋，以宋辞会诸侯讨之，卫不设备晋卿弗讨，唯卫赴告独书卫卿。晋谋新都以去故绛，大夫皆曰必居利地，沃饶近盐国利君乐，韩献子谏不如新田，土薄水浅其恶易觏，易觏民愁民愁垫隘，多有沉溺重腿之疾，新田民教土厚居安，水深流恶十世之利，山泽林盐国饶民佚，近宝民骄公室贫苦，左氏有传经文不书。公孙婴齐如晋受命，两卿帅师听命侵宋。郑从晋故楚师伐郑，季孙行父如晋贺迁。晋卿栾书帅师救郑，楚师遇还晋遂侵蔡，楚师救蔡晋卿避还，其时军帅欲战者众，与众同欲酌民济事，善为众主上下差等，三卿为主可谓众矣，善钧从众从之乃可。

成公七年：春，王正月，鼷鼠食郊牛角，改卜牛。鼷鼠又食其角，乃免牛。吴伐郑。夏，五月，曹伯来朝。不郊，犹三望。秋，楚公子婴齐帅师伐郑。公会晋侯、齐侯、宋公、卫侯、曹伯、莒子、邾子、杞伯救郑。八月戊辰，同盟于马陵。公至自会。吴入州来。冬，大雩。卫孙林父出奔晋。

鼷鼠食郊牛角也者，改卜又食乃免郊牛。吴伐郑成季文惧之，夏不振旅上不愍民，蛮夷入伐莫之或恤，不吊昊天乱靡有定，下民受乱礼亡无日。郑公如晋拜谢救师，曹伯来朝息民结好。不郊犹三望者非礼，楚师伐郑诸侯救郑，晋主同盟莒服寻盟。楚卿报怨杀族分室，谗慝贪婪多杀不辜，巫臣使吴教战叛楚，吴入州来始伐楚也，伐巢伐徐楚师奔命，属楚蛮夷吴尽取之，吴国始大通于上国。大雩书过左氏无传，卫定公恶卿孙林父，卫孙林父出奔于晋，卫侯如晋晋反其邑。

成公八年：春，晋侯使韩穿来言汶阳之田，归之于齐。晋栾书帅师侵蔡。公孙婴齐如莒。宋公使华元来聘。夏，宋公使公孙寿来纳币。晋杀其大夫赵同、赵括。秋，七月，天子使召伯来赐公命。冬，十月癸卯，杞叔姬卒。晋侯使士燮来聘。叔孙侨如会晋士燮、齐人、邾人伐郑。卫人来媵。

晋使来言汶阳之田，齐服事故归之于齐，大国制义以为盟主，怀德畏讨诸侯无贰，信以行义义以成命，汶阳之田鲁国本有，随意与夺小国绝望。晋栾书帅师侵蔡者，补继前志遂侵楚邑。公孙婴齐如莒也者，因使聘而自为逆妇。宋公使华元来聘者，欲图为婚而聘共姬，宋公使卿纳币合礼，媒通之后婚有六礼，初纳采择即日问名，卜吉往告纳吉婚定，复遣纳征以成婚礼，纳币之后请期亲迎。晋杀大夫赵同赵括，不居德义妄叨高位，虽不作乱宜其见讨，虽有诬谮从告称名，赵季之勋赵孟之忠，如若无后为善者惧，三代令王保天长禄，岂无辟王赖前哲免，不侮鳏寡所以明德，乃立赵武而反其田。王使召伯来赐公命，诸侯即位王赐命圭，与之合瑞八年礼缓。杞叔姬卒书以成人，来归不嫁终为杞葬。晋侯使士燮来聘者，郯事吴故命鲁从伐，鲁卿会晋齐邾伐郯。卫人来媵共姬为礼，诸侯嫁女同姓媵之，以广继嗣异姓则否。

成公九年：春，王正月，杞伯来逆叔姬之丧以归。公会晋侯、齐侯、宋公、卫侯、郑伯、曹伯、莒子、杞伯，同盟于蒲。公至自会。二月，伯姬归于宋。夏，季孙行父如宋致女。晋人来媵。秋，七月丙子，齐侯无野卒。晋人执郑伯。晋栾书帅师伐郑。冬，十有一月，葬齐顷公。楚公子婴齐帅师伐莒。庚申，莒溃。楚人入郓。秦人、白狄伐晋。郑人围许。城中城。

杞伯来逆叔姬丧归，已绝强请还为杞妇。为归汶田诸侯贰晋，晋惧召会以寻前盟，勤以抚之宽以待之，柔服伐贰坚强御之，德虽不竞抑德之次。公会晋侯齐侯宋公，卫侯郑伯曹伯莒子，杞伯同盟会吴未至。伯姬归于宋者非礼，宋公不使卿逆之故。季孙行父如宋致女，女嫁三月使卿加聘，致成妇礼笃婚姻好，晋人来媵至亲好合。季文子复命公享之，赋《韩弈》五章示姻乐，穆姜出房再拜勤辱，不忘先君以及嗣君，先君有望敢拜重勤，又赋《绿衣》卒章而入，我思古人实获我心，取喻文子言得己意。郑贰楚晋人执郑伯，晋栾书帅师以伐郑，郑使行成晋杀非礼，兵交使居其间可也，晋侯还归郑献楚囚，使归求合晋楚之成，楚子重侵陈以救郑，楚婴齐遂帅师伐莒，莒溃楚人偏师入郓，备豫不虞善之大者，恃陋不备罪之大者，莒恃其陋不修城郭，浃辰之间楚克三都，凡百君子备不可已。诸侯贰故秦狄伐晋，郑人围许示不急君，城中城者书其合时，楚使如晋修好结成。

成公十年：春，卫侯之弟黑背帅师侵郑。夏，四月，五卜郊，不从，乃不郊。五月，公会晋侯、齐侯、宋公、卫侯、曹伯伐郑。齐人来媵。丙午，晋侯獳卒。秋，七月，公如晋。冬，十月。

卫师侵郑听晋命也，五卜郊不从乃不郊，常祀不卜不郊非礼。公会晋侯齐侯宋公，卫侯曹伯伐郑也者，郑人立君晋伐求成，晋侯有疾大子会伐，大子称侯生代父位，大失臣子名实之礼，忠为令德不忠害身，郑伯归杀立新君者。齐人来媵异姓非礼，晋侯獳卒公如晋吊，亲吊非礼送葬犹辱，鲁人耻讳晋葬不书。

成公十一年：春，王三月，公至自晋。晋侯使郤犫来聘，己丑，及郤犫盟。夏，季孙行父如晋。秋，叔孙侨如如齐。冬，十月。

公至自晋告庙故书，疑公贰楚晋人止公，公请受盟而后使归，晋使来聘莅盟于公，季孙如晋报聘莅盟。周朝公卿争政不和，晋卿与周争田而讼，晋侯使卿勿敢与争。宋华元善楚晋政卿，遂欲撮合晋楚之成。叔孙侨如如齐续好，秦晋为成秦伯不与，齐盟质信不信何益，秦伯归而遂背晋成。

成公十二年：春，周公出奔晋。夏，公会晋侯、卫侯于琐泽。秋，晋人败狄于交刚。冬，十月。

书周公出奔晋也者，王使以周公难来告，天子无外自周无出，自绝于周书出非之。宋华元合晋楚之成，晋卿楚卿会盟于宋，无相加戎好恶同之，同恤灾危备救凶患，若有害楚则晋伐之，若有害晋楚亦如之，交贽往来道路无壅，谋其不协而讨不庭，有渝此盟明神殛之，俾坠其师无克胙国。晋楚既成合好诸侯，晋卫鲁会郑伯听成。狄人间盟以侵于晋，因不设备晋人败之。晋郤至聘楚且莅盟，礼乐僭分郤至谏之，诸侯相朝有享宴礼，享训恭俭宴示慈惠，恭俭行礼慈惠布政，政以礼成民是以息，百官承事朝而不夕，公侯所以蔽扞其民，及其乱也诸侯贪冒，侵欲不忌争利尽民。楚公子罢报聘莅盟，晋侯及楚公子罢盟。

成公十三年：春，晋侯使郤锜来乞师。三月，公如京师。夏，五月，公自京师，遂会晋侯、齐侯、宋公、卫侯、郑伯、曹伯、邾人、滕人伐秦。曹伯卢卒于师。秋，七月，公至自伐秦。冬，葬曹宣公。

晋使卿来乞师伐秦，侯伯当召书乞谦辞，晋使不敬孟献子讥，礼为身干敬为身基，先君嗣卿受命求师，社稷是卫惰弃君命。伐秦道过公如京师，晋侯齐侯宋公卫侯，郑伯曹伯邾人滕人，诸侯朝王遂会伐秦，成子受脤于社不敬，民受天地中生谓命，动作礼义威仪定命，养以之福败以取祸，君子勤礼小人尽力，勤礼大端莫如致敬，尽力大端莫如敦笃，敬在养神笃在守业，国之大事在祀与戎，祀有执膰戎有受脤，神之大节惰则弃命。晋侯使卿宣命绝秦，背弃盟誓唯利是视，秦无成德伐惩心贰，晋及秦战秦师败绩，郑曹公室位僭杀乱。

成公十四年： 春，王正月，莒子朱卒。夏，卫孙林父自晋归于卫。秋，叔孙侨如如齐逆女。郑公子喜帅师伐许。九月，侨如以夫人妇姜氏至自齐。冬，十月庚寅，卫侯臧卒。秦伯卒。

卫孙林父自晋归卫，晋强纳归卫侯欲辞，定姜谏曰同姓宗卿，大国为请不许将亡，虽恶愈亡君其忍之，复之安民而宥宗卿。卫侯飨晋卿而宾傲，享食观威仪省祸福，兕觥其觩旨酒思柔，彼交匪傲万福来求，享食而傲取祸之道。叔孙侨如如齐逆女，称族以尊君命为礼。郑公子喜帅师伐许，败而复伐许赂以平。侨如以夫人妇姜氏，至自齐者告庙成礼，鲁卿舍族以尊夫人，姑在称妇曰妇姜氏，《春秋》之称微显志晦，婉而成章尽而不污，惩恶劝善惟圣能修。卫侯臧卒大子不哀，天祸卫国大夫惧之。

成公十五年： 春，王二月，葬卫定公。三月乙巳，仲婴齐卒。癸丑，公会晋侯、卫侯、郑伯、曹伯、宋世子成、齐国佐、邾人同盟于戚。晋侯执曹伯归于京师。公至自会。夏，六月，宋公固卒。楚子伐郑。秋，八月庚辰，葬宋共公。宋华元出奔晋。宋华元自晋归于宋。宋杀其大夫山。宋鱼石出奔楚。冬，十有一月，叔孙侨如会晋士燮、齐高无咎、宋华元、卫孙林父、郑公子鳅、邾人，会吴于钟离。许迁于叶。

仲婴齐卒与敛书日，受赐仲氏子孙为姓。曹公弑立国人不服，公会诸侯同盟谋讨，晋侯执曹伯归于周，罪不及民不称人执，凡君不道于其民者，诸侯主盟讨而执之，则书曰某人执某侯，欲重其罪加民为辞，诸侯欲立子臧见王，子臧辞曰君非其节，虽不能圣不敢失守。楚卿无信楚子伐郑，信以守礼礼以庇身，信礼之亡身不得免，楚子侵郑遂侵于卫，郑卿侵楚晋卿止伐，使重其罪民将叛之，无民孰战必不为患。宋公固卒公室卑弱，君臣乏训华元奔晋，宋华元自晋归于宋，挟晋自重以外纳告，宋杀其大夫山也者，蔑害公室去族示罪，宋鱼石等出奔于楚。晋三郤者谋害伯宗，谮而杀之及于他贤，善人乃为天地之纪，骤而绝之不亡何待。诸侯大夫会吴钟离，本非同好始接中国。畏逼于郑请迁于楚，许迁于叶赴以自迁。

成公十六年：春，王正月，雨，木冰。夏，四月辛未，滕子卒。郑公子喜帅师侵宋。六月丙寅朔，日有食之。晋侯使栾黡来乞师。甲午晦，晋侯及楚子、郑伯战于鄢陵，楚子、郑师败绩。楚杀其大夫公子侧。秋，公会晋侯、齐侯、卫侯、宋华元、邾人于沙随，不见公。公至自会。公会尹子，晋侯、齐国佐、邾人伐郑。曹伯归自京师。九月，晋人执季孙行父，舍之于苕丘。冬，十月乙亥，叔孙侨如出奔齐。十有二月乙丑，季孙行父及晋郤犨盟于扈。公至自会。乙酉，刺公子偃。

雨木冰者左氏无传，寒甚过节冰封著树。滕子卒者未盟不名，乘与国丧郑人侵宋。日有食之左氏无传，受贿郑成叛晋盟楚，晋侯伐郑范文不欲，君昏卿骄唯败惧德，惧失诸侯栾武欲伐，晋乃兴师将佐有序，晋侯使卿来乞师者，卑让有礼君子知胜。晋侯及楚子郑伯战，楚师败绩卿杀自惩。楚子救郑申叔时谏，战须德刑详义礼信，德以施惠刑以正邪，详以事神义以建利，礼以顺时信以守物，民足德正用利事节，时顺物成群生得所，上下和睦周旋不逆，立我烝民莫匪尔极，神降之福时无灾害，民生敦厖和同以听，莫不尽力以从上命，致死补阙战所由克，内弃其民外绝其好，亵渎齐盟而食话言，奸时以动疲民以逞，民不知信进退维罪，人恤所底其谁致死。闻楚将至范文欲反，欲伪逃楚可以纾忧，惟愿群臣辑睦事君，德合诸侯以遗能者，栾武不可晋楚遂遇，范文远见仍不欲战，秦狄齐服敌惟楚耳，唯圣人能外内无患，自非圣人外宁内忧，实愿释楚为晋外惧。宣伯穆姜欲去季孟，公备缓期晋侯不见，疑释公会诸侯伐郑，晋赦曹伯归自京师。晋人执季孙行父者，声伯请晋赦社稷臣，奉命无私谋国不贰，请远谗慝以保忠良，应请与善许赦季孙，叔孙侨如出奔于齐，季孙行父及晋卿盟，公至自会刺公子偃。晋使郤至献捷于周，使骓称伐君子知亡，位于卿下求掩其上，怨之所聚乱之本也，多怨阶乱无以在位，怨岂在明不见是图，将慎其细明之不可。

成公十七年： 春，卫北宫括帅师侵郑。夏，公会尹子、单子、晋侯、齐侯、宋公、卫侯、曹伯、邾人伐郑。六月乙酉，同盟于柯陵。秋，公至自会。齐高无咎出奔莒。九月辛丑，用郊。晋侯使荀罃来乞师。冬，公会单子、晋侯、宋公、卫侯、曹伯、齐人、邾人伐郑。十有一月，公至自伐郑。壬申，公孙婴卒于狸脤。十有二月丁巳朔，日有食之。邾子貜且卒。晋杀其大夫郤锜、郤犨、郤至。楚人灭舒庸。

郑师侵晋卫师救之，卫北宫括帅师侵郑。公会尹子单子晋侯，齐侯宋公卫侯曹伯，邾人伐郑假天子威，同盟柯陵以寻前盟。晋范文子使祝祈死，君侈克敌天益其疾，难将作矣速死无及。齐高无咎出奔莒者，齐庆克通于声孟子，国武子知召而责之，声孟子潜逐高无咎。用郊非礼示不宜用，启蛰而郊九月不宜。晋侯使卿来乞师者，郑未服故诸侯复伐，楚师救郑诸侯乃还。日有食之左氏无传，晋杀其大夫三郤者，晋厉公侈而多外嬖，欲去大夫而立左右，郤氏强横结怨卿嬖，公信群谗使大夫杀，郤锜闻之欲先攻公，郤至止之信不叛君，知不害民勇不作乱，死而多怨将安用之，若杀不辜将失其民，欲安不得待命而已，受君之禄是以聚党，有党争命罪孰大焉，三郤受杀卿杀嬖佞，民不与郤嬖佞为乱，故皆书曰晋杀大夫。舒庸人乘楚师之败，导吴伐楚恃吴不备，楚人袭之遂灭舒庸。

成公十八年： 春，王正月，晋杀其大夫胥童。庚申，晋弑其君州蒲。齐杀其大夫国佐。公如晋。夏，楚子、郑伯伐宋。宋鱼石复入于彭城。公至自晋。晋侯使士匄来聘。秋，杞伯来朝。八月，邾子来朝，筑鹿囿。己丑，公薨于路寝。冬，楚人、郑人侵宋。晋侯使士鲂来乞师。十有二月，仲孙蔑会晋侯、宋公、卫侯、邾子、齐崔杼，同盟于虚打。丁未，葬我君成公。

晋杀其大夫胥童者，杀在往岁赴告今春。晋弑其君州蒲也者，不称臣杀晋君无道，晋遂逆周子而立之，晋侯悼公即位于朝，始命百官施舍已责，逮及鳏寡振其废滞，匡其乏困救其灾患，禁其淫慝薄其赋敛，宥罪节用无犯民时，公族大夫使训恭孝，六官之长皆为民誉，举不失职官不易方，爵不逾德师不陵正，旅不逼师民无谤言，晋国重兴所以复霸。齐杀其大夫国佐者，弃命专杀以邑叛君，国弱来奔齐侯反之，使嗣国氏继祀为礼。公如晋者朝嗣君也，楚郑伐宋鱼石复入，宋人患之事晋以恤。晋侯使卿来聘拜朝，君子谓晋于是有礼。杞伯来朝劳公问晋，骉朝于晋而请为婚，邾子来朝即位来见，筑鹿囿者书其不时。公薨路寝得君薨道，安民立政葬谥成公。楚人郑人侵宋解围，晋师救宋而楚师还。晋侯使士鲂来乞师，鲁依班爵而礼加敬，鲁卿会盟诸侯救宋。

襄公元年至三十一年

襄公元年：春，王正月，公即位。仲孙蔑会晋栾黡、宋华元、卫宁殖、曹人、莒人、邾人、滕人、薛人，围宋彭城。夏，晋韩厥帅师伐郑。仲孙蔑会齐崔杼、曹人、邾人、杞人次于鄫。秋，楚公子壬夫帅师侵宋。九月辛酉，天王崩。邾子来朝。冬，卫侯使公孙剽来聘。晋侯使荀䓨来聘。

诸侯大夫围宋彭城，为宋讨鱼石故称宋，不成叛人以成宋志，彭城降以叛大夫归。晋韩厥帅师以伐郑，东国大夫帅师以待。楚国大夫帅师侵宋，九月辛酉天王崩卒，邾子来朝新君为礼，卫侯使公孙剽来聘，晋侯使卿荀䓨来聘，诸侯即位礼之大者，小国朝之大国聘焉，继好结信谋事补阙。

襄公二年：春，王正月，葬简王。郑师伐宋。夏，五月庚寅，夫人姜氏薨。六月庚辰，郑伯睔卒。晋师、宋师、卫宁殖侵郑。秋，七月，仲孙蔑会晋荀䓨、宋华元、卫孙林父、曹人、邾人于戚。己丑，葬我小君齐姜。叔孙豹如宋。冬，仲孙蔑会晋荀䓨、齐崔杼、宋华元、卫孙林父、曹人、邾人、滕人、薛人、小邾人于戚，遂城虎牢。楚杀其大夫公子申。

服顺楚令郑师伐宋，晋师宋师卫卿侵郑。夫人姜氏薨谥齐姜，穆姜美楹季氏取葬，妇养姑者礼无所逆，亏姑成妇逆莫大焉，为酒为醴烝畀祖妣，以洽百礼降福孔偕，季孙不哲君子非之，齐使诸姜宗妇送葬，妇人越疆送葬非礼。郑伯睔卒晋师侵郑，郑卿大夫多欲从晋，子驷则云官命未改。叔孙豹如宋通嗣君，诸侯大夫会谋服郑，仲孙蔑会诸侯大夫，遂城虎牢服郑息伐。楚杀其大夫公子申，受小国赂以逼政卿，国杀称名书示国讨。

襄公三年：春，楚公子婴齐帅师伐吴。公如晋。夏，四月壬戌，公及晋侯盟于长樗。公至自晋。六月，公会单子、晋侯、宋公、卫侯、郑伯、莒子、邾子、齐世子光。己未，同盟于鸡泽。陈侯使袁侨如会。戊寅，叔孙豹及诸侯之大夫及陈袁侨盟。秋，公至自会。冬，晋荀䓨帅师伐许。

楚卿婴齐帅师伐吴，吴人败之婴齐悔卒。公如晋者即位始朝，公及晋侯盟于长樗。祁奚请老晋侯问嗣，君子以为其能举善，称雠不谄立子不比，举偏不党王道荡荡，惟其有之是以似之，唯善故能举其类也。灵王即位图安王室，郑服之故且修吴好，将合诸侯以谋不协，公会单子晋侯宋公，卫侯郑伯莒子邾子，齐世子光同盟鸡泽，楚卿侵凌陈使求成，陈使如会陈请服也。晋侯之弟扬干乱行，魏绛正礼以戮其仆，以刑佐民使佐新军。陈叛之故楚师侵陈，许伯事楚不会诸侯，晋卿荀䓨帅师伐许。

襄公四年：春，王三月己酉，陈侯午卒。夏，叔孙豹如晋。秋，七月戊子，夫人姒氏薨。葬陈成公。八月辛亥，葬我小君定姒。冬，公如晋。陈人围顿。

楚为陈叛犹在繁阳，文王能帅诸侯事纣，韩献子悔晋不知时。楚人伐陈陈成公卒，闻丧乃止陈不听命，大国行礼小国不服，在大犹咎而况小国。叔孙豹如晋报聘者，晋侯享之深知《诗》《礼》。夫人姒氏薨谥定姒，母以子贵成丧终君。公如晋听政请属鄫，藉以事晋无失官命，楚使顿侵陈人围顿。戎使如晋请和诸戎，晋侯欲伐魏绛谏止，诸侯新服陈新来和，观德则睦否则携贰，劳师于戎而楚伐陈，弗救弃陈诸华必叛，获戎失华实乃不可，和戎实利边鄙不耸，民狎其野穑人成功，戎狄事晋诸侯威怀，以德绥戎师徒不勤，慎用德度远至迩安。邾莒伐鄫臧纥救鄫，帅师侵邾败于狐骀。

襄公五年：春，公至自晋。夏，郑伯使公子发来聘。叔孙豹、鄫世子巫如晋。仲孙蔑、卫孙林父会吴于善道。秋，大雩。楚杀其大夫公子壬夫。公会晋侯、宋公、陈侯、卫侯、郑伯、曹伯、莒子、邾子、滕子、薛伯、齐世子光、吴人、鄫人于戚。公至自会。冬，戍陈。楚公子贞帅师伐陈。公会晋侯、宋公、卫侯、郑伯、曹伯、莒子、邾子、滕子、薛伯、齐世子光救陈。十有二月，公至自救陈。辛未，季孙行父卒。

王使恝戎晋人执之，晋卿如周言使贰戎。郑伯使公子发来聘，郑僖即位通嗣君也。鲁卿鄫世子巫如晋，比鲁大夫以成属鄫。吴子使晋请听盟好，晋使鲁卫先会告期，仲孙蔑孙林父会吴。雩者夏祭以祈甘雨，大雩者旱秋雩不过。楚杀大夫公子壬夫，知陈叛故书名罪贪。公会晋侯宋公陈侯，卫侯郑伯曹伯莒子，邾子滕子薛伯齐光，吴人鄫人盟吴戍陈，成公后期书会不盟，属鄫不利使鄫从会，诸侯还国受命戍陈。楚公子贞帅师伐陈，公会诸侯齐光救陈。季孙行父卒谥文子，大夫入敛公亦在位，无衣帛妾无食粟马，无藏金玉无重器备，相鲁三君而无私积，君子以为忠于公室。

襄公六年：春，王三月壬午，杞伯姑容卒。夏，宋华弱来奔。秋，葬杞桓公。滕子来朝。莒人灭鄫。冬，叔孙豹如邾，季孙宿如晋。十有二月，齐侯灭莱。

宋华弱来奔书名讥，华弱乐辔少相狎习，长相优戏而又相谤，子荡怒桤华弱于朝，司武被桤宋公逐之。滕子来朝始朝于公，叔孙豹如邾聘修平，鄫恃赂鲁莒人灭鄫，季孙宿如晋听罪责，莱恃赂谋齐侯灭莱，迁莱于郳定其疆界，小国侥幸弱肉强食。

襄公七年：春，郯子来朝。夏，四月，三卜郊，不从，乃免牲。小邾子来朝。城费。秋，季孙宿如卫。八月，螽。冬，十月，卫侯使孙林父来聘。壬戌，及孙林父盟。楚公子贞帅师围陈。十有二月，公会晋侯、宋公、陈侯、卫侯、曹伯、莒子、邾子于鄬。郑伯髡顽如会，未见诸侯；丙戌，卒于鄬。陈侯逃归。

郯子来朝始朝于公，小邾子来亦始朝也。三卜郊不从乃免牲，卜日称牲卜郊非礼，孟献子始明卜郊义，郊祀后稷以祈农事，启蛰而郊郊而后耕，既耕卜郊宜其不从。城费不时假难城之，季氏执政诸官媚之，禄去公室季氏以强，螽者为灾左氏无传。季孙宿如卫报聘好，卫侯使卿来聘寻盟，公登亦登为臣而君，过而不悛无礼必亡。晋韩献子告老致仕，穆子废疾辞立让贤，弗躬弗亲庶民弗信，岂不夙夜谓行多露，靖共尔位好是正直，恤民为德正直为正，正曲为直参和为仁，神之听之介尔景福，晋侯以为韩无忌仁，使掌公族大夫训善。楚公子贞帅师围陈，公会诸侯本谋救之，陈人患楚陈侯逃归，不成救陈故不书救，郑僖如会无礼卿弑，以疟疾赴称名书卒。

襄公八年： 春，王正月，公如晋。夏，葬郑僖公。郑人侵蔡，获蔡公子燮。季孙宿会晋侯、郑伯、齐人、宋人、卫人、邾人于邢丘。公至自晋。莒人伐我东鄙。秋，九月，大雩。冬，楚公子贞帅师伐郑。晋侯使士匄来聘。

晋悼修霸规约诸侯，公如晋朝听朝聘数。郑人侵蔡获蔡司马，无故侵蔡以生国患，郑卿称人贬刺媚晋，郑人皆喜子产忧之，小国无德而有武功，楚人来讨能勿从乎，从楚贰晋晋师必至，晋楚交伐郑祸难宁。季孙宿会晋侯郑伯，齐宋卫邾人于邢丘，盟主规约朝聘之数，恤劳诸侯大夫其代，诸侯大夫相会听命，郑伯献捷故亲听命，大夫不书以尊晋侯。莒既灭鄫鲁侵莒界，莒伐鲁鄙以疆鄫田，大雩也者为旱之故。楚公子贞帅师伐郑，从楚待晋郑卿分歧，执政急民乃及楚平，小国事大国者唯信，小国背信兵乱纷至。晋侯使士匄来聘者，拜公朝辱且告伐郑，公享宾谦赋诗言志，两情交通同一嗅味。

襄公九年： 春，宋灾。夏，季孙宿如晋。五月辛酉，夫人姜氏薨。秋，八月癸未，葬我小君穆姜。冬，公会晋侯、宋公、卫侯、曹伯、

莒子、邾子、滕子、薛伯、杞伯、小邾子、齐世子光伐郑；十有二月
己亥，同盟于戏。楚子伐郑。

宋灾天火来告故书，乐喜为司城以听政，分使百官各司其职，天道可
知国乱无象，国君无道灾变殊异。季孙宿如晋报前聘，夫人姜氏薨谥穆姜，
筮艮变随元亨利贞，卦辞无咎文言不诬，元者体长体仁长人，亨者嘉会嘉
德合礼，利者义和利物和义，贞者事干贞固干事，与乱不仁不可谓元，不
靖国家不可谓亨，作而害身不可谓利，弃位而姣不可谓贞，自则取恶何期
无咎。秦将伐晋乞师于楚，楚子许之子囊不可，晋君类能而择使之，举不
失选官不易方，其卿让善大夫有守，士竞于教庶人力农，商工皂隶不知迁
业，君明臣忠上让下竞，当是时也晋不可敌，秦人侵晋晋饥弗报。公会诸
侯齐光伐郑，暴骨以逞不可以争，从知武子争楚以谋，君子劳心小人劳力，
大劳未艾先王之制，礼以主盟修德息师，终必获郑何必今日，我之不德民
将弃我，若能休和远人将至，乃许郑成郑与同盟。要盟无信唯强是从，楚
子伐郑郑及楚平。晋侯归谋所以息民，施惠舍役输积以贷，自公以下积者尽
出，国无滞积亦无困人，公无禁利亦无贪民，祈以币更宾以特牲，器用不
作车服从给，行之期年国乃有节，兴师三驾楚不能争。

襄公十年： 春，公会晋侯、宋公、卫侯、曹伯、莒子、邾子、滕
子、薛伯、杞伯、小邾子、齐世子光，会吴于柤。夏，五月甲午，遂
灭偪阳。公至自会。楚公子贞、郑公孙辄帅师伐宋。晋师伐秦。秋，
莒人伐我东鄙。公会晋侯、宋公、卫侯、曹伯、莒子、邾子、齐世子
光、滕子、薛伯、杞伯、小邾子伐郑。冬，盗杀郑公子骈、公子发、公
孙辄。戍郑虎牢。楚公子贞帅师救郑。公至自伐郑。

公会诸侯齐光会吴，齐卿高厚相大子光，先会诸侯行止不敬，相会诸
侯社稷是卫，不敬无卫其将不免，宋常事晋向戌贤行，遂灭偪阳欲封附庸，
向戌固辞乃予宋公。楚卿郑卿帅师伐宋，晋师伐秦报其前侵，间诸侯事莒
人伐鲁，公会诸侯齐光伐郑。楚卿郑卿伐我西鄙，孟献子曰郑其有灾，师
竞已甚秉政任祸，有灾必及执政三卿，大夫争竞不遏作乱，果然盗杀郑三
执政，书曰盗者言非大夫，子孔当国将诛弗顺，子产止之请为焚书，众怒

难犯专欲难成，焚书安众祸乱消弭。诸侯师城虎牢逼郑，郑及晋平楚师救郑，诸侯师归楚人亦还。周卿争政晋平王室，坐狱王庭士匄听讼，天子所佑晋亦佑之，王叔奔晋不书不告，单公为卿以相王室。

襄公十一年：春，王正月，作三军。夏，四月，四卜郊，不从，乃不郊。郑公孙舍之帅师侵宋。公会晋侯、宋公、卫侯、曹伯、齐世子光、莒子、邾子、滕子、薛伯、杞伯、小邾子伐郑。秋，七月己未，同盟于亳城北。公至自伐郑。楚子、郑伯伐宋。公会晋侯、宋公、卫侯、曹伯、齐世子光、莒子、邾子、滕子、薛伯、杞伯、小邾子伐郑，会于萧鱼。公至自会。楚人执郑行人良霄。冬，秦人伐晋。

作三军者增立中军，季武子欲专其民人，假立中军因以改作，三分公室三卿各一，孟孙仁厚公三私一，叔孙兼顾半公半私，季孙贪利私而不公，分鲁国民为十二分，三家得七而公得五，三家有民公室益衰。四卜郊不从乃不郊，卜郊非礼左氏无传。为终从晋先激怒之，郑师侵宋诸侯伐郑，郑人惧乃求成同盟，凡与同盟毋得蕰年，毋得雍利保奸留慝，务救灾患而恤祸乱，务同好恶而奖王室，或间兹命司慎司盟，名山名川群神群祀，先王先公十二国祖，明神殛之俾失其民，坠命亡氏踣其国家。楚子郑伯伐宋秦从，诸侯悉师以复伐郑，晋赦郑囚礼而归之，广纳斥候以禁侵掠，小国有罪大国致讨，苟有私利不为赦宥。楚执郑行人良霄者，郑欲疏楚使人无罪。魏绛正诸华和戎狄，八年之中九合诸侯，如乐之和无所不谐，安其和乐而思其终，乐以安德义以处之，礼以行之信以守之，仁以厉之居安思危，思则有备有备无患。郑赂晋侯兵车及乐，晋侯以乐半赐魏绛，赏乃国典藏在盟府。易视秦师而弗设备，秦人伐晋晋败不书。

襄公十二年：春，王二月，莒人伐我东鄙，围台。季孙宿帅师救台，遂入郓。夏，晋侯使士鲂来聘。秋，九月，吴子乘卒。冬，楚公子贞帅师侵宋。公如晋。

莒人伐鲁东鄙围台，季孙救台遂入于郓。晋使士鲂来聘谢师，公如晋朝且拜晋聘。吴子乘卒未盟赴书，公临周庙文王庙也，凡诸侯丧君临有礼，异姓临外同姓宗庙，同宗祖庙同族祢庙，鲁为诸姬临于周庙，为邢凡蒋茅胙祭国，周公支子临周公庙。报晋取郑楚师侵宋，灵王求后齐侯许婚，秦嬴嫁楚楚卿聘秦，为夫人宁使卿为礼。

襄公十三年：春，公至自晋。夏，取邿。秋，九月庚辰，楚子审卒。冬，城防。

公至自晋告庙故书，孟献子书庙劳合礼，公行告庙反行还告，饮至舍爵策勋以礼。取邿也者邿乱三分，鲁师救邿遂易取之，大师曰灭弗地曰入。晋侯蒐兵卿帅礼让，晋民大和诸侯遂睦，让为礼主上率下从，一人型善百姓休和，晋国以平数世赖之，君子尚能而让其下，小人农力以事其上，上下有礼谗慝黜远，不争世治谓之懿德，君子称功以加小人，小人伐技以冯君子，上下无礼乱虐并生，争善世乱谓之昏德，国家之敝恒必由之。楚子审卒子囊谋谥，赫赫楚国而君临之，抚有蛮夷奄征南海，以属诸夏而知其过，君命以恭不可毁之，请谥曰共大夫从之。城防农闲书事合时，本欲早城臧氏礼请。

襄公十四年：春，王正月，季孙宿、叔老会晋士匄、齐人、宋人、卫人、郑公孙虿、曹人、莒人、邾人、滕人、薛人、杞人、小邾人，会吴于向。二月乙未朔，日有食之。夏，四月，叔孙豹会晋荀偃、齐人、宋人、卫北宫括、郑公孙虿、曹人、莒人、邾人、滕人、薛人、杞人、小邾人伐秦。己未，卫侯出奔齐。莒人侵我东鄙。秋，楚公子贞帅师伐吴。冬，季孙宿会晋士匄、宋华阅、卫孙林父、郑公孙虿、莒人、邾人于戚。

鲁卿敬会晋卿齐人，宋人卫人郑卿曹人，莒人邾人滕人薛人，杞人小邾人会吴者，吴乘楚丧伐楚大败，吴人告败会以谋楚，数吴不德以退吴人，通楚伐鲁执莒务娄，疑其泄密将执戎子，戎子申诉与会成好，鲁两卿会敬事俱书，齐宋卫卿惰慢称人。日有食之左氏无传，叔孙豹会诸侯伐秦。吴子除丧将立季札，季札辞曰君者义嗣，国非其节固辞而舍。卫献无礼二卿怒之，卫室乱卫侯出奔齐，失国自取不书逐者，不抚社稷越在他境，公使厚成叔吊于卫。卫出其君晋侯责惑，师旷对曰良君必安，赏善刑淫养民如子，盖之如天容之如地，民奉其君情理俱尊，爱如父母仰如日月，敬如神明畏如雷霆，君者神之主民之望，困民之生匮神乏祀，百姓绝望社稷无主，将安用之弗去何为，天地生民而立之君，使司牧之勿使失性，有君难虞而为之贰，使师保之勿使过度，天子有公诸侯有卿，卿置侧室大夫贰宗，士有朋友以相规箴，庶人工商皂隶牧圉，皆有亲昵以相辅佐，善则赏之过则匡之，患则救之失则革之，父兄子弟补察其政，史书瞽诗工诵箴谏，大夫规诲士言庶谤，商旅于市百工献艺，官师相规工执艺谏，天之爱民深矣甚矣，岂使一人肆于民上，以从其淫弃天地性。莒人侵鲁楚师伐吴，诸侯大夫相会谋卫。王使刘公赐齐侯命，伯舅大公佑我先王，股肱周室师保万民，世胙太师以表东海，王室不坏伯舅是赖，今命汝环兹率旧典，篡乃祖考无忝乃旧，诚敬之哉无废朕命。晋侯问卫故于荀偃，对曰待时因而定之，卫有君矣伐之难成，未可得志而勤诸侯，亡者侮之乱者取之，推亡固存国之道也。范宣子借羽旄于齐，假而弗归齐人始贰。楚子囊还自伐吴卒，遗言谓曰务必城郢，忠为民望子囊实忠，君薨不忘增其美名，将死不忘卫楚社稷。

襄公十五年：春，宋公使向戌来聘。二月己亥，及向戌盟于刘。刘夏逆王后于齐。夏，齐侯伐我北鄙，围成。公救成，至遇。季孙宿、叔孙豹帅师城成郭。秋，八月丁巳，日有食之。邾人伐我南鄙。冬，十有一月癸亥，晋侯周卒。

宋公使向戌来聘盟，刘夏逆王后于齐者，逆王后卿不行非礼。楚卿当位以靖国人，君子谓楚是能官人，官人也者国之急务，能官人则民无觊心，嗟我怀人置彼周行，王公侯伯子男甸采，各居其列所谓周行。贰于晋故齐侯伐鲁，公救卿城成郭备齐。日有食之左氏无传，亦贰于晋邾人伐鲁，使告于晋晋将会讨，晋悼公卒遂不克会。宋人得玉献诸子罕，子罕弗受不贪为宝。

襄公十六年：春，王正月，葬晋悼公。三月，公会晋侯、宋公、卫侯、郑伯、曹伯、莒子、邾子、薛伯、杞伯、小邾子于溴梁。戊寅，大夫盟。晋人执莒子、邾子以归。齐侯伐我北鄙。夏，公至自会。五月甲子，地震。叔老会郑伯、晋荀偃、卫宁殖、宋人伐许。秋，齐侯伐我北鄙，围郕。大雩。冬，叔孙豹如晋。

葬晋悼公平公即位，改服修官烝祭祖庙，公会诸侯大夫相盟，使大夫舞歌诗必类，齐卿高厚之诗不善，齐国异志高厚逃归，诸大夫盟同讨不庭，晋人执莒犁子以归，邾莒二国数次侵鲁，无道于民称人以执，且责曰通齐楚之使，不归于周不合常礼。地震非常左氏不书，许男请迁大夫不可，鲁会郑晋卫宋伐许。齐侯伐鲁北鄙围郕，大雩无传书其过时，叔孙如晋聘且言齐，晋答尚容禘祀息民，同恤社稷不敢忘鲁。

襄公十七年：春，王二月庚午，邾子牼卒。宋人伐陈。夏，卫石买帅师伐曹。秋，齐侯伐我北鄙，围桃。高厚帅师伐我北鄙，围防。九月，大雩。宋华臣出奔陈。冬，邾人伐我南鄙。

宋人伐陈卫师伐曹，取曹重丘曹愬于晋，齐人未得志于鲁故，齐侯伐鲁北鄙围桃，高厚伐鲁北鄙围防，邾人为齐伐鲁南鄙。大雩无传书其过时，宋华臣出奔陈也者，暴乱宗室国逐惧奔。晏桓子卒晏婴过礼，粗缞斩苴经带杖，菅屦食鬻居于倚庐，寝苫枕草非大夫礼，自谦曰唯卿为大夫。

襄公十八年：春，白狄来。夏，晋人执卫行人石买。秋，齐师伐我北鄙。冬，十月，公会晋侯、宋公、卫侯、郑伯、曹伯、莒子、邾子、滕子、薛伯、杞伯、小邾子同围齐。曹伯负刍卒于师。楚公子午帅师伐郑。

白狄来者始与鲁接，晋人执卫行人石买，卫伐曹而曹愬之故。齐师复伐鲁之北鄙，公会晋侯宋公卫侯，郑伯曹伯莒子邾子，滕子薛伯杞伯郳子，同围齐者齐屡不义，诸侯同心以讨伐之，曹伯负刍卒于师中。楚公子午帅师伐郑，郑子孔欲去诸大夫，叛晋而起楚师去之，子展子西完守入保，子孔不敢出会楚师，楚师伐郑甚雨及之，楚师多冻役徒几尽，南风不竞楚师无功。

襄公十九年：春，王正月，诸侯盟于祝柯。晋人执邾子。公至自伐齐。取邾田，自漷水。季孙宿如晋。葬曹成公。夏，卫孙林父帅师伐齐。秋，七月辛卯，齐侯环卒。晋士匄帅师侵齐，至穀，闻齐侯卒，乃还。八月丙辰，仲孙蔑卒。齐杀其大夫高厚。郑杀其大夫公子嘉。冬，葬齐灵公。城西郭。叔孙豹会晋士匄于柯。城武城。

诸侯盟曰大毋侵小，盟后晋人执邾子者，以其助齐伐鲁之故，恶及其民称人以执，取邾田自漷水归鲁。公赐晋卿大夫命服，荀偃瘅卒视不可含，宣子盥抚誓扶其子，犹视复誓必终齐事，乃瞑受含宣子愧惭。季孙宿如晋谢义师，晋侯享之卿赋《黍苗》，季武子兴再拜稽首，小国仰大犹谷仰雨，若常膏之天下辑睦，遂赋《六月》赞晋匡扶。季武子以所得齐兵，作林钟而铭鲁功焉，臧武仲谓季孙非礼，天子铭德而不铭功，诸侯时举有功铭功，大夫称伐铭其功劳，大而伐小取作彝器，铭其功烈以示子孙，以昭明德而惩无礼，今借人力以救其死，称伐下等计功借人，言时妨民何以为铭。卫卿晋卿帅师伐齐，闻齐侯卒乃还为礼。齐杀其大夫高厚者，从君于昏国杀示戒，为政专横国人患之，郑杀其大夫公子嘉，郑人遂使子展当国，子西听政子产位卿。齐及晋平齐心未服，叔孙豹遂会晋士匄，惧齐而城西郭武城。卫石子卒其子不哀，蹶其本者不有其宗。

襄公二十年：春，王正月辛亥，仲孙速会莒人，盟于向。夏，六月庚申，公会晋侯、齐侯、宋公、卫侯、郑伯、曹伯、莒子、邾子、滕子、薛伯、杞伯、小邾子，盟于澶渊。秋，公至自会。仲孙速帅师伐邾。蔡杀其大夫公子燮。蔡公子履出奔楚。陈侯之弟黄出奔楚。叔老如齐。冬，十月丙辰朔，日有食之。季孙宿如宋。

仲孙速会莒人相盟，寻诸侯盟故及莒平。公会晋侯齐侯宋公，卫侯郑伯曹伯莒子，邾子滕子薛伯杞伯，小邾子盟于澶渊者，齐与晋平诸侯和盟。仲孙速帅师伐邾者，邾人骤至伐以报之。蔡杀其大夫公子燮，欲蔡事晋蔡人杀之，言违众不与民同欲，蔡公子履出奔楚者，母弟出奔言非其罪。陈侯之弟黄出奔楚，庆虎庆寅专政惧逼，暴蔑其君故去其亲，称弟以明无罪出奔。叔老如齐朝聘复通，继好息民书示有礼。日有食之左氏不传，季孙如宋报向戌聘，褚师段逆之以受享，赋《常棣》之七章以卒，两国好合亲如弟兄，宋人重贿复命公享，季孙赋《鱼丽》之卒章，以喻聘宋得其时也，公赋《南山有台》也者，喻君子能为国光辉，武子避席谦称不堪。卫宁惠子疾召悼子，得罪于君悔而无及，名藏永在诸侯之策，孙林父宁殖出其君，能掩父失则为父子，若子不能馁不来食，悼子许诺惠子遂卒。

襄公二十一年：春，王正月，公如晋。邾庶其以漆、闾丘来奔。夏，公至自晋。秋，晋栾出奔楚。九月庚戌朔，日有食之。冬，十月庚辰朔，日有食之。曹伯来朝。公会晋侯、齐侯、宋公、卫侯、郑伯、曹伯、莒子、邾子于商任。

公如晋拜师及取田，邾庶其以其邑来奔，季氏以公姑姊妻之，其从者亦皆有所赐，庶其非卿重地故书。卿赏外盗故鲁多盗，上之所为民之所归，在上位者洒濯其心，壹以待人轨度其信，明征而后可以治人，上所不为民或为之，加刑罚焉莫敢不惩，上之所为民亦为之，乃其所归又何能禁，念兹在兹释兹在兹，言兹在兹出兹在兹，信由己壹后可念功。晋栾盈出奔楚也者，栾氏多怨小人构之，惧其多士执政逐之，诛杀其党囚叔向等。举不弃仇内不失亲，有觉德行四国顺之，叔向以为祁奚必救。谋而鲜过惠训不倦，祁奚以为叔向有焉，社稷之固十世当宥，杀弃社稷不亦惑乎，赵宣子悦遂免叔向。日食又食左氏无传，曹伯来朝始来见公。公会诸侯谋锢栾氏，齐侯卫侯朝会不敬，会朝乃为礼之大经，礼为政舆政为身守，怠礼失政不立必乱。

襄公二十二年：春，王正月，公至自会。夏，四月。秋，七月辛酉，叔老卒。冬，公会晋侯、齐侯、宋公、卫侯、郑伯、曹伯、莒子、邾子、薛伯、杞伯、小邾子于沙随。公至自会。楚杀其大夫公子追舒。

公至自会告庙故书，叔老卒者与敛书日。栾盈适齐齐侯纳之，晏平仲谏齐侯不听，小之事大失信不立，君人执信臣人执恭，忠信笃敬上下同之，天道自弃岂能常久。郑子张卒归邑于公，黜官薄祭遗言敬戒，君子赞曰子张善戒，慎尔侯度用戒不虞。诸侯再会复锢栾氏，公至自会告庙故书。楚杀大夫公子追舒，偏宠小人国患书名，萐子续政复近小人，听申叔谏生死肉骨，惧辞小人王乃安之。郑游贩夺人妻被杀，卿废其子而立其弟，国卿君之贰民之主，不可以苟请舍恶类。

襄公二十三年：春，王二月癸酉朔，日有食之。三月己巳，杞伯匄卒。夏，邾畀我来奔。葬杞孝公。陈杀其大夫庆虎及庆寅。陈侯之弟黄自楚归于陈。晋栾盈复入于晋者，入于曲沃。秋，齐侯伐卫，遂伐晋。八月，叔孙豹帅师救晋，次于雍榆。己卯，仲孙速卒。冬，十月乙亥，臧孙纥出奔邾。晋人杀栾盈。齐侯袭莒。

日有食之左氏无传，杞伯匄卒同盟赴书，晋平公母杞公姊妹，服丧公不彻乐非礼，邾畀我来奔亦书叛。陈杀大夫庆虎庆寅，陈侯弟黄自楚归陈，庆氏不义专君叛国，黄理得申故为楚纳。晋栾盈复入于晋者，以恶而入则曰复入，卿怨栾氏围而杀之，天之所废无可兴之。齐侯伐卫遂伐于晋，恃勇以伐不济国福，不德有功忧必及之，鲁卿帅师救晋合礼。仲孙速卒与敛书日，臧孙纥出奔邾也者，祸福无门唯人所召，出乎尔者必反乎尔，阿顺季氏废长立少，以取奔亡书以罪之，念兹在兹顺事恕施，武仲之知不容鲁国，作不顺而施不恕故。还晋不入齐侯袭莒，莒获杞梁莒人行成。

襄公二十四年：春，叔孙豹如晋。仲孙羯帅师侵齐。夏，楚子伐吴。秋，七月甲子朔，日有食之，既。齐崔杼帅师伐莒。大水。八月癸巳朔，日有食之。公会晋侯、宋公、卫侯、郑伯、曹伯、莒子、邾子、滕子、薛伯、杞伯、小邾子于夷仪。冬，楚子、蔡侯、陈侯、许男伐郑。公至自会。陈鍼宜咎出奔楚。叔孙豹如京师。大饥。

叔孙豹如晋贺克乱，范宣子问死而不朽，叔孙豹答太上立德，其次立功其次立言，虽久不废此谓不朽，保姓受氏以守宗祊，世不绝祀无国无之，世禄大者不谓不朽。范宣子政诸侯币重，郑人病之子产书告，不闻令德而闻重币，君子之长国家也者，非患无赂而难令名，令名德舆德乃国基，有德则乐乐则能久，乐只君子邦家之基，上帝临汝无贰尔心，恕思明德远至迩安，宣子悦之轻诸侯币。秦晋为成成而不结，晋卿秦卿相为莅盟，为晋报故鲁师侵齐，楚子伐吴无功而还。齐侯惧晋欲见楚子，楚使如齐聘且请期，齐社蒐军实使客观，陈文子曰齐将有寇，兵不戢藏必还自害。日食又食左氏无传，齐崔杼帅师伐莒者，齐使如楚辞且乞师，崔杼帅师送遂伐莒。大水为灾职此之故，诸侯会谋伐齐未果。楚蔡陈许伐郑救齐，诸侯还救楚子遂还。陈鍼宜咎出奔楚者，讨庆氏党恶之书名。齐人城郏求媚天子，叔孙聘周且以贺城，大饥为灾左氏无传。

襄公二十五年：春，齐崔杼帅师伐我北鄙。夏，五月乙亥，齐崔杼弑其君光。公会晋侯、宋公、卫侯、郑伯、曹伯、莒子、邾子、滕子、薛伯、杞伯、小邾子于夷仪。六月壬子，郑公孙舍之帅师入陈。秋，八月己巳，诸侯同盟于重丘。公至自会。卫侯入于夷仪。楚屈建帅师灭舒鸠。冬，郑公孙夏帅师伐陈。十有二月，吴子遏伐楚，门于巢，卒。

齐崔杼帅师伐鲁鄙，使民不严欲得民心。齐崔杼弑其君光者，齐庄公淫通崔杼妇，崔子弑君嬖臣死之，晏子守礼论君臣义，君不陵民臣远口实，君民之者社稷是主，臣君之者社稷是养，唯忠于君以利社稷，君死社稷臣则死之，若为己死非昵不任，枕君尸哭兴三踊出，民之望故舍之得民，齐侯背盟尚无残民，故书臣名以罪崔氏，太史书曰崔杼弑君，崔子杀之其弟嗣书，杀之其弟又书乃舍，南史氏闻太史尽死，执简以往闻舍乃还。诸侯伐齐以报前役，齐人赂晋晋侯许之。陈前伐郑井堙木刊，郑人怨之郑师入陈，司徒致民司马致节，司空致地陈安乃还，献捷于晋戎服将事，晋问陈罪不可亿逞，忘周德惎楚陵郑，井堙木刊无慈惠心，先王之命唯罪所在，天诱其衷启郑之心，陈知其罪授手于郑，犯顺不祥晋乃受之。郑伯如晋拜陈之功，郑复伐陈陈及郑平，言以足志文以足言，言之无文行而不远，晋为盟主郑入陈，非慎文辞不为成功。子产问政然明对之，视民如子不仁诛之，有如鹰鹯之逐鸟雀，大叔问政子产答曰，政如农功日夜思之，思始成终朝夕行之，行无越思如农有畔，为政如此其过鲜矣。齐成之故诸侯同盟，舒鸠叛楚楚师灭之，楚卿政治吴子伐楚，勇而轻敌亲攻射卒。卫献公使与宁喜言，谋求复国宁喜许之，君子之行思终思复，慎始敬终终以不困，举棋不定不胜其耦，宁子视君不如弈棋，君子谓其不恤其后，置君弗定必不免灭。

襄公二十六年：春，王二月辛卯，卫宁喜弑其君剽。卫孙林父入于戚以叛。甲午，卫侯衎复归于卫。夏，晋侯使荀吴来聘。公会晋人、郑良霄、宋人、曹人于澶渊。秋，宋公杀其世子痤。晋人执卫宁喜。八月壬午，许男宁卒于楚。冬，楚子、蔡侯、陈侯伐郑。葬许灵公。

秦伯弟鍼如晋修成，叔向命召行人子员，行人子朱抚剑怒之，叔向答之秦晋久睽，事幸而集晋国赖之，不幸不集三军暴骨，员道二国之言无私，平公喜曰晋其庶乎，大夫为国所争者大，师旷对曰公室惧卑，臣不竞德而力争善，私欲已侈能无卑乎。卫宁喜弑其君剽者，卫献公诺苟能复国，政由宁氏祭则寡人，受父遗命罪在宁氏，卫孙林父入戚以叛，专邑背国罪在孙氏，卫侯衎复归于卫国，书曰复归国纳之也。晋侯使荀吴来聘者，为孙氏故召会讨卫，公会诸侯大夫谋之，晋人于会执卫宁喜，卫侯如晋晋人执囚，为臣执君不足为训，晏子谏之许归卫侯。宋公杀其世子痤者，称君杀恶父子相残。许男宁卒于楚也者，许灵公如楚请伐郑，楚师不兴誓死不归，虽未同盟赴名故书，楚子蔡侯陈侯伐郑，郑人将御子产止之，晋楚将平诸侯将和，楚王是故昧于一来，使逞而归和乃易成，小人之性衅勇啬祸，足性求名非国家利，子展悦之遂不御寇。卫归卫姬晋释卫侯，君子以知平公失政。

襄公二十七年：春，齐侯使庆封来聘。夏，叔孙豹会晋赵武、楚屈建、蔡公孙归生、卫石恶、陈孔奂、郑良霄、许人、曹人于宋。卫杀其大夫宁喜。卫侯之弟鱄出奔晋。秋，七月辛巳，豹及诸侯之大夫盟于宋。冬，十有二月乙亥朔，日有食之。

诸侯相侵贪而取地，赵文为政乃卒治之，执侵者而复丧邑者，惩贪矫枉诸侯以睦。齐侯使庆封来聘者，齐景即位遂通嗣君，庆封来聘其车华美，车服不称必以恶终，与食不敬不耻《相鼠》。叔孙豹会晋楚蔡卫，陈郑许曹大夫于宋，诸侯谋会欲宁息民，会国十四书序惟九，齐秦不交见不与盟，邾滕私属亦不与盟，宋为主人与盟可知，豹及诸侯大夫盟者，宋向戌善晋楚执政，欲弭兵伐以为美名，韩宣子曰兵乃民残，财用之蠹小国大灾，弭虽无实亦必许之，晋楚齐秦无不许之，遂告小国为会于宋。宋享赵武叔向为介，司马折俎礼多文辞。晋楚之从交相朝聘，晋楚齐秦相匹难从，晋难从齐楚难从秦，遂释齐秦他国相见。诸侯将盟楚人衷甲，逞志弃信志不可逞，志以发言言以出信，信以立志参以定之，若其信亡何以及三，以信召人以僭济之，必莫之与安能害人。季武子使命视邾滕，齐人请邾宋人请滕，邾滕私属皆不与盟，叔孙以为宋卫鲁匹，违命遂盟贬不书族。晋楚争先晋卿让之，务德无争乃先楚人，书先晋者以晋有信。子木遂问范武子德，其家事治言无隐情，祝史陈信鬼神无愧，能歆神人光辅五君。郑享赵孟大夫以从，皆赋其志以卒君贶，子展《草虫》善为民主，子西《黍苗》子产《隰桑》，子大叔赋《野有蔓草》，印段《蟋蟀》保家之主，《诗》以言志不诬其上，上不忘降乐而不荒，乐以安民不淫以使。宋赏向戌子罕谏之，诸侯小国晋楚威之，畏兵而后上下慈和，安靖国家所以存祀，无威则骄骄则乱生，乱生必灭所以亡也，天生五材民并用之，废一不可谁能去兵，兵以威不轨昭文德，圣人以兴乱人以废，废兴存亡昏明之术，皆兵之由求去实诬，诬道蔽之罪莫大焉，无讨求赏无厌之甚，德其存恤左师辞邑。卫杀其大夫宁喜者，卫宁喜专献公患之，公孙免余攻杀尸朝，弑君立君义宜追讨，国讨为文罪书其名，卫侯之弟鱄出奔晋，公食前言书弟罪兄，弟旋怨卒公痛寻盟。崔杼家乱庆封奸成，害杀其主家臣当国。楚卿蓬罢如晋莅盟，晋享将出而赋《既醉》，承其君命而不忘敏，知政事君必能养民。日有食之左氏有传，司历之过再失闰矣。

襄公二十八年： 春，无冰。夏，卫石恶出奔晋。邾子来朝。秋，八月，大雩。仲孙羯如晋。冬，齐庆封来奔。十有一月，公如楚。十有二月甲寅，天王崩。乙未，楚子昭卒。

无冰也者再失闰故，顿置两闰以应天正，正月建子无冰灾书，梓慎预言宋郑必饥，岁在星纪淫于玄枵，无冰时灾阴不堪阳，蛇乘岁星宋郑之野，玄枵虚中枵者耗也，土虚民耗不饥何为。齐陈蔡燕杞胡沈狄，宋之盟故遂朝于晋，齐虽不盟亦无敢叛。卫石恶出奔晋也者，宁喜之党书名恶之，立其从子守祀为礼。因时事故邾子来朝，旱而大雩祈甘霖焉。蔡侯晋归郑享不敬，受享而惰乃其本心，君小国者慢事大国，举止惰傲以为己心，其为君也淫而不父，如是之者恒有子祸。蔡如晋朝郑亦朝楚，郑伯使游吉如楚者，楚人不满欲致郑伯，子大叔答宋盟佑小，安定社稷镇抚民人，礼承天休楚令郑望，不修政德贪昧诸侯，舍弃其本以逞其愿，复归无所是谓迷复。仲孙羯如晋告朝楚，郑伯如楚舍不为坛，楚人让之子产答之，大适小者宥其罪戾，赦其过失救其灾患，赏其德刑教其不及，小国不困怀服如归，作坛昭功宣无怠德，小适大者无昭祸已，脱其罪戾请其不足，行其政事恭某职贡，从其时命勿坛昭祸。齐庆封来奔书之者，非卿荒淫书名罪之，齐人来让遂奔于吴，聚族而居富于其旧，善人之富谓之天赏，淫人之富谓之天殃，天殃之人其将聚歼。践宋之盟公如楚朝，天王崩者书以告日，臣子怠慢缓告惩过。崔氏之乱丧群公子，及庆氏亡皆召反邑，贪利必败晏子弗受，公以为忠故有宠敬。宋陈鲁郑许君如楚，公过郑而伯有不敬，敬为民主弃敬无守。楚子昭卒公遂欲返，楚国之行岂为一人，远图者忠公遂继行，宋向戌曰姑归息民，待其立君宋公遂反。

襄公二十九年：春，王正月，公在楚。夏，五月，公至自楚。庚午，卫侯衍卒，阍弑吴子馀祭。仲孙羯会晋荀盈、齐高止、宋华定、卫世叔仪、郑公孙段、曹人、莒人、滕人、薛人、小邾人城杞。晋侯使士鞅来聘。杞子来盟。吴子使札来聘。秋，九月，葬卫献公。齐高止出奔北燕。冬，仲孙羯如晋。

公在楚不朝正于庙，陈鲁郑许君送楚葬，亲至西门大夫至墓。公还及鄙季氏取卞，欲取自益而言讨叛，公欲无入卿赋《式微》，乃归告庙公至自楚。葬周灵王郑印段往，伯有不可子展可之，坚事晋楚以蕃王室，王事无旷何常之有。吴人伐越获俘为阍，阍以刀弑吴子馀祭，古训君子不近刑人。郑饥民病子皮饩粟，得郑民心常掌国政，宋子罕赞邻善民望，宋饥亦请出公粟贷，使大夫贷自贷不书，并为大夫之无者贷，宋无饥人亦民归望，施而不德子罕尤优。晋平公杞出故治杞，诸侯大夫合会城杞，晋国不恤周宗之阙，诸姬是弃夏肄是屏，弃同即异是谓离德。晋侯使士鞅来聘者，拜谢城杞公享酬宾，公室卑微难备三耦，公臣不足取于家臣。晋治杞田鲁稍归之，归田之故杞子来盟，书曰子者贬用夷礼。吴子使札来聘也者，礼异中国不称公子，悦谏叔孙好善不择，嘉乐君子务在择人，不慎举人祸必及之。请观周乐先歌《周》《召》，始基犹未勤而不怨；歌《邶》《鄘》《卫》叹其美渊，忧而不困《卫风》之德，为歌《王风》赞曰美哉，思而不惧周之迁东；歌《郑》美哉其细已甚，民必弗堪故必先亡；歌《齐》叹美泱泱大风，表东海者国未可量；歌《豳》赞曰美哉荡乎，乐而不淫周公之东；歌《秦》夏声能夏则大，大之至也其周之旧；为之歌《魏》叹其美沨，大而婉约险而易行，以德辅此则为明主；为之歌《唐》赞其思深，陶唐遗民忧思之远，令德之后方能若是；歌《陈》叹曰国无主德，淫声放荡无所畏惧；自郐以下其无讥焉。为歌《小雅》赞曰美哉，思而不贰怨而不言，周德之衰犹有遗民；为歌《大雅》赞其广熙，曲有直体文王之德；为之歌《颂》赞至矣哉，直而不倨曲而不屈，迩而不逼远而不携，迁而不淫复而不厌，哀而不愁乐而不荒，用而不匮广而不宣，施而不费取而不贪，处而不底行而不流，五声以和八风以平，节度守序盛德所同。见舞《象箾》《南籥》之者，叹曰美哉犹有憾也，见舞《大武》叹美周盛，见舞《韶濩》叹圣之难，圣人之弘犹有惭德，见舞《大夏》叹曰美哉，勤而不德非禹孰修，见舞《韶箾》颂德至大，如地之载如天之帱，虽甚盛德无以加此，至此观止不听他乐。其出聘者为通嗣君，遂聘于齐悦晏平仲，谏去邑政可免于难，齐国之政将有所归，未获所归难未歇也。于郑子产如旧相识，谓子产曰政侈难至，政必及子慎之以礼。适卫悦蘧瑗等大夫，卫多君子未有国患。适晋悦赵韩魏三卿，以为晋国将萃三族，悦叔向而劝其勉之，君侈多良大夫皆富，政将移家过直思难。齐高止出奔北燕者，书名罪其专政贪功，齐人择立敬仲曾孙，仲孙如晋报其前聘。郑卿不和大夫盟之，君子屡盟乱是用长，善代不善天命子产，举不逾等则位班也，择善而举则世隆也，天祸郑久子产息之，郑犹可免否则必亡。

襄公三十年：春，王正月，楚子使薳罢来聘。夏，四月，蔡世子般弑其君固。五月甲午，宋灾。宋伯姬卒。天王杀其弟佞夫。王子瑕奔晋。秋，七月，叔弓如宋，葬宋共姬。郑良霄出奔许，自许入于郑；郑人杀良霄。冬，十月，葬蔡景公。晋人、齐人、宋人、卫人、郑人、曹人、莒人、邾人、滕子、薛人、杞人、小邾人会于澶渊，宋灾故。

楚子使薳罢来聘者，通其嗣君使匿国乱。郑伯及其大夫盟者，大夫争竞郑伯微弱，臣下不制君臣诅盟，君子以知郑难未已。蔡世子般弑其君固，君为子娶而自通之，子弑其父父子俱恶。天王杀其弟佞夫者，公卿谋上王弟无妄，称弟以恶王残骨肉。宋灾天火宋伯姬卒，待姆遭难女而不妇，女须待人妇则义事，叔弓如宋葬宋共姬。郑良霄出奔许也者，嗜酒荒淫书名罪之，自许复入郑人杀之，自外入故不称大夫。楚公子围杀卿取室，善人国主政在殖善，残杀司马虐善祸国，令尹之偏王之四体，绝民之主去身之偏，艾王之体以祸其国，不祥大焉何以得免。诸侯大夫会于澶渊，宋灾之故谋归宋财，既而无归不书其人，君子言信不可不慎，失信之故上卿不书，会而不信宠名皆弃，亦恶宋之外会求财。子产为政略伯石邑，子大叔责奚独略之，子产答曰无欲实难，皆得其欲以从其事，而要其成邑将焉往，安定国家必大者先，姑先安大以待所归，都鄙有章上下有服，田有封洫庐井有伍，大人忠俭从而与之，泰侈之者因而毙之。从政一年舆人诵之，衣冠褚之田畴伍之，孰杀子产吾其与之，政及三年舆人又诵，我有子弟子产诲之，我有田畴子产殖之，子产而死谁其嗣之。

襄公三十一年： 春，王正月。夏，六月辛巳，公薨于楚宫。秋，九月癸巳，子野卒。己亥，仲孙羯卒。冬，十月，滕子来会葬。癸酉，葬我君襄公。十有一月，莒人杀其君密州。

穆叔会归告于孟孙，赵孟语偷不似民主，年未五十谆谆耄耋，若赵孟死韩子必政，晋公室卑政在大夫，韩子懦弱大夫多贪，求欲无厌鲁何堪求，谗慝弘多必早树善，孟孙答以人生几何，朝不及夕谁能无偷，穆叔出告孟孙将死，语诸人偷己又甚焉。慕楚之乐公作楚宫，逸欲不居先王路寝，公薨于楚宫书失所，因事有功葬谥襄公，叔仲带窃取公拱璧，得罪国人子孙受累。子野卒者不葬未君，过哀毁瘠以致灭性。立公子裯穆叔不欲，大子死者则立母弟，无则立长年钧择贤，义钧则卜古之道也，非嫡嗣者何必娣子，且是人也居丧不哀，在戚嘉容是谓不度，不度之人鲜不为患，武子不听而卒立之，比及公葬竟三易衰，年十九岁犹有童心，嬉戏无度难以善终。卿会国葬诸侯无亲，滕子来会葬者非礼，惰而多涕其哀已甚，怠于其位兆于死所。莒人杀其君密州者，公虐无常国人患之，子藉国人攻弑自立，无道故名不称弑者。吴子使屈狐庸聘晋，赵文子问季子立否，对曰不立现君德度，德不失民度不失事，民亲事序为天所启，季子守节有国不立。子产从政择能而使，冯简子者能断大事，子大叔者美秀而文，公孙挥者周知四国，辨识人才又善辞令，裨谌能谋谋野则获，子产善用鲜有败事。郑人游乡校论执政，子产君子不毁乡校，夫人朝夕退而游焉，以议执政之善与否，其所善者吾则行之，其所恶者吾则改之，是吾师也若何毁之，我闻忠善可以损怨，作威防怨岂不遽止，然犹防川大决所犯，伤人必多遂不克救，小决使道闻而药之，以是观之子产实仁。子皮欲使尹何治邑，以其年少子产不可，人之爱人求利之也，爱人以政其伤实多，犹未能操刀而使割，子之爱人伤之而已，人有美锦不使学制，大官大邑身之所庇，使学者制何异美锦，只闻先学而后入政，未闻先政以政学者，若果行此必有所害，君子务知大者远者，小人务知小者近者，人心不同如其面焉，抑心所危亦以告也，子皮以忠委政子产。卫侯在楚令尹有仪，北宫文子言于卫侯，令尹似君将有他志，虽获其志不能终也，靡不有初鲜克有终，敬慎威仪惟民之则，上无威仪民无则焉，民不则上上不可终，有威而可畏谓之威，有仪而可象谓之仪，君备有君之威仪者，其臣畏爱则而象之，能有国家令闻长世，臣具有臣之威仪者，其下畏爱守其官职，保族宜家上下相固，威仪棣棣不可选也，君臣上下父子兄弟，内外大小皆有威仪，朋友攸摄摄以威仪，朋友之道以威仪教。大国畏力小国怀德，不识不知顺帝之则，畏而爱之则而象之，文王之行至今为法，是故君子在位可畏，施舍可爱进退可度，周旋可则容止可观，作事可法德行可象，声气可乐动作有文，言语有章以临其下，此之所谓备有威仪。

昭公元年至三十二年

昭公元年：春，王正月，公即位。叔孙豹会晋赵武、楚公子围、齐国弱、宋向戌、卫齐恶、陈公子招、蔡公孙归生、郑罕虎、许人、曹人于虢。三月，取郓。夏，秦伯之弟鍼出奔晋。六月丁巳，邾子华卒。晋荀吴帅师败狄于大卤。秋，莒去疾自齐入于莒。莒展舆出奔吴。叔弓帅师疆郓田。葬邾悼公。冬，十有一月己酉，楚子麇卒。楚公子比出奔晋。

元年之春周王正月，公即位者朝庙告朔。楚公子围寻宋之盟，叔孙豹会晋楚齐宋，卫陈蔡郑许曹大夫，晋赵文子信以为本，楚人专横晋人忍之，季孙伐莒轻易取郓，莒人告会楚欲惩鲁，晋乐桓子求货叔孙，诸侯相会以卫社稷，若以货免鲁必受师，为鲁国故叔孙弗与，虽怨季孙鲁民何罪，赵孟闻之请楚赦之，临患念国思难守官，图国忘死谋三者宜，忠信贞义又何可戮，去烦宥善莫不竞劝，楚人许之乃免叔孙。令尹享赋《大明》首章，赵孟答赋《小宛》二章。令尹蔑上自以为王，强以克弱强为不义，不义而强其毙必速，令尹为王必求诸侯，晋稍示懦诸侯将往，楚获诸侯其虐滋甚，民弗堪也将何以终，国以强取不义而克，道以淫虐弗可久已。秦伯之弟鍼出奔晋，有宠于父权比君兄，书弟罪君失于教训，见于赵孟赵孟视荫，朝夕不及偷食苟且，为民之主甂岁愒日，遂出预言赵孟将死。晋荀吴帅师败狄者，魏舒谋诱遂大败之。莒去疾自齐入于莒，国逆而立之则曰入，莒展舆出奔吴也者，弑君之贼夺大夫禄，未会诸侯故不称爵，莒展不立弃人之故，无竞维人人何可弃，因莒乱鲁师疆郓田。晋侯有疾子产应询，如有水旱疠疫之灾，于是禜之山川之神，若雪霜风雨之不时，禜之日月星辰之神，君疾饮食哀乐之事，无禜山川星辰之神，君子四时朝以听政，昼以访问夕以修令，夜以安身节宣其气，勿使壅滞以羸其体，兹心不爽昏乱百度，四时壹之则生疾矣，纳于同姓其生不殖，美先尽矣则相生疾，古之所慎君子恶之，男女辨姓礼之大司，君纳四姬无省必疾，晋侯闻称博物君子。晋侯求秦医和视之，蛊近女室疾不可为，非鬼非食惑以丧志，良臣将死天命不祐，女亦可近惟须节之，先王之乐以节百事，迟速本末五节相及，中声以降五降不弹，烦手淫声慆堙心耳，乃忘平和君子弗听，物亦如之至烦乃舍，无忘中度以自生疾，君子之近琴瑟也者，以仪其节非以慆心，天有六气降生五味，发为五色征为五声，过于节度淫生六疾，六气阴阳风雨晦明，分为四时序为五节，过则为灾阴淫寒疾，阳淫热疾风淫末疾，雨淫腹疾晦淫惑疾，明淫心疾虑烦心劳，女者随男阳物晦时，淫则生疾内热惑蛊，不节不时能无及病。出告赵孟正当良臣，君至于淫以生疾病，社稷无恤祸孰大焉，祸兴不御必受其咎，蛊者淫溺惑乱所生，皿虫为蛊谷飞亦蛊，易象女惑男风落山。君弱臣强楚子麇卒，楚王有疾公子围弑，赴以疟疾故不称弑。公子比出奔晋也者，与秦公子同百人饫，底禄以德德钧以年，年同以尊公子以国，秦楚为匹不侮不畏。

昭公二年：春，晋侯使韩起来聘。夏，叔弓如晋。秋，郑杀其大夫公孙黑。冬，公如晋，至河乃复。季孙宿如晋。

晋侯使韩起来聘者，公即位故且告为政，观书见易象《鲁春秋》，感叹周礼尽在鲁矣，至今乃知周公之德，与周所以王天下故，公享晋宾赋诗通情，季武子赋《绵》之卒章，韩子赋《角弓》季孙拜，敢拜弥缝寡君有望，季孙还赋《节》之卒章，既享私宴遂赋《甘棠》，韩子不堪无及召公。韩宣子遂如齐纳币，谓两卿子不臣败家，大夫多笑惟晏子信，君子有信有以知之，自齐聘卫卫侯享之，主赋《淇澳》宾赋《木瓜》。晋韩须如齐以逆女，齐陈无宇送致少姜，有宠晋侯谓之少齐。叔弓如晋报宣子聘，先辞郊劳后辞大馆，叔向赞叹叔弓知礼，忠信礼器卑让礼宗，辞不忘国谓之忠信，先国后己谓之卑让，敬慎威仪夫子近德。郑杀其大夫公孙黑，强自为卿书名恶之，欲去游氏以代其位，伤疾作故将乱未果，争乱无厌大夫欲杀，子产数罪使其自裁，自缢尸衢书罪其上。晋少姜卒公如晋吊，晋使来辞至河乃复，季孙宿遂如晋致禭。

昭公三年：春，王正月丁未，滕子原卒。夏，叔弓如滕。五月，葬滕成公。秋，小邾子来朝。八月，大雩。冬，大雨雹。北燕伯款出奔齐。

郑游吉送少姜之葬，畏晋之故迫不得已，文襄之霸不烦诸侯，三岁而聘五岁而朝，有事而会不协而盟，君薨大夫吊卿共葬，夫人士吊大夫送葬，足以昭礼命事谋阙，今薜宠丧不敢择位，礼如守嫡唯惧获戾。齐使晏婴请继室晋，韩宣子使叔向对曰，任社稷事寡君之愿，君有辱命惠莫大焉，赐之内主抚有晋国，岂唯寡君群臣受贶，唐叔以下实宠嘉之。晏子叔向享席与语，齐已季世将为陈氏，公弃其民归于陈氏，齐旧四量陈氏三量，以家量贷以公量收，山木如市弗加于山，鱼盐蜃蛤弗加于海，民参其力二入于公，公聚朽蠹三老冻馁，国之诸市屦贱踊贵，民人痛疾陈氏休之，爱如父母归如流水，欲无获民将焉辟之，虽晋公室今亦季世，戎马不驾卿无军行，公乘无人卒列无长，庶民罢敝宫室滋侈，道殣相望女富溢尤，民闻公命如逃寇仇，八姓旧臣降在皂隶，政在家门民无所依，君日不悛以乐慆忧，公室卑弱不悛难久，公族殆尽公室将卑，枝叶先落则公从之，得死为幸敢觊获祀。齐景公欲更晏子宅，晏子辞曰先臣容焉，近市知情踊贵屦贱，晏子一言齐侯省刑，君子如祉乱庶遄已，仁人之言其利博哉。晏子如晋公更其宅，既拜毁之皆如其旧，先人卜邻违卜不祥，君子古制不犯非礼，小人古制不犯不祥。郑伯如晋公孙段相，甚敬而卑礼无违者，晋侯嘉焉授之以策，有劳晋国闻而弗忘，赐之州田以胙旧勋，礼乃急务人之终始，人而无礼胡不遄死。滕子原卒同盟赴名，叔弓如滕葬滕成公。小邾子之来朝也者，季孙卑之穆叔不可，曹滕二邾不忘鲁好，敬以逆之犹惧其贰，又卑一睦焉逆群好，如旧加敬能敬无灾，敬逆来者天所福也。大雩为旱雩祭为民，大雨雹者书灾无传。北燕伯欵出奔齐者，欲去大夫立其嬖宠，燕大夫比杀公外嬖，公惧奔齐书以罪之。

昭公四年：春，王正月，大雨雹。夏，楚子、蔡侯、陈侯、郑伯、许男、徐子、滕子、顿子、胡子、沈子、小邾子、宋世子佐、淮夷会于申。楚子执徐子。秋，七月，楚子、蔡侯、陈侯、许男、顿子、胡子、沈子、淮夷伐吴，执齐庆封，杀之；遂灭赖。九月，取鄫。冬，十有二月乙卯，叔孙豹卒。

楚使如晋以求诸侯，晋楚之从交相见也，君若苟无四方之虞，则愿假宠以请诸侯，晋侯不欲司马侯劝，楚王方侈天逞其心，以厚其毒而降之罚，晋楚兴衰惟天所置，君其许之修德以待，若归于德晋犹事之，若适淫虐楚将弃之，先王修德以享神人，多难固国无难丧国，邻国之难不可虞也，不修政德亡于不暇。大雨雹者当雪而雹，为灾故书左氏有传，申丰以为雹可为御，圣朝无雹虽有不灾，藏冰出冰出入以时，朝之禄位宾食丧祭，祭寒藏之献羔启之，冰以风壮而以风出，藏之也周用之也遍，冬无愆阳夏无伏阴，春无凄风秋无苦雨，雷不出震无灾霜雹，疠疾不降民不夭亡，《七月》卒章藏冰之道，藏弃不用阴阳失序。诸侯如楚楚始合之，鲁卫曹邾不与于会，曹邾辞难鲁祭卫疾，实则曹畏宋邾畏鲁，鲁卫逼于齐亲于晋。诸侯无归礼以为归，始得诸侯必慎于礼，王使问礼向戌子产，献公合诸侯之礼六，伯子男会公之礼六。楚人执徐子称人者，徐子吴出疑贰故执，以不道其民告书人，楚子示侈汰而愎谏，子产向戌遂不患楚，不十年侈其恶不远，恶远后弃德远后兴，因会伐吴杀齐庆封，楚欲行霸为齐讨之，戒盟大夫弑君弱孤，遂灭赖者迁赖于鄢。吴伐于楚以报楚讨，楚卿奔命遂城边邑。取鄫言易克不用师，莒乱不抚鄫叛而来。郑子产作《丘赋》类鲁，国人谤之子产无视，苟利社稷死生以之，为善以度故能有济，民不可逞度不可改，礼义不愆何恤人言。浑罕预言国氏先亡，作法于凉其敝犹贪，作法于贪敝将若何。姬姓列国蔡曹滕者，逼而无礼其必先亡，逼而无法郑先卫亡，政不率法而制于心，民各有心何上之有。君子礼义不可去身，叔孙豹卒自食其果，违礼私淫生子邪佞，以致饿死其家几灭。

昭公五年： 春，王正月，舍中军。楚杀其大夫屈申。公如晋。夏，莒牟夷以牟娄及防、兹来奔。秋，七月，公至自晋。戊辰，叔弓帅师败莒师于蚡泉。秦伯卒。冬，楚子、蔡侯、陈侯、许男、顿子、沈子、徐人、越人伐吴。

舍中军者卑弱公室，四分公室季氏择二，二子各一各自取税，抽减己税而贡于公，公无国民公室卑极。楚杀其大夫屈申者，以贰于吴书名罪之。公如晋者即位往见，郊劳赠贿一无失礼，女叔齐云公不知礼，礼仪有别不可不知，礼者所以固守其国，行其政令无失其民，政令在家而不能取，有子家羁而弗能用，奸大国盟陵虐小国，利人之难不知其私，公室四分民食于他，思莫在公不图其终，空为国君难将及身，恤民忧国礼之根本，而屑屑焉习仪为急，言善于礼不亦远乎，君子以为叔齐知礼。郑罕虎聘晏子骤见，能用善人实民之主。莒牟夷以其邑来奔，牟夷非卿尊地故书，莒愬于晋晋欲师讨。叔弓帅师败莒师者，莒人来讨未阵不备。楚以诸侯东夷伐吴，以报前役吴备而返。

昭公六年： 春，王正月，杞伯益姑卒。葬秦景公。夏，季孙宿如晋。葬杞文公。宋华合比出奔卫。秋，九月，大雩。楚薳罢帅师伐吴。冬，叔弓如楚。齐侯伐北燕。

杞文公卒吊如同盟，虽怨取田不废丧纪，大夫如秦葬秦景公，士吊大夫送葬合礼。郑铸《刑书》叔向责之，昔者先王议事以制，不为刑辟惧民有争，犹不可禁闲之以义，纠之以政行之以礼，守之以信奉之以仁，制为禄位以劝其从，严断刑罚以威其淫，惧其未也诲之以忠，耸之以行教之以务，使之以和临之以敬，莅之以强断之以刚，犹求圣哲明察之官，忠信之长慈惠之师，民可任使不生祸乱，民知有辟则不忌上，并有争心以征于书，徼幸成之弗可为矣，夏有乱政而作《禹刑》，商有乱政而作《汤刑》，周有乱政而作《九刑》，三辟之兴皆在叔世，先作封洫而立谤政，复制参辟而铸《刑书》，将以靖民不亦难乎，仪刑文王万邦作孚，如是之者何辟之有，民知争端弃礼征书，锥刀之末将尽争之，乱狱滋丰贿赂并行，国将亡者其必多制，虽曰救世无可奈何。士文伯曰郑其火乎，火星未出而铸刑器，火而象之不火何为。季孙宿如晋拜莒田，晋侯享之礼有加笾，季孙弗堪彻加卒事，晋谓知礼而宴好之。宋华合比出奔卫者，大子佐恶寺人柳宠，求媚大子欲杀君宠，事君失道自取奔亡，虽遭诬陷书名罪之。楚卿弃疾如晋报聘，过郑郑劳恭而有礼，禁戒严明秋毫无犯，如有犯命严惩不贷，君子废位小人降职，舍不为暴主不患宾，郑三卿知其将为王。晋卿适楚楚人弗逆，楚卿及晋晋侯欲效，叔向谏之从我而已，楚辟我中若何效辟，以善为则无则人辟，匹夫为善民犹则之，国君之教民胥效矣。大雩为旱雩祭为民，楚薳罢帅师伐吴者，吴人败之不告不书，叔弓如楚聘且吊败。齐侯如晋请伐北燕，许之遂伐将纳简公，燕有君矣而民不贰，齐君贪贿左右谄谀，大事必信否则未可。

昭公七年：春，王正月，暨齐平。三月，公如楚。叔孙婼如齐莅盟。夏，四月甲辰朔，日有食之。秋，八月戊辰，卫侯恶卒。九月，公至自楚。冬，十有一月癸未，季孙宿卒。十有二月癸亥，葬卫襄公。

燕暨齐平齐求之也，齐侯师次燕贿盟还。楚子即位为章华宫，纳以亡人无宇阍豫，无宇执之谏之于王，天子经略诸侯正封，封略之内何非君土，食土之毛谁非君臣，天有十日人有十等，下以事上上以供神，故王臣公公臣大夫，大夫臣士而士臣皂，皂臣舆人舆人臣隶，吏僚仆台顺次隶属，马圉牛牧以待百事，盗所隐器与盗同罪，逃而舍之王事乃阙。楚子台成欲合诸侯，强迫召公公遂如楚。叔孙婼如齐莅盟者，公远适楚故寻旧好。日有食之左氏有传，晋士文伯论当日食，鲁卫受恶卫大鲁小，食去卫地而如鲁地，于是有灾鲁实受之，卫君大咎鲁将上卿，日食者不善政之谓，国无良政不用善人，自取谪于日月之灾，政慎择人因民从时。卫侯恶与季孙宿卒，晋士文伯再论天人，岁时日月星辰六物，日月之会为辰配日，六物不同民心不一，事序不类官职不则，同始异终不可为常。孟僖子病不能相礼，乃讲学之从能礼者，礼为人本无礼不立，命子学礼以定其位，孟懿南宫师事仲尼，能补过者君子效则。单献公弃亲用寄客，襄顷之族杀立成公。卫襄公卒夫人无子，嬖生孟絷又生弟元，孟絷足跛不列于宗，侯主社稷而临祭祀，以奉民人而事鬼神，以从会朝故立灵公。

　　昭公八年：春，陈侯之弟招杀陈世子偃师。夏，四月辛丑，陈侯溺卒。叔弓如晋。楚人执陈行人干徵师，杀之。陈公子留出奔郑。秋，蒐于红。陈人杀其大夫公子过。大雩。冬，十月壬午，楚师灭陈。执陈公子招，放之于越。杀陈孔奂。葬陈哀公。

　　石言于晋师旷释之，石不能言或物凭焉，再或不然民听滥也，抑又闻之作事不时，怨讟动民则有物言，宫室崇侈民力凋尽，怨讟并作莫保其性，石言于晋不亦宜乎，君子之言信征远怨，小人之言僭诬及咎。陈侯之弟招杀世子，楚人执陈行人杀之，陈公子留出奔郑者，哀公嬖妃生公子留，公属诸招与公子过，哀公废疾招过杀嗣，立公子留哀公恚缢，干徵师赴楚告立君，公子胜愬楚人执杀，罪不在行人而在招，首恶从杀称弟罪之，陈杀大夫公子过者，招归罪于过而杀之，助招杀嗣书名罪之。叔弓如晋贺新宫成，诸侯畏晋相蒙故贺。大蒐于红革车千乘，以数军实以简车马，公失民权众在三家，大雩书过不旱而雩。楚师灭陈立穿封戌，不称将帅不告无书，执公子招放之于越，杀陈孔奂招之党羽。葬陈哀公往会故书，史赵以为陈灭终复，舜德世守必百世祀，继守在齐其兆既存。

　　昭公九年：春，叔弓会楚子于陈。许迁于夷。夏，四月，陈灾。秋，仲孙貜如齐。冬，筑郎囿。

　　叔弓会楚子于陈者，敬事大国自往会之，宋郑卫国大夫亦会。畏郑欲迁许迁于夷，楚迁合意自迁为文。周甘人晋阎嘉争田，晋大夫帅阴戎伐之，王使詹桓伯责于晋，戎有中国晋诱之咎，王之于晋服之冠冕，木本水源民人谋主，裂冠毁冕拔本塞源，专弃谋主何异戎狄，翼戴天子必加以恭，暴蔑天子宣示其侈，诸侯之贰不亦宜乎，因王姻丧晋使吊之，且致阎田襚与伐俘，王亦使执甘人以悦，晋人尊王礼而归之。陈灾也者天火为灾，陈水楚火相为生克，郑裨灶曰陈将复封，封五十二年而遂亡。晋荀盈卒殡而未葬，晋侯饮乐屠蒯谏之，君之卿佐是谓股肱，股肱或亏何痛如之，哀乐不聪欢容不明，美味不类公恸而止，使荀跞佐下军以慰。仲孙貜如齐盛礼聘，礼意久旷重修旧好。筑郎囿者书其合时，季平子欲速成其筑，经始勿亟庶民子来，叔孙昭子谏无速成，速成剿民无民何安。

昭公十年：春，王正月。夏，齐栾施来奔。秋，七月，季孙意如、叔弓、仲孙貜帅师伐莒。戊子，晋侯彪卒。九月，叔孙婼如晋。葬晋平公。十有二月甲子，宋公成卒。

星出婺女郑裨灶言，晋君将死妖告晋矣。齐栾施来奔书名者，嗜酒好内多怨取亡，陈鲍二家遂分其室，晏子谏之必致诸公，凡有血气皆有争心，利不可强思义为愈，让乃德主是谓懿德，义为利本蕴利生孽，姑使无蕴可以滋长，遂尽致公赈济弱小，公赐高唐陈氏始大。季孙叔孙孟孙伐莒，季孙为主俱卿故书，取郓献俘始用人祭，周公飨义无义何飨，德音孔昭视民不佻，佻之谓甚人祭孰福。晋侯彪卒大夫会葬，宋公成卒元公将嗣，恶寺人柳本欲杀之，体贴备至葬后反宠。

昭公十一年：春，王二月，叔弓如宋。葬宋平公。夏，四月丁巳，楚子虔诱蔡侯般，杀之于申。楚公子弃疾帅师围蔡。五月甲申，夫人归氏薨。大蒐于比蒲。仲孙貜会邾子，盟于祲祥。秋，季孙意如会晋韩起、齐国弱、宋华亥、卫北宫佗、郑罕虎、曹人、杞人于厥憖。九月己亥，葬我小君齐归。冬，十有一月丁酉，楚师灭蔡，执蔡世子有以归，用之。

王问时下诸侯吉凶，苌弘对曰弑君蔡凶，楚将有之无德不终，岁及大梁蔡复楚凶，美恶周复天之道也。叔弓如宋葬宋平公，楚子虔诱杀蔡侯般，醉执杀之刑士七十，楚子无礼杀君刑士，大夫深怨告楚子名，楚师围蔡叔向论之，蔡侯弑君不能其民，天将假手于楚毙之，不信以幸不可再幸，楚王讨陈号称定国，陈人听命而遂县之，诱蔡杀君遂围其国，虽幸而克必受其咎，桀克有缗以丧其国，纣克东夷而陨其身，楚小位下殴暴二王，天助不善非祚之福，厚其凶恶而降之罚，譬之如天五材俱用，力尽敝之无拯难振。夫人归氏薨蒐非礼，鲁卿会盟邾子修好，诸侯大夫会谋救蔡，子产以为难能救蔡，蔡小不顺楚大不德，天将弃蔡壅楚盈罚，蔡亡楚咎美恶周复。单子会晋视下言徐，叔向以为单子将死，朝有著定会有表位，衣襘带结以昭事序，视中结襘以道容貌，言以命之容貌明之，命事于会失则有阙，视不登带言不过步，貌不道容而言不昭，不道不恭不昭无守。葬齐归而公不哀戚，晋史赵曰必出在郊，不思亲者祖不归祐，叔向则曰公室其卑，君有大丧国不废蒐，有三年丧无一日戚，国不恤丧不忌其君，君无戚容不顾其亲，国不忌君君不顾亲，能无卑乎殆其失国。楚子灭蔡执蔡世子，归以杀之畜用于祀，牲不同用况用诸侯，暴虐不祥楚子必悔。

昭公十二年：春，齐高偃帅师纳北燕伯于阳。三月壬申，郑伯嘉卒。夏，宋公使华定来聘。公如晋，至河乃复。五月，葬郑简公。楚杀其大夫成熊。秋，七月。冬，十月，公子慭出奔齐。楚子伐徐。晋伐鲜虞。

齐师纳北燕伯于阳，因唐众纳故得先入。郑伯嘉卒将为葬除，游氏之庙当在毁列，不忍毁庙子产避之，宾来会丧岂惮日中，无损于宾而民不害，君子以为子产知礼，礼无毁人以自成也。宋公使华定来聘者，元公即位通嗣君也，享赋《蓼萧》不知不答，宴语不怀宠光不宣，令德不知同福不受，将何以在必亡而已。公如晋者朝嗣君也，至河乃复晋辞以莒。楚杀其大夫成熊者，楚子以为乱党之余，怀宠不去藉譖杀之。晋师灭肥以肥子归，因此役而顺伐鲜虞。周原伯绞虐其舆臣，舆人逐绞立新绞奔，甘简公无子立弟过，欲去成景之族被杀，杀及其党周衰族微。公子慭出奔者谋乱，三桓不和家臣与之，欲出季氏不克故奔。楚师伐徐围徐惧吴，楚子次于乾溪为援，欲心膨胀争忿不平，右尹子革谏之以史，昔周穆王欲肆其心，卿作《祈招》以止王心，穆王是以不见篡弑，祈招愔愔式昭德音，思我王度式如玉金，刑民之力无醉饱心，克己复礼仁则无辱，嗜欲礼义交战无复，王不自克遂及于难。

昭公十三年：春，叔弓帅师围费。夏，四月，楚公子比自晋归于楚，弑其君虔于乾谿。楚公子弃疾杀公子比。秋，公会刘子、晋侯、齐侯、宋公、卫侯、郑伯、曹伯、莒子、邾子、滕子、薛伯、杞伯、小邾子于平丘；八月甲戌，同盟于平丘，公不与盟。晋人执季孙意如以归。公至自会。蔡侯庐归于蔡。陈侯吴归于陈。冬，十月，葬蔡灵公。公如晋，至河乃复。吴灭州来。

叔弓帅师围费弗克，平子怒令囚执费人，冶区夫谏不如善待，寒者衣之饥者食之，为之令主供其乏困，费来如归南氏亡矣，民将叛之谁与居邑，惮之以威惧之以怒，民疾而叛为之聚也，平子从之费人叛归。楚公子比自晋归楚，杀其君虔于乾谿者，楚子争利群族丧职，大夫常寿过因作乱，民患王贪从乱如归，公子比遂依陈蔡入，杀诸公子王缢书弑，公子弃疾杀公子比，公子比王欲杀弃疾，弃疾先机杀之即位，杀不称人以罪弃疾，遂封陈蔡复邑致略，蔡侯归蔡陈侯归陈，施舍宽民宥罪举职，先神命之国民信之，私欲不违民无怨心。晋侯成宫诸侯贰心，为取郓故示威来讨，乃并征会亦告于吴，不堪晋求谗慝弘多，公会诸侯公不与盟，邾人莒人诉鲁于晋，晋执季孙意如以归，子服惠伯请赦季孙，鲁晋兄弟亲亲与大，楚灭陈蔡晋不能救，为夷执亲将焉用之，晋卿然之乃归季孙。吴灭州来楚王弗伐，未抚民人未事鬼神，未修守备未定国家，轻用民力败不可悔，州来在吴犹在楚也。

昭公十四年：春，意如至自晋。三月，曹伯滕卒。夏，四月。秋，葬曹武公。八月，莒子去疾卒。冬，莒杀其公子意恢。

意如至自晋喜得免，政卿之贵礼备名氏，贬黜舍族尊晋罪己。南蒯奔齐侍饮景公，自陈非叛欲张公室，家臣谋公僭位罪大。楚使大夫简兵抚民，分贫振穷长孤养疾，收鳏救灾宥寡赦罪，诘奸举滞礼新叙旧，禄勋合亲任良物官，好于边疆息民五年，而后用师合乎礼制。曹伯滕卒葬曹武公，同盟书名大夫会葬。莒子去疾卒者告书，莒杀其公子意恢者，公嗣不戚国人弗顺，欲立公弟大夫党争，公子意恢善于公嗣，党于乱君书名恶之，富莫大于享国有家，祸莫大于骨肉相残。晋邢侯雍子争鄐田，罪在雍子贿求叔鱼，邢侯怒杀叔鱼雍子，叔向判曰三人同罪，雍子知罪赂以买直，叔鱼鬻狱邢侯专杀，己恶掠美贪以败官，杀人不忌昏墨贼杀，从皋陶刑施生戮死。子曰叔向古之遗直，治国制刑不隐于亲，三数弟恶不为末减，平丘之会数其贿也，以宽卫国晋不为暴，归鲁季孙称其诈也，以宽鲁国晋不为虐，邢侯之狱言其贪也，以正刑书晋不为颇，三言除三恶加三利，杀亲益荣犹义也夫。

昭公十五年： 春，王正月，吴子夷末卒。二月癸酉，有事于武宫。籥入，叔弓卒。去乐，卒事。夏，蔡朝吴出奔郑。六月丁巳朔，日有食之。秋，晋荀吴帅师伐鲜虞。冬，公如晋。

禘祭于武宫籥初入，叔弓卒去乐卒事者，百官斋戒叔弓莅祭，鼎俎既陈笾豆既设，祭必有乐先文后武，文舞始入叔弓暴卒，缘先祖心与孝子意，去乐不用终卒祭事。蔡朝吴出奔郑也者，不远谗人见逐书名，楚费无极欲去朝吴，挑拨离间蔡人遂之，朝吴奔郑楚子怒费，无极诡对为翦蔡翼。日有食之左氏无传，王太子寿卒穆后崩。晋荀吴帅师伐鲜虞，围鼓鼓人请以城叛，荀吴弗许左右惑之，荀吴答曰好恶不愆，民知所适事无不济，以吾城叛吾所甚恶，人以城来吾独何好，赏所甚恶若所好何，弗赏失信何以庇民，能进否退量力而行，欲城迩奸所丧滋多，使鼓杀叛且缮守备，邑以贾怠不如完旧，贾怠无卒弃旧不祥，鼓事其君我事吾君，率义不爽好恶不愆，城可获而民知义所，虽有死命而无二心，鼓人告竭而后取之，克鼓而反不戮一人，唯以鼓子鸢鞮归耳。公如晋者前会不盟，季孙见执得免往谢。晋荀跞如周葬穆后，籍谈为介王求彝器，籍谈司典不知晋器，宾出王讥数典忘祖。叔向论曰王其不终，所乐必卒今王乐忧，若卒以忧不可谓终，一岁而有三年丧二，以丧宾宴又求彝器，乐忧甚矣且非礼也，彝器之来由功非丧，三年之丧礼贵遂服，王虽弗遂宴乐过早，王之一动而失二礼，礼者王经无大经矣，言以考典典以志经，多言举典忘经焉用。

昭公十六年：春，齐侯伐徐。楚子诱戎蛮子，杀之。夏，公至自晋。秋，八月己亥，晋侯夷卒。九月，大雩。季孙意如如晋。冬，十月，葬晋昭公。

春王正月晋人止公，公犹在晋讳之不书。齐侯伐徐徐人行成，徐子郯莒大夫会之，盟且赂齐甲父之鼎，诸侯无伯为害匪浅，齐君无道兴师伐远，会之成还莫之有尢，宗周既衰乱无定息，政卿异心无念民劳。四夷之名在西曰戎，春秋之时错居中国，蛮氏有乱蛮子无信，楚子诱戎蛮子杀之，既而复立其子礼也。公至自晋告庙故书，子服昭伯语季平子，君幼弱而卿强奢傲，因是以习习实为常，晋之公室其将遂卑。大雩为旱左氏有传，郑旱祭山斩木不雨，祭山蓺林斩木有罪。晋侯夷卒季孙会葬，眼见为实信子服言。

昭公十七年：春，小邾子来朝。夏，六月甲戌朔，日有食之。秋，郯子来朝。八月，晋荀吴帅师灭陆浑之戎。冬，有星孛于大辰。楚人及吴战于长岸。

小邾子来朝公与燕，卿赋《采菽》喻宾君子，穆公回赋《菁菁者莪》，既见君子乐且有仪，君子学问以治其国，贤德君子享国长久。正阳之月日食阳微，天子不举伐鼓于社，诸侯社用币朝伐鼓，孟夏日食祝史请币，季氏以为唯正月朔，日食伐鼓用币为礼，太史明示当夏四月，日过春分而未夏至，三辰有灾百官降物，君不举事避以移时，乐进伐鼓祝用币祈，史用辞责时为孟夏，安君之灾季氏弗从，不君其君将有异志。郯子来朝公与之宴，其祖少皞以鸟名官，凤鸟历正玄鸟司分，伯赵司至青鸟司启，丹鸟司闭祝鸠司徒，雎鸠司马鸤鸠司空，爽鸠司寇鹘鸠司事，五鸠鸠民五雉工正，器用度量利正平民，九扈农正扈民无淫，黄帝云纪云师云名，炎帝火纪火师火名，共工水纪水师水名，太皞龙纪龙师龙名，颛顼以来乃纪于近，为民师而命以民事，仲尼学之感慨信之，天子失官学在四夷。晋卿帅师灭陆浑戎，陆浑睦楚责之贰晋。有星孛于大辰也者，彗星出于房心尾西，芒及天汉妖变非常，彗者所以除旧布新，天事恒象今除于火，火出必布诸侯其灾，宋卫陈郑四国当之，宋大辰界陈太皞界，郑祝融界皆为火房，星孛天汉汉者水祥，卫颛顼界其星大水，水者火牡水火以合。吴伐楚楚人及吴战，楚吴两败莫肯告负。

昭公十八年：春，王三月，曹伯须卒。夏，五月壬午，宋、卫、陈、郑灾。六月，邾人入鄅。秋，葬曹平公。冬，许迁于白羽。

周毛得杀毛伯以代，济侈王都不亡何待。宋卫陈郑同日火灾，及火儆官各尽人事，祓禳四方振除火灾，哭灾告灾宋卫如之，陈不救火许不吊灾，君子以知陈许先亡，裨灶谏用瓘斝玉瓒，郑人请禳子产不可，天道高远而人道迩，非所及也何以知之，灶焉知道岂不或信，遂不与之亦不复火。鄅人藉稻邾人袭之，邾人入鄅尽俘以归。曹伯须卒葬曹平公，周原伯鲁愆不悦学，闵子马曰周其乱乎，必多是说渐及大人，学而失道大人惑之，不学无害遂不悦学，心怀苟且下陵上替，学者殖也如农殖苗，学之进德日新日益，不学将落原氏其亡。许迁于白羽者楚迁，畏郑乐迁自迁为文。

昭公十九年：春，宋公伐邾。夏，五月戊辰，许世子止弑其君买。己卯，地震。秋，齐高发帅师伐莒。冬，葬许悼公。

楚卿大夫迁阴城郏，自完持世不在诸侯，费无极佞谮构大子，为大子聘劝王娶之，大城城父而置大子，楚之祸端于是启矣。鄅夫人者宋向戌女，向宁请师宋公伐邾，围虫取之尽归鄅俘，邾郳徐人会盟宋公。许世子止弑其君买，人子之孝尽心尝祷，尽其心力药物可舍，代医率为非弑书弑，虽原本心不赦其罪，圣人深虑为教远防。地震为灾左氏无传，莒不事齐齐师伐莒，莒有妇人君杀其夫，纺绳谋报师至投城，齐师夜缒登者六十，莒公惧出齐师入纪，君者民主怨不在小。楚城州来挑吴必败，施舍息民实非抚民，抚民也者内外俱成，节用于内树德于外，民乐其性而无寇仇，宫室无量民人日骇，劳惫死转忘寝与食，内外俱扰实非抚民。

昭公二十年：春，王正月。夏，曹公孙会自鄸出奔宋。秋，盗杀卫侯之兄絷。冬，十月，宋华亥、向宁、华定出奔陈。十有一月辛卯，蔡侯卢卒。

梓慎望氛宋乱几亡，戴桓之族汏侈无礼，乱之所在三年后弭。费无极诬建与伍奢，将以外叛必害于楚，楚子信之执奢建奔，又召奢子以除后患，兄死弟报伍员奔吴。曹公孙会出邑奔宋，会曾聘鲁来告故书，君大夫违告于诸侯，某氏守臣失守宗庙。盗杀卫侯之兄繁者，卫公孟繁轻狎多怨，公子朝通于襄夫人，齐豹公子朝等作乱，豹杀孟絷公如卫邑，失守社稷越在草莽，齐使敬事有如常时，齐氏灭后公盟国人，诸逆奔晋而杀宣姜，豹行不义故书曰盗，求名不得不齿诸侯。豹荐宗鲁公孟骖乘，预闻豹乱不告孟絷，与絷同死豹盗絷贼，君子不食奸不受乱，不为利病待人无邪，不盖不义不犯非礼。宋华亥向宁出奔者，宋君元公无信多私，深恶华氏向氏之族，华定华亥向宁谋先，杀群公子公请弗许，公与华氏互质为盟，华向之乱大夫奔郑，公攻华向二氏奔陈，与君争出书名恶之。齐侯疥痁期而不瘳，欲罪祝史晏子谏之，有德之君外内不废，上下无怨动无违事，祝史荐信无愧于心，鬼神用飨国受其福，适遇淫君外内颇邪，上下怨疾动作僻违，从欲厌私斩刈民力，输掠其聚不恤后人，暴虐淫行非度无忌，不思谤讟不惮鬼神，神怒民痛无悛于心，祝史荐信是言其罪，盖失数美是矫其诬，进退无辞虚以求媚，鬼神不飨其国有祸，民人苦病夫妇皆诅，祝如有益诅亦有损，虽其善祝岂胜民诅，欲诛祝史修德后可，公悦纳令有司宽政，毁关去禁薄敛已责。齐侯田招虞人以弓，旃招大夫弓以招士，于礼皮冠以招虞人，不见皮冠虞不敢进，信哉守道不如守官。齐侯赞梁丘据和己，晏子对曰和与同异，和如羹焉宰夫和味，济其不及以泄其过，君子食之以平其心，君臣亦然和而不同，君所谓可而有否焉，臣献其否以成其可，君所谓否而有可焉，臣献其可以去其否，政平不干民无争心，先王济五味和五声，以平其心以成其政，声亦如味一气二体，三类四物五声六律，七音八风九歌相成，清浊小大短长疾徐，哀乐刚柔迟速高下，出入周疏以相成济，君子听之以平其心，心平德和德音不瑕，以水济水谁能食之，琴瑟专壹谁能听之。子产有疾戒子大叔，唯有德者以宽服民，其次之者莫如刚猛，火烈民畏故鲜死焉，水懦民狎玩之多死，子产卒后大叔为政，宽不忍猛郑国多盗，大叔悔之杀以止盗，政宽民慢慢纠以猛，猛则民残残施以宽，宽猛相济政是以和。闻子产卒仲尼出涕，赞子产为古之遗爱。

昭公二十一年：春，王三月，葬蔡平公。夏，晋侯使士鞅来聘。

宋华亥、向宁、华定自陈入于宋南里以叛。秋，七月壬午朔，日有食之。八月乙亥，叔辄卒。冬，蔡侯朱出奔楚。公如晋，至河乃复。

周景王将铸无射钟，泠州鸠言王死心疾，乐者王职音者乐舆，钟者音器省风作乐，圣王在上统理人伦，移本易末混同天下，一乎中和王教以成，器以钟之舆以行之，小者能满大者能容，能和于物物和嘉成，和声入耳而藏于心，心亿则乐细则不充，总则不容心感生疾，钟大不容王心弗堪。葬蔡平公太子失位，蔡若不亡君必不终，不解于位民之攸墍，即位适卑身将从之。晋侯使士鞅来聘者，顷公即位以通嗣君，叔孙为政季孙恶之，使享齐鲍国礼享宾，宾怒鲁恐为十一牢，鲁卿不能礼事大国。宋华亥向宁入叛者，华氏之族不和乱国，乱者召逆入据宋邑，晋曹齐卫大夫救宋，大败华氏围诸南里，貙使华登如楚乞师，释君助臣是为不可，既已许之将错就错。日有食之公问祸福，二至二分日食不灾，日月之行有分有至，分日夜等故曰同道，至长短极故曰相过，他月为灾阳弱常水，叔辄忧灾而哭日食，非其所哭叔辄随卒。蔡侯朱出奔楚也者，费无极贪谗诱楚子。

昭公二十二年：春，齐侯伐莒。宋华亥、向宁、华定自宋南里出奔楚。大蒐于昌间。夏，四月乙丑，天王崩。六月，叔鞅如京师，葬景王。王室乱。刘子、单子以王猛居于皇。秋，刘子、单子以王猛入于王城。冬，十月，王子猛卒。十有二月癸酉朔，日有食之。

齐师伐莒大不可怒，帅贱求少不如下之，莒子拒谏战败齐师，齐侯伐莒莒子行成，齐国大夫如莒莅盟，莒子如齐亲自莅盟，辱盟齐国稷门之外，莒人于是大恶其君。楚使告宋欲求乱人，宋人婉拒楚人患之，援师以为不如出之，以为楚功救宋除害，固请出之宋人从之，宋华亥向宁出奔楚，宋正卿位以靖国人。天王崩葬王室争乱，刘子单子以王猛居，入王城王子猛卒者，王子朝宠王欲立之，王崩朝因丧职秩者，与灵景之族以作乱，叔鞅返鲁言王室乱，闵马父曰子朝必败，其所与者天之所废，单子告急晋师纳王，王子猛卒不成丧也，敬王即位王师伐京，日有食之左氏无传。

昭公二十三年：春，王正月，叔孙婼如晋。癸丑，叔鞅卒。晋人执我行人叔孙婼。晋人围郊。夏，六月，蔡侯东国卒于楚。秋，七月，莒子庚舆来奔。戊辰，吴败顿、胡、沈、蔡、陈、许之师于鸡父，胡子髡、沈子逞灭，获陈夏啮。天王居于狄泉。尹氏立王子朝。八月乙未，地震。冬，公如晋，至河，有疾，乃复。

郳人城翼还经武城，武城人塞前而断后，遂取郳师获三大夫，郳诉于晋晋人来讨，叔孙如晋谢取郳师，晋人执鲁行人叔孙，称行人者讥晋执使，士弥牟谏盟主讨违，若皆相执焉用盟主，叔孙不屈晋终放归。莒子庚舆来奔也者，莒子庚舆虐而好剑，铸剑试人国人逐之，庚舆来奔齐纳郊公。吴伐州来诸侯奔救，败顿胡沈蔡陈许师，胡子髡与沈子逞灭，社稷之主百姓之望，当与宗庙共其存亡，见获敌国生死同灭，获陈夏啮楚不与战。天王居狄泉以避朝，世卿尹氏立王子朝，尹氏私立非周人意。楚卿城郢其必亡楚，苟不能卫城无益也，古者天子守在四夷，天子卑微守在诸侯，诸侯之守在其四邻，诸侯卑微守在四境，慎其四境结其四援，民狎其野成三时务，无内外忧国焉用城，城郢守小卑之不获，民弃其上不亡何待。

昭公二十四年：春，王三月丙戌，仲孙貜卒。婼至自晋。夏，五月乙未朔，日有食之。秋，八月，大雩。丁酉，杞伯郁釐卒。冬，吴灭巢。葬杞平公。

甘桓公等见王子朝，苌弘以为无能为害，同心同德方可谋义，王其务德无患无人，晋使苉问周故于众，乃辞子朝不纳其使。仲孙貜卒葬谥僖子，婼至自晋尊晋喜赦。夏历三月日有食之，日过春分阳犹不克，阳气莫然将厚积聚，克则必甚必将为旱，夏历六月因旱大雩。郑伯如晋子大叔相，子大叔曰王室蠢蠢，小国之惧大国之忧，瓶之罄矣惟罍之耻，王室不宁晋之耻也，晋卿惧之征会诸侯。劳不抚民楚略吴疆，吴灭巢者大师灭邑，楚子一动亡二姓帅，疆场无备亡楚方始。

昭公二十五年：春，叔孙婼如宋。夏，叔诣会晋赵鞅、宋乐大心、卫北宫喜、郑游吉、曹人、邾人、滕人、薛人、小邾人于黄父。有鹳鹆来巢。秋，七月上辛，大雩；季辛，又雩。九月己亥，公孙于齐，次于阳州。齐侯唁公于野井。冬，十月戊辰，叔孙婼卒。十有一月己亥，宋公佐卒于曲棘。十有二月，齐侯取郓。

叔孙婼如宋聘也者，桐门右师见之与语，卑宋大夫贱司城氏，昭子预言右师其亡，君子有礼贵身及人，卑其大夫而贱其宗，是贱其身无礼必亡，宋公享之宴乐相泣，哀乐乐哀皆丧心也，心之精爽是谓魂魄，魂魄去之何以能久。公若姊生宋元夫人，夫人生子妻季平子，叔孙如宋聘且逆之，公若从聘劝其勿与，言季氏横公将逐之，乐祁则言鲁君必出，政在季氏已经三世，鲁君丧政已然四公，无民逞志未之有也，国君是以镇抚其民，鲁君失民焉得逞志，靖以待命动则必忧。诸侯大夫会谋定王，赵简子令明年纳王，简子问礼揖让周旋，子大叔对是仪非礼，礼者天经地义民行，天地之经民实则之，则天之明因地之性，生其六气用其五行，气为五味发为五色，章为五声制礼奉之，淫则昏乱民失其性，六畜五牲三牺奉味，九文六采五章奉色，歌风音律以奉五声，君臣上下以则地义，夫妇外内以经二物，六亲严父以象天明，政事用力行务从时，刑狱民忌以类震曜，温慈惠和以效天殖，民有六欲生于六气，审则宜类以制六志，哀有哭泣乐有歌舞，喜有施舍怒有战斗，喜生于好怒生于恶，审行信令祸福赏罚，以制死生哀乐不失，协天地性是以长久，先王尚礼天地经纬，上下之纪民所以生，曲直赴礼谓之成人。鹳鹆来巢书所无也，此鸟穴居不在鲁界，故曰来巢非常故书，鹳之鹆之公出辱之，鹳鹆鹳鹆往歌来哭。夏历五月大雩又雩，祈雨得少寻即旱甚。季氏专横大夫怨之，公若公为谋去季氏，公告臧孙臧孙以难，又告郈孙郈孙劝可，再告子家子家谏曰，谗人以君贪图侥幸，事若不克君受其名，舍民数世以求克事，事不可为亦不可必，政在季氏其难图也，昭公退之而不听，遂伐季氏请罪弗许，子家子曰君其许之，季氏政久民多取食，其徒者众慝作弗知，众怒不蓄弗治将蕴，众怒蕴畜民将生心，同求将合君必悔之，孟孙叔孙为利救之，子家以为君止卿改，公曰不忍谋而遂行，公逊于齐次于阳州，讳奔若自逊让去位，齐侯唁公礼于野井，臧昭伯率从者将盟，载书誓曰戮力壹心，好恶同之明罪有无，缱绻从公无通外内，子家谏曰己不与盟，不能同心以为皆罪，或通外内且欲去君，好亡恶定焉可同也，陷君于难罪孰大焉，本图纳公季氏异志，昭子使祝祈死而卒，左师欲归公徒执止，齐侯取郓以之居公。宋元公为公故如晋，自以不佞不事父兄，豫命宋卿贬其丧礼，六卿答言不敢从命，宋国之法死生之度，先君有命死守弗坠。楚城州屈以复茄人，又城丘皇以迁訾人，又使大夫郭巢郭卷，大叔闻曰楚子将死，民不安土民扰必忧，忧将及王弗能久矣。

昭公二十六年：春，王正月，葬宋元公。三月，公至自齐，居于郓。夏，公围成。秋，公会齐侯、莒子、邾子、杞伯，盟于鄟陵。公至自会，居于郓。九月庚申，楚子居卒。冬，十月，天王入于成周。尹氏、召伯、毛伯以王子朝奔楚。

葬宋元公礼如先君，宋人违命合礼为善。公至自齐居于郓者，入境书至犹外书地，齐将纳公季氏赂师，齐卿纳之诱君祸福，宋公叔孙以之而死，齐侯惧死半途而废，使公子鉏帅师从公，公围成者从以齐师，季氏有惠鲁师备战，公会齐莒邾杞君者，盟于鄟陵以谋纳公，公至自会而居于郓。晋师纳王王入成周，召伯逐而子朝奔楚，子朝不服遍告诸侯，愬晋无道冀诸侯助，闵马父言文辞行礼，干命远晋专志无礼。齐有彗星齐侯使禳，晏子谏禳无益取诬，天道不谄不贰其命，天之有彗以除秽也，君无秽德又何禳焉，若德之秽禳之何损，若德回乱民将流亡，祝史之为无能补益。齐侯晏子坐于路寝，公叹美室其谁有此，晏子对曰其必陈氏，虽无大德有施于民，取之也薄施之也厚，公厚敛焉陈氏厚施，民归之矣歌舞之矣，后世少惰则国其国，唯礼可止大夫僭越，在礼制家施不及国，四民安业官守不滔，大夫乐义不收公利，礼之为国与天地并，君令臣恭不违不贰，父慈子孝有教有箴，兄爱弟敬宜友宜顺，夫和妻柔而义而正，姑慈妇听不专不率，先王所禀以为其民。

昭公二十七年：春，公如齐。公至自齐，居于郓。夏，四月，吴弑其君僚。楚杀其大夫郤宛。秋，晋士鞅、宋乐祁犁、卫北宫喜、曹人、邾人、滕人会于扈。冬，十月，曹伯午卒。邾快来奔。公如齐。公至自齐，居于郓。

吴弑其君僚者光弑，亟战民疲又伐楚丧，称国以弑书名罪君，季子至曰苟无废祀，民无废主社稷有奉，国家无倾吾谁敢怨，哀死事生以待天命，楚师闻吴乱还有礼。楚杀其大夫郤宛者，郤宛直和国人悦之，无极巧佞构谮郤宛，令尹猜忌郤宛自杀，郤氏族党遂尽灭之，自以为王专祸楚国，弱寡王室蒙王自利，郤宛之难国言未已，令尹患之杀费无极，尽灭其族谤言乃止，无极谗人宛所明知，信近取亡书名罪之。晋宋卫曹邾滕相会，晋令戍周且谋纳公，宋卫固请季氏略晋，晋卿难之宋卫惧辞，乃辞小国而以难复，公又如齐齐侯卑公，公至自齐复居于郓。

昭公二十八年： 春，王三月，葬曹悼公。公如晋，次于乾侯。夏，四月丙戌，郑伯宁卒。六月，葬郑定公。秋，七月癸巳，滕子宁卒。冬，葬滕悼公。

公如晋次于乾侯者，晋人怨公信靠齐国，辱公退境而后逆之，郑伯宁卒葬郑定公，滕子宁卒葬滕悼公。晋韩子卒魏舒为政，分官授爵以贤举人，近不失亲远不失举，唯善是举亲疏一如，心能制义德正应和，照临四方勤施无私，教诲不倦赏庆刑威，慈和遍服择善而从，九德不愆经纬天地，作事无悔故袭天禄，子孙赖之所及其远，狱贿将受家臣讽谏，知错必改犹为君子。

昭公二十九年： 春，公至自乾侯，居于郓。齐侯使高张来唁公。公如晋，次于乾侯。夏，四月庚子，叔诣卒。秋，七月。冬，十月，郓溃。

公至自乾侯居于郓，齐侯使卿来唁公者，晋侯不见齐侯嗤之，公复如晋次于乾侯，民逃其上郓溃叛公。晋赵鞅荀寅城汝滨，遂赋出铁以铸刑鼎，著范宣子所为《刑书》，仲尼谓晋失度将亡，晋守唐叔所受法度，经纬其民大夫序守，民能尊贵贵能守业，贵贱不愆所谓度也，今弃是度而为刑鼎，民在鼎矣礼业无守，贵贱无序何以为国，宣子之刑夷之蒐也，晋国乱制何以为法，史墨亦谓荀寅其亡，下干上令擅作刑器，以为国法是法奸也，赵孟与焉然不得已，若能修德可以免祸。

昭公三十年： 春，王正月，公在乾侯。夏，六月庚辰，晋侯去疾卒。秋，八月，葬晋顷公。冬，十有二月，吴灭徐，徐子章羽奔楚。

三十年春王周正月，公在乾侯释不朝庙，郓人溃叛齐晋卑公，子家忠谋终不能用，内外弃之贬公明过。晋顷公卒游吉吊葬，以郑礼简晋人诘之，游吉对曰诸侯归礼，礼者小事大大字小，事大者在恭其时命，字小者在恤其所无，先王之制诸侯之丧，士吊大夫送葬可也，唯嘉聘军礼而使卿，大国之惠亦庆其加，不讨其乏明底其情，取备而已是以为礼。吴灭徐徐子奔楚者，楚谋害吴吴怒灭徐，楚救弗及城处徐子，伍员献计阖庐从之，楚师奔命于是始病。

昭公三十一年： 春，王正月，公在乾侯。季孙意如会晋荀跞于適历。夏，四月丁巳，薛伯毅卒。晋侯使荀跞唁公于乾侯。秋，葬薛献公。冬，黑肱以滥来奔。十有二月辛亥朔，日有食之。

春王正月公在乾侯，内外不容进退失所，晋侯闵之将以师纳，范献子谏先召季孙，不来不臣然后伐之，晋召季孙献子报信，季孙意如会晋荀跞，许诺归君不敢异心，晋使荀跞唁公乾侯，一惭不忍终身惭乎，子家谏归公诸众违，遂唆胁公绝于季孙。黑肱以滥来奔也者，贱而书名重地之故，君子谓名不可不慎，恶有所名不如其已，以地叛虽贱必书地，称名叛者不义弗灭，君子动思礼行思义，不为利回不为义疚，人或求名而弗得之，或欲盖名彰以惩之，或名或否惩肆去贪，《春秋》之称文微义显，辞虽婉顺旨意殊别，在位君子能使昭明，善人劝焉淫人惧焉。日有食之史墨预言，六年以往吴其入楚，庚午之日日始有谪，火胜于金终亦弗克。

昭公三十二年： 春，王正月，公在乾侯。取阚。夏，吴伐越。秋，七月。冬，仲孙何忌会晋韩不信、齐高张、宋仲几、卫世叔申、郑国参、曹人、莒人、薛人、杞人、小邾人，城成周。十有二月己未，公薨于乾侯。

春王正月公在乾侯，取阚也者无师诱取。吴伐越者始用师也，不四十年吴灭于越。诸侯大夫城成周者，王使如晋请城成周，天子告曰天降祸周，兄弟并乱为伯父忧，亲昵甥舅不遑启处，于今十年勤戍五年，无日忘之如农望岁，若肆大惠复二文业，弛周室忧徼文武福，以固盟主宣昭令名，则余一人有大愿矣，徼福成王修成周城，俾戍无勤诸侯用宁，蝥贼远摒晋之力也，俾我一人无怨于民，魏献子使伯音对曰，天子有命敢不奉承，敬以奔告于诸侯国，迟速差序在周所命。公疾遍赐薨于乾侯，不薨路寝言失其所，威仪恭明葬谥昭公。赵简子问于史墨曰，季氏出君而民服焉，诸侯与之君死于外，内外上下莫之或罪，史墨对曰物生有两，有三有五亦有陪贰，天有三辰地有五行，体有左右各有妃耦，王公侯卿皆为有贰，天生季氏以贰鲁侯，为日久矣民服宜矣，鲁君无民世从其失，季氏有民世修其勤，民忘君矣死外孰矜，高岸为谷深谷为陵，国无常奉君无常位，得民者强自古以然，昔成季友桓之季也，既有大功受费上卿，文子武子世增其业，鲁文公薨杀嫡立庶，鲁君失国政在季氏，于此君也已四公矣，民不知君何以得国，为君必慎名器无假，假久无归名实乱矣。

定公元年至十五年

定公元年：春，王。三月，晋人执宋仲幾于京师。夏，六月癸亥，公之丧至自乾侯。戊辰，公即位。秋，七月癸巳，葬我君昭公。九月，大雩。立炀宫。冬，十月，陨霜杀菽。

元年春王公之始年，新君初立岁首元日，朝正于庙改元正位，百官以序顺天应民，不书正月六月即位，正月之时从丧在外。晋合诸侯大夫城周，魏舒莅政代王公卿，立天子居易位以令，大事奸义必有大咎，魏舒属役于晋大夫，田于大陆焚之还卒，未复命田贬去柏椁。晋人执宋仲幾也者，宋不受役称人以执，先执归晋复归于周，不先归周不书所归。城三旬毕归诸侯戍，齐高张后不从诸侯，晋女宽曰周卿苌弘，齐卿高张皆将不免，天厌周德迁都延祚，率崇天子高张后期，苌叔违天高子违人，天之所坏不可支也，众之所为不可奸也。公之丧至自乾侯者，叔孙成子逆公之丧，请见子家不见而辞，君知其出未知其入，不命而薨故将避逃，丧及坏隤公子宋入，从公出者皆返出奔，告庙书至葬君昭公，季孙将使沟绝公墓，荣驾鹅曰生不能事，死又离之以自彰罪，纵子忍之后必耻之，季孙又欲恶谥示后，荣驾鹅谏生弗能事，死又恶之自明不臣，季氏止之心仍怀恨，遂葬昭公于墓道南，孔子为卿沟合诸墓，以明臣无贬君之义。季氏逐君惧祷炀公，昭公外薨遂谓获福，故立炀宫以酬报之，炀庙既毁更立非礼，恶改国典书以讥之。大雩为灾左氏无传，陨霜杀菽非常之灾。

定公二年：春，王正月。夏，五月壬辰，雉门及两观灾。秋，楚人伐吴。冬，十月，新作雉门及两观。

周巩简公弃亲用疏，巩氏群子弟贼简公。雉门及两观灾也者，宫南中门象魏双阙，天火曰灾自阙延门，复新作雉门及两观。桐叛楚而吴诱楚人，楚人伐吴吴诱败之，围巢克之获楚公子。

定公三年：春，王正月，公如晋，至河乃复。二月辛卯，邾子穿卒。夏，四月。秋，葬邾庄公。冬，仲孙何忌及邾子盟于拔。

邾子曾与夷射姑饮，射姑私出阍人乞肉，夷射姑怒夺杖敲之，邾子望见阍人洗廷，怒问阍告洗射姑尿，遂命执之弗得滋怒，自投于床废于炉炭，卞急好洁终自及难，邾子穿卒葬邾庄公，鲁卿邾子相盟修好。

定公四年：春，王二月癸巳，陈侯吴卒。三月，公会刘子、晋侯、宋公、蔡侯、卫侯、陈子、郑伯、许男、曹伯、莒子、邾子、顿子、胡子、滕子、薛伯、杞伯、小邾子、齐国夏于召陵，侵楚。夏，四月庚辰，蔡公孙姓帅师灭沈，以沈子嘉归，杀之。五月，公及诸侯盟于皋鼬。杞伯成卒于会。六月，葬陈惠公。许迁于容城。秋，七月，公至自会。刘卷卒。葬杞悼公。楚人围蔡。晋士鞅、卫孔圉帅师伐鲜虞。葬刘文公。冬，十有一月庚午，蔡侯以吴子及楚人战于柏举，楚师败绩。楚囊瓦出奔郑。庚辰，吴入郢。

楚卿贪横辱止蔡侯，蔡侯如晋质子请师，假王威命诸侯伐楚，公会刘子晋侯宋公，蔡侯卫侯陈子郑伯，许男曹伯莒子邾子，顿子胡子滕子薛伯，杞伯小邾子齐国夏，先行会礼遂后侵楚。荀寅求货蔡侯弗与，荀寅遂言于范献子，国家方危诸侯方贰，将以袭敌不亦难乎，水潦方降疾疟方起，鲜虞不服弃盟取怨，献子纳之乃辞蔡侯。晋人借观羽旄于郑，晋令贱者执以从会，卑侮列国诸侯怨恨，晋卿无礼遂失诸侯。郑大叔卒赵简子哀，记其九言无为始乱，无为怙富恃宠违同，无为傲礼骄能复怒，无谋非德无犯非义。沈人不会晋使蔡伐，蔡公孙姓帅师灭沈，以沈子嘉归而杀之。为沈灭故楚人围蔡，吴人谋楚蔡侯因之，质子于吴求合伐楚，蔡侯吴子及楚人战，楚师败绩吴遂入郢，以班处宫无礼已甚，楚子奔亡群臣义忠，楚申包胥如秦乞师，告曰吴为封豕长蛇，夷德无厌虐始于楚，七日立哭绝于饮食，秦公感动秦师乃出。

定公五年： 春，王三月辛亥朔，日有食之。夏，归粟于蔡。於越入吴。六月丙申，季孙意如卒。秋，七月壬子，叔孙不敢卒。冬，晋士鞅帅师围鲜虞。

王人杀子朝于乱楚，日有食之左氏无传，蔡为楚围民人饥乏，归粟于蔡周急矜无，乘吴伐楚越人入吴，季平子卒家臣不和，阳虎作乱囚季桓子，逐仲梁怀杀公何藐，盟桓子于稷门之内，逐公父歜秦遄奔齐，不忠无敬上行下效，大夫之政家臣干之。

定公六年： 春，王正月癸亥，郑游速帅师灭许，以许男斯归。二月，公侵郑。公至自侵郑。夏，季孙斯、仲孙何忌如晋。秋，晋人执宋行人乐祁犁。冬，城中城。季孙斯、仲孙忌帅师围郓。

因楚新败郑师灭许，郑伐周地晋使鲁讨，公侵郑取匡归之晋，将逐三桓先使怒邻，往伐郑不假道于卫，及还阳虎强使季孟，入出郑门卫侯怒之，公叔文子谏勿效尤，鲁昭之难郑君奋救，小忿蒙德无乃不可，大姒之子周康为睦，仿效小人弃之实诬，天将多罪以毙阳虎，君姑待之卫侯乃止。季孙仲孙如晋献俘，阳虎强使孟懿子往，报夫人币晋兼享之，阳虎盟公以及三桓，又盟国人诅于通衢，三桓亦微陪臣专政，阳虎乱政鲁人患之。吴败楚师楚国大惕，知惧而治令尹因之，迁郢于鄀改纪其政，以定楚国楚人赖安。宋乐祁言事晋须往，知难而行赵简子逆，范献子言君使未致，遂私饮酒不敬二君，晋人执宋行人乐祁，称行人者言非其罪。城中城者侵郑惧城，郓贰于齐鲁师围之。

定公七年： 春，王正月。夏，四月。秋，齐侯、郑伯盟于鹹。齐人执卫行人北宫结以侵卫。齐侯、卫侯盟于沙。大雩。齐国夏帅师伐我西鄙。九月，大雩。冬，十月。

齐人归郓以及阳关，阳虎居之以为专政。齐郑君盟征会于卫，卫君叛晋大夫不可，使北宫结如齐报征，私于齐侯执以侵卫，齐执侵卫齐卫君盟。大雩为旱再雩旱甚，左氏无传是为其过。齐师伐鲁阳虎轻敌，家臣胁之惧还不败，陪臣强势能自相制，季氏孟氏不敢有心。

定公八年： 春，王正月，公侵齐。公至自侵齐。二月，公侵齐。三月，公至自侵齐。曹伯露卒。夏，齐国夏帅师伐我西鄙。公会晋师于瓦。公至自瓦。秋，七月戊辰，陈侯柳卒。晋士鞅帅师侵郑，遂侵卫。葬曹靖公。九月，葬陈怀公。季孙斯、仲孙何忌帅师侵卫。冬，卫侯、郑伯盟于曲濮。从祀先公。盗窃宝玉、大弓。

公侵齐者以报前伐，未得志故公又侵齐，诸士用命崭露头角，齐师伐鲁以报前侵，晋师来救公逆会之。晋盟卫侯无礼摧辱，卫侯叛晋改盟弗许，晋师侵郑为周报之，遂即侵卫以讨其叛，鲁师侵卫为晋讨之，卫侯郑伯结盟叛晋。顺祀先公闵僖位正，亲尽无忌降僖于闵。盗窃宝玉大弓也者，阳虎为之家臣卑贱，名氏不见故贬称盗，鲁抑志者因顺阳虎，欲去三桓以求代之，将享季氏因以杀之，公敛处父告之孟孙，两相为战阳氏败之，遂如公宫取宝以出，入于谨与阳关以叛。

定公九年： 春，王正月。夏，四月戊申，郑伯虿卒。得宝玉、大弓。六月，葬郑献公。秋，齐侯、卫侯次于五氏。秦伯卒。冬，葬秦哀公。

得宝玉大弓者重宝，国之分器失辱得荣，阳虎归之得获器用，鲁伐阳关阳虎奔齐，请师伐鲁齐侯将许，鲍文子谏鲁未可取，上下犹和众庶犹睦，能事大国而无天灾，阳虎勤齐奋其诈谋，有宠季氏欲杀季孙，图国为名而求自容，亲富不仁君焉用之，鲁免其疾君收必害，齐执阳虎逃晋赵氏，仲尼预判赵氏世乱。为卫之故齐侯伐晋，齐侯卫侯师次晋地，讳伐盟主故不书伐。

定公十年：春，王三月，及齐平。夏，公会齐侯于夹谷。公至自夹谷。晋赵鞅帅师围卫。齐人来归郓、讙、龟阴田。叔孙州仇、仲孙何忌帅师围郈。秋，叔孙州仇、仲孙何忌帅师围郈。宋乐大心出奔曹。宋公子地出奔陈。冬，齐侯、卫侯、郑游速会于安甫。叔孙州仇如齐。宋公之弟辰暨仲佗、石彄出奔陈。

及齐平者解前侵怨，公与齐侯会于夹谷，孔子相公止莱人劫，告齐侯曰两君合好，裔夷之俘以兵乱之，非君所以命诸侯也，裔不谋夏夷不乱华，俘不干盟兵不逼好，于神不祥于德愆义，于人失礼君必不然，齐人要盟鲁对治之，齐将享公孔子谏曰，事成又享是勤执事，牺象不出乐不野合，飨而既具是弃礼也，若其不具用秕稗也，用秕君辱弃礼名恶，享不昭德不如其已，圣人行事仁智勇备，齐侯服义齐鲁成平，齐人来归汶阳之田。叔孙仲孙帅师围郈，叔孙成子欲立武叔，公若不可而卒立之，公南使贼射不能杀，又使公若为郈宰，武叔既定使杀公若，侯犯以叛围郈弗克，驷赤诱劝侯犯从之，侯犯奔齐齐人致郈，武叔聘齐以报谢之，齐侯德之武叔对曰，封疆社稷是以事君，敢以家隶勤君执事，不令之臣天下共恶，君义讨恶不为私赐。宋乐大心出奔曹者，书名罪其称疾不使，宋公子地出奔陈者，宋公子地嬖蘧富猎，公嬖向魋夺物与之，地怒反夺魋惧将走，公泣目肿弟辰劝地，礼君出境君必止之，地果奔陈而公弗止，辰请弗听亦忿出奔，故而书曰宋公弟辰，暨仲佗石彄出奔陈，虚请自忿将卿出奔，称弟书名以示首恶，仲佗石彄皆为国卿，既不匡君亦不靖难，从辰出奔称名亦罪。齐侯卫侯郑游速会，晋盟主威日益衰微。

定公十一年：春，宋公之弟辰及仲佗、石彄、公子地自陈入于萧以叛。夏，四月。秋，宋乐大心自曹入于萧。冬，及郑平。叔还如郑莅盟。

宋公之弟辰及仲佗，石彄公子地入萧叛，宋乐大心亦入从之，大为宋患宠向魋故，恶宋公宠不义致患。及郑平者解前侵怨，叔还如郑莅盟叛晋，鲁自僖公世服于晋，至今始叛晋威愈衰。

定公十二年：春，薛伯定卒。夏，葬薛襄公。叔孙州仇帅师堕郈。卫公孟彄帅师伐曹。季孙斯、仲孙何忌帅师堕费。秋，大雩。冬，十月癸亥，公会齐侯，盟于黄。十有一月丙寅朔，日有食之。公至自黄。十有二月，公围成。公至自围成。

叔孙州仇帅师堕郈，家臣数叛屡伐不克，患其险固毁坏其城，季孙仲孙帅师堕费，公围成而至自围成，兴动大众出入皆告，三家虽强陪臣执政，下陵上替夺三家权，三都强盛堕防后患，子路为宰计堕三都，孟氏存私堕成弗克。大雩日食左氏无传，公会齐侯结盟叛晋。

定公十三年：春，齐侯、卫侯次于垂葭。夏，筑蛇渊囿。大蒐于比蒲。卫公孟彄帅师伐曹。秋，晋赵鞅入于晋阳以叛。冬，晋荀寅、士吉射入于朝歌以叛。晋赵鞅归于晋。薛弑其君比。

齐侯卫侯使师伐晋，二君次待以为之援，齐侯轻脱大夫分歧，是以伐晋不能成功。筑蛇渊囿书其不时，大蒐比蒲夏蒐非时。晋赵鞅枉杀邯郸午，赵稷涉宾以邯郸叛，上军司马籍秦围之，邯郸午者荀寅之甥，荀寅又为范吉射姻，故相亲睦而将作乱，董安于知告赵孟备，晋国有命始祸者死，赵鞅不可董安于谏，与其害民宁已独死。范氏中行氏伐赵氏，晋赵鞅入晋阳以叛，卿名书叛其恶可知，晋国不和大夫互恶，谋代范氏与中行氏，韩魏赵睦奉公伐之，晋荀寅士吉射奔叛。晋赵鞅归于晋也者，韩魏请复故而曰归，赵鞅入绛盟于公宫，三家之强犹如列国，尾大不掉晋侯失制。薛弑其君比者国弑，称君以名示君无道。

定公十四年：春，卫公叔戍来奔。卫赵阳出奔宋。二月辛巳，楚公子结、陈公孙佗人帅师灭顿，以顿子牂归。夏，卫北宫结来奔。五月，於越败吴于檇李。吴子光卒。公会齐侯、卫侯于牵。公至自会。

秋，齐侯、宋公会于洮。天王使石尚来归脤。卫世子蒯聩出奔宋。卫
公孟彄出奔郑。宋公之弟辰自萧来奔。大蒐于比蒲。邾子来会公。城
莒父及霄。

卫公叔戌来奔也者，公叔戌富卫侯恶之，又欲谋去夫人之党，卫侯遂
逐公叔戌党，赵阳奔宋而戌来奔。卫北宫结来奔也者，亲富不亲仁故书名，
党公叔戌亦名恶之，臣富君贪祸将及臣，富而能臣可免于难，富骄不亡未
之有也。楚师陈师灭顿也者，顿欲事晋背楚绝陈，小不事大倏忽而亡。吴
国伐越以报前侵，越使罪人诈吴乱阵，吴败君卒嗣君知耻。齐鲁卫君会救
范氏，齐宋君会为范氏故，晋人败之不可而还。天王使石尚来归脤，祭社
之肉盛以脤器，分赐同姓亲亲共福。卫世子蒯聩出奔者，卫侯为夫人召宋
朝，大子蒯聩羞欲杀之，谋败公怒大子奔宋，杀母难仁尽逐其党，卫公孟
彄出奔于郑，宋公之弟辰来奔者，党于蒯聩书名罪之。大蒐而城莒父及霄，
叛晋助乱惧而城防。

定公十五年：春，王正月，邾子来朝。鼢鼠食郊牛，牛死，改卜
牛。二月辛丑，楚子灭胡，以胡子豹归。夏，五月辛亥，郊。壬申，
公薨于高寝。郑罕达帅师伐宋。齐侯、卫侯次于渠蒢。邾子来奔丧。
秋，七月壬申，姒氏卒。八月庚辰朔，日有食之。九月，滕子来会葬。
丁巳，葬我君定公，雨，不克葬；戊午，日下昃，乃克葬。辛巳，葬
定姒。冬，城漆。

鼢鼠食郊牛而牛死，改卜牛者郊祀合礼。邾子来朝子贡观焉，邾子执
玉高其容仰，公受玉卑而其容俯，子贡以为以礼观之，鲁邾二君皆有死亡，
礼乃死生存亡之体，左右周旋进退俯仰，朝祀丧戎于是取观，正月相朝而
皆不度，嘉事不体心亡何久，高仰骄也卑俯替也，骄近乎乱替近乎疾，鲁
君为主其先亡乎。公薨高寝书失其所，安民大虑葬谥定公，邾子奔丧滕子
会葬，诸侯亲来丧葬非礼，仲尼评论子贡言曰，以微知著知之难者，以臣
论君不可以训，不幸言中慎无多言。吴之入楚胡子乘之，尽俘楚邑之近胡
者，既定胡子又不事楚，大言不惭存亡有命，事楚何为多取费焉，楚灭
胡以胡子归。郑师伐宋宋师败绩，齐卫君次谋救未果。姒氏卒者定公夫人，

不赴同盟不祔于姑，礼缺故不称夫人薨，葬定姒者葬而不丧，公尚未葬而夫人薨，臣子怠慢不成丧礼，不赴不祔不称小君，反哭于寝故而书葬。日有食之左氏无传，城漆也者书不时告，实以秋城冬乃告庙，鲁讳不时缓告书讹。

哀公元年至二十七年

哀公元年：春，王正月，公即位。楚子、陈侯、随侯、许男围蔡。鼷鼠食郊牛，改卜牛。夏，四月辛巳，郊。秋，齐侯、卫侯伐晋。冬，仲孙何忌帅师伐邾。

元年之春周王正月，公即位者朝庙改元，鼷鼠食郊牛改卜牛，夏历二月郊者书过，启蛰而郊春分时过。报怨前伐楚子陈侯，随侯许男围蔡蔡降，蔡权听命迁姜汝间，楚还更议叛楚迁吴，随世服楚不通中国，为楚私属盟会不齿，吴之入楚昭王奔随，随人免之卒复楚国，楚人德之使列诸侯。吴雪前耻败越遂入，越使行成吴子将许，介在蛮夷伍员谏之，树德务滋去疾务尽，或将丰之不亦难乎，越王实能亲而务施，施不失人亲不弃劳，与吴同壤世为仇雠，克而弗取将又存之，十年生聚十年教训，二十年外吴其为沼，姬吴之衰日可俟也，违天长仇后悔何及，吴王不听越及吴平，吴不告庆越不告败，吴入越者经文不书。吴之入楚使召陈侯，陈侯纳从逢滑之谏，国兴以福其亡以祸，吴未有福楚未有祸，楚未可弃吴未可从，晋为盟主托晋可辞，国败君亡犹可以复，国之兴也视民如伤，国之亡也视民土芥，楚虽无德亦不艾民，吴敝于兵暴骨无德，天其或者惧楚改过，祸之适吴何日之有，夫差克越侵陈修怨，不敬修德吴终将亡。吴师在陈子西不惧，楚恤不睦无患于吴，昔吴阖庐食不二味，居不重席室不崇坛，器不彤镂宫室不观，舟车不饰服用不费，亲巡孤寡共其乏困，勤恤其民与之劳逸，民不罢劳死知不旷，今闻夫差穷奢极欲，所欲必成玩好必从，珍异是聚观乐是务，视民如仇征用日新，吴先自败安能败楚。齐侯卫侯伐晋救叛，非公所命鲁师不书。

哀公二年：春，王二月，季孙斯、叔孙州仇、仲孙何忌帅师伐邾，取漷东田及沂西田。癸巳，叔孙州仇、仲孙何忌及邾子盟于句绎。夏，四月丙子，卫侯元卒。滕子来朝。晋赵鞅帅师纳卫世子蒯聩于戚。秋，八月甲戌，晋赵鞅帅师及郑罕达帅师，战于铁，郑师败绩。冬，十月，葬卫灵公。十有一月，蔡迁于州来。蔡杀其大夫公子驷。

季孙斯与叔孙州仇，仲孙何忌帅师伐邾，邾人爱土略以境田，取漷东田及沂西田，取田虑悔共盟要之，叔孙仲孙及邾子盟，滕子来朝左氏无传。卫侯元卒立嫡孙辄，晋师纳卫世子蒯聩，君父既薨称世子者，晋人纳之以世子告，言原嗣子示宜为君。齐输叛粟郑师送之，赵鞅誓曰范氏中行，反易天明斩艾百姓，欲擅晋国而灭其君，郑为不道弃君助臣，必扶德义以除垢耻，晋及郑战郑师败绩。蔡迁于吴州来也者，畏楚请迁自迁为文，蔡杀其大夫公子驷，怀土悔迁吴师欲袭，杀驷以悦哭而迁墓，怀土欺吴罪而书名。

哀公三年：春，齐国夏、卫石曼姑帅师围戚。夏，四月甲午，地震。五月辛卯，桓宫、僖宫灾。季孙斯、叔孙州仇帅师城启阳。宋乐髡帅师伐曹。秋，七月丙子，季孙斯卒。蔡人放其大夫公孙猎于吴。冬，十月癸卯，秦伯卒。叔孙州仇、仲孙何忌帅师围邾。

齐卿卫卿帅师围戚，为子围父自知不义，故而卫卿推齐为首，戚不称卫非为叛人，嫡子不在则立嫡孙，辄立以礼非灵公命，为辄之义应让不受，缘可立势贪国距父，伯夷叔齐古之贤人，求仁得仁又有何怨，卫辄不义夫子不为。地震也者左氏无传，桓宫僖宫灾者天火，司铎宫火逾宫至庙，桓僖宫灾卿位官从，御书礼书出以待命，不恭听命则有常刑，官备慎守官人肃给，自大庙始外内以次，季孙御公立象魏外，命救火者伤人则止，财犹可为人命不再，命藏象魏旧章勿亡，富父槐至断绝火源，孔子在陈预判桓僖，桓僖至公五服亲尽，庙犹不毁宜为天灾。刘氏范氏世为婚姻，苌弘事刘周与范氏，赵鞅为讨周杀苌弘，意必固我难得善终。季孙叔孙师城启阳，鲁党范氏惧晋以防。季孙有疾付臣后世，妻若生男告公立之，妻若生女则肥也可，桓子不乐子肥贪横，子肥势成听天由命，季孙斯卒葬谥桓子，季桓子卒子肥即位，桓妻生男臣载告公，遂奔于卫子肥请退，公使视婴已被杀矣。

哀公四年：春，王二月庚戌，盗杀蔡侯申。蔡公孙辰出奔吴。葬秦惠公。宋人执小邾子。夏，蔡杀其大夫公孙姓、公孙霍。晋人执戎蛮子赤，归于楚。城西郭。六月辛丑，亳社灾。秋，八月甲寅，滕子结卒。冬，十有二月，葬蔡昭公。葬滕顷公。

盗杀蔡侯申者贬盗，惩创前迁恐君又迁，蔡公孙翩射杀蔡侯，文之锴射杀公孙翩，公孙翩贱故而称盗，盗贼不得与有其君，故而不言盗弑其君，蔡公孙辰出奔于吴，蔡杀大夫公孙姓等，弑君贼党逐杀书名。宋人执小邾子也者，无道于民称人以执。楚谋北方蛮子奔晋，晋国未宁安能恶楚，楚师请晋赵孟与之，晋人执戎蛮子归楚，晋耻为楚称人以告，若蛮子不道于民者，蛮本属楚故言归楚。城西郭者以为备晋，亳社灾者殷社天火，诸侯立社本戒亡国。

哀公五年：春，城毗。夏，齐侯伐宋。晋赵鞅帅师伐卫。秋，九月癸酉，齐侯杵臼卒。冬，叔还如齐。闰月，葬齐景公。

城毗备晋左氏无传，齐侯伐宋晋师伐卫。齐景公卒立妾嬖子，大夫谏之景公婉拒，置群公子于莱防乱，景诸公子奔卫奔鲁。郑驷秦者既富且侈，本嬖大夫备卿车服，恶其肆礼郑人杀之，不解于位民之攸墍，不守其位能久者鲜，商颂有曰不僭不滥，不敢怠皇命以多福。

哀公六年：春，城邾瑕。晋赵鞅帅师伐鲜虞。吴伐陈。夏，齐国夏及高张来奔。叔还会吴于柤。秋，七月庚寅，楚子轸卒。齐阳生入齐。齐陈乞弑其君荼。冬，仲孙何忌帅师伐邾。宋向巢帅师伐曹。

城邾瑕者亦为防晋，治范氏乱晋伐鲜虞，吴伐陈者复修旧怨，楚念同盟出师救陈。高张国夏受命立荼，陈乞欲害先伪事之，挑拨高国离间大夫，率甲谋君高国战败，齐国夏及高张来奔，二卿阿君废长立少，受命无终书名罪之。齐阳生入于齐也者，为陈乞逆故而书入，齐陈乞弑其君荼者，公使朱毛告于陈乞，君异于器不可以二，器二不匮君二多难，陈乞默泣自陈心迹，齐国之困困又有忧，少君难成故求长君，公虽有悔终使毛杀，弑荼本为朱毛阳生，书陈乞者祸由乞起，《春秋》显书以为弑主，贼乱为心固不容诛，本无乱心立君无慎，《春秋》之义亦同大罪。楚子轸卒未盟赴名，楚子救陈卜之不吉，再败楚师生不如死，弃盟逃仇亦不如死，楚子毅然战吴救陈，将战王疾攻吴而卒，有疾之时卜曰河祟，江汉雎章楚之望也，祸福之至不是过也，楚君不德非河所罪，祭不越望楚子弗祭，孔子赞曰昭王知道，由己率常臣服国睦，其不失国不亦宜哉。是岁有云如众赤鸟，夹日以飞三日不灭，楚子使问周大史曰，其当王身禜可移卿，不有大过天其夭诸，有罪受罚又焉移之，除腹心疾置诸股肱，禜之无益楚子弗为。仲孙何忌帅师伐邾，宋卿向巢帅师伐曹。

　　哀公七年：春，宋皇瑗帅师侵郑。晋魏曼多帅师侵卫。夏，公会吴于鄫。秋，公伐邾。八月己酉，入邾，以邾子益来。宋人围曹。冬，郑驷弘帅师救曹。

　　宋师侵郑郑叛晋故，晋师侵卫卫不服故。公会吴者吴欲称霸，吴征百牢先王未有，礼命诸侯牢则有数，若亦弃礼必有淫者，周王制礼不过十二，以此仿效天之大数，景伯谏之吴人弗听，弃天背本吴其将亡。公伐邾者季康子意，季孙谋邾景伯谏曰，小所以事大者以信，大所以保小者以仁，背大不信伐小不仁，民保于城城保于德，失二德者危将焉保，阿附季氏大夫佞对，禹合诸侯至者万国，今其存者无数十焉，诸侯相伐古来以然，伐邾及门犹闻钟声，邾子愬谏师遂入邾，处其公宫众师昼掠，以邾子来献于亳社，邾茅夷鸿请吴救曰，鲁国无礼弱晋远吴，凭恃其众背吴之盟，陋君执事以陵小国，君威不立小国之忧，鲁贰于吴邾私于吴，以私奉贰唯吴图之。宋人围曹郑患不利，郑师救曹遂侵于宋。

　　哀公八年：春，王正月，宋公入曹，以曹伯阳归。吴伐我。夏，齐人取谨及阐。归邾子益于邾。秋，七月。冬，十有二月癸亥，杞伯过卒。齐人归谨及阐。

　　曹伯即位贪好田弋，悦公孙强有宠使政，强进霸说曹伯从之，乃背于晋而奸于宋，宋人伐之晋人不救，宋公伐曹将还曹诉，公怒师返遂灭曹国，书宋人曹以曹伯归，背晋奸宋曹乃致讨，灭非宋志故以入告。吴伐鲁者为邾之故，吴人行成盟鲁而还，耻于吴夷故不书盟。齐人取讙及阐也者，兵未加伐而鲁赂之，鲁乃归邾子益于邾，益又无道吴使讨之，囚诸楼台壅之以棘，使奉大子以为国政，鲁及齐平齐逆季姬，季姬嬖故齐归鲁地。

哀公九年：春，王二月，葬杞僖公。宋皇瑗帅师取郑师于雍丘。夏，楚人伐陈。秋，宋公伐郑。冬，十月。

郑罕达嬖许瑕求邑，无以与之外取许之，围宋雍丘宋围郑师，宋取郑师覆而败之，陈即吴故楚人伐陈，宋公伐郑以报前侵。

哀公十年：春，王二月，邾子益来奔。公会吴伐齐。三月戊戌，齐侯阳生卒。夏，宋人伐郑。晋赵鞅帅师侵齐。五月，公至自伐齐。葬齐悼公。卫公孟彄自齐归于卫。薛伯夷卒。秋，葬薛惠公。冬，楚公子结帅师伐陈。吴救陈。

邾子益来奔遂奔齐，齐与鲁平故辞吴师，恨齐反复吴师伐齐，吴心已定召鲁往会，公会吴伐从不与谋。齐侯阳生卒者实弑，以疾赴鲁故不书弑。公会吴邾郯君伐齐，齐弑悼公以赴于师，吴子三日哭于军门，齐败偏师吴师乃还，吴子徹师还将复伐。宋人伐郑晋师侵齐，楚师伐陈吴师救陈，吴季子告楚帅子期，君不务德力争诸侯，民何罪焉务德安民。

哀公十一年：春，齐国书帅师伐我。夏，陈辕颇出奔郑。五月，公会吴伐齐。甲戌，齐国书帅师及吴战于艾陵，齐师败绩，获齐国书。秋，七月辛酉，滕子虞母卒。冬，十有一月，葬滕隐公。卫世叔齐出奔宋。

为前伐故齐师伐鲁，陈辕颇出奔郑也者，国卿书名以其贪也，曾赋封田以嫁公女，有余则以为己大器，国人恶贪逐之故出。报前役公会吴伐齐，公与伐齐而不与战，齐及吴战齐师败绩，获齐国书鲁修守备。卫世叔齐出奔宋者，淫色书名卫耻故出。季孙贪而欲以田赋，丘赋之法因其田财，通共计出马一牛三，今欲别其田及家财，各为一赋故言田赋，使冉有访孔子婉拒，君子之行必度于礼，施取其厚事举其中，敛从其薄丘赋亦足，若不度礼贪冒无厌，虽以田赋将又不足，若欲行法周公典在，若欲苟行又何访焉。

哀公十二年：春，用田赋。夏，五月甲辰，孟子卒。公会吴于橐皋。秋，公会卫侯、宋皇瑗于郧。宋向巢帅师伐郑。冬，十有二月，螽。

用田赋者讥不爱民，书改常法而重赋敛。孟子卒者讳娶同姓，昭公娶吴故不书姓，礼讳国恶谓之孟子，因而不改以顺时世，死不赴告不称夫人，葬不反哭故不言葬，孔子与吊适于季氏，季氏不綌放绖而拜。公会吴者吴欲寻盟，子贡对曰盟以周信，心以制之玉帛奉之，言以结之明神要之，苟有盟焉弗可改也，若犹可改日盟何益，盟若可寻亦可寒也，吴鲁之会乃不寻盟。公会卫侯宋皇瑗者，吴子征会卫宋权顺，公盟卫宋卒辞吴盟。螽者天灾仲尼言曰，心星伏而后蛰者毕，火犹西流司历之过，补正时历故需置闰。

哀公十三年：春，郑罕达帅师取宋师于喦。夏，许男成卒。公会晋侯及吴子于黄池。楚公子申帅师伐陈。於越入吴。秋，公至自会。晋魏曼多帅师侵卫。葬许元公。九月，螽。冬，十有一月，有星孛于东方。盗杀陈夏区夫。十有二月，螽。

公会晋侯及吴子者，夫差欲霸故去僭号，书告诸侯尊王称子，单平公会尊而不书，越子伐吴大败吴师，越遂入吴吴及越平。螽者天灾螽而又螽，彗现东天左氏无传。

哀公十四年：春，西狩获麟。小邾射以句绎来奔。夏，四月，齐陈恒执其君，寘于舒州。庚戌，叔还卒。五月庚申朔，日有食之。陈宗竖出奔楚。宋向魋入于曹以叛。莒子狂卒。六月，宋向魋自曹出奔卫。宋向巢来奔。齐人弑其君壬于舒州。秋，晋赵鞅帅师伐卫。八月

辛丑，仲孙何忌卒。冬，陈宗竖自楚复入于陈，陈人杀之。陈辕买出
奔楚。有星孛。饥。

西狩获麟圣人绝笔，麟者仁兽圣王嘉瑞，时无明王麟出遇获，周道不
兴圣人伤之，嘉瑞无应圣人感之，因鲁《春秋》修中兴教，获麟感作绝笔
为终。小邾射以句绎来奔，要誓子路子路辞之，不臣要誓不义弗为。齐陈
恒执其君也者，陈氏做大野心膨胀，齐人弑其君壬也者，人弑君名齐君无
道，孔子斋戒请鲁伐齐，鲁为齐弱虽久可伐，陈恒弑君民半不与，鲁众齐
半加之可克，三家不可不能伐齐。日有食之彗星出现，饥者为灾左氏无传。

哀公十五年：春，王正月，成叛。夏，五月，齐高无丕出奔北燕。
郑伯伐宋。秋，八月，大雩。晋赵鞅帅师伐卫。冬，晋侯伐郑。及齐
平。卫公孟彄出奔齐。

家臣不逊抗主主怒，成人惧之遂叛于齐，伐之不克城输逼之。陈瓘过
卫子路谏之，天或以陈氏为斧斤，斫丧公室而终飨之，善鲁待时不必交恶，
陈氏然之鲁及齐平，子贡为介谏公孙成，人皆臣人有背人心，齐人虽纳终
有贰时，周公之孙多飨大利，犹思不义利不可得，丧于宗国将焉用之，子
贡彬彬陈恒归成。齐高无丕出奔北燕，夏历六月因旱大雩，郑伯伐宋晋侯伐
郑，卫公孟彄出奔于齐。

哀公十六年：春，王正月己卯，卫世子蒯聩自戚入于卫，卫侯辄
来奔。二月，卫子还成出奔宋。夏，四月己丑，孔丘卒。

卫世子蒯聩入于卫，卫侯辄及瞒成出奔，卫侯使鄢武子告周，蒯聩得
罪君父君母，逋窜于晋晋念王室，不弃兄弟置诸河上，天诱其衷获嗣守封，
使下臣胗敢告执事，天子使单平公对曰，嘉乃成世复尔禄次，弗敬弗休悔
其可追，卫庄不道果不善终。夏四月己丑孔丘卒，痛失圣人公诔之曰，旻
天不吊不遗一老，余蔽于位茕茕在疚，呜呼哀哉至痛在心，尼父已逝何以
自律。子贡以为公其不终，生不能用死诔非礼，称余一人失礼非名，礼失
则昏名失则愆，失志为昏失所为愆，君两失之何以善终。

哀公十七年至二十七年

公患三桓之侈横也，每欲以诸侯而去之，三桓亦患公之妄也，君臣多间貌合神离，公廿七年无可调和，公逊于邾乃遂如越，恭仁短折谥曰哀公，哀公出逊鲁立悼公。自此以往周如赘瘤，公室微弱政在卿家，君臣父子名实渐离，弱肉强食每况愈下，大夫强横欲心方兴，礼法廉耻敬而远之，瓜分蚕食愎虐毒民，上下征利遂至战国。

二　《春秋公羊传》韵义

关于《公羊传》主旨体例，《春秋公羊传注疏》何休序云："昔者孔子有云：'吾志在《春秋》，行在《孝经》。'此二学者，圣人之极致，治世之要务也。传《春秋》者非一，本据乱而作，其中多非常异义可怪之论，说者疑惑，至有倍经任意、反传违戾者。……略依胡毋生《条例》，多得其正，故遂隐括使就绳墨焉。"就《公羊传》源流沿革而言，大概为子夏传公羊高，公羊高家传五世至汉景帝时，公羊寿与弟子胡毋生著于竹帛，汉武帝时董仲舒又深入发明之，戴宏等经师敷衍整饬之。至董仲舒四传弟子何休，本胡毋生《条例》以作注，深体董仲舒天人感通之意，尤邃于阴阳五行之学，间以纬说阐释传疏。清版唐代《春秋公羊传注疏》者，即汉公羊寿传、何休解诂、唐徐彦疏的内在整合。作为今文经学重镇，历代公羊学发明《春秋》大义，因历代因缘际遇而应时兴起。公羊学分析框架大致涵摄二类（人事与灾异）、三科（张三世、存三统、异内外）、五始（元年、春、王、正月、公即位）、六辅（公辅天子、卿辅公、大夫辅卿、士辅大夫、京师辅君、诸夏辅京师）、七等（州、国、氏、人、名、字、子）、七缺（夫道之缺、妇道之缺、君道之缺、臣道之缺、父道之缺、子道之缺、郊祀不修周礼之缺）、九旨（时、月、日、王、天王、天子、讥、贬、绝）。就儒教义理而言，《公羊传》侧重表述天子大一统义，名实分位大义褒贬，原心定罪复仇权正，君子感化由近及远，四时成岁天人感通，为尊者讳为贤亲讳，大功补过文实两观，法古重始截断众流等义理。与《左传》避重复而相补充，以下韵编侧重义理阐发，单纯事例陈述则略之。

隐公元年至十一年

隐公元年

元年春王正月也者，元年君始春者岁始，王谓文王正月岁始，王正月者大一统义，王始受命政教天下，公侯庶人乃至万物，俱系正月示政教始。不言即位成公之意，公将平国而反之桓，桓幼而贵隐长而卑，尊卑甚微国人莫知，隐长而贤大夫立之，若辞难保桓之必立，即立亦恐幼君架空，故隐之立以为桓立，立嫡以长而不以贤，立子以贵而不以长，子以母贵母以子贵。公及邾娄仪父盟者，仪父邾君称字褒之，始与公盟积渐进善。郑伯克段于鄢也者，克者谓杀示郑伯恶，母宠忍杀不如勿与，段者伯弟当国不弟。天王使赗惠公仲子，惠公隐考仲子桓母，不称夫人以桓未君，丧事有赗车马曰赗，货财曰赙衣被曰襚，以桓母丧告于诸侯，桓虽未君诸侯来赗，贵桓赴告成公贤意。及宋人盟者鲁士人，祭伯来者讳不言奔，天子大夫奔不称使，王者无外天下为家，示罪无绝故不言奔，内外皆书重乖离祸，废选举务贤不肖混，君臣忿争国家昏乱，录所奔者为受义者，明受贤者不受恶人。公子益师卒而不日，所见异辞所闻异辞，年岁久远传闻异辞，己父所见昭定哀世，祖父所闻文宣成襄，高曾传闻隐桓庄僖，异辞也者随时远近，恩有厚薄义有深浅，有如丧礼父母三年，祖父母期曾祖三月，爱自亲始《春秋》如之，据哀录隐上治祖祢，书卒大夫君当隐痛，君若敬臣则臣自重，君若爱臣则臣自尽。

隐公二年

春公会戎鲁地书讥，恶虚内务而恃外好，古者诸侯唯朝逾境，传闻之世外会不书，《春秋》王鲁内离会书，贵躬自厚薄责于人，先自详正故略于外，王者感化不治夷狄，戎来勿拒戎去勿追。莒人入向得而不居，凡书兵者正道不得，重兵害众怨结构祸，更相报偿乱无已时，保伍连帅兴兵不恶，本有用兵征伐之道，入者书时害大书月。无骇帅师入极也者，不氏示贬疾始灭国，托王者始起所当诛，灭而言入讳内大恶，明臣子当为君父讳。公及戎盟后不相犯，纪大夫来逆女也者，养廉远耻不称主使，称诸父兄师友以行，无母莫命故自命之，自命之故则得称使，外逆女书讥不亲迎。伯姬归于纪者嫁归，妇人外成不称公子，示其不得独系父母。夫人子氏薨者隐母，不书葬者成公贤意，示其子将不终为君，故母亦不终为夫人。

隐公三年

春王二月日食记异，非常可怪先事而至，阴阳之象取之日食，事后验者不一而足，州吁弑君诸侯初僭，鲁隐系获翚进谗谋，日食也者或日不日，或言朔而或不言朔，言某月日朔日食者，此象君行外强内虚，外有威严虚心受物，正得君道日月行匀，虽有日食不失正朔，或失之前或失之后，失之前者朔在前也，此象君行暴急民畏，故而日行疾月行迟，过朔乃食失朔于前，失之后者朔在后也，此象君行懦弱见陵，故而日行迟月行疾，未至朔食失朔于后。天王崩者不书其葬，崩不记葬葬必其时，以示至尊无所为屈，诸侯记卒记葬也者，有天子存不得必时，天子曰崩诸侯曰薨，大夫曰卒士曰不禄，恩痛有杀以别尊卑。尹氏卒者天子大夫，世卿非礼贬称尹氏，世卿也者父死子继，公卿夫士礼选贤用，卿大夫者任重职大，世卿久政恩德广大，小人居之必夺君权，故尹氏世立王子朝，齐崔氏世弑其君光，君子疾末则正其本，无故不逐因卒绝之，见劳授偿见恶行诛，虽众誉不能进无功，虽众谗不能退无罪。天王丧主恩隆于王，外大夫卒加礼录之。武氏子来求赙者讥，天子大夫父卒未命，缘孝子心不忍速位，先试一年乃命宗庙，其父新死未命便位，薄父子恩故称氏子，不称使者当丧未君，丧事无求求赙非礼，有则送之无则致哀，求则皇皇伤孝子心。宋公和卒不言薨者，春秋王鲁文辞逊顺，贬外言卒所以褒内，宋称公者为殷之后，封二王后爵位称公，示客待之而不臣也。齐侯郑伯盟于石门，癸未之日葬宋缪公，不及时而日者渴葬，不及时谓不及五月，王七月葬同轨毕至，诸侯五月同盟可至，大夫三月同位可至，士逾月者外姻可至，葬于幽位北方北首，三代达礼不可改易，不及时而不日慢葬，过时而日者隐之也，过时不日谓不能葬，当时不日乃为葬正，当时而日危不得葬。宣公舍子立弟缪公，缪公将薨致国宣子，缪子弑之自立即位，宣公始祸君子惩之，君子大其嫡子居正，不劳违礼而让庶也。

隐公四年

春王二月莒人伐杞，取杞之邑牟娄也者，取邑自广重于贪利，疾始取邑故书恶之。卫州吁弑其君完者，州吁意欲当国为君，故如其意以示凶逆。翚师师者乃公子翚，不称公子贬与弑公，翚谄隐公终君不可，翚惧谗桓作难弑隐，隐之罪人终隐篇贬。卫人杀州吁者称人，善其国人皆得讨贼，所以广显忠孝之路。卫人立晋众立之辞，书立也者不宜立也。众所欲立石碏立之，众虽欲立其则非，明示下无废上之义，听众立之为立篡也。

隐公五年

春公观鱼远地讥公，百金之鱼公张网罟，实讥张鱼言观讥远，耻公自去南面之位，与民争利匹夫无异，故讳若以远观为讥。考仲子宫入庙始祭，隐为桓立为桓祭母，彰桓当立得事之宜，善而书之成其贤意，初献六羽讥始僭公，天子八佾诸公六佾，诸侯四佾差等无紊，僭公犹言僭王难言，前僭八佾于惠公庙，大恶难言从僭六佾。羽象文德之风化疾，乐起和顺积中发外，八音德华歌者德言，舞者德容听音知德，察诗达意论数正容，荐之宗庙足享鬼神，用之朝廷足序群臣，立之学宫足协万民，教化始音音正行正，宫声使人温雅广大，商声使人方正好义，角声使人恻隐好仁，徵声使人整齐好礼，羽声使人乐养好施，荡脉通神存宁正性，乐从中出礼从外作，礼乐接身教化成焉。望其容而民不敢慢，观其色而民不敢争，礼乐也者君子深教，君子不可须臾离身，须臾离礼暴慢袭之，须臾离乐奸邪入之，是以古者天子诸侯，雅乐钟磬未曾离庭，卿大夫士琴瑟不离，以养仁义而除淫僻，治定制礼功成作乐，未制作时取宜今者，尧曰《大章》舜曰《萧韶》，夏曰《大夏》殷曰《大护》，周曰《大武》各取时用。尧时民乐其道章明，舜时民乐修纪尧道，夏时民乐三圣相承，殷时民乐大其护己，周时民乐其伐讨也，异号同意异歌同归。螽书记灾随事而至，隐公张鱼苛令急法，禁民所致害于人物。公子驱卒书日也者，隐公贤君恩礼大夫。宋人伐郑围长葛者，伐邑言围恶强无义，必欲得邑故如其意。

隐公六年

春郑人来输平也者，狐壤之战郑获隐公，君获讳言鲁师败绩，言输平者公亦称人，书一人字两国共有，郑擅获诸侯为有罪，公不死难亦当绝之。秋七月者《春秋》编年，《春秋》无事孟时过书，四时具备然后为年，王者奉顺四时之正，有事不月人正天定。宋人取长葛书疾久，古者师出而不逾时，今者宋人更年取邑，暴师苦众久居于外，害民之故书以疾之。

隐公七年

春王三月叔姬归纪，叔姬也者伯姬之媵，待年父国至是乃归，妇人非嫡八岁备数，十五从嫡二十承事，媵贱书者终嫡贤行，纪侯齐灭纪季入齐，叔姬归之能处隐约，全竟妇道重而录贤。滕侯卒者微国略名，微国称侯《春秋》不嫌，有贵有贱不嫌同号，有美有恶不嫌同辞。城中丘者功重故书，讥其不能及时补缮，崩弛坏败发众城之，猥苦百姓空虚国家，言城功重无异始作。齐侯使其弟年来聘，母弟称弟母兄称兄，变周之文从殷之质，质家亲亲明当亲厚，诸侯朝聘慕贤孝礼，齐一法度以尊天子，聘受大庙不言聘公，孝子谦孝不敢身当，归美先君且重国宾。天王使凡伯来聘者，古者诸侯德行殊异，天子聘问北面称臣，受之大庙以尊王命，归美先君不敢自当，戎伐凡伯以归讳执，中国也者礼义之国，不使无礼制治有礼，不与夷狄之执中国，绝不言执正之言伐，以降夷狄以尊天子，天子大夫衔命至尊，伐凡伯者使与国同，尊大王命责当死位，录以归者恶辱王命。

隐公八年

春郑伯使来归邴者，王祭泰山诸侯皆从，沐浴洁齐以致其敬，尊待诸侯而供其费，邴乃郑国汤沐之邑，归邴书者甚恶郑伯，实无尊事天子之心，自专置换背叛当诛，入邴书难齐亦欲之。葬蔡宣公卒名葬谥，诸侯卒则赴告天子，君前臣名君臣正义，葬从主人不告天子，从臣子辞称谥称公。公及莒人盟于莒地，随从称人实为莒子，称人讳公行微不肖，诸侯不肯随从公盟，公反随之故使称人，莒子从公则无嫌疑，隐为桓立俘不死难，受汤沐邑卒无廉耻，见获受邑皆讳不明，令翚投机为桓所疑，著其不肖仅使微从。痛录隐公所以失者，螟者为灾烦扰之应，狐壤之战中丘之役，邴田授受民人烦扰。无骇卒者去族称名，疾始灭国终身不氏。

隐公九年

春天王使南季来聘，三月癸酉大雨震电，以其不时书以记异，震雷电者俱为阳气，周之三月当夏正月，若雨则当水雪杂下，若雷则当闻于地中，大雨震电阳大失节，犹隐久位不反失宜，发于九年阳数以极，隐不还国之所致也。大雨雪者书以记异，平地尺雪盛阴之气，先示隐公不宜久位，继以盛阴之气大怒，此桓将怒弑隐之象。侠卒也者大夫未命，无氏卒之赏疑从重。

隐公十年

春王二月公会郑伯，前为郑获今始与见，书示君子犯而不校。翚帅师会齐郑伐宋，不称公子贬隐罪人，贬可移易终隐之篇。六月壬戌公败宋师，辛未取郜辛巳取防，见利生事利心数动，一月再取为利过甚，《春秋》录内而略于外，内大恶讳外大恶书，明王者起当先自正，内无大恶本质素好，然后可治诸夏大恶，臣子义当讳君大恶，内小恶书外小恶略，内有小恶不害本善，适可治于诸夏大恶，未可治于诸夏小恶，明先自正然后正人。宋人蔡人卫人伐载，郑伯伐取之者书易，因宋人蔡人卫人力，郑伯无仁因困灭之，易若取邑故言取之，不书月者移恶三国。十月壬午齐郑入盛，盛为同姓书日录忧。

隐公十一年

春滕侯薛侯来朝者，诸侯曰朝大夫曰聘，兼言之者微国略之，《春秋》王鲁无朝之义，适外言如别外尊内，受于大庙不言朝公。七月壬午公入许者，为弟守国不尚推让，数行不义皇天降灾，谄臣进谋终不觉悟，构怨入许书日危之，危亡之衅外内并生。公薨不书葬者讳弑，葬乃臣子生者之事，《春秋》君弑讨贼书葬，臣绝于君君丧无系，无讨略葬以无臣子，公薨不地不忍言也，适见始让不能见终，隐之终篇不有正月，明隐终无有国之心，桓疑而弑臣子痛之。

桓公元年至十八年

桓公元年

春王正月公即位者，直而不显讳而不盈，继弑君者不言即位，弑君欲位故如其意，此言即位以著桓恶，本贵当立臣弑为篡，即位也者承上启下，先谒宗庙以明继祖，再还之朝正位君臣，即位事毕还反凶服。三月公会郑伯于垂，桓会皆月书以危之，桓弑贤君而篡慈兄，专断交易朝宿之邑，无王而行无仁义心，与人交接危而臣忧。郑伯以璧假许田者，名假实易言假逊辞，有天子在不得专地，使若暂时假借之者，许田乃鲁朝宿之邑，讳取周田故系之许，桓无尊事天子之心，专以朝宿之邑与郑，背叛当诛深讳书假。秋大水者书以记灾，灾伤二谷以上则书，桓弑篡隐百姓痛伤，悲哀之心既已蓄积，而复专易朝宿之邑，阴逆怨气并之所致。

桓公二年

春王正月宋督弑君，及其大夫孔父也者，大夫未命称督国氏，及者累也书累贤之，贤者不名孔父称字，正色立朝无敢难君，孔父可谓义形于色，督将弑君孔父存焉，于是先攻孔父之家，宋君趋救与之皆死，宋君知贤不用致祸。公会诸侯成宋乱者，内大恶讳远则可书，所见所闻传闻异辞，隐远为讳隐贤桓贱，斥见其恶言成宋乱，与督弑君宋公冯立，诸侯相会欲共诛之，受略便还宋乱遂成，桓公本亦弑隐而立，君子也者同类相养，小人也者同恶相长，君子疾桓贱不为讳，古者诸侯有无道者，伯正帅长合会征之，

《春秋》散乱保伍坏败，虽不能诛不为成乱，今责成乱疾其受赂。取郜大鼎于宋也者，宋始以不义取之郜，器从名而地从主人，戊申纳于大庙书讥，庙者貌也孝子之至，思先仪貌而敬事之，遂乱受赂纳庙非礼。纪侯来朝尊故称侯，天子娶纪与奉宗庙，传之无穷重莫大焉，封之百里尊而不臣。蔡侯郑伯会于邓者，离不言会邓与故书，二国二君会而曰离，各是其是各非其非，所道不同不能决事，不定是非不立善恶，不足采取谓之离会。公及戎盟不书日者，戎怨隐公不反桓国，善桓自复翕然亲信。公至自唐书喜脱危，君子疾贤者失其所，不肖者反以相亲荣，隐与戎盟不信犹安，桓与戎盟虽信犹危，书至所以深抑小人。

桓公三年

春正月公会齐侯者，去王示桓无王而行，二年有王见始故书，十年有王数之有终，桓薨有王桓公之终，终始有王桓公无之，不就元年即见始者，自知己篡战惧畏讨，未敢无王不得见始，须臾之后还复为恶，擅易王田俄然无惮，二年正月言王见始。齐侯卫侯胥命也者，古者不盟结言而退，时盟不歃以命相誓，善其近正似不背古，故书胥命以拨浇乱。日食既者光明灭尽，是后楚灭榖邓僭王，后治夷狄楚灭不书。齐侯送姜氏者书讥，诸侯越境送女非礼，送女父母礼不下堂，送姑姊妹礼不出门。有年书喜仅有年也，五谷差有不大成熟，仅有年喜恃有年也，桓公之行当诛当叛，不肖之君为国尤危，元年大水二年耗减，民人将去国丧无日，赖有五谷百姓安之，侥幸无乱喜而书之。

桓公四年

春正月公狩于郎讥，以其地远与其不时，诸侯田狩礼不过郊，周之正月夏十一月，阳气始施鸟兽怀任，草木萌芽狩不养微。王使宰渠伯纠来聘，宰渠伯纠王下大夫，既系官氏又名且字，系官示卑无专官事，称伯者上敬老之故，敬老民孝尊齿民悌，是以王者父事三老，兄事五更食之辟雍，天子亲袒割牲而馈，执爵而酳冕而总干，身体力行率民之至，先王治天下者有五，贵有德为其近于道，贵臣为其近于君也，贵老为其近于父也，敬长为其近于兄也，慈幼为其近于子弟，君于臣而不名者五，父兄不名公卿不名，盛德之士老臣不名，桓公篡叛无王而行，王不能诛反下聘之，贬见其罪以明不宜。

桓公五年

春正月而陈侯鲍卒，齐郑君如纪讥离会，王使仍叔之子来聘，天子大夫称子书讥，父老子代从政非礼。卒日葬月大国之例，葬者当为生者之事，葬陈桓公不书月者，知君父疾自当营卫，责其臣子不谨失之。蔡卫陈人从王伐郑，从王为正美而书之，春秋之时天子微弱，诸侯背叛莫肯从王，善三国君尊王死节，书称人者刺讽王者，天下之主当秉纲要，亲自用兵自见微弱，仅书微从讳书君从，不使王者书于首兵，伐郑本不为王首举，人者诸侯美其得正。大雩旱祭言雩旱见，大雩大旱书以记灾，君亲南郊六事谢过，政不一欤民失职欤，宫室荣欤妇谒盛欤，苞苴行欤谗夫倡欤，使童男女各为八人，舞而呼雩故谓之雩，必见雩者善惧天灾，应变求雨忧民之急，旱者政教不施之应，先是桓公无王之行，比为王聘得志益骄，去国远狩大城祝丘，故致此旱以为感应，蠡者记灾亦烦扰生。州公如曹过鲁故书，自尊若公书如其意，申尊起慢责其无礼。

桓公六年

春正月州公寔来者，行过无礼谓之人来，诸侯相过至境假途，入都必朝以崇礼让，以绝慢易以戒不虞，州公过鲁都而不朝，慢易为恶故书寔来。书其月者危录之也，无礼之人不可备责。大阅也者简车徒也，简阅兵车使可任习，不教民战是谓弃之，比年简徒则谓之蒐，三年简车谓之大阅，五年大简谓之大蒐，存不忘亡安不忘危，桓无文德又忽武备，书日者以为尤危录。蔡人杀陈佗实陈君，君而谓名贱而绝之，外淫于蔡蔡人杀之，蔡称人者从讨贼辞，贱而去爵见乃得杀，不日略葬从贱文故。九月丁卯子同生者，久无正嗣喜国有正，所以喜书庄公生者，感隐桓祸生于无正，不以世子正称书者，以正见邪疾恶桓公，礼者世子生后三日，卜士负之于寝门外，桑弧蓬矢射于六方，示有天地四方之事，三月名之负朝于庙，大夫以名遍告先人。

桓公七年

春二月己亥焚咸丘，焚者火攻书疾其始，咸丘也者邾娄之邑，君在国之不系邾娄，征伐之道不过用兵，服则可退不服可进，火之盛炎水之盛冲，虽欲服罪不可复禁，故而疾其暴且不仁，疾故书日重录火攻。穀伯绥邓侯吾离朝，失地君名邓犹称侯，贵者无后待之以初，本与鲁同贵为诸侯，失爵亡土来朝托寄，故旧不遗义不可卑，桓公以火暴攻人君，不书月日贬示大恶，失地君朝恶人为轻。

桓公八年

春正月己卯烝书讥，春祭曰祠夏祭曰礿，秋祭曰尝冬祭曰烝，亟黩不敬讯亟祭之，生则敬养死则敬享，君子之祭敬而不黩，不疏无怠无怠不忘，四时之祭疏数节中，是故君子合诸天道，感四时物而思其亲。天王使家父来聘者，家为采地父为其字，王中大夫氏采称字。夏五月丁丑烝讯亟，周之五月乃夏三月，犹与春祠同时复烝。冬十月雨雪书不时，周之十月乃夏八月，未当雨雪阴盛兵象，后有郎师龙门之战。祭公来逆王后于纪，天子三公氏采称爵，不称使者婚谦主人，使鲁为媒因用往逆，婚礼五成纳采问名，纳吉纳征请期亲迎，王遣祭公使鲁为媒，因鲁往迎不复成礼，书疾王者不重妃匹，逆天下母若逆婢妾，海内无以则象书讯。

桓公九年

春纪季姜归于京师，王后而称纪季姜者，虽为王后犹父母子，示子虽尊不加父母。曹使世子射姑来朝，父老子代《春秋》书讯，曹伯老疾使子行聘，恐卑故使自代以朝，虽非礼制有尊鲁心，故序经意而依违之，小国无卿所以书者，重恶世子之不孝甚。

桓公十年

春王正月曹伯卒日，于夏五月葬曹桓公，小国始卒卒月葬时，曹伯年老使世子朝，卒日葬月敬老重恩。公会卫侯而弗遇者，桓公欲见卫侯不肯，以非礼动见拒有耻，故讳使若会而不遇。齐卫郑君来战于郎，郎者郊邑近乎被围，内讳言战言战则败，举国上下大小贵贱，兵近都城当戮力拒。

桓公十一年

春正月齐卫郑人盟，桓公行恶诸侯当诛，齐卫郑国来战于郎，使微者盟鲁惧书危。郑伯寤生卒书葬者，君杀无罪大夫去葬，段当国故从讨贼辞，不得与杀大夫同例。宋人执郑祭仲也者，祭仲郑相贤故不名，宋执之命出忽立突，不从其言君死国亡，从其言则生存可期，国重君轻祭仲知权，权者反经然后有善，行权有道自损利他，杀人自生亡人自存，自立损他君子不为，突归于郑忽出奔卫，身蒙逐君之恶存郑，胁郑之篡宋公称人。柔会宋陈君蔡叔盟，柔者鲁大夫未命者，不卒柔者深薄桓公，不与有恩礼于大夫，盟不日者乃柔之故，大夫未命盟会用兵，上轻大夫下重于士，罚疑从轻故责之略，不能防正其姑姊妹，使淫陈佗蔡侯贬叔。

桓公十二年

春正月者无事亦书，夏公会纪侯莒子盟，秋公会盟宋公燕人，公会宋公会盟郑伯，及郑师伐宋战于宋，战而言伐嫌与微战。

桓公十三年

春二月会纪侯郑伯，及齐宋卫君燕人战，齐宋卫燕之师败绩，得纪侯郑伯助乃胜，不掩人功不蔽人善，郎虽近犹可言其处，亲战龙门危故耻之。夏大水者为灾故书，龙门之战死伤者众，鲁民悲哀之所感致。

桓公十四年

春正月者公会郑伯，无冰也者书以记异，周之正月夏十一月，时当坚冰温而无冰，此象夫人淫泆不制，阴而阳行之所感致。秋八月壬申御廪灾，御廪乃粢盛所藏处，粢盛祭服御用宗庙，躬行孝道以先天下，火自出烧之者曰灾，龙门之战死伤者众，桓无恻痛于民之心，不尊宗庙逆天危祖，鬼神不飨天应以灾。尝者书讥廪灾犹尝，不如勿尝切实自省。宋以齐卫蔡陈伐郑，书以者示行其意也。

桓公十五年

春二月王使来求车，王者无求求车非礼，畿内租税足供王费，四方职贡足以尊荣，当以至廉率先天下，求则诸侯大夫贪鄙，士庶盗窃故求书讥，求本例时此以月者，桓公行恶王不能诛，反从求之故独书月，三月乙未天王崩卒。郑伯突出奔蔡也者，夺正故名祭仲出之，著其夺正不书失众。郑世子忽复归于郑，称世子者以示复正。许叔入于许者书恶，出入皆恶明当诛也。邾人牟人葛人来朝，皆称人者夷狄之也，桓公行恶三人俱朝，三人为众众则足责。郑伯突入于栎也者，祭仲亡矣忽失其助，祭仲亡则郑国易得，故明入邑则忽危矣，言忽微弱甚于鸿毛，若匹夫出故略不书。冬十一月公会齐侯，宋公卫侯陈侯伐郑，书月者善诸侯征突，善录义兵略桓危举。

桓公十六年

春正月会宋蔡卫君，公会宋卫陈蔡伐郑，公至自伐郑者书善，鲁桓公能疾恶同类，与诸侯兴义兵伐郑，善其比德与善行义。卫侯朔出奔齐也者，使发小众不能使行，得罪天子书名绝之。

桓公十七年

春正月会齐纪侯盟，及邾娄仪父盟也者，仪父最先与隐公盟，元功之臣有诛无绝。蔡侯封人卒蔡季归，蔡季自陈归于蔡者，蔡侯无子季次当立，欲立献舞而疾害季，季避之陈君薨奔丧，思慕三年卒无怨心，安位臣弟贤而字之，书奔丧归若非出奔，其贤宜为天子大夫，不与亲通故不称弟，若鲁季子纪季去氏，唯卒生事以恩录亲，如书季友叔肸之卒。诸侯之葬例皆称公，葬蔡桓侯书称侯者，有贤弟而不能任用，反疾害之而立献舞，使国几乎并于蛮荆，抑桓称侯夺臣子辞。冬十月朔日有食之，事应来年夫人潛公，桓公遂为齐侯诱杀，去日不书著桓行恶，深为内惧见杀无日。

桓公十八年

春王正月公会齐侯，公夫人姜氏遂如齐，为公绝外故不言及，遂在夫人书夫人遂，夫人淫齐侯而潛公，齐侯诱公使遂如齐。四月丙子公薨于齐，丁酉桓公丧至自齐，深讳耻之不书诱杀，外薨书日示危痛之，戒慎外多穷厄伐丧，亦忧内多乘便而起。十二月己丑葬桓公，仇在外贼未讨书葬，齐强鲁弱不可立报，君子量力且使书葬，可复之仇不复乃责，桓者为谥生爵死谥，谥者所以劝善惩恶，诸侯薨而天子谥之，卿大夫卒受谥于君，唯天子称天以诔之，桓谥终有臣子之辞。

庄公元年至三十二年

庄公元年

春王正月不书即位，君弑子痛不忍即位，诸侯继嗣三年称子，君不旷年臣子称公。三月夫人逊于齐者，内讳奔故谓之逊遁，与弑公贬不称姜氏，正月存君念母首事，庄公练祭念母迎之，念母虽善不与念母，当迎书逊明示不宜，重本尊统尊行于卑，念母忘父背本之道，故绝文姜不为不孝，贬者以见王法当诛。夏单伯逆王姬也者，鲁大夫之命乎王者，诸侯三年贡士天子，大国举三小国举一，天子诸侯通贤共治，示不独专重民之至，逆之者使鲁主之也，天子嫁女归于诸侯，必使诸侯同姓主之，诸侯嫁女归于大夫，必使大夫同姓主之，不自主者尊卑不敌，行婚姻礼伤君臣义，行君臣礼废婚姻好，必使同姓血脉父辈，与所适敌体者主之，尊者嫁女于卑之礼，必申阳倡阴和之道，不以上尊绝下嗣路，丧不弁冕仇不交婚，书恶天子以为非礼。筑王姬馆于外书讯，嫁女仇国故筑于外，筑之为礼于外非礼，同姓有主嫁女之道，夫人之下群公子上。王使来追锡桓公命，锡者赐也命者加服，追命桓公加服崇异，生有善行死加善谥，此外不复追加赐命，赐命劝善而扶不能，桓行实恶而追赐之，尤悖天道不称天王。王姬归齐鲁主故书，鲁主女则为父母道，圣人探人情以制恩，内女归月外女不月。齐师迁纪郱鄑郚者，取之言迁为襄公讳，书外取邑重其始灭，齐襄公将复仇于纪，故先孤弱而取其邑，不为利举故为讳之。

庄公二年

秋七月齐王姬卒者，卒外夫人鲁主故书，行父母道示当恩礼，内女卒日外女卒月，外女恩实不如鲁女。夫人姜氏会齐侯者，妇无外事有则近淫，不书致者本无出道，有出道致如奔丧致。

庄公三年

正月溺会齐师伐卫，溺乃大夫之未命者，所伐大夫不书卒者，庄公薄于臣子之恩，卫朔叛奔王新立君，齐鲁无惮王命伐之，恶重于伐故而书月。纪季以酅入于齐者，纪齐为仇齐大纪小，季知必亡以酅首服，先祖有罪请存祭祀，以存先功除出奔罪，纪季服罪明其知权，纪季君弟称字贤之。公次于郎避难道还，刺欲救纪而后不能，诸侯本有相救之道，所以抑强消乱者也。

庄公四年

春夫人姜氏飨齐侯，三月纪伯姬卒也者，王侯绝期大夫绝缌，天子唯女适二王后，诸侯唯女为君夫人，其恩得申故而书卒。纪侯大去其国讳灭，不言齐灭为襄公讳，复仇远祖故贤襄公，远祖百世犹可复仇，国君也者以国为体，先君之耻犹今之耻，今君之耻犹先之耻，有明天子纪侯必诛，至今有纪犹无明王，上无天子下无方伯，恩痛先祖可许复仇，以复仇义除灭人恶，言大去者襄公明义，但当迁去不当取有。齐侯葬纪伯姬也者，国灭无臣徒为齐葬，痛而书之明宜闵伤，称齐侯者善葬得宜。公及齐人狩于郜者，讳与仇狩齐侯称人，称人使若与微者狩，仇者无时焉可与通，父母之仇不共戴天，兄弟之仇不同共国，九族之仇不同乡党，朋友之仇不同市朝，狩者上所以承宗庙，下所以教习兵行义，讥莫重乎与仇狩也。

庄公五年

公会齐人宋人陈人，蔡人伐卫纳朔也者，避王不言纳卫侯朔。

庄公六年

三月王人子突救卫，实王子突书人刺王，朔在齐时王当发令，一使可致一夫可诛，因王缓之致五国兵，伐王所立还以自纳，卒不能救为天下笑，故为王讳若遣微者。六月卫侯朔入于卫，犯天子命称名绝之，避王讳纳言入篡辞，不书公子留出奔者，本当绝卫不当复立，王室微弱为天子讳。秋公至自伐卫也者，不敢胜王故书致伐。螟者为灾人事感招，伐卫纳朔兵历四时，使民烦扰之所感生。冬齐人来归卫宝者，卫人归之齐让乎鲁，极恶鲁之犯命贪利。

庄公七年

春夫人姜氏会齐侯。夏四月夜恒星不见，星陨如雨书以记异，恒星也者天之常宿，分守有度诸侯之象，周之四月当夏二月，参伐狼注之宿当见，参伐宿主斩艾立义，狼注之宿主持衡平，两宿皆灭乱世之象，天子微弱难诛卫朔，遂失其政诸侯背叛，法度废绝威信陵迟，王室日卑齐桓行霸。秋大水者灾无麦苗，君子不以一过责人，水灾不书无麦方书，水旱螟螽伤谷必书，民食最重麦苗独书，伐卫纳朔用兵逾年，夫人数淫民怨感生。冬夫人姜氏会齐侯。

庄公八年

春王正月师次于郎，以俟陈人蔡人也者，次而言俟托不得已，出曰祠兵入曰振旅，其礼一也皆习战也，甲午祠兵刺久稽留，师出本为灭盛而兴，讳俟陈蔡以为伐卫，使若无欲灭同姓意。夏鲁师及齐师围成，成降于齐师者书讥，盛谓成者讳灭同姓，不言降鲁避灭同姓，言围使若鲁围而去，成人后自降于齐师，言及者示鲁实欲灭，盛伯出奔深讳不书。秋师还者善慰师疲，君使灭成非师之罪。冬时十有一月癸未，齐无知弑其君诸儿。

庄公九年

齐乱公及齐大夫盟，君之于臣告从命行，邻国之臣犹鲁之臣，讳与大夫歃血约誓，讳盟不名使若命众，无知之难小白奔莒，子纠奔鲁齐欲迎立，鲁不与之而与之盟，齐为是故更迎小白，鲁乃伐齐欲纳子纠，深讳不纳书时若信，《公羊》之例小信书月，大信书时不信书日。齐小白入于齐也者，当国氏国言入篡辞，《春秋》之义别嫌明疑，嫌当齐君公前不臣，不书公子见臣于鲁，不书月者以刺庄公。及齐师战鲁师败绩，不能纳纠故鲁伐齐，以为不如以复仇伐，复仇当以死败为荣，复仇非是诚心至意，夸大其伐而自取败，复仇伐败微者实公，公不言公不与复仇。齐人取子纠杀之者，实齐胁鲁使鲁杀之，深讳使若齐自取杀，君薨称子著纠宜君，冬浚洙者畏齐深之。

庄公十年

春王正月公败齐师，二月公侵宋者恶危，鲁国北败强齐之兵，南侵强宋南北有难，连祸大国故而危之。三月宋人迁宿罪宋，宋欲迁宿以取其国，绕取其地使不外通，宿穷求迁故得言迁，不以兵取故书宋人，迁取王封罪同灭人，宿君不死社稷当绝。齐宋伐鲁公败宋师。秋时九月荆败蔡师，以蔡侯献舞归也者，《春秋》假事以见王法，圣辞逊顺善善恶恶，因周爵号以进退之，爵尊七等荆者州名，州不若国国不若氏，氏不若人人不若名，名不若字字不若子，被获绝之蔡侯称名，蔡侯被获讳言其获，不与夷狄之获中国，夷狄实楚而言荆者，楚强近华卒暴责之，恐为害深故进以渐，由爵七等以为褒贬。冬时十月齐师灭谭，谭子奔莒书不言出，国灭无出恶不死位。

庄公十一年

五月戊寅公败宋师。秋宋大水书以记灾，书外灾者水灾及鲁，宋鲁互为兴兵相败，百姓同怨俱时水灾，天人相与报应之际，甚为可畏故明示之。冬王姬归于齐也者，过鲁送迎故而书之，王者无外途不称妇。

庄公十二年

三月纪叔姬归于酅，庙存国之酅不系齐，国亡隐之徒归于叔，来归不书归酅书者，恩痛国灭无所归依。八月宋万弑其君接，累及其大夫仇牧者，鲁曾获万归为大夫，与君博戏怒博弑之，仇牧趋至叱万被杀，仇牧可谓不畏强御，祸生博戏君臣慢易，强御之贼祸不可测，冬十月宋万出奔陈，强御之贼明当急诛。

庄公十三年

春时齐侯宋人陈人，蔡人邾人会于北杏，齐桓行霸故为此会，约束诸侯以尊天子，桓公时未为诸侯信，使微者会桓公不辞，以卑下之遂成霸功。

夏六月齐人灭遂者，遂国不会北杏之故，不任文德而尚武力，桓公行霸不讳灭国，《春秋》褒贬功过相除，桓公虽有北杏之会，前有篡逆灭谭之非，论功不足而恶有余，九合之后功足除恶。冬公会齐侯盟于柯，桓盟不日诸侯信之，会时曹子剑要桓公，曹子请盟桓公与盟，要盟可犯桓公不欺，曹子可仇桓公不怨，桓公之信著乎天下，自柯盟始诸侯信服，会鄄盟幽遂成霸功。

庄公十四年

齐人陈人曹人伐宋，单伯会伐宋者后会，本期而后故但举会，书者刺其不信齐义，因以分别功恶深浅，从义兵而后者功薄，从不义兵后者恶浅，单伯会齐宋卫郑君。

庄公十五年

春时齐侯宋公陈侯，卫侯郑伯相会于鄄，夏时夫人姜氏如齐，秋时宋齐邾人伐兒。

庄公十六年

公会齐侯宋公陈侯，卫侯郑伯许男曹伯，滑伯滕子同盟于幽，同盟同欲同心欲盟，同心为善则善必成，同心为恶则恶必成，故重而言同盟同心。邾娄子克卒者不日，小国不卒邾子卒者，慕霸行进有尊王心，始与霸者故不书日。

庄公十七年

春时齐人执郑瞻者，执郑微者书恶其佞，子曰放郑声远佞人，罪未成者伯当远之。夏时齐人歼于遂者，齐人灭遂遂民不安，欲去强戍众杀戍者，古有分土而无分民，齐戍之非遂不当坐，故使齐为自积死文。秋时郑瞻自齐逃来，佞人来鲁书恶其佞，痛鲁知佞而纳受之，信其计策取齐淫女，丹楹刻桷卒为后败，文加逃者深抑之也，上执称人嫌恶未明，行本乡里逃来系郑，乡人善者恶之为恶，乡人恶者恶之为善。冬时多麋书以记异，麋者犹迷以多为异，象鲁为郑瞻所迷惑。

庄公十八年

春王三月日有食之，戎犯中国鲁蔽郑瞻，夫人如莒淫泆不制，人事感致阴干于阳。夏公追戎于济西者，大其为中国追戎也，大其未至而豫御之，大公除害恩及济西。秋时有蜮书以记异，蜮者犹惑以有为异，毒害伤人形体不见，象鲁人为郑瞻所惑，毒害伤人大乱不知。

庄公十九年

公子结媵陈人之妇，遂及齐侯宋公盟者，媵以侄娣从夫人者，一人有子则同喜之，以防嫉妒令重继嗣，因以备成尊尊亲亲，聘礼大夫受命酌辞，有安社稷利国家者，大夫出境专之可也。鄄幽之会公比不至，出遭齐宋欲谋伐鲁，故矫君命而与之盟，除国家难全百姓命，盟不日者背结之约。冬时齐宋陈人伐鲁。

庄公二十年

二月夫人姜氏如莒。夏齐大灾书大瘠病，外灾不书书者及鲁，此灾邪乱之气所生，鲁任郑瞻夫人淫泆，齐侯亦淫诸姑姊妹，姑姊妹不嫁者七人。

庄公二十一年

秋七月夫人姜氏薨。冬十二月葬郑厉公，《春秋》篡位明者书葬，篡不明者去葬贬之。

庄公二十二年

春王正月肆大省者，灾省书者讥始忌省，夏亡卯日殷亡子日，先王以此日省吉事，不忍举吉大自省敕，反省得无独有此行，若闻灾省故曰灾省，时鲁国有夫人之丧，省日忌吉不忌凶事，礼哭不避子卯之日，所以专一孝子之思，不与念母故讥忌省。夏五月书讥以人事，庄公娶于仇国之女，不可事祖奉四时祭，犹五月不为夏首时。秋七月及齐高傒盟，不言公者讳盟大夫。冬公如齐纳币书讥，君亲纳币实为非礼，庄公淫泆恶不可言，因其纳币讥无廉耻，举淫为重不讥丧娶，公之齐淫皆以危致。

庄公二十三年

公至自齐书以危之，公如齐淫亦一陈佗。祭叔来聘不称使者，公一陈佗绝若无君，不与天子下聘小人。夏公如齐观社书讥，诸侯越境观社非礼，讳淫而言观祭社者，祭社报德土地之主，生物居民德厚功大，故感春秋报德祭社，天子三牲诸侯羊豕。荆人来聘始聘称人，《春秋》王鲁因荆始聘，明示夷狄能慕王化，修聘礼而受正朔者，当褒进之故使称人，称人系荆不系国者，许夷狄者不一而足。萧叔朝公受朝于外，恶公不受朝于宗庙。丹桓宫楹非礼书讥，将娶齐女欲以夸示，天子诸侯各有礼制，天子斫砻加密石焉，诸侯斫砻不加密石，大夫斫之士则首本。

庄公二十四年

春王三月刻桓宫桷，刻桷逾制非礼书讥。公如齐逆女书讳淫，故使若以得礼书者。夫人姜氏入者书难，夫人要公而不疾顺，与公约远媵妾后入。大夫宗妇觌而用币，用者非礼不宜用也。大水书灾人事感致，夫人不制遂淫二叔，阴气大盛明年复水。戎侵曹曹羁出奔陈，曹无大夫书贤曹羁，戎将侵曹曹羁谏曰，戎众无义君勿自敌，三谏不从羁遂去之，君子以为得君臣义。

庄公二十五年

春陈侯使女叔来聘，孝治天下不遗小臣，称字敬老字而礼之。五月癸丑卫侯朔卒，犯王命重去葬明罪，与盗国同不得书葬。六月辛未朔日食者，伐鼓用牲求阴之道，感惧天灾应变合礼，是后夫人遂不能制，通于二叔杀二嗣子。秋大水者伐鼓用牲，大水灾感同于去年，于社合礼于门非礼。

庄公二十六年

曹杀其大夫者众杀，不言曹灭为曹羁讳，曹君大夫皆与戎战，君为戎杀大夫求生，后嗣子立遂诛大夫，罪得其所众略不名。

庄公二十七年

春时公会杞伯姬者，恶公非礼以教内女。公子友如陈葬原仲，书葬大夫讳避内难，君子避内不避外难，庄公母弟公子三人，庆父与牙淫通夫人，胁公欲立庆父为嗣，因缘己心不忍亲乱，季子欲治不得国政，门内之治以恩掩义，坐而视之不忍亲亲，于是复请至陈葬仲，恶公不任使避难出。莒庆来逆叔姬者讥，大夫越境逆女非礼，大夫任重逆旷政事，境内亲迎屈私赴公。杞伯夏后本应称公，杞伯来朝不称公者，《春秋》黜杞新周故宋，以鲁《春秋》当于新王，徐莒胁弱不能死位，始见称伯卒独称子，方以子贬黜不称侯。

庄公二十八年

四月丁未邾子琐卒，附霸朝王褒进书日。秋荆伐郑诸侯救之，公会齐宋邾人救郑，书善中国能相救助。冬时筑微大无麦禾，先言筑邑后言无禾，讳以凶年造邑扰民，使若因筑无禾愈恶，冬无麦禾实秋伤水，因疾庄公不制夫人，放纵淫泆类感水灾，阴盛阳衰书大以见。臧孙辰告籴于齐者，私行请籴讳不称使，君子为国必三年积，一年不熟告籴书讥，三年耕必余一年储，九年耕必有三年积，虽遇凶灾民不饥乏，庄公享国已廿八载，无一年畜危亡切近，故讳使若国家不匮。

庄公二十九年

春新延厩修旧书讥，凶年不修缮愈于造。秋时有蜚书以记异，蜚者淫阴臭恶之虫，乃为南越盛暑所生，本非中国之所有者，象鲁夫人有臭恶行。十有二月纪叔姬卒，国灭卒者从夫人行，亲而闵之待之以初。城诸及防大义在焉，诸者君邑防者臣邑，先君及臣别君臣义，君臣义正则天下定。

庄公三十年

秋时七月齐人降鄣，取纪遗邑为桓公讳，桓功除恶故为之讳，言降归德自服为可。八月癸亥葬纪叔姬，其国亡矣徒葬乎叔。九月庚午朔日食者，伐鼓用牲于社襄之，应鲁弑君狄灭邢卫。齐人伐山戎者书贬，迫杀过甚齐侯贬人，戎亦天地之所生成，桓公但可驱逐而已，迫杀甚痛贬恶不仁。

庄公三十一年

春筑台于郎者书讥，讥其临民之所漱浣，天子外屏诸侯内屏，大夫帷士帘者礼制，所以防范泄慢之渐，天子灵台以候天地，诸侯时台以候四时，登高远望人情所乐，无益于民虽乐不为。夏时四月薛伯卒者，薛滕二君俱朝隐公，桓弑隐立滕朝桓公，薛独不朝知去就义。筑台于薛书讥其远，诸侯之观礼不过郊。六月齐侯来献戎捷，大国亲献威鲁讳耻，《春秋》王鲁因见王义，古者方伯征伐不道，诛绝其国献捷于王，刺齐桓公骄慢恃盈，行非所以成就霸功。秋筑台于秦者书讥，社稷宗庙朝廷皆国，皆不当临故讥临国，临社稷宗庙则不敬，临朝廷则泄慢国政。冬不雨者书以记异，旱久而不害物为异，禄去公室福由下作，阳道不施阴道独行，象筑三台庆牙专政。

庄公三十二年

七月癸巳公子牙卒，弑嗣被杀不称公弟，季子遏恶不致刑狱，缘季子心而为之讳，季子之遏国恶奈何？庄公将死以召季子，季子至而授以国政，牙欲弑君且已成备，季子制服与药杀之，免被人笑有后于国，诛不避兄君臣之义，行诛乎兄隐而逃之，若以疾死亲亲之道，过在亲亲疑于非正，故为之讳以别嫌疑，书日者录季子遏恶，行诛亲亲虽酖犹恩。八月癸亥公薨路寝，路寝正寝公之正居。冬十月乙未子般卒，君存世子君薨子某，既葬称子逾年称公，君未逾年卒不书葬，有子则庙庙则书葬，无子不庙则不书葬，以明当世父位为君，缘民臣心不可无君，故称子某以明继父，尸柩尚存君前臣名。公子庆父如齐讳奔，季子酖牙庆父归狱，不自信于季子故出，不言奔者季子亲亲，不探其情不暴其罪。

闵公元年至二年

闵公元年

春王正月不书即位，继弑君者不忍言之，公继子般庆父所弑，庆父弑君不被诛者，预不遏恶后不可及，归狱仆人邓扈乐者，庄公存时乐淫宫中，子般鞭之庆父使弑，然后诛之而归狱焉，季子至而狱成不变，不探其情亲亲之道，犹律亲亲得相首匿。秋八月公及齐侯盟，庆父祸乱季子如齐，奉闵公托齐桓为盟，季子来归国安故喜，恐嫌季子不诛庆父，复于托君安国贤之，显任达功以轻归狱。冬齐仲孙来者书讳，齐仲孙即公子庆父，鲁国外之故系之齐，为尊者亲者贤者讳，此为闵公讳受贼人，为季子讳亲亲贤贤。

闵公二年

春王正月齐人迁阳，功未覆恶灭国不讳。五月乙酉吉禘庄公，丧未三年未吉书讥，丧未三年思慕悲哀，未可入庙鬼神事之，三年丧毕合该禘袷。

秋八月辛丑公薨者，公薨不地被弑隐之，庆父弑君季不探情，缓追逸贼亲亲之道，不书葬者贼人未讨。夫人姜氏逊于邾娄，公子庆父出奔于莒，淫叔杀嗣故而出奔，不书文姜出奔也者，臣子明义子不绝母。冬齐高子来盟也者，鲁无君故书不称使，正鲁息乱喜而不名，庄死子般弑闵公弑，比三君死旷年无君，若齐取鲁不必兴师，齐使高子立僖城鲁，鲁人至今以为美谈，美大齐桓继绝于鲁，故尊其使以起其功，明其得子续父之道。

僖公元年至三十三年

僖公元年

春王正月不书即位，继弑君位子不忍言，僖公者乃闵公庶兄，臣子一例皆服斩缞，臣之继君犹子继父，故按礼制兄而称子。齐宋曹师次以救邢，救不及事邢被狄灭，为桓公讳故书师次，诸侯之义不得专封，上无天子下无方伯，天下诸侯有相灭者，力能救之救之可也，如不能救桓公耻之，救急舒缓使至于亡，醇其能任而厚责之。夏六月邢迁于陈仪，齐师宋师曹师城邢，迁合邢意地非邢意，邢畏狄兵欲依险阻，不重其德书而讥之，王封诸侯必居土中，教化者平贡赋者均，国安在德而不在险，其后邢终为卫所灭，重烦劳迁大国书月，霸者助城小国亦月。夫人姜氏薨于齐地，实桓公召而缢杀之，为内讳耻使若自薨，因见桓公诛不阿亲，淫叔杀嗣恨而杀之。楚人伐郑楚称人者，僖公讳与夷狄交婚，故进之等使若中国，又明嫁娶当慕贤者。夫人氏之丧至自齐，不称姜氏与弑书贬，贬必于重莫重丧至，所以明示诛得其罪，治丧不得以夫人礼。

僖公二年

春王正月城楚丘者，不言城卫狄灭为讳，桓不能救故深耻之，桓公城之而不言者，礼制不与诸侯专封，实际与之而文不与，君子乐道人之善行，以重其任而厚责之。夏葬我小君哀姜者，诛当绝之不当书葬，书葬者正齐桓讨贼，臣子以避责内仇齐。虞师晋师灭夏阳者，虞受晋赂假道取亡，微国序乎大国之上，使虞首恶书以惩戒。齐侯宋公江黄人盟，江人黄人远国之辞，桓公德盛不嫌微者，远国亦至何况其余，晋楚不至褒书遍至，以奖霸功而勉盛德。十月不雨书以记异，象僖得立委任陪臣，不恤政事故有此罚。

僖公三年

正月四月不雨书异，太平一月不雨即书，春秋乱世满时乃书，僖公喜立不恤庶众，比致三年退避正殿，饬过求己循省百官，贬放佞臣辨理冤狱，精诚感天不雩澍雨，书月善其应变改政。徐人取舒取者轻易，刺桓不救不为之讳。六月雨者雨不过甚，详录贤君精诚之应，僖公饬过求己澍雨，宣公复古行中丰年，人行恶者天报之祸，人行德者天报之福，天人相与报应之际，其意精微不可不察。秋齐宋君江黄人会，相誓毋障谷毋贮粟，毋易树子毋妾为妻，此四事者时人所患，桓公德盛告誓不盟。

僖公四年

春王正月公会齐侯，宋公陈侯卫侯郑伯，许男曹伯侵蔡伐楚，书月者善诸侯义兵，楚强暴征必多伤众，先犯从国临蔡蔡溃，兵精威行推以伐楚，楚惧使卿前来受盟，文德柔服兵不血刃，善其功在重爱民命。楚屈完来盟于师者，楚有王者则末后服，若无王者则先叛去，夷狄之类亟病中国，南夷北狄交乱中原，中国危殆不绝若线，桓救中国而攘夷狄，先治其国以及诸夏，再治诸夏以及夷狄，行王者事喜服荆楚，德及强夷于兹为盛。齐人执陈袁涛涂者，涛涂之罪避军之道，称侯而执则为伯讨，称人而执则非伯讨，桓公假途于陈伐楚，陈人不欲其反由己，不修其师而执涛涂，古人之讨则不然也，楚亦由此又叛盟焉。冬十二月诸侯侵陈，书月刺桓不修其师，虽见患诳不内自责，复加人罪霸盛转衰。

僖公五年

晋侯杀其世子申生，称侯以杀恶亲相残。杞伯姬来朝其子者，与其子俱来朝于鲁，微无君命故朝非实，外孙初冠可朝外祖，故使若来朝其子者，以杀伯姬直来之耻，以避教戒之不明也。公及诸侯会王世子，当世父位储君副主，世子尊贵故书殊之，使若诸侯为世子会，礼之威仪各有所施，世子会者时也势也，桓公德衰诸侯背叛，上假王嗣以示公义。诸侯相盟郑伯逃归，诸侯义约郑怀二心，抑一人恶申众人善。九月戊申朔日食者，象桓德衰楚遂背叛，狄人放肆伐晋灭温，晋卿里克比弑二君。冬晋人执虞公也者，虞灭言执不与灭也，灭者亡国之善辞也，灭者上下同力共死，灭者王者起当存之，虞公灭人自亡当绝，不得责其不死于位，晋称人者本灭而执，不以王法执无罪辞。

僖公六年

公会诸侯伐郑围邑，邑不言围言围恶强，桓公行霸强而无义，桓公过陈不以道理，郑背叛者本由桓公，本当先修文德来之，外在强伐实难附疏。

僖公七年

夏小邾娄子来朝者，附从霸者以朝天子，朝罢行进至是称爵，书其得礼能以爵通。郑杀其大夫申侯者，称国以杀君杀之辞，大夫股肱士民肌肤，诸侯国体以国体录。

僖公八年

春王正月公会王人，齐侯宋公卫侯许男，曹伯陈郑世子盟者，王人微者衔命序上，郑伯乞盟身实不至，桓公德衰诸侯懈怠，或不至会或遣世子，故假王命以自助重，郑欲与楚不自来盟，遣使扺血请与约束，无汲汲慕中国之心，抑之使若叩头乞盟，不录使者使若自来。禘于大庙用致夫人，用不宜用致不宜致，禘祭用致夫人非礼，不称姜氏讥妾僭妻，致在庙后不使入庙，夫人始见庙当特祭，因禘庙见欲省烦劳，不谨礼敬故书讥之，入庙正礼当称妇姜，称夫人者当坐篡嫡，妾之事嫡犹臣事君，僖公本聘楚女为嫡，齐女为媵齐先致女，胁僖嫡之楚女豫废。

僖公九年

宋公御说卒讳不葬，背殡出会有不子恶，后有征齐以忧中国，尊崇匡扶周室之心，功足除恶讳不书葬，褒之使若非背殡者。公会宰周公盟诸侯，治王政者职大尊重，当与天子参听万机，下会诸侯恶不胜任。秋七月乙酉伯姬卒，许嫁未适恩重书卒，妇人许嫁字而笄之，字尊不泄所以远别，笄示系人以养贞一，死以成人之丧治之，许嫁卒者当为夫人，渐可即贵从夫人例，恩尤重于未命大夫。九月戊辰诸侯相盟，桓盟不日书日危之，贯泽之会桓忧中国，不召至者江人黄人，葵丘之会桓震矜之，亢阳自大叛者九国，叛不书会讳不书叛，上为天子下为桓公。晋里克弑其君之子，杀未逾年君之号也，弑未逾年君当书月，不书月者不正遇祸，终始恶明故而略之。

僖公十年

春王正月公如齐者，书如录内与外交接，如京师善书月荣之，如齐晋善书月安之，如楚者则书月危之，明当尊贤慕大友德，桓公德衰诸侯见叛，僖公齐立念恩朝之，故而书月以善录之。晋里克弑其君卓子，累及其大夫荀息者，书荀息贤不食其言，奚齐卓子骊姬之子，献公欲立荀息傅之，献公残杀世子申生，申生也者里克傅之，献公病死托嗣荀息，荀息信诺不食其言，一受君命终身死之。晋杀其大夫里克者，里克弑君逆立惠公，书国杀者惠公杀之，惠人不书为文公讳，桓享国长美见天下，桓公入齐不讳本恶，文享国短美未大见，故不书入以讳本恶，为文公讳示其功大。冬大雨雹书以记异，夫人专爱之所感生。

僖公十一年

夏时公及夫人姜氏，会齐侯于阳穀非礼。秋时八月大雩书旱，会齐非礼不恤民故。

僖公十二年

春王三月庚午日食，是后楚灭黄狄侵卫。

僖公十三年

公会齐侯诸侯于鹹，秋时九月大雩书旱，阳穀之会公不恤民，复会城杞烦扰之应。

僖公十四年

春时诸侯城缘陵者，徐莒胁灭遂会城杞，不言徐莒为桓公讳，上无天子下无方伯，天下诸侯有相灭者，力能救之救之可也，桓公不救则深耻之。季姬及鄫子遇于防，使鄫子来朝者非礼，非使来朝使来娶己，男不亲求女不亲许，书恶鲁不防正其女，故卑鄫子使乎季姬，要遮淫泆以绝贱之。秋八月辛卯沙鹿崩，河上邑崩书以记异，土地实乃民之依主，比之当时霸者之象，河者阴精为下陷者，此象天下即将异动，齐桓将卒霸道将毁，中国微弱夷狄蠢动，宋襄承业为楚所败。冬时蔡侯肸卒也者，卒不书葬国溃当绝，不书月者略之甚也，贱背小国而附父仇。

僖公十五年

春王正月公如齐，书月善公念恩事桓，又合五年一朝之义。楚人伐徐诸侯谋救，会盟牡丘遂次于匡，诸侯大夫率师救徐，书刺诸侯缓于人恩，既约救徐生事止次，遣大夫往卒不能解。夏五月日有食之者，象应此后秦获晋侯，齐桓公卒楚执宋公，霸道渐衰中国微弱。七月齐师曹师伐厉，伐书月者善录义兵，葵丘之会厉叛王命，曹称师者桓公霸衰，曹独能从征伐不义，故而褒之劝勉不能，扶助霸功激扬懈惰。八月螽者书灾记异，公久出会烦扰感生。九月公至自会书者，久暴师众过于三时。己卯晦震夷伯之庙，昼日而冥雷电击之，夷伯也者季氏信臣，微者称字过于大夫，天大诫之书以记异，此象桓公德衰霸微，强楚无义以邪胜正，季氏蔽公臣蔽季氏，陪臣僭权立大夫庙，天意若曰蔽公室者，是此人也当为去之。楚人败徐书之徐者，为徐灭杞不尊法度，其恶重故夷狄视之，不书月者略两夷狄。晋及秦战秦获晋侯，君获为重不言师败，获君为恶以恶见获，获者双方皆当绝之。

僖公十六年

春正月陨石于宋五，六鹢退飞过宋都者，乃王者后衰亡征兆，非是新王安存之象，重录为戒书以记异，石者为阴德之专者，鹢者鸟中之耿介者，皆有似宋襄公之行，宋襄欲霸不纳贤谋，事事耿介师心自用，五年见执六年终败，恰如五石六鹢之数，天之与人昭著可畏，书晦朔者示其立善，甫始而败将不克终，详录天意以鉴戒之。公子季友卒者贤之，明其当蒙讨庆父功，遏牙存国终当录之。七月甲子公孙慈卒，一年痛丧骨肉三人，僖公贤君宜有恩礼，于大夫卒书日痛。冬十二月公会诸侯，桓公德衰亲任邪佞，始堕霸功书月危之。

僖公十七年

夏灭项者实齐灭之，不言齐灭为桓公讳，君子之恶恶也疾始，君子之善善也乐终，桓有继绝存亡之功，《春秋》大义为贤者讳。秋夫人姜氏会齐侯，十二月齐侯小白卒。

僖公十八年

春王正月宋公曹伯，卫人邾娄人会伐齐，书月赞襄善录义兵。桓公死而邪佞争权，不葬桓公故而伐之，宋及齐战齐师败绩，八月丁亥葬齐桓公。冬时邢人狄人伐卫，狄称人者善能救齐，实能有忧中国之心，虽拒义兵亦褒进之，不于救时进之也者，不使襄公义兵壅塞。

僖公十九年

春宋人执滕子婴齐，葵丘之会叛王命者，不以其罪而妄执之，书有罪者减襄公耻，襄公志善欲承桓业，执一恶人不得其过，书罪助贤者养善意。宋人曹人邾娄人盟，鄫子后会盟于邾娄，邾娄人执鄫子用之，盖叩其鼻用以衅社，祭社本无用人之道，用之已重恶其无道，故不书社绝其用处，君而书人为襄公讳，鲁本许嫁季姬于鄫，季姬淫泆使鄫请己，二国交忿襄公和会，既在会间反为鄫欺，执用鄫子耻辱加宋，终襄之世使若微者，鲁不正女以至于此，痛其女祸而自责之。公会陈蔡楚郑人盟，因宋征齐有隙为盟，楚遂得中国执宋公。梁亡也者鱼烂自亡，梁君暴虐隆刑峻法，一家犯罪四家坐之，一国之中无不被刑，百姓一旦相率俱去，书其自亡以罪其君，百姓得去君当绝之。

僖公二十年

春新作南门者书讥，恶其奢泰不奉古常。郜子来朝失地之君，不书名者兄弟之辞，郜鲁同姓不忍言贱，喜内见归明当尊遇。五月乙巳西宫灾者，小寝有灾书以记异，小寝内室楚女所居，齐胁僖公齐媵为嫡，楚女废置愁怨感生，天意若曰本当夫人，不当系于齐女者也。秋齐人狄人盟于邢，常与中国故狄称人。

僖公二十一年

春狄侵卫不书狄人，讳犯中国去人贬狄。夏大旱者书以记灾，新作南门之所感生。宋公楚子陈侯蔡侯，郑伯许男曹伯相会，执宋公以伐宋也者，楚子执之而讳书之，不与夷狄之执中国，书执不为襄公讳者，守信见执无所耻辱。楚人使宜申来献捷，诈执宋公楚子贬人，襄公会楚本忧中国，讳国书人以申善志，书捷刺鲁受恶人物。公会诸侯盟释宋公，善与楚议释贤者厄。

僖公二十二年

宋公及楚人战于泓，宋师败绩书襄守礼，宋楚期战于泓之阳，楚人济泓襄不乘危，君子大其鼓而成列，临大事而不忘大礼，虽文王战亦不过此，惜有王德而无王佐，襄公所行帝王之兵，有王君者宜有王臣，有王臣者宜有王民，未能醇粹而守其礼，所以为败为中国忧。

僖公二十三年

齐侯伐宋围邑者贬，襄欲行霸守正履信，刚为楚败诸夏宜助，反因其困重创伐之，故书围邑恶其不仁。夏五月宋公慈父卒，不书葬者盈乎讳也，襄本背殡不书父葬，内娶书日功覆略之。冬十一月杞子卒者，齐桓公存王者之后，功德尤美表异卒录，始见称伯卒称子者，徐莒胁弱不能死位，又因以见圣人子孙，有诛无绝贬不失爵，杞子卒者从小国例，不名不日亦不书葬。

僖公二十四年

冬天王出居于郑者，王者无外故不言出，其言出者不能事母，不孝大罪书出绝之，母得废子臣从母命。晋侯夷吾卒者书略，篡故不书葬明当绝，不日月者失众身死，子见篡逐故书略之。

僖公二十五年

春正月卫侯燬灭邢，绝先祖之体罪尤重，燬灭同姓书名绝之，四月癸酉卫侯燬卒。宋杀其大夫者不名，宋三世内娶大夫女，故而三世宋无大夫，于礼不臣妻之父母，国内皆臣本无娶道，故正其义去大夫名，宋以内娶公族以弱，妃党益强威权下流，政分三门卒生篡弑，亲亲出奔故正其本。楚人围陈又纳顿子，不言遂者别而两之，恶楚君臣不重民命，一出兵而为成两事，纳顿子者书其非礼，出奔当绝盗国当诛，书楚纳之与之同罪。葬卫文公不书月者，灭同姓故夺臣子恩。冬公会卫子莒庆盟，莒无大夫书莒庆者，鲁婿之义尊敬进之，公盟未逾年君大夫，不别得意不书告庙。

僖公二十六年

春时齐人侵我西鄙，公追齐师至酅弗及，言师者侈大公所追，举地者善齐去则止，不远劳民过复取胜，得用兵节故录详之。齐人伐鲁卫人伐齐，鲁公子遂如楚乞师。楚人灭隗以隗子归，夷灭微国略不书月，不言获者举灭为重，书以归者恶不死位，不书名者于传闻世，责小国略绝而不诛。冬楚人伐宋围缗者，书刺楚人中途用师，以师与鲁未至用之，恶楚视民命若草木，不仁之甚故书示戒。公以楚师伐齐取穀，公至自伐齐者危之，齐患之起必自此始，内虚外乞以犯强齐，适齐侯卒晋文行霸，幸而得免故忧危之。

僖公二十七年

杞子来朝贬称子者，无礼不备故鲁轻之。公子遂帅师入杞者，杞子朝鲁虽无礼备，君子躬自厚薄责人，礼不当入故录责之。冬时楚人陈侯蔡侯，郑伯许男围宋也者，贬执宋公楚子称人，前释复犯贬以见义，君子和人当终身保。

僖公二十八年

晋侯侵曹晋侯伐卫，曹人有罪晋文征之，晋将侵曹假涂于卫，卫人雍遏义兵缓进，书言侵曹以致其意，通贤者心不使雍塞，不书月者功信未著，当修文德勿苛诸侯。公子买戍卫不卒戍，不可使往故公杀之，讳杀大夫故书刺之，深耻使臣子不可使，故讳使若往不卒事，明示臣毋雍塞君命，大夫无论有罪无罪，皆不专杀故讳刺之，内杀大夫罪不书日，外杀大夫皆书以时。三月丙午晋侯入曹，执曹伯与宋人断罪，宋王者后法度所存，故因假使治曹伯罪，曹屡侵伐以自广大，晋执曹伯归还侵地，齐桓既没诸侯背叛，无道非一晋曹同姓，当先施恩后加刑罚，起而征之嫌其失义，故著其甚恶者可知，喜义兵得时入书日。四月己巳晋侯齐师，宋师秦师及楚人战，城濮之役楚师败绩，人臣无敌君战之义，故楚称人以绝正之，秦称师者助霸征伐，克胜有功故褒进之，齐桓称霸先朝天子，晋文称霸先讨夷狄，晋文之时楚与争强，内忧外患所遭遇异。楚杀其大夫得臣者，楚之骄臣导君侵内，当与君俱治故贬之。公会诸侯盟于践土，晋文霸者率朝天子，外正君臣见晋文功。公朝于王所者书讳，不与诸侯之致天子。卫侯郑自楚复归卫，言复归者天子有命，刺天子归有罪书名，言自楚者为天子讳，为善不赏为恶不诛，天子不明所以陵迟，卫侯出奔于礼当绝，叔武让国不当复废，王反卫侯令杀叔武，故讳使若从楚归者。陈侯款卒不书日者，贱陈侯款歧意于楚，不书葬者为晋文讳，行霸不务教人以孝，陈有大丧姜会其孤，故深耻之卒不书葬。冬时公会诸侯于温，天王狩于河阳书讳，不与晋文再致天子，一失尚愈再失礼重，深正其义使若自狩。壬申公朝于王所者，危录鲁侯再度失礼，将为有义者之所恶，书日而不书月者贬，自是诸侯不系天子，若自书日不系于月。晋人执卫侯归之周，卫侯之罪以杀叔武，所以不书为贤者讳，叔武让国故而贤之，逐君立臣兄弟相疑，卫国之祸文公为之，晋侯称人书而贬之。遂会诸侯围许也者，不书月者刺晋文公，不能偃武修文附疏，仓猝欲服卒不能降，威信以衰故不成善。

僖公二十九年

介葛卢来夷狄之君，不言朝者不能朝礼。大雨雹者书灾记异，夫人专爱之所感生。介葛卢来复不能礼，介者国也葛卢名也，进称名者能慕中国，朝鲁贤君明当扶勉。

僖公三十年

卫杀其大夫元咺者，元咺事君君出己入，君入己出故为不臣，书杀以专臣事君义。卫侯郑归于卫书名，恶杀叔武天子归罪，执归不书书名恶见。介人侵萧书称人者，侵犯中国故而退之。公子遂如周遂如晋，言遂者公不得为政，大夫见使矫命聘晋，骄蹇自专疾当绝之。

僖公三十一年

取济西田实取之曹，讳取同姓之田不书，同姓贪利恶重耻深。夏四月四卜郊不从，乃免牲牲犹三望者，三卜合礼四卜非礼，求吉之道以三为度，郊祭不卜鲁郊非礼，天子祭天诸侯祭土，封外山川诸侯不祭，书讥不郊而犹望祭，郊者祭天天人交接，望者乃祭泰山河海，尊者不食卑者独食，示事鬼神当加精诚。十二月卫迁于帝丘，书恶大国迁至小国，城郭坚固民众本强，畏狄迁徙故而恶之。

僖公三十二年

四月己丑郑伯接卒，不书葬者以杀大夫。卫人侵狄卫及狄盟，十二月晋侯重耳卒。

僖公三十三年

晋人及戎败秦于殽，谓之秦者夷狄之也，不听贤谏秦伯袭郑，姜戎微者故而言及，襄公亲之称人书贬，君在乎殡师危不葬。冬十月公如齐书月，善公念齐恩及子孙。十有二月公至自齐，乙巳日公薨于小寝。陨霜不杀草李梅实，以其不时书以记异，周十二月当夏十月，象阴假阳威之感应，阴威列见而散万物，禄去公室政在大夫。

文公元年至十八年

文公元年

春王正月公即君位，三月癸亥朔日食者，兆楚世子商臣弑君，楚灭江六狄侵中国。天王使叔服来会葬，文公不肖诸侯莫会，书天子厚起诸侯薄，叔服不称王子虎者，天子诸侯不务求贤，专贵亲亲故刺任亲。王使毛伯来锡公命，三载考绩三考黜陟，文公新立功未足施，锡之非礼以恶天子。冬时十月丁未日者，楚世子商臣弑君髡，言世子者甚恶弑父，君于世子有父之亲，言君者明有君之尊，兼责臣子当为讨贼，夷狄子弑父忍书日。公孙敖如齐讥丧娶，吉凶之间漠不相干。

文公二年

作僖公主书讥不时，公欲久丧而后不能，作练主当以十三月，公十九月乱圣人制，欲服丧卅六而不能，仍以二十五月终丧，书日者重失礼鬼神。及晋处父盟者不氏，讳盟大夫使若得君。六月公孙敖会宋公，陈侯郑伯晋士穀盟，欲诛商臣虽不能诛，疾恶褒信盟不书日。十二月至七月不雨，久旱不灾书以记异，兆象人事禄去公室，政在公子遂所感致。大祫大庙跻僖公者，毁庙之主陈于大祖，未毁庙主皆升合食，言升僖公讥公逆祀，僖公继闵犹子继父，先祢后祖逆祀非礼。公子遂如齐纳币者，三年之恩非为虚加，三年丧内不忍图婚，人心皆有故讥丧娶。

文公三年

雨螽于宋螽死坠地，为王者后书以记异，螽犹众也众死坠者，群臣争强残贼之象，是后大臣争斗相杀，司城惊逃子哀奔亡，国家无人朝廷久虚，三世内娶贵近妃族，祸自上下故书异之。

文公四年

逆妇姜于齐者书略，娶乎大夫不奉宗庙，不书逆者卑不录使，不言如齐大夫无国。楚人灭江晋侯伐秦，十一月夫人风氏薨。

文公五年

王使荣叔归含且赗，兼之非礼故书讥之，含者臣职尊行卑事，失尊之义天王称王。王使召伯来会葬者，不及丧事天王去天。秦人入都楚人灭六。

文公六年

公子遂如晋葬襄公，葬不自行刺公非礼，君薨大夫吊君会葬。闰月不告朔犹朝庙，天无是月故不告朔，诸侯受朔政于天子，藏于大庙月朔朝之，大夫南面奉天子命，诸侯北面而敬受之，有司先告朔者至慎，受于庙者孝子谦恭，归美先君不敢自专，言朝者缘生以事死，亲在诚敬朝朝暮夕，亲死诚敬无渫鬼神，感月始生朝必于朔，闰非常月所在无常，无政而朝故而书犹，不言公者政事可知。

文公七年

春公伐邾公羊无传，三月甲戌取须胸者，讳辞使若公伐而去，他人自以此日取之，盟不见序深讳取邑。遂城郚者因伐邾师，甚其生事困极师众。宋人杀其大夫不名，三世内娶三世无卿。公会诸侯晋大夫盟，诸侯不序大夫不名，文公欲久丧而不能，丧娶逆祀贪利取邑，诸侯薄贱故不见序，故深讳为不可知者。

文公八年

公孙敖如周不至复，安居不行不可使往，丙戌奔莒讳若外奔，君弱臣强势夺大夫。宋人杀其大夫司马，宋司城来奔书以官，宋以内娶威势下流，三世妃党争权相杀，司城惊逃子哀奔亡，君无所任朝廷久空。

文公九年

春毛伯来求金书讥，当丧未王故不称使，继文王体守文王法，王者无求求金非礼。九月癸酉地震书异，喻若物动地以警人，天动地静是谓常理，地动也者阴为阳行，象文公制于公子遂，齐晋失道四方叛德，星孛之萌自此而作，下与北斗之变感同。冬楚子使椒来聘者，始有大夫故而书之，始有大夫不氏称名，许夷狄者不一而足，入所闻世见治升平，法内诸夏以外夷狄，书氏则当责中国礼，夷狄质薄不可卒备，故且以渐称名不氏。秦人归襚僖公成风，礼主于敬兼之非礼，当各使之以别尊卑，成风为尊故不言及，妇人三从母尊序下。

文公十年

夏秦伐晋谓之秦者，令狐之战敌均不败，晋卿奔秦可以足矣，犹不知止故夷狄之。正月不雨至秋七月，象公子遂之所感招。楚子蔡侯次于屈貉，鲁恐故书刺鲁微弱。

文公十一年

叔孙得臣败狄于鹹，狄者长狄兄弟三人，一者之齐一者之鲁，一者之晋书以记异，言败言地彰而大之，鲁封立因祖相周功，齐晋霸尊周室之后，长狄之操无德义助，别之三国皆欲为君，比象周室衰礼义废，大人无辅有夷狄行，事以三成不可苟指，故自宣成二公以往，弑君廿八亡国四十。

文公十二年

春王正月盛伯来奔，失地之君同姓不名。二月庚子子叔姬卒，未适许嫁字而箄之，死则治以成人之丧，贵为母弟故而称子，不称母妹而系先君，礼制远别男女之防，男子不绝妇人之手，妇人不绝男子之手。秦伯使遂来聘者褒，秦无大夫书贤穆公，改过迁善含容贤德，自伤刚愎感而自悔，遂霸西戎能聘中国，善而与之使有大夫。季孙帅师城诸及郓，书帅师者刺鲁微弱，臣不可使邑久不修，兴师厉众乃敢城之，言及者别君邑臣邑。

文公十三年

五月壬午陈侯朔卒，不书葬者为晋文讳，晋文虽霸强会人孤，为尊天子自补有余。正月不雨至秋七月，象兆公子遂所感致。世室屋坏即鲁公庙，周公大庙群公称宫，世室之意世世不毁，书以讥臣简忽懈怠，久不修治至令坏败。郑伯会公书而善之，前扈之盟公不见序，后救郑难不逆王求，得尊尊义有解患恩，诸侯荣之书以善之。

文公十四年

五月乙亥齐侯潘卒，不书葬者立嗣不明，至使临葬更相篡弑，故绝其身不书其葬，明当更立先君之次。六月公会宋公陈侯，卫侯郑伯许男曹伯，晋赵盾癸酉同盟者，盟而书日深刺公室，诸侯微弱信在赵盾。七月星孛入于北斗，孛者彗星书以记异，邪乱之气入于魁中，乃扫故置新之天象，北斗乃天枢机玉衡，七政所出至今大乱，桓文迹息王不统政，自是之后齐晋并争，吴楚更谋竞行王事，齐宋莒鲁弑君感应。晋人纳邾君弗克纳，晋出齐出皆贵则齿，非力不足义实不克，褒晋郤缺不顺无纳，不与大夫专废置君，郤缺贬人实与文夺。公孙敖卒于齐也者，为齐胁鲁归丧有耻，故为内讳已绝卒之，使若尚为大夫云尔。齐公子商人弑君舍，君未逾年已立曰君，书恶商人怀诈无道，成舍君号以贱商人。单伯如齐齐人执之，齐人执子叔姬也者，不称行人不以公执，单伯之罪淫子叔姬，分别书者罪恶各归，深讳使若各自见执，不书叔姬归于齐者，深讳书之以启导淫，齐称人者若非伯讨。

文公十五年

三月宋司马来盟者，文公微弱大夫秉政，宋亦蔽于三世之党，二乱结盟无信书月，宋无大夫不称使者，书以官举见宋之乱，明恶二国非恶司马。六月辛丑朔日食者，伐鼓用牲于社攘之，象兆此后楚人灭庸，宋人齐人俱弑其君，宣弑子赤莒弑其君。单伯至自齐喜祸解，不去氏者其淫当绝，讳使若其他单伯至。齐人来归子叔姬者，弃绝来归罪而闵伤，父母于子子虽有罪，犹若其不欲服罪然，叔姬于文公为姊妹，孝子当申父母亲恩。齐侯侵鲁伐曹入郭，子叔姬故以示鲁耻，兵得其罪莫敢不惧。

文公十六年

季孙会齐侯于阳榖，齐侯弗及盟者讳耻，与齐期盟为叔姬故，中见简贱不见与盟，侮辱有耻讳若弗及。夏五月公四不视朔，此不视朔公有疾故，自是无疾亦不视朔，政事委任于公子遂，有疾犹言无疾讳言，不重朔始不尊王教，无疾废政大恶难言。毁泉台者实即郎台，泉台筑毁俱书讥之，先祖为之而己毁之，不如勿居令自毁坏，不当故毁暴扬祖恶。楚人秦人巴人灭庸，冬宋人弑其君处臼，降大夫位贬而称人，降士之位使称盗者，所以别死刑有轻重，无尊非圣不孝斩首。

文公十七年

四月葬我小君声姜，声姜也者文公之母，谥异夫号不言夫人，卒葬并书不言为妾，母以子贵故置不问。

文公十八年

春王二月公薨台下，秦伯罃卒书贤穆公。夏齐人弑其君商人，商人实乃弑君之贼，齐已君之杀坐弑君。秋公子遂叔孙如齐，讥鲁猥使二大夫出，虚国家废政事故书。十月子卒者谓子赤，臣子恩痛王父深厚，不忍言弑故不书日。夫人姜氏归于齐者，夫死子杀贼人得立，无所归留大归而去，重绝不反书有去道。莒弑其君庶其也者，称国以弑众弑之辞，一人弑君国人尽喜，书示失众君当坐绝。

宣公元年至十八年

宣公元年

春王正月公即位者，继弑忍位书如宣意，桓篡成君宣篡幼君，因其义异故重释之。公子遂如齐逆女者，丧娶书讥讳不亲迎，遂以夫人妇姜告至，讥丧娶贬不称姜氏，内无贬于其君之道，夫人与公一体共耻，贬夫人者公恶自明，其称妇者有姑之辞，有姑则当以妇礼至，无姑当以夫人礼至。晋放其大夫胥甲父，言国放者书襄近正，大夫已去三年待放，待放为正君放非礼，若臣大丧三年不使，已练弁冕服金革事，齐缞大功三月不政，臣行为正君使非礼，古礼刑不上大夫者，摘巢毁卵凤凰不翔，刳胎焚夭麒麟不至，刑之则恐误刑贤者，死不复生放之而已，所以全尊贤者之类，古者疑狱满三年断，自嫌有罪待三年去。六月齐人取济西田，书取邑者所以赂齐，为公篡弑子赤之赂，故讳使若齐自取之，恶内为甚故而书月。楚子郑人侵陈侵宋，晋卿赵盾帅师救陈，宋陈卫曹君会伐郑，不言赵盾之师也者，君不会大夫之正辞，卿会诸侯以卑致尊，去其名氏若另有师。冬晋赵穿帅师侵柳，天子之邑不系周者，不与大夫之伐天子，天子闲田大夫守之，晋与大夫忿争侵之，绝正其义使若自伐。

宣公二年

秦师伐晋秦称师者，闵其师众恶其将帅，秦之忿耻起殽之战，晋襄秦穆已逝可止，恶其复伐怨祸无已。夏晋宋卫陈人侵郑，秋晋赵盾弑君夷皋，冬十月乙亥天王崩。

宣公三年

春王正月郊牛口伤，改卜牛死不郊犹望，书讥宣公养牲不敬，不谨荡涤洁清而灾，书改卜者善变得礼。

宣公四年

公及齐侯平莒及郯，莒人不肯伐莒取向，行义为利取邑讳恶，使若莒逆不听公平，书齐侯者公难独平。郑公子归生弑君夷，赤狄侵齐楚子伐郑。

宣公五年

叔孙得臣卒不书日，明知公子遂欲弑君，为人臣者不言当诛。齐高固及子叔姬来，大夫之妻岁一归宗，书讥高固失于教戒，双行匹至似于鸟兽。

宣公六年

晋赵盾卫孙免侵陈，赵盾弑君复见书者，灵公无道暴虐群臣，缘众不悦赵穿弑君，迎赵盾入而立成公，赵穿亲弑赵盾不讨，虽书弑君原情可闵。秋八月螽书灾记异，往岁宣公伐莒取向，如齐频繁扰民感致。

宣公七年

夏时公会齐侯伐莱，秋时公方至自伐莱，大旱者为伐莱逾时。

宣公八年

大庙大祭而仲遂卒，壬午犹绎万入去籥，绎者寻绎明日复祭，万者干舞籥者籥舞，去有声舞存无声舞，万入去籥存其孝心，大夫卒礼废一时祭，有事于庙去乐卒事，卒事而闻之者废绎，知其不可而犹为之，弑子赤贬不称公子。七月甲子日食既者，太阳之精诸夏之象，应之人事中国阳衰，楚庄围宋析骸易子，伐郑胜晋郑伯肉袒，中国精夺屈服强楚。十月葬我小君顷熊，雨不克葬日中克葬，顷熊者为宣公之母，为之也难言之则讱，不得行礼则不成葬，所以明见孝子之情。

宣公九年

春王正月公如齐者，五年再朝近得礼正，书月善公事齐合礼，卒使齐归济西之田。秋取根牟者邾之邑，不系邾者讳亟非礼，小君之丧邾子加礼，未期取邑讳不系邾。晋侯黑臀卒于扈者，卒于诸侯之会书地，未出其地故不言会，不书葬者以见其篡。十月癸酉卫侯郑卒，杀公子瑕故不书葬。

宣公十年

四月丙辰日有食之，同宣八年事重累食。齐崔氏出奔卫者贬，齐国大夫而称崔氏，世卿非礼书讥世卿，诸侯强大有如齐国，世卿犹能危之故戒。公孙归父伐邾取绎，大水也者书灾记异，城平阳取根牟及绎，役重民怨之所感生。饥者危重民食不足，百姓不兴危亡将至，当自省减开仓赡振。

宣公十一年

楚子陈侯郑伯相盟，楚庄行霸约束诸侯，申明王法讨夏徵舒，善楚庄王心忧中国，故为信辞不书日月。秋晋侯会狄于欑函，狄不言会此言会者，见所闻世治近升平，内诸夏而外殊夷狄。楚人杀陈夏徵舒者，不与外讨楚子贬人，诸侯之义不得专讨，上无天子下无方伯，天下诸侯有无道者，若臣弑君若子弑父，力能讨之讨之可也。丁亥楚子入陈书日，恶讨贼后欲利其国，纳公孙宁仪行父者，美其悔过以遂前功，卒不取国义以存陈。

宣公十二年

晋荀林父及楚子战，按礼大夫不以敌君，此称名氏敌楚子者，恶晋而与楚庄为礼，楚庄败郑郑伯肉袒，君子笃礼而薄于利，楚庄赦之不要其土，晋见楚庄行义于陈，功立威行妒欲败之，救郑虽解击之不止，欲坏楚善以求上人，故夺不使与楚成礼，序林父上罪起其事，晋师请战楚子许诺，楚子亲鼓晋师大败，两君有怨百姓无罪，楚子还师闵逸晋师。冬月戊寅楚子灭萧，王者之道存人矜患，才有王言今反灭人，故而书日深责楚庄。

宣公十三年

秋螽也者书灾记异，民饥伐莒赋敛不足，下求不已国虚感招。

宣公十四年

五月壬申曹伯寿卒，公子喜时父卒书日，许人子者必尊其父，臣子尊荣君父共之，书之以养孝子之志。秋时九月楚子围宋，久围宋使易子而食，故而书月以贬恶之。

宣公十五年

春归父会楚子于宋，宋见围故不得与会，地以宋者善救宋行，虽不能解犹矜人厄，故书以养遂其善意。五月宋人及楚人平，外平书者善平乎己，楚庄围宋存七日粮，宋亦析骸炊易子食，司马子反出窥宋城，宋华元亦出而见之，俱为君子互告实情，楚庄尊贤引师去之，君子大其平成由己，平者在下大夫称人，讯不反报归美于君，生事专平故贬称人，专平不易故而书月。癸卯晋灭赤狄潞氏，以潞子婴儿归也者，离于夷狄未合礼义，晋师伐之中国不救，狄人不有是以亡国，潞以去俗归义而亡，君子闵伤进称潞子，书日也者闵痛录之，称名以示始录小国，书以归者责而加进，明不当绝当复其氏。王札子杀召伯毛伯，王札子者天子庶兄，冠而不名所以尊之，书恶天子早任以权，至令肆杀尊卿二人，亦恶大夫居尊卿位，为下提挈而遭杀之。秋螽也者书灾记异，十三年后上求未已，归父比年而再出会，赋敛不足内计税亩，百姓动扰之所感应。初税亩者履亩而税，书讥开始履亩而税，宣公时无恩信于民，民怠公田故履亩税，什一藉者以借民力，以什与民上取其一，什一而藉天下中正，多乎什一大桀小桀，寡乎什一大貉小貉，什一行而民颂声作，《春秋》经传指意无穷，相须而举相待而成，颂声作者民食为本，饥寒并至野有寇盗，贫富兼并强陵于弱，是故圣人制井田法，一夫一妇受田百亩，足可以养父母妻子，五口一家公田十亩，此即所谓十一而税，八家一井故曰井田，庐舍在内所以贵人，公田次之所以重公，私田在外所以贱私，井田之义无泄地气，无费一家同一风俗，和合巧拙畅通财货，因井田市故曰市井，种谷多种以备灾害，田不有树以妨五谷，还庐舍种桑荻杂菜，畜五母鸡与两母豕，瓜果疆畔女上蚕织，老者帛肉死者得葬，十井共出兵车一乘，司空谨别分田三品，上田也者一岁一垦，中田二岁下田三岁，肥不独乐瘠不独苦，三年一轮换主易居，财均力平兵车素定，以均民力以强国家，在田曰庐在邑曰里，里八十户八家一巷，选其耆德名曰父老，辩护伉健者为里正，民春夏田秋冬入保，十月事讫教于校室，八岁小学十五大学，其有秀者移于乡学，乡学之秀者移于庠，庠之秀者移于国学，诸侯岁贡小学秀者，大学秀者命曰进士，行同能偶别之以射，中正平和然后爵之，士以才取君考授官，爵贤官能君子当位，农三年耕余一年畜，九年耕余三年之积，卅年耕有十年之储，虽遇水旱民无近忧，四海乐业故颂声作。冬蝝生者书以幸之，幸之犹曰受之云尔，变古易常应有天灾，宣公于此天灾饥后，闻灾而惧受过变瘝，明年重又复古行中，冬大有年功美可称，君子深喜而侥幸之。

宣公十六年

夏时成周宣榭灾者，宣王之庙书以记灾，有中兴功至此不毁，宣宫之榭乐器藏焉，孔子以《春秋》当新王，故黜杞新周而故宋，因天灾中兴之乐器，书灾以示周不复兴。秋时郯伯姬来归者，嫁不书者其初为媵，来归书者其后转嫡，死不卒者已弃适人，故不得待之以初礼，弃归罪书时否书月。

宣公十七年

葬蔡文公贬不书月，蔡于齐桓晋文没后，最先与楚背弃中国。六月癸卯日有食之，象兆邾娄人戕鄫子，四国大夫败齐于鞌，齐侯逸获君微臣强。十一月公弟叔肸卒，宣公篡立不仕其朝，不食其禄终身贫贱，守死善道乱邦不居，有道则见无道则隐，盛德之士称字贤之，不为大夫公子不卒，卒而字者宜为王卿，兴灭继绝以举逸民，万民归心故特褒之。

宣公十八年

秋邾人戕鄫子于鄫，肢解节断残贼杀之，恶邾无道刺鄫无备。楚子旅卒不书葬者，避王号吴楚君不书，葬从臣子辞当称王，故绝其葬明当诛之，至此卒者因有贤行。十月壬戌公薨路寝，归父还自晋遂奔齐，先人弑君家为鲁遣，不以其家见逐怨怼，成踊哭君终臣子道，因介反命善其有礼。

成公元年至十八年

成公元年

春王正月公即君位，二月辛酉葬君宣公。无冰也者书暖记异，周二月当夏十二月，当寒而温倒赏之应，成公幼少季孙专权，作福作威阴而阳行。三月作丘甲者书讥，四井为邑四邑为丘，讥刺始使丘民作铠，古者四民士农工商，德能居位辟土殖谷，巧劳成器通财鬻货，四民不兼财用乃足，书月也者危重录之。秋王师败绩于贸戎，盖晋败之讳言晋者，王者无敌莫之敢当，正其义使若王自败，不书日月深正其失，使若不战王无败耻。

成公二年

春时齐侯伐我北鄙，夏卫齐战卫师败绩。六月鲁会晋卫曹师，及齐侯战齐师败绩，从外言战不掩人功，恶内虚出兵而危之，此鞌之战将获齐君，逢丑父类君伪替之，丑父死君不贤之者，役于大夫齐君当绝，如贤丑父赏臣绝君，若以丑父不绝顷公，是开诸侯战不死难，如以衰世无绝顷公，自齐当善非礼所贵。取汶阳田者鞌之赂，耻乘胜胁求赂得邑，故讳使若非齐邑者。公及楚秦宋陈卫人，郑齐曹邾薛鄫人盟，楚公子婴齐贬称人，婴齐乃楚骄蹇执政，屡导其君率侵中国，故先举于上乃贬之，先诛其本乃及其末。

成公三年

甲子新宫灾三日哭，实宣公宫不忍言之，庙灾三日哭者礼也，亲之精神所依而灾，孝子隐痛不忍正言，痛伤鬼神无所依归，故而君臣素缟哭之，象宣公篡立当诛绝，不宜列于宗庙昭穆，成公幼少臣威大重，结怨强齐危殆日甚，不得久承宗庙之应。叔孙侨如率师围棘，汶阳之不服叛邑也，不言叛者为内讳之，不先以文德而来之，先兵围之与侵同罪。大雩也者书旱记异，成公幼少大臣秉政，变乱政教贪作丘甲，为鞌之战伐郑围棘，不恤民众之所感生。丁未及孙良夫盟者，聘而言盟寻绎旧盟，君子屡盟乱是用长，二国既已修礼相聘，不相亲信反复相疑，故书恶之举聘非之。郑伐许者书贬称郑，恶郑襄公与楚同心，屡次无礼侵伐诸夏，自此中国盟会无已，兵革数起夷狄比党，故书贬郑而夷狄之。

成公四年

郑伯伐许书贬恶之，未逾年君而称伯者，乐成君位亲自伐许，故如其意以著其恶。

成公五年

梁山崩者书以记异，山崩壅河三日不流，山者阳精德泽所生，比之人事为君之象，河者四渎通导中国，比之人事与正道同，山崩壅河天下异象，象王道绝诸侯失势，大夫擅恣为海内害，自是之后六十年中，弑君十四亡国卅二，故溴梁盟遍刺大夫。秋大水者书灾记异，先有兵甲窜棘之役，重以城郓民怨感生。十一月己酉天王崩。公会晋侯齐侯宋公，卫侯郑伯曹伯邾子，以及杞伯同盟虫牢。

成公六年

二月辛巳立武宫者，立武公宫非礼不宜，天子诸侯者立五庙，受命始封君立一庙，过高祖不得复立庙，周家祖有功尊有德，故立后稷文武之庙，自高祖已下而七庙，王卿三庙元士二庙，公卿二庙公士一庙，时衰心乱多废人事，故好求福敬于鬼神，伐齐功立重而书之。取鄟也者邾娄之邑，不系邾者讳亟背信，才相与盟旋取其邑，故讳使若非同盟地。郑伯费卒不书葬者，虫牢之盟约备强楚，楚伐郑丧而不能救，晋又侵之故而去葬，为中国讳若非伐丧。

成公七年

正月鼹鼠食郊牛角，改卜牛又食乃免牛，鼹鼠也者鼠中微者，角生上指为逆之象，祭天不慎鼹鼠食之，书又食者重不痊灾。吴伐郯者吴国始书，罕交中国升平乃见，故因始见以渐进之。秋楚伐郑诸侯救郑，同盟马陵公至自会。冬大雩者书旱记异，比拟人事公会救郑，不恤民故苛扰感生。

成公八年

晋卿来言归汶阳田，窜战齐败齐侯悔责，吊死视疾不近酒肉，晋侯闻之反其取地，见使有耻讳不书使。夏宋公使卿来纳币，书纳币礼以重伯姬，伯姬守节逮火而死，贤故详录以殊众女。天子使卿来赐公命，仁义合者称王为号，符瑞感应天下归往，圣人受命皆天所生，天子爵称位高绝伦，来赐命书称天子者，王者长爱幼少之义，进勉幼君当勉贤良，如父教子不当赐也。卫人来媵书录伯姬，君不求媵诸侯自媵，伯姬以贤闻于诸侯，诸侯争媵善而详录。

成公九年

杞伯来逆叔姬丧归，已弃胁归悖义恶重，讳书胁归使若自逆。公会晋侯齐侯宋公，卫侯郑伯曹伯莒子，以及杞伯同盟于蒲，已得郑盟当以备楚，不以罪执旋使离叛，楚乘隙溃莒而不救，盟而无信讳不书日，使若莒溃非盟失信，所以甚恶中国无信。二月伯姬归于宋国，夏时季孙如宋致女，古者妇人三月庙见，择日祭祢成妇之义，父母使卿操礼致之，必三月者一时鉴贞，贞信著然后成妇礼，书者彰洁安荣父母，言女者谦不自成礼，妇未庙见死而归葬。晋人来媵书录伯姬，复发传者乐道人善。楚师伐莒庚申莒溃，书日录责中国无信，同盟不救为夷狄溃。

成公十年

五卜郊不从乃不郊，不免牲故言乃不郊，不免牲当坐盗天牲，于礼大失事天之道，故讳使若难不得郊。公会伐郑不书致者，成公卜郊不从怨怼，故不免牲夺臣子辞。齐人来媵书录伯姬，伯姬至贤三国争媵，侈大其德不妒能容。晋侯孺卒不书葬者，以杀大夫赵同赵括。公如晋者去冬恶公，前既怨怼而不免牲，今复如晋过郊乃反，无事天意故当绝之。

成公十一年

春王三月公至自晋，晋侯使郤州来聘盟，夏时季孙行父如晋，秋时叔孙侨如如齐，冬十月书无事成岁。

成公十二年

春时周公出奔晋者，王者无外自其国出，诸侯入为天子三公，周公骄蹇不事天子，出居私土不听王政，天子召之而自出走，书出明当并绝其国，不书月者仿小国例。

成公十三年

春晋使郤锜来乞师，三月公如京师书襄，书月者善公尊天子。公自京师遂会晋侯，齐侯宋公卫侯郑伯，曹伯邾人滕人伐秦，言自京师善公凿行，本直伐秦途过京师，过天子居不敢不朝，更修朝礼而后成行，故书善以襄成其意，使若特朝然后伐秦。秋七月公至自伐秦，书月危公幼而远师。

成公十四年

春王正月莒子朱卒，莒大于邾至此书卒，庶其见杀故不得卒，此始书卒仍不书日。叔孙侨如如齐逆女，以夫人妇姜氏告至。

成公十五年

三月乙巳仲婴齐卒，公孙婴齐承兄后嗣，为人后者当为之子，以祖父字为氏称仲，然则婴齐归父之孙，归父使晋而未得返，归父无后鲁人伤之，于是使婴齐承嗣之，乱昭穆序弟不后兄，失父子亲不言仲孙，明不与子为父孙也。夏时六月宋公固卒，不书日者娶三国媵，多娶非礼故书略之。八月庚辰葬宋共公，宋华元出奔晋归宋，宋杀大夫山贬不氏，君卒子幼华元忧国，为大夫山潜故出奔，晋理其罪反之诛山，言归者明出入无恶。冬月诸侯大夫会吴，特会吴者以外吴也，《春秋》内其国外诸夏，内诸夏而又外夷狄，王者虽欲一乎天下，自近者始故辨外内，内其国者假鲁为周，言诸夏者外土诸侯，楚始见于所传闻世，尚外诸夏未得殊也，至所闻世虽可得殊，有君子行故不殊楚，吴似夷狄而比夷醇，可殊时见故独殊吴，大一统者以渐治之，先正京师乃正诸夏，诸夏礼正乃正夷狄，政者正也近悦远来，书月也者危而录之，君委大夫命接夷狄。

成公十六年

春王正月雨木冰者，雨而木冰书以记异，木者少阳冰者凝阴，木为幼君大臣之象，冰者兵类冰胁木者，君臣将执于兵之征。夏四月辛未滕子卒，滕始书卒于宣公时，于成公时始日不名，邾始书卒于文公时，于襄公时书日且名，俱书葬于昭公之时。六月丙寅朔日食者，象兆人事楚灭舒庸，晋君饿杀因重再食。甲午晦冥书以记异，象兆人事王公失道，臣代其治故阴代阳。曹伯归自京师也者，执而复归易而不书，公子喜时仁者之功，内平其国以敬待之，外通京师顺而免之，执归书者以贤喜时，为兄所篡终无怨心，深推精诚忧免其难，若非至仁莫能行。晋执季孙仁而舍之，乞师公否会不当期，过则称己美则称君，危殆之地代公受执，痛伤忠臣恐不得所。季孙盟晋公至自会。

成公十七年

春时卫卿率师侵郑，夏时公会尹子单子，晋侯齐侯宋公卫侯，曹伯邾人伐郑同盟。九月辛丑用郊非礼，九月非所用郊之时，郊时当用正月上辛，周之九月夏之七月，天气上升地气下降，又非郊时故加用之，三王之郊一用夏正，鲁之郊时卜春三月，即夏正月百王所用，正月岁首上辛始新，皆取其时首先之意。晋侯使荀罃来乞师，公会单子晋侯宋公，卫侯曹伯齐人伐郑，十一月公至自伐郑。壬申公孙婴齐卒者，非此月日以之卒者，待君命然后卒大夫，无君命不敢卒大夫，请除奔罪不书出奔，善不自专以激骄臣。十二月丁巳朔日食，晋杀三郤楚灭舒庸。

成公十八年

春王正月晋杀胥童，庚申晋弑其君州蒲，厉公残暴杀四大夫，臣下恐及以致此祸，其事书日为君深戒。宋鱼石复入彭城者，不书叛者楚取封之，本受于楚非得于宋，楚封鱼石复本系宋，言复入者否楚专封。筑鹿囿者讥刺奢泰，王囿百里公侯十里，伯爵七里子男五里，皆取一处多则妨民。八月己丑公薨路寝。仲孙蔑会晋侯宋公，卫侯邾子齐崔杼盟，时欲行义欲诛鱼石，善为信辞故不书日。

襄公元年至三十一年

襄公元年

春王正月公即君位。诸侯大夫围宋彭城，楚取彭城以封鱼石，夺系于宋使若宋邑，以明不与诸侯专封，书善诸侯为宋诛逆，虽不能诛功屈强臣。诸侯大夫次于合者，刺欲救宋而后不能，郑背中国故不救郑。

襄公二年

六月庚辰郑伯睔卒，晋师宋师卫卿侵郑，不书葬者讳伐其丧。冬诸侯大夫会于戚，遂城虎牢讳取郑邑，为中国讳讳伐郑丧，于礼大夫本无遂事，此言遂者归恶大夫，使若大夫自为取之。

襄公三年

公如晋盟公至自晋。公会单子晋侯宋公，卫侯郑伯莒子邾子，齐世子光己未同盟，陈侯使卿袁侨如会，诸侯大夫及袁侨盟，陈郑也者楚之与国，陈侯有慕中国之心，使大夫会遂与之盟，共结和亲故而殊之。

襄公四年

八月葬我小君定弋，定弋莒女襄公之母，鲁襄公者成公妾子。

襄公五年

秋大雩者书旱记异，象兆人事襄公烦扰，用兵围彭城城虎牢，三年再会四年如晋，逾年乃反赋敛沉重，恩泽不施之所感致。秋时公会晋侯宋公，陈侯卫侯郑伯曹伯，莒子邾子滕子薛伯，齐世子光吴人鄫人，夷狄尚知父死子继，鄫不如夷欲立外孙，进吴称人以吴抑鄫。冬戌陈者诸侯杂戌，陈归中国强楚欲害，中国本宜同心救之，而却懈怠前后杂至，不序以刺中国无信。楚公子贞帅师伐陈，公会诸侯齐嗣救陈，十二月公至自救陈。

襄公六年

三月杞伯姑容卒者，书卒书名书日书葬，新黜之故未忍便略。莒人灭鄫称人不月，莒称人者莒无大夫，莒公子者即鄫外孙，鄫君无嗣取后于莒，异姓为后故言鄫灭，不书月者非莒兵灭。冬十二月齐侯灭莱，国灭君死不言君出，不书杀君灭国为重。

襄公七年

郯子小邾娄子来朝，三卜郊不从乃免牲，城费后季孙宿如卫，八月螽者书灾记异，诸侯来朝需宾主赋，加以城费季孙如卫，民众烦扰之所感应。楚公子贞帅师围陈，公会诸侯郑伯如会，未见诸侯丙戌卒者，郑伯叛楚欲与中国，大夫不与于是弑君，不书被弑为中国讳，未会书会达贤者心。陈侯逃归书贬抑之，郑伯叛楚卒逢其祸，诸侯莫有恩痛之心，背会离信惧而逃归，书亦深刺中国无义。

襄公八年

春王正月公如晋者，书月也者因前之会，郑伯以弑陈侯逃归，公独修礼于大国晋，得自安道故善录之。葬郑僖公为中国讳，贼人未讨而书葬者，恩痛僖贤使若无贼，本当去葬以责臣子，而终书葬故不书月。九月大雩书旱记异，城费出会如晋莒伐，动扰不恤民之感应。

襄公九年

春宋火者大灾小火，为王者后书以记灾，《春秋》以内为天下法，书小犹大当自克责，先圣法度浸微之应。夫人姜氏薨谥穆姜，公会诸侯伐郑同盟，不告至者夺臣子辞，恶公服丧未逾年伐。

襄公十年

春时公会诸侯会吴，不书日者甚恶诸侯，不崇礼义以自相安，反为不仁开导强夷，中国之祸连蔓日及。成郑虎牢诸侯成之，系之郑者诸侯莫主，刺诸侯既取为藩蔽，不能同心以安附之，上讳伐丧故不言取，今刺成缓故不书主。

襄公十一年

春王正月作三军讥，作三军即须置三卿，古者上下卿上下士，卿主士相足以为治，襄公委任强臣执政，国家内乱兵革四起，军职不共不推其原，乃益司马作中卿官，逾于王制故重讥之。郑师侵宋诸侯伐郑，楚子郑伯复伐于宋，诸侯伐郑会于萧鱼，郑与于会至是乃服，中国为郑三年五伐，无干戈患二十余年，得郑为重喜而详录。

襄公十二年

莒人伐我东鄙围台，伐而言围取邑之辞，讳言取邑深耻无信，前伐得郑楚伐不救，卒为郑背中国以弱，蛮荆以强兵革亟作，萧鱼之会服郑最难，不务和亲复相贪犯，故讳言取而书围邑。季孙宿救台遂入郓，公不得政大夫遂事，时公微弱政教不行，故季孙宿取郓自益。秋时九月吴子乘卒，会同中国至此书卒，本在楚后因贤季子，始卒其父是后因之，吴远于楚卒皆不日。

襄公十三年

夏取诗者邿娄之邑，不系邿娄讳亟背会。

襄公十四年

正月诸侯大夫会吴，书月也者危刺诸侯，委任大夫交会强夷，臣日以强君若赘旒。二月乙未朔日食者，卫侯为强臣所逐奔，溴梁之盟信在大夫。四月诸侯大夫伐秦，己未卫侯衎出奔齐，孙氏宁氏强臣逐君，不书也者君绝为重。季孙宿会诸侯大夫。

襄公十五年

刘夏逆王后于齐者，诸侯入为天子大夫，不得氏国而称本爵，以受采邑为氏称子，不有地民采其租税，不称刘子而称名者，逆王后礼当使三公，贬去大夫明其非礼。齐侯伐鲁围成公救，未至兵不敌不敢进，量力不责以重民故，季孙叔孙帅城成郕。秋八月丁巳日食者，溴梁之盟信在大夫，中国之祸遍满天下。

襄公十六年

三月公会诸侯溴梁，戊寅大夫盟者君弱，萧鱼之会服郑最难，诸侯劳倦莫肯复出，三委于臣君遂失权，名器假人大夫得信，君若赘旒信在大夫，书者遍刺天下大夫，晋执莒子邿子以归，录以归者甚恶于晋，当归京师不得自治。五月甲子地震书异，溴梁之盟政在臣下，其后叛臣二弑君五，楚灭舒鸠齐侯袭莒，乖离出奔兵事不堪。卿会诸侯大夫伐许，齐侯伐我北鄙围成。卿会伐许齐侯围成，大雩书旱动民之应。

襄公十七年

宋人伐陈卫师伐曹，齐侯伐我北鄙围洮，齐卿帅师伐鲁围防。九月大雩书旱之者，连年见围无暇恤民。

襄公十八年

白狄来者夷狄之君，不言朝者不能朝礼。秋时齐师伐我北鄙，冬时十月公会晋侯，宋公卫侯郑伯曹伯，莒子邾子滕子薛伯，杞伯小邾子同围齐，同伐襄信故不书日。

襄公十九年

七月辛卯齐侯瑗卒，晋师侵齐闻卒乃还，书善大其不伐丧也，以君命出进退在卿，中不御外临事制宜，当敌为师唯义所在，闻齐侯卒引师而去，动孝子心服诸侯君，兵寝数年故书善之。葬齐灵公不书月者，抑其父故夺臣子恩，明光代父从政出会，处诸侯上大为不孝。叔孙豹会晋卿士匄，畏齐故城西郛武城。

襄公二十年

十月丙辰朔日食者，象兆人事自溴梁盟，臣恣日甚比年日食。

襄公二十一年

春王正月公如晋者，溴梁盟后中国乖离，善公独能与于大国。邾娄庶其以邑来奔，恶受叛邑重而书之。九月庚戌朔日有食，十月庚辰朔日有食。襄廿一年岁在已卯，十一月庚子孔子生。

襄公二十二年

春王正月公至自会，前疆随潩有邾娄地，受叛臣邑书月危公。冬时公会晋侯齐侯，宋公卫侯郑伯曹伯，莒子邾子滕子薛伯，杞伯小邾子于沙随。

襄公二十三年

春二月癸酉朔日食。晋栾盈复入于晋者，晋人不纳入于曲沃。晋人杀栾盈者称人，非晋大夫不书杀卿，从讨贼辞大其除乱。

襄公二十四年

七月甲子朔日食者，象兆人事楚灭舒鸠，齐崔杼卫宁喜弑君。大水书灾象兆人事，叔孙救晋仲孙侵齐，兴师动众民怨感生。八月癸巳朔日有食。公会晋侯宋公卫侯，郑伯曹伯莒子邾子，滕子薛伯杞伯小邾，楚蔡陈许之君伐郑。大饥书灾大有死伤。

襄公二十五年

六月壬子郑师入陈，陈郑俱为楚之与国，今郑背楚入陈书日，明中国当忧助郑师。卫侯入于卫邑陈仪，谖君以弑不言入卫，卫侯时为剽所篡逐，不能义复诈为剽臣，候间伺便使宁喜弑，君子耻之以诿恶之。

襄公二十六年

春卫宁喜弑其君剽，诿成于喜不书衎弑，卫孙林父入戚以叛，书卫侯衎复归于卫，诿君以弑言复归者，恶剽之立位非其次，得成诿祸恶以为戒。秋宋公杀其世子痤，世子有罪平公书葬。

襄公二十七年

秋豹及诸侯大夫盟，卫石恶在书危诸侯，卫侯不信使恶臣来，故而深为诸侯危惧，惧其将来负约为祸。十二月乙亥朔日食，象兆人事阍杀吴子，蔡世子般莒人弑君。

襄公二十八年

春无冰者阴代阳事，豹羯为政之所感致。八月大雩象兆人事，公欲如楚豫赋于民。十有一月公如楚者，如楚书月危公朝夷。

襄公二十九年

春王正月公在楚者，言公在楚正月存君，正月也者岁终复始，臣喜其君与岁终始，执贽存问故言在楚，危恶襄公久在夷狄。阍弑吴子余祭也者，君子也者不近刑人，近刑人为轻死之道，近之为杀故以为戒，公家不畜士庶不友，放之远地听其所之，不系国故不言其君。卿会诸侯大夫城杞，书者善能成王者后。杞子来盟贬称子者，弱不能城危其社稷，诸侯自觉闵而城之，非杞能以善道致之。吴子使札来聘也者，吴本无君书贤季子，季弱而才兄弟爱之，同欲立之以为吴君，兄死弟及欲致其国，及于季子季子逃之，僚者长庶于是即位，阖庐为嫡刺僚致国，季子不受终身不入，不受为义不杀为仁，贤季为臣则宜有君，贤者不名此以名者，许夷狄者不一而足。

襄公三十年

蔡世子般弑其君固，子而弑父隐痛中国，不忍言之故不书日。甲午宋灾伯姬卒者，伯姬守礼悲思所生，外灾书时伯姬卒日。天王杀其弟年夫者，书王杀者恶失亲亲，不为讳者年夫有罪，王子瑕奔晋称王子，书恶天子重失亲亲。叔弓如宋葬宋共姬，宋灾火至有司请出，于礼夫人必有傅母，辅正其行以卫其身，妇人夜出须见傅母，伯姬待之逮火而死，以其安礼贤录其谥。冬时十月葬蔡景公，贼未讨书葬者讳辞，为中国讳使若无贼，弑父耻重备书时月。晋齐宋卫郑曹莒人，邾滕薛杞小邾人会，伯姬之贤诸侯闵忧，为宋灾会以录伯姬，诸侯相聚偿复宋丧，僭忧诸侯卿贬称人，明大夫义忧内不外，所以然者为抑臣道，宋忧内而一并贬者，非救危亡礼无赖人。

襄公三十一年

六月辛巳公薨楚宫，公因朝楚而好其宫，归而作之书以刺之。冬莒人杀其君密州，莒无大夫称人以弑，密州为君民患其虐，故而称国弑无道君。

昭公元年至三十二年

昭公元年

春王正月公即君位。诸侯大夫相会于漷，陈侯弟贬称公子招，为杀世子偃师故贬，以亲者弑见罪恶甚，不待贬绝罪恶见者，不贬绝以见其罪恶，贬绝然后罪恶见者，书贬绝以见其罪恶，楚托讨招而以灭陈，著招罪大在灭其国。三月取郓讳内邑叛，不先文德而便兵取，当与外取他邑同罪，书月也者内喜得之。秦伯之弟鍼出奔晋，秦无大夫书仕诸晋，千乘之国不容母弟，故而君子谓之出奔，君弟若贤当任用之，如若不肖当安处之，仕之他国与逐无异。晋荀吴败狄于大原，大卤而谓之大原者，地从中国名从主人。莒去疾自齐入于莒，莒展奔吴当国不氏，叔弓帅师疆郓田者，与莒境邻莒臣子乱，畏莒兴师与之正境，刺鲁失操烦扰百姓。

昭公二年

晋卿来聘叔弓如晋，冬公如晋至河乃复，闻晋欲执故不敢进，君子荣与而耻见距，故讳使若因水难反。季孙宿遂如晋及事。

昭公三年

滕子泉卒叔弓如滕，夏时五月葬滕成公，襄公之葬诸侯莫礼，独滕子来故恩书月，公不自行责失礼重。八月大雩书旱记异，公季孙宿如晋烦应，冬大雨雹因季氏故。北燕伯欵出奔齐者，书名责其出奔当诛。

昭公四年

春王正月大雨雪，阴干阳正亦因季氏。楚子蔡侯陈侯郑伯，许男徐子滕子顿子，胡子沈子小邾娄子，宋世子佐淮夷相会，楚子主会不殊淮夷，不殊楚类以病中国。楚子蔡侯陈侯许男，顿子胡子沈子淮夷，伐吴执齐庆封杀之，庆封之罪胁君乱国，言执齐封为齐义诛，庆封走吴吴封于防，不与诸侯专封讳防。遂灭厉而不书日者，灵王非贤故责之略。九月取鄫讳言灭之，大恶讳使若取内邑。

昭公五年

春王正月舍中军者，善其复古故而书月，设舍有中不言三卿。夏时莒牟夷以牟娄，及防兹来奔书绝之，公邑君邑私邑臣邑，及者不以私邑累公，君邑臣邑毋相次序。叔弓败莒师于渍泉，渍者涌泉战涌为异，象公在晋臣下贪横，为叛臣地兴兵战斗，百姓怨叹气逆感致，书明天人感应之义。秦伯卒者弃礼不名，秦者夷也匿嫡之名，嫡子若弱择立勇猛，婴稻以嫡得立故名。吴未服庆封之罪故，冬时楚子蔡侯陈侯，许男顿子沈子徐人，越人伐吴越称人者，俱助义兵进于淮夷，加人以进义兵不月。

昭公六年

春正月杞伯益姑卒，行弱略之故不书日，城杞已贬卒复略之，入所见世责小国详，始录内行失不胜书，终略责之以见其义。秋时九月大雩书旱，君臣如晋如楚豫赋，象兆人事民烦感应。

昭公七年

春王正月暨齐平者，其时鲁方结婚于吴，外慕强楚不亲近邻，君相与平国中皆安，故举国体书善录之。夏四月甲辰朔日食，象兆楚弑君灭陈蔡。八月戊辰卫侯恶卒，世子恶疾不早废之，临死乃命臣下废之，自下废上鲜不为乱，故危录之时日俱书。

昭公八年

陈侯弟招杀陈世子，引楚灭陈自此而始，故重举国而书言陈。秋蒐于红以简车徒，所以书者盖以罕书。大雩书旱象兆人事，昭公如楚半年乃归，费多赋重之所感致。十月壬午楚师灭陈，执陈公子招放之越，书日者疾诈谖灭人，本怀灭心托义后书。

昭公九年

春叔弓会楚子于陈，陈灭复见从地名录，不举小地虑后当存。四月陈火言火存陈，灭人之国执人罪人，杀人之贼葬人之君，举灾异为有国者戒，陈灭复火死灰复燃，天意存之故书陈灾，楚为无道托义讨贼，陈臣虚待而灭其国，天悲存之书月闵之。

昭公十年

十二月宋公成卒者，盖公取吴孟子之年，贬公失礼不书冬时。

昭公十一年

楚子虔诱杀蔡侯般，楚子虔名诱封绝之，怀恶而讨君子不与，内怀利心外托讨贼，不与讨贼而责诱诈。夏五月夫人归氏薨，仲孙貜会邾娄子盟，不书日者盖讳丧盟，故讳使若议结善事，秋季孙会诸侯大夫。冬十一月楚师灭蔡，执蔡世子有归用之，未逾年君称世子者，坐弑父诛不得为君，不君灵公不成其子，诛君之子无继不立，以头筑防恶不以道，人而不仁疾乱已甚，书日也者疾诈灭人。

昭公十二年

齐师纳北燕伯于阳，伯于阳实公子阳生，书齐纳者恶纳篡也，《春秋》信史孔子不改，其序则为齐桓晋文，其会则主会者为之，其词则丘有罪焉耳，唯齐桓晋文之会序，能按德优劣国大小，非昔桓文主会者序，虽相越次信史不改，此乃贬绝讥刺之辞。晋伐鲜虞谓之晋者，中国无义夷狄强辱，令楚行诈而灭陈蔡，诸夏惧去而与晋会，晋不因之大绥诸侯，先之博爱以立中国，先伐同姓从亲亲起，欲立威霸故而狄之。

昭公十三年

楚公子比自晋归楚，弑其君虔于乾谿者，楚子无道作台三年，公子弃疾胁比立之，称公子者其意不当，比之义宜效死不立，言归谓其无弑立意，己立君死加弑责之，不书日者恶君无道，封内书地因祸为戒。秋时公会刘子晋侯，齐侯宋公卫侯郑伯，曹伯莒子邾子滕子，薛伯杞伯小邾娄子，八月甲戌同盟平丘，公不与盟告至自会，晋执季孙隐如以归，不盟卿执书而不耻，诸侯将征楚复陈蔡，弃疾乃封陈蔡之君，使劝诸侯不复讨楚，诸侯苟且楚乱遂成，言不与盟犹不宜与。蔡侯庐陈侯吴归国，《春秋》不与诸侯专封，灭国言归使若自归，专受其封当诛故名，虽贬其封不绝其国。吴灭州来不书日者，两夷相灭中国略之。

昭公十四年

八月莒子去疾卒者，《春秋》之义传闻之世，略于小国不书其卒，至所闻世乃始书之，至所见世文致大平，书而录之卒月葬时，今此莒君入所见世，其卒不日复不书葬，本是篡人故因略之，不序卒日亦不序葬。冬莒杀其公子意恢，称氏也者谓君之子，未逾年嗣杀君之子，不孝尤甚故重录之，书莒杀明嗣子不孝。

昭公十五年

二月癸酉祭于武宫，籥舞入列卿叔弓卒，恩痛不忍去乐卒事，不废祭者礼者尊祖。夏时蔡昭吴奔于郑，不书出奔而书奔者，嫌与天子归有罪同，故而夺其有国之辞，明贬楚国僭礼专封。六月丁巳朔日有食，象兆同于昭十七年。

昭公十六年

楚子诱戎曼子杀之，俱为夷狄楚子不名，夷狄相诱君子不疾，夷狄为恶无知薄责，以不疾辞而疾之也，戎曼称子入所见世，王道太平百蛮贡职，夷狄普皆进至其爵，不书日者本不书卒。九月大雩书旱记异，公数如晋民烦感招。

昭公十七年

夏六月甲戌朔日食。冬时有星孛于大辰，大辰心宿与参宿连，天所以示民时早晚，天时取正故谓大辰，北辰北极乃天之中，常居其所可别心伐，故两相须亦谓大辰，彗入心宿书以记异，心宫天子布政之所，彗者乃为邪乱之气，象兆人事扫故置新，是后周分天下两主，宋卿入南里以叛亡。楚人及吴战于长岸，俱无胜负不可言败，不书月者略两夷故。

昭公十八年

夏时五月壬午之日，宋卫陈郑灾书记异，异此四国同日俱灾，其仪不忒正是四国，四国也者天下之象，后王室乱诸侯莫救，故天应以同日俱灾，若曰实无天下云尔。

昭公十九年

夏时五月戊辰之日，许世子止弑其君买，忍书日者弑非实弑。己卯地震象兆人事，季氏稍盛宋南里叛，王室大乱诸侯莫救，晋人围郊吴胜鸡父，尹氏立王子朝之应。葬许悼公贼未讨葬，进药药杀不成于弑，加弑以讥不尽子道，失其消息多少之宜，书弑其君君子之惩，书葬其君君子之赦，止进药者欲愈父病，无害父意原心赦罪，但得免罪不得继父，故许男斯代立无恶。

昭公二十年

曹公孙会自鄸出奔，出奔实叛不书其叛，为公子喜时之后讳，君子忠厚褒贬中道，善善也长恶恶也短，恶恶止身善善及后，不使行善者有后患，贤者子孙君子为讳，以喜时让除会之叛，讳使若从鄸出奔者。秋时盗杀卫侯兄辄，母兄称兄恶疾不立，痼聋盲疠秃跛伛者，不逮人伦礼仪之属，书恶君不怜伤厚遇，至令见杀而失亲亲，不书公子书兄弟者，敌体正名加以绝之。冬十月宋华亥向宁，华定出奔陈者书恶，危三大夫同时出奔，将为国患危故书月。

昭公二十一年

宋华亥入南里以叛，宋南里者刑人之地，叛从刑人尤危国家，故重举国书宋危之。秋七月壬午朔日食，象兆稍后周有篡祸。冬蔡侯朱出奔楚者，书君出奔为臣所篡，君奔书月此书时者，背夏与楚故贬略之。

昭公二十二年

宋华亥等出奔楚者，出奔绝贱而复书之，大夫专势叛入南里，犯君而出其行当诛。夏四月乙丑天王崩，叔鞅如京师葬景王。王室乱者言不及外，刘子单子以王猛乱，称王猛者以其当国，刺周室微邪庶并篡，诸侯不助匹夫不救，故书贬如一家之乱，不书成周书王室者，正王之号以责诸侯，为责天下不讳天子。二卿以王猛入王城，王城西周书入篡辞，不入成周得京师半，称王置官自号西周，无二京师不书西周，不书月者本无此国。冬时十月王子猛卒，未逾年君称王子猛，明其为篡不成君王。十二月癸酉朔日食，象兆人事稍后有应，晋人围郊犯天子邑。

昭公二十三年

晋人围郊天子之邑，不系周者不与伐王。六月蔡侯东国卒楚，不书日者恶背中国，责浅书月因篡不葬，篡不书者以恶君朱，三年之内不恭悲哀，举错无度失众见篡。吴败顿胡沈蔡陈许，六国之师于鸡父者，胡子沈子灭陈卿获，本为约战书诈战者，不与夷狄之主中国，不使中国主之也者，夏异夷狄以能尊尊，王室大乱而莫肯救，君臣上下坏败丧礼，不过亦一新夷狄尔，书灭获者以别君臣，君死位灭生得书获，大夫生死皆书曰获，书获陈卿以吴少进，能信约战从中国辞。天王居于狄泉也者，此未三年称天王者，急正其号著有天子，庶孽并篡天王徙居，微弱过甚当救其难。尹氏立王子朝也者，著世卿权贬言尹氏，因年幼王子朝不贬，罪在尹氏故不当坐。八月乙未地震记异，象兆人事猛朝更起，与王争入遂至数年，晋陵周境吴败六国，季孙隐如驱逐昭公，吴光弑僚灭徐之故，日至三食地为再动。公如晋至河疾乃复，有疾乃复书以杀耻，因有疾杀畏晋之耻。

昭公二十四年

夏五月乙未朔日食，象兆人事季氏逐君，吴弑其君灭巢灭徐。八月大雩书旱记异，昭公如晋仲孙貜卒，民被其役叔倪出会，故秋七月复又大雩。

昭公二十五年

卿叔倪会诸侯大夫，有鹳鹆来巢书记异，非中国禽宜穴而巢，来居象兆国将危亡，鹳鹆权欲宜穴又巢，权臣欲国自下居上，兆公卒为季氏所逐。秋时七月上辛大雩，季辛又雩实非为雩，昭公托雩欲逐季氏，不书逐者讳不能逐。九月己亥公逊于齐，次于杨州书地也者，痛君失位详录舍止。齐侯唁公于野井者，季氏无道僭公室久，公谋季氏子家驹谏，公设两观而乘大路，朱干玉戚以舞《大夏》，王礼八佾以舞《大武》，诸侯僭王卿僭诸侯，公先自正后正季氏，季专赏罚得民心久，民顺之犹牛马委食，民为季用君无多辱，不从其言昭公终败，书者喜为大国所唁，书地者痛当忧纳公。宋公佐卒于曲棘者，时宋公闻昭公见逐，欲忧纳公故恩录之。十有二月齐侯取郓，为公取之以暂居公，善其忧内故而书之，不书伐者季氏定言，书月也者善录齐侯。

昭公二十六年

春王正月葬宋元公，三月公至自齐居郓，书月闵公失国居边，书至明臣当忧纳公。夏时公围成书讥公，恶公失国幸而得郓，不修文德复扰其民。秋时公会齐侯莒子，及邾娄子杞伯相盟，公至自会复居于郓，诸侯相与约欲纳公，内喜其信故不书月，致会书者以责臣子，明公既已得意诸侯，不忧助纳而使居郓。十月天王入于成周，叛卿以王子朝奔楚，书月喜录王反正位。

昭公二十七年

公如齐至自齐居郓。夏四月吴弑其君僚，不书阖卢弑其君者，为季子讳不忍杀亲，让国阖庐故没其罪，阖庐当国不书专诸，非失众见弑故书月。公如齐至自齐居郓。

昭公二十八年

公如晋次于乾侯者，闵公内为强臣所逐，外如强晋而不见答，忧危不暇杀耻故书。

昭公二十九年

春公至自乾侯居郓，不书致者未至于晋。冬时十月郓溃也者，邑言溃者君居之故，从国言溃明罪在公，国不患寡而患不均，民不患贫而患不安，讥其本乃由于围成，失大得小不能节用。

昭公三十年

春王正月公在乾侯，书月也者闵公郓溃，无尺土居远在乾侯，书以存君明当忧纳。冬时十二月吴灭徐，徐子章禹奔楚者贬，不死君位出奔可责，始书夷狄伐灭小国，故而书月于所见世。

昭公三十一年

春王正月公在乾侯，晋责季氏不纳昭公，季孙隐如会晋荀栎，书会也者以无君命，晋使荀栎唁公乾侯。冬时黑弓以滥来奔，叔术让国不书邾娄，贤者子孙宜有地也，窃邑来奔讥世大夫，叔术贤心不欲自绝，褒贬两明追功显德。十二月辛亥朔日食，象兆人事昭公死外，晋卿专执楚犯中国。

昭公三十二年

春王正月公在乾侯。取阚也者邾娄之邑，不系邾娄讳亟再取。诸侯大夫会城成周，善修废职有尊尊意，不书京师而书成周，欲起正居实外天子，以王微弱难守成周，徒劳诸侯猥苦天下。十二月公薨于乾侯。

定公元年至十五年

定公元年

春王不书正月即位，正月者正诸侯即位，昭薨在外能入未知，因季氏故讳为微辞，使若后即定无正月。晋人执宋仲幾于周，仲幾之罪在不修城，大夫避君不得专执，讥卿专执伯讨贬人，不言归者决于天子，犯之恶甚故录所归，善为天子执之书月。夏时六月癸亥之日，昭公之丧至自乾侯，戊辰正棺两楹之间，定昭公之丧礼于国，殡而成服定公即位。九月大雩书旱记异，象兆人事定公得立，尤喜而不恤民感应。立炀宫者炀公之宫，书立非礼不宜立也，所见之世讳莫若深，使若差恶故不书日。冬时十月陨霜杀菽，时犹杀菽不杀他物，异大乎灾书异为戒，君子贵教化贱刑罚，周十月即夏之八月，微霜用事未可杀菽，菽者少类为稼强者，季氏强于孟叔氏象，是时定公喜于得位，而不念父黜逐之耻，反为淫祀以立炀宫，故天示当早诛季氏。

定公二年

五月雉门及两观灾，雉门两观天子之制，门为其主观为其饰，书以记灾宜去僭礼。冬新作雉门及两观，书讥定公不务公室，天灾之当减损如制，而复修大僭天子礼。

定公三年

正月公如晋至河复，定公内有强臣之仇，外不见答书月危之。邾子穿卒葬邾庄公，冬仲孙及邾娄子盟，讳公使大夫盟诸侯，未逾年君薄父子恩，书时使若义结善事。

定公四年

三月公会刘子晋侯，宋公蔡侯卫侯陈子，郑伯许男曹伯莒子，邾子顿子胡子滕子，薛伯杞伯小邾娄子，以及齐卿国夏侵楚。四月蔡卿帅师灭沈，以沈子嘉归杀之者，以沈不会召陵之故，书以归杀责不死位，承黜君后有强臣仇，灭国危惧书为公戒。五月公及诸侯相盟，昭公如晋而不见答，卒为季氏所逐死外，公初即位喜盟诸侯，诸侯翕然有疾楚心，不书日者褒与信辞。刘卷卒者天子大夫，明主会者当有恩礼。楚人围蔡楚卿称人，楚为无道拘蔡昭公，复怒蔡怨伐之故贬。葬以吴子及楚人战，楚师败绩后遂奔命，吴称子者进之中国，本为夷狄而忧中国。庚辰吴入楚者书贬，君舍君室卿舍卿室，复反夷狄吴不称子，书日也者恶吴无义。

定公五年

正月辛亥朔日食者，象兆人事臣恣日甚，鲁失国宝宋大夫叛。於越入吴书贬其罪，书於越者未能通名，书越者能以其名通，越人自名故称於越，君子名之故称为越，治国有状与中国通，以中国辞言之曰越，治国无状不通中国，以其俗辞言之於越，因其俗者可见善恶，吴忧中国士卒疲敝，疾乘虚入故谓於越。六月季孙隐如卒者，前此已贬逐君之恶，是以于卒不劳更贬。

定公六年

春王正月癸亥之日，郑师灭许以许男归，二月公侵郑书月者，内有强臣仇不能讨，而外结怨故书危之。季孙斯仲孙忌围郓，仲孙何忌即仲孙忌，二名非礼书讥二名，为其难言而又易讳，增臣子敬而不逼下。

定公七年

大雩也者书旱记异，象兆人事定公侵郑，围郓如晋并城中城，费重而不恤民之应。九月大雩费重民烦，又齐伐鲁鲁自救故。

定公八年

春王正月公侵齐者，内有强臣外犯强齐，危于侵郑书月危之。公会晋师于瓦也者，赵鞅之师但言晋师，君礼不会大夫之辞。从祀先公改逆顺祀，文公逆祀去者三人，定公顺祀叛者五人，谏不以礼而去曰叛，去叛皆不书者因微。盗窃宝玉大弓也者，盗者阳虎季氏之宰，阳虎专季季专鲁国，季氏逐之昭公于外，取其宝玉藏于其家，阳虎拘季夺其宝玉，季取不书逐君为重，谓之宝者世世保用，皆鲁始封时王所赐，不言取言窃者正名，定公失政权移陪臣，拘其尊卿丧其宝玉，失之无以合信天子，交质诸侯故当绝之。

定公九年

得宝玉大弓书喜之，国宝丧书得之亦书，不以得失罪定公者，宝失当坐得之当除。齐侯卫侯次于五氏，欲伐于鲁书次而去，善鲁有备能捍却难。

定公十年

春王三月及齐平者，齐欲执公书月难之。夏公会齐侯于颊谷，颊谷之会齐欲执公，孔子正礼齐侯从教。齐人来归所侵田者，孔子行政季孙不违，齐人惧之是以来归。

定公十一年

宋公之弟辰及仲佗，石彄公子池入萧叛，宋乐世心自曹入萧，从于叛臣其叛可知。

定公十二年

春时薛伯定卒也者，其子无道当废反嗣，未至三年失众见弑，危于社稷祸端在定，故贬略之不书日月。季孙仲孙帅师堕费，孔子复礼季孙不违，家不藏甲城无百雉，季悦其言从而堕之，书善定公任于大圣，复于古制以弱臣势。秋时大雩象兆人事，不大信用圣泽遂废。十一月丙寅朔日食，象兆人事薛弑其君，晋大夫者入朝歌叛。十又二月公围成者，仲孙私邑图谋不堕，诸侯礼不亲征叛邑，定公亲围成不能服，不能以国为家故危，若从他来故危录之。

定公十三年

晋赵鞅入晋阳以叛，晋荀寅入朝歌以叛，晋赵鞅归于晋也者，取晋阳兵以逐荀寅，以地正国叛而言归，荀寅也者君侧恶人，逐恶人无君命书叛，君子诛意而不诛事，后原其意书归赦之。

定公十四年

楚陈灭顿以顿子归，不别以归何国也者，明楚陈以灭人为重，顿子以不死位为重。天王使石尚来归脤，石尚者为天子之士，天子上士以名氏通，脤者俎实生脤熟燔，诸侯朝王助祭宗庙，尊礼然后可受俎实，鲁不助祭归脤书讥。卫世子蒯聩出奔讥，子虽见逐无去父义。邾子来会公者书讥，书会公者不受于庙，如入人都当修朝礼，讥刺邾子会人于都，古者诸侯将朝天子，必先会于间隙之地，考于德行一于刑法，讲于礼义正于文章，习事朝觐天子之仪，尊王重法唯恐过误。城莒父及霄不书冬，是岁孔子实摄相事，政化大行行市无欺，男女异路道不拾遗，齐惧间之馈鲁女乐，公与季受三日不朝，当坐淫泆故贬去冬，齐归女乐不书也者，本以淫受深讳其本，三日不朝孔子遂行，鲁人皆知孔子去因，嫌于近害可书不书，坐受女乐令圣人去，冬象阴臣故书无冬。

定公十五年

鼷鼠食郊牛死改卜，遍食其身灾书不敬。楚子灭胡以君豹归。五月辛亥郊者三卜，已卜春之三正不吉，复而转卜周历五月，再三亵渎渎则不告，不得其事虽吉不为。壬申之日公薨高寝，高寝也者始封君庙，邾娄子来奔丧非礼，王崩诸侯奔丧会葬，诸侯薨有服者奔丧，无服会葬而不奔丧，邾娄与鲁无服故讥。秋七月壬申姒氏卒，姒氏杞女定姜哀母，哀未逾年故不称君，哀公母遂不称夫人。八月庚辰朔日食者，兆后卫蒯聩犯父命，盗杀蔡侯陈乞弑君。辛巳葬定姒者书葬，有子则庙庙则书葬，母以子贵以子正之。

哀公元年至十四年

哀公元年

春王正月公即君位，鼷鼠食郊牛改卜牛，遍食其身灾书不敬，夏时四月辛巳日郊，秋时齐侯卫侯伐晋，冬时仲孙帅师伐邾。

哀公二年

春王二月三卿伐邾，取漷东田及沂西田，叔孙仲孙及邾子盟。晋师纳卫世子蒯聩，纳于戚者卫国之邑，夺国正义不言入卫，明父得有子而废之，子不得有父之所有，不责拒父辄奔不书。十一月蔡迁于州来，叛楚依吴畏楚故迁。蔡杀其大夫公子驷，君杀大夫称国以杀，称公子者恶君失亲。

哀公三年

齐卿卫卿帅师围戚，蒯聩无道灵公逐之，灵公遗命立嫡孙辄，不以父命辞王父命，以王父命可辞父命，如此父命乃行乎子，不以家事而辞王事，以王事可辞于家事，如此上命乃行乎下，以祖之义可以拒子，方伯当讨书齐首兵，礼义不可以子诛父，重本尊统但得拒之，以父见废辞让不立，是家私事非王公法，听祖命立是王公法，王法如是行于诸侯，虽得礼正非义之高，求仁得仁夫子不为。夏时四月甲午地震，象兆人事季氏专政，蒯聩犯父蔡卿专放，盗杀蔡侯叛晋附楚，黄池之会吴主诸夏。五月辛卯桓僖宫灾，亲过高祖则毁其庙，本不宜立哀公自立，毁庙复立故宜有灾。蔡人放其大夫于吴，大夫骄蹇作威相放，无礼当诛卿贬称人。冬十月癸卯秦伯卒，治平之世小国卒葬，极于哀公卒日葬月。

哀公四年

春三月盗杀蔡侯申，称盗以弑贱乎其贱，未加刑之罪人之谓，君近罪人卒逢其祸，故书以为人君深戒，本当刑放不有其君，故而不书盗杀其君。晋执戎曼子归于楚，楚国此前连灭顿胡，诸侯畏威从之围蔡，遂张中国京师自置，晋执戎子不归天子，归之于楚背王当诛，讳恶使若晋非伯执，戎子微者自归于楚。六月辛丑蒲社灾者，蒲社乃为亡国之社，祭鲁境内先世亡国，亡国之社掩绝不通，不通六合以戒有国，教戒诸侯使敬事上，象兆人事诸侯背王，宋事强吴齐晋前驱，滕薛夹毂鲁卫骖乘，天去戒社示王教绝。八月甲寅滕子结卒，冬十二月葬蔡昭公，诸侯得讨士以下者，贼人已讨故可书葬。

哀公五年

秋九月齐侯处臼卒，冬时闰月葬齐景公，卒不书闰葬可书者，大功以下丧以闰数，丧恩略杀葬得书闰。

哀公六年

春时城邾娄葭讳恶，城者实取不言取者，鲁数围取邾娄之邑，邾娄未曾非礼于鲁，反侮夺之不知餍足，夷狄之行恶鲁书讳。齐陈乞弑其君舍者，陈乞诈许景公立舍，复迎阳生胁诸大夫，立阳生后遂往弑舍。

哀公七年：秋公伐邾八月入邾，以邾娄子益来也者，入不言伐此言伐者，讳辞使若公伐而去，他人入之以其来者，恶鲁侮夺邾娄无已，邾子被获书名绝之。

哀公八年

宋入曹以曹伯阳归，曹国灭故书名绝之，力能救之而鲁不救，讳灭同姓不言其灭，不书日者深恶讳之。吴伐我者实围鲁也，讳言围者使若伐去。夏时齐人取谨及僤，邾娄也者齐之与国，鲁畏齐怒所以赂齐，耻其故讳使若自取。归邾娄子益于邾娄，获归不书此以书者，善鲁实能悔过归之，邾子实罪故复书名。齐人归谨及僤也者，善鲁悔过归邾子益，所丧之邑不求自得，书之使若不从齐来。

哀公九年

宋卿帅师轻取郑师，书取之者师诈故易，诈谓陷阱奇伏之类，兵征不义不为苟胜，出乎尔者必反乎尔。

哀公十年

二月邾娄子益来奔，获归来奔书示礼遇。楚公子结帅师伐陈，陈国也者吴之与国，救陈实欲以备中国，故吴救陈不褒进之。

哀公十一年

春齐国书帅师伐我，五月哀公会吴伐齐，齐师及吴战于艾陵，齐师败绩获齐国书，书伐因鲁与伐不战，吴主会故书序齐下，不与夷狄主中国也，约日对战合礼书获。

哀公十二年

春用田赋书讥始用，以田为率敛取民财，税民公田礼制什一，军赋十井不过一乘，哀公季氏外慕强吴，空尽国储故用田赋。夏五月甲辰孟子卒，昭公夫人实为吴女，称孟子者讳娶同姓，同宗共祖而娶同姓，礼乱人伦禽兽无别，深讳不书夫人薨葬。冬十二月螽者书异，螽者当与阴杀俱藏，周十二月当夏十月，螽不当见故而为异，来年再螽象兆人事，天不能杀地不能埋，自是之后天下大乱，莫能相禁宋国以亡，陈氏并齐晋分六卿。

哀公十三年

春时郑师轻取宋师，书取之者师诈故易，往岁宋师行诈取郑，今岁郑师反诈取宋，君子道否苟相报偿。夏公会晋侯及吴子，吴称子者以其主会，不与夷狄之主中国，吴虽主会先书晋侯，书及也者会两伯辞，吴征诸侯莫敢不至，重吴故书会两伯辞，吴强无道败齐临淄，乘其胜势大会中国，齐晋前驱鲁卫骖乘，滕薛夹毂而趋侍之，诸夏之众冠带之国，反背天子而事夷狄，耻不忍言深为讳辞，使若吴能礼会诸侯，尊事天子故进称子。九月螽者象兆人事，田赋会吴之所感应。十一月星孛于东方，日出现彗书以记异，周十一月当夏九月，当此之时日在房心，天子明堂布政之庭，于此旦见与日争明，象兆人事中国忧危，诸侯代王典法灭绝，周室遂微诸侯相兼，为秦所灭燔书道绝。十又二月螽者书异，前会费重烦民感致。

哀公十四年

春西狩获麟书记异，书以狩者大其获麟，麟者仁兽象兆王政，有王则至无王不至，当春秋时天下散乱，不当至而至故书异。孔子涕叹孰为来哉，天生颜仲辅佐夫子，渊死子曰噫天丧予，由死子曰噫天断予，获麟子曰吾道穷矣，麟者符类太平圣人，得麟而死象兆夫子。《春秋》始乎鲁隐公者，祖所逮闻所见异辞，所闻异辞传闻异辞。终鲁哀十四年春者，王道浃备必止乎麟，欲见拨乱功成于麟，犹尧舜隆凤凰来仪，太平当以瑞应为效，绝笔于春岁之始故，常法其始无不终竟。君子之作《春秋》也者，为拨乱世而反诸正，君子乐道尧舜之道，尧舜亦当乐道不息，圣制《春秋》以俟后圣，志同道合薪火相传，尧舜历象日月星辰，百兽率舞凤凰来仪，《春秋》之制亦法尧舜，以王次春上法天文，四时成岁敬授民时，崇德致麟乃称太平，《春秋》制义赏善罚恶，拨乱反正圣圣相承，贯于百王不可磨灭，名与日月并行不息。

三 《春秋榖梁传》韵义

《榖梁传》主旨要义与《左传》《公羊传》有别，范宁《春秋榖梁传序》明示："《春秋》之传有三，而为经之旨一，臧否不同，褒贬殊致。盖九流分而微言隐，异端作而大义乖。《左氏》以鬻拳兵谏为爱君，文公纳币为用礼。《榖梁》以卫辄拒父为尊祖，不纳子纠为内恶。《公羊》以祭仲废君为行权，妾母称夫人为合正。以兵谏为爱君，是人主可得而胁也。以纳币为用礼，是居丧可得而婚也。以拒父为尊祖，是为子可得而叛也。以不纳子纠为内恶，是仇雠可得而容也。以废君为行权，是神器可得而窥也。以妾母为夫人，是嫡庶可得而齐也。若此之类，伤教害义，不可强通者也。凡传以通经为主，经以必当为理。夫至当无二，而三传殊说，庸得不弃其所滞，择善而从乎？既不俱当，则固容俱失。若至言幽绝，择善靡从，庸得不并舍以求宗，据理以通经乎？虽我之所是，理未全当，安可以得当之难，而自绝于希通哉！而汉兴以来，瑰望硕儒，各信所习，是非纷错，准裁靡定。故有父子异同之论，石渠分争之说。废兴由于好恶，盛衰继之辩讷。斯盖非通方之至理，诚君子之所叹息也。《左氏》艳而富，其失也巫。《榖梁》清而婉，其失也短。《公羊》辩而裁，其失也俗。若能富而不巫，清而不短，裁而不俗，则深于其道者也。故君子之于《春秋》，没身而已矣。……释《穀梁传》者虽近十家，皆肤浅末学，不经师匠。辞理典据，既无可观，又引《左氏》《公羊》以解此传，文义违反，斯害也已。于是乃商略名例，敷陈疑滞，博示诸儒同异之说。"就《穀梁传》源流沿革而言，大概为鲁人穀梁俶受经于子夏并为经作传，次第传至孙卿、鲁人申公、博士江翁、鲁人荣广大、蔡千秋，因汉宣帝好《穀梁传》而擢蔡千秋为郎，《穀梁传》由此大行于世，晋人范宁精审综括为之集解，唐杨士勋又分肌擘理为之疏，遂成经学重镇。清版《春秋穀梁传注疏》者，即战国穀梁俶传、晋范宁集解、唐杨士勋疏的内在整合。历代穀梁学发明《春秋》大义，亦因历代因缘际遇而不时兴起。就儒教义理而言，《春秋穀梁传》侧重表述大道大义克己复礼，民本避讳智权而正，以义入道以正胜邪，关注现实反对神秘放纵两个极端，褒贬进退君子小人中国夷狄，提倡与人为善悔过维新等义理内涵。与《左氏传》《公羊传》避重复而相补充，以下韵编侧重《穀梁传》义理阐发，单纯事例陈述则如同上述《公羊传》一并略之。

隐公元年至十一年

隐公元年

元年之春王正月者，隐公始年周王正月，虽无国事必举正月，以谨国君即位之始。不言即位以成公志，隐公意在让国桓公，成人之美不成人恶，让善不明取恶不显，隐将让桓桓弑则恶，桓弑隐让则隐为善，隐长桓幼让桓不正，《春秋》贵义不贵私惠，申明大道不申邪曲，子扬父美不扬父恶，先君欲桓非正实邪，既胜邪心以位与隐，先君邪志隐探成之，遂以与桓成父之恶。兄先弟后天之伦次，子受之父诸侯受君，隐为世子亲受父命，为君亦已受之天王，弟先于兄是废天伦，私以国让是忘君父，未履居正而行小惠，轻千乘国蹈道则未。三月公及邾仪父盟，邾为附庸周未爵命，附庸之君例应称名，善其结信以字配之，日者所以谨成盟信，此盟后变故不书日。五月郑伯克段于鄢，段徒强盛攻之害深，唯君能克故谨书月，段为君弟亦为公子，失子弟道故贬不称，虽则贱段尤恶郑伯，弟宠骄恣强足当国，郑伯不能防闲以礼，教训以道纵成其罪，处心积思志欲杀弟，缓追逸贼亲亲之道，段奔至鄢去已远矣，犹追杀之若探母怀，君杀大夫例不书地，恶君杀弟故谨书地。秋七月天王使宰咺，来归惠公仲子之赗，乘马曰賵衣衾曰襚，贝玉曰含钱财曰赙，賵例书时晚谨书月，平王新有幽王之乱，迁于成周崇礼诸侯，仲子早卒无由追赗，因惠公丧来并赗之，礼赗人母不赗人妾，君子以其可辞受之。九月及宋人盟于宿，卑者之盟例不书日。冬十二月祭伯来者，来者来朝不书朝者，寰内诸侯非天子命，不得私自出会诸侯，聘遗所以结好达意，臣当禀君无私朝聘。公子益师卒不书日，卿卒书日不书为恶，君之卿佐是谓股肱，股肱或亏何痛如之，录其卒日以纪恩德。

隐公二年

二年春公会戎于潜，凡书年首月承于时，时承于年文体相接，《春秋》因书王以配之，以见王者奉时承天，下而统正万国之义，《春秋》记事有例时者，事在时例时而不月，月继事末书月不王，书王上承春下属月，书表年始事莫之先，所以致恭而不黩者，唯鲁桓公有月无王，以见桓恶不奉王法，南蛮北狄东夷西戎，皆羌别种会例书时，书出会者以外为主，察安审危临者能断，众之所归守必坚固，智虑义行仁者为守，有此三者则可出会，书会戎者以忧危公。夏时五月莒人入向，书入也者其内弗受，入无小大苟不以罪，则于礼义皆不可受，入例书时恶甚书日，次恶书月他皆仿此。无侅帅师入极书贬，入小国极而极弗受，苟志入人人亦入之，灭同姓贬故不称氏，讳灭同姓变灭书入，灭人国者中国书日，卑国书月夷狄书时。八月庚辰公及戎盟。九月纪履緰来逆女，逆女亲行使臣非正，亲迎书时使臣书月，为善其来交接于我，君子进之故书国氏。冬十月伯姬归于纪，嫁而曰归明女外属，返曰来归明从外至，返谓妇为夫家所遣，妇不专行必有所从，妇人从人在家从父，既嫁从夫夫死从子。纪子伯莒子与之盟，年同爵同纪子长先。乙卯日夫人子氏薨，夫人从君薨则书日，薨有常处故不书地，夫人之义从君者也，隐弒贼未讨不书葬，夫人隐妻卒不书葬。郑人伐卫伐例书时，斩树木坏宫室曰伐。

隐公三年

三年春王二月己巳，日者阳精人君之象，日有食之象兆君过，骄溢专明为阴所侵，正阳之月君子尤忌，故有伐鼓用币之事，日食不救篡臣必萌，谦虚下贤受谏任德，日食之灾当为消失。三月庚戌辰天王崩，高厚曰崩尊亦曰崩，天子之崩以其尊也，天子在民上故崩之，名者相别太上不名，居人之大在民之上，故天子崩无所书名。夏四月辛卯尹氏卒，尹氏也者天子大夫，天子之崩其为鲁主，痛而书卒录其恩深，不书官名疑讥世卿。秋武氏子来求赙者，天王使不正者书月，平王在殡桓王在丧，无君不称使略书时，天子大夫称武氏子，未爵使之于礼非正，归死曰赗归生曰赙，归之者正求之非正，周虽不求鲁亦应归，鲁虽不归周不可求，丧事无求而有赗赙，书求赙者交相讥之。八月庚辰宋公和卒，君薨赴于他国之君，寡君不禄敢告执事，周之礼制天子曰崩，诸侯曰薨大夫曰卒，《春秋》所称曲存鲁史，内书公薨自尊其君，略外诸侯书卒自异，无论老幼尊以成人，至于既葬皆谥称公，顺臣子辞两通其义，诸侯卒者书日礼正。癸未葬宋缪公书日，诸侯之葬书时为正，书月有故书日危甚，不得备礼危不得葬，弑君不葬国灭不葬，失德不葬以示礼义，失民有咎妻贤不答，内不正家外不正民，失德宜贬以示大义。

隐公四年

四年春周王二月，莒人伐杞取牟娄者，既伐其国又取其土，伐不以罪而贪其利，诸侯相伐取地始此，故谨志之以彰其恶。戊申卫祝吁弑君完，弑君书日与不书日，从其君正不正之例，大夫弑君书国氏者，凡非正嫡嫌弑代之。夏公及宋公遇于清，遇例书时志相得也。秋时翚帅师会宋公，陈侯蔡人卫人伐郑，与于弑公贬公子翚，外大夫贬例皆称人，内大夫贬去族称名。九月卫人杀祝吁者，称人以杀杀有罪也，有弑君者举国欲杀，讨贼例时而书月者，不能即讨致令自恣，书月以著臣子缓慢。冬十二月卫人立晋，立纳入者皆为篡辞，大国篡书月小国时，卫人众辞立不宜立，嗣有常位故不言立，非为嫡长晋名不正，称人以立因贤得众，贤不宜立《春秋》之义，诸侯与正而不与贤，多贤而不可以多君，无贤而不可以无君，立君明统非以尚贤，建储定分非以私亲，名分定则贤无乱阶，邪佞自贤之祸亦塞，名分定则君无衅由，邪心私爱之道亦灭。

隐公五年

五年春公观鱼于棠，往书时正谓无危事，常事曰视非常曰观，礼制尊者不亲小事，礼制卑者不尸大功，观鱼卑事公观非正。夏时四月葬卫桓公，书月葬者有祝吁难，卒十五月讨贼后葬。九月考仲子之宫者，考者成也使成夫人，隐立其庙而世祭之，庶子为君为母筑宫，公子主祭子祭孙止，仲子也者惠公之母，隐孙而修之书非礼，当奉宗庙不得自主。初献六羽始僭于乐，舞《夏》之礼天子八佾，诸公六佾诸侯四佾。邾人郑人伐宋也者，郑人主兵故序郑上。螟者虫灾不甚书时，甚则书月不月即尽，仲春夏令虫螟为害。辛巳之日公子彄卒，大夫书卒而不书葬，葬者自其臣子之事，受爵大夫方称公子，隐不欲君不不爵命，称公子者先君大夫。宋人伐郑围长葛者，围例书时书围刺久，伐不逾时重民财，暴师经年仅而后克，无仁隐心有贪利行，围伐兼举以明非礼。

隐公六年

六年春郑人来输平，和而不盟称之平成，输者堕也平者成也，来输平者不果成也，鲁郑本平鲁会伐郑，故来绝鲁而坏前平。秋七月者无事亦书，书其首月不遗时也。

隐公七年

春王三月叔姬归纪，叔姬乃为伯姬之娣，待年父国六年乃归，媵之为言送也从也，不与嫡俱行非礼也，亲逆书时使逆书月。滕侯卒者滕侯无名，少曰世子长曰滕君，无名不正责用狄道。夏城中丘城例书时，城为保民而为之也，民众城小辄为益城，无限极故书城皆讥，建国立城邑有定所，高下大小存乎王制，保民以德不以城也，刺公不能修勤德政，更造新城以安民者。齐侯使其弟年来聘，诸侯之尊弟兄不属，远别贵贱尊君卑臣，其弟云者举其贵者，聘例书时执玉帛问。冬天王使凡伯来聘，戎伐凡伯楚丘以归，凡氏伯字王上大夫，伐一人同伐一国者，尊大天子之命之辞，戎者卫也伐天子使，无礼莫大贬而戎之，尊尊正义《春秋》微旨。

隐公八年

八年春宋公卫侯遇，不期会遇志相得也。三月郑伯使宛归祊，受命天子祭泰山邑，恶其擅易天子之邑，去族称名实贬郑伯，庚寅我入邴者书日，入者强梁书日恶入，诸侯有功德于王室，有朝宿邑与沐浴邑，王室微弱无复祭岳，诸侯骄慢亦废朝觐。己亥日蔡侯考父卒，诸侯卒书日合正礼。辛亥宿男卒不书名，微国未盟故书男卒。秋时七月庚午之日，宋公齐侯卫侯相盟，王宾爵故宋序齐上，三诸侯盟始谨书日，诰誓不及五帝之世，盟诅不及三王之世，交质不及二伯之世，五帝之世道化淳备，不须诰誓而信自著，三王归信无须盟诅，齐桓晋文诸侯率服，世道交丧盟诅滋彰，三盟不可经世轨训，故谨存日以记始恶。九月隐公及莒人盟，君可及人无及大夫，称人众辞若举国盟，礼制大夫不可敌君。十二月无骇卒书名，或曰隐不爵大夫故，或曰特书贬罪去族。

隐公九年

春天王使南季来聘，王上大夫氏以为姓，南者氏姓季字聘问，王聘诸侯穀梁非之，范宁以为王聘亦正，礼制臣病君亲问之，天子当有下聘之义，天子时聘结诸侯好，殷覜以除邦国之慝，间问以谕诸侯之志，归脤以交诸侯之福，贺庆以赞诸侯之喜，致禬以补诸侯之灾。三月癸酉大雨震电，震者雷也电者霆也，庚辰大雨雪者书异，八日之间再有大变，阴阳错行故谨书日，雷电为阳雨雪为阴，于时雷电未可出见，雷电既见雪不当降，阳不闲阴失节之兆，阴气纵逸而将为害。侠卒书名不成大夫，不爵大夫故不书氏。七月无事书不遗时，四时不具不能成年。

隐公十年

十年春时周王二月，公会齐侯郑伯书月，隐公之行自此皆月，天告异象见篡弑祸，不知戒惧屡会故危。夏翬会齐郑人伐宋，隐之罪人终隐世贬。六月壬戌公败宋师，辛未取郜辛巳取防，礼不重伤战不逐北，乘败宋师深为利取，贪利不仁故谨其日。宋人蔡人卫人伐载，郑伯伐取之者书恶，凡书取国实皆灭之，因人之力轻易灭国，三国伐载自足制之，郑伯不能矜人之危，反与共伐故首其恶。

隐公十一年

春时滕侯薛侯来朝，天子无事诸侯相朝，考礼修德以尊天子，朝宜以时书时则正。夏时五月公会郑伯，秋时七月壬午之日，公及齐侯郑伯入许。冬十一月壬辰公薨，公薨不忍故不书地，君弑贼不讨不书葬，罪责臣子无臣子行。无正也者不书正月，十年无正隐不自正，元年有正明隐宜立。

桓公元年至十八年

桓公元年

春王正月公即位者，君不自专受国于王，桓为臣弟弑其君兄，王不能定诸侯不救，鲁国百姓亦不能去，无王之道遂至于此，桓公无王书王谨始，明王者义所以治桓，于礼继弑不书即位，先君不终哀痛何忍，书即位者与闻乎弑，明其无恩于其先君，与弑尚然况亲弑者。三月公会郑伯于垂，大恶之人书月危之。郑伯以璧假许田者，讳易王地故书璧假，礼制诸侯受地天子，诸侯不得自专易地，擅相换易朝祭并废。秋大水者高下为灾，季秋夏令其国大水，大水例时常不书月。冬十月者书不遗时，四时具备而后为年。

桓公二年

二年春王正月戊申，宋督弑其君与夷者，宋督卑者故书国氏，诸侯之卒天子隐痛，奸逆之人王法宜诛，无王书王以正君卒，及其大夫孔父也者，孔者氏也父者字谥，孔父死难故君字谥，会盟言及内外以别，尊卑言及上下以序，督欲弑君先杀孔父，书尊及卑《春秋》之义。滕子来朝前此称侯，今称子者时王所黜。公会齐侯陈侯郑伯，以成宋乱书公邪志，宋虽已乱治之则治，治乱成否系此一会，诸侯讨之有拨乱功，不讨则受成乱之责，欲平宋乱而取赂鼎，不能平乱故书成乱，虽为尊讳不没其实，桓公奸逆受贿以成，极言其恶无所遗漏。四月取部大鼎于宋，戊申纳于大庙书恶，内弑其君外成人乱，受赂而退以事其祖，其道非礼周公无受，书纳书日明其恶甚。秋时七月纪侯来朝，朝者书时此书月者，桓内弑君外成人乱，校数功劳以取宋赂，不知为非贪愚之甚，纪不择恶而就朝之，恶纪之故谨而书月。公及戎盟冬至自唐，弑逆罪本无致宗庙，君子危其远会戎狄，喜其得反故而书致。

桓公三年

齐侯卫侯胥命于蒲，相命而信谨言而退，虽有先倡倡和理均，同气相求相与亲比，泯然无际是为近古。七月壬辰朔日食既，书日朔者食于朔日，既者尽也有继之辞，尽而复生谓之既者，日食全偏历书有说，交正在朔则日全食，望前望后月则不食，交正在望则月全食，朔前朔后日则不食。公子翚如齐逆女者，君应亲逆使卿非正，桓不为罪翚称公子。齐侯送姜氏于讙者，送女之礼父不下堂，其母不得出于祭门，诸母兄弟不出阙门，父诫之曰慎从舅言，母诫之曰谨从姑言，诸母申之从父母言，送女逾境是为非礼。公会齐侯于讙合礼，夫人姜氏至自齐者，公亲受之于齐侯也，合二姓好以继万世，婚礼至重冕而亲迎。有年也者五谷皆熟，冬谷毕入然后书之，有年书时不系日月。

桓公四年

春时正月公狩于郎，春而言狩用冬狩礼，蒐狩书时失礼书月，四时之田为宗庙事，春田夏苗秋蒐冬狩，取兽于田为苗除害，舍小取大取无所择，四时之田其用三焉，干豆宾客充君之庖，先宗庙次宾客庖厨，尊神敬客礼之本义。王使宰渠伯纠来聘，宰者官也渠者氏也，王下大夫老故称字。

桓公五年

春时正月甲戌己丑，陈侯鲍卒书以二日，《春秋》之义实录不虚，信以传信疑以传疑。王使任叔之子来聘，父在子代为政不正，录父使子不书氏名，君上暗劣臣下苟进，微其君臣著其父子，不足为训交参讥之。城祝丘者讥公城邑，不修德政恃城安民。蔡卫陈人从王伐郑，同姓不服为天子病，亲犹不服疏远可知，伐郑书从为天王讳。大雩旱祭请雨之名，仲冬行夏令国乃旱，得雨曰雩不得曰旱，雩书月正书时不正。螽者虫灾蚣蝑之属，仲冬春令虫蝗为败，灾甚书月不甚书时。州公如曹过鲁故书。

桓公六年

六年春时正月寔来，因过鲁境州公来朝，诸侯不以过境相朝，来朝书时无礼书月。秋时八月壬午大阅，蒐阅例时书月非正，大阅也者大阅兵车，四时田猎以习戎事，存不忘亡安不忘危，修教明谕治国之道，无事而修戎事非正，名为崇武实观妇人，故谨书日以讥戒之。蔡人杀陈佗者陈侯，陈侯喜猎淫猎于蔡，自纵放恣遗失徒众，因与蔡人争禽被杀，君匹夫行匹夫称之。九月丁卯子同生者，庄母文姜淫于齐襄，时人咸曰齐侯之子，同于他人疑故志之。

桓公七年

春二月己亥焚咸丘，疾以火攻不书邾邑，谨书日者以志其恶，不系于国欲彰大之，使若焚邑罪同焚国。夏时穀伯绥来鲁朝，邓侯吾离亦来鲁朝，君不生名失国书名。

桓公八年

春时正月己卯烝者，祭祀例日书时失礼，烝乃冬事春兴不时，春祭曰祠荐尚韭卵，夏祭曰禴荐尚麦鱼，秋祭曰尝荐尚黍肫，冬祭曰烝荐尚稻雁，无牲曰荐加牲曰祭。夏时五月丁丑烝者，烝本冬事春夏继兴，是谓黩祀书志不敬。冬时十月雨雪也者，孟冬秋令霜雪不时。祭公来遂逆王后者，亲逆例时不亲例月，不以大事不言王使，遂逆无礼不书逆女。

桓公九年

春纪季姜归于京师，书字书姓以尊父母，鲁与婚事故书归之。曹伯使其世子来朝，朝不言使言使非正，诸侯相见则曰相朝，使世子伉君礼失正，父道待子鲁亦失正，父有诤子不陷不义，世子可废君父之命，若止曹伯使朝之命，曹伯不陷非礼之愆，世子亦无苟从之咎，鲁国亦无失正之讥，三者俱正方合礼道。

桓公十年

十年春时周王正月，庚申曹伯终生卒者，桓恶无王此书王者，书王以正终生之卒。秋时公会卫侯弗遇，弗遇者讳志不相得。冬时十二月丙午日，齐卫郑君来战于郎，书来战者前定之战，结日列阵则谨书日，内不言战言战则败，以鲁败故不书其人，不书及者为内深讳。

桓公十一年

癸未日郑伯寤生卒，秋时七月葬郑庄公，庄公杀段失德不葬，段亦不弟王法当讨，此书葬者不以亲贬。九月宋人执郑祭仲，执人权臣废嫡立庶，宋人实君称人恶之，祭者氏也仲者名也，书执大夫有所区别，有罪例时无罪例月，此书月者为盟而书。突归于郑书突贱之，篡兄之位制命权臣，权在祭仲其归无善，死君之难为臣之道，立恶黜正书恶祭仲。郑忽出奔失国书名。

桓公十二年

十有二年春时正月。十二月及郑师伐宋，丁未之日战于宋者，不书战郑讳耻不和，于伐与战书讳内败。

桓公十三年

春时二月己巳之日，及齐侯宋公卫侯战，齐宋卫燕师败绩者，柩在堂上孤无外事，卫宣未葬嗣出称侯，其为失礼朗然自见。夏涝秋七月冬十月。

桓公十四年

春时正月无冰书暖，视之不明是谓不哲，其咎缓舒其罚常暖，象兆国君不明去就，政治舒缓之所感致。秋时八月壬申之日，御廪火灾乙亥犹尝，治人之道莫急于礼，礼有五经莫重于祭，祭由中出非由外至，身致诚信可交神明，御廪敬藏奉粢盛粮，天子亲耕以供粢盛，王后亲蚕以供祭服，国非无有良农工女，敬事祖祢无如亲为，以灾余粮尝祭不敬，非是人子尽心力者。冬宋人以齐人蔡人，卫人陈人伐郑书讥，本非所制今得以之，民者君本使死非正，刺轻民命而用人师。

桓公十五年

天王使家父来求车，古者诸侯时献天子，故有辞让而无征求，求车非礼求金尤甚。五月郑伯突出奔蔡，君不生名书讥夺正，郑世子忽复归于郑。许叔入于许者书贬，以好曰归以恶曰入，许国之贵莫过许叔，许叔宜立别无可替，进无王命退非父授，故不书归同之恶入。邾人牟人葛人来朝，桓公行恶而朝事之，为众足责故夷狄之。九月郑伯突入于栎，不正书入明不当受。冬十一月公会宋公，卫侯陈侯于袲伐郑，郑突篡国义伐正之，书地而伐责其犹疑。

桓公十六年

正月公会宋蔡卫君，夏时四月公会宋公，卫侯陈侯蔡侯伐郑，蔡位卫上后至序下。七月公至自伐郑者，桓本无会书致危之，前年伐突非桓本心，今岁助突讨忽非礼，助篡伐正危殆之甚，喜得全归故书致之。十一月卫侯朔出奔，王召不往朔恶书名。

桓公十七年

五月丙午及齐师战，败耻为大战耻为小，鲁齐主者一并不书，讳败谨书可以言者。冬十月朔日有食之，书朔不日食既朔也，尽朔一日二日乃食。

桓公十八年

春王正月公会齐侯，与夫人姜氏遂如齐，桓公末年书王也者，王法终始以治桓事，夫人骄伉公不能制，故不言及讳以刺之。四月丙子公薨于齐，丁酉公之丧至自齐，夫人与齐共谋杀之，不书被杀深讳恶之，鲁公薨正不正皆日。十二月葬我君桓公，君父之仇不共戴天，君弒讨贼方可书葬，时齐强大非己能讨，不责外讨故而书葬，君子恕之申臣子恩，谥者行迹所以表德，卒事毕葬葬定举谥，昔武王崩周公制谥，大行大名小行小名，所以劝善而惩于恶，天子崩称天命谥之，诸侯薨而天子谥之，卿大夫卒受谥其君，知虑义行仁者守国，三者俱备然后可会，桓无所以出会见杀。

庄公元年至三十二年

庄公元年

元年春时周王正月，庄继弒君不书即位，先君不以其道而终，则子哀痛不忍即位。三月夫人逊于齐者，书逊讳奔若逊退去，文姜杀夫其罪深重，不书氏姓恶而贬之，臣子当受君父之命，妇受夫命贬之为义，夫人如齐今又书者，练祭哀感夫人不与，故以人道始而录之。夏时单伯逆王姬者，鲁大夫命于天子者，诸侯岁贡士于天子，天子亲命还为大夫，王命大夫故不书名，不书如齐其义不可，君弒于齐使主婚姻，与齐为礼义不可受，为天子讳亦不书受。秋筑王姬之馆于外，筑者合礼于外非礼，筑之外者变之正也，仇雠之人不接婚姻，缞麻之人不接弁冕，不言齐侯之来逆者，不使齐侯得与为礼。王使卿来赐桓公命，礼有受命无来赐命，生服死行礼之正者，生不服死追赐不正，礼有九赐一曰舆马，二曰衣服三曰乐则，四曰朱户五曰纳陛，六曰虎贲七曰弓矢，八曰鈇钺九曰秬鬯，皆所以为褒德赏功，德有厚薄功有轻重，故而命有等次多少。

庄公二年

公子庆父伐于馀丘，国而曰伐书伐邾邑，伐人之邑以病公子，病公子所以讥庄公，或曰君在故使若国。秋时七月齐王姬卒，主嫁则有兄弟之恩，死则服之服故书卒，告丧庄公为服大功。夫人姜氏冬会齐侯，妇人既嫁逾境非正，妇人不会书会非正。

庄公三年

正月溺会齐师伐卫，恶其会仇而伐同姓，公子溺者贬族书名，往书月者危其往也，齐为天子罪人兴师，鲁与同伐其理固危。五月葬桓王者缓葬，天子书崩而不书葬，有故书葬危不得葬，不书崩者乱失天下。秋纪季以酅入于齐，酅者纪邑以酅事齐，纪国微弱齐将吞并，纪季深睹存亡之机，惧社稷倾毅然事齐，胤嗣不泯宗庙永存，《春秋》贤之褒之以字，齐受其邑灭国非义。冬公次于郎者畏齐，本欲救纪而实不能。

庄公四年

夫人姜氏飨齐侯者，飨食两君相见之礼，飨无礼甚以病齐侯，非礼尤甚故书二月。三月纪伯姬卒也者，姑姊妹子外嫁国君，适诸侯故尊同于己，为服大功故而书卒，女卒例日失国书月。夏时纪侯大去其国，大去也者不遗一人，民之从者四年后毕，纪侯贤而齐侯灭之，不书国灭书去国者，不使小人加乎君子，贬无道强褒有道弱，若自进止非齐得灭。乙丑齐侯葬纪伯姬，闵纪之亡痛之书葬。冬时公及齐人狩者，齐人也者实即齐侯，贬称人者正为卑公，刺公释怨而不复仇。

庄公五年

五年春时周王正月。夏夫人姜氏如齐师，妇人既嫁逾境非礼。秋时郳黎来来朝者，王未爵命微国之君。冬时公会齐人宋人，陈人蔡人伐卫纳朔，齐侯宋公贬称人者，王不立朔逆天王命。

庄公六年

三月王人子突救卫，诸侯逆命朔遂得篡，王威屈辱危故书月，前伐不正善其救卫，王人卑者称字贵之，其功不立故著其危。六月卫侯朔入于卫，不书诸侯伐卫纳朔，不敢书逆天王之命，朔出入名王命绝之，不与诸侯得纳王绝。秋时公至自伐卫者，恶事不致此书致者，明见公之成于恶事。冬时齐人来归卫宝，与王人战鲁国深讳，使若卫自归宝于齐，齐首其事而后与鲁，分恶于齐鲁罪差减。

庄公七年

夫人姜氏春会齐侯，妇人不会书会非正。夏时四月辛卯傍晚，恒星可见不见书异，夜中星陨而复雨者，失星变始录已陨时，检录漏刻以知夜中，众星列宿诸侯之象，列宿不见象兆人事，诸侯弃周礼义法度，诸侯陨坠大失其所，中道而落不终性命。秋时大水高下俱灾，无麦苗者水灾之故，麦与黍稷苗死同时。夫人姜氏冬会齐侯，妇人不会书会非正。

庄公八年

春王正月师次于郎，以俟陈人蔡人也者，时欲伐鲁出师待之。甲午治兵以为习战，出曰治兵入曰振旅，因鲁治兵陈蔡不至。夏时师及齐师围郕，郕降齐师为鲁讳之，同姓之国讳与齐伐，不使齐师加威于郕，若齐无功而郕自降。秋师还者未毕而遁，避灭同姓示不卒事。冬十一月癸未之日，齐无知弑其君诸儿，大夫弑君书国氏者，嫌恶大夫弑君自代。

庄公九年

春时齐人杀无知者，大夫有罪称人以杀。公及齐大夫盟于暨，公及大夫大夫不名，齐无君故盟纳子纠，不书日者其盟后变，当齐无君制在于公，可纳不纳故书恶内。夏时庄公伐齐纳纠，齐小白入于齐也者，当纳不纳齐变后伐，乾时战不讳败书恶，大夫出奔反恶曰入，小白杀纠于鲁书恶，《春秋》不迁正书其事，不待贬绝内恶显然。七月丁酉葬齐襄公，公子争立国乱书危。八月庚申及齐师战，战于乾时我师败绩。九月齐人取杀子纠，书子纠者贵宜为君，外不言取言取病内，十室之邑可以逃难，百室之邑可以隐死，千乘之鲁不存子纠，今取杀之以公为病。冬时浚洙浚者深也，著畏齐难而力不足。

庄公十年

正月公败齐师长勺，不书日者疑战不正，不约日战以诈相袭。二月公侵宋者书恶，深怨于齐侵宋益敌，侵本例时恶危书月。三月宋人迁宿也者，为人所迁无复国家，书迁讳亡犹国自往，不言灭者灭则弑君，亦且灭其宗庙社稷，就而有之不迁其民。六月齐师宋师次郎，公败宋师于乘丘者，不书日者疑战非正，以诈相袭不克日战。九月荆败蔡师于莘，以蔡侯献武归也者，圣立后至王弱先叛，楚书荆者贬夷狄之，蔡侯书名因获绝之，中国讳败故书以归。齐师灭谭谭子奔莒，谭子国灭无罪不名，书奔者责不死社稷，不言出者国灭无出。

庄公十一年

十一年春周王正月。五月戊寅公败宋师，内不言战举其大者，书日成败宋万获焉，结日列阵不诈相袭，得败师道书成败之。秋宋大水高下为灾，外灾书者记王者后。

庄公十二年

三月纪叔姬归于酅，酅者纪邑先入齐者，纪国既灭故归于酅，叔姬守节积有年矣，纪季入齐不敢怀贰，襄公豺狼未可暗信，桓公既立德行方宣，叔姬归酅失国得所，鲁喜其女得申其志。八月甲午宋万弑君，及其大夫仇牧也者，宋万卑者书以国氏，仇牧捍君故而见杀，以尊及卑故而书及，臣既死君不忍称名，仇牧书名知君先弑。冬时十月宋万出奔，久不讨贼致令得奔，故谨书月以讥刺之。

庄公十三年

春齐宋陈蔡邾人会，齐侯宋公书称人者，书人众辞始而疑之，齐桓并非受命之伯，诸侯权时使行伯事，言非王命众授之事。夏时六月齐人灭遂，遂者微国故不书日。公会齐侯冬盟于柯，公盟例日桓信远著，虽公与盟犹不书日。

庄公十四年

春时齐陈曹人伐宋，夏时单伯会伐宋者，伐事已成单伯乃至。秋时七月荆入蔡者，举州书荆州不如国，国不如名名不如字。单伯会齐宋卫郑君，诸侯欲推齐桓为伯，故复同会于以谋之。

庄公十五年

春齐宋陈卫郑君会。夫人姜氏夏如齐者，妇人既嫁逾境非礼。秋时宋齐邾人伐郳，宋人主兵故序齐上，班序上下大小为次，新进夷狄最在于下，征伐则以主兵为先，《春秋》之常他皆仿此。

庄公十六年

十六年春周王正月，夏时宋齐卫人伐郑。十二月会齐侯宋公，陈侯卫侯郑伯许男，曹伯滑伯滕子同盟，书同也者同尊于周，诸侯推桓而鲁仇齐，外内疑公可否事齐，会不书公以著疑焉，廿七年盟遂伯齐侯。邾子克卒书子进之。

庄公十七年

春时齐人执郑詹者，书人众辞郑詹卑者，称人以执是执有罪，卑者不书逃来故书，将书其末须录其本，郑詹佞人执罪得义，今而逃之是逃义也。夏时齐人尽歼于遂，齐人灭遂使人戍之，遂族因氏饮杀戍者。秋时郑詹自齐逃来。冬时多麋象兆人事，废正作淫为火不明。

庄公十八年

春王三月日有食之，不书日朔盖为夜食，虽为天子必有尊也，贵为诸侯必有长也，天子朝日诸侯朝朔，日出见亏故知夜食。夏时公追戎于济西，大公不使戎迩于我。秋时有蜮蜮者短狐，含沙射人象兆人事，忠臣进善而君不识，其咎于国则生蜮灾。

庄公十九年

十九年春周王正月。秋公子结媵妇于鄄，遂及齐侯宋公盟者，媵礼之轻盟国之重，媵者浅事书避要盟，鲁实使结要二国盟，欲托大国媵妇为名，得盟则盟不得则止，不书日者数变恶之。夫人姜氏如莒非正，妇人既嫁不逾国境。齐宋陈人伐我西鄙，难不近国书鄙远之。

庄公二十年

二月夫人姜氏如莒，妇人既嫁逾境非正，比年如莒过而不改，无礼尤甚故谨书月。夏齐大灾外灾例时，书外灾者灾甚及人。

庄公二十一年

廿一年春周王正月。五月辛酉郑伯突卒，君卒书日得礼之正。戊戌日夫人姜氏薨，文姜弑公弗目其罪，妇无外事居有常所，有罪无罪薨不书地。

庄公二十二年

春王正月肆大眚者，失罪不治以文姜故，文姜大罪礼应诛绝，诛绝之罪礼不当葬，不赦众恶天子难许，须赦而后得以书葬，放赦罪人荡涤众恶，有时用之非国常制。癸丑葬我小君文姜，小君非君不治其民，以为公配故书小君。陈人杀其公子御寇，言公子而不言大夫，公子未命为大夫者，公子之重视于大夫，大夫既命得执公子。秋时七月丙申之日，及齐高傒盟于防者，高傒骄伉与公敌体，公盟书日耻不书公。冬公如齐纳币书讥，纳采问名纳征告期，四者具备方成娶礼，大夫之事亲纳非礼，公服母丧未满图婚，不待贬绝罪恶自见。

庄公二十三年

祭叔来聘不书使者，天子内臣无自来义，不专于王而欲外交，不得王命去使以见。夏时公如齐观社者，常事曰视非常曰观，观无大事出境非礼。朝聘之礼夷狄慕之，荆人来聘善累渐进。萧叔朝公者非正礼，微国之君未爵命者，朝庙礼正于外非正。秋时丹桓宫楹者讥，诸侯黑柱丹柱非礼。冬十二月甲寅之日，公会齐侯相盟于扈，桓盟不日此书日者，公怠国政比行犯礼，忧危其甚霸主亲盟，有弘济功鲁得免罪，臣子所庆莫重于此，时事所重谨以书日。

庄公二十四年

春王三月刻桓宫桷，公将亲迎为夫人饰，刻桓宫桷丹桓宫楹，斥言桓宫以恶庄公，娶夫人者以崇宗庙，非礼非正加于宗庙，桓杀于齐饰其宗庙，荣仇国女恶庄不子。夏时庄公如齐逆女，亲迎于齐书其不正。丁丑夫人姜氏入者，入内弗受书日恶入，娶仇人女宗庙弗受。戊寅大夫宗妇币见，男子之贽羔雁雉鹈，妇人之贽枣栗锻脩，用币非礼故不宜用，大夫国体而行妇道，恶之非礼故谨书日。冬戎侵曹曹羁出奔，赤归于曹赤盖郭公，郭君名赤不治其国，故舍其国而归于曹，君主社稷重承宗庙，不能安之外归他国，故但书名罪而惩之。

庄公二十五年

春陈侯使女叔来聘，王命大夫故不书名。五月癸丑卫侯朔卒，犯逆失德故不书葬。六月辛未朔日食者，言日言朔食正朔也，伐鼓用牲于社也者，鼓者合礼用牲非礼，君王救日置麾兵鼓，大夫击门士人击柝，声皆阳事以压阴气。秋时大水伐鼓用牲，救日鼓兵救水鼓众，戒鼓骇众可无用牲。

庄公二十六年

夏时曹杀其大夫者，微国衰陵不能及礼，大夫降班失位同士，无命大夫不称名姓，无命崇贤故称大夫。十二月癸亥朔日食。

庄公二十七年

六月公会齐侯宋公，陈侯郑伯同盟于幽，同盟也者同尊周室，齐侯得众授之诸侯，诸侯安之桓会不致，诸侯信之桓盟不日，故信其信而仁其仁，衣裳之会十有一次，信厚未尝有歃血盟，兵车会四爱民之故，未尝大战草菅民命。公子友如陈葬原仲，书葬不书卒实不葬，不葬书葬讳出奔也，书季友避内难而出。莒庆来逆叔姬也者，大夫越境逆女非礼。

庄公二十八年

三月甲寅齐人伐卫，卫人及齐人战败绩，齐桓始受方伯之任，未能信著致有侵伐，贬师称人以微讥之。秋荆伐郑诸侯救善。冬时筑微虞之非正，山林薮泽利与民共，凡筑皆讥书筑例时。大无麦禾并书灾大，臧孙辰告籴于齐者，诸侯无粟相归礼正，无九年畜国曰不足，无六年畜国则曰急，无三年畜国非其国，古税什一丰年补败，不外求而上下皆足，虽累凶民民不为病，一年不升而百姓饥，告籴不正君子非之，讳不称使使若私行。

庄公二十九年

春新延厩增大改新，古君人者视民所勤，民勤于力则功筑罕，民勤于财则贡赋少，民勤于食则百事废，去冬筑微春新延厩，公用民力可谓悉尽。秋时有蜚臭恶气生，君臣淫泆有臭恶行。城诸及防以大及小，冬可用城不妨农役，但不可谓作城无讥。

庄公三十年

三十年春周王正月。夏师次于成者有畏，不书公者耻不救鄣。秋时七月齐人降鄣，鄣者实为纪之遗邑。八月癸亥葬纪叔姬，不卒书葬闵纪之亡。九月庚午朔日食者，伐鼓用牲于社失礼，非正阳月伐鼓非礼。冬齐人伐山戎书善，燕本周支山戎为害，隔绝周室贡职不至，远伐虽危勤王职贡。

庄公三十一年

卅一年春筑台于郎，夏时四月筑台于薛。六月齐侯来献戎捷，齐桓勤王诸侯亲倚，内救中国外攘夷狄，故不称使若同一国。秋时筑台于秦不正，疲民三时争山野利，财尽则怨力尽则懟，君子恶危故谨志之，讥公倚齐行与桓异。

庄公三十二年

七月癸巳公子牙卒，牙者庆父同母之弟，牙与庆父共淫哀姜，谋杀子般书日卒者，不书公弟其恶已见。八月癸亥公薨路寝，公薨书所以谨凶变，路寝正寝寝疾居正，男子洁终不绝妇手。十月乙未子般卒者，庄公太子在丧称子，般其名也讳不书弑，嗣子之卒书日礼正，公子庆父如齐讳奔，君弑贼奔讳莫如深，深则隐之哀痛之至，苟有所见莫如深也。

闵公元年至二年

闵公元年

元年春时周王正月，闵继弑君不言即位，亲之非父尊之非君，继之受国有如君父。因狄伐邢齐人救邢，齐桓救邢善得伯道。六月辛酉葬君庄公，葬后举谥所以成德。秋八月公及齐侯盟，盟纳季子季子来归，大夫名氏称子贵之，季子贤者乱故出奔，国人思之惧其不返，今得其还喜书来归。冬时齐仲孙来也者，齐仲孙者公子庆父，鲁国绝之故系之齐，书齐也者实外之也，不称公子实疏之也，系齐刺桓恶其赦罪。

闵公二年

五月乙酉吉禘庄公，书吉禘者实不吉也，丧事未毕吉祭非礼，三年丧毕新主致庙，庙之远主当迁大庙，因是禘祭以审昭穆，庄丧未满时别立庙，庙成吉祭不于大庙，故而详书以示讥焉。秋时八月辛丑公薨，不书地者讳母与弑，不书葬者讳讨其母。夫人姜氏逊邾讳奔，公子庆父出奔莒者，凡君弑者贼讨书葬，哀姜被讨不书葬者，不以讨母以葬子也，哀姜与弑被讨出奔，庆父弑闵讳不书弑，书出绝之不愿复见。冬齐高子来盟书喜，书高子者以贵之也，盟立僖公存鲁德之，齐桓容赦不讨庆父，纵之使鲁重罹其祸，使若自来非齐侯使。十有二月狄入卫者，齐桓不能攘狄救夏，实灭书入为贤者讳。郑弃其师恶其长也，不反其众弃其师也，高克好利不顾其君，文公恶之使之御狄，陈其师旅翱翔河上，久而不召众将离散，进不以礼退不以道，危国亡师故书刺之。

僖公元年至三十三年

僖公元年

元年春时周王正月，僖继弑君不言即位。正月齐师宋师曹师，次于聂北救邢也者，救不言次言次非救，非救书救遂齐桓意，救不及事不足称扬。邢迁夷仪以避狄难，迁者犹得以其国往，齐师宋师曹师城邢，美齐桓公能存亡国。夫人姜氏薨于夷者，姜氏不义齐桓耻之，齐人以归杀之于夷，讳故使若自行至夷，遇疾而薨遂以丧归，书以不以微旨见矣。十月壬午季友帅师，败莒师于丽获莒挐，书获以恶季友之绐，搏而刀杀弃师之道。夫人氏之丧至自齐，不书姜者杀二子贬，或为齐桓讳杀同姓。

僖公二年

春王正月城楚丘者，楚丘卫邑城以封卫，以卫未迁不书城卫，非王不得专封诸侯，桓仁救卫义无专封，齐桓虽仁以义不与，仁谓存国道谓礼序，上下礼重仁不胜道。虞师晋师灭夏阳者，夏阳也者虞虢塞邑，灭夏阳则虞虢无守，非国书灭以重夏阳，虞主灭故书序先晋，晋献伐虢借道于虞，宫之奇谏虞公弗听，遂贪其币而借之道，唇亡齿寒五年虞亡。九月齐侯宋公相盟，江人黄人不期而至，中国远国诸侯皆来。十月不雨书以勤雨，欲雨心勤明公恤民。

僖公三年

正月不雨书勤雨也，夏时四月不雨闵雨，一时不雨则书首月，书闵雨者忧民之至，不书旱者不为灾故。六月雨者喜雨者也，书喜雨者有志乎民。秋时诸侯会于阳榖，齐桓委端搢笏以朝，委貌之冠玄端之服，搢插笏记衣裳之会，诸侯遂明桓公之志。

僖公四年

正月公会齐侯宋公，陈侯卫侯郑伯许男，曹伯侵蔡蔡溃也者，溃之为言上下暌离，君臣不和而自溃散，侵蔡蔡溃桓公侵正，不土其地不分其民，遂伐于楚师次于陉，楚强齐欲绥之以德，故不速进而次于陉。许男新臣卒于师者，齐桓德著诸侯安之，虽卒于外与在国同。楚屈完来盟于师者，楚无大夫书屈完者，尊齐桓故不令盟卑，以来会桓成之大夫，不言使者权在屈完，桓为霸主而楚难服，楚子不来屈完受盟，辞又不顺仅乃得志。齐人执陈袁涛涂者，齐人也者实为齐桓，主人之不敬于客者，由客之不先敬主人，不正齐桓逾国而执，于是哆然外于齐桓，贤者当以万物为心，众心不服《春秋》讥之。十二月公孙兹帅师，会齐宋卫郑许曹人，侵陈贬恶故谨书月。

僖公五年

晋侯杀其世子申生，书晋侯者恶其杀子。杞伯姬来朝其子者，妇人既嫁逾境非正，诸侯相见而曰相朝，以待父道待子非正，伯姬为志在朝其子，杞伯不能刑于寡妻，然则杞伯失夫之道，书讥伯姬杞伯鲁侯，子随母行年尚幼弱，难责子道不讥世子。夏时公及齐侯宋公，陈侯卫侯郑伯许男，曹伯会王世子也者，天子世子世天下者，王世子者唯王之贰，书及以会尊王世子，书及诸侯后会世子，不令诸侯齐列世子。八月诸侯盟于首戴，中无他事复举诸侯，尊王世子不敢与盟，盟以谨信不信故盟，不敢以盟加之尊者，桓不朝王是为不臣，世子受尊是为不子，所以褒者善变之正，天子衰微诸侯无觊，桓控诸侯不以朝王，而亦不敢招致天王，尊王世子于首戴者，正所以尊天王之命，世子衔命以会齐桓，亦所以尊天王之命，虽非礼正而合时宜。郑伯逃归不盟也者，专己背众故书逃义。

僖公六年

公会诸侯伐郑围邑，书围病郑明郑伯罪，齐桓行霸尊崇王室，绥合诸侯翼戴世子，盟之美者莫盛于此，郑伯违叛避义逃归，罪著于上讨显于下，是以诸侯伐而围之。

僖公七年

郑杀其大夫申侯者，称国以杀大夫无罪。七月公会齐侯宋公，陈世子款郑世子华，盟于宁母衣裳之会，桓公之会有文有武，衣裳会多兵车会少。

僖公八年

春王正月公会王人，齐侯宋公卫侯许男，曹伯陈世子款盟者，朝服虽敝必加于上，弁冕虽旧必加于首，周室虽衰必先诸侯，王人书先以贵王命，兵车之会诸侯震服，悔前逃归郑伯乞盟，人道贵让以乞为重，不录使者使若自来，抑一人恶申众人善。禘于大庙用致夫人，禘者三年大祭之名，用不宜用致不宜致，书夫人而不以氏姓，非夫人也立妾之辞，致于大庙立为夫人，夫人也者正嫡之称，以妾体君上下无别，虽尊其母是卑其父，用致夫人故曰非正，臣无贬君故于大庙，去其氏姓以明非正。

僖公九年

夏公会宰周公齐侯，宋子卫侯郑伯许男，以及曹伯于葵丘者，天子之宰通于四海，宋称子者未葬之辞，枢在堂上孤无外事，背殡出会宋子无哀。秋七月乙酉伯姬卒，女未适人许嫁笄字，死以成人之丧治之。九月戊辰葵丘会盟，桓盟不日此日美之，桓公之德极而将衰，备日美之后不复盟，见天子禁故书备之，葵丘之会陈牲不杀，读书加牲专明王禁，毋专水利毋屯积粟，毋易嫡子毋妾为妻，毋使妇人与于国事。甲子晋侯诡诸卒者，枉杀世子失德不葬。晋里克杀其君之子，书君之子国人不子，不正其杀世子而立，在丧称子系于其君。

僖公十年

春晋里克弑其君卓，及其大夫荀息也者，荀息死君以尊及卑。夏晋杀其大夫丕克，称国以杀不以其罪，丽姬之乱世子自杀，上安君父下寄重耳，里克所杀以为重耳，夷吾惧之恶故杀之。冬大雨雪穀梁无传。

僖公十一年

晋杀其大夫丕郑父，称国以杀罪累上也。八月大雩书月为正，雩者夏祈谷实之礼，得雨曰雩不得曰旱，常祀不书书皆以旱，得雨则喜以月为正，不得书旱明旱灾成。国君遭旱不忧民者，虽无废礼难致精诚。

僖公十二年

春王正月庚午日食。夏时楚人灭黄也者，诸侯前盟管仲谏桓，江黄远齐而近于楚，楚国求利伐不能救，则是无以宗统诸侯，桓公不听遂与黄盟，楚人灭黄桓不能救，书闵贪慕伯者致灭。

僖公十三年

夏时公会齐侯宋公，陈侯卫侯郑伯许男，曹伯于鹹兵车之会。秋时九月大雩无传。

僖公十四年

春时诸侯城缘陵者，直书诸侯不序其人，各自欲城无总一者，齐桓德衰诸侯离散。季姬及缯子遇于防，使缯子来朝者请己，朝不言使言使非正，遇例书时此非宜遇，谨书月者以病缯子。秋八月辛卯沙鹿崩，异变故书象兆人事，附山林地臣象阴位，崩者散落叛上之象。冬时蔡侯肸卒也者，诸侯时卒书贬恶之。

僖公十五年

三月公会齐侯宋公，陈侯卫侯郑伯许男，曹伯盟者兵车之会。诸侯大夫帅师救徐，因楚人伐书善救徐。夏时五月日食无传。七月齐师曹师伐厉，齐桓末年霸业已衰，勤王之诚替于内心，震矜之容见于外表，祸衅既兆动接危理，用师及会皆危书月，众国之君虽有失道，未足左右一世兴衰，齐桓威德政行天下，得失皆系天下治乱，故而《春秋》重而详之，录其所善著其所危。八月螽者虫而为灾，灾甚则月不甚则时。九月公至自会书危，齐桓德衰危而致之。己卯晦震夷伯之庙，晦者冥也震者雷也，夷谥伯字鲁之大夫，天子至士皆有祭庙，夷伯之庙过于礼制。冬楚人败徐于娄林，夷狄相败谨书志之。冬时十有一月壬戌，晋侯及秦伯战于韩，获晋侯者晋侯失民，民未败而君被获故，诸侯非可相获书贬。

僖公十六年

春正月陨石于宋五，六鹢退飞过宋都者，君子于物无所苟尔，不遗微细王道可举，象兆不设王道不亢，石者阴类五者阳数，阴而阳行将致坠落，鹢者阳类六者阴数，阳而阴行必当衰退。壬申公子季友卒者，大夫卒者书日为正，贤故称之公弟叔仲，大夫疏之不书公亲。冬十二月公会齐侯，宋公陈侯卫侯郑伯，许男邢侯曹伯于淮，齐桓最后兵车之会。

僖公十七年

夏灭项者桓公灭之，不书桓公为贤者讳，项政昏乱故易灭之，存恤抑辅义不灭国，桓公仅知项之可灭，不知己之不可以灭，既灭人国所以贤者，存亡继绝桓公之功，君子恶恶故疾其始，君子善善故乐其终。九月公至自会书危，桓会不致而今致会，桓公德衰威信不著，陈列兵车又以灭项，往会既失逾年乃反，往还皆月书以危之。乙亥日齐侯小白卒，入国不正卒书日者，不正前见此不再显。

僖公十八年

春王正月宋公曹伯，卫人邾人伐齐也者，伐丧无道故谨书月，夏师救齐善鲁救齐。宋师及齐师战于甗，齐师败绩书及恶宋，桓卒未葬宋襄伐丧，虽为行伯于礼为反，狄救齐者书善救齐。八月丁亥葬齐桓公，佞臣争权五子争立，葬书日者极忧危之。冬时邢人狄人伐卫，狄称人者积善进之，伐卫也者所以救齐，夷狄忧夏功近德远。

僖公十九年

夏宋公曹人邾人盟，六月缯子会盟于邾，己酉邾人执而用之，微国之君因邾求盟，邾迎执用恶之书日，用之也者叩鼻衅社，取鼻血以衅祭社器。冬梁亡者自取灭亡，湎酒淫色上无正教，大臣背叛民为寇盗，书其自亡则其恶明。

僖公二十年

春新作南门者增修，南门也者亦即法门，天子诸侯南面而治，法令出入谓之法门，责改旧制更使加大。齐人狄人秋盟于邢，主救齐故邢为主盟。

僖公二十一年

宋人齐人楚人相盟，宋为盟主故序齐上。夏时大旱书旱例时。宋公楚子陈侯蔡侯，郑伯许男曹伯相会，楚子执宋公以伐宋，楚人使宜申来献捷，不与楚故不书宋捷，楚称人者执宋公贬，不以夷狄捷于中国。公会诸侯盟释宋公，不书楚者不与专释。

僖公二十二年

春时公伐邾取须句，秋及邾人战于升陉，以鲁败故不言其人，内讳败故书可道者。冬十一月己巳朔日，宋公及楚人战于泓，宋师败绩书责宋襄，《春秋》计有三十四战，未有书以尊败乎卑，书以师败乎人者也，尊败师败则骄其敌，襄公不骄责其自取，伐丧执君围曹为会，不自量力而致楚子，藉诸侯怨楚子怒执，礼人不答则反其敬，爱人不亲则反其仁，治人不治则反其知，过而不改襄公之谓，被甲婴胄岂为报耻，非以兴国则征无道，不攻人危鼓后成列，众败身伤七月而死，道贵合时道行顺势，宋襄泥守匹夫狷介，徒自蒙耻于夷狄者，尚乏大通至道之术。

僖公二十三年

春时齐侯伐宋围闵，伐不言围此言围者，以恶报恶贬其不正。夏五月宋公兹父卒，不书葬者为其失民，不教民战是弃其师，人君弃师民孰君之，《易》讥鼎折《诗》刺自贤，宋襄徒善不用贤良，不足以兴霸主之功。

僖公二十四年

冬天王出居于郑者，平王东迁雅降国风，襄王奔郑无异诸侯，天子无出出失天下，虽失天下人莫敢有，虽实出奔王者无外，天下为家所在称居，郑不敢有王居国土。

僖公二十五年

春正月卫侯燬灭邢，灭同姓故君贬称名，深恶其绝先祖支体，四月癸酉卫侯燬卒。宋荡伯姬来逆妇者，伯姬鲁女宋荡氏妻，自为其子来迎新妇，妇人既嫁逾境非正。

僖公二十六年

春时齐人侵我西鄙，公追齐师至酅弗及，夏时齐人伐我北鄙，夏公子遂如楚乞师，师出凶险战无必胜，乞者重辞重民之死，施而不有让而不取，人道贵谦以乞为重。楚人灭夔以夔子归，微国不日以归愈执。冬时楚人伐宋围闵，楚本出师为鲁伐齐，中道伐宋责楚书贬。公以楚师伐齐取穀，民者君本以者不以，驱民死地非正书贬，公至自伐齐者书危，以蛮夷师伐大国邻，招祸深怨危亡之道。

僖公二十七年

六月庚寅齐侯昭卒，八月乙未葬齐孝公。冬时楚人陈侯蔡侯，郑伯许男围宋书贬，楚人也者实即楚子，贬楚子所以贬诸侯，信夷狄伐中国不正。

僖公二十八年

晋侯侵曹晋侯伐卫，曹卫并有宿怨于晋，君子也者不念旧恶，两称晋侯以讥刺之。公子买戍卫不卒戍，可卒不卒讥在公子，刺之称名有罪被杀，讳杀大夫故谓之刺，盖取周礼三刺之法。三月丙午晋侯入曹，执曹伯以与宋人者，入者弗受书曰恶入，书晋侯执恶其怨深，书宋人者不以与宋。四月己巳晋侯齐师，宋师秦师及楚人战，战于城濮楚师败绩，楚杀其大夫得臣者，引楚伐夏罪有应得。五月癸丑公会晋侯，齐侯宋公蔡侯郑伯，卫子莒子盟于践土，实会天王讳而不书，不言天王若自共盟，子曰晋文谲而不正，陈侯如会于会受命，公朝王所所非其所，卫称子者卫侯出奔，国更立君非王爵命，未成于君故而称子。卫侯郑自楚复归卫，复于中国归于其所，失国之故卫侯书名。冬时公会晋侯宋公，蔡侯郑伯陈子莒子，邾子秦人于温也者，讳会天王故隐不书。天王狩于河阳也者，其时实为晋文召王，以臣召君不可以训，书讳保全天王之行，使若巡狩遇诸侯朝。壬申公朝于王所者，岂独公朝诸侯尽朝，朝庙合礼朝外非礼，宗庙受朝尊荣祖祢，外朝实恶再致天子，致天子故谨而书日，日系于月月系于时，不月而日失其所系，以为晋文行事实过。晋人执卫侯归之周，实入讳执不外王命，归之于周断在京师。卫元咺自晋复归卫，自晋也者晋有奉焉，复于中国归于其所。曹伯襄亦复归于曹，复于中国归于其所，天子免之因与之会，其曰复者以通王命。

僖公二十九年

春时介葛卢来也者，微国卑君未爵命者。夏时六月公会王人，晋人宋人齐人陈人，蔡人秦人盟于翟泉。秋大雨雹象兆人事，阳气在水雨则温热，阴气薄胁转而成雹，阴胁阳者臣侵君象。

僖公三十年

秋卫杀其大夫元咺，及公子瑕以尊及卑，卫侯郑归于卫也者，卫侯在外待杀后入，讼君累上称国以杀，凡称国杀或杀无罪，或罪累上参互不同，君子之道譬之于射，失诸正鹄反求诸身，卫侯不思致讼之愆，不躬自厚而责于人，过而不改而又怨忌，上下皆失故书累上。天王使宰周公来聘，天子之宰通于四海。公子遂如周遂如晋，王使来聘故反报焉，因聘于晋不敢并命，不敢叛周先尊后卑，使若公子遂自往焉。

僖公三十一年

夏四月四卜郊不从，乃免牲犹三望也者，郊者春事四卜入夏，四月不时四卜非礼，免牲为之缁衣熏裳，有司玄端奉至南郊，书乃也者无贤之辞，书犹也者可止之辞，郊者天人相与交接，不言郊天不敢斥尊，昔武王崩成王幼少，周公居摄行天子事，制礼作乐终致太平，公薨成王葬之王礼，命鲁使郊以彰公德，使祭苍帝灵威仰者，昊天上帝鲁不可祭，望者祭山川之总名，海岱淮等非疆不祭，望者郊末不郊望止，玄熏也者天地之色，玄端黑衣接神之道，南郊天位归祭于阳，讥僖不恭以致天变。冬杞伯姬来求妇者，妇人既嫁礼不逾境，亲来求妇于礼非正。

僖公三十二年

冬己卯晋侯重耳卒，晋庄已前不书《春秋》，晋昭之后大乱五世，记传无多不告不书，朝聘之礼赴告之命，诸侯所以敦好通忧，邻国相望情志否隔，存亡祸福不以相关，他国之史无由得书，告命事绝记注文缺，此盖内外相与之常，鲁政虽陵典刑犹存，史策所录不失常法，文献足征圣因得修，事仍本史辞有损益，成详略例起褒贬意，可寄微旨而通王道，固当本于精义穷理，实不在于记事少多，此盖圣修《春秋》本旨。

僖公三十三年

夏时四月辛巳之日，晋人及姜戎败秦师，战而书败以为狄秦，越千里险而入虚国，进不能守退败师徒，乱子女教无男女别，秦之为狄自此战始。晋人也者实为晋子，丧战不正称人微之。癸巳之日葬晋文公，书日而葬危不得葬。冬时十月僖公如齐，十有二月公至自齐，乙巳公薨小寝非正。陨霜不杀草者书异，李梅实者反时书异，可杀不杀象兆人事，君假臣权霜不杀草，从叛滋暗妖木冬实。

文公元年至十八年

文公元年

春王正月公即君位，先君正薨书即位正，隐去即位见其恭让，桓书即位示其安忍，庄闵僖公皆继弑君，哀痛不忍不书即位。二月癸亥日有食之。天王使叔服来会葬，书会葬者重天子礼。四月丁巳葬君僖公，葬后举谥所以成德。王使毛伯来赐公命，礼有受命赐命非正。秋公孙敖会晋侯者，礼制大夫不会公侯,《春秋》尊鲁内可会外。冬时十月丁未之日,楚嗣商臣弑其君髡,书日以谨商臣之弑,夷狄之故不言正否,不书其父而书君者,君于世子父亲君尊,书世子者以明其亲,书其君者以明其尊,书世子君尊亲两尽,中国君卒正者例日,篡立不正卒不书日,夷狄君卒略不书日,今书日者谨记大逆,不在申明正与不正。

文公二年

二月丁丑作僖公主,主者盖神之所凭依,其状正方穿中四达,天子尺二诸侯一尺,平旦而葬日中反祭,谓之虞祭其主用桑,期而小祥其主用栗,亲过高祖则毁其庙,以次而迁将纳新主,立僖公庙神主牌位,作主坏庙俱有时日,练祭坏庙易檐改涂,虞立丧主练立吉主,作僖公主讥其时后。乙巳日及晋处父盟,处父骄伉耻不书公,出不书者返亦不致,讳盟大夫去处父氏。自十二月至秋七月,历时四时而书不雨,僖公忧民一时辄书,文不忧雨无恤民志。八月丁卯祫祭大庙,讥丧未终吉祭大庙,毁庙之主陈于大祖,未毁庙主皆升合祭,父昭子穆昭穆次序,跻僖公者升亲于祖,亲祖逆祀则无昭穆,无昭穆者无祖无天,乱其上下无天而行,君子亲亲不害尊尊,尊尊亲亲《春秋》之义,僖公也者闵公庶兄,僖公虽长已为闵臣,闵公虽小已为僖君,臣不先君子不先父,尊卑有序不可乱也。公子遂如齐纳币者,丧制未毕纳币非礼。

文公三年

雨螽于宋书其灾甚,蒺藜犹尽嘉谷可知。

文公四年

夏时逆妇姜于齐者,书妇姜者礼成乎齐,亲逆称妇不书公者,成礼于齐讥公非礼,不书姜氏夫人与贬,夫人但能以礼自防,夫妇之礼不成于齐。十一月夫人风氏薨。

文公五年

正月王使归含且赗,含赗两事兼之非正,不书来者不及事用。三月辛亥葬我小君,王使毛伯前来会葬。

文公六年

晋杀其大夫阳处父,称国以杀罪累上也,累上也者君漏言也,上泄下暗下暗上聋,且暗且聋无以相通。闰月不告月犹朝庙,不告月者不告朔也,附月余日积成闰月,丛残之数非月之正,吉凶大事故皆不用,郊后三望告朔朝庙，舍大行细故书讥之。

文公七年

三月甲戌取须句者，取不书日此书日者，不正再取故谨书日。四月宋人杀其大夫，称人以杀杀有罪也。公会诸侯晋大夫盟，书诸侯者讳耻略序，晋侯新立公始往会，晋侯不盟大夫受盟，公以丧娶又取二邑，为诸侯贱不得序会，故讳使若盟不可知。

文公八年

秋八月戊申天王崩。十月公孙敖如京师，不至而复丙戌奔莒，不书所至未如未复，未如书如不废君命，未复书复不专君命，奔莒为信故谨书日。宋人杀其大夫司马，司马官职无君称官，杀其司马无人君德，司马司城君之爪牙，守国之臣乃竟杀之，无道之甚称官恶君，称人以杀杀有罪也，君臣上下俱为失礼。

文公九年

春毛伯来求金也者，求车犹可求金甚矣，求俱不可在丧尤甚，不称使者在丧未君。二月辛丑葬襄王者，天子书崩而不书葬，书日葬者危不得葬，王室微弱诸侯无往。夫人姜氏至自齐者，卑以尊致以病文公，夫人之行例不书致，以君礼致刺公过宠。晋人杀其大夫士縠，称人以杀诛有罪也。九月癸酉地震也者，地不震者震谨书日，象大臣盛将动有变。秦来归僖公成风襚，书成风者不认夫人，见不以妾为妻之正。

文公十年

夏楚杀其大夫宜申，楚本祝融后季连胄，化南蛮俗弃而夷之，内附中国转强进之。正月不雨至秋七月，过时方书文不闵雨，不闵雨者无志乎民。

文公十一年

冬时十月甲午之日，叔孙得臣败狄于鹹，不书获者为内讳也，古不重创不擒二毛，前者恤病后者敬老，仁者造次颠沛于是。

文公十二年

春王正月杞伯来朝，前子今伯时王所进。二月庚子子叔姬卒，书子叔姬贵公姊妹，或曰许嫁故以卒之，十五许嫁二十而嫁。冬时十有二月戊午，晋人秦人战于河曲，不书及者屡战故略。

文公十三年

十三年春周王正月。正月不雨至秋七月。大室屋坏者讥不修，周公大庙伯禽大室，大室世室群公曰宫，宗庙之事君必亲割，夫人亲舂敬之至也，为社稷主先君庙坏，故极称之以讥不敬。

文公十四年

六月公会宋公陈侯，卫侯郑伯许伯曹伯，与晋赵盾癸酉同盟，同者同志同外于楚。七月有星孛入北斗，孛犹茀也入斗环域，北斗贵星人君之象，茀星也者乱臣之类，兆邪乱臣将并弑君。晋人纳捷菑弗克纳，已立正君弗纳其义，非力不足义不可胜，邾以义拒然后方悟，劳而远涉何知之晚，欲变人君卿贬称人。齐公子商人弑君舍，舍未逾年而书君者，成舍为君重商人弑，舍弑不日未成为君，不以国氏嫌不代嫌，正治不正乱不平乱，舍不宜立有不正嫌，商人专权有当国嫌。

文公十五年

春宋司马华孙来盟，书以官职无君之辞，擅权专国不君其君，缘其不臣因曰无君，司马名者奉使盟好，书官见专录名存善。六月辛丑朔日食者，伐鼓并且用牲于社。冬十一月诸侯盟扈，公独不与耻而略之。齐人来归子叔姬者，父母之于子女恩重，虽有大罪犹欲其免。

文公十六年

夏五月公四不视朔，礼制天子告朔诸侯，诸侯敬逊受乎祢庙，四不视朔厌政不臣，是后视朔之礼遂废。秋时八月辛未之日，夫人姜氏薨毁泉台，丧不贰事贰事缓丧，与其毁之不如勿处，以为文公多失道矣。冬宋人弑其君杵臼，众之所同君过可知，称国以弑君恶甚矣。

文公十七年

十七年春晋人卫人，陈人郑人伐宋也者，卫序陈上主会者意。

文公十八年

二月丁丑公薨台下，薨于台下非正书讥。冬时十月子卒也者，诸侯在丧既葬称子，子卒不日讳弑之故，夫人姜氏归于齐者，其子被杀故而大归，书恶宣公不奉姜氏，不待贬绝而罪恶见。莒弑其君庶其也者，称国以弑君恶甚矣。

宣公元年至十八年

宣公元年

春王正月公即位者，继弑即位与闻乎弑。公子遂如齐逆女者，不讥丧娶而直书之，不待贬绝罪恶自见。遂以夫人妇姜告至，不书姜氏在丧故略，不能以礼自固与贬。晋放其大夫胥甲父，称国以放放无罪也。六月齐人取济西田，书取授之以为赂齐，宣公弑立赂齐自辅，耻讳赂之故书取齐。楚子郑人侵陈侵宋，晋卿赵盾帅师救陈，宋公陈侯卫侯曹伯，会晋师于棐林伐郑，列数诸侯会晋赵盾，大赵盾事书师大之，善卫中国而攘夷狄。

宣公二年

春王二月壬子之日，宋师郑师战于大棘，宋师败绩获宋华元，书获也者不与之辞，言尽其众以救其将，得众甚贤故不与获，师败身获不伤贤行。秋时九月乙丑之日，晋赵盾弑其君夷皋，赵穿弑君非赵盾弑，书盾弑者以罪盾也，灵公暴虐赵盾入谏，不听出亡而至于郊，赵穿弑公而返赵盾，史狐书贼赵盾弑公，盾为正卿入谏不听，出亡不远君弑而返，盾不讨贼志与贼同，志同书重非盾而谁，于赵盾见忠臣之至，于许嗣见孝子之至。

宣公三年

春王正月郊牛口伤，改卜牛死不郊三望，讥宣不恭以致天变。

宣公四年

春王正月公及齐侯，平莒及郯莒人不肯，平者成也可肯不肯，公伐莒取向者过甚，伐莒义兵取向非也，乘义为利所以不服。

宣公五年

齐高固来逆子叔姬，诸侯之女嫁于大夫，诸侯大夫尊卑不敌，故使大夫以为之主，而今与君接婚姻礼，尊卑不正不书逆女。齐高固及子叔姬来，叔姬归宁当以独来，高固奉命宜书来聘，受使来聘与妇俱归，书明非礼以讥刺之。

宣公六年

晋赵盾卫孙免侵陈，前救今侵不书师师。夏时四月秋八月螽。

宣公七年

卫侯使孙良夫来盟，不书及人以国与之，前定之盟例不书日。

宣公八年

公子遂如齐不至乃复，复者事毕不专公命。六月辛巳祭于大庙，祭庙日仲遂卒于垂，为若反命而后卒者，公子称仲疏之讥宣，闻大夫丧去乐卒事，壬午犹绎万入去籥，遂与宣公共弑子赤，若书公子与正卒同。

宣公九年

春王正月公如齐者，母丧出行朝会非礼。冬陈杀其大夫泄冶，称国以杀大夫无罪，灵公君臣淫戏于朝，泄冶入谏君愧丑行，不用其言而枉杀之。

宣公十年

四月丙辰日有食之，日不书朔食晦之日。己巳之日齐侯元卒，晦日之下五月之上，推寻义例当属闰月，闰承前月受其余日，闰月之日系前月下，正闰言事书见变礼。齐崔氏出奔卫书讥，书氏举族以讥世卿，崔杼专权齐恶其族，不欲其返亦不立后，故顺书曰崔氏出奔，使若崔氏举族尽去。陈夏徵舒弑君平国，公孙归父伐邾取绎。

宣公十一年

秋晋侯会狄于攒函，不书及者外狄异夏。冬楚人杀陈夏徵舒，徵舒书陈明讨有罪，弑贼共杀楚子书人。丁亥之日楚子入陈，入者弗受书日恶入，不使夷狄而代中国。纳公孙宁仪行父者，与淫当绝纳内弗受，楚子入陈纳淫乱人，执国威柄制其君臣，颠倒上下错乱邪正，实夷狄行而为中国，辅相邻国不治可讨，入国制人失纲不可。

宣公十二年

十二年春葬陈灵公，失德不葬此书葬者，楚已讨之臣子默之，即而恕之申臣子恩。

宣公十三年

齐师伐莒楚子伐宋，螽者无传晋杀大夫。

宣公十四年

卫杀大夫晋侯伐郑，楚子围宋卿会齐侯。

宣公十五年

五月宋人及楚人平，人者众也平者成也，平称众者上下同欲，善其量力而反于义，各自知力不能相制，故而反之共和之义。癸卯晋灭赤狄潞氏，以潞子婴儿归也者，灭国三术中国谨日，卑国书月夷狄不日，书日书子以贤潞子。王札子杀召伯毛伯，王札子者当上之辞，两下忿杀《春秋》不书，矫王命杀故为书之，主民者天继天者君，君存者命失命不君，臣侵君命是为不臣，不君不臣天下倾覆。秋初税亩税亩非正，古者什一藉而不税，里三百步名曰井田，共九百亩公田居一，私田之稼不善责吏，公田之稼不善责民，公田之外履亩而税，公之取民民力尽矣。冬时螽生螽者缘也，缘公税亩生灾责之。

宣公十六年

夏时成周宣榭灾者，宣王之榭乐器藏处，移风易俗莫善于乐，是故乐器君子贵之。郯伯姬来归为夫遣。冬大有年五谷大熟。

宣公十七年

六月癸卯日有食之，己未公会晋侯卫侯，曹伯邾子同盟断道，同者同欲同外楚也。壬午日公弟叔肸卒，贤之故书公弟叔肸，宣弒非之兄无绝道，织屦而食不食宣食，情明亲亲义厉不轨，为通恩故《春秋》贵之。

宣公十八年

邾人戕缯子于缯者，戕者残也残贼而杀，恶其臣子不能拒难。甲戌之日楚子吕卒，夷狄不卒书卒稍进，卒而不日书日稍进。十月壬戌公薨路寝，成公弃父殡逐父使，归父还自晋遂奔齐。

成公元年至十八年

成公元年

春王正月公即君位。二月无冰书记冬暖，周之二月夏十二月，建丑之月寒时未终，寒月无冰终无复冰。三月作丘甲者非正，古立国家百官具备，四民有别士商农工，四民皆有职以事上，甲非人人之所能为，一丘之民皆作书讥。秋王师败绩于贸戎，不书战者莫之敢敌，为尊者讳敌不讳败，为亲者讳败不讳敌，《春秋》尊尊亲亲之义，晋人败之讳敌不书，尊则无敌亲则保全。

成公二年

公会楚公子婴齐者，楚无大夫亢称公子，丙申之日公及楚人，秦人宋人陈人卫人，郑人齐人曹人邾人，薛人缯人相盟于蜀，楚称人者公得其所，初虽骄慢终自降替，于会书公以显骄亢，于盟称人以表服罪，齐在郑下时王所黜。

成公三年

正月公会晋侯宋公，卫侯曹伯伐郑也者，宋卫未葬自同正君，故书公侯以讥刺之。二月甲子新宫灾者，三年丧毕宣主入庙，祢宫迫近恭不称谥，三日哭者哀痛合礼，宫庙亲之神灵凭居，遇灾当以哀哭为礼，辞恭且哀成公无讥。冬时郑伐许者书贬，郑从楚而伐卫之丧，叛诸侯盟故而狄之。

成公四年

冬时郑伯伐许书讥，丧未逾年自同正君。

成公五年

夏梁山崩不书晋望，名山大泽不以封故，山者阳位国君之象，山崩阳衰象君权坏，山川国镇崩塞当哀。

成公六年

二月辛巳立武宫者，书立也者谓不宜立。

成公七年

正月鼷鼠食郊牛角，不书日者急迫之辞，过在有司备灾不善，改卜牛又食乃免牛，知无贤君天灾之故，非人所能免有司过，不郊犹三望书失礼。冬时大雩不月书时，冬无为雩书讥非时。

成公八年

春时晋侯使韩穿来，言汶阳田归之于齐，不使制命若曰请归。夏时宋公使来纳币，婚礼于例不称主人，无主婚者公命称使，纳币不书书贤伯姬。天子使卿来赐公命，礼有受命来赐非正。

成公九年

二月伯姬归于宋者，逆者非卿故而不书。季孙行父如宋致女，致其敕戒之言于女，书致也者不与致也，妇人在家制于其父，既嫁夫制致女不正，刺已嫁而犹以父制，详其事以贤伯姬也。晋执郑伯以之伐郑，以郑伯伐故不书战，君臣上下礼无战道，为尊讳耻臣不敌君，为贤讳过为亲讳疾。鲁郑兄弟故谓之亲，君臣交兵病大为讳。冬时楚卿帅师伐莒，庚申莒溃恶故书日，莒虽夷行犹为中国。城中城者讥公外民，不务德政恃城自固，不复能卫其人民矣。

成公十年

夏四月五卜郊不从，四月不时五卜勉强，乃不郊者谓无贤人。五月齐人来媵书讥，同姓得礼异姓非礼。

成公十一年

春王三月公至自晋，晋侯使郤犫来聘盟，夏时季孙行父如晋，秋时叔孙侨如如齐，冬十月书四时成岁。

成公十二年

春时周公出奔晋者，王者无出书出也者，上下之道俱无以存，君上虽有不君之失，臣下无效不臣之过，书周公出上下皆失，君而不君臣而不臣，无以存世周所以衰。秋晋人败狄于交刚，中国与夷狄不书战，夷狄不日皆书败之。

成公十三年

三月公如京师也者，如不书月书月非如，非如书如不叛京师，会晋伐秦而过京师，公行出境有危则月，朝周无危故不书月。夏时五月公自京师，遂会诸侯大夫伐秦，言不叛周不专征伐，使若朝王王命使伐。

成公十四年

春王正月莒子朱卒，至此书卒略不书日，莒本中国末世衰弱，遂行夷礼则为失德，葬须称谥莒夷无谥，谥以公配故不书葬，吴楚称王终不书葬。叔孙侨如如齐逆女，以夫人妇姜氏告至，大夫以夫人者非正，侨如之失刺不亲迎。

成公十五年

三月乙巳仲婴齐卒，仲遂之子子由父疏，父弑君故不言公子，父去公子子去公孙。晋侯执曹伯归于周，书晋侯执以恶晋侯，以侯执伯执不以罪，断在晋侯明晋之私。八月庚辰葬宋共公，月卒日葬非葬者礼，君昏乱故不宜书葬，为贤者崇书葬共姬，妇不逾夫须葬共公。冬时卿会诸侯大夫，会吴于钟离者外之，先会后会殊外夷狄。

成公十六年

正月雨木冰者书异，木介甲胄兵执之象。晋侯及楚子郑伯战，楚子郑师败绩也者，楚不言师君重于师。秋时公会晋侯齐侯，卫侯宋卿华元邾人，不见公者讥在诸侯。曹伯归自京师也者，不书所归归之为善，出入不名不失其国。九月晋人执季孙者，舍之于苕丘者重公，执而辞者存公所在，鲁执政卿被执危国，故谨书月以录所忧。冬时十月乙亥之日，叔孙侨如出奔齐者，大夫去君扫其宗庙，身虽出奔不绝其祀，遇不失正君有恩义。冬季孙及晋郤犨盟，公至自会伐事不成。乙酉之日刺公子偃，大夫卒者书日礼正，先刺后名大夫无罪。

成公十七年

夏时公会尹子单子，晋侯齐侯宋公卫侯，曹伯邾人伐郑也者，六月乙酉同盟柯陵，柯陵之盟谋复伐郑。秋时公至自会也者，不书伐郑公不欲伐，盟不由忠不当书日，舍己从人故遂伐郑。九月辛丑用郊非礼，夏之初始可以承春，九月用郊书不宜用，祭者荐时荐敬荐美。公会伐郑不背前盟，十一月公至自伐郑。壬申公孙婴齐卒者，十一月并无壬申日，壬申之日乃属十月，致公后录臣子之义。十二月丁巳朔日食，晋杀其大夫三郤者，厉公见杀祸于是起。

成公十八年

正月晋杀大夫胥童，庚申晋弑其君州蒲，称国以弑君恶甚矣。八月筑鹿囿者书讥，山泽之利当与民共，筑墙为苑虞之非正。己丑公薨路寝正终，男子洁终不绝妇手。

襄公元年至三十一年

襄公元年

春王正月公即君位，诸侯大夫围宋彭城，虽属鱼石系城于宋，不与鱼石崇君抑叛。

襄公二年

六月庚辰郑伯睔卒，晋师宋师卫卿侵郑，初卫侯卒郑人侵之，故书卫卿明称前事，将卑师重去将书师，晋宋不卿责其伐丧。冬时诸侯大夫相会，遂城虎牢者本郑邑，郑服罪纳故为之城，不系于郑如中国邑。

襄公三年

六月公会单子晋侯，宋公卫侯郑伯莒子，邾子齐世子光也者，己未日同盟于鸡泽，同者同欲同外楚也。陈使袁侨如会受命，诸侯大夫及袁侨盟，诸侯在会大夫又盟，大夫执权亢君之礼，大夫权张君始失正。

襄公四年

夏叔孙豹冬公如晋。秋七月夫人姒氏薨，成公夫人襄公之母，妾子为君不称夫人，君虽尊母称者非礼。

襄公五年

鲁卿卫卿会吴善稻，善稻吴地吴称伊缓，号从中国名从主人。秋时公会晋侯宋公，陈侯卫侯郑伯曹伯，莒子邾子滕子薛伯，齐世子光吴人缯人，缯以外甥为其国嗣，夷狄不如故序吴下，数会中国不复外吴。楚公子贞帅师伐陈，公会诸侯齐光救陈。十二月公至自救陈，善救中国而攘夷狄。

襄公六年

秋莒人灭缯者书讥，灭人也者中国书日，卑国书月夷狄书时，缯属中国书时夷之，灭亡之道非以兵灭，莒是缯甥立以为后，缯立异姓以莅祭祀，非其族类神不歆食，家立异姓为后则亡，国立异姓为嗣则灭，不达灭义灭不自知。

襄公七年

夏四月三卜郊不从，乃免牲者书讥不时，三卜为礼过时不从，卜礼不当书责无贤。十有二月公会诸侯，郑伯髡原如会也者，未见诸侯丙戌而卒，君不生名卒故书名，日卒时葬书其礼正，未见书会褒致其志，郑伯归夏臣欲从楚，郑伯不胜其臣弑死，讳书弑者邪不压正，不使夷民加于夏君。陈侯逃归贬背诸侯，郑伯欲归而罹凶祸，诸侯莫讨故惧而去，背华即夷书逃抑之。

襄公八年

郑人侵蔡获公子湿，书获也者不与之辞，侵服不义无相获道，公子病弱不任将帅，侵而言获值其无备。夏时季孙宿会晋侯，郑伯齐人宋人卫人，邾人于邢丘者书贬，公在卿会见鲁失正。

襄公九年

春时宋灾书外灾者，孔子之先为宋人故。冬时公会诸侯伐郑，已亥之日同盟郑地，郑在同盟善得郑也，不书致者耻不定郑，此盟方还楚子伐郑，不终有郑故公耻之。

襄公十年

春时公会诸侯齐光，会吴于柤者复外之，吴复夷狄故殊会之。五月甲午遂灭傅阳，耻以夏君从夷狄主，书日使若诸侯自灭，灭夏虽恶诸侯一眚，从夷灭人中国无存，夷狄不致恶事不致，公至自会书存中国，有善并书无善异书。冬时盗杀郑三公子，上下无顺称盗以杀，书恶郑伯不修政刑。成郑虎牢系之郑者，去夷从夏故城虎牢，前不书郑使与夏同，自尔已来郑数反复，无从善意系之绝弃。

襄公十一年

正月作三军者不正，天子六军大国三军，次二小一将皆命卿，鲁为次国逾制非义。夏四月四卜郊不从，乃不郊者书贬恶之，夏郊不时四卜非礼。七月楚子郑伯伐宋，公会诸侯齐光伐郑，会于萧鱼公至自会，伐而后会不以伐致，喜郑与会而服中国，楚人执郑行人良霄。

襄公十二年

三月莒人伐鲁围郓，季孙宿救郓遂入郓，受命救郓遂者继事，无命入郑恶季孙宿。秋时九月吴子乘卒。

襄公十三年

十三年春公至自晋。九月庚辰楚子审卒。

襄公十四年

正月诸侯大夫会吴。四月己未卫侯出奔，诸侯出奔例应书月，君结民怨自弃于位，君弑而归与知逆谋，出入皆日以著其恶。季孙宿会诸侯大夫。

襄公十五年

刘夏逆王后于齐者，刘为采地名夏非卿，天子无外所命则成，不书逆女过鲁故书。

襄公十六年

三月公会诸侯溴梁，戊寅之日大夫盟者，君会卿盟正在大夫，溴梁之会诸侯失正。诸侯俱在大夫不臣，故而不书诸侯大夫。

襄公十七年

二月庚午邾子瞷卒。宋人伐陈卫卿伐曹。秋时齐侯伐鲁围桃，高厚帅师伐鲁围防。冬时邾人伐我南鄙。

襄公十八年

春白狄来不能朝礼。晋人执卫行人石买，书称行人怨接于上，怨君执使明罪在君。秋时齐侯伐我北鄙。冬时十月公会晋侯，宋公卫侯郑伯曹伯，莒子邾子滕子薛伯，杞伯小邾子同围齐，诸侯同罪有大义焉，鲁不量力结仇亦病。

襄公十九年

七月辛卯齐侯环卒，晋师侵齐闻卒乃还，受命诛生死无与知，晋不伐丧书而善之，臣不专名善则称君，过则称己则民作让，外专君命故而非之，宜埠帷而归命乎介，除地为埠于埠张帷，反命于介介归告君，君命乃还不敢专也。冬城西郛又城武城。

襄公二十年

秋陈侯弟光出奔楚，书君弟者亲奔恶君。

襄公二十一年

春邾庶其以邑来奔，书以也者不与以也，臣无专禄邑叛之道。秋九月庚戌朔日食，冬十月庚辰朔日食。十一月庚子孔子生。

襄公二十二年

冬时公会晋侯齐侯，宋公卫侯郑伯曹伯，莒子邾子滕子薛伯，杞伯小邾子于沙随。

襄公二十三年

夏陈杀其大夫庆虎，称国以杀罪累上也，及庆寅者庆寅累也。秋齐侯伐卫遂伐晋，叔孙豹帅师救晋者，次于雍渝刺其非救，恶逆君命而专止次，先通君命而后言次，此为尊君抑臣之义。冬时十月乙亥之日，臧孙纥出奔邾书贬，不以道事其君者出。晋人杀栾盈者恶之，正其有罪必不见容，故不有之以为大夫。

襄公二十四年

七月甲子朔日食既。七月大水穀梁无传，八月癸巳朔日复食。冬时大饥五谷不升，一谷不升则谓之嗛，二谷不升则谓之饥，三谷不升则谓之馑，四谷不升则谓之康，五谷不升谓之大侵，大侵之礼君不兼味，台榭不涂废弛射侯，廷道不除官职不更，鬼神之礼祷而不祀。

襄公二十五年

夏时五月乙亥之日，齐崔杼弑其君光者，庄公放言淫崔氏故，致弑由此崔杼罪甚。楚屈建帅师灭舒鸠。

襄公二十六年

春王二月辛卯之日，卫宁喜弑其君剽者，弑君不正其书日者，其父立君子宜君之，甲午卫侯衎复归卫，书喜弑君后衎可归，衎实与弑书日见之。秋宋公杀其世子痤，八月壬午许男卒楚。楚子蔡侯陈侯伐郑。

襄公二十七年

夏卫杀其大夫宁喜，称国以杀罪累上也，喜虽弑君书恶献公，卫侯之弟鱄出奔晋，称弟无罪见献公恶，杀忠己者恶而难亲。秋时七月辛巳之日，豹及诸侯大夫相盟，书豹云者卿恭敬君，溴梁之会大夫不臣，赵武耻之故为之会。十二月乙亥朔日食。

襄公二十八年

春时无冰八月大雩，仲孙如晋公冬如楚。

襄公二十九年

春公在楚书悯襄公，为楚所制故谨存录。夏时五月公至自楚，书致君者危往喜返。卿会诸侯大夫城杞，杞国危而不能自守，诸侯大夫相帅城之，诸侯微弱政由大夫，同恤灾危故变之正。吴子使札来聘也者，身贤为贤使贤亦贤，善使贤人吴君书子，季子贤名在于尊君，不称公子礼未同夏，贤者不名而札名者，许夷狄者不一而足。

襄公三十年

襄公卅年夏时四月，蔡世子般弑其君固，子夺父政是谓夷之，不书日者比之夷弑，有所明辨须王正之，上系于春下统于月，以治蔡般弑父之罪。五月甲午之日宋灾，伯姬卒者逮火而死，妇人以贞为行者也，伯姬贤贞妇道尽礼。天王杀其弟佞夫者，兄弟天伦无忍亲义，王公最亲长子母弟，王杀其弟恶之为甚，王子瑕奔晋不书出。秋七月郑人杀良霄，不书大夫恶而远之。冬时十月葬蔡景公，卒不书日月葬非葬，景公无子不谓无民，谓无民者君失于民，有民则罪归于其子，若不书葬则嫌失民，葬臣子事卒而葬之，不忍使父失民于子。宋灾诸侯会于澶渊，更宋所丧善夏救灾，澶渊会后八年无战，夏不侵夷狄不入夏，晋楚赵武屈建之力。

襄公三十一年

三十一年春王正月。夏时六月辛巳之日，公薨于楚宫者非正。九月癸巳子野卒者，襄公太子卒日为正。冬莒人弑其君密州。

昭公元年至三十二年

昭公元年

春王正月公即君位，继正而书即位礼正。夏秦伯弟鍼出奔晋，书弟亲之亲奔恶君。晋卿帅师败狄大原，夏曰大原狄曰大卤，号从中国名从主人。

昭公二年

冬公如晋至河乃复，书乃也者无贤之辞，耻如晋故书著有疾，季孙宿如晋者书恶，公不得入季孙得入，恶季孙宿强臣专断，刺公弱劣受制强臣，公四如晋季氏沮之，诉于晋侯使不见公，公惧不利托疾杀耻。

昭公三年

五月葬滕文公有故。八月大雩冬大雨雹。

昭公四年

正月大雨雪书记异。夏时楚子蔡侯陈侯，郑伯许男徐子滕子，顿子胡子沈子小邾，宋世子佐淮夷相会，楚人执徐子者称人，称人以执徐子有罪，此楚灵王始会诸侯。秋时七月楚子蔡侯，陈侯许男顿子胡子，沈子淮夷伐吴也者，为齐讨执杀齐庆封，罪其名曰庆封弑君，楚灵亦弑其兄之子，灵王不能服庆封罪，自身不正不与楚讨，怀恶而讨虽死不服，《春秋》之义用贵治贱，贤治不肖乱不治乱。

昭公五年

正月舍中军贵复正，次国二军毁三复二。夏莒牟夷以邑来奔，书以也者不与之辞，莒无大夫书牟夷者，以其地来重地故书，窃地罪重故录其人。

昭公六年

季孙如晋叔弓如楚，九月大雩穀梁无传。

昭公七年

春王正月暨齐平者，平者成也暨不得已，以外及内修好息民。八月戊辰卫侯恶卒，卫有齐恶君臣同名，君子仁者不夺人名，不夺亲命重其所来，臣虽欲改君不当听，不听易名使重父命。

昭公八年

春陈侯弟招杀世子，书尽其亲所以恶招，两下相杀《春秋》不载，此其书者世子君贰，亲重而杀恶之尤甚。四月辛丑陈侯溺卒。秋时蒐于红者书正，蒐狩习武礼之大者，御不失驰然后射中，过防弗逐义不从奔，获禽虽多君取三十，馀与士众习射射宫，不争为仁揖让为义，田不得禽射中得禽，虽田得禽不中不得，以贵仁义而贱勇力。十月壬午楚师灭陈，执公子招放之于越，杀陈孔奂书恶楚子，灭人之国放有罪人，杀无辜臣楚子贬师，恶楚夷狄无道灭之，葬陈哀公闵不与灭，灭国不葬书葬存陈。

昭公九年

四月陈火陈灭犹书，不与楚灭闵陈存之。

昭公十年

十年之春周王正月，不书冬者范宁未详。

昭公十一年

春王二月葬宋平公，晋献杀子故不书葬，郑庄杀段不弟书葬，宋平杀子而书葬者，痤实有罪但非忤逆，痤若不子不书世子，既书世子罪非不子。夏时四月丁巳之日，楚子虔诱杀蔡侯般，夷狄之君诱杀夏君，楚子贬名时月日具，蔡侯般乃弑父之贼，人伦不容王诛必加，罚不及嗣先王令典，怀恶而讨丈夫丑行，楚灭人国杀人之子，伐不以罪亦已明矣，罚当其理虽夷必申，苟违斯道虽华必抑，情理俱扬善恶两显。五月大蒐于比蒲者，夏而言蒐用秋蒐礼，比月大蒐有逾常礼，有小君丧不讥蒐者，重守国卫安不忘危。冬十一月楚师灭蔡，执蔡世子以归用祭，不与楚杀以恶楚子，楚子灭蔡称师者贬，思启封疆贪蔡诱杀，灭蔡杀子恶其淫放，志杀二君以取其国，变言世子使若不终。

昭公十二年

夏公如晋至河乃复，季孙不使遂乎晋故。冬时十月晋伐鲜虞，鲜虞姬姓即白狄也，地居中山故曰中国，晋与夷狄交伐中国，不绥诸夏而伐同姓，故书贬晋恶而狄之。

昭公十三年

四月楚公子比归楚，弑其君虔于乾谿者，弑君书日不书日者，无欲为君无弑君罪，书其弑者嫌于弃疾，公子弃疾杀公子比，书杀公子不言弑君，弃疾欲君以乱治乱。秋时公会刘子晋侯，齐侯宋公卫侯郑伯，曹伯莒子邾子滕子，薛伯杞伯小邾子者，同盟平丘公不与盟，如晋不得故不肯盟，可与不与讥在公也，同者同欲同外楚也。以公不与晋盟之故，晋人执卿季孙以归。蔡侯庐陈侯吴归国，不与楚灭会而归之，二国获复此盟之功，善公会盟反陈蔡君，以美诸侯存亡继绝。冬时十月葬蔡灵公，不葬有三失德不葬，弑君不葬灭国不葬，蔡灵弑逆无道死灭，不宜书葬而书葬者，不令夷狄加乎中国，且成诸侯兴继之善。

昭公十四年

春时意如至自晋者，大夫执则书致称名，恶而致者见君臣礼，大夫有罪则宜废之，既不能废尽君臣恩。冬莒杀其公子意恢，莒无大夫故书公子，因意恢贤故称公子。

昭公十五年

春正月吴子夷末卒。二月癸酉祠事武宫，籥入卿卒去乐卒事，君正祭乐闻大夫丧，去乐卒事礼之正也，君之卿佐是谓股肱，大夫国体重莫大焉。

昭公十六年

春楚子诱杀戎蛮子，戎蛮非夏楚子不名。

昭公十七年

夏六月甲戌朔日食。八月晋师灭陆浑戎，灭狄例时贤则书日，此书月者有殊常戎。冬时有星孛于大辰，有者一有一亡之谓，于大辰者滥于大辰。

楚人及吴战于长岸，夷狄不能约日成阵，褒进楚子故书曰战。

昭公十八年

夏时五月壬午之日，宋卫陈郑灾者同日，宋陈两国王者之后，卫郑两国周之同姓，刘子单子时事王猛，召氏尹氏立王子朝，王子朝者楚女所出，宋卫陈郑皆外附楚，并无尊崇周室之心，景王崩后王室大乱，天灾四国若曰不救，反附从楚欲废世子，同辜不正以害王室。

昭公十九年

夏时五月戊辰之日，许世子止弑其君买，书日以杀明君卒正，卒正以明止实不弑，不弑书弑责不尝药。止自责弑致位其弟，哭泣啜粥喉不容粒，未逾年死君子闵之。冬时葬许悼公也者，日卒时葬明非弑父，子生不免水火罪母，成童不就师傅罪父，学问无方志滞罪身，志通名誉不闻罪友，名誉既闻不举罪官，王不用举王者之过，许君不授子以师傅，使不能识尝药之义，实君之过故累及之。

昭公二十年

夏曹公孙会出奔宋，曹无大夫书公孙者，曹君无道致令其奔，非会之罪书族善之。秋盗杀卫侯之兄辄，盗者书贱兄者母兄，有天疾故辄不为君，不书公子而书君兄，恶君不能保护其兄，为盗所杀贱杀至贵。十月宋三卿出奔陈，三卿同出为祸害重，臣为君体君为民命，为忧者大害民者甚，谨书以知安危监戒。

昭公二十一年

秋七月壬午朔日食。冬蔡侯东国出奔楚，楚子诱杀执父用祭，奔既罪矣又奔仇国，恶莫大焉书名深贬。公冬如晋至河乃复。

昭公二十二年

夏四月乙丑天王崩。六月葬景王王室乱，天子书崩而不书葬，危不得以礼葬书葬，刘子单子以王猛居，尹氏立子朝俱未定，直言王猛有当国嫌。冬时十月王子猛卒，不正未君书卒无嫌。十二月癸酉朔日食。

昭公二十三年

六月蔡侯东国卒楚，不书日者卒在外故，罪奔仇国故不书葬。秋时七月戊辰之日，吴败胡沈蔡陈许师，胡子髡沈子盈灭者，书中国败释胡沈灭，贤胡沈君能死社稷，获陈夏齧书获不与，以贤得众虽获不病。七月天王居于狄泉，天子逾年即位称王，逾年而出故书始王，虽不在国行即位礼，天下为家居外称王，敬王能让以避子朝，尹氏立王子朝非正，书立也者不宜立也。八月乙未地震无传。冬公如晋有疾乃复，释公不得入乎晋也。

昭公二十四年

二月婼至自晋也者，大夫被执归则书致，致臣于庙君前臣名。夏五月乙未朔日食。秋时八月大雩无传。

昭公二十五年

夏有鹳鸰来巢也者，去穴而巢以来中国，阴居阳位象臣逐君。九月乙亥公逊于齐，逊犹逊退书以讳奔，次于阳州齐侯唁之。

昭公二十六年

三月公至自齐居郓，居于郓者公在外故，至自齐者义不外公，臣子喜于君父得反，故致宗庙之辞如此，在外犹书崇君之道。十月天王入于成周，叛卿以王子朝奔楚，即位非所复据宗庙，书奔篡贼其责远矣。

昭公二十七年

春公如齐公至自齐，居于郓者公在外也。冬时十月邾快来奔，畀我庶其邾快来奔，三叛之人奔俱主鲁，邾鲁邻国聚其逋逃，为过之甚书以示讥。冬公如齐反自居郓。

昭公二十八年

春公如晋次于乾侯，不得入晋公在外也。

昭公二十九年

春公至自乾侯居郓，不见晋侯以乾侯致，公再如晋次于乾侯。夏四月庚子叔倪卒，季孙以为倪欲纳公，无病而死天命去公，昭公之出非其之罪。十月郓溃上下睽离，恶不相得亦讥于公，昭公出奔民释重负，出又不能改德修行，居郓小邑复使溃乱，德之不建如此之甚，季氏有罪公亦有过。

昭公三十年

春王正月公在乾侯，鲁不存公所以悯公。冬时十二月吴灭徐，徐子章羽奔楚也者，奔而书名贬其罪恶。

昭公三十一年

春王正月公在乾侯，季孙意如会晋荀栎，夏晋侯使荀栎唁公，云虽告纳季孙不可。十二月辛亥朔日食。

昭公三十二年

春王正月公在乾侯。诸侯大夫冬城成周，天子微弱诸侯无觐，天子之存惟祭与号，诸侯大夫相帅城之，权柄委臣书变之正。冬己未日公薨乾侯。

定公元年至十五年

定公元年

元年春王不书正月，先君正终后君正始，昭无正终定无正始，丧在外故不书即位。晋人执宋仲幾于周，晋执人于尊者之侧，不归京师故但书执，大夫伯讨不正贬人。夏时六月癸亥之日，昭公之丧至自乾侯，戊辰之日公即君位，即位也者授受之道，先君见授后君乃受，先君未殡不敢即位，正君乎国然后即位，公丧在外逾年六月，乃得即位危故书日。七月癸巳葬君昭公。九月大雩书月礼正，毛泽未尽人力未竭，禾稼既成犹雩非礼，秋冬大雩于时非正，是月不雨则无及矣，是年不艾则无食矣，时穷力尽然后雩祭，雩为旱求求者请也，人道贵让请道去让，舍为人道是以重之，请非讬托必亲之者。立炀宫者书不宜立，伯禽子庙久毁无立。冬时十月陨霜杀菽。未可以杀而杀书重，可杀不杀书其轻者，建酉之月陨霜杀菽，非常之灾书菽书重，书杀豆则杀草可知。

定公二年

二年春时周王正月。夏时五月壬辰之日，雉门及两观灾也者，于礼卑者不可及尊，灾自观始先门尊尊。冬新作雉门及两观，更广大之不合法度，虽不正礼于美犹可。

定公三年

公春如晋至河乃复。仲孙何忌及邾子盟。

定公四年

公会刘子晋侯宋公，蔡侯卫侯陈子郑伯，许男曹伯莒子邾子，顿子胡子滕子薛伯，杞伯小邾齐卿侵楚。夏时四月庚辰之日，蔡师灭沈归杀沈子。五月公及诸侯相盟，公畏强楚志疑更谋，楚后伐蔡不能救故，因无实行讳不书日。秋时七月刘卷卒者，景王崩葬为诸侯主，尝以宾主之礼相接，例不书卒此书贤之。冬时十有一月庚午，蔡侯以吴子及楚战，楚师败绩吴称子者，信中国攘夷狄进之。庚辰吴入楚者实灭，宗庙既毁乐器已徙，不书灭者欲存楚也，昭王败逃父老送之，自认不肖父老贤之，吴胜而骄楚败而奋，相与击之败吴复立，谓之吴者复狄之也，君居君寝妻其君妻，上行下效大夫亦然，不正乘败而深为利，居人之国故反狄道。

定公五年

春正月辛亥朔日食。夏时归粟于蔡礼正，为楚所伐诸侯归之。於越入吴於越夷言，君子见其不慕中国，故以本俗自称名通。丙申日季孙意如卒，意如逐公书日卒者，定之得立由乎意如，因定不恶书日示讥。

定公六年

冬城中城卿侈张故，大夫称家仲叔季孙，三家侈张公惧修内，讥不务德恃城自固。

定公七年

七年春时周王正月，夏时四月书以成岁，九月大雩冬时十月。

定公八年

正月二月定公侵齐，三月公至自侵齐者，往书月致书月恶危。冬从祀先公贵复正，文公逆祀至今还顺。盗窃宝玉大弓也者，周公受赐藏之于鲁，非所与人与人谓亡，非其所取取之谓盗。

定公九年

九年春时周王正月。夏四月得宝玉大弓，国之大宝在家则羞，何况大夫陪臣专之，不书地者耻甚讳书。

定公十年

春王三月鲁及齐平，平前八年再侵齐怨。夏公会齐侯于颊谷，公至自颊谷危书致，颊谷之会孔子相焉，齐人鼓噪欲执鲁君，孔子夷之齐侯谢焉，齐人来归侵鲁之田。

定公十一年

春宋公弟辰入萧叛，书入弗受叛不作乱，未失弟道书弟罪君。冬及郑平叔还莅盟，平定六年侵郑之怨，盟不书日渝盟恶之，平不书日不能结信。

定公十二年

夏时叔孙帅师堕郈，季孙仲孙帅师堕费，陪臣专强违背公室，恃城为固堕若新得。秋时大雩冬时日食。十有二月公围成者，非国言围以大公也，公至自围成危书致，以公之重而伐小邑，为耻深矣故大公事，书围使若成为国然。

定公十三年

晋赵鞅入晋阳以叛，晋荀寅入朝歌以叛，晋赵鞅归于晋也者，以者不以叛不为乱，专入晋阳以兴兵甲，故而不得不书入叛，实以驱恶而安君位，释兵不得不书其归，《春秋》善恶必著之义。

定公十四年

二月辛巳楚师陈师，灭顿而以顿子牂归。於越败吴吴子光卒。天王使石尚来归脤，脤者祭肉生脤熟膰，天子祭毕以赐同姓，亲兄弟国与之共福，大夫不名石尚为士，不行礼久贵周复正。卫世子蒯聩出奔宋。

定公十五年

鼷鼠食郊牛死改卜，不书所食食非一处，天灾最甚不敬莫大。楚子灭胡以君豹归。五月辛亥郊讥不时，壬申公薨高寝非正。八月庚辰朔日有食。

哀公元年至十四年

哀公元年

春王正月公即君位。鼷鼠食郊牛角改卜，夏四月辛巳郊不时，九月用郊用不宜用，郊三卜礼四卜非礼，卜免牲者吉免否否，曾为祭牲卜免不专，讥公不敬故致天变。

哀公二年

晋师纳卫世子蒯聩，书纳也者内弗受也，辄受王父不受父命，信父而辞不尊王父，辄之弗受以尊王父，聩欲杀母灵公废之，称世子者如君犹存，《春秋》不与蒯聩反立。

哀公三年

齐卿卫卿帅师围戚，子不有父子不围父，子围父者人伦道绝，以齐首书讳子围父。夏时四月甲午地震。五月辛卯桓僖宫灾，远祖恩无差降如一。蔡人放其大夫于吴，称国以放放无罪也，称人以放放有罪也。

哀公四年

二月庚戌盗弑蔡侯，称盗弑君不在伦序，春秋三盗微杀大夫，非所取者而竟取之，避中国正道以袭利。六月辛丑亳社灾者，殷都于亳武王克纣，班社诸侯为亡国戒，亡国之社戒为庙屏，人君瞻之而致戒心，灾戒人君纵盗不戒。冬十二月葬蔡昭公，不书弑贼而书君葬，盗者微贱小人不录。

哀公五年

冬时闰月葬齐景公，闰月也者附月余日，丧事不数不正其闰。

哀公六年

秋齐陈乞弑其君荼，实阳生入而弑其君，荼虽不正已受命矣，书入也者内弗受也。

哀公七年

秋入邾以邾子益来，以者不以君名恶之，鲁非霸王擅执书恶，邾子不死社稷书恶。

哀公八年

夏时齐人取谨及阐，归邾子益于邾也者，益名失国书取亦略，益齐之甥畏齐故略。

哀公九年

二月宋师取郑师者，取者易辞郑师将劣。

哀公十年

三月日齐侯阳生卒，五月公至自伐齐者，会伐齐丧恶事不致，书致成事以见公恶。

哀公十一年

五月哀公会吴伐齐，齐及吴战齐师败绩。

哀公十二年

春用田赋用之非正，公田什一为中平法，今别田财田财并赋，赋民过甚非所宜用。夏五月甲辰孟子卒，昭公夫人讳娶同姓，葬当书姓讳亦不葬。十二月螽穀梁无传。

哀公十三年

春时郑师取宋师者，取者易辞宋师将劣。夏公会晋侯及吴子，黄池之会吴君进子，本夷狄国祝发文身，因鲁之礼因晋之权，请夏衣冠以尊天王，数致小国以合中国，辞王尊称居子卑称，以会诸侯以尊天王，未能冠礼而欲冠仪，不知差等唯欲好冠。九月有螽穀梁无传，十一月星孛于东方，十二月螽穀梁无传。

哀公十四年

十四年春西狩获麟，狩地不地实为不狩，非狩书狩大其获麟，麟不外夏故不书来，使麟恒夏故不书有，文王既没文其在兹，此乃《春秋》制作本旨。《春秋》之文广大悉备，义始隐公道终获麟，《关雎》之化王者之风，《麟之趾》者《关雎》之应，斯麟之来归于王德，麟者自为孔子而来。中国也者礼义之乡，麒麟步郊不为暂有，鸾凤栖林非为权来，虽时道丧犹若不丧，虽麟一降犹若其常，麟凤常有取贵中国，王道颂盛《春秋》深意。

《孝经》四书韵义

《孝经》乃五经大道之亲切入手处，四书乃五经大道之心目门户。其中，《孝经》敦人伦之行并"以孝移忠"，发明五经礼教纲常之源。《大学》三纲八目发明五经"修己化人"主题及其修教次第，《中庸》发明五经天人贯通诚明中道，《论语》发明五经"克己复礼"君子担当，《孟子》发明五经性善仁政之道统。

一　《孝经》韵义

《论语·学而》指出："君子务本，本立而道生。孝悌也者，其为仁之本与。"千里之行始于足下，孝悌之道为百行之宗、五教之要。大舜格天无非孝悌，曾子誉称宗圣亦因至孝。两汉以降，历代无不以孝移忠，孝治天下。俗语云，百善孝为先，万恶淫为首。孝者仁诚正感，淫者过度邪感，万善自仁孝出，万恶自淫过入，孝悌必不至于邪淫无度，邪淫无度必难仁孝。孝常在心尽其色养，中情悦好承顺无怠，时代移革金石可消，孝亲常行存世不灭。孝悌之道在己乃修身之本，推而广之足成万代圣治宏规。《孝经》之行情理自然，实乃五经大道之亲切入手处。关于《孝经》旨归，《孝经注疏》序指出："圣人蕴大圣德，生不偶时，适值周室衰微，王纲失坠，君臣僭乱，礼乐崩颓。居上位者赏罚不行，居下位者褒贬无作。孔子遂乃定礼乐，删《诗》《书》，赞《易》道，以明道德仁义之源；修《春秋》，以正君臣父子之法。又虑虽知其法，未知其行，遂说《孝经》一十八章，以明君臣父子之行所寄。知其法者修其行，知其行者谨其法……孔子云：'欲观我褒贬诸侯之志，在《春秋》；崇人伦之行，在《孝经》。'是知《孝经》虽居六籍之外，乃与《春秋》为表矣。"至于《孝经》沿革，孔子为曾子陈孝道遂成《孝经》，秦汉之际河间颜芝始传，汉初长孙氏、江翁、后仓、翼奉、张禹等继之。魏晋以来注解者迨及百家，唐初传行者唯孔安国、郑康成两家之注与梁皇侃义疏。至玄宗摭英荟烦而为之注解，宋刑昺等又校订疏解，遂成《孝经注疏》而广行于世。《孝经》内容由十八章构成，即开宗明义章、天子章、诸侯章、卿大夫章、士章、庶人章、三才章、孝治章、圣治章、纪孝行章、五刑章、广要道章、广至德章、广扬名章、谏诤章、感应章、事君章、丧亲章。就儒教义理而言，《孝经》侧重体现了天人基本架构、礼仪核心内容、五伦价值取向、中道思维模式、君子担当主体等五大要素，以下试简述之。

孝为德本教所由生，实乃天下至德要道，先王以之顺治天下，民用和睦上下无怨。身体发肤受之父母，不敢毁伤孝之始也。立身行道扬名后世，以显父母孝之终也。夫孝也者始于事亲，中于事君终于立身。无念尔祖聿修厥德，《诗经》所云其义当之。

能爱亲者不敢恶人，能敬亲者不敢慢人，爱敬倘能尽于事亲，德教自可加于百姓，天子之孝仪型四海，一人有庆兆民赖之，《尚书》所云其义当之。在上不骄高而不危，制节谨度满而不溢，高而不危则长守贵，满而不溢则长守富，诸侯之孝富贵不离，保其社稷和其民人，战战兢兢临深履薄，《诗经》所云其义当之。非先王法服不敢服，非先王法言不敢道，非先王德行不敢行，非法不言非道不行，口无择言身无择行，言满天下而无口过，行满天下而无怨恶，三者备矣能守宗庙，如此则为大夫之孝，夙夜匪懈以事一人，《诗经》所云其义当之。资于事父爱以事母，资于事父敬以事君，母取其爱君取其敬，爱之与敬父则兼之，孝君则忠敬长则顺，忠顺不失以事其上，保其禄位守其祭祀，移孝为忠士之孝也，夙兴夜寐无忝所生，《诗经》所云其义当之。用天之道分地之利，谨身节用以养父母，安分守己庶人之孝。故自天子至于庶人，分位差等孝无终始，患不能孝断无此理。

夫孝也者天之经也，地之义也民之行也，天地之经民则法之，则天之明因地之利，体常行义以顺天下，是以其教不肃而成，是以其政不严而治，先王见教可以化民，先之博爱民莫遗亲，陈之德义而民兴行，先之敬让而民不争，导之礼乐而民和睦，示之好恶而民知禁，赫赫师尹民具尔瞻，《诗经》所云其义当之。昔者明王孝治天下，不敢遗于小国之臣，况于公侯伯子男乎，万国欢心以事先王。治国不敢侮于鳏寡，况士民之有礼仪者，百姓欢心以事先君。治家不敢失于臣妾，况于妻子之尊贵者，家人欢心以事其亲。王公大夫皆能孝治，生则亲安祭则鬼享，人用和睦天下和平，灾害不生祸乱不作，明王孝治天下如此，有觉德行四国顺之，《诗经》所云其义当之。

大哉乾元万物资始，人伦资父以为初始，天地所生人最为贵，人之德行莫大于孝，孝莫大于尊严其父，严父莫如配天而祭。配天之礼始自周公，郊祀后稷以配上天，宗祀文王以配上帝，四海之内以职来祭，圣人之德无加于孝。亲爱之心生自孩提，及长知义尊严父母，圣人顺人亲严之心，因严教敬因亲教爱，圣人之教不肃而成，圣人之政不严而治，其所因者本乎孝也。父子天性生君臣义，父母生之续莫大焉，君亲临之厚莫重焉，不爱其亲而爱他人，不敬其亲而敬他人，谓之悖德谓之悖礼，以顺则逆民无则焉，不在于善皆在凶德，或虽得之君子不贵。君子顺孝以临其民，言思可道行思可乐，德义可尊作事可法，容止可观进退可度，其民畏爱则而象之，成其德教行其政令，淑人君子其仪不忒，《诗经》所云其义当之。

孝子事亲居致其敬，养致其乐病致其忧，丧致其哀祭致其严，五者备矣能事其亲。孝事亲者居上不骄，为下不乱在丑不争，上骄则亡下乱则刑，在丑而争则兵刃加，虽则日用三牲之养，三者不除犹为不孝。五刑之属条目三千，三千之罪不孝最大，要胁君者不敬无上，非圣人者蔑无礼法，非孝无亲大乱之道。

教民亲爱莫善于孝，教民礼顺莫善于悌，移风易俗莫善于乐，安上治民莫善于礼。所谓礼者敬而已矣，尊敬其父则其子悦，尊敬其兄则其弟悦，尊敬其君则其臣悦，尊敬一人千万人悦，所敬者寡所悦者众，至德要道此之谓也。家到户至日见而语，诲尔谆谆听我藐藐，但内行孝化自流外，君子之教以孝悌也，非家至而日见之也，教孝以敬为人父者，教悌以敬为人兄者，教臣以敬为人君者，君子至德大顺天下，恺悌君子民之父母，《诗经》所云其义当之。君子事亲若能尽孝，资孝为忠可移事君，事兄悌顺可移事长，居家理治可移于官，行成于内名立后世。

慈爱恭敬安亲扬名，父令必从不定谓孝。昔者天子诤臣七人，即或无道不失天下，诸侯若有诤臣五人，身虽无道不失其国，大夫若有诤臣三人，身虽无道不失其家，士有诤友不离令名，父有诤子不陷不义。子不可以不诤于父，臣不可以不诤于君，君父不义则当诤之，从父之令焉必得孝。

昔者明王敬事宗庙，事父尽孝故事天明，事母尽孝故事地察，长幼尽顺故上下治，天地明察神明彰矣。故虽天子必行孝悌，必有尊也言有父也，必有先也言有兄也，宗庙致敬不忘亲也，修身慎行恐辱先也。宗庙致敬鬼神著矣，孝悌之至通于神明，光于四海无所不通，自西自东自南自北，无思不服如诗所云。

君子事上上下相亲，进思尽忠进思补过，将顺其美匡救其恶，心乎爱矣遐不谓矣，中心藏之何日忘之，《诗经》所云其义当之。

孝子丧亲哭泣不偯，气竭而息声不委曲，礼无修容言不文饰，服美不安闻乐不乐，食旨不甘情极哀戚。三日不食哀毁过情，灭性而死尤亏孝道，圣人制礼三日而食，教民无得以死伤生，毁不灭性圣人之政，丧止三年示民有终。棺椁衣衾敬举纳之，陈其簠簋而哀戚之，擗踊哭泣哀以送之，卜其宅兆而安措之，既葬之后祫祭祔祖，为之宗庙以鬼享之，寒暑变移益用增感，春秋祭祀时展孝思。生事爱敬死事哀戚，生民宗本情得尽矣，死生之义理得备矣，孝子事亲孝得终矣，慎终追远民德厚矣，孝行无息天下宁矣。

二　《大学》韵义

《大学》一书，原为《礼记》第四十二篇，相传为孔子所作曾子所述。唐宋以降，为内在确立儒教道统，正统儒者不断褒扬并提升《大学》《中庸》《孟子》的地位，唐季韩愈、李翱等发其端绪，北宋诸儒继踵增高，至南宋朱子集其大成，确立"四书"并为官方认可，《大学》《中庸》《孟子》于是正式升格为经。关于《大学》主旨，孔颖达《礼记正义》疏云："《大学》之篇，论学成之事，能治其国，彰明其德于天下，却本明德所由，先从诚意为始。"朱子《大学章句》篇首云："程子曰：'《大学》，孔氏之遗书，而初学入德之门也。'于今可见古人为学次第者，独赖此篇之存，而《论》《孟》次之。学者必由是而学焉，则庶乎其不差矣。"朱子《大学章句》序云："大学之书，古之大学所以教人之法也。盖自天降生民，则既莫不与之以仁义礼智之性矣。然其气质之禀或不能齐，是以不能皆有以知其性之所有而全之也。一有聪明睿智能尽其性者出于其间，则天必命之以为亿兆之君师,使之治而教之,以复其性。此伏羲、神农、黄帝、尧、舜,所以继天立极,而司徒之职、典乐之官所由设也。三代之隆,其法寖备,然后王宫、国都以及闾巷,莫不有学。人生八岁,则自王公以下,至于庶人之子弟,皆入小学,而教之以洒扫、应对、进退之节,礼乐、射御、书数之文;及其十有五年,则自天子之元子、众子,以至公、卿、大夫、元士之适子,与凡民之俊秀,皆入大学,而教之以穷理、正心、修己、治人之道。此又学校之教,大小之节所以分也。夫以学校之设,其广如此,教之之术,其次第节目之详又如此,而其所以为教,则又皆本之人君躬行心得之余,不待求之民生日用彝伦之外,是以当世之人无不学。其学焉者,无不有以知其性分之所固有,职分之所当为,而各勉焉以尽其力。此古昔盛时所以治隆于上,俗美于下,而非后世之所能及也。及周之衰,贤圣之君不作,学校之政不修,教化陵夷,风俗颓败,时则有若孔子之圣,而不得君师之位以行其政教,于是独取先王之法,诵而传之以诏后世。若《曲礼》、《少仪》、《内则》、《弟子职》诸篇,固小学之支流余裔,而此篇者,则因小学之成功,以著大学之明法,外有以极其规模之大,而内有以尽其节目之详者也。三千之徒,盖莫不闻其说,而曾氏之传独得其宗,于是作为传义,以发其意。及孟子没而其传泯焉,则其书虽存,而知者鲜矣!自是以来,俗儒记诵词章之习,其功倍于小学而无用;异端虚无寂灭之教,其高过于大学而无实。其他权谋术数,一切以就功名之说,与夫百家众技之流,所以惑世诬民、充塞仁义者,又纷然杂出乎其间。使其君子不幸而不得闻大道之要,其小人不幸而不得蒙至治之泽,晦盲否塞,反复沈痼,以及五季之衰,而坏乱极矣。天运循环,无往不复。宋德隆盛,治教休明。于是河南程氏两夫子出,而有以接乎孟氏之传。实始尊信此篇而表章之,既又为之次其简编,发其归趣,然后古者大学教人之法、圣经贤传之指,粲然复明于世。"朱子提倡《大学》,实冀望修己治人之方、化民成俗之义大明于天下。就儒教义理而言,《大学》"三纲八目"侧重体现了人文君子担当主体、明德亲民价值取向、性善信念民本关怀及其修教次第等内容,以下主要依据《大学章句》简要编述之。

大学之道在明明德,革新民俗止于至善。知止则定定则静安,安则能虑虑则能得,物有本末事有终始,知所先后则近道矣。欲明明德于天下者,古之先王先治其国,欲治其国先齐其家,欲齐其家先修其身,欲修其身先正其心，欲正其心先诚其意，欲诚其意先致其知，欲致其知在格物事。物格知至知至意诚，意诚心正心正身修，身修家齐家齐国治，国治而后天下太平。自天子以至于庶人，壹是皆以修身为本，本乱而末治者否矣，所厚者薄所薄者厚，薄交厚报未之有也。

《太甲》顾误天之明命，克明峻德皆自明也。汤之《盘铭》日新又新，《康诰》亦云振起新民，周虽旧邦其命维新，君子无所不用其极。邦畿千里维民所止，缗蛮黄鸟止于丘隅，于鸟之止知其所止，可以人而不如鸟乎。穆穆文王缉熙敬止，为人君者当止于仁，为人臣者当止于敬，为人子者当止于孝，为人父者当止于慈，与国人交当止于信。

瞻彼淇澳菉竹猗猗，有斐君子切磋琢磨，瑟兮僩兮赫兮喧兮，有斐君子不可諠兮。如切如磋者道学也，如琢如磨者自修也，瑟兮僩兮者恂慄也，赫兮喧兮者威仪也，有斐君子不可諠者，盛德至善民不能忘。《诗》云於戏前王不忘，君子贤贤而亲其亲，小人乐乐而利其利，故此圣王没世不忘。听讼犹人必使无讼，无情者不得尽其辞，大畏民志此谓知本，此谓知本之至极也。

所谓致知在格物者，欲致吾知即物穷理，人心之灵莫不有知，天下之物莫不有理，理有未穷知有不尽，大学始教即天下物，因已知理而益穷之，以求渐次至乎其极，用力之久豁然贯通，众物表里精粗俱到，吾心全体大用通明，此谓物格此谓知至。

诚其意者毋自欺也，如恶恶臭如好好色，自修果勇此谓自谦，故而君子必慎其独。小人闲居阴为不善，肆无忌惮无所不至，及见君子而后厌然，掩其不善而著其善。人之视己如见肺肝，不实用力则何益矣，此谓诚于中形于外，故而君子必慎其独。十目所视十手所指，善恶不掩可畏之甚，富则润屋德则润身，心广体胖必诚其意。

修身在于正其心者，身有忿懥不得其正，有所恐惧不得其正，有所好乐不得其正，有所忧患不得其正。心不在焉无以检身，视而不见听而不闻，如食无心则不知味，此谓修身在正其心。

所谓齐家在修身者，于所亲爱易偏蔽焉，于所贱恶易偏蔽焉，于所畏敬易偏蔽焉，于所哀矜易偏蔽焉，于所傲惰易偏蔽焉，好知其恶恶知其美，天下鲜矣故谚有曰，人皆莫知其子之恶，人皆莫知其苗之硕，故身不修不可齐家。

治国必先齐其家者，其家不教无以教人。君子在家成教于国，孝者所以移事君也，悌者所以移事长也，慈者所以移使众也。《康诰》有曰如保赤子，心诚求之不中不远，无学养子而后嫁者。一家至仁一国兴仁，一家至让一国兴让，一人贪戾一国作乱，一言偾事一人定国，上行下效其机如此。尧舜则率天下以仁，桀纣则率天下以暴，率仁率暴民俱从之，若其所令反其所好，言行不一则民不从。是故君子推己及人，有诸己而后求诸人，无诸己而后非诸人，藏身不恕不能反求，能喻人者未之有也，故治其国在齐其家。桃之夭夭其叶蓁蓁，之子于归宜其家人，宜其家人可教国人，宜兄宜弟可教国人。其仪不忒正是四国，其为父子兄弟足法，而后国人效法之也，此谓治国在齐其家。

平天下在治其国者，上能老老而民兴孝，上能长长而民兴悌，上能恤孤而民不背。故君子有絜矩之道，所恶于上毋以使下，所恶于下毋以事上，所恶于前毋以先后，所恶于后毋以从前，所恶于右毋以交左，所恶于左毋以交右，此之所谓絜矩之道。

乐只君子民之父母，民之所好君子好之，民之所恶君子恶之，故谓君子民之父母。节彼南山维石岩岩，赫赫师尹民具尔瞻，有国之君不可不慎，偏僻则为天下僇矣。殷未丧师克配上帝，汤武革命顺天应民，得众得国失众失国，仪监于殷峻命不易。

是故君子先慎乎德，有德得人有人得土，有土得财有财得用。德者本也财者末也，外本内末争民施夺，财聚民散财散民聚，言悖而出亦悖而入，货悖而入亦悖而出。《康诰》有曰惟命不常，善则得之不善失之。《楚书》有曰惟善为宝，舅犯有曰仁亲为宝。《秦誓》有曰若一介臣，其心休休其如有容，人之有技若己有之，人之彦圣其心好之，不啻若自其口亲出，容保黎民亦有利哉，人之有技媢疾恶之，人之彦圣违俾不通，不能容保亦曰殆哉。唯得仁人必放流之，迸诸四夷绝于中国，故唯仁人能爱恶人。贤不能举举不能先，患得患失轻慢天下。不善不退退不能远，君子未仁必有愆过。好人所恶恶人所好，拂人之性灾必逮身。是故君子行有大道，忠信得之骄泰失之。

生之者众食之者寡，为之者疾用之者舒，生财有道则财恒足。仁者散财得民发身，不仁役身殖货发财。上若好仁下必好义，未有好义事不终者，未有库财非其财者。士畜马乘不察鸡豚，伐冰之家不畜牛羊，有采不畜聚敛之臣，与其有之宁有盗臣。国不利利以义为利，长国家而务财用者，必自国君任用小人。君欲为善勿任小人，小人为国灾害并至，虽有善者无如之何，此谓国不以利为利，以义为利作民父母。

三　《中庸》韵义

《中庸》一书，原为《礼记》第三十一篇，相传为孔子所作子思所述。《中庸》之地位升格并独立成经，与《大学》《孟子》大致类同。关于《中庸》之名，郑玄以为"记中和之为用"，程子以为"不偏之谓中，不易之谓庸。中者，天下之正道；庸者，天下之定理"。关于《中庸》主旨，朱子以为《中庸》乃孔门传授心法："中庸何为而作也？子思子忧道学之失其传而作也。盖自上古圣神继天立极，而道统之传有自来矣。其见于经，则'允执厥中'者，尧之所以授舜也；'人心惟危，道心惟微，惟精惟一，允执厥中'者，舜之所以授禹也。尧之一言，至矣，尽矣。而舜复益之以三言者，则所以明夫尧之一言，必如是而后可庶几也。盖尝论之，心之虚灵知觉，一而已矣，而以为有人心、道心之异者，则以其或生于形气之私，或原于性命之正，而所以为知觉者不同，是以或危殆而不安，或微妙而难见耳。然人莫不有是形，故虽上智不能无人心，亦莫不有是性，故虽下愚不能无道心。二者杂于方寸之间，而不知所以治之，则危者愈危，微者愈微，而天理之公卒无以胜夫人欲之私矣。精则察夫二者之间而不杂也，一则守其本心之正而不离也。从事于斯，无少间断，必使道心常为一身之主，而人心每听命焉，则危者安、微者著，而动静云为自无过不及之差矣。夫尧、舜、禹，天下之大圣也。以天下相传，天下之大事也。以天下之大圣，行天下之大事，而其授受之际，丁宁（叮咛）告诫，不过如此。则天下之理，岂有以加于此哉。自是以来，圣圣相承。若成汤、文、武之为君，皋陶、伊、傅、周、召之为臣，既皆以此而接夫道统之传。若吾夫子，则虽不得其位，而所以继往圣、开来学，其功反有贤于尧舜者。……其曰'天命率性'，则道心之谓也；其曰'择善固执'，则精一之谓也；其曰'君子时中'，则执中之谓也。世之相后，千有余年，而其言之不异，如合符节。历选前圣之书，所以提挈纲维、开示蕴奥，未有若是之明且尽者也。"就儒教义理而言，《中庸》侧重体现了儒教君子道统接续、天人诚明中道思维等内容，以下兼采《礼记正义》与《中庸章句》简要编述之。

天地阴阳化生万物，赋人健顺五常之性，循性自然行之即道，性道虽同气禀或异，或过不及当品节之，品节成教民则效之。天命谓性率性谓道，修道谓教天人通畅，道犹道路开通性命，人所共由可离非道，道者不可须臾离也。君子戒慎其所不睹，君子恐惧其所不闻，莫见乎隐莫显乎微，君子慎独遏欲将萌。喜怒哀乐未发谓中，发而中节则谓之和，中也者天下之大本，和也者天下之达道，得致中和性情中正，天地位焉万物育焉。

君子中庸小人反之，君子时中小人自恣。君子中常无过不及，过犹不及须复中常，中庸为道其至矣乎，人莫不由鲜能久行。中道不行我知之矣，知者过中愚者不及，中道不明我知之矣，贤者过中不肖不及，人皆饮食鲜能知味，道不可离人自不察，知行易偏礼教中常，失于礼教中道难行。

舜有大知不自用知，好察迩言善与人同，隐恶扬善能行中庸，执其两端用中于民，无过不及斯为舜德。常人往往自谓有知，驱纳陷阱莫之知避。常人往往自谓有知，择乎中庸期月难守。颜回为人择乎中庸，得一善事身体力行，拳拳服膺而弗失之。天下国家可得平治，爵禄可辞白刃可蹈，中庸常道难能可贵。

宽柔以教不报无道，南方之强君子居之，衽金革死而不厌，北方之强强者居之。君子之强中于德义，和而不流中立不倚，国若有道不变塞焉，国若无道至死不变。素隐行怪后世有述，偏颇不中君子耻为。君子遵循中道而行，汲汲不休半途不废。君子依乎中庸之德，人不见知遁世无悔。

君子中道广大精微，夫妇之愚可与知焉，及其至也虽圣难尽。夫妇不肖能与行焉，及其至也虽圣难能。天地之大人犹有憾，君子语大天下莫载，君子语小天下莫析。鸢飞戾天鱼跃于渊，君子中道上下明察。君子中道造端夫妇，及其至也察乎天地。

率性为道道不远人，众人之所能知能行。人之为道高远难行，不可以为中道常行。伐柯伐柯其则不远，以柯为度执柯伐柯，睨而视之犹以为远，道不远人君子明之，以人治人自改而止，责之其所能知能行，非欲远人以为道也。尽己之心推己及人，忠恕之德违道不远，己所不愿勿施于人。君子之道反求诸己，己能孝父子亦孝己，己能忠君臣亦忠己，己能悌兄弟亦悌己，己能施友友亦施己。常德之行常言之谨，有所不足不敢不勉，才行有余不敢过人，言不过行行副于言，言行相应君子慥慥。

君子素其分位而行，不愿行乎僭越之事。素富贵则行乎富贵，素贫贱则行乎贫贱，素夷狄则行乎夷狄，素患难则行乎患难，君子无入而不自得。上不陵下下不援上，不求于人正己无怨，上不怨天下不尤人。君子居易以俟天命，小人行险以图徼幸，射之为义有似君子，失诸正鹄反求诸身。

君子之道行己而化，辟如行远必自迩近，辟如登高必自卑下。妻子好合如鼓瑟琴，兄弟既翕和乐且耽，宜尔室家乐尔妻帑，如是父母其顺矣乎，室家和顺而后和外。鬼神为德其盛矣乎，视而弗见听而弗闻，阴阳体物而不可遗，使天下人齐明盛服，以承祭祀洋洋充溢，如在其上如在左右。《诗经》有云神之来格，不可亿度况可厌倦，微而之显诚不可掩。

舜本大孝德为圣人，尊为天子富有四海，宗庙飨之子孙保之。故而大德天人同与，必得其位必得其禄，必得其名必得其寿。天之生物因材笃焉，栽者培之倾者覆之。嘉乐君子宪宪令德，宜民宜人受禄于天，保佑命之自天申之，故大德者必受天命。无忧者其惟文王乎，王季为父武王为子，其父作之其子述之。武王缵继先王之业，壹振戎衣而有天下，身不失于天下显名，尊为天子富有四海，宗庙飨之子孙保之。武王受命周公成德，上祀先公以天子礼，葬从死爵祭用生禄，斯礼通达有位庶人。父为大夫而子为士，葬以大夫祭以士禄。父为士而子为大夫，葬以士而祭以大夫。期之丧礼达乎大夫，三年之丧达乎天子，父母之丧贵贱一也。

武王周公达孝矣乎，夫达孝者善继先志，善述祖先之事者也。春秋修庙陈其宗器，设其裳衣荐其时食。宗庙之礼以序昭穆，序爵所以辨贵贱也，序事所以辨贤德也，旅酬下先以逮贱也，燕尊高龄以序齿也，践位行礼奏乐敬尊，爱其所亲事死如生，事亡如存孝之至也。郊社之礼以事上帝，宗庙之礼以祀祖先，明郊社礼与禘尝义，治国其如示诸掌乎。

文武之政布在方策，贤存政举贤亡政息。人道敏政地道敏树，人君之道勉力行政，若地之道生物无倦。夫政也者有如蜾蠃，螟蛉有子蜾蠃负之，善政必能化民成德。为政在人取人以身，修身以道修道以仁。仁者人也亲亲为大，义者宜也尊贤为大。亲亲之杀尊贤之等，辨明分位礼之所生。在下位者不获乎上，则民不可得而治矣，君子不可以不修身，修身不可以不事亲，事亲不可以不知人，知人不可以不知天。

天下道五行之者三，君臣父子夫妇昆弟，朋友之交天下达道，知仁勇三天下达德，所以行之其义一也。或生而知或学而知，或困而知及知一如。

或安而行或利而行，或勉强行成功则一。好学近知力行近仁，知耻近勇人人能行，知斯三者则知修身，能知修身则知治人，知治人则知治天下。

为天下国家有九经，修身尊贤亲亲敬卿，体臣子庶民来百工，柔远人也怀诸侯也。修身道立尊贤不惑，亲亲诸父昆弟不怨，敬于大臣则不眩惑，体群臣则士报礼重，子爱庶民则百姓劝，招徕百工则财用足，怀柔远人四方归之，怀诸侯则天下畏之。齐明盛服非礼不动，君子所以劝修身也。去谗远色贱货贵德，君子所以劝贤良也。尊位重禄同其好恶，君子所以劝亲亲也。官盛任使以劝大臣，忠信重禄以劝士也，时使薄敛以劝百姓。日省月试既廪称事，君子所以劝百工也。送往迎来嘉善矜失，君子所以柔远人也。继绝之世举废之国，治乱持危朝聘以时，厚往薄来以怀诸侯。为天下国家有九经，所以行之其义一也。事豫则立不豫则废，言前思定则不跲踬，事前思定则不困乏，行前思定则不疚病，道前谋定则不穷极。

在下位而不获乎上，则民不可得而治矣。获上有道道不远人，信乎朋友获乎上矣，能顺乎亲朋友信矣，反身而诚顺乎亲矣，能明乎善诚乎身矣。诚者天性天之道也，诚之者学人之道也。诚者合天不勉而中，不思而得从容中道，所谓圣人至诚者也，诚之者择善固执也。

君子博学之审问之，慎思明辨复笃行之。君子之学困知勉行，学之弗能弗措置也，问之弗知弗措置也，思之弗得弗措置也，辨之弗明弗措置也，行之弗笃弗措置也。人一能之己则百之，人十能之己则千之，果能此道诚之者也，择善固执变化气质，虽愚必明虽柔必强。

由诚明德谓之天性，自明至诚谓之学教，诚则明矣明则诚矣。天下至诚能尽其性，尽其性则能尽人性，尽人性则能尽物性，尽物性则赞天化育，赞化育则与天地参。自明诚者小事曲成，曲能有诚诚则能形，形则能著著则能明，明则能动乃至变化，唯天下至诚为能化。至诚之道可以前知，国家将兴必有祯祥，国家将亡必有妖孽，见乎蓍龟动乎四体，祸福将至善恶先知，至诚如神妙合天道。

诚者自成道者自行，诚无终始不诚无物，是故君子诚之为贵。诚者非自成己而已，己成推之所以成物，成己仁也成物知也，性之德也合外内道，以时措之皆得其宜。至诚无息不息则久，久则征验征则悠远，悠远则能博厚高明。博厚所以能载物也，高明所以能覆物也，悠久所以能成物也。博厚配地高明配天，悠久无疆配乎天地。至诚如此不见而彰，不动而变无为而成。天地之道一言可尽，为物不贰生物不测。天地之道博也厚也，高也明也悠也久也。观天小明及其无穷，日月系焉万物覆焉。观地撮土及其广厚，载岳收海万物载焉。观山卷石及其广大，草木生之禽兽居之。观水一勺及其不测，蛟龙生焉货财殖焉。惟天之命於穆不已，盖曰天之所以为天。於乎丕显文王德纯，文王之德纯亦不已。

圣人之道洋洋大哉，发育万物峻极于天，礼仪三百威仪三千，优优大哉待贤而行，苟不至德至道不凝。君子尊德性道问学，致广大而尽其精微，极高明而道则中庸，温故知新敦厚崇礼，居上不骄为下不背，国有道其言足以兴，国无道其默足以容。既明且哲以保其身，《诗经》所云其义当之。愚好自用贱好自专，生今之世反古之道，如此灾必及于其身。唯王议礼制度考文，天下一统虽有其位，无德不敢兴作礼乐，有德无位亦不敢作。夏礼也者杞不足明，学殷礼则有宋存焉，周礼时用学故从周。王天下有三王之礼，斟酌行之其寡过矣。君上虽善若无明验，无验不信民弗从之。臣下虽善无位不尊，不尊不信民弗从之。君子之道贯通天人，本诸自身验诸庶民，考诸三王而无错缪，达诸天地而无悖逆，质诸鬼神而无疑惑，百世以俟圣人无殊，鬼神无疑则知天也，百世无殊则知人也。君子动而为天下道，君子行而为天下法，君子言而为天下则，远之有望近之不厌。在彼无恶在此无射，庶几夙夜以永终誉，君子唯此有誉天下。

圣圣相续孔子大成，祖述尧舜宪章文武，上律天时下袭水土，有如天之无不持载，有如地之无不覆帱，有如四时之相错行，有如日月之相代明。万物并育而不相害，道通并行而不相悖，小德川流大德敦化。孔子之德配于天地，聪明睿知足以有临，宽裕温柔足以有容，发强刚毅足以有执，齐庄中正足以有敬，文理密察足以有别。溥博如天渊泉如渊，溥博渊泉而时出之，德充发外见而民敬，言而民信行而民悦，普被中国施及蛮貊，舟车所至人力所通，天之所覆地之所载，日月所照霜露所坠，凡有血气俱尊亲之，故曰孔子德配天地。至诚经纶天下大经，至诚中立天下大本，至诚参知天地化育。焉有所倚肫肫其仁，渊渊其渊浩浩其天，圣圣相知圣圣相传，孔子天德集圣大成。

衣锦尚绸恶其文著，君子之道暗然日彰，小人之道的然日亡。君子之道淡而不厌，简静而文温而理直，知远之近知风之自，知微之显可与入德。潜虽伏矣亦孔之昭，内省不疚无害己志，君子之所不可及者，其唯人之所不见乎，相在尔室不愧屋漏。奏假无言时靡有争，君子至诚德充发外，不动而敬不言而信，不赏民劝不怒民畏，丕显惟德天下仪型，君子笃恭而天下平。怀明德者不大声色，于以化民声色末也，德轻如毛毛犹有质，上天之载无声无臭，圣人之德同于天地，清明如神万民自化，中庸之道尽善尽美。

四 《论语》韵义

《论语》记录至圣先师孔子及其弟子之言行，由孔子弟子及再传弟子编纂而成。《论语》以仁礼中道为旨归，以纲常日用为本分，以君子小人为对待，以述而不作为担当，是我们贯通五经大道的至善注解，也是我们体味圣人心迹的至善文本。《论语》内容总计二十篇，依次为《学而》《为政》《八佾》《里仁》《公冶长》《雍也》《述而》《泰伯》《子罕》《乡党》《先进》《颜渊》《子路》《宪问》《卫灵公》《季氏》《阳货》《微子》《子张》《尧曰》。就儒教义理要素而言，《论语》中均有涉及，以下试以君子敦伦仁礼中道为线索简述之。

君子之道一以贯之，尽己及人忠恕而已。君子之学下学上达，兴诗立礼成之于乐。君子之教和而不同，毋意毋必毋固毋我。君子务本本立道生，孝悌也者为仁之本。承色养志孝之本务，今之孝者是谓能养，至于犬马皆能有养，不敬父母何以别乎。事亲几谏见志不从，又敬不违劳而不怨，父为子隐子为父隐，慈孝仁善直在其中。父母之年不可不知，一则以喜一则以惧，父在观志父没观行，孝者三年无改父道。孝者父母唯忧其疾，孝者无违生事以礼，死葬以礼祭之以礼，慎终追远民德归厚。孝乎惟孝至大无外，友于兄弟施于有政，圣人至孝老者安之，朋友信之少者怀之。

十室之邑必有忠信，不如圣贤之好学也，百工居肆以成其事，君子学之以致其道。好仁不学其蔽也愚，好知不学其蔽也荡，好信不学其蔽也贼，好直不学其蔽也绞，好勇不学其蔽也乱，好刚不学其蔽也狂。君子好学学而时习，孝悌谨信爱众亲仁，先行其言而后从之，行有余力则以学文。事于父母能竭其力，事于君上能致其身，与朋友交言而有信，贤贤易色未学实学。修德讲学徙义迁善，志道据德依仁游艺，既不怨天亦不尤人，下学上达君子天知。博学于文约之以礼，无适无莫义之与比，义以为质礼以行之，逊以出之信以成之。食无求饱居无求安，敏事慎言正于有道，矜而不争群而不党，见善不及恶则探汤，志同道合朋来可乐，人不知己反躬无愠。日有所得月无忘之，博学笃志切问近思，躬自厚而薄责于人，修己以敬以安百姓。敦重有威主于忠信，友过己者过勿惮改，见贤思齐见恶自省，见己之过勇自内讼，君子之过如日月食，过也人见更也人仰。法语之言改之为贵，巽与之言绎之为贵，知过不改是谓过矣，蹉跎终世名无称焉。君子之道所贵者三，动容貌斯远暴慢矣，正其颜色斯近信矣，出辞气斯远鄙倍矣。未能事人焉能事鬼，未能知生焉能知死，君子之思不出其位，己立立人己达达人，以直报怨以德报德，己所不欲勿施于人。质胜则野文胜则史，文质彬彬然后君子，君子可逝而不可陷，君子可欺而不可罔。狂者进取狷者不为，狂狷之人不得中行，刚毅木讷无欲则刚，攻乎异端斯害也已。君子三畏畏于天命，畏于大人畏圣人言。君子道三知者不惑，仁者不忧勇者不惧。君子三戒少时戒色，及壮戒斗及老戒贪。君子恶四恶称人恶，恶居下流而讪上者，恶勇无礼恶果而窒。君子九思视而思明，听而思聪色而思温，貌而思恭言而思忠，事而思敬疑而思问，忿而思难见得思义。圣人十五而志于学，三十而立四十不惑，五十知命六十耳顺，七十从心中规中矩。好学必不迁怒贰过，学如不及犹恐失之，知之好之不如乐之，仁者先难而后能获。山差一篑止吾止也，地覆一篑进吾往也，君子弘毅任重道远，仁为己任死而后已。

民之于仁甚于水火，未见蹈仁而死者也，出必由户行必由仁，用力于仁力无不足。克己复礼天下归仁，君子去仁恶乎成名，故无终食之间违仁，造次颠沛必安于仁。仁远乎哉欲仁仁至，克己复礼其目有四，非礼勿视非礼勿听，非礼勿言非礼勿动。仁者己欲立而立人，仁者己欲达而达人，为仁由己不由乎人，能近取譬仁之方也。知者动乐仁者静寿，知者利仁仁者安仁，为之不厌诲人不倦，以文会友以友辅仁，苟志于仁则无恶矣，唯仁者能好人恶人。君子仁者居处而恭，执事而敬与人而忠，乡愿不仁德之贼也，巧言令色鲜矣能仁。仁者爱人当仁不让，生若害仁杀身成仁，微子去之箕子自奴，比干谏死殷有三仁。行五者于天下为仁，五者乃恭宽信敏惠，恭则不侮宽则得众，信则人任敏则有功，君子慈惠足以使人。

君子之学修德为己，小人之学名利为人。君子之人反求诸己，小人反之外求诸人。君子不仁者有矣夫，未有小人而能仁者。君子怀德小人怀土，君子怀刑小人怀惠。君子喻义小人喻利，小人放利行则多怨。君子上达小人下达，君子固穷小人则滥。君子有过必自迁善，小人有过文过饰非。君子之人成人之美，小人反之成人之恶。君子之人泰而不骄，小人反之骄而不泰。君子不器小人拘器，君子坦荡小人戚戚。君子也者周而不比，小人也者比而不周。君子通达和而不同，小人狭隘同而不和。君子不小知而大受，小人不大受而小知。君子之人易事难悦，悦不以道则不悦也，及其使人则器用之。小人难事而易悦也，悦之虽不以道亦悦，及其使人求全责备。人之过也各于其党，观于其过斯知仁矣，君子德风小人德草，草上之风风必偃草。小人进德患得患失，与其进也不与其退，小人若能洁己以进，与其洁也不保其往。君子小人莫非自致，为君子儒毋小人儒。

性相近也习相远也，人性本善觉有先后，中人以上可以语上，中人以下不可语上，言未及而言谓之躁，言及之不言谓之隐，未见颜色而言谓瞽。德不孤也必有邻也，荐达贤才举尔所知，尔所不知人其舍诸。三人行必有我师焉，择其善者而敬从之，其不善者而自改之。可与共学难与适道，可与适道未可与立，或可与立未必与权。有教无类各适其性，不愤不启不悱不发，举一反三方可进益。不知命无以为君子，不知礼则无以立也，不知言则无以知人。君子信而后劳其民，未信民则以为厉己，君子信而后进箴谏，未信人则以为谤己。

巧笑倩兮美目盼兮，素以为绚绘事后素，人有美质须礼成之，礼之用犹素之于绘，子贡欲去告朔饩羊，赐爱其羊圣爱其礼。殷因夏礼损益可知，周因殷礼损益可知，周监二代郁郁文哉，其继周者百世可知，夷狄有君而无礼乐，不如诸夏暂无王者。名若不正则言不顺，言若不顺则事不成，事不成则礼乐不兴，礼乐不兴刑罚不中，刑罚不中民无则法。礼云礼云岂止玉帛，乐云乐云岂止钟鼓，人而不仁有礼如何，人而不仁有乐如何，礼与其奢宁俭固陋，丧与其易宁戚哀痛。君子居丧食旨不甘，闻乐不乐居处不安，居上不宽为礼不敬，临丧不哀何以观之。天地祖宗祭祀至诚，知其说者天下易治，有如指示掌中之物，获罪于天则无所祷。恭无礼劳慎无礼葸，勇无礼乱直无礼绞，礼之为用以和为贵，和无礼节亦不可行。古之麻冕礼之奢贵，今也纯俭则圣从众。古之拜下礼之诚敬，今拜上泰违众从下。先进于礼乐野人也，后进于礼乐君子也，如用之则吾从先进。信近于义言可复也，恭近于礼远耻辱也，因不失亲亦可宗也。

人而不为《周南》《召南》，其犹正墙面而立者。诵《诗》三百授政不达，使于四方不能专对，诵之虽多亦奚以为。《诗》思无邪譬如《关雎》，乐而不淫哀而不伤。《诗》可以兴亦可以观，《诗》可以群亦可以怨，迩之事父远之事君，多识鸟兽草木之名。乐其可知始作翕如，纯如皦如绎如以成。《韶》尽美矣又尽善也，《武》尽美矣未尽善也。闻《韶》三月不知肉味，不图为乐至于斯也。不恒其德或承其羞，无恒之人《易》所不占，人得学《易》可无大过。

长幼之节不可废也，君臣之义如何废之，欲洁其身而乱大伦，君子之仕行其义也。君君臣臣父父子子，政者正也上正下从，其身若正不令而行，其身不正虽令不从。上好礼民莫敢不敬，上好义民莫敢不服，上好信则民莫敢伪，行己也恭事上也敬，养民也惠使民也义，君仁臣贤世而后仁。为政以德譬如北辰，居其所而众星拱之。举直错诸枉则民服，举枉错诸直民不服。道之以政齐之以刑，民无愧耻巧诈苟免。道之以德齐之以礼，民有愧耻且能格正。君子笃亲民兴于仁，故旧不遗则民不偷。政无欲速无见小利，欲速不达见利终败。不在其位不谋其政，君子为政敬事而信，居之无倦行之以忠，节用爱人使民以时，临之以庄则民能敬，临之孝慈则民能忠，举善而教不能则劝。知及之仁不能守之，虽先得之终必失之。知及之仁亦能守之，不庄莅之则民不敬。知及仁守庄以莅之，动不以礼亦未善也。政不患寡而患不均，政不患贫而患不安，均则无贫和则无寡，安则无倾政能如是，远人不服修德来之，既感来之则怀安。行夏之时乘殷之辂，服周之冕乐则韶舞，放郑淫声远于佞人，尊于五美摒于四恶。为政五美惠而不费，劳而不怨欲而不贪，泰而不骄威而不猛。因民之所利而利之，斯不亦惠而不费乎。择可劳劳之又谁怨，欲仁而得仁又焉贪。众寡小大无敢怠慢，斯不亦泰而不骄乎。正其衣冠尊其瞻视，俨然人望而敬畏之，斯不亦威而不猛乎。不教而杀谓之残虐，不戒视成谓之卒暴，慢令致期谓之贼害，出纳之吝谓之有司。

禅让天下尧勉舜曰，天命在躬允执其中，穷极四海天禄永终，大舜亦以尧辞命禹。商汤伐桀告于天曰，予小子履敢用玄牡，敢昭告于皇皇后帝，桀罪不蔽简在帝心，顺天奉法罪不敢赦，朕躬有罪无以万方，万方有罪罪在朕躬。武王诛纣誓众辞曰，周有大赉善人是富，虽有周亲不如仁人，百姓有过在予一人。二帝三王所行政法，谨饬权量审明法度，修治废官四方政行，兴复灭国继祀绝世，举用逸民天下归心。帝王所重民食丧祭，帝王所以为治之德，宽则得众信则民任，敏则有功公则民悦。

巍巍大哉尧之为君，唯天为大唯尧则之，荡荡乎民无能名焉，巍巍乎其有成功也，焕乎其有文制彰明。舜禹之德巍巍大哉，己不与求而得天下。大舜无为而治者也，恭己正南面而已矣。禹德盛美人无间然，菲饮食而致孝鬼神，恶衣服而致美黼冕，卑宫室而尽力沟洫。不能礼让何以为国，泰伯可谓至德者也，三让天下无得称之。

贤如丘陵犹可逾也，孔子日月无得逾焉，人虽欲自绝于日月，其不知量日月何伤，圣人之德不可及也，犹天之不可阶而升。圣人之得为政立教，立之斯立道之斯行，绥之斯来动之斯和，其生也荣其死也哀。天何言哉四时行焉，天何言哉百物生焉，圣德如是万世师表。

五 《孟子》韵义

《孟子》记录亚圣孟子性善仁政、辟驳异端的丰富论述，内容包括《梁惠王》《公孙丑》《滕文公》《离娄》《万章》《告子》《尽心》计七篇，现今通行本为汉赵岐注、宋孙奭疏。关于《孟子》主旨，孙奭《孟子正义》序指出："夫总群圣之道者，莫大乎六经。绍六经之教者，莫尚乎《孟子》。自昔仲尼既没，战国初兴，至化陵迟，异端并作，仪、衍肆其诡辩，杨、墨饰其淫辞。遂致王公纳其谋，以纷乱于上；学者循其踵，以蔽惑于下。犹浣水怀山，时尽昏垫，繁芜塞路，孰可芟夷。惟孟子挺名世之才，秉先觉之志，拔邪树正，高行厉辞，导王化之源，以救时弊；开圣人之道，以断群疑。其言精而赡，其旨渊而通，致仲尼之教，独尊于千古，非圣贤之伦，安能至于此乎。"孟子道性善，言必称尧舜，以下试以性善仁政为主线简述之。

天生烝民有物有则，人之秉彝好是懿德，天命谓性人性本善，发明扩充命自我立。不虑而知人之良知，不学而能人之良能，孩提之童知爱其亲，及其长也知敬其兄，亲亲仁也敬长义也，仁义礼智人之天性。恻隐之心人皆有之，羞恶之心人皆有之，恭敬之心人皆有之，是非之心人皆有之。恻隐之心仁之端也，羞恶之心义之端也，辞让之心礼之端也，是非之心智之端也，仁义礼智非由外铄，我固有之此谓正信。四端本具四德信实，四端扩充天性呈现，若火始燃若泉始达，苟能充之天下可王，苟不充之不足事亲。

水无东西却有上下，人性之善犹水就下，水无不下人无不善，性勿穿凿顺之则善。天下言性则故而已，故者事也以利为本，非人天性不本自然，待于有为非由性行。恶乎智者为其凿也，自私用智妄加穿凿，不顺性之自然为智，妄智改常必与道乖。禹之行水行其无事，如禹疏水大智无恶，顺杞柳性以为梧棬，顺人本性以为仁义。水搏跃之可使过颡，激而行之可使在山，岂水之性其势则然，人为不善其性犹是。求之可善放之则蔽，人为不善非才之罪，乃若其情可以为善，非天性罪乃所谓善。人之异于禽兽几希，庶民去之君子存之，言人不善如后患何，人欲恣肆天下大乱。由仁义行非行仁义，先立其大小不能夺，君子之道仁义为先，礼节为制不苟欲求，口之于味目之于色，耳之于声鼻之于嗅，四肢之于安逸亦性，有命焉故不谓之性。君子之道修礼行义，亹亹不倦不坐待命，仁于父子义于君臣，礼于宾主智于贤者，圣人之于天道亦命，有性焉故不谓之命。

口之于味有同嗜焉，耳之于声有同听焉，目之于色有同美焉，心之同者理义之谓，理义悦心犹味悦口，圣凡同类心同理同，尧舜性之汤武反之，周旋中礼盛德之至，圣人先得我心所同，人性本善圣贤可致。浩然之气至大至刚，直养无害塞于天地，配义与道无则气馁，集义所生非义袭取，行有不慊于心则馁，必有事焉而勿妄正，心但勿忘勿助长之，无若宋人揠苗助长，非徒无益而又害之。君子性德根之于心，大行不加穷居不损，天性得以优柔涵养，明德自能辉光笃实，生色睟然见面盎背，施于四体不言而喻。推己四端谓之善人，推己四德谓之信人，四德充实谓之美人，充实光辉谓之大人，大而化之谓之圣人，圣不可测谓之神人。尧舜之道孝悌而已，服尧之服诵尧之言，行尧之行是尧而已，服桀之服诵桀之言，行桀之行是桀而已。与人为善尧舜性之，善与人同汤武身之，学者志毅中乎规矩，天性保任明德充实。仁义不熟不敌邪曲，杯水车薪善难胜恶，勿放其心时刻砍伐，勿任其情一曝十寒，专心致志必得进益，苟得其养天性得长。西子不洁人皆掩鼻，恶人斋沐可祀上帝，中养不中才养不才，求其放心尧舜可期。

道在于迩勿求诸远，事在于易勿求诸难，言近指远善言者也，守约施博善道者也，正己物正自修人化，亲亲长长而天下平。不忍推及所忍谓仁，不为推及所为谓义，能充无欲害人之心，则其仁也不可胜用，能充无欲穿逾之心，则其义也不可胜用，能充无受尔汝之实，则无所往而不为义。仁者人也合言道也，杀一无罪亦非仁也，非其有而取非义也，居仁由义大人事备。仁者人心义者人路，舍路何由放心何求，学问之道实无他求，自觉求其放心而已，一傅众咻仁不可得，攘鸡不义斯速已矣。求则得之舍则失之，求益于得求在我也，求之有道得之有命，求无益得求在外也。君子深造之以仁道，欲自得之以居之安，居之安则资之也深，资之深则左右逢源，故君子贵自得之也。不由仁义耳目蔽物，以物交物引之而已，心官则思天性所与，思则得之不思则否，养心莫善自寡其欲，为人多欲心存者鲜。仁之实际事亲是也，义之实际从兄是也，智之实际知此天性，礼之实际节文仁义，乐之实际乐斯仁义，乐则生矣生不可已，手舞足蹈全体通畅。羿之教射必志于彀，学者亦是必志于彀，大匠诲人必以规矩，学者亦是必以规矩，梓匠轮舆能与规矩，使人巧者在人自身，引而不发君子跃如，中道而立能者从之。流水为物盈科而行，君子志道成章而达，仁胜不仁犹水胜火，杯水车薪水难胜火，五谷不熟不如荑稗，仁亦在乎熟之而已，源泉混混不舍昼夜，盈科后进放乎四海，有本者亦无不如是。

仁乃天爵人之安宅，仁者如射正己后发，发而不中不怨胜者，反求诸己中正自省。至诚不动未之有也，不诚未有能动者也，道二仁与不仁而已，爱人不亲则反其仁，治人不治则反其智，礼人不答则反其敬，行有不得反求诸己，其身正而天下归之。万物森然皆备于我，反身而诚乐莫大焉，强恕而行求仁莫近，子路告之以过则喜，禹闻善言则敬拜谢，大舜之大善与人同，舍己从人与人为善，行而不著习而不察，终身由之民不知道。言非礼义谓之自暴，仁义不居谓之自弃，自暴者不可与有言，自弃者不可与有为，仁乃安宅义乃正路，旷宅舍路可不哀哉。生于忧患死于安乐，天下有道以道殉身，天下无道以身殉道，未闻以道殉乎人者。君子三乐重于天下，父母俱存兄弟无故，仰不愧天俯不怍人，天下英才得教育之。尽其心者知其性也，若知其性则知天矣，存心养性所以事天，修身以俟所以立命，莫非命也顺受其正，知命不立岩墙之下，尽道而死者正命也，桎梏死者非正命也。可取可无取取伤廉，可与可无与与伤惠，可死可无死死伤勇。

人有四端犹有四体，自谓不能自贼者也，谓君不能贼其君也，谓民不能贼其民也，责难于君可谓之恭，陈善闭邪可谓之敬，大人能格君心之非，君正仁义国定民安。人皆有不忍人之心，于是有不忍人之政，以不忍心行不忍政，治天下如运之掌上。三代之得天下以仁，其失天下则以不仁，天子不仁不保四海，诸侯不仁不保社稷，大夫不仁不保宗庙，士庶不仁不保四体，恶于死亡而乐不仁，是犹恶醉而强饮酒。天生斯民作之君子，君子先知觉民后知，君子先觉觉民后觉，君子自任天下为重，天民不被尧舜之泽，若己推而纳之沟中，君子时穷独善其身，君子时达兼善天下。人有恒言天下国家，天下国家其本在身，身不行道妻子不服，使不以道妻子不行，以善养人能服天下，天下心服而后得王，不仁得国或有之矣，未有不仁能得天下，行一不义杀一不辜，设得天下亦所不为。知者博知当务为急，仁者博爱亲贤为务，惟有仁者宜在高位，不仁位高播恶于众，尊贤使能民被仁泽。规矩也者方圆之至，圣人也者人伦之至，君尽君道臣尽臣道，二者皆法尧舜而已，敬其君者如舜事尧，治其民者如尧治民，君子亲亲仁民爱物，仲尼之徒无道桓文。

老吾老以及人之老，幼吾幼以及人之幼，天下可运之于掌上，举斯心加诸彼而已，推恩足以保王四海，不推恩则难保妻子，古人所以大过人者，善推其所为而已矣。仁政而王莫之能御，乐民之乐民亦乐之，忧民忧者民亦忧之，乐以天下忧以天下，民之归仁犹水就下。王者之民皞皞如也，杀之不怨利之不庸，民日迁善而不知之，君子仁政岂曰小补，所过者化所存者神，上下而与天地同流。治民为政何必曰利，亦有仁义推致而已，未有仁而遗其亲者，未有义而后其君者，为人臣者怀利事君，为人子者怀利事父，为人弟者怀利事兄，君臣父子终去仁义，后义先利不夺不餍，上下征利则国危殆。天民为贵社稷君轻，得乎丘民而为天子，得乎天子而为诸侯，得乎诸侯而为大夫，无罪杀士大夫可去，无辜戮民则士可徙。为民父母保民而王，以力服人力不赡也，以德服人心悦诚服，如七十子之服孔子。贼仁谓贼贼义谓残，残贼之人谓之一夫，诛一夫纣未为弑君。天时地利不如人和，得道多助失道寡助，寡助之至亲戚叛之，多助之至天下顺之，以天下顺攻亲戚叛，仁者无敌战必胜矣。

民无恒产则无恒心，制民之产王道之始，使民养生丧死无憾。夏后氏五十亩而贡，殷人七十亩而藉助，周百亩彻皆什一也，三代之制无非中道，轻于什一大貉小貉，重于什一大桀小桀。谨庠序教申孝悌义，三代共学以明人伦，人伦明上民亲于下，为王者师化民成俗。为仁政必自经界始，经界不正井地不均，暴君污吏必慢经界，经界既正谷禄则平，分田制禄可坐而定。井田之制八家一井，田九百亩一家百亩，同养公田先公后私，乡田同井出入相友，守望相助疾病相扶，义利和合百姓亲睦。

孟子之愿学孔子也，孔子至圣生民未有，见圣人礼而知其政，闻圣人乐而知其德，百世后王莫之能违。麒麟凤凰类于鸟兽，泰山河海类于丘川，孔子类于天下万民，出于其类拔乎其萃，生民以来其德最盛，孔子可谓圣之时者，孔子可谓集圣大成。集大成者金声玉振，金声也者始条理也，玉振也者终条理也，始条理者智之事也，终条理者圣之事也，智譬巧也圣譬力也，譬如射于百步之外，其至力也其中巧也。

汤武体仁五霸假仁，久假不归恶知非有。鸡鸣同起用心则异，孳孳为善舜之徒也，孳孳为利跖之徒也，舜跖之分利善之间。仁者以所爱及不爱，不仁以不爱及所爱，枉己未有能直人者，以顺为正妾妇之道，纵横辩士岂大丈夫。君子居天下之广居，君子立天下之正位，君子行天下之大道，君子得志与民由之，不得志则独行其道，富贵不淫贫贱不移，威武不屈乃大丈夫。出于幽谷迁于乔木，未闻下乔木入幽谷，君子唯闻用夏变夷，未闻诸夏变于夷者，物之不齐物之情也，比而同之是乱天下，大小同价人岂为之，从许子道相率而伪，生物一本夷子二本，爱无差等何治天下，今居中国而去人伦，若无君子何以正之。杨子为我一毛不拔，墨子兼爱摩顶放踵，子莫执中虽为近之，执中无权犹执一也，执一贼道举一废百，以同为和非是中道。与杨墨辩如追放豚，既入其苙从而招之。逃墨学者必归于杨，逃杨学者必归于儒，归则吾儒受之而已。告子论性未尝知义，人性本善而其外之。同乎流俗合乎污世，居似忠信行似廉洁，众皆悦之自以为是，不可与入尧舜之道，所谓乡愿德之贼也。君子恶似是而非者，恶莠者恐其乱苗也，恶佞者恐其乱义也，恶利口恐其乱信也，恶郑声恐其乱乐也，恶紫者恐其乱朱也，恶乡愿恐其乱德也。君子对治反经而已，经正常归则庶民兴，庶民兴则邪慝无踪。

天道往复一乱一治，世衰道微邪说暴行，臣敢弑君子敢弑父，孔子忧惧而作《春秋》。圣王不作诸侯放恣，处士横议漫无仁义，杨朱墨翟言盈天下，天下之言或杨或墨，杨氏为我是无君也，墨氏兼爱是无父也，无父无君是禽兽也。杨墨之道不得止息，孔子之道不得著明，邪说诬民充塞仁义，仁义充塞人将相食。吾为此惧习先圣道，拒斥杨墨逐其淫辞，作于其心害于其事，作于其事害于其政，邪说不得兴作其间，圣人复起不易吾言。禹抑洪水而天下平，周公兼夷狄百姓宁，孔子成《春秋》乱贼惧，我欲正人心息邪说，拒斥诐行放逐淫辞，时中担当以承三圣，予不得已岂好辩哉，能拒杨墨圣人徒也。

图书在版编目（CIP）数据

　　经义韵编 / 李明，高巧玲撰. -- 北京：社会科学
文献出版社，2018.11
　　ISBN 978 - 7 - 5201 - 3993 - 9

　　Ⅰ.①经… 　Ⅱ.①李… ②高… 　Ⅲ.①儒家 　Ⅳ.
①B222

　　中国版本图书馆 CIP 数据核字（2018）第 266832 号

经义韵编

撰　　者 / 李　明　高巧玲

出 版 人 / 谢寿光
项目统筹 / 李建廷　宋月华
责任编辑 / 胡百涛　赵晶华

出　　版 / 社会科学文献出版社·人文分社 （010）59367215
　　　　　　地址：北京市北三环中路甲 29 号院华龙大厦　邮编：100029
　　　　　　网址：www. ssap. com. cn
发　　行 / 市场营销中心（010）59367081　59367083
印　　装 / 天津千鹤文化传播有限公司

规　　格 / 开　本：787mm × 1092mm　1/16
　　　　　　印　张：31.25　字　数：509 千字
版　　次 / 2018 年 11 月第 1 版　2018 年 11 月第 1 次印刷
书　　号 / ISBN 978 - 7 - 5201 - 3993 - 9
定　　价 / 198.00 元